高等教育“十三五”规划教材·经济管理系列

管 理 学

（第 2 版）

主　编　张国平　岳炳红
副主编　巴　磊　曹旭平

北京交通大学出版社
·北京·

内容简介

管理学作为经济管理类专业的基础课程，介绍企事业单位经营管理活动中普遍存在的基本原理与理论，该课程在经济管理理论体系中占据越来越重要的核心地位，已成为经济管理类专业大学生的必修课程。本书内容自主创新、体系结构新颖、案例丰富且选用考究，除了当代管理科学理论外，还采编了苏南中小企业成功经验的管理案例及国内外经典管理学案例，主要涉及管理学概念、管理思想及理论、决策、计划、组织、领导、控制、创新、管理道德与社会责任等内容。

本书适用于应用型本科高校经济管理类专业学生使用，也可作为经济管理类相关专业研究生、企事业单位一线管理人员和其他经营者的参考用书。

图书在版编目（CIP）数据

管理学/张国平，岳炳红主编 .—2 版 .— 北京：北京交通大学出版社，2018.6
ISBN 978-7-5121-3566-6

Ⅰ. ①管… Ⅱ. ①张… ②岳… Ⅲ. ①管理学-高等学校-教材 Ⅳ. ①C93

中国版本图书馆 CIP 数据核字（2018）第 118311 号

管理学
GUANLIXUE

责任编辑：许啸东
出版发行：北京交通大学出版社 电话：010-51686414 http://www.bjtup.com.cn
地 址：北京市海淀区高梁桥斜街 44 号 邮编：100044
印 刷 者：北京鑫海金澳胶印有限公司
经 销：全国新华书店
开 本：185 mm×260 mm 印张：26.75 字数：668 千字
版 次：2018 年 6 月第 2 版 2018 年 6 月第 1 次印刷
书 号：ISBN 978-7-5121-3566-6/C·202
印 数：1～3 000 册 定价：58.00 元

本书如有质量问题，请向北京交通大学出版社质监组反映。对您的意见和批评，我们表示欢迎和感谢。
投诉电话：010-51686043，51686008；传真：010-62225406；E-mail：press@bjtu.edu.cn。

第 2 版前言

本书自 2016 年第 1 版出版以来，因其较强的系统性、应用性、针对性等特点而深受广大读者的欢迎和好评。随着世界经济格局和形势的变迁，管理学的理论体系和操作技能也呈现出了动态的调整变化，出现了许多前沿的管理思想和管理方法，且随着“互联网+”背景下一批中国企业先进的企业管理经验及案例越来越具有国际影响力，因此有必要在第 1 版的基础上进行修订再版。本教材修订的基本思路是：仍以注重应用为主要编写线索，吸收了当前国内外管理学学科的最新研究成果，纳入更多互联网企业与中国企业先进管理经验的相关案例，以体现教材内容的时代性、科学性及应用性。具体修订内容有以下几方面。

第一，在理论体系方面，编者以第 1 版的体系框架为基础，吸收了当前国内外管理学学科的最新研究成果，围绕管理活动的五大职能展开，引入了波特竞争战略管理、互联网创新发展管理和组织文化建设管理等理论。这些新知识的引入充实了第 1 版的理论体系，与当前社会对经济管理的现实需求紧密结合，更好地适应了应用型人才的培养与学习偏好。

第二，在案例选取方面，本教材对案例进行了一些删减与增加。删除了一些老旧的案例，新编入一批有关新经济、新型业态、新型企业发展下的管理案例，尤其是中国企业的案例及元素的比重大幅增加，如苏宁、阿里巴巴、小米、联想、京东、华为等企业的相关案例，增强了本教材的现实性和趣味性，使读者能够更好地认识和理解经济管理，尤其是企业管理的新变化及新趋势。

本书的编写人员都是具有丰富的管理学理论知识与企业实践经验的高校教师，具体编写分工如下：常熟理工学院张国平教授编写第 4 章、第 11 章、第 12 章、第 14 章，北京经济管理职业学院岳炳红老师编写第 15 章、第 16 章、第 17 章（案例 17.5～17.8）、第 19 章（案例 19.1、19.2、19.6、19.7），常熟理工学院曹旭平副教授编写第 17 章（案例 17.1～17.4），沈阳理工大学巴磊副教授编写第 3 章、第 13 章、第 18 章、第 19 章（案例 19.3～19.5），南京邮电大学唐娟副教授编写第 6 章、第 7 章、第 9 章、第 10 章，盐城工业职业技术学院刘璐老师编写第 1 章、第 2 章，常熟理工学院胡孝平讲师编写第 5 章与第 8 章，常熟理工学院宋君副教授编写第 19 章（案例 19.8）。全书由张国平教授、曹旭平副教授、岳炳红老师与巴磊副教授负责修改、定稿及总纂。

本书在编写过程中,得到了常熟理工学院经济与管理学院领导的大力支持,在此表示感谢。此外,特别感谢为本书出版花费大量时间、精力的北京交通大学出版社许啸东编辑。

本书再版过程中参考了一些教材、网络资料,借鉴了许多管理学家和同行的经验与成果,部分资料已在参考文献中列出。限于篇幅,未能一一列出,在此一并表示感谢。

由于作者能力和水平有限,书中不当之处或错误在所难免,敬请专家学者及广大读者批评指正。

编　者

前 言

管理学作为经济管理类专业的基础课程，介绍企事业单位经营管理活动中普遍存在的基本原理与理论，该课程在经济管理理论体系中占据越来越重要的核心地位，已成为经济管理类专业大学生的必修课程。从国内已出版的教材看，其内容体系结构差异较大，说明管理学作为一个基础学科其知识体系尚未统一，这为我们编写此书增加了不少难度。根据我们的教学实践，经过编者们及出版社编辑的反复论证，终于形成了这本管理学教材。

本书编写的基本原则有以下几方面。

(1) 根据管理学研究的对象和管理科学研究动态、发展趋势确立本书的基本结构，并力图形成系统的知识体系。

(2) 在编写思路上始终围绕管理基础理论、管理职能、管理学发展趋势、管理学应用案例等主线来设计本书的篇章结构与内容。

(3) 尽可能地吸纳管理学方面研究的最新成果，使本书能够反映管理实践积累和管理科学的研究前沿。

本书分为上下两篇，上篇为管理学原理，主要介绍管理学发展史、管理的主要职能、管理道德与社会责任等管理学理论知识；下篇为管理学典型案例，主要介绍与管理学理论相对应的经典管理学案例应用，这也是本书一大亮点，与国内其他的管理学教材有较大差异。多年以来，国内高校的管理学原理教学大都表现为传统的课堂理论传授模式，缺乏对学生管理实践层面的训练及指导，而以案例教学法为代表的研究性教学方法改革逐渐成为一种趋势，尤其在常熟理工学院、浙江万里学院等一些地方应用型本科高校中较为盛行，因为国家对地方应用型本科院校的教学要求是注重应用性与实践性。联合国教科文组织对相关专家进行的多种管理学教学方法改革功能评价的调查结果表明，案例教学方法在知识传授、学生分析能力培养等多项指标上得分领先于其他教学方法。管理学学科属性及大量的管理学教学实践证明，案例教学法已经成为提高学生分析、决策能力的一种有效的教学方法，并且逐步被越来越多的高校老师所选择。

本书下篇重点采编了苏南中小企业成功经验的管理案例、国内外的经典管理学案例，主要涉及管理学概念、管理思想及理论、决策、计划、组织、领导、控制、创新、综合管理等内容。管理学案例教学不仅仅是传授理论知识，而是旨在通过案例使学生理解深奥的管理学理论，培养学生的感觉能力和反应能力，提高学生运用专业知识解决实际问题的能力。苏南地区是我国民营企业与开放型经济发展的典型代表，以隆力奇、梦兰、常客隆、红豆为代表的苏南龙头企业在企业管理方面有许多创新，其现代管理理念及实践具有较强的分析与可探索性，对学生学习管理学原理及相关理论将产生直接的启示。此外，本书还针对性地选取了典型示范、应用实战、具有较高理论价值的国内外著名企业经典案例，这些案例一一对应管理学原理各章节知识点，便于教师传授与学生学习。

本书的编写人员都是具有丰富的管理学理论知识与企业实践经验的高校教师，具体编写分工如下：常熟理工学院张国平教授编写第 4 章、第 11 章、第 12 章、第 13 章、第 14 章、第 19 章（案例 19.1～19.2），南京邮电大学唐娟副教授编写第 6 章、第 7 章、第 9 章、第 10 章、第 18 章，常熟理工学院曹旭平副教授编写了第 15 章，第 16 章，第 17 章，第 19 章（案例 19.3～19.4），盐城工业职业技术学院刘璐老师编写第 1 章、第 2 章、第 3 章，常熟理工学院胡孝平讲师编写第 5 章与第 8 章，常熟理工学院周艳副教授编写第 19 章（案例 19.5），常熟理工学院马军伟副教授、施晓岚讲师编写第 19 章（案例 19.6），浙江农林大学刘洪久教授编写第 19 章（案例 19.7），常熟理工学院宋君副教授编写了第 19 章（案例 19.8）。全书由张国平和曹旭平负责修改、定稿及总纂。

本书在编写过程中，得到了常熟理工学院经济与管理学院领导的大力支持，在此表示感谢。此外，特别感谢为本书出版花费大量时间、精力的北京交通大学出版社领导和编辑。

本书在编写过程中参考了一些教材、网络资料，借鉴了许多管理学家和同行的经验与成果，部分资料已在参考文献中列出。限于篇幅，未能一一列出，在此一并表示感谢。

由于作者能力和水平有限，书中不当之处或错误在所难免，敬请专家学者及广大读者批评指正。

编　者

目　录

上篇　管理学原理

下篇 管理学典型案例

上篇
管理学原理

第1章 管理学概论

1.1 管理的内涵与特征

1.1.1 管理的概念

管理作为一种普遍的社会活动，其产生的历史已超过6 000年。世界著名的金字塔、中国的万里长城和至今仍灌溉着成都平原的都江堰水利工程等表明，几千年前人类就能够完成规模浩大的、由成千上万人参加的大型工程。它们宏伟的建设规模都是人类管理和组织能力的见证。金字塔是个特别有趣的例子，据估计，建筑一座金字塔要动用10万人干20年，谁来吩咐每个人该干什么？谁来保证在工地上有足够的石料让每个人都有活干？答案是管理。不管当时人们怎么称呼管理，得有人计划要做什么，得有人组织人们去做这件事，得有人指挥人们怎样去做，以及采取某些控制措施来保证每件事情按计划进行。

在历史上，当管理活动主要是由少数统治者或生产资料所有者所从事的活动时，人们常常把管理概括为管辖、治理。这种概括强调了管理中的权力因素，并以“治国，平天下”为主要内容，其意与“统治”一词相近，带有浓厚的政治色彩。对此，孙中山先生曾做过很好的解释：“政治两字的意思，浅而言之，政就是众人之事，治就是管理，管理众人之事便是政治。”

到了资本主义时期，随着商品经济和生产社会化的发展，当企业成为社会经济普遍的经济组织形式，经济竞争成为社会发展的主要动力，追求最大利润成为资本家的主要目标时，人们对管理的研究逐渐从政治转向经济，特别是转向企业管理。总之，在漫长的历史长河中，管理一直是人类组织活动的一个最基本的手段，它存在于一切领域、一切部门和一切组织之中。大到一个国家、一个大的跨国企业，小到一个班组、一个商店，无一不需要进行有效的管理。管理的实践活动是人类社会任何历史阶段都不可缺少的普遍的活动，管理是带有普遍性的人类实践活动。

长期以来，对于什么是管理，人们的认识有很大的不同。从字面意义上来讲，“管”在古代是指中空贯通的长条物体，后指锁钥，引申为“规范”“准则”“规则”“主宰”“主管”“管辖”“管制”等意思，体现着权力的归属。“理”古代为整理土地、雕玉琢器等意思，引申为“整治”“处理”。“管”“理”二字合二为一使用，即在权力的范围内，对人或事物进行管辖和处理。

人类在实践中发现，许多人在一起工作就可能完成个人无法完成的任务，于是慢慢产生了各种社会组织。在组织内，为了协调每个人的行动，解决意见分歧，使大家共同服从于组织目标，就产生了管理。实际上可以把人类活动分成两部分，其一是作业活动，即人们所从事的各种具体劳动；其二是管理活动，即为实现具体劳动而进行的协调、领导、指挥等活动。

20世纪以来，关于管理的概念，学术界许多学者从不同角度提出了许多观点。就我国而言，虽然管理的历史可以追溯到5 000多年前，中华民族的灿烂文化宝库中蕴藏着许多丰富的管理思想，也记载着值得我们骄傲的管理实践，但是将管理作为一门科学系统地研究和普遍地推广却是近30年的事情。而就西方国家而言，系统管理理论的形成也只有近百年的历史，研究管理过程普遍规律、一般原理和普遍方法的管理学更是一门年轻的学科。但是，管理是一个古老的话题，管理活动几乎和人类历史一样久远，且管理的内涵极为丰富，在历史上许多学者都对管理做出过论述。在西方国家，由于众多学者研究的角度不同，对管理含义的认识也不同，以下是比较具有代表性的几种观点。

(1) 美国管理学家、科学管理之父泰勒(Frederick W. Taylor)认为，管理就是确切地知道你要别人做什么，并设法使他们用最好的方法去做。他主要强调的是对人的管理。

(2) 赫伯特·西蒙(Herbert Simon)，美国管理学家，1978年诺贝尔经济学奖获得者，提出"管理就是决策"。他认为决策的过程分为四个环节：第一，调研分析；第二，制订所有可能的行动方案；第三，从各种可能方案中选择比较满意的方案；第四，检查和评价方案的执行情况，并适时调整方案。

(3) 法国著名管理学家，被称为"管理过程之父"的亨利·法约尔(Henri Fayol)则把管理定义为：管理，就是实行计划、组织、指挥、协调和控制。并且把企业职能与管理职能分开。

(4) 美国管理学家哈罗德·孔茨(Harold Koontz)对管理的定义："管理是在正式组织起来的团体中，通过他人并同他人一起把事情办妥的艺术。"他认为，管理就是设计和保持一种良好环境，使人在群体里高效率地完成既定目标。管理需要良好的环境，在这良好的环境里人们才能高效率的完成既定目标，最终实现组织目标。

(5) 现代管理学之父彼得·德鲁克(Peter F. Drucker)认为，管理是一种实践，其本质不在于"知"而在于"行"；其验证不在于逻辑，而在于成果；其唯一权威就是成就。管理是一种器官，是赋予机构以生命的、能动的、动态的器官，因其具有功效而存在，没有机构(如工商企业)就不会有管理。但是，如果没有管理，那也就只会有一群乌合之众，而不会有一个机构。而机构本身又是社会的一个器官，它之所以存在，是为了给社会、经济和个人提供所需的成果。可是，器官从来都不是由它们做些什么，更不要说由它们怎么做来确定的，它们是由其所做的贡献来确定的。

(6) 德国管理学家马克斯·韦伯(Max Weber)，古典组织理论的开拓者，他认为管理就是协调的活动。

(7) 美国著名的管理学教授斯蒂芬·罗宾斯(Stephen P. Robbins)认为，管理是指同别人一起，或通过别人使活动完成得更有效的过程。

关于管理的含义，我国的学者也有不同的认识。

(1) 管理学家杨文士认为，管理是一个过程，是让别人与自己一道去实现既定的目标，是一切有组织的集体活动所不可缺少的要素。

(2) 周三多认为，管理是一种以绩效责任为基础的专业职能。

(3) 陈子良认为,管理是为了完成组织的共同目标而从事的对人、财、物等资源的协调活动。

从以上分析中可以看出,管理学家们对管理的概念做了深入的研究,并从多个角度和侧面对管理做出不同的定义。这些定义的侧重点,主要有以下几个方面。

(1) 注重管理过程中的职能,认为管理就是计划、组织、人员配备、领导、控制等的过程。

(2) 注重管理的实质,认为管理就是决策。

(3) 注重管理的目标,认为管理就是通过别人把事情办好。

(4) 注重管理的核心,认为管理就是协调各种关系的活动。

无论何种定义,都是从不同方向突出了管理在不同方面所具有的特征,都可以为我们学习管理学提供参考与借鉴。

本书从各位管理学家给出的定义中归纳出管理较为全面的定义:管理是组织中的管理者通过计划、组织、领导、控制等职能,运用一定的方法和手段,调动组织内的各种资源去实现组织目标的实践活动。这个定义可以从以下几个方面去理解。

(1) 管理的主要目的是有效地实现组织目标。

组织目标是组织内全体成员共同努力的方向,是管理功能的集中体现。一个组织原本就是为实现某种目标而组成的各种资源的综合系统,整个组织的管理活动就是围绕实现组织目标而开展的。管理离开了组织目标,就像一艘没有航标的船一样,永远也不会到达"理想的彼岸"。

(2) 管理活动的实施是通过计划、组织、人员配备、领导和控制等手段来进行的。

这些手段是所有类型的管理人员在管理实践中都要履行的管理职能,这反映管理活动的功能和过程。

(3) 管理活动的实质就是协调各种关系。

所谓协调,就是把组织内各种资源(尤其是人力、财力和物力)有机地结合起来,使其和谐化、同步化。所以管理活动就要围绕着组织的目标,协调各种资源的相互关系,使组织活动更加有效。

(4) 管理最重要的就是对人的管理。

管理的主体是管理者,所有的管理行为要靠管理者去实施,所有的管理目标要靠管理者来实现。而管理者实施管理行为的受作用方即管理对象,其对于管理的有效性及组织目标的最终实现,也具有重要的影响作用。管理对象包括:人、财、物、信息、技术、时间等要素,而这些要素中人是最核心、最关键、最活跃的要素,所有的组织资源都要以人为中心。因此,对人进行管理是管理者最重要的职能。

1.1.2 管理的特征

为了更全面地理解管理的概念,理解管理学研究的特点、范围和内容,还可以从以下几方面来进一步把握管理的一些基本特征。

1) 管理是一种社会现象或文化现象

管理是人们在有组织的集体环境下所从事的一种社会活动。它是在人类共同劳动的实践中出现的。人类为达到一定的目标在一起共同劳动,就需要管理来组织人们进行有效的劳动,因此说管理是人类共同劳动的产物。只要是两个人以上的集体活动,并且有一致认可的目标,就存在着管理。

2）管理的"载体"是组织

管理活动在人类现实的社会生活中广泛存在，而管理总是存在于一定的组织之中。正因为现实世界中普遍存在着组织，管理也才有了存在的必要。由两个或两个以上的人组成的，为一定目标而进行协作活动的集体就形成了组织。许多人在同一生产过程中，或在不同但互相联系的生产过程中，有计划地一起协同劳动，这种劳动形式叫作协作。有效的协作需要有组织，需要在组织中实施管理。社会生活中各种组织的具体形式虽因其社会功能的不同而会有所差异，但构成组织的基本要素是相同的。

在组织内部，一般包括五个要素：人——包括管理的主体和客体；物和技术——管理的客体、手段和条件；机构——实质反映管理的分工关系和管理方式；信息——管理的媒介、依据，同时也是管理的客体；目的——宗旨，表明为什么要有这个组织，它的含义比目标更广泛。

组织作为社会系统中的一个子系统，其活动必然要受周围环境的影响，因此组织还包括九个外部要素：①行业，包括同行业的竞争对手和相关行业的状况；②原材料供应基地；③人力资源；④资金资源；⑤市场；⑥技术；⑦政治经济形势；⑧政府；⑨社会文化。

因此，一个组织的建立和发展，既要具备五个基本的内部要素，又要受到一系列外部环境因素的影响和制约。管理就是在这样的组织中，由一个人或者若干人通过行使各种管理职能，使组织中以人为主体的各种要素合理配置，从而达到实现组织目标的活动，这对于任何性质、任何类型的组织都是具有普遍意义的。

3）管理的职能、层次

管理作为一个过程，管理者在其中要发挥的作用，就是管理者的职能，也就是通常说的管理职能。对于管理的职能，早期的管理理论一般认为，管理有计划、执行、控制三大基本职能。法国的法约尔认为，管理有五大职能：计划、组织、指挥、协调和控制。美国的古利克提出，管理有七项职能，即计划、组织、人事、指挥、协调、控制、沟通。美国管理学家孔茨认为，管理包括计划、组织、人事、指挥和控制五项职能。因此，不同管理学家对管理职能的划分有不同的认识，见表1-1。

表1-1　不同管理学家对管理职能划分的认识

时间/人物		计划	组织	指挥	协调	控制	激励	人事	整合资源	沟通
1916	法约尔	√	√	√	√	√				
1925	梅奥						√	√		√
1934	戴维斯	√	√			√				
1937	古利克	√	√	√	√	√		√		√
1947	布朗	√	√	√		√			√	
1949	芭威克	√	√			√				
1951	纽曼	√	√	√		√		√		
1955	孔茨与奥唐奈	√	√			√		√		
1964	梅西	√	√			√		√		
1970	海曼与斯科特	√	√			√	√	√		
1972	特里	√	√		√	√				

注："√"表示各管理学家对管理职能划分的认识。

本书认为“指挥”和“协调”两个职能可以由“领导”职能代替更为妥帖。因此,提出新的“五职能”论,即计划、组织、人员配备、领导和控制。无论是什么样的管理者,为了实现组织目标,都要履行这五个职能。管理职能表明了管理者的工作内容,各职能的基本含义与工作逻辑如图 1-1 所示。

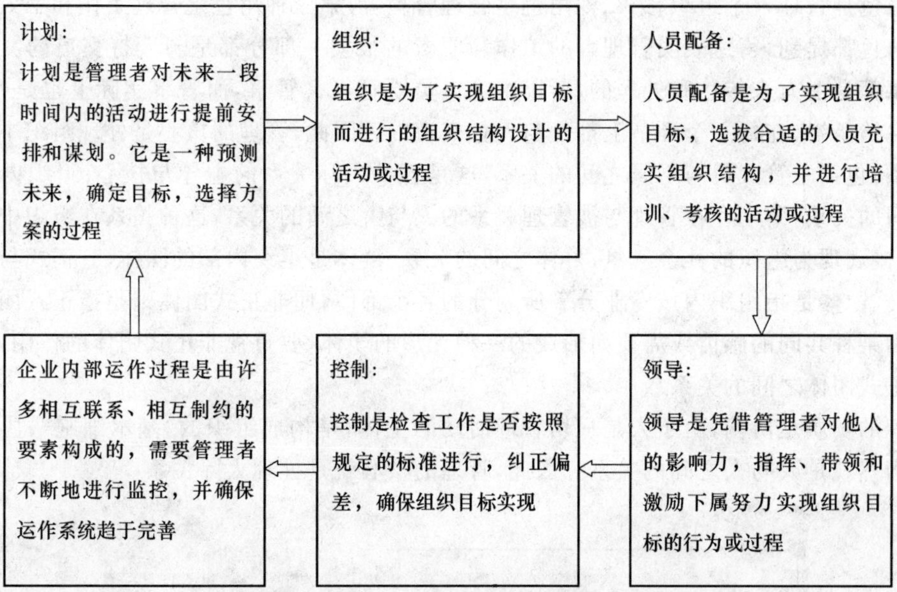

图 1-1　管理职能及其相互关系

管理和管理人员的基本职能是相同的,即包括计划、组织、人员配备、指导与领导、控制、创新。但由于主管人员在组织中所处的层次不同,他们在执行这些职能时也就各有侧重。组织中的主管人员一般分为三个层次,即上层主管(top manager)、中层主管(middle manager)和基层主管(first line manager 或 supervisor)。如图 1-2 所示,根据所处的不同层次,他们将各有侧重地执行其职能。

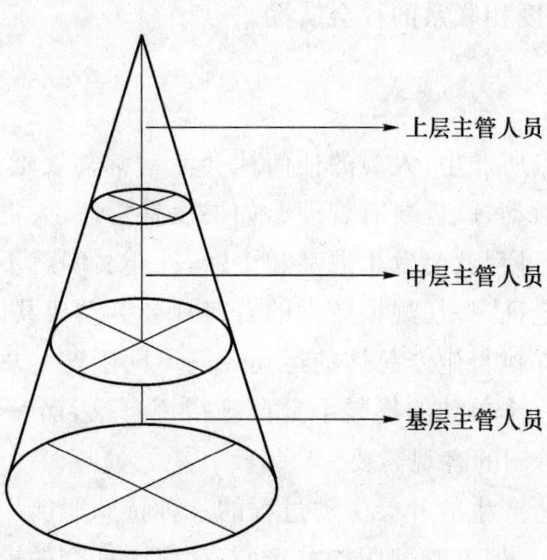

图 1-2　一个组织中主管人员的三个层次

4）管理的核心是处理各种人际关系

管理不是个人的活动，它是在一定的组织中实施的。对主管人员来讲，管理是要在其职责范围内协调下属人员的行为，是要让别人同自己一道去完成组织目标的活动。美国著名的管理学家彼得·德鲁克在1955年提出“管理者的角色”的概念，他认为管理者扮演着三种角色：第一种角色是管理一个组织；第二种角色是管理管理者；第三种角色是管理工作和工人。其中有两个角色都提到人，这表明管理者的工作和职责的很大一部分都是与人打交道的。组织中的任何事都是由人来传达和处理的，所以主管人员既管人又管事，而管事实际上也是管人，管理活动自始至终，在每一个环节上都是与人打交道的。因此，管理的核心是处理组织中的各种人际关系，包括主管人员与下属之间的关系，这是各种人际关系的主导与核心；组织内的一般成员之间的关系，即不存在管理与被管理关系的人与人之间的关系，这种关系在组织中大量存在，它直接表现为组织的社会气氛；群体之间的关系，群体是组织内部的团体，有正式与非正式之分，正式团体是指组织内按专业分工所划分的各个部门，而非正式团体则是指正式团体的一些成员为某种共同的感情或需要而形成的一种无形的团体，要重视非正式团体的作用，处理好它们与正式团体之间的关系。

管理的实质是协调，由于人是一切管理活动的主体，是构成组织的“基本细胞”，协调的主要对象当然就是人与人之间的关系。因此，管理的核心就是处理人际关系。

1.2 管理的性质与基本职能

1.2.1 管理的性质

管理的双重性是指管理具有自然属性和社会属性双重属性。管理是人类共同劳动的产物，具有同生产力和社会化大生产相联系的自然属性；同时管理离不开一定的社会生产关系，又具有同生产关系、社会制度相联系的社会属性。

1. 管理的自然属性

管理由人类活动的特点所产生，人类的任何社会活动都需要通过一定的群体组织才能进行。而有社会组织与群体活动，就需要有管理。如果没有管理，人类的生产、交换、分配活动都不可能正常进行，社会劳动过程就要发生混乱和中断，社会文明就不能继续。这一点马克思在一百多年前就做了有力的论证，一切规模较大的直接社会劳动或共同劳动，都或多或少地需要指挥，以协调个人的活动，并执行生产总体的运动——不同于这一总体的独立器官的运动——所产生的各种一般职能。一个单独的提琴手是自己指挥自己，而一个乐队就需要一个乐队指挥。可见管理是人类社会活动的客观需要。

管理也是由社会分工所产生的社会劳动过程的一种特殊职能。管理存在于各种社会活动之中，所以说它是一般职能。但就管理职能本身而言，由于社会的进化、人类分工的发展，早在原始社会就已经有专门从事管理职能的人从一般社会劳动过程中分离出来，就如同有人专门从事围猎，有人专门从事进攻，有人专门从事农业一样。人类社会经过几千年的演变发展，出现了许多政治家和行政官员，专门从事国家的管理；出现了许多军事家和军官，专门从事军队的管理；出现了许多社会活动家，专门从事各种社会团体的管理；出现了许多商人、厂长、企业家、银行家，专门从事商店、工厂、企业、银行的管理；还有许多人专门从事学校、医院、交通运输和人事的管理等。据保守估计，全体就业人员中，至少有30%～40%的人专门从事各类管理工作，他们的职能就是协调人们的活动，而不是直接从事物质产品或精神产品的产出。因此，管理职能早已成为社会劳动过程不可缺少的一种特殊职能。

管理也是生产力。任何社会、企业，其生产力是否发达，都取决于它所拥有的各种经济资源或各种生产要素是否得到有效的配置和利用，取决于从事社会劳动的人的积极性是否得到充分的发挥，而这两者都依赖于管理。在同样的社会制度下，企业外部环境基本相同，有不少企业内部条件如资金、设备、能源、原材料、产品及人员素质和技术水平也基本类似，但经营结果、所达到的生产力水平却相差悬殊；同一个企业有时只是更换了企业主要领导，如换了厂长、经理，企业就可能出现新的面貌。其他社会组织也有类似情况，其原因都在于管理，由于不同的领导人采用了不同的管理思想、管理制度和管理方法，就会产生完全不同的效果，这样的事例不胜枚举。因此，事实证明管理也是生产力。科学技术是生产力，但科学技术的发展本身也需要有效的管理，并且也只有通过管理，科学技术才能转化为生产力。

管理的上述性质并不以人的意志而转移，也不因社会制度、意识形态的不同而有所改变，这完全是一种客观存在，我们称之为管理的自然属性。

2. 管理的社会属性

管理是为了达到预期目的所进行的具有特殊职能的活动。达到谁的预期目的？达到什么样的预期目的？实质上就是“为谁管理”的问题。在人类漫长的历史中，管理从来就是为统治阶级、为生产资料占有者服务的，必然体现出生产资料占有者指挥劳动、监督劳动的意志，因此，它具有同生产关系、社会制度相联系的社会属性。马克思曾对资本主义企业管理的社会属性有过十分深刻的分析，资本家的管理不仅是一种由社会劳动过程的性质产生并属于社会劳动过程的特殊职能，它同时也是剥削社会劳动过程的职能，因而也是由剥削者和他所剥削的对象之间不可避免的对抗决定的。列宁也曾指出，资本家所关心的是怎样为掠夺而管理，怎样借管理来掠夺。因此，资本主义企业管理的社会属性具有剥削性和资本的独裁性。

世界在变化，企业也在变化。昔日马克思、恩格斯曾经剖析过的资本主义企业管理，今天已经面目皆非。我们认为，与企业管理的社会属性有关的基本变化至少有以下几个方面。

(1) 科学技术的飞速进步促进了经济的加速发展，工业组织规模不断扩大，社会分工更加细密，信息传播速度和信息传播数量都空前增加，人们之间的相互交往更加频繁，这些都使管理的复杂性大大提高了。于是一批受过良好职业训练的经理阶层应运而生，使企业的终极所有权与经营权发生了分离。通过股份制的组织形式，企业资本的所有者——股东不再直接管理企业。由于股东可以随时出卖自己的所有权——股权，因而甚至不怎么关心企业的管理。他所关心的仅仅是股票价格的涨跌和红利的多少。

(2) 许多资本主义国家经过最近几十年经济的快速发展，人民的生活水平提高了，尽管贫富差距仍悬殊，失业率时高时低，但整个社会普遍出现了一个庞大的中产阶级，有相当一部分职工持有企业的股票，使表面上拥有企业所有权的人数大大增加了。在英国有3/4的成年人是直接或间接投资者，其中直接投资者约有500万以上。例如，英国煤气公司是一家拥有

85 000名雇员的大公司，其中有99%的员工拥有股票；美国通用汽车公司在20世纪80年代就已拥有200万股东。

(3) 资本主义国家政府对本国的经济采取了不同形式、不同程度的干预。瑞典、挪威、芬兰、法国、德国及日本等国政府都制订了长期和中期以至年度的经济发展计划，并用法律、经济、行政等手段促使企业执行政府的计划。美国、英国、法国、日本等国家也都对产业结构进行调整与控制，对企业的经营活动采取干涉的政策，使资本主义世界本来就不十分自由的“自由竞争”变得更不自由了。

(4) 社会公众和广大消费者(用户)对企业提供的商品和劳务及企业活动对环境造成的损害，抱着更加挑剔的态度，并且形成了各种消费者协会和形形色色的环境保护组织，迫使企业管理者不得不认真考虑消费者利益和社会生态环境的保护。

现实世界所发生的新变化，无不深刻地影响到管理的社会属性。在资本主义国家的企业中，已不能简单地说管理只是资本家剥削工人的工具。作为企业的职业管理者，在行使管理职能时，他既要满足资本家及所有股东对股息和红利的要求，又要保证扩展企业实力的需要；他既要尽可能满足本企业职工物质和精神方面的需要，又要考虑到社会公众、广大消费者和用户的利益；他既要千方百计追求企业的最大利润，又要处理好企业同政府的关系，遵从政府的种种法规和限制。因此，资本主义国家企业管理的社会属性已经多元化。当然从本质上讲，这些变化并没有改变资本主义的剥削性和独裁性。只是由于经济繁荣和管理的进步，使蛋糕做得更大，使普通职工变得更加富裕，所以资本家连管理的特殊职能也不需要履行，就可从大蛋糕中得到比普通职工更多的份额。虽然许多职工也拥有股票，但是普通职工大多只是100股以下的小股东，小股东大约占公司股份的80%，股东的分散化恰好为大资本家利用他人的财富来掠夺更多财富提供了机会。

我国经济体制改革的目标是建立社会主义市场经济体制，其目前正处在艰难的转变之中。由于历史的原因和现阶段的国情，决定了我国仍然是处在社会主义初级阶段，需要在以公有制为主体的条件下发展多种所有制经济。此外，公有制实现形式也正在向多样化方向发展，并且以股份制为主要实现形式。所有权和经营权分离，已成为国有企业改革的目标之一。在我国，企业管理的形式正在发生急剧的变化，但管理的社会属性并未发生根本性质的变化。从总体上看，在社会主义社会中，社会主义国家的企业及其他社会组织的管理都是为人民服务的，管理的预期目的都是为了使人与人之间的关系及国家、集体和个人的关系更加协调。所以，在社会主义条件下，管理的社会属性与资本主义社会有着根本性的不同。在社会主义条件下，管理的社会属性应当体现为任何组织、任何个人在实行管理时都要从全社会、全体人民的利益出发，并且自觉地让局部的利益服从全局的利益、个人的利益服从集体的利益。任何层次的管理者都应当真正成为人民的公仆，而人民则应当真正成为各种社会组织的主人。但是，应当把社会主义理解为一种发展过程，当它尚处在初级阶段时，由于受封建主义和资本主义意识形态的影响，可能会在管理实践中不同程度地表现出来。也许，这正反映了社会主义初级阶段管理属性的一个侧面。管理也和整个社会一样，要经过一定的历史阶段，才能逐步摆脱不发达状态。

1.2.2 管理的基本职能

管理的职能是指管理者为了实现有效管理所必须开展的基本活动，它是具体回答管理者“干什么”和“怎么干”的问题。

管理活动到底包括哪些职能？不同学者对此有不同的回答与观点。法国的法约尔最早提出“五职能说”，他在1916年发表的《工业管理和一般管理》一书中指出，管理就是实行计划、组织、指挥、协调和控制。此后，研究管理职能就成为管理学的重大研究课题之一。由于各管理学者强调的重点不同，因而对管理职能的具体提法也各不相同。1934年美国的戴维斯等人提出管理的“三职能说”，即“计划、组织、控制”。1937年美国学者古利克认为管理应当分为：计划、组织、人事、指挥、协调、报告、预算七项职能。古利克根据行为科学学派的理论将人事、报告（沟通）作为独立的职能提出来，以强调管理中人的因素的重要性。在当时古利克的“七职能说”具有很强的代表性。20世纪40年代以后，由于系统论、控制论、信息论的问世及其在管理中的应用，管理决策学派开始形成，同时行为科学学派也进一步发展。有关管理职能的表述，也就有了新的内容。有学者认为管理职能除了计划、组织、控制外，还应加进决策、创新、激励等职能。此外还有许多国内外学者对此也做了很多有益的探索。

以上种种关于管理职能的观点表明，管理的职能是随着社会经济的发展、科学技术的进步和管理理论与实践的发展而不断发展变化的。目前理论界对管理职能的具体表述也没有统一的说法。本书认为，管理究竟包括几项职能，每一项职能究竟用什么词汇来定义，并不是特别重要。因为不仅同一职能本身可用不同的术语来表示，而且同一术语概念的外延有时也有相当大的差别。为了提高管理学科的规范性，应在承延管理学界理论研究历史轨迹的基础上，采用大家较一致认可的法约尔的“五职能说”。当然，这并不妨碍与排斥把管理实践的新发展与各管理学说的理论贡献融入管理职能的理论表述中，即我们可以一方面坚持管理的“五职能说”，但另一方面，我们对每项一职能包含的内容、重点、范围、过程及概念外延等进行新的理论阐述。基于此，本书坚持管理的“五职能说”，而把决策、人员配备、激励、创新等并入五职能的相关职能中，不作为并列的、独立的新管理职能。

1.3　管理者的角色和技能

管理者是管理行为过程的主体，管理者一般由拥有相应的权力和责任且具有一定管理能力，从事现实管理活动的人或人群组成。管理者及其管理技能在组织管理活动中起决定性作用。

1.3.1　管理者角色

1. 管理者是具有职位和相应权力的人

管理者的职权是管理者从事管理活动的资格，管理者的职位越高，其权力越大。组织或团体必须赋予管理者一定的职权。如果一个管理者处在某一职位上，却没有相应的职权，那么他是无法进行管理工作的。韦伯认为管理者有三种权力：传统权力、超凡权力、法定权力。传统权力：由传统惯例或世袭得来，比如帝王的世袭制。超凡权力：来源于别人的崇拜与追随，带有感情色彩并且是非理性的，不是依据规章制度而是依据以往所树立的威信。法定权力：法定权力即法律规定的权力，通过合法的程序所拥有的权力，如通过直接选举产生的总统。但在实际管理活动中，管理者仅具有法定的权力，是难以做好管理工作的，管理者在工作中也应重视“个人影响力”，成为具有一定权威的管理者。所谓“权威”，是指管理者在组织中的威信、威望，是一种非强制性的“影响力”。权威不是法定的，不能靠别人授权。权威虽然与职位有一定的关系，但主要取决于管理者个人的品质、思想、知识、能力和水平；取决于同组织人员思想的共鸣、感情的沟通；取决于相互之间的理解、信赖与支持。这种“影响力”一旦形成，各种人才和广大员工都可能会被吸引到管理者周围，心悦诚服地接受管理者的引导和指挥，从而产生巨大的物质力量。

2. 管理者是负有一定责任的人

任何组织或团体的管理者，都具有一定的职位，都要运用和行使相应的权力，同时也要承担一定的责任。权力和责任是一个矛盾的统一体，一定的权力总是和一定的责任相联系的。当组织赋予管理者一定的职务和地位，从而形成了一定的权力时，相应地，管理者同时也就担负了对组织一定的责任。在组织中的各级管理人员中，责和权必须对称和明确，没有责任的权力，必然会导致管理者的用权不当；而没有权力的责任是空泛的、难于承担的责任。有权无责或有责无权的人，都难以在工作中发挥应有的作用，都不能成为真正的管理者。

责任是对管理者的基本要求，管理者被授予权力的同时，应该对组织或团体的命运负有相应的责任，对组织或团体的成员负有相应的义务。权力和责任应该同步消长，权力越大，责任越重。比较而言，责任比权力更本质，权力只是尽到责任的手段，责任才是管理者真正的象征。如果一个管理者仅有职权，而没有相应的责任，那么他是做不好管理工作的。管理者的与众不同，正因为他是一位责任者。如果管理者没有尽到自己的责任，就意味着失职，也就等于放弃了管理。

3. 西方管理学者关于管理者角色的主要理论

美国著名管理学家彼得·德鲁克 1955 年提出“管理者角色”(the role of the manager)的概念。德鲁克认为，管理是一种无形的力量，这种力量是通过各级管理者体现出来的。所以管理者扮演的角色或者说责任大体上分为以下三类。

(1) 管理一个组织(managing a business)，求得组织的生存和发展。为此管理者必须做到：一是确定该组织是干什么的？应该有什么目标？如何采取积极的措施实现目标？二是谋取组织的最大效益；三是“为社会服务”和“创造顾客”。

(2) 管理管理者(managing manager)。组织的上、中、下三个层次中，人人都是管理者，同时人人又都是被管理者，因此管理者必须做到：一是确保下级的设想、意愿、努力能朝着共同的目标前进；二是培养集体合作精神；三是培训下级；四是建立健全的组织结构。

(3) 管理工人和工作(managing workers and work)。管理者必须认识到两个假设前提：一是关于工作，其性质是不断急剧变动的，既有体力劳动又有脑力劳动，而且脑力劳动的比例会越来越大；二是关于人，要正确认识到“个体差异、完整的人、行为有因、人的尊严”对于处理各类各级人员相互关系的重要性。

亨利·明茨伯格(Henry Mintzberg)著名管理学大师一项广为引用的研究认为，管理者扮演着十种角色，这十种角色又可进一步归纳为三大类：人际角色、信息角色和决策角色。

(1) 人际角色。

人际角色直接产生自管理者的正式权力基础，管理者在处理与组织成员和其他利益相关者的关系时，他们就在扮演人际角色。人际角色又包括代表人角色、领导者角色和联络者角色。

① 代表人角色。作为所在单位的头目，管理者必须行使一些具有礼仪性质的职责。如管理者出现在社区的集会上、参加社会活动或宴请重要客户等，这时，管理者行使着代表人的角色。

② 领导者角色。由于管理者对所在单位的成败负重要责任，他们必须在工作小组内部扮演领导者角色。对这种角色而言，管理者和员工一起工作并通过员工的努力来确保组织目标的实现。

③ 联络者角色。管理者无论是在与组织内部的个人和工作小组一起工作时，还是在与外部利益相关者建立良好关系时，都起着联络者的作用。管理者必须对重要的组织问题有敏锐的洞察力，从而能够在组织内外建立良好的关系和网络。

(2) 信息角色。

在信息角色中，管理者负责确保和一起工作的人员具有足够的信息，从而能够顺利完成工作。由管理责任的性质决定，管理者既是所在单位的信息传递中心，也是组织内部其他工作小组的信息传递渠道。整个组织的人依赖于管理结构和管理者，以获取或传递必要的信息，以便顺利完成工作。管理者必须扮演的信息角色，具体包括监督者、传播者、发言人三种角色。

① 监督者角色。管理者持续关注组织内外环境的变化以获取对组织有用的信息。管理者通过接触下属来收集信息，并且从个人关系网中获取对方主动提供的信息。根据这种信息，管理者可以识别组织的潜在机会和威胁。

② 传播者角色。管理者把作为信息监督者所获取的大量信息分配出去。

③ 发言人角色。管理者必须把信息传递给单位或组织以外的个人。

(3) 决策角色。

在决策角色中，管理者处理信息并得出结论。如果信息不用于组织的决策，这种信息就失去其应有的价值。决策角色具体包括企业家、干扰对付者、资源分配者、谈判者四种角色。

① 企业家角色。管理者密切关注组织内外环境的变化和事态的发展，以便发现机会，并对所发现的机会进行投资来利用这种机会。

② 干扰对付者角色。是指管理者必须善于处理冲突或解决问题，如平息客户的怒气，同不合作的供应商进行谈判，或者对员工之间的争端进行调解等。

③ 资源分配者角色。管理者决定组织资源用于哪些项目。

④ 谈判者角色。管理者把大量时间花费在谈判上，管理者的谈判对象包括员工、供应商、客户和其他工作小组。

☎【小资料】

企业的高层管理人员

企业的高层管理人员主要有以下职位。

Chairman：董事局主席。

CEO——chief executive officer：首席执行官，是在一个企业中负责日常经营管理的最高级管理人员，又称作行政总裁(香港和东南亚的称呼)或最高执行长(日本的称呼)。

CFO——chief financial officer：首席财务官，主要协助CEO组织制订本企业的财务管理战略，确保其战略构成企业整体战略的有机组成部分。同时，在CEO的领导下，组织执行财务管理战略。

COO——chief operating officer：首席运营官，掌管企业日常经营和操作的高层经理人，是企业高层与市场最贴近的人，大部分COO都来自市场经营和营销部门的经理人。

CTO——chief technology officer：首席技术官，主要负责企业核心业务的技术研发，负责企业研发产品在商业化过程中的相关事宜。

CHO——chief harmony officer：首席协调官，调解投资者和经营者之间的冲突，并确保公司内部矛盾不要泄露。

CIO——chief information officer：首席信息官，负责企业信息管理或与信息管理相关的所有业务层面。

CSO——chief safety officer：首席安全官，主要职责是对物质和技术安全负责。他们利用法律和行业规定对物质基础设施进行保护。现在的金融服务和医疗保健服务已经具备比较完善的个人隐私规定，因此，确保在线信息的安全性成为服务提供商的一项法律义务。

CLO——chief learning officer：首席教育官，CLO对组织的智力资源负责，CLO负责最大化组织的智力资本产出。CLO是站在组织战略的高度，综合管理各种智力资源，提供组织发展智力资源保证的高层管理人员。

CRO——chief risk officer：首席风险官，负责拟定集团风险管理战略、规划，提出风险管理的政策和程序，如制订具体的控制策略、信用风险、市场风险和操作风险等基本政策。此外，CRO也负责企业的管理制度和信贷风险的控制流程，支持企业的整体战略。

资料来源：宋玉河. 管理学[M]. 北京：经济科学出版社，2011.

1.3.2 管理者技能

不管在什么类型组织中的管理者，也不管他处于哪一个管理层次，所有的管理者都需要有一定的管理技能。罗伯特·卡茨(Robert L. Katz)列举了管理者所需的三种素质或技能，海因茨·韦里克(Heinz Weihrich)对此进行了补充。综合来说，管理者需要具备的素质或管理技能主要包括以下几方面。

(1) 技术技能。技术技能是指对某一特殊活动，特别是包含方法、过程、程序或技术活动的理解和熟练。它包括专业知识、在专业范围内的分析能力及灵活地运用该专业的工具和技巧的能力。技术技能主要涉及"物"的工作。

(2) 人事技能。人事技能是指一个管理者能够以小组成员的身份有效工作的行政能力，并能够在他所领导的小组中建立起合作的关系，即协作精神和团队精神，从而创造一种良好的氛围，以使员工能够自由地、无所顾忌地表达个人观点的能力。管理者的人事技能是指管理者为完成组织目标应具备的领导、激励和沟通能力。

(3) 思想技能。思想技能是指把企业看成一个整体的能力，包括识别一个组织中的彼此互相依赖的各种职能，以及反映一部分的改变如何能影响其他各部分，并进而影响个别企业与行业、社团之间，以及与国家的政治、社会和经济力量这一总体之间的关系，即能够总揽全局，判断对其影响的重要因素并了解这些因素之间关系的能力。

(4) 设计技能。设计技能是指以有利于组织利益的种种方式解决问题的能力,特别是高层管理者不仅要发现问题,还必须像一名优秀的设计师那样具备找出这一问题切实可行的解决办法的能力。如果管理者只能看到问题的存在,只是“看到问题的人”,他们就不是合格的管理者。管理者还必须具备这样一种能力,即能够根据所面临的现状找出可行的解决方法的能力。

这些技能对于不同管理层次的管理者的相对重要性是不同的。技术技能、人事技能的重要性依据管理者所处的组织层次从低到高逐渐下降,而思想技能和设计技能则相反。对基层管理者来说,具备技术技能是最为重要的,具备人事技能在同低层的频繁交往中也非常有帮助。当管理者在组织中的组织层次从基层往中层、高层发展时,随着他同下级直接接触的次数和频率的减少,人事技能的重要性也逐渐降低。也就是说,对于中层管理者来说,对技术技能的要求下降,而对思想技能的要求上升,同时具备人事技能仍然很重要。但对于高层管理者而言,思想技能和设计技能特别重要,而对技术技能、人事技能的要求相对来说则较低。当然,这种管理技能和组织层次的联系并不是绝对的,组织规模的大小等一些因素对此也会产生一定的影响。

☎【小资料】

什么决定你的财富?眼光!

乔布斯、沃兹、惠恩是三个非常热爱电脑的年轻人。1976 年的一天,他们签署了一份合同,成立了一家电脑公司,公司取名“苹果”。为了筹集到足够的资金,三个人到处奔波;其中,惠恩筹集到的资金最少,只占资本的 1/10。苹果电脑公司成立后,惠恩也就成为小股东,拥有了公司 1/10 的股份。他们的产品“苹果一号”推向市场后很受欢迎,总共售出了 150 台,收入近 10 万美元;扣除成本及其他债务,赚了 48 000 美元,惠恩分得了 4 800 百美元。不过,惠恩并没有收到这笔红利,他只是象征性地拿了 500 美元工资就急急忙忙地离开了公司,甚至连自己 1/10 的股份也不要了。

惠恩为何如此仓促地离开苹果公司?多年后他向记者这样解释道:“我为什么要马上离开苹果公司,要回 500 美元就算了?因为我怕乔布斯过于急进,日后可能会令公司负上巨额债务,那时我也要替公司负上 1/10 的责任。”

如今的苹果公司正如日中天,大家争相买入“苹果”的股票,将其作为最佳投资项目。假若惠恩一直持有苹果公司的股份,他早已成为亿万富翁了。

在这个世界上,决定财富的因素有很多:机遇、胆识、教育水准、人际关系等,但最重要的一项却是眼光。惠恩对乔布斯做出了错误的判断,最终使自己与财富失之交臂。

资料来源:是什么决定你的财富?眼光. http://toutiao.com/i6227224990379409921.

1.4　管理学的研究对象、研究方法和学科特点

所谓管理学就是研究管理活动及其内在规律性的科学。它以一般组织的管理活动为研究

对象，通过对管理活动的研究，探讨其内在的规律性，然后上升为理论，形成一个理论体系。管理学的理论体系，是由一系列反映管理活动内在规律性的概念、原理、原则、制度、程序、方法等组成。这个理论体系来源于实践，又用于指导实践。管理学以各种管理工作中普遍适用的规律、原理和方法作为研究对象，以指导人们千差万别的管理活动。

1.4.1 管理学的研究对象

管理学是一门系统地研究管理活动过程及其基本规律和一般方法的科学。管理学来源于人类社会的管理实践活动，是人类长期从事管理实践活动的科学总结，是人类智慧的结晶。

管理学作为一门独立的学科正式形成于 19 世纪末 20 世纪初，其代表作有美国古典管理理论学家泰勒的著作:《计件工资制》《车间管理》《科学管理原理》等。自此，管理学逐渐受到各国政府和企业界的高度重视，经过 100 多年的发展，现已形成了许多管理理论学派。虽然不同学派对管理的认识不同，但只要是管理学，无论什么样的学派，无论这些学派对管理的认识有多么的不同，它都是一门研究管理活动内在规律性的科学。它以组织中的管理活动作为自己的研究对象，通过管理活动的研究以探讨内在的规律性，然后上升为理论，形成一个理论体系。管理学的理论体系是由一系列反映管理活动内在规律性的概念、原理、原则、制度、程序、方法等组成的。

管理总是在一定的社会生产方式下进行的，依据与管理活动有关的生产力、生产关系、上层建筑等方面的研究内容，可以将管理学分为以下三个方面。

(1) 研究生产力方面的问题。管理活动与生产力密切联系，这方面主要研究如何合理高效地协调和使用、管理组织的人、财、物、信息等各种资源，以实现预期的管理目标，包括对各种资源在使用过程中的计划、组织、协调和控制等问题。

(2) 研究生产关系方面的问题。管理活动也与生产关系密切联系，这方面主要研究如何正确处理管理活动中人与人之间的关系，尤其是管理者与被管理者之间的关系等问题。与之相关的还有管理组织与其他组织之间的关系，组织与其成员之间的关系等。

(3) 研究上层建筑方面的问题。管理活动还受到上层建筑的影响，这方面主要研究管理组织在追求经济效益的同时，如何注重社会效益，促进社会文明的全面进步，促进组织的民主建设，使组织成员得到全面发展；研究如何根据国家的要求，建立合理的管理体制，制定完善的规章制度，促进管理组织系统的改革，培养和发展具有自身个性的组织文化等。

管理学的具体研究内容涉及以下几个主要方面。

(1) 基础部分。介绍管理的含义、管理者的角色与技能、管理的性质、管理的职能、管理学的特点、管理学的发展历史等。从一般意义上对管理学进行总体描述，为管理学的学习研究构建总纲和基础。

(2) 职能部分。研究管理的计划、组织、领导、控制、协调等各项职能，具体分析每一项职能的内涵、地位、功能、过程及要求。从管理过程的角度分析管理“是什么”的问题，奠定管理学学习与研究的世界观或认识论。

(3) 原理部分。研究反映管理活动本质内容及必然联系的系统原理、人本原理、权变原理等基本管理原理，分析由这些原理派生的各项管理原则的内涵、要求及实现途径。从管理规律的角度阐明管理应遵循的各项原理与原则。

(4) 方式部分。探讨管理者应如何根据管理环境、组织性质、人性等变量的综合分析，选择科学有效的管理方式与管理方法。从方法论的视角揭示各种管理方式的适应性问题。

1.4.2　管理学的研究方法

1. 唯物辩证法

唯物辩证法是我们学习和研究管理学的强大思想武器。管理学源于管理的实践活动，在长期的管理实践中，人们运用历史的、全面的、发展的观点去观察和分析各种管理现象和管理问题，通过对感性积累经验的加工提炼，上升为理性认识即管理理论；反过来又能动地运用有关管理理论去指导管理实践，验证管理理论的正确性和有效性，并进一步发展和完善管理理论。因此，学习和研究管理学，必须以唯物辩证法为总的方法论基础，坚持实事求是的科学态度，深入管理实践，进行调查研究，总结管理实践经验并运用判断和推理的方法，使管理实践经验上升为管理理论。此外，在学习和研究中还要认识到一切现象都是相互联系和相互制约的，一切事物也都是不断发展变化的。因此，必须用全面的、联系的、历史的、发展的观点去观察和分析管理问题，重视管理学的历史，分析它的过去、现状及其发展趋势，不能固定不变地看待组织及组织的管理活动。

2. 系统分析法

要进行有效的管理活动，必须对影响管理过程的各种因素及其相互之间的关系进行总体的、系统的分析研究，才能形成管理的可行性基本理论和合理性决策活动。总体的、系统的研究和学习方法就是用系统的观点来分析、研究和学习管理原理和管理活动。所谓系统是指由相互作用和相互依赖的若干组成部分结合成的、具有特定功能的有机整体。而系统本身又是它所从属的一个更大系统的组成部分。根据这个定义，管理过程是一个系统，管理的概念、理论和技术方法也是一个系统。因此，从管理的角度看，系统有两个含义：一是指系统是一种实体；二是指系统是一种方法或手段。二者既有区别，又有密切联系。

在分析和研究管理过程系统时，要把握其作为一种实体所具有的以下特征。

(1) 整体性。管理过程是由各个管理职能相互联系、相互作用构成的有机整体，而不是它的各个要素的简单叠加。

(2) 目的性。管理系统的目的就是要使组织中的各个要素得到合理配置，以创造价值和提供服务，从而取得最优的经济效益和社会效益。

(3) 开放性。管理过程本身是一个系统，但它又是社会系统中的组成部分，因此，它在不断地与外部社会环境进行物质、能量和信息的交换，因而具有开放性的特点。

(4) 交换性。管理过程中各种因素都不是固定不变的，因此管理系统可以转换被管理的各种因素，使管理取得更大的功效。

(5) 相互依存性。不仅管理的各个要素之间相互依存，而且管理活动与社会其他活动也是相互依存的。

(6) 控制性。管理过程具有信息反馈的机制，以使各项工作能够及时、准确地被控制，从而得到有效的管理。

系统作为一种方法、手段或理论，则要求在研究和解决管理问题时，必须具有整体观点、“开放”与相对“封闭”的观点、反馈信息的观点、分级观点、等效观点等有关系统的基本观点。

学习管理的概念、理论和方法也要用系统的观点来进行指导。通过管理过程中管理职能的展开来系统研究管理活动的过程、规律、原理和方法的问题，这是一种对主管人员来说比较切合实际的研究和学习的方法，并且易学、易懂、易用。因此，学习管理学，绝不能把各项职能的工作割裂开来，而应把它们当作整个管理过程的有机组成部分来系统地分析和思考，从而真正认识到作为一个主管人员应该做些什么工作，怎样把工作做好，以及需要哪些相关的知识。

3. 理论联系实际的方法

一切从实际出发，离不开我国的国情。从管理的角度来看，我们国家的经济文化发展水平和民族文化传统是学习管理的前提；我国在管理领域的经验与教训是研究管理学的基础。

一方面，我国有着特定的经济文化发展水平，这是研究管理的出发点。同样，中华民族有着源远流长的文明史，它形成了极为复杂的传统文化体系，既有优秀的传统文化，也有优劣混杂的传统文化。封建统治阶级倡导的文化体系以儒家文化为主导。这种文化以“仁”为核心，坚持“中庸”的处事态度。它既有扼杀人的个性、束缚人的创造精神、抑制社会活力的一面，也有崇尚集体观念，有利于促进社会统一和谐、发挥整体优势的一面。按现代管理的系统思想来说，发挥系统整体优势与调动系统各要素的积极性，二者紧密相连、不可分割。前者以后者为基础，后者以前者为归宿。因此，我们对古代统治阶级的民族文化，不能采取简单肯定或简单否定的态度，而应做出具体分析，并与现代的管理紧密结合起来。此外，应辩证地对待民族传统文化，充分挖掘传统文化的精髓，丰富管理科学的内容，服务于现代管理。

另一方面，中国共产党领导全国各族人民团结一致、艰苦奋斗，在各个方面都取得了卓越成效。在管理上，做了很多开创性的工作，形成了有自己特色的某些管理思想，甚至培育了某种新社会主义管理文化。例如，我们深入进行共产主义理想教育和道德教育，深入进行了集体主义和组织纪律教育，这些都在人民群众中产生了深远影响。学习管理学、研究管理问题，务必要把握住这些特有的国情，使之发扬光大。为调动人的积极性而采取的理想教育和精神感化相结合的方法、身教和言教相结合的方法、民主的管理方法等，都与行为科学的理论不谋而合，有的甚至发展了行为科学理论。

尤其需要指出，改革开放以来，我党领导人民在社会主义现代化建设中取得了举世瞩目的成就，许多方面都值得我们总结提高。就管理领域来说，国家宏观调控措施的选择和运用、经济手段的综合运用、中央与地方权力的合理划分、管理职能的转变、人事制度的改革、管理组织的调整、现代企业制度的建设等，都很有成效。这些管理实践活动是国情的重要组成部分，是学习管理学、建立具有中国特色管理学体系的出发点之一。

4. 学习和研究管理学的具体方法

学习管理学是提高管理水平的一条重要途径，学好管理学对于管理实践有着重要意义。如何学习管理学？怎样学好管理学？是学习者普遍关注的问题。这里介绍几种学习管理学的具体方法，可以供学习者参考与借鉴。

1）案例研究法

案例研究法是指对有代表性的案例进行剖析，从中发现可供借鉴的经验、方法和原则，从而加强对管理理论的理解与运用，这是管理学研究和学习的重要方法。哈佛商学院因其成功的案例教学，培养出了大批的优秀企业家。管理的案例研究法，是当代管理科学比较发达的国家在管理学教学中广为推行的学习研究方法，且效果甚佳。学习研究管理学，必须掌握案例教学法、案例研究法，将自己置身于模拟的管理情景中，学会运用所学的管理原理、原则和方法去指导管理实践。

2）比较研究法

有比较才有鉴别。当代世界各国都十分重视管理和管理学的研究，各自形成了有特色的管理科学。学习和研究管理学时，要注意管理学的双重性，既要吸收发达国家管理中科学性的东西，又要去其糟粕；既要避免盲目照搬，又要克服全盘否定。因此，要从我国国情出发，加以取舍和改造，有分析、有选择地学习和吸收西方管理的理论和实践经验。在学习和研究外国的管理经验时，至少要考虑四个不同，即社会制度的不同、生产力发展水平的不同、自然条件的不同、民族习惯和传统文化的不同。这就要求我们学会用比较研究的方法对世界上先进的管理理论和实践进行比较研究，分辨出一般性的东西和特殊性的东西，可以借鉴的东西和不可借鉴的东西，真正做到兼收并蓄，丰富我国管理学的内容，建立具有中国特色的管理科学体系。

3）历史研究法

历史研究法是对前人的管理实践、管理思想和管理理论予以总结概括，从中找出带有规律性的东西，实现古为今用的方法。这种研究方法运用的结果最终构成了人类管理思想产生与发展的历史。因此，研究管理思想产生与发展的历史，是一种很好的学习管理学的方法。

4）定量分析法

定量分析法是运用自然科学知识尤其是数学知识，把握管理活动与管理现象内在的数量关系，寻求其数量规律，解决管理问题的方法。任何事物都兼有质与量的规定性，管理也不例外。对管理问题进行定量分析，既是管理实践的客观要求，又是管理走向科学化的必经之路。

5）试验研究法

试验研究法是指有目的地在设定的环境下认真观察研究对象的行为特征，并有计划地变动试验条件，反复考察管理对象的行为特征，从而揭示出管理的规律、原则和特点的方法。试验研究不同于案例分析，后者是将其置于已发生过的管理情景中，一切都是模拟的；而前者则是在真实的管理环境中对管理的规律进行探讨。只要设计合理、组织较好，通过试验方法能够得到很好的结果。如管理学发展史上，泰勒的科学管理原理，就以“时间—动作”的试验性研究为基础；著名的“霍桑实验”是运用试验研究法研究管理学的又一典范，通过试验所得到的重要成果是扬弃了传统管理学将人视为单纯的“经济人”的假说，建立起了“社会人”的观念，从而为行为科学这一管理学新分支的形成和发展奠定了基础。因此，试验研究法是管理学研究的一种重要的方法。

总之，研究和学习管理学要以马克思主义的唯物辩证法为总的方法论进行指导，同时综合运用各种方法，吸收和采用多学科的知识，从系统的观点出发，理论联系实际，实事求是，这样才能真正掌握和发展管理科学，为提高我国的管理水平做出有益的贡献。

1.4.3 管理学的学科特点

管理学作为一门新兴的、独立的学科，经过长期的发展历程，在广泛吸收其他学科研究成果的基础上，建立了自己的科学体系，形成了自己的特点。

1. 管理学既是一门科学，又是一种艺术

自从20世纪初泰勒的科学管理理论产生以来，管理知识逐渐系统化，并形成了一套能反映管理活动内在规律性的理论体系，这个由一系列的基本概念、管理原理和管理方法等组成的理论体系在此后的管理实践中，一方面用于指导人们的管理实践，使人们的管理水平得到不断的提高；另一方面又随着人们管理实践的不断丰富而不断发展和完善。因此，从这个意义上说，管理学是一门科学，它是人们在长期的管理实践中，经过无数次的成功和失败，总结出来的一系列可供人们学习和传授的、反映管理活动客观规律的管理理论和方法。例如，通过本书的学习，你将学到许多作为管理者要用到的管理知识，懂得应如何决策，如何制订计划，如何设计组织结构，如何激励下属，如何进行有效的控制与协调等。

然而，管理学也是一门不精确的科学。人们在认识管理活动内在规律性的过程中所形成的概念、原理、原则、方法等不可能像自然科学的原理和定理那样通过实验加以提炼和验证。因此，一方面当管理者应用管理理论指导管理实践时，不可能像自然科学应用其定理和原理去指导自然科学实践那样严谨、精确和一丝不苟，而是要求管理者在管理过程中灵活地运用管理理论进行具体问题具体分析。另一方面管理又具有很强的实践性，由于管理工作对象的复杂性、管理问题和管理环境的多变性，管理学所能提供的专业手段和方法又是极其有限的。因此，需要管理者有丰富的、能根据实际情况行事的技巧，这就是所谓的管理也是一种艺术。艺术的含义是指能够熟练地运用知识并且通过巧妙的技能来达到某种效果，或是指达到某种预期效果的"诀窍"。正如其他所有技能一样，管理工作也需要利用系统化的知识，根据实际情况加以运用，以获得预期的效果。因此，在管理实践中，如果只凭书本知识来诊断，仅借助原则来设计，靠背诵原理来管理，则是远远不够的。只有将管理知识与具体的管理实践相结合，发挥管理者的积极性、主动性和创造性，才能进行有效的管理。所以，管理的艺术性就是强调管理活动除了要掌握一定的理论和方法外，还要灵活运用这些知识的技巧和经验。

因此，我们说管理学既是一门科学，又是一种艺术，是科学与艺术的有机结合。管理的这一特性，对于学习管理学和从事管理工作的管理者来说是十分重要的，它可以促使人们既注重对管理理论的学习，又不忽视在实践中因地制宜地灵活运用管理的理论和方法。对一个管理者来说，如果他不懂得管理的科学理论，他在管理的过程中就只能靠碰运气、靠直觉或过去的经验办事；而如果管理者掌握了管理的科学理论，他就有可能对所要解决的问题找出切实可行的解决办法。当然，管理者也不能空谈管理理论，不通过实践来丰富自己的管理经验和技巧。总之，要成为一个优秀的管理者，不但要学好管理的理论，还要掌握管理的艺术。前者需要的是系统的理论学习，而后者则需要个人的智慧和经验。

2. 管理学是一门综合性的科学

管理学的综合性特点可从三个方面来分析。一是从管理学自身的知识体系构成来看，它具有综合性。管理学的整个知识体系可分成三个层次，即管理的基本理论知识，管理技术、管理方法等工具性知识，专门领域的专业性管理知识。二是从管理学的学科体系结构分析，管理学是一个包含许多分支学科的综合性学科。因为在整个人类社会中，人们会按照专业化分工的原则从事各种各样的工作，社会也因此形成各种各样的部门或行业，这样也就有各个部门或行业的管理活动，从而形成了不同部门或行业的专业管理，包括经济、技术、教育、行政、军事等

许多方面的专业管理，这就形成了众多分支学科，而每个分支学科又可以细分，如经济管理又可细分为宏观经济管理、中观经济管理和微观经济管理。三是从管理的知识来源和构成方面分析，它吸收了许多自然科学和社会科学的知识，如数学、政治经济学、哲学、生产技术学、社会学、心理学、行为科学、信息学、仿真学等。也就是说，管理学与社会科学、自然科学两大领域的多种学科有着广泛而密切的联系，并且它需要综合利用社会科学和自然科学的成果，才能发挥自身的作用，它具有社会科学与自然科学相互渗透、相互交叉的特点。因此，管理学是一门综合性学科，或称为综合性的边缘学科。管理学的综合性特征，要求管理者掌握广博的知识，但并不要求一定是个学科的专家。

3. 管理学具有历史发展性

任何科学的发展，都是在人类思想遗产和前人研究成果的基础上坚持探索、坚持创新而实现的。同样，管理学的产生和发展有其深刻的历史渊源。管理学发展到今天，经历了许多不同的历史发展阶段，在每一个历史阶段，由于历史背景不同，产生了各种管理理论。这些理论，有些已显陈旧，有些尚能适用。但总的来说，将管理学作为一门现代科学来研究还只不过几十年时间，它还是一门非常年轻的学科，其理论还处于新旧更迭的发展之中。同时，作为一门与社会经济发展紧密关联的学科，也必将随着经济的发展和科技的进步而发展。

4. 管理学是一门应用性、实践性很强的科学

管理学来源于实践又应用于实践，其目的是为人们提供高效率的管理。由于管理对象的复杂性和管理环境的多变性，使有的管理知识在运用时要注意技巧性、灵活性和创造性，不能用陈规旧矩或思维定式把它禁锢起来，需要在实践中不断创新。须知，学校是培养不出“合格”的直接管用的管理者的。

本章小结

关于管理的概念，学术界许多学者从不同侧面提出了许多观点。本书结合中外学者的不同观点，认为管理是指为有效实现组织目标，管理者通过计划、组织、人员配备、领导和控制，协调以人为中心的各种资源的一系列社会活动过程。管理的载体是组织；管理的主体是管理者；管理的实质是处理人与人之间的关系。

管理是一种社会文化现象，是协作劳动的产物。随着生产力的飞速发展，社会化程度的迅速提高，市场的不断扩大要求管理水平也应不断提高。第二次世界大战之后，现代管理呈现出系统化、人本化、效益化、科学化、战略化和信息化的发展趋势。

管理具有同社会化生产相联系的自然属性和同社会制度相联系的社会属性。学习和掌握管理的双重性理论，对我们学习管理学，深刻认识我国的管理问题，探索适合我国国情的企业管理模式，都具有非常重大的现实意义。管理既是一门科学，又是一门艺术。

管理学是一门系统地研究管理活动过程及其基本规律和一般方法的科学，它具有普遍性、综合性、时代性和应用性等特点。管理学对于人们把握管理规律、优化组合生产要素、培养优秀的管理人才、实现管理国际化和管理创新、提高社会劳动生产率，具有深刻的现实意义。

学习和研究管理学，应坚持以马克思主义的辩证唯物主义和历史唯物主义为指导，结合我国的实际情况，综合运用系统分析方法、理论联系实际等多种方法，为建立具有中国特色的管理学体系而努力。

思 考 题

1. 什么是管理？你是如何理解管理的？
2. 什么是管理的双重性，怎样理解管理的双重性？
3. 管理的基本职能有哪些？它们之间有什么关系？
4. 怎样理解管理的科学性和艺术性？
5. 管理学有哪些基本特点？

第2章 管理思想与理论发展

管理活动源远流长、自古即有，但形成一套比较完整的理论，则是经历了漫长的历史发展过程。从历史上看，管理与人类社会几乎同时产生。自从有了人类社会，人们的社会生活就离不开管理，所以管理的实践很早就出现了。而在有了人们的实践之后，才有人对这些实践活动，包括政治的、军事的、经济的、文化的或宗教的活动加以研究和探索。经过长期的积累和总结，人们对管理实践有了初步的认识和见解，从而开始形成管理思想。随着社会的发展、科学技术的进步，人们对管理思想加以进一步的总结，提出管理中带有规律性的东西，并将其作为一种假设，结合科学技术的发展，在管理实践中进行验证，继而对验证结果加以分析研究，从中提炼出了属于管理活动普遍原理的东西。对这些原理的抽象综合，就形成了管理的基本理论。这些理论又被人们运用到管理实践中，指导管理活动的进行，同时又进一步对这些理论进行实践验证，这就是管理学的整个形成过程，也就是从实践到思想再到理论，然后又将理论应用于实践。因此，将管理学的这样一个形成过程同人类社会发展的不同阶段加以比较和归纳，就可以比较全面地表示出管理学的形成过程。

2.1 早期管理思想

从人类社会产生到19世纪末，人类为了谋求生存都自觉不自觉地进行着管理活动和管理实践，其范围是极其广泛的。但是人们仅凭经验去管理，尚未对经验进行科学、抽象的概括，没有形成科学的管理理论。早期的一些著名的管理实践和管理思想大都散见于埃及、中国、希腊、罗马和意大利等国的史籍和许多宗教文献之中。

2.1.1 西方早期管理思想

国外有记载的管理实践和管理思想可以追溯到6 000多年前，一些文明古国如古埃及、古巴比伦、古罗马等在组织大型工程的修建、指挥军队作战、教会组织的管理和治国施政中都体现出了大量高深的管理思想。

1) 国家行政管理思想

(1)《汉谟拉比法典》中的管理思想。

公元前2000年左右，古巴比伦国王汉谟拉比曾经颁布《汉谟拉比法典》(又名《石柱法》，因用楔形文字刻在石柱上)。这部法典共有282条，包含了丰富的管理思想，如其中对责任的承担、借贷、最低工资、货物的交易、会计和收据的处理、贵金属的存放等，都做了明确的规定。法典中规定，如果一个人在另一个人那里存放金银或其他东西，必须有一个证人，并拟订契约，然后再存放。如果某家的房屋倒塌，并压死了人，那么造房子的人要被处以死刑等。

(2)《圣经》中的管理思想。

《圣经》不仅是犹太教和基督教的宗教经典，也是世界文化和知识宝库中的一部杰作，是迄今为止在全世界印数最多、流行最广、翻译语种最多的一部书籍。《圣经》各卷的体裁和风格大不相同，有散文、诗歌，也有历史、传奇、寓言和训诲等。《圣经》叙述了古代犹太民族的神话、传说、历史变迁、风俗习惯、法律、伦理、社会组织制度及其与古代地中海地区其他民族之间的关系，是人们认识和了解古代小亚细亚和北非一带各民族在远古时代生产生活状况、社会组织制度、宗教生活、民族迁徙、民族矛盾和历史变迁等内容的途径之一。《圣经》中涉及关于制定法令、建立等级、分权与授权、管理宽度等管理思想，例如，《圣经》中记载，针对摩西事必躬亲，其岳父向他建议，应当把优秀的人才挑出来，让他们充当千夫长、百夫长、十夫长，对每一件日常小事，他们可以做出判断，但对于每一件大事，他们应向上级汇报。

(3)《政事论》中的管理思想。

《政事论》是古代印度公共行政管理的奠基之作，亦译作《利论》或《治国安邦述》，梵语意为“国王利益的手册”。其包含丰富的政治、经济、法律和军事、外交思想。相传为古印度孔雀王朝的开国大臣考底利耶所著，成书年代约在公元前 4 世纪末到公元前 3 世纪初。全书共 15 卷，150 章，180 节。

《政事论》系统论述君主如何统治国家的种种问题。君主必须有良好的教养，勤于政事，关心臣民的福利。由枢密大臣、国师、大臣会议和政务大臣等各部门长官辅佐君主共同统治国家。《政事论》主张实行中央集权统治，国王掌握国家的最高权力。国家负责建立新村落，控制商业，干预经济和社会生活的各个方面。《政事论》还涉及在国家政治生活中具有相当独立地位的一些王公。

《政事论》还论述了战争和外交问题。《政事论》分析了当时国家关系的基本状况，提出处理国与国之间关系的基本法则，以及自强争霸的种种方略。战争是扩张势力的基本方式，建立强大军队，灵活机动地作战，夺取敌人的土地和城市，是其军事管理思想的主要内容。该书也论述了行政管理人员的选拔、培养与使用办法等。

(4)《君主论》中的管理思想。

15 世纪，意大利的著名思想家和历史学家马基雅维利在他的《君主论》《谈话录》中阐述了许多管理思想。其中影响最大的是他提出了四项领导原理：①群众的认可，领导者的权威来自群众；②内聚力，领导者必须维持并加强组织的内聚力，否则组织不可能长期存在；③求生存的意志，领导者必须具备坚强的生存意志力，以免被推翻；④领导能力，领导者必须具有崇高的品德和非凡的能力。这些领导原理，与现代管理学尤其是领导科学理论有高度的相关性与一致性。

2) 生产管理思想

(1) 胡夫金字塔的建造。

古埃及人在公元前 2600 年左右开始建造的金字塔，是世界上最伟大的管理实践之一。其中最大的胡夫金字塔，高 146 米左右，底边各长 230 米左右，共耗用巨石达 230 多万块，动用了逾 10 万人力，费时约 20 年得以建成。现代著名管理学家彼得·德鲁克认为那些负责修建埃及金字塔的人是历史上最优秀的管理者，因为他们当时在时间短、交通工具落后及科学手段缺乏的情况下创造了世界上最伟大的奇迹之一。

(2) 有关简单的劳动分工思想。

在公元前 370 年，古希腊学者瑟诺芬提出朴素的劳动分工思想。他认为，在制鞋过程中，一个人只缝鞋底，另一个人进行剪裁工作，还有一个人制鞋帮，再由一个人专门把鞋底、鞋帮等部件组装起来。这样做，一定能把工作做得最好。

(3) 威尼斯造船厂。

15 世纪前后，威尼斯造船厂是当时世界上最大的工厂，该厂占有 60 英亩(1 英亩＝0.404 8 公顷)水陆面积，雇用 1 000 多工人。造船厂在各方面的管理经验，已体现出现代管理思想的雏形。例如，装配线生产，威尼斯造船厂在工作中采取了类似于流水线作业的装配生产制度，船舰所需的各种零配件都放在一条运河的两岸，并按安装顺序排列，工人按部件和装备的种类分配在各个部门，并进行分工，一条战船从运河一端进来，走到另一端，从武器、用具、食物、船员都配备完整，整装出发，效率极高。

3) 宗教管理思想

罗马天主教会早在第一次工业革命之前，就成功地解决了大规模活动的组织问题。它采用了按地理区域划分基层组织，并在此基础上又采用有很高效率的职能分工，在各级组织中配备参谋人员，从而使专业人员和下级参与制定决策的过程，但又不破坏指挥的统一。罗马天主教会之所以能够有效地控制世界各地 5 亿名以上教徒的宗教活动，在很大程度上同它所采用的这一套组织形式有密切关系。

4) 西方早期管理思想的先驱者

18 世纪中叶，西方国家相继发生了产业革命。产业革命大大推动了生产技术的进步，使人力资源与自然资源的大规模结合成为可能，以手工技术为基础的资本主义工场手工业开始过渡到以机器大生产为特征的资本主义工厂制度。工厂制度的产生，导致生产规模的扩大、专业化协作的发展、投入生产的资源增多等，这就带来一系列迫切需要解决的新问题，如工人的组织、分工、协作、配合问题，工人与机器、机器与机器间的协调运转问题，劳资纠纷问题，劳动力的招募、训练与激励问题，劳动纪律的维持问题等。在这种形势下，一些管理先驱者从不同角度对管理进行了理论研究，其中对后来管理理论的形成有较大影响的代表人物有亚当·斯密、罗伯特·欧文、查尔斯·巴贝奇等。

(1) 詹姆斯·瓦特和马修·鲁滨逊·博尔顿的科学管理制度。

他们的贡献主要体现在管理技术方面，即市场研究与预测技术；生产计划技术；生产过程规范化和产品部件标准化；依据工作流程有顺序地安装机器；建立详尽的生产统计记录；按照机器进行分部门的成本利润核算；工人与管理人员的培训方法；按效率和效果支付工人工资；工人自己管理自己，等等。难怪管理学家厄威克和布雷奇在研究了他们的管理经验后指出，在他们之后，古典管理理论阶段的管理学家在许多方面都没有超出他们二人研究的东西，他们的成本核算制度，甚至还要优越于现代许多成功的企业。

(2) 亚当·斯密的劳动分工与“经纪人”思想。

英国古典政治经济学家亚当·斯密在1776年发表的代表作《国民财富的性质和原因的研究》中,最早对劳动分工进行了研究。他以工人制造大头针为例,详细阐述了劳动分工可以极大地提高劳动生产率。如果一名工人没有受过专门的训练,恐怕一天也难以制造出一枚针来,如果把制针的程序分为若干专门操作,平均每人“一日也能成针十二磅”(大约48 000枚)。他还进一步阐述了劳动分工之所以能提高劳动生产率的原因:第一,劳动分工可以使劳动者专门从事一种单纯的操作,从而提高工人技术的熟练程度;第二,劳动分工可以减少由于变换工作而损失的时间;第三,分工使劳动简化,可以使人们把注意力集中到一种特定的对象上,有利于发现比较方便的工作方法和改进机器和工具。

亚当·斯密还提出了“经济人”的观点,认为人们在经济活动中追求的是个人利益,社会利益是由于个人利益之间的相互牵制而产生的。亚当·斯密的分工理论和“经济人”观点,对后来西方管理理论的形成有巨大而深远的影响。

(3) 罗伯特·欧文的人事管理思想。

罗伯特·欧文是英国的空想社会主义者,对共产主义理论的形成与建设产生了重大影响。同时,他也是英国19世纪一位颇有成就的企业家,对管理理论的形成也做出了贡献。他首次提出了关心人的管理思想,并在他与人合办的企业进行了全面实验,试图在企业内建立起一种全新的人际关系,例如,缩短工人的劳动时间;改善工厂内工人的工作条件;规定童工的最低年龄;为工人提供厂内膳食;设立商店,按成本价向工人提供生活必需品;改善工人生活居住条件,等等。在当时资本主义社会,罗伯特·欧文的这些做法是不可思议的,极具有开创性的,因此,他被誉为人事管理的先驱者。

(4) 查尔斯·巴贝奇的科学管理。

查尔斯·巴贝奇是英国的数学家、发明家,是产业革命后期对管理思想贡献最大的先驱者之一。巴贝奇更全面、更细致地分析了劳动分工能提高生产效率的原因;特别强调劳资协作,为了调动劳动者的工作积极性,提出了一种工资加利润的分享制度。他认为劳动分工使生产率提高的原因:第一,节省了学习所需要的时间;第二,节省了学习期间所耗费的材料;第三,节省了从一道工序转移到下一道工序所需要的时间;第四,经常从事某一工作,肌肉能够得到锻炼,不易引起疲劳;第五,节省了改变工具、调整工具所需要的时间;第六,重复同一操作,技术熟练,工作较快;第七,注意力集中于单一作业,便于改进工具和机器。

巴贝奇提出的一种固定工资加利润分享制度有以下好处:第一,每个工人的利益同工厂的发展及其所创利润的多少直接有关;第二,每个工人都会关心浪费和管理不善等问题;第三,能促使每个部门改进工作;第四,有助于激励工人提高技术水平及自身品德;第五,工人同雇主的利益一致,可以消除隔阂,共求企业的发展。

巴贝奇在其著名的著作《机械及制造经济》中对经理人员提出许多建设性意见:制造程序及成本;应用时间研究技术;搜集资料时应使用印好的标准表格;分析企业机构的实际工作时数,宜采用比较分析法;应研究各种不同颜色的纸张与油墨的效果,以确定何种颜色不易使眼睛疲劳;提问题时,要研究如何发问才能获得最佳效果;应根据以“所得”为基础的统计资料,来确定“所需”;生产程序的管理应该集权化;应重视研究发展工作;应考虑厂址是否邻近原料供应地,以确定厂址位置;应建立一套有效的建议制度。

(5) 安德鲁·尤尔的管理教育思想。

安德鲁·尤尔是英国管理教育的先驱,尤尔在管理方面的主要著作是1835年出版的《制造业的哲学》。他首先建议他所任教的学校建立起专门向工人传授知识的学院,该学院后来成为培养管理人员的基地。他指出每一个企业都有三种有机系统:第一是机械系统,指生产的技术和过程;第二是道德系统,指工厂中的人事方面;第三是商业系统,指工厂企业通过销售和筹措资金来维持生存。尤尔的思想对法国管理大师法约尔产生了直接影响。

(6) 威廉·杰文斯的管理思想。

威廉·杰文斯是英国的经济学家和逻辑学家,他把数学方法引入经济学,在经济学方面的代表作是《政治经济学理论》和《经济学原理》。他在管理思想方面也有较大贡献,杰文斯是第一个研究劳动强度和疲劳关系问题的人,比泰勒所做的类似研究实验早10年。

(7) 丹尼尔·麦卡勒姆和亨利·普尔的管理思想。

丹尼尔·麦卡勒姆是赴美的苏格兰移民,他思维敏捷和想象力丰富,在实践中积累了大量的管理经验。这些经验被美国宾夕法尼亚铁路公司所采用。麦卡勒姆主张实行严密的管理制度,他认为,必须恰当地划分并履行职责,实行明确的分工负责制;要想使人更好地履行职责,必须授予他足够的权力;采取措施以了解每个人是否忠实地履行了职责;建立每日报告核查制度反馈情况。

同时,麦卡勒姆还制定了严密的组织措施,包括:为工人拟定了职务说明书,工人必须按职务要求开展工作;绘制出最早的组织图以表示各部门之间的分工和报告控制关系;工人按其职务要求划分等级,并穿上标有等级的制服。

麦卡勒姆的管理制度和组织措施遭到了工人的反对,但却得到了亨利·普尔的高度赞扬。普尔是一位出色的管理先驱,他在1849—1862年间担任《美国铁路杂志》的主编时,就提出了许多重要的管理思想。他在泰勒之前50多年就提出了建立严格管理制度的思想,在法约尔之前60年就提出了集中指挥的问题,在梅奥之前70多年就提出了人的因素问题,在阿吉里斯之前100年就提出了消除正式组织僵化问题,这些都是十分难能可贵的。

2.1.2　中国古代管理思想

中国作为四大文明古国之一,是一个具有几千年文明史的国家,我国古代各族人民以自己的智慧和辛勤劳动创造了许多令现代人叹为观止的著名的管理实践和极为丰富的管理思想。如由李冰父子主持修建的集分洪、灌溉、排沙诸功能于一体的都江堰水利工程,秦始皇命大将蒙恬"役四十万众"主持建造的万里长城,隋唐人工挖建的京杭大运河等,这些伟大工程无不凝聚了古人的管理才能和光彩夺目的管理思想。此外,在浩瀚的古史卷中,也蕴含着十分丰富的管理思想,如《论语》《易经》《老子》《孙子兵法》《三十六计》《资治通鉴》《史记》《西游记》《菜根谭》等古书籍中所包含的管理思想,至今仍倍受世界各国管理界的推崇。下面列举我国早期管理思想中的一部分重要内容。

1)《孙子兵法》的战略管理思想

《史记·高祖本记》载:"运筹帷幄之中,决胜千里之外。"这句古代名言充分说明古人为了在竞争和对抗活动中获胜,十分重视运筹思想与战略决策方法的应用。春秋战国时期"田忌赛马"的故事是孙膑运用运筹思想的生动反映。三国时期的诸葛亮也是一位具有非凡决策能力的思想家和军事家，他的《隆中对》就是一个高瞻远瞩、善于审时度势的决策典范。战国时期由孙武创作的《孙子兵法》不仅是我国军事文化遗产中的瑰宝，而且对现代战略管理仍具有多方面的启迪作用。

（1）系统论思想。

《孙子兵法》开篇就提出了“经五事，校七计”的系统思想。战争的胜败取决于各个方面的因素和情况，但关键的是“经五事”，即“道、天、地、将、法”五个方面的因素。“道者，令民与上同意也”，即要使老百姓和统治者同心同德，也即“人和”。“天者，阴阳、寒暑、时制也”，即“时机”或“天时”。“地者，高下、远近、险易、广狭、死生也”，即地理位置或“地利”。“将者，智、信、仁、勇、严也”，即将帅要有智有谋、诚信、仁慈、无私、勇敢、严明。“法者，曲制、官道、主用也”，即强调编制与制度规范。同时还要“校七计”，“主孰有道？将孰有能？天地孰得？法令孰行？兵众孰强？士卒孰练？赏罚孰明？吾以此观之，知胜负也”即要比较哪一方统治者更清明？哪一方将帅更有才能？哪一方拥有更好的天时地利？哪一方法令能够贯彻执行？哪一方武器装备精良？哪一方士兵训练有素？哪一方更能做到赏罚分明？通过这七个方面的观察与比较，就可以预测战争的胜败。

《孙子兵法》提出的“经五事、校七计”的系统论思想，对现代组织的战略管理有着极强的指导意义，为现代管理提出了战略上的基本思路，即必须指明组织的发展目标与发展方向，建设组织文化，以此来凝聚人心；抓住组织发展的有利时机；摆正组织在激烈竞争中自己所处的位置；高度地重视人才并培养组织的人才；引进先进的技术设备；注重对员工的培训；建立健全组织内部的各项规章制度，依法进行规范管理等。

（2）人才论思想。

《孙子兵法》中对“将”的要求，对我们重视人才、选拔人才、使用人才也有启示作用。“将者，智、信、仁、勇、严也”。将领，要有智有谋；要讲诚信，要取信于下属；要仁慈，即对下属要友好、友善且公正、公平、无私；要勇敢，即要勇于开拓、勇于创新、勇于承担责任、敢冒风险；要严于律己，又严格要求下属。这里孙子把“将”的首要素质要求定位在“智”上，即把知识和才能放在首位，这是值得我们深思的。现代管理非常强调人才的重要性，但什么是人才？人才的衡量标准和基本素质是什么？什么素质最重要？我们也可以从中获得启发。现代管理也要求管理者必须具备思维、规划、判断、独创和洞察等能力，应具备“信赖感”“诚实”“品德超人”“勇于负责”“敢于创新”“敢冒风险”“公平”“严于律己”等基本素质。

（3）对策论思想。

《孙子兵法》强调要有预见性，要进行正确的决策和计划。“夫未战而庙算胜者，得算多也；未战而庙算不胜者，得算少也。多算胜，少算不胜，而况无算乎！”开战之前就预测到能够取胜，是因为事前筹划周密，胜利的条件充分；开战前就预计不能取胜，是因为营谋筹划不够，胜利的条件不足。筹划周密、营谋充分、条件充足就能取胜；筹划疏漏、条件不足就会失败，更何况不做筹划、毫无准备呢？这对现代管理强调计划管理、战略管理、事前控制有十分重要的启迪意义。

（4）信息论思想。

《孙子兵法》中虽然没有“信息”这样的术语，但其对信息的重视对我们现代管理也有深刻的启示。如知己知彼，百战不殆；不知彼而知己，一胜一败；不知彼，不知己，每战必败。明君贤将，所以动而胜人，成功出于众者，先知也。先知者不可取于鬼神，不可象于事，不可验于度，必取于人，知敌之情也。不知敌之情者，不仁之至也，非人之将也，非主之佐也，非胜之主也。

2）经营理财思想

（1）重视预测。

在《史记·货殖列传》中，司马迁记述了春秋末年范蠡、白圭等人的市场预测思想。他们认为“六岁穰，六岁旱，十二岁一大饥”，主张要“乐观时变”及“水则资车，旱则资舟”“人弃我取，人取我予”“欲长钱，取下谷”的待乏原则。

（2）专业化分工。

古人根据自己从事手工业生产的经验，认为专业化分工协作有利于提高人们的工作效率。

战国时期的墨子就提出了劳动分工的思想，主张“各事其能”。孟子也认为劳动分工是非常重要的，“且一人之身，而百工之所为备，如必自为而后用之，是率天下而路也”（《孟子·滕文公上》）。一个人什么事都自己去做，就会疲惫不堪，而以自己之有余以换不足，则大家都受益。孟子把劳动分工加以引申，得出“劳心者治人，劳力者治于之人”的结论。

（3）理财之道。

古代理财思想中最著名的莫过于陶朱公的理财“十二则”和“十二戒”。陶朱公，据说就是春秋末期越国的名臣范蠡，他在帮助越王勾践灭亡吴国之后弃官出走，先到齐国经商，后又到了卫国的定陶定居，化名陶朱公。陶朱公经商有方，屡获巨利，他把自己的经营之术称之为“计然之策”。其中有理财的“十二则”和“十二戒”。“十二则”：能识人，能用人，能知机，能倡率，能整顿，能敏捷，能接纳，能安业，能辩论，能办货，能收账，能还账。“十二戒”：莫悭吝，莫浮华，莫畏烦，莫优柔，莫狂躁，莫固执，莫贪赊，莫懒收，莫痴货，莫昧时，莫争趋，莫怕蓄。陶朱公的理财“十二则”和“十二戒”较全面地阐述了理财的原则。

3）用人方面的思想

在用人方面，我国古代很早就注意到要“选贤任能”“任人唯贤”“唯才是举”“用人所长”，为了充分发挥人才的作用，要“疑人不用，用人不疑”。如唐太宗讲：“致安之本，唯在得人”“能安天下者，唯在用得贤才”。在选才方面，战国时期的墨子对当时王公大臣重用骨肉之亲而不问德行“任人唯亲”的做法非常不满，主张用人应当是“尚贤”。他指出国家在用人时应“不辨贫富、贵贱、远近、亲疏，贤者举而尚之，不肖者抑而废之”。而在采用贤哲时，要先“听其言，迹其行，察其所能”。庄子在选人方面还提出了九条原则，即“故君子远使之而观其忠，近使之而观敬，烦使之而观其能，卒然问焉而观其知，急与之期而观其信，委之以财而观其仁，告之以危而观其节，醉之以酒而观其则，杂之以处而观其色，九征矣，不肖人得矣”。管子在《管子·形势解》指出：“明主之官物也，任其所长，不任其所短。故事无不成，而功无不立。乱主不知物之各有所长所短也，而责必备。”宋代政治家欧阳修指出：“任人之道，要在不疑。宁可艰于择人，不可轻任而不信。”意为宁可择人时多费一些精力，看准了再用，但不可轻易任用却不信任，不敢放手让其施展才干。

4）奖惩思想

（1）奖惩的重要性。

荀子说：“赏不行，则贤者不可得而进也，罚不行，则不肖者不可得而退也。”没有奖赏，有才德的人就得不到提拔；没有惩罚，则不贤能的人就不能被斥退。古代统治者认为，只赏不罚，必乱;只罚不赏,必怨;无赏无罚,既乱又怨;只有赏罚结合,赏罚分明,才能治。

(2) 量功分禄。

荀子指出:"无能不官,无功不赏。"把"官"和"赏"区别开来,把官和能相对应,把功和赏相对应。墨子也主张"量功而分禄",他把任官(用人)与分禄分别开来,主张对有功的多给荣誉和享受,而把官授予有才能的人。

(3) 奖惩的原则。

管子、韩非子都主张重赏重罚。管子"赏薄则民不利,禁轻则邪人不畏"(《管子正世》)。韩非子"赏莫如厚,使民利之;誉莫如美,使民荣之;诛莫如重,使民畏之;毁莫如恶,使民耻之"(《韩非子·八经篇》)。就是说,奖赏最好是重赏,而且该赏的一定要赏,使人们得到好处;惩罚最好是重罚,而且该罚的一定要罚,使人们感到害怕。唐太宗李世民用最精练的语言阐述了赏罚严明的原则:"赏当其劳,无功者自退。罚当其罪,为严者咸惧"(《贞观政要》)。

5) 中国古代管理思想的特点

中国古代的管理实践和管理思想还可列举很多,统观中国古代管理实践和管理思想有下列特点。

(1) 源发历史长。可追溯到公元前几千年的春秋战国时代。

(2) 涵盖内容广。涉及政治、经济、军事、文化、工程等各个领域。

(3) 适用层次多。微观可应用于家庭、家族的日常事务管理,宏观可作为"治国平天下"之文韬武略。

(4) 辐射影响大。广泛流传海内外,特别是日本、韩国及东南亚地区。

(5) 思想凝练精。如"孙子兵法"的格言早就被日本、美国等发达国家应用于企业管理,被一些企业家奉若神明,视为"商界竞争必胜之武器"。

但令人遗憾的是中国古代的管理思想比较零散,缺乏系统的整理、总结和提高,没有形成系统的管理理论。特别是到了近代以后,中国的经济、政治、社会、科技、文化开始全面衰落,与西方国家的差距不断扩大,这种落后必然反映到管理思想与管理理论上。

2.2 古典管理理论

工业革命与生产规模的扩大是推动管理知识体系产生与发展的重要物质条件与历史背景。工业革命推动了企业使用机器体系和扩大生产规模,它要求研究和发展新的工业组织形式和管理方法。19 世纪后半叶,先进工业国家的生产力为管理理论的萌芽形成了适宜的气候与土壤,当时这些国家的政治经济学理论也为管理理论的出现创造了必要的前提条件。

虽然那时一些大的工业组织与商业组织相继出现,但是管理理论的发展还很缓慢。当时所盛行的经验管理法,管理模式是非常个性化的,这在很大程度上是凭借工业资本家的个人经验,而不是依靠科学的知识体系,管理具有鲜明的个人性质。当时管理中的知识是靠个人的观察来获得,通过口述、宣传教给他人。一个企业的经验不能有效地传输给其他企业,其他企业必须从头摸索自己的管理方法。换言之,当时主要靠企业主的个人经验来对组织进行管理。

直到泰勒、法约尔和韦伯等人先后提出了科学管理和早期的管理理论，才逐渐发展成为管理知识体系，并逐步为广大组织所采用。本节重点介绍这三个人物及其管理理论。

2.2.1 泰勒的科学管理理论

泰勒(1856—1915)，出身于美国费城一个富有的律师家庭，中学毕业后考上哈佛大学法律系，但不幸因眼病终止了学习。后来到一家机械厂当徒工，1878 年进入费城的米德维尔钢铁公司当技工，由于工作突出，先后担任领班、车间工长、总机械师、总绘图师，并于 1884 年任总工程师。1898—1901 年，泰勒受雇于宾夕法尼亚的伯利恒钢铁公司。1901 年以后，他把大部分时间用在写作和演讲上。他的代表著作有《计件工资制》(1895 年)、《车间管理》(1903 年)和《科学管理原理》(1911 年)等。泰勒在这些书中提出的管理理论奠定了科学管理的理论基础，标志着管理科学的正式形成，泰勒也因此被西方管理学界称为“科学管理之父”。泰勒的“科学管理理论”主要包括以下几个方面的内容。

(1) 工作定额原理。

泰勒认为，提高工人劳动生产率的潜力非常大。工人之所以“磨洋工”，是由于雇主和工人对工人一天究竟能做多少工作都心中无数，而且工人工资太低，多劳也不能多得。为了发掘工人的劳动生产率潜力，就必须制订出科学的操作方法和有科学依据的“合理的日工作量”。为此，必须进行“时间—动作”的研究。其方法是挑选合适且技术熟练的工人，把他们的每一个动作、每一道工序及所使用的时间记录下来，然后进行分析研究，消除其中多余的不合理的部分，得出最有效的操作方法作为标准。最后，累计完成这些基本动作的时间，加上必要的休息时间和其他延误时间，就可以得到完成这些操作的标准时间，据此制订一个工人的“合理的日工作量”。

(2) 标准化原理。

标准化是指工人在工作时，要运用标准的操作方法，而且所使用的工具、机器和原材料及作业环境都要求实现标准化。在泰勒之前，工人的操作方法和使用的工具往往是根据自身的感觉或师傅传授的经验确定的，工人劳动和休息的时间及机器设备的利用也是由管理人员根据自己的判断或过去的记录确定的，缺乏科学依据。泰勒认为，必须用科学的方法对工人的生产操作、工具的使用、劳动与休息时间的搭配，以及机器安排和作业环境的布置进行分析，消除各种不合理因素，形成最好的方法。

(3) 挑选和训练“第一流的工人”。

泰勒认为，所谓“第一流的工人”包括两个方面：一是该工人的能力最适合他所从事的工作；二是该工人从内心愿意从事这项工作。因为每个人的天赋与才能不同，他们所适宜做的工作也各不相同。例如，身强力壮的人干体力活可能是第一流的，干精细活可能就不是第一流的。所以要根据人的不同能力和天赋把他们安排到适宜的工作岗位，使之成为第一流的工人。对那些不适合所从事工作的工人，应加以培训，使之适合工作需要，或把他们重新安排到其他适宜的工作岗位上去。培养工人成为第一流的工人，是管理者的职责。

(4) 有差别的计件工资制。

泰勒认为，工人“磨洋工”的一个重要原因是报酬制度不合理。计时工资不能体现劳动的数量，计件工资虽能体现劳动的数量，但工人又担心劳动效率提高后，雇主会降低工资率。针对这种情况，泰勒提出了一种新的报酬制度——有差别的计件工资制。这种工资制度主要通过制定合理的工作定额，实行有差别的计件工资制来鼓励工人完成或超额完成工作定额，即按照完成工作定额的不同情况规定差别工资率：完成定额的以正常工资率付酬，未达到工作定额标准的以低工资率付酬，超过工作定额标准的则以高工资率付酬。这种工资制度，促使工人掌握科学的操作方法，不断提高劳动生产率。

(5) 计划职能和执行职能相分离。

泰勒认为，应该用科学工作方法取代经验工作方法。工人凭经验很难找到科学的方法，而且他们也没有时间研究这方面的问题，所以应该将计划同执行分离开来，计划由管理当局负责，并设立专门的计划部门来承担，这样才能把分散在工人手中的手工艺知识和实践经验集中起来，使之条理化、系统化、标准化。然后要求工人执行，而且对工人执行计划的情况进行控制，而工人就是服从管理当局的命令，从事执行的职能，并且根据执行的情况领取工资。在这里，泰勒明确了管理者和工人各自的工作和责任。

(6) 实行职能工长制。

泰勒主张实行"职能管理"，即将管理的工作予以细分，使所有的管理者只承担一种管理职能。他设计出八个职能工长，代替原来的一个工长，其中四个在计划部门，四个在车间。每个职能工长负责某一方面的工作，在其职能范围内，可以直接向工人发出命令。泰勒认为这种"职能工长制"有三个优点：①对管理者的培训所花费的时间较少；②管理者的职责明确，因而可以提高效率；③由于作业计划已由计划部门拟订，工具与操作方法也已标准化，车间现场的职能工长只需进行指挥监督，因此非熟练技术的工人也可以从事较复杂的工作，从而降低整个企业的生产费用。后来的事实表明，一个工人同时接受几个职能工长的多头领导，容易引起混乱。所以，"职能工长制"没有得到推广。但泰勒的这种职能管理思想为以后职能部门的建立和管理的专业化提供了参考。

(7) 例外原则。

所谓例外原则，就是企业的高级管理人员把一般日常性事务的处理权交给下级管理人员，而自己只保留对例外事项(即重要事项)的决策与监督权。泰勒提出例外原则，其目的是解决总经理的职责权限问题。他认为，在设置了计划层和实行职能制后，总经理应避免处理工作中的细小问题，而只有"例外"情况和问题才由自己处理。

(8) 劳资双方的"精神革命"。

泰勒认为，雇主和工人两方面都必须来一次"精神革命"，认识到提高效率对双方都是有利的。双方应把原来的相互对立变为互相协作，共同为提高劳动生产率而努力。双方应把注意力从过去的注意剩余的分配，转移到如何增加剩余上来，要把剩余这张"饼"做得足够大，以致没有必要为"饼"的如何分配而争吵。

这一时期，对科学管理做出贡献的还有另一些人，如吉尔布雷斯夫妇创立的动作研究；甘特发明的用于制订生产作业计划和控制计划执行的"甘特图"；福特(H. Ford)创立的汽车工业的流水线生产，这些研究促进了生产组织工作的进一步标准化，并为生产自动化创造了条件。

而"科学管理"理论或称"泰勒制"也并非泰勒一个人的发明，就像英国管理学家林德尔·厄威克(Lyndall F. Urwick)所指出的："泰勒所做的工作并不是发明某种全新的东西，而是把整个19世纪在英美两国产生、发展起来的东西加以综合而成的一整套思想。他使一系列无条理的首创事物和实验有了一个哲学体系，称之为'科学管理'。"

泰勒的科学管理理论是管理思想发展史上的一个里程碑,它是使管理成为科学的一次质的飞跃。作为一个较为完整的管理思想体系,科学管理理论对人类社会的发展做出了不可磨灭的贡献。

(1) 泰勒将科学引入管理领域,提高了管理理论的科学性。泰勒等人做了大量的科学实验,并在此基础上提出了系统的理论和一整套的方法措施,为管理理论的系统形成奠定了基础。从本质上讲,科学管理理论突破了工业革命以来一直延续的传统经验管理方法,是将人从小农意识、小生产的思维方式转变为现代社会化大工业生产的思维方式的一场革命。科学管理理论在管理哲学上取得了重要的突破,泰勒堪称管理哲学大师,是西方古典管理理论的开创者。因此,他被称为"科学管理之父"。

(2) 科学管理理论的提出对提高劳动生产率、推动生产力的发展有着重要的现实意义。同时,科学管理理论加强了社会对消除浪费和提高效率的关心,促进了经营管理的科学研究,其后的运筹学、成本核算、准时生产制等,都是在科学管理理论的启发下产生的。

由于泰勒的自身条件、背景以及当时所处的社会条件,不可避免地会影响到其进行"科学管理"研究的方法、效率、思路等,使得其对管理较高层次的研究相对较少,理论深度也相对地显得不足。

(1) 科学管理理论的一个基本的假设就是人是"经济人"。在泰勒和他的追随者看来,人最为关心的是自己的经济利益,企业家的目的是获取最大的利润,工人的目的是获取最大的工资收入,只要使人获得经济利益,他就愿意配合管理者挖掘出他自身最大的潜能。这种人性假设是片面的,因为人的动机是多方面的,既有经济动机,也有许多社会和心理方面的动机。

(2) 科学管理理论的许多原则在实际推行过程中,并没有得到很好的贯彻。科学管理的本意是应用动作研究和工时研究的方法来进行分析,以便发现和应用提高劳动生产率的规律。但很多企业的工时研究没有建立在科学的基础上,往往受到企业主和研究人员主观判断的影响,由此确定的作业标准反映了企业主追求利润的意图,为工人确定的工资率也是不公正的。此外,泰勒主张的职能工长制和差别计件工资制,也没有得到广泛的应用。

(3) 泰勒对工会采取怀疑和排斥的态度,在管理中存在对工人严重的剥削。在他看来,工会的哲理和科学管理的哲理是水火不相容的,工会通过使工人和管理部门不和,加紧进行对抗和鼓励对抗,而科学管理则鼓励提倡利益的一致性。所以泰勒认为,如果工人参加工会,组织起来,就容易发生怠工的情况。但事实上,如果没有工会的参与,则很难建立起真正协调的劳资关系。其强调"科学管理"是"思想革命",强调"思想革命"对劳资双方有利,掩盖了资本主义剥削的实质,以便对工人进行控制。因此,科学管理理论的具体实施办法,在当时是为了维护资本家的利益服务的。

泰勒的"科学管理"尽管出现在工业化的初期,但在当代工业发达国家进入管理技术更大发展的时期,泰勒的科学管理并未过时,仍有其生命力。我国正处于社会主义初级阶段,泰勒"科学管理"中的许多合理组织生产的基本方法,对我国经济建设来说仍有重要意义。

2.2.2 法约尔的一般管理理论

亨利·法约尔(Henry Fayol),法国人,1860年从圣艾帝安国立矿业学院毕业后进入康门塔里-福尔香堡(Comentry-Fourchambault)采矿冶金公司,成为一名采矿工程师,并在此度过了整个职业生涯。他从采矿工程师后任矿井经理直至公司总经理,由一名工程技术人员逐渐成为专业管理者，他在实践中逐渐形成了自己的管理思想和管理理论，对管理学的形成和发展做出了巨大的贡献。

法约尔1916年问世的名著《工业管理与一般管理》，是他一生管理经验和管理思想的总结。他认为他的管理理论虽然是以大企业为研究对象，但除了可应用于工商企业之外，还适用于政府、教会、慈善团体、军事组织及其他各种事业。所以，人们一般认为法约尔是第一个概括和阐述一般管理理论的管理学家。他的理论概括起来大致包括以下内容。

(1) 明确区分经营和管理。

法约尔认为，经营和管理是两个不同的概念。经营是指引导或指导一个组织趋向目标，它由六项活动组成：

① 技术活动，指生产、制造、加工等；

② 商业活动，指购买、销售、交换等；

③ 财务活动，指资金的筹措及运用；

④ 安全活动，指设备和人员保护；

⑤ 会计活动，指存货盘点、成本核算、统计等；

⑥ 管理活动，指组织内行政人员所从事的计划、组织、指挥、协调和控制活动。

法约尔认为，所有的组织成员都应具备上述六种活动能力，但对不同层次和不同组织的人员来说，这些能力的相对重要性会有所不同。

(2) 指出管理的五个职能。

法约尔认为，管理包括计划、组织、指挥、协调和控制五个职能或要素。计划，是对未来的预测和对未来行为的安排，是管理的首要职能；组织，是指建立企业的物质结构和社会结构，并通过其对人力、物力、财力等资源进行合理配置；指挥，是让已经组建的组织发挥作用；协调，是指企业人员团结一致，使企业中的所有活动和努力得到统一与和谐；控制，是保证企业中进行的一切活动符合所制订的计划和所下达的命令，保证计划得以实现。

(3) 首次提出管理的十四条原则。

① 分工。根据系统“劳动专业化”的原则，分工的好处可以减少浪费，提高生产率。法约尔认为，劳动分工不仅适用于技术性劳动，同样适用于管理方面的工作。

② 职权与职责。他认为职权是发号施令的权力和要求服从的威望。职权与职责是相互联系的，在行使职权的同时，必须承担相应的责任，有权无责或有责无权都是组织上的缺陷。

③ 纪律。法约尔认为，纪律就是服从企业中各方达成的协议。但是有了纪律还不能保证组织机构有良好的秩序。更重要的条件是还需要有效的领导人，遇有不服从、不遵守纪律的情况时，要执行惩罚措施。然而，一般人在纪律不良的时候，总是斥责下属，其实不良纪律通常总是来自不良的领导。要看领导在纪律遭遇上能否明确果断地采取惩罚措施。

④ 统一指挥。法约尔主张，一个职工在任何活动中，都只能接受一个上级的指挥，正如一个人不能同时有两个主人一样，双重指挥对于权力、纪律都是一种威胁。

⑤ 统一领导。不要与“统一指挥”混为一谈。统一领导是指同一种活动，只能在一个主管和一个计划下进行，才能有一个良好的组织绩效。没有统一领导，就谈不上统一指挥。

⑥ 个人利益服从整体利益。任何个人或小群体的利益，不应置于组织的整体利益之上。当二者不一致时，主管人员必须想办法使他们一致起来。

⑦ 个人报酬。报酬与支付方式要公平合理，对工作成绩和工作效率优良者给予奖励，但

奖励应有一个限度，尽可能使职工和公司双方都满意。

⑧ 集权与分权。集权与分权反映的是下属参与决策的程度。集权与分权可以同时不同程度地存在，管理者的任务在于根据组织的情况找到两者的平衡点。

⑨ 等级链。从组织的最高层管理到最低层管理之间应建立关系明确的职权等级系列，它是组织内部权力等级的顺序和信息传递的途径。但当组织的等级太多时，会影响信息的传递速度，此时同一层级的人员在有关上级同意的情况下可以通过"跳板"("法约尔桥")进行信息的横向交流，以便及时沟通信息，快速解决问题。

如图 2-1 所示，如果有一项信息需要由 E 传送到 K，在正常的权力路线下，则需要通过组织等级由 E 向上传达 A，再由 A 传达到 K，这样流程烦琐，影响组织活动的速度。而有了这个跳板原则，E 可以直接与 K 联系。但是，他们应先取得上级主管的许可，同时也得在事后将联系结果报告上级主管。这样，就保证了统一指挥前提下迅速、可靠地进行横向联系。

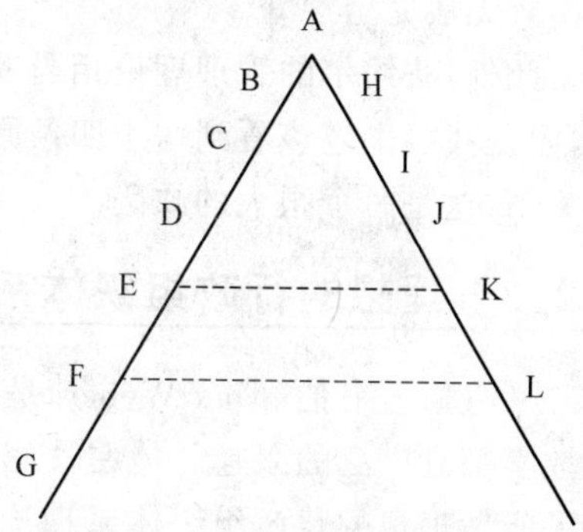

图 2-1　法约尔的"跳板原则"

⑩ 秩序。所谓秩序原则，"人皆有位，人称其职"，就是指凡事都各有其位，并且都各在其位。即每一件事有一定位置，每一个人有一定职位，各得其所。每个职工都必须处在他能最好地做出贡献的职位上。

⑪ 公平。主管人员对其下属仁慈、公平，就可能使其下属对上级表现出热心和忠诚。

⑫ 人员的稳定。法约尔认为，如果人事不断变动，工作将永远得不到良好的完成。一般来说，成功的组织，其管理人员是稳定的。上级管理人员应该鼓励员工，特别是管理人员长期承担分配的任务。

⑬ 首创精神。指人们在工作中的主动性和积极性。当组织允许人们发起和实施他们的计划时，将会调动他们的极大热情。

⑭ 团体精神。提倡团结精神，在组织中建立起和谐、团结、协作的氛围。

法约尔强调，这些原则不是死板的概念，而是灵活的，是可以适应于一切需要的。关键是要懂得如何根据不同的情况灵活运用。

作为古典管理理论的一个重要组成部分，法约尔的一般管理理论具有更强的理论性和系统性。法约尔的一般管理理论对管理科学的形成与发展做出了重要贡献，主要体现在以下三个方面。

(1) 提出了管理的普遍性。

法约尔不再把管理局限于某一个特定的范围内，即不是仅看成是某一类组织的活动，而是认为所有的组织都需要实行管理。同时，他把管理活动从经营中单独列出来，作为一个独立的功能和研究项目。这种对管理普遍性的认识和实践，在当时是一个重大的贡献。

(2) 提出了更具一般性的管理理论。

由于泰勒是以工厂管理这一具体对象为出发点的，因此，泰勒的科学管理理论非常富有实践性，但缺乏一般的理论性。与泰勒的科学管理理论相比较，法约尔的管理理论是概括性的，其所涉及的是普遍性的管理理论问题，其形式和对象均是在极其普遍的条件下得出的有关管理的一般理论，所以更具理论性和一般性。

(3) 为管理过程学派奠定了理论基础。

法约尔的主张和术语在现代的管理文献中使用得很普遍，这说明一般管理理论对现代管理理论有重要的影响。他所开创的一般管理理论，后来成为管理过程学派的理论基础。

但同时应该认识到法约尔的管理理论并不是包罗万象、一成不变的。正如他自己所强调的，这些原则并不完整，也不是一成不变的，它不能回答特殊的问题，他不主张在实际工作中盲目地、刻板地套用这些原则，而应结合具体的管理情况灵活应用它们。法约尔一般管理理论的主要不足之处是他的管理原则缺乏灵活性，对具体的管理过程重视不够，以至于有时管理实践工作者无法完全遵守。

此外，法约尔的管理理论相当复杂，大部分与组织工作有关，正如他提出管理的十四条原则，但是我们也应该看到这十四条原则都强调的是组织内的要素，而忽视了组织同它周围环境的关系，这是一个很大的缺陷。

2.2.3 理想的行政组织体系理论

马克斯·韦伯(Max Weber)是德国著名的社会学家，他对法学、经济学、政治学、历史学和宗教学都有广泛的兴趣。他在管理理论上的研究主要集中在组织理论方面，其主要贡献是提出了所谓理想的行政组织体系理论。这集中反映在他的代表作《社会组织与经济组织》一书中。这一理论的核心是组织活动要通过职务或职位，而不是通过个人或世袭地位来管理。韦伯对管理理论的最大贡献是提出了“官僚制组织”理论，由此被后人誉为“组织理论之父”。他也认识到个人魅力对领导作用的重要性。他所讲的“理想的”，不是指最合乎需要，而是指现代社会最有效和最合理的组织形式。之所以是“理想的”，因为它具有以下一些特点。

(1) 明确的分工。每个职位的权利和义务都应有明确的规定，人员按职业进行专业化分工。

(2) 形成自上而下的等级体系。一个组织应遵循等级原则，上一级部门应控制和管理下一级部门，直到每一成员都被控制为止，形成一个自上而下的指挥链或等级体系。

(3) 人员的任用。人员的任用要完全根据职务的要求，通过正式考试和教育训练来实行。

(4) 职业管理人员。组织中的管理人员是专业的公职人员，而不是该组织的所有者。这些管理人员有固定的薪水和明文规定的升迁考核制度。

(5) 正式的规则和纪律。管理人员必须严格遵守组织中规定的规则和纪律，明确办事的程序。

(6) 非人格化。组织中成员之间的关系以理性准则为指导，只受职位关系而不受个人情感的影响。这种公正不倚的态度，不仅适用于组织内部，而且也适用于组织与外界的关系。

韦伯认为，这种高度结构的、正式的、非人格化的理想行政组织体系是人们进行强制控制的合理手段，是达到目标、提高效率的最有效形式。这种组织形式在精确性、稳定性、纪律性和可靠性方面都优于其他组织形式，适用于所有的各种管理工作及当时日益增多的各种大型组织，如教会、国家机构、军队、政党、经济企业和各种团体。韦伯的这一理论对泰勒、法约尔的理论是一种补充，且对后来的管理学家们，尤其是组织理论学家有很大的影响。

2.2.4 古典管理理论评析

总之，古典管理理论阶段的这三位代表人物及其管理理论，既有不同之处，又有一致的地方。不同之处主要表现在他们研究的侧重点不同，泰勒的科学管理理论注重采取科学的、标准化的管理方法来提高企业生产效益；法约尔的一般管理理论从管理的职能出发，研究如何来提高企业的组织效益，试图找到一些普遍适用的管理原则；韦伯的官僚组织结构侧重于行政组织管理，凭借行政职权来实现社会组织的整体效益。同时，也应该看到，作为古典管理理论的组成部分，三者也存在共同之处，这一阶段管理思想的核心是建立在“经济人”假设的基础上，认为人是经济动物，人是为了自己的经济利益而工作的，只有通过严厉的惩罚和严格规章制度才能刺激人去努力工作。对古典管理理论的认识见图 2-2。

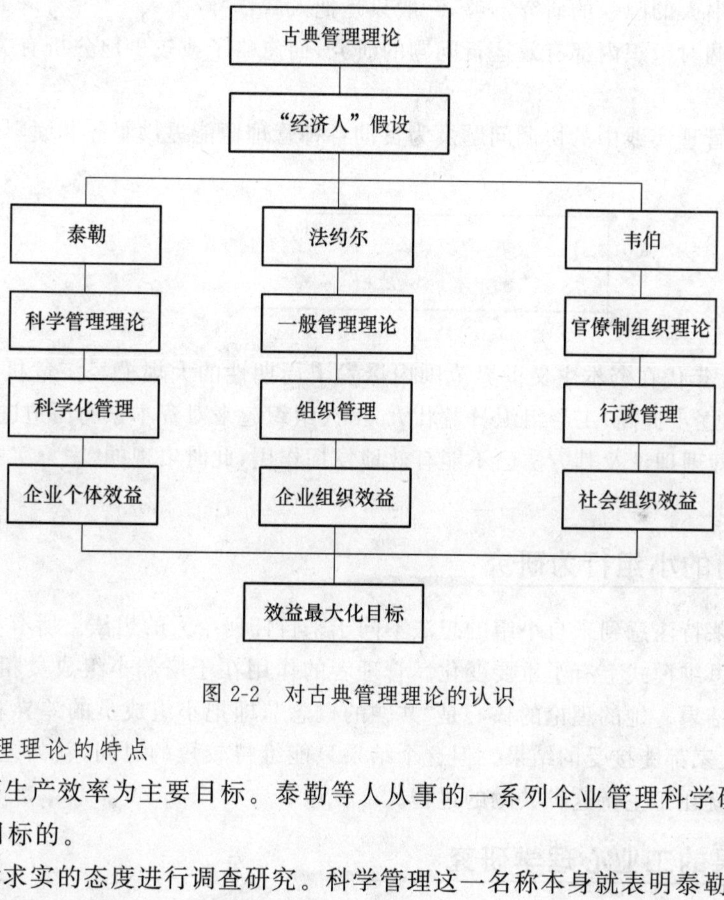

图 2-2　对古典管理理论的认识

1）古典管理理论的特点

(1) 以提高生产效率为主要目标。泰勒等人从事的一系列企业管理科学研究，都是以提高生产效率为目标的。

(2) 以科学求实的态度进行调查研究。科学管理这一名称本身就表明泰勒等人对企业管理问题研究的科学求实精神。为了提高劳动生产率，泰勒等人运用科学方法对生产方法的改进做了长时间的、大量的调查研究。例如，泰勒进行了著名的“铁块搬运实验”“金属切削实验”，吉尔布雷斯对砌砖工人动作与效率的关系进行了大量的调查研究。

(3) 强调以物质利益为中心，重视个人积极性的发挥。泰勒认为，生产效率的提高主要取决于工人个人积极性的发挥，而物质利益则是刺激工人劳动积极性的唯一有效手段。

(4) 强调规章制度的作用。泰勒等人在企业管理实践中，通过大量调查研究总结出一套科学管理的方法，如职能分工、劳动定额、操作规程、作业标准化、计件工资等，并主张把科学管理的措施形成企业规章制度，以约束工人在生产经营活动中的行为，并区别表现的好坏，给予一定的奖罚；强调组织中上下级的关系必须遵从规章制度，把规章制度作为企业组织重要的管理工具。可见，在企业管理工作中，应当重视规章制度对职工行为的约束功能和导向功能。

2）古典管理理论的贡献与局限性

（1）古典管理理论的贡献。

古典管理理论家们建立了管理研究和实践的科学基础。他们把提高组织效率作为其研究的目标，把科学的方法运用到管理活动和管理过程中，使管理学成为一个独立的研究领域，使管理活动能够在科学的基础上进行，从而使管理者能够管理大型的、复杂的组织。

（2）古典管理理论的局限性。

① 对组织中人的因素的研究不够，一般只是把人看作"经济人"。

② 主要强调对组织内部有效运行问题的研究，而忽略了或较少地分析有关外部环境对组织的影响问题。

③ 对解决管理实践中的协调问题及为贯彻各种管理职能提供服务方面则较少涉及。

2.3 人际关系学说

20 世纪 30 年代在资本主义世界范围内爆发了周期性的大规模经济危机，失业人口急剧增加，工人觉悟逐步提高，工会组织日益壮大，工人组织起来对资本家的压迫进行反抗和斗争，单纯运用古典管理理论及其方法已不能有效地发挥作用，此时出现的"霍桑实验"，促进了人际关系学说的产生。

2.3.1 玛莉的小组行为研究

玛莉·福莱特注意到来自小组的想法不同于来自任何个人的想法。所有小组成员由于加入了小组而在思维模式上有了重要变化。管理者的作用在于培养小组成员相互沟通和协调，使之产生最优结果。她的理论的核心是"共融的概念"，即把小组成员的差异和谐地融合在一起，以产生出大家都能接受的结果。但这个结果只能维持较短的时间，新的差异又会出现，管理人员的职责就在于主持这种共融的过程。

2.3.2 雨果的工业心理学研究

1892 年，雨果·孟斯特伯格在哈佛大学创办了一个心理学实验室，并于 1912 年发表了《心理学与工业效率》一书，在书中他指出心理学可以帮助管理者去认识每个人的心理特性和他适合做什么工作，并了解处于什么样的心理状态下才能使每个人达到最高效率，从而采取合适的方式刺激、诱导人们努力工作以达到最满意的产量或最高效率。

雨果·孟斯特伯格的思想促进了工业心理学的建立和人们对工作中人的行为的关注。

2.3.3 梅奥的霍桑实验

乔治·梅奥(George E. Mayo，1880—1949)，早年学医，而后又学习心理学，曾任澳大利亚昆士兰大学讲师，主要讲授伦理学、哲学和逻辑学。1926 年应聘到哈佛大学担任心理学教授，他长期从事心理学研究，他的代表作有《工业文明的人类问题》《工业文明的社会问题》等，记载了他的主要研究成果。1924年美国国家科学院的全国科学委员在西方电气公司所属的霍桑工厂进行了长达8年的实验，管理历史上称为“霍桑实验”。他总结了亲身参与并指导的“霍桑实验”及其他几个实验的成果，阐述了关于人际关系学说的主要思想，为提高劳动生产率开辟了新的途径，从而开创了一门新的学说。霍桑实验主要分为四个阶段。

第一阶段：工场照明实验（1924—1927年）。

该实验是选择一批工人分为两组：一组为“实验组”，先后改变工场照明强度，让工人在不同照明强度下工作；另一组为“控制组”，工人在照明度始终维持不变的条件下工作。实验者希望通过实验得出照明度对生产率的影响，但实验结果发现，照明度的变化对生产率几乎没有什么影响。这个实验似乎以失败告终，但这个实验得出了两条结论：①工场的照明只是影响工人生产效率的一项微不足道的因素；②由于牵涉因素太多，难以控制，且其中任何一个因素足以影响实验结果，故照明对产量的影响无法准确测量。

第二阶段：继电器装配室“福利实验”（1927—1928年）。

旨在实验各种工作条件的变动对小组生产率的影响，以便能够更有效地控制影响工作效果的因素。通过材料供应、工作方法、工作时间、劳动条件、工资、管理作风与方式等各个因素对工作效率影响的实验，发现无论各个因素如何变化，产量都是增加的。其他因素对生产率也没有特别的影响，而似乎是由于督导方法的改变，使工人工作态度也有所变化，因而产量增加。

经过几年的实验有人提出要放弃。在一次哈佛大学的俱乐部活动中，该大学的工业研究副教授梅奥了解到此事，并应邀继续进行实验。因为梅奥有心理学和社会学方面的知识，所以他认为前两个阶段产量提高的原因在于参加实验的工人的心理状态发生了变化，使得工人感觉到自己受到了重视，因而工人的士气和工作态度得到了改进。为了证实他的看法，他主持了后两个阶段的实验。

第三阶段：大规模访谈实验（1928—1931年）。

既然前两个实验表明生产效率提高的主要原因不是物质条件的改善，而是管理的方式和工人的士气等，那么就应该了解职工对现有的管理方式有什么意见，以便为改进管理方式提供依据。于是梅奥等人制订了一个征询职工意见的访谈计划。访谈实验持续了两年多的时间，研究小组的实验人员对工厂内的工人进行了2万多人次的访问谈话。计划开始时的想法是要求工人就管理当局的规划和政策、监工的态度和工作条件等问题做出回答。但在计划的执行中，访谈人员发现工人对这些问题根本不感兴趣，而想就调查提纲以外的问题发表意见。显然，工人认为重要的事并不是调查者认为的那些事情。于是，研究小组对访谈计划进行了调整。每次访谈之前，不规定谈话的内容和方式，工人可以就任何一个问题自由地发表一番谈论，访谈者的任务就是让工人说话。有了这样一个自由发表意见、发泄不满的机会以后，虽然工作条件或劳动报酬实际上并未得到任何改善，但工人们却普遍认为自己的处境比以前好了，从而对生产的态度有了大大的改变，产量也随之提高。

通过这些研究发现，影响生产效率的最重要因素是工作中发展起来的人际关系，而且一个人工作效率的高低不仅取决于他们自身的情况，还要受他的同事和其他人的影响，特别是受到一些在工作过程中产生的小团体的影响。于是进行了第四阶段的实验。

第四阶段：接线板接线工作室“群体实验”（1931—1932年）。

实验的目的是要证实在以上实验中研究人员感觉到工人中似乎存在一种非正式组织，而且这种非正式组织的存在对工人态度有着很重要的影响。研究小组为了系统地观察在实验群体中的工人之间的相互影响，安排了电话接线工作室的实验。他们挑选了14名男工，其中9名接线工、3名焊工及2名检验工，让他们在一个单独的房间内工作。除检验工外，其他12人分成3组，构成正式组织。采用的工资制度是集体计件制，目的在于要求他们加强协作，想给“慢手”造成压力，便于“快手”带动“慢手”。结果这种压力根本不存在。实验中，研究人员观察到工人们对于“合理的日工作量”有明确的概念，且这个工作量低于管理当局估计的水平和他们的实际能力。因为每个工人都自觉限制自己的产量，他们在产量水平上达成了某种默契，并运用团体的压力来促使人们共同遵守这一非正式的定额，这些压力包括讽刺和嘲笑等。如果某个工人在某天的产量高了，他也只会上报符合“合理日工作量”的部分，其余产品则会隐藏起来，以供第二天放慢生产速度后的补缺。工人们认为，如果产量超过这种非正式的定额，工资率就可能下降；而如果产量低于这个水平，则可能引起管理当局的不满。

另外，研究人员发现，在正式组织中存在小团体，即非正式组织。在工作过程中或工作结束后，工人跨越正式组织的界限而相互交往，形成相对稳定的非正式团体。这种非正式团体有自然形成的领袖和自己的行为规范。比如，不应该提供过多或过少的产量，即工作不要做得太快，否则就是“害人精”，原因是怕标准再度提高和失业的威胁，同时也是为了保护工作速度慢的同伴的利益，但也不能干得太少，否则就是“懒惰鬼”；不应该成为“告密者”或向监工打“小报告”；不应当清高或多管闲事；不应当过分喧嚷，不应该在工作中一本正经，对同伴保持疏远态度或好管闲事；不能自以为是和一心想领导别人等。违反这些规范则会受到某种形式的攻击和小团体的排挤。

通过四个阶段历时近8年的“霍桑实验”，梅奥等人认识到，人们的生产效率不仅要受到生理方面、物理方面等因素的影响。更重要的是受到社会环境、社会心理等方面的影响。这个结论的获得是相当有意义的，这对“科学管理”只重视物质条件，忽视社会环境、社会心理对工人的影响来说，是一个重大的修正。

根据霍桑实验，梅奥于1933年出版了《工业文明的人类问题》一书，提出了与古典管理理论不同的新观点，主要归纳为以下几个方面。

(1) 职工是“社会人”。

古典管理理论把人看作是仅仅为了追求物质利益而工作的“经济人”，把人看成是对工作条件的变化能做出直接反应的“机器”。但霍桑实验表明，经济条件的变化，并非是劳动生产率提高或降低的决定性因素。梅奥等人创立了“社会人”假设，即人不是孤立存在的，而是属于某一集体并受这一集体影响制约的“社会人”。他们不仅单纯追求金钱收入，更重要的是他们有社会和心理方面的需求，并期望得到满足。

(2) 企业存在着非正式组织。

梅奥等人认为，现代工业管理不能满足人们的社会和心理需求，割断了他们之间的感情纽带，使之成为“孤独者”，产生“失落感”，这是工作效率普遍低下的主要原因。由于职工在正式组织中得不到这种社会和心理满足，于是产生了各种各样的非正式组织。所谓非正式组织，是指企业职工在共同劳动过程中，由于共同爱好、情感、价值观念及其他原因而自发形成的群体。它不仅存在于工人之中，而且存在于管理员、技术人员之中。

(3) 新型领导人员的领导能力在于提高工人的满足度。

梅奥认为，促进生产率提高的最重要因素是工人的“士气”，而“士气”又取决于家庭、社会生活和企业内的人际关系，即取决于工人社会需要和心理需要得到满足的程度。在工人所希望满足的需要中，金钱只是一部分，更多的是安全的需要、归属的需要、尊重的需要等社会性心理性需要。所以，领导者不仅要具有解决技术经济方面问题的能力，还要具有善于了解职工思想感情、掌握职工思想情绪、解决人际关系的能力，即要具有把企业的经济需求同职工的社会心理需求结合和统一起来的新型领导能力。

与古典管理理论相比，这一时期的主要变化是由原来的以"事"为中心，发展到以"人"为中心；由原来对纪律的研究，发展到对行为的研究；由原来的监督管理，发展到"人性激发"的管理；由原来的独裁管理，发展到参与管理。

2.3.4　行为科学理论

人际关系学说的继续发展，就是现在的行为科学理论。行为科学是指运用心理学、社会学等理论和方法，从人的工作动机、情绪，行为与工作、工作环境之间的关系出发，探索劳动生产率影响因素的科学。从其产生和发展来看，行为科学可分为早期与后期两大阶段。其中，早期行为科学又称人际关系学说。1949 年在美国芝加哥召开的一次跨学科的世界性会议上，正式将人际关系学说定义为行为科学。

目前，行为科学从其研究对象和范围来看，可分为三个层次，即个体行为、团体行为和组织行为。

(1) 个体行为理论主要包括两个方面。第一，有关人的需要、动机和激励的理论，又可分为激励内容理论(需求层次理论、双因素理论、成就需要理论等)、激励过程理论(期望理论、波特-劳勒模式、公平理论等)、行为改造理论(强化理论、挫折理论等)。第二，有关企业中的人性理论，如 X 理论-Y 理论、超 Y 理论、不成熟-成熟理论及人性假设等。

(2) 团体行为理论主要研究团体动力、信息、交流、团队及成员的相互关系等。

(3) 组织行为理论主要包括领导理论。如领导性格理论、领导行为理论、领导权变理论等。

☎【小资料】

麦格雷戈的人性假设理论

道格拉斯·麦格雷戈(Douglas McGregor)，美国行为科学家。在担任安第奥克学院院长期间，提出了管理人的理论。

人性假设：X 理论 vs Y 理论。

1) 传统观点(X 理论)

(1) 大多数人生性都是懒惰的，他们尽可能地逃避工作。

(2) 大多数人都缺乏进取心和责任心，不愿对人和事负责，没有什么雄心壮志，不喜欢负责任，宁可被领导。

(3) 大多数人都是以个人为中心，这会导致个人目标与组织目标相矛盾，为了达到组织目标必须依靠外力严加管制。

(4) 大多数人都缺乏理智，不能克制自己，易受别人影响。

(5) 大多数人都欺软怕硬、习惯于保守、反对变革、安于现状，为此，必须对他们进行惩罚，以迫使他们服从指挥。

(6) 大多数人工作的目的都是为了满足物质和安全需要。

(7) 人工作是为了钱,是为了满足基本的生理需要和安全需要,他们将选择在经济上获利最大的事去做。

(8) 只有少数人能克制自己,这部分人应该承担起管理的责任。

在X理论的指导下,必然会形成严格控制的管理方式,以金钱作为激励人们努力工作的主要手段,以权力或控制体系来保护组织本身和引导员工。

2) 新观点(Y理论)

(1) 一般人并不是天生就不喜欢工作,工作到底是一种满足还是一种处罚,要视环境而定。

(2) 大多数人愿意对工作、对他人负责,人们愿意实行自我管理和自我控制来完成应当完成的目标。

(3) 人具有自我指导和自我表现控制的愿望。

(4) 一般人在适当条件下,不仅学会了接受职责,还学会了谋取职责。

(5) 所谓的承诺与达到目标后获得的报酬是直接相关的,它是达成目标的报酬函数。

(6) 人具有独创性,每个人的思维都具有其独特的合理性,但是在现代工作生活的条件下,一般人的智慧潜能只是部分得到了发挥。

资料来源:赵应文.组织行为学概论[M].北京:清华大学出版社,2007.

2.4 现代管理理论

现代管理理论的形成始于第二次世界大战之后。随着生产力的发展,企业生产过程的自动化、连续化及生产社会化程度空前提高;企业规模急剧扩大,出现一些大的跨国公司,市场竞争激烈,市场环境变化多端,这些都对企业管理提出了更高的要求,管理日趋复杂。同时,科学技术以前所未有的速度迅猛发展,科技成果被广泛应用于管理之中,既为管理提供全新的技术支持,又对管理提出新的要求。在这样的社会背景下,涌现出了一大批全新的管理思想与理论。

现代管理理论的基本特征是众多学派并存。这些学派分别从不同的角度对管理理论进行了卓有成效的探讨,都对管理理论的发展做出了贡献,管理科学进入了一个发展、创新、分化、综合并存的时期。美国管理学家孔茨首先注意到了这种学派林立的状况。他在1961年写的《管理理论的丛林》一文中,归纳了各种学派理论上的差异。他认为,20世纪中叶最大的学派有六个。孔茨对这些学派的评价不同,认为有的学派只涉及了管理中的某个领域,有的只涉及了某种职能,有的甚至只涉及了管理的手段和方法。作为管理过程学派的代表人物,孔茨曾试图使各学派走出“丛林”,建立一门统一的管理科学,但是未收到效果。之后,学派的分化反而有增无减,以致孔茨在1980年发表的《再论管理理论的丛林》中指出,重要学派已从六个增加到了十一个。

2.4.1 管理过程学派

管理过程学派又称管理职能学派,管理过程学派把管理的职能作为研究的对象,他们先把管理的工作划分为若干职能，然后对这些职能进行研究，阐明每项职能的性质、特点和重要性，论述实现这些职能的原则和方法。他们认为，无论什么样的组织，管理人员所从事的管理职能却是相同的，管理活动的过程就是管理的职能逐步展开和实现的过程。管理过程学派的鼻祖是法约尔，他将管理活动分为计划、组织、指挥、协调和控制五大管理职能，并进行了相应的分析和讨论。

孔茨和奥唐奈在仔细研究这些管理职能的基础上，将管理职能分为计划、组织、人员配备、领导和控制五项，而把协调作为管理的本质。孔茨利用这些管理职能对管理理论进行分析、研究和阐述。孔茨是管理过程学派的集大成者，他继承了法约尔的理论，并把法约尔的理论更加系统化、条理化，使管理过程学派成为管理各学派中最具有影响力的学派。

孔茨与奥唐奈把管理解释为"通过别人使事情做成的职能"。他们认为，管理的职能有计划、组织、人事、指挥、控制五种，并按此来分析、研究和阐明管理理论。他们指出，有人认为这些职能是按顺序执行的，但事实上管理者是同时执行这些职能的。他们强调，这些职能中的每一种都对组织的协调有所贡献，但协调本身并不是一种独立的职能，而是有效地应用了这五种管理职能的结果。他们对每个职能按以下几个基本问题来进行分析：①这个职能的性质和目的是什么？②它的结构上的特性是什么？③它如何执行？④在它的领域里，主要的原则和理论是什么？⑤在它的领域里，最有用的技术是什么？⑥执行这一职能有什么困难？⑦完成这一职能的环境是怎样造成的？

他们认为，一切最新的管理思想都能纳入上述的理论结构中去。管理理论就是围绕这样的结构，把经过长期的管理实践积累起来的经验、知识综合起来，提炼出管理的基本原则。这些原则对于改进管理实践是有明显价值的。

孔茨等人还认为，管理理论要吸收社会学、经济学、生理学、心理学、物理学和其他学科的技术和知识，因为它们都与管理工作有关。但是又不能把这些学科的所有领域都概括到管理理论中去，因为科学的进步要求把知识分门别类，有所区别。

2.4.2　行为科学学派

行为科学开始于20世纪20年代末、30年代初的"霍桑实验"，创始人是美国哈佛大学教授、管理学家梅奥，梅奥创建的人际关系学说——早期的行为科学，经过几十年的大量研究工作，许多社会学家、人类学家、心理学家、管理学家都开始从事行为科学的研究，他们先后发表了大量的优秀著作，提出了许多很有见地的新理论，逐步完善了人际关系理论。如1943年，美国心理学家马斯洛提出了需要层次理论；1960年麦克雷戈提出"X理论-Y理论"；赫兹伯格提出了双因素理论；布莱克和莫顿创立了管理方格理论等，都不断丰富了行为科学的理论内容。该学派以心理学、社会学、社会心理学及人类学等学科为理论基础，强调用观察和实践的方法去研究人类行为的产生、发展和控制，探求行为与需要、动机、目标及环境之间的关系，揭示人的行为的规律，以提高对组织成员行为的预见性和有效控制，并试图为管理者提供领导和激励组织成员的有效方法。

进入20世纪60年代中叶，行为科学的又一重要动向是组织行为概念的出现，其特征是既注重职工个人的因素，又注重组织的因素（如工作任务、组织结构、隶属关系等），例如，德国卢因的团体力学理论和美国不成熟-成熟理论的阿吉里斯等，着重研究组织中的群体行为和群体行为模式，强调管理的民主性和职工参与管理的重要性，即通过利用各种形式，让各级管理人员和职工有提出建议、参与决策、参与管理的机会。这样,职工可以在实现组织目标的同时,也能获得个人社会需要和心理需要的满足。

行为科学理论虽成果众多,但归纳起来主要集中在以下四个领域。

(1) 对人的需要、动机和激励的研究。包括需要层次理论、双因素理论、成就激励理论、期望理论、公平理论、强化理论、归因理论等。

(2) 与管理方式有关的"人性"问题的研究。主要包括:美国社会心理学家道格拉斯·麦格雷戈提出的"X理论-Y理论",围绕"人的本性"来论述人类行为规律及其对管理的影响;美国的行为科学家克里斯·阿吉里斯把马斯洛的需要层次理论加以发展,提出了"不成熟-成熟理论",他认为,在人的个性发展方面,如同婴儿成长为成人一样,也有一个从不成熟到成熟的连续发展过程,最后发展成为健康的个性。

(3) 有效的领导方式问题的研究。其主要包括三大类,即有关领导性格理论、领导行为理论和领导权变理论等。

(4) 有关组织团体行为的研究。团体是由两人或两人以上组成,并通过人们彼此之间相互影响、相互作用而形成的。团体可分为正式团体和非正式团体;也可划分为松散团体、合作团体和集体等。团体行为理论主要研究团体发展动向的各种因素及这些因素的相互作用和相互依赖关系。例如,团体的目标、团体的结构、团体的规模、团体的规范及信息沟通和团体意见冲突理论等。

行为科学理论与科学管理理论的不同点:由以"物"为中心的管理,发展为以"人"为中心的管理;由对"纪律"的研究,发展为对"行为"的研究;由"监督"为主的管理,发展到"自主激励"为主的管理;由"专制式"管理,发展到"参与式"管理。

2.4.3 管理科学学派

管理学界中形成的所谓管理科学学派,又称数量学派,它是运用数学、统计学的方法和电子计算机技术,为现代管理决策提供科学的依据,解决各项生产经营管理问题。这个学派认为,解决复杂系统的管理决策问题,可以用电子计算机作为工具,寻求最佳计划方案,以达到企业的目标。管理科学其实就是管理中的一种数量分析方法。它主要用于解决数量化的管理问题。其作用在于通过科学的管理方法,减少决策中的风险,提高决策的质量,保证投入的资源发挥最大的经济效益。

从管理科学的名称看来,它主要不是探求有关管理的原理和原则,而是依据科学的方法和客观的事实来解决管理问题,并且要求按照最优化的标准为管理者提供决策方案,设法把科学的原理、方法和工具应用于管理过程,侧重于追求经济和技术上的合理性。主要代表人物有伯法(E. S. Buffa)、布莱克特(Blackett)、丹齐克(G. Dantaig)、丘奇曼(Churchman)等。

2.4.4 经验学派

经验学派,又称案例学派。这一学派的代表人物主要有彼得·德鲁克,著有《有效的管理者》一书;欧内斯特·戴尔(Emest Dale),大公司的董事、大企业的顾问,著有《企业管理的理论与实践》等书;威廉·纽曼(William Newman)大学教授,著有《经济管理活动:组织和管理的技术》等书;艾尔弗雷德·斯隆(Alfred P. Sloan),曾长期担任美国通用汽车公司的董事长。

该学派以向西方大企业的经理提供管理企业的成功经验和科学方法为目标。他们以成功或失败的大企业的管理经验作为案例，分析其成功的管理经验和失败的教训，然后加以概括，找出它们成功经验中的共同点及失败的原因，然后使其系统化、理论化，并据此向管理人员提供实际的建议。在这一学派中，有管理学家、经济学家、社会学家、统计学家、心理学家，大企业的董事长、总经理及顾问等。该学派强调管理的艺术性，强调从管理的实践出发，试图通过分析各种成功和失败的管理案例，为人们提供解决具体管理问题的有效方法。他们认为，古典管理理论和行为科学理论都不能完全适应企业发展的实际需要，有关企业管理的科学应该从企业管理实际出发，以大企业的管理经验为主要研究对象，以便在一定的情况下可以把这些经验加以概括和理论化，在更多情况下提出实际的建议。这一学派的人物在某些问题上的看法也不尽相同，但以管理经验为主要研究对象这一基本特点却是共同的，所以这一学派称为经验学派。

2.4.5 社会协作系统学派

它与行为学派关系密切而且常常互相混同。有些人，如马奇和西蒙，把社会系统（即一种文化的相互关系系统）只限于正式组织，把“组织”这个词同企业等同起来，而不是指管理学中最常用的那项职权活动概念。另外一些人则不区分正式组织和非正式组织，而把所有人类关系的各种系统都包括进来。这个学派的创始人是切斯特·巴纳德。这个学派对管理学做出过许多贡献。把有组织的企业看成是一个受文化环境的压力和冲突支配的社会有机体，这对管理的理论和实际工作人员都是有帮助的。而在另外一些方面，如对组织职权的制度基础的认识，对非正式组织的影响认识，以及对怀特·巴基称之为“组织黏合剂”的一些社会因素的认识，则帮助更大。巴纳德还有其他一些颇有教益的见解，如他的关于激励的经济性的思想，把社会学认识引入管理实践之中，等等。

2.4.6 决策理论学派

决策理论学派的主要代表人物是曾获诺贝尔经济学奖的赫伯特·西蒙，他的代表作是《管理决策新科学》(1960 年)。西蒙原属于巴纳德的社会系统学派，后又致力于决策理论、运筹学、电子计算机在企业管理中的应用等方面的研究，获得丰硕成果，因此另成一派。

西蒙对决策的作用、过程、类型、标准等都做了深入的研究。其决策理论的主要观点有以下几方面。

(1) 决策的作用。

决策理论学派特别强调决策在管理中的作用，认为管理就是决策，管理是以决策为特征的；决策是管理人员的主要任务，管理人员应该集中研究决策问题，决策贯串于整个管理过程。组织的全部活动都是集体活动，对这种活动的管理实质上就是制定一系列决策。制订计划的过程是决策；在两个以上的可行性方案中选择一个，也是决策；组织设计、机构选择、权力分配属于组织决策；实际同计划标准的比较、检测和评价标准的选择属于控制决策等。

(2) 决策的过程。

过去，人们对决策的认识过于狭窄，认为决策就是对现成的几个方案进行选择决定的过程。人们往往把着眼点放在最后对决策方案的决定上，而忽视了在这之前的大量信息资料的收集、决策方案的拟定和评价等工作。西蒙认为，决策是一个包括有四个阶段的完整的过程。①情报活动，其任务是收集和分析反映决策条件的信息；②设计活动，在情报活动的基础上设计、制定和分析可能采用的行动方案；③抉择活动，从可行方案中选择一个适宜的行动方案；④审查活动，对已做出的抉择进行评估。

实际上，决策学派的学者是从一个完整的过程来理解决策，从而得出管理就是决策这个结论的。西蒙指出："为了了解决策的含义，就得将决策一词从广义上予以理解，这样，它和管理一词几近同义。"他说："把决策过程四个阶段的活动加在一起，就构成了经理所做的主要事情。"

(3) 决策的准则。

决策的核心是选择，而要进行正确的选择，就必须有合理的标准。西蒙认为，人们习惯上运用"最优"或"绝对的理性"作为决策的准则。根据这个准则进行决策需要三个前提：①决策者对可供选择的方案及其执行结果"无所不知"；②决策者具有无限的估算能力；③决策者的脑中对各种可能的结果有一个"完全而一致的优先顺序"。但这事实上是不太可能的。因此，人们在决策时，不能坚持要求最理想的解答，常常只能满足于"令人满意的"决策。因此，在确定方案时应采用"令人满意的准则"来代替传统决策理论的"最大化原则"。"满意化原则"是比"最优化原则"更为现实合理的决策原则。

(4) 程序化决策和非程序化决策。

西蒙根据一个组织的决策活动是否重复出现，将决策分为程序化决策和非程序化决策。在西蒙的决策理论中，对非程序化决策的方法进行了细致的研究。他用心理学的观点和运筹学的手段，提出了一系列指导企业管理人员处理非程序化决策的技术，从而在西方企业界产生了重要影响。

2.4.7 系统理论学派

系统管理学派亦称系统学派，该学派将企业作为一个有机整体，把各项管理业务看成是相互联系的网络，应用系统理论全面分析和研究企业和其他组织的管理活动和管理过程，并建立起系统模型以便于分析。这一理论是卡斯特、罗森茨威克和约翰逊等美国管理学家在一般系统论的基础上建立起来的。卡斯特是美国管理学家、美国华盛顿大学的教授，他于1963年与约翰逊和罗森茨威克三人合写了《系统理论和管理》，1970年与罗森茨威克两人合写了《组织与管理——一种系统学说》，这两本书比较全面地论述了系统管理理论。

系统管理理论是用系统理论的范畴、原理，全面分析和研究企业和其他组织的管理活动和管理过程，重视对组织结构和模式的分析，并建立起系统模型以便于分析。其理论要点有以下几方面。

(1) 系统理论学派把组织看成是一个由许多子系统形成的系统，而这个系统又是环境大系统中的一个分系统。它与环境系统进行各种要素的交换。

系统理论学派认为企业是一个由人、物资、机器和其他资源在一定的目标下组成的开放的社会技术系统，是社会这个大系统中的一个子系统，它受到周围环境(顾客、竞争者、供货者、政府等)的影响，也同时影响环境。它只有在与环境的相互影响中才能达到动态平衡。在企业内部又包含着若干子系统，它们包括：①目标和准则子系统，包括遵照社会的要求和准则，确定战略目标；②技术子系统，包括为完成任务必需的机器、工具、程序、方法和专业知识；③社会心理子系统，包括个人行为和动机、地位和作用关系、组织成员的智力开发、领导方式及正式与非正式组织系统等；④组织结构子系统，包括对组织及其任务进行合理划分和分配，协调它们的活动,并进行组织工作流程设计、职位和职责规定、章程与制度说明,还涉及权力类型、信息沟通方式等问题;⑤外界因素子系统,包括各种市场信息、人力与物力资源的获得,以及外界环境的反映与影响等。此外,还有经营子系统、生产子系统等,这些子系统还可以继续分为更小的子系统。

(2) 系统理论学派强调应用系统理论的范畴、原理,全面分析和研究企业和其他组织的管理活动和管理过程,强调组织整体效率的提高。

由于组织是由一个相互联系的若干个子系统组成、与环境互为影响的开放的社会技术系统,所以必须以整个组织系统为研究管理的出发点,应用系统理论的范畴、原理,全面分析和研究企业和其他组织的管理活动和管理过程,重视对组织结构和模式的分析,重视组织中各系统之间、系统与环境之间的关系,并建立起系统模型以便于分析。他们认为以往的各个学派都是孤立地对组织的各分系统进行研究,缺乏整体研究。例如,管理过程学派强调结构系统和管理系统;行为科学学派强调社会心理系统;管理科学学派强调技术系统等。系统管理学派突破了以往各个学派仅从局部出发研究管理的局限性,从组织的整体出发阐明管理的本质,对管理学的发展做出了贡献。

2.4.8　经理角色学派

这是管理学最新的一个学派,受到管理学者和实际管理者的重视,其推广得力于亨利·明茨伯格,这个学派着重研究管理者在组织中扮演的角色和管理任务。在 20 世纪 60 年代末期,明茨伯格通过对 5 位总经理的工作进行仔细研究后,发现管理者扮演着 10 种不同的但却是高度相关的角色。明茨伯格认为,这些角色对于所有经理的工作都具有普遍性,因此,可以通过对经理人员在管理过程中所充当的角色的研究来形成管理的理论体系,这样才能使理论对实践有指导意义。明茨伯格把管理者所担任的 10 种角色进一步组合成 3 个方面:人际角色、信息角色和决策角色。

(1) 人际关系方面的角色有 3 种:①挂名首脑角色(作为一个组织的代表执行礼仪和社会方面的职责);②领导者角色;③联系人角色(特别是同外界联系)。

(2) 信息方面的角色有 3 种:①信息接受者角色(接受有关企业经营管理的信息);②信息传播者角色(向下级传达信息);③发言人角色(向组织外部传递信息)。

(3) 决策方面的角色有 4 种:①领导者角色;②故障排除者角色;③资源分配者角色;④谈判者角色(与各种人和组织打交道)。

对于经理角色学派的观点,孔茨是这样认为的:观察主管人员实际上在做什么是很有用处的。一位有效的主管人员在分析各种活动时,总希望确定一下这些活动和方法可以分属于主管人员基本职能中的哪几个方面。但是,明茨伯格所阐明的十项角色似乎是不完善的,如组织的筹建,主管人员的选择和评定,以及主要策略的决定等无疑是主管人员的重要活动,但这些活动应在哪项角色中去找呢?如果抹去这些活动,就不得不使人怀疑在明茨伯格样本中的经理是否是一位真正有效的主管人员。

2.4.9　权变理论学派

权变理论是继系统理论之后,于 20 世纪 70 年代在西方出现的另一个试图综合各个管理学派的理论。可划归权变学派的管理学家及其理论观点很多,其中影响比较大的有莫尔斯和洛什的“超Y理论”；罗伯特·豪斯的“路径-目标理论”；菲德勒的领导方式权变理论及卡曼的“领导生命周期理论”等。美国尼布拉加斯大学教授卢桑斯在1976年出版的《管理导论：一种权变学》一书中系统地概括了权变管理理论的主要观点。

(1) 权变理论把环境对管理的影响作用具体化，把管理理论与管理实践紧密地联系起来。过去的管理理论可分为四种，即过程学说、计量学说、行为学说和系统学说，这些学说由于没有把管理和环境妥善地联系起来，其管理观念和技术在理论与实践上相脱节，所以都不能使管理有效地进行。而权变理论就是要把环境对管理的作用具体化，并使管理理论与管理实践紧密地联系起来。

(2) 权变理论描述了环境变化与管理对策之间的关系。权变管理理论认为，环境(包括组织的内部因素和外部因素)变化是自变量，管理对策(包括管理模式、方案、原则、方法、措施等)是因变量。在一定的环境条件下，只要采用相应的管理对策即可实现管理目标。这就是说，如果某种环境条件出现，为了更快地达到组织目标，就要采用某种管理原理、方法和技术。比如，如果在经济衰退时期，企业在供过于求的市场中经营，采用集权的组织结构，就更适于达到组织目标；如果在经济繁荣时期，在供不应求的市场中经营，那么采用分权的组织结构可能会更好一些。权变管理理论就是要考虑到有关环境的变数同相应的管理对策之间的关系，使采用的管理对策能有效地达到目标。

(3) 环境变量与管理变量之间的函数关系就是权变关系，这是权变管理理论的核心内容。环境可分为外部环境和内部环境。外部环境又可以分为两种：一种是由社会、技术、经济和政治、法律等组成；另一种是由供应者、顾客、竞争者、雇员、股东等组成。内部环境基本上是正式组织系统，它的各个变量与外部环境各变量之间是相互关联的。决策、交流和控制、技术状况等管理变量包括上面所列四种学说所主张的管理观念和技术。

权变理论具有整体化优势，集中融合了各个不同学派的观点，强调应在不同的环境下提出不同的管理对策和措施，采用不同的管理模式和方法。这种强调随机应变、主张灵活地运用各学派学说的观点，为管理学的发展做出了一定的贡献。

2.4.10 企业战略管理学派

1. 安索夫(Ansoff)的战略管理思想

企业战略管理作为一个学派诞生于20世纪50—60年代。20世纪60年代企业战略管理研究的主要代表人物有两个：一是钱得勒的“结构跟随战略”假说；二是安东尼-安索夫-安德鲁斯范式。钱得勒从案例研究入手，给出了企业战略的定义，分析了企业成长方式与结构变革的关系，得出了“结构跟随战略”假说，为以后的研究奠定了基础。安东尼在法约尔管理职能划分的基础上，将计划和控制进一步细化为战略规划、管理控制和操作控制，并分别对应于组织的高、中、低三个层次。安东尼认为，战略规划是组织高层管理的一项独特而重要的活动。这一重要认识在安索夫和安德鲁斯的著作中得到进一步强化，并在有关的概念发展和过程细化方面得到深化，从而形成所谓的安东尼-安索夫-安德鲁斯范式。这一范式认为，战略管理就是高层管理者研究、制定、实施和控制组织的长期目标、成长方式与组织架构的过程。到20世纪70年代末这一范式被广泛传播和接受，至今仍然是接受程度和实施最广泛的一种观点。

这一范式的重点是分析和推理，隐含的前提是通过分析、经验和洞察力的结合，高层管理者可对未来进行可靠的预测，制定合理的战略并加以贯彻执行。环境是可预测的或基本可预测的，战略的制定和执行可以分离，战略形成是内容导向的。这些特点与20世纪六七十年代的经营环境相对稳定的特点相适应。从20世纪70年代至80年代中期，企业战略管理得到进一步发展与丰富，出现了多种理论学派，但其主流如20世纪70年代的经营组合管理理论、20世纪80年代的波特竞争定位理论等基本属于该范式。

2. 波特的竞争战略思想

波特是美国哈佛大学商学院教授，兼任许多大公司的咨询顾问。1980年，他的著作《竞争战略》把战略管理的理论推向了顶峰，该书提出许多关于战略管理的重要理论、分析方法与决策技术，成为战略管理理论的经典作品。该书提出的分析技术有助于企业对产业环境进行总体分析、预测产业未来的变化、认识竞争对手及自身地位，并根据具体业务类型将这种分析转化为一种竞争的战略。

(1) 提出对产业结构和竞争对手进行分析的一般模型，即五种竞争力分析模型。

波特五力模型主要用于竞争战略的分析，可以有效地分析市场的竞争环境。五种力量分别是：供应商的议价能力、购买者的议价能力、潜在竞争者进入的能力、替代品的替代能力、行业内现有竞争者的竞争能力。五种力量模型将大量不同的因素汇集在一个简便的模型中，以此分析一个行业的基本竞争态势，确定了竞争的五种主要来源，如图2-3所示。

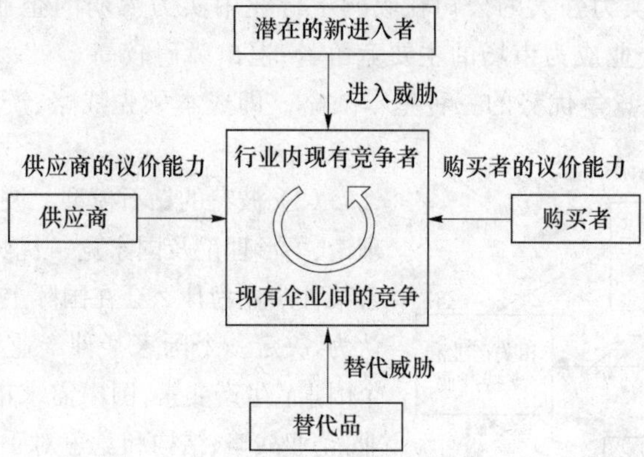

图2-3　波特五力模型

① 供应商的议价能力。

供应商主要通过提高投入要素价格与降低单位价值质量的能力，来影响行业中现有企业的盈利能力与产品竞争力。供应商力量的强弱主要取决于他们所提供给买家的是什么样的投入要素，当供应商所提供的投入要素价值构成了买家产品总成本的较大比例、对买家产品生产过程非常重要或严重影响买家产品质量时，供应商对于买家的潜在讨价还价能力就相对较强。

② 购买者的议价能力。

购买者主要通过压价与要求提供较高的产品或服务质量的能力，来影响行业中现有企业的盈利能力。一般来说，满足如下条件的购买者会具有较强的讨价还价能力，即购买者的总数较少，而每个购买者的购买量较大，占了卖方销售量的很大比例；卖方行业由大量规模相对较小的企业所组成；购买者所购买的基本上是一种标准化产品，同时向多个供应商购买产品在经济上也完全可行；购买者有能力实现后向一体化，而供应商不可能实现前向一体化。

③ 潜在的新进入者的威胁。

新进入者在给行业带来新生产能力、新资源的同时，将希望在已被现有企业瓜分殆尽的市场中赢得一席之地，这就有可能会与现有企业发生原材料与市场份额的竞争，最终导致行业中现有企业盈利水平降低，严重的话还可能危及这些企业的生存。竞争性进入威胁的严重程度取决于进入新领域的障碍大小与预期现有企业对于进入者的反应情况。

④ 替代品的威胁。

两个处于不同行业中的企业，可能会由于所生产的产品互为替代品，从而在它们之间产生相互竞争的行为。具体表现在：企业现有产品售价及获利潜力的提高，将可能被用户更方便接受的替代品的冲击而受到限制；由于替代品生产者的进入，现有企业必须提高产品质量或通过降低成本来降低售价，或者使其产品具有特色，否则其销量与利润增长的目标就可能受挫；替代品生产者在市场中的竞争强度，受产品买家转换成本高低的影响。

⑤ 行业内现有竞争者的竞争。

行业中现有企业之间竞争的加剧，表现在行业进入的障碍较低，势均力敌的竞争对手较多，竞争参与者范围广泛；市场趋于成熟，产品需求增长缓慢；竞争者企图采用降价等手段促销；竞争者提供几乎相同的产品或服务，用户转换成本很低；一个战略行动如果取得成功，其收入相当可观；行业外部实力强大的公司在收购了行业中实力薄弱的企业后，发起进攻性行动，结果使得刚被收购的企业成为市场的主要竞争者；退出障碍较高。

（2）提出企业构建竞争优势的三种基本战略。即成本领先战略、产品差异化战略、市场专一化战略。

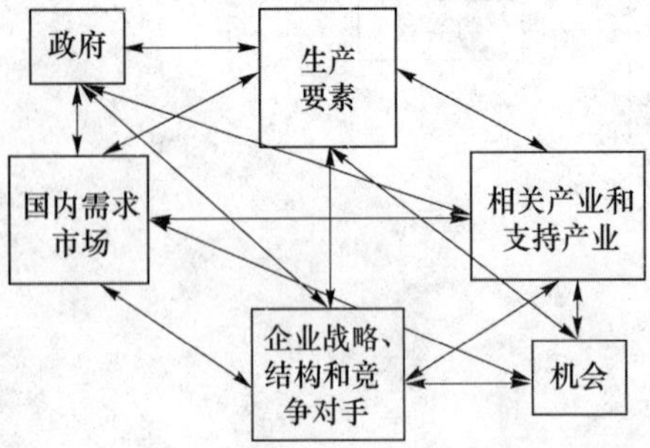

图 2-4 波特钻石模型

（3）波特的钻石模型。波特的钻石模型又称钻石理论、菱形理论及国家竞争优势理论，用于分析一个国家某种产业为什么会在国际上有较强的竞争力。波特认为，决定一个国家某种产业竞争力的大小主要有四个因素：生产要素，国内需求市场，相关产业和支持产业，企业战略、结构和竞争对手。这四个要素具有双向作用，形成钻石体系。此外，在四大要素之外还存在两大变数：政府与机会。机会是无法控制的，而政府政策的影响也是十分重要的。如图 2-4 所示。

① 生产要素。

波特将生产要素划分为初级生产要素和高级生产要素，初级生产要素是指天然资源、气候、地理位置、非技术工人、资金等；高级生产要素则是指现代通信、信息、交通等基础设施，受过高等教育的人力、研究机构等。

② 国内需求市场。

国内需求市场是产业发展的动力。国内市场与国际市场的不同之处在于企业可以及时发现国内市场的客户需求，波特认为全球性的竞争并没有降低国内市场的重要性。如果本国的顾客需求领先于其他国家，这也可以成为企业的一种优势，促进企业更好地发展。

③ 相关产业和支持产业。

对形成产业竞争优势而言，相关产业和支持产业与优势产业是一种休戚相关的关系。波特的研究提醒人们注意“产业集群”这种现象，即一个优势产业不是单独存在的，它一定是同其他相关强势产业一同崛起的。波特指出，即使下游产业的竞争力较低，但只要上游供应商具有较强的竞争优势，其对整个产业的影响仍然是正面的。

④ 企业战略、结构和竞争对手。

波特指出，推进企业走向国际化竞争的动力很重要。这种动力可能来自国际需求的拉力，也可能来自国内竞争者的压力或市场的推力。创造与保持产业竞争优势的最大关联因素是国内市场强有力的竞争对手。

⑤ 机会。

机会可以影响产业竞争力的四大要素发生变化。波特指出，对企业发展而言，形成机会的可能情况包括：基础科技的发明创造；传统技术出现断层；外因导致生产成本突然提高；金融市场或汇率的重大变化；市场需求的剧增；政府的重大决策；战争。机会是双向的，它往往在新的竞争者获得优势的同时，使原有的竞争者丧失优势，只有能满足新需求的企业才有发展“机遇”。

⑥ 政府。

波特指出，从事产业竞争的是企业，而非政府，竞争优势的创造最终必然要反映到企业上，而地方保护会延缓产业竞争优势的形成，使企业停留在缺乏竞争的状态中。政府能做的只是提供企业所需要的资源，创造产业发展的环境，扮演好自己的角色，这样才能成为扩大钻石体系的力量支撑，政府可以创造新的机会和压力，政府直接投入的应该是企业无法涉及的领域，如发展基础设施、开放资本渠道等。

(3) 价值链的分析。波特认为企业的生产是一系列创造价值的许多活动构成的集合统一体，即企业的价值链。价值链能为顾客创造价值，同时能为企业创造利润。

波特价值链分析模型是指企业所从事的物质上和技术上的界限分明的各项活动，这些活动是企业创造对买方有价值的产品的基石。由美国哈佛商学院著名战略学家迈克尔·波特提出的“价值链分析法”，把企业内外价值增加的活动分为基本活动和支持性活动，基本活动涉及企业生产、销售、进料后勤、发货后勤、售后服务；支持性活动涉及人力资源管理、财务、计划、研究与开发、采购等，基本活动和支持性活动构成了企业的价值链。如图 2-5所示。

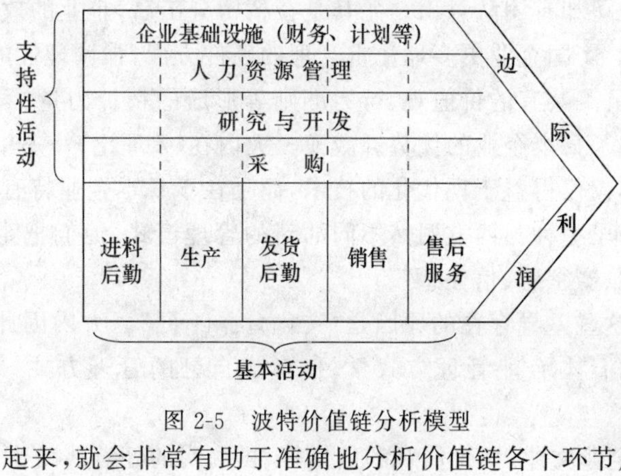

图 2-5　波特价值链分析模型

价值链一旦建立起来，就会非常有助于准确地分析价值链各个环节所增加的价值。

迈克尔·波特所提出的行业竞争结构分析理论，在当时的 20 多年里受到企业战略管理学界的普遍认同，并且成为进行外部环境分析和经营战略选择最为重要和广泛使用的模型。

进入20世纪90年代中期，随着产业环境的日益动态化、技术创新的加快、竞争的全球化和顾客需求的日益多样化，企业逐渐认识到如果想要发展，无论是增强自己的能力，还是拓展新的市场，都得与其他公司共同创造消费者感兴趣的新价值。企业必须培养以发展为导向的协作性经济群体。在此背景下，战略联盟理论开始成为企业战略管理研究的一个新焦点。

战略联盟理论的出现，使人们将关注的焦点转向了企业间各种形式的联合。这一理论强调竞争合作，认为竞争优势是构建在自身优势与他人竞争优势结合的基础上的。但是，联盟本身固有的缺陷，以及基于竞争基础上的合作，使得这种理论还存在许多有待完善之处，企业还在寻求一种更能体现众多优越之处的合理安排形式。

战略管理思想的演变始终是与市场竞争紧密相连的。不同的战略管理思想都是围绕着如何制定和实施竞争战略以获得竞争优势这一核心问题而展开的；战略管理的研究呈现出强调理论的动态化、强调从实践中学习、各学派进一步整合等特点。

2.4.11 企业文化学派

企业文化学派又称公司文化学派、管理文化学派。企业文化理论是20世纪70年代以来管理理论丛林中分化出来的一个新理论。企业文化理论发源于美国，而企业文化的实践主要出自于日本。第二次世界大战后，作为战败国的日本满目疮痍，一片废墟。而且当时日本既没有自然条件方面的优势（其国土狭小，自然资源贫乏），也没有政治、军事、经济、技术等方面的优势。但日本经过短短二十几年的发展就成为世界上的经济强国，甚至对先进管理理论的“输出国”美国也产生了很大的冲击。于是美国的经济学家和管理学家开始研究日本的“经济奇迹”的奥秘，这些学者把目光集中在美日的文化差异上，并有了惊人的发现，相继出版了一系列的企业文化书籍，如沃格尔的《日本名列第一》、帕斯卡尔和艾索斯合著的《日本的管理艺术》、彼德斯和沃特曼合著的《追求卓越》、迪尔和肯尼迪合著的《公司文化》、威廉·大内的《Z理论》等，从而形成了较系统的企业文化理论。企业文化学派的主要观点有以下几种。

(1) 企业文化的差异导致了经济效益的差异，日本企业文化比美国企业文化更能激励企业的活力和竞争力。

企业文化学派经过比较研究认为美国公司强调个人主义、进度、数字、利润，显得急功近利而缺乏远见，而日本公司却有团队意识。尤其是在精密分工后，企业的效率往往由管理者的经营哲学思想在起作用。美国企业更多地注重管理的硬件方面，强调理性的科学管理，忽视了日本企业所重视的全体员工共有的价值观、行为准则等形成的精神力量。正是这种精神力量的激励与凝聚作用，构成了日本企业的优势。威廉·大内在《Z理论》一书中明确指出，日本企业之所以取得成功，并非仅仅得益于现代化的技术，而是在于日本企业特有的文化传统和文化素质，在于日本企业实行了一种与西方迥然不同的新的管理模式，他们把企业看作为一个“命运共同体”，强调“微妙性、亲密感、信任感”。

威廉·大内认为这些差异存在的原因是“文化背景不同”。大内因此提出，美国的企业应该结合本国的特点，向日本企业管理方式学习，形成自己的管理方式，即“Z理论型”的管理方式。

(2) 没有强大的企业文化，即价值观和信仰等，再高明的经营战略也无法获得成功。

形成日本企业巨大生产力、优异产品质量和强劲竞争力的，不仅是发达的科学技术、先进的机器设备等物质经济因素，而且还包括社会历史、文化传统、心理状态等文化背景的因素。正是这诸多因素的融合而成的日本企业独具的特色，造就了日本人与众不同的企业精神。

因此，企业文化是企业生存的基础、发展的动力、行为的准则、成功的核心，必须重视企业文化建设。所谓企业文化是指一定历史条件下，企业在生产经营和管理活动中逐步形成和发展起来的具有本企业特色的价值观，以及以此为核心而形成的精神文化和物质文化的总和。它由三个不同的部分组成。①观念文化。它是企业文化的核心层，是呈观念形态的价值观、信仰及理想等。它体现在企业经营哲学、宗旨、方针、目标等方面。②制度文化。它是企业文化的中间层，是呈行为形态的员工行为准则等。它体现在企业的规章制度、组织机构的设置、员工的工作方式、奖惩方式等方面。③物质文化。它是企业文化的外围层，是呈物质形态的产品设计、产品质量、厂容厂貌、员工服饰等。它是企业文化外在形象的具体体现。

实践证明，企业文化不仅对本企业员工的思想和行为具有强大的导向功能、约束功能、激励功能和凝聚功能等，而且企业文化对本企业所在社区、企业产品所覆盖的地区也具有辐射功能。

尽管各国所处的环境和发展历史不同，使企业文化表现出很大差异性。但是，企业文化作为凝聚职工、协调关系、激励职工士气的现代管理理论，正在发挥着巨大作用。这表明现代企业管理已进入“情感经济”和“软性管理”的时代。

2.4.12　现代管理的特点

与传统科学管理相比，现代管理已发生了很大变化，主要表现出以下几个特点。

(1) 现代管理的中心由物向人转变，管理方式由刚向柔发展。

在传统管理中，大生产以机器为中心，工人只是机器系统的配件，因此人被异化为物，管理的中心是物。但是，随着社会的发展和生产力水平的提高，个人因素如创造性、个性、才能等，在生产活动中越来越表现出重要作用。这就促使管理部门日益重视人的因素，管理工作的中心也从物转向人。在管理方式上，现代管理则更强调用柔的方法，注重强调职工参与管理、民主管理、人力资源开发和职工激励。例如，实行民主化管理、扩大工作范围和内容、弹性工作时间、提案制度、目标管理、培育企业文化，重视非正式组织，重视员工的培训和继续教育，用情感手段和办法去做“人”的工作，协调人际关系，想方设法激发职工的工作干劲。这种尊重个人的价值和能力，通过激励、关心人，以感情调动职工积极性、主动性和创造性的管理方法，充分体现了现代管理“以人为本”的管理新理念。

(2) 现代管理理论十分强调系统、权变、创新等管理观点。

现代管理理论认为管理的对象是一个系统，因此必须运用系统思想和系统分析方法来指导管理实践活动，解决和处理管理的实际问题。而且管理所处的环境系统是十分复杂和多变的，因此已经没有一套固定的管理模式能适应各种组织的发展，每个组织必须根据自己的特点，根据现代管理的基本法则来创造性地形成自己的管理特色，这就要求管理者必须具有权变和创新的思想，不断丰富管理实践，不断推动管理理论、方法和手段的发展。

(3) 现代管理的组织形式呈现多样化、扁平化的发展趋势。

现代管理的组织形式多样化，并且随着社会经济的发展，正进行着不断的变革和完善。在组织形式上，一些新的组织形式不断推出，如事业部制、矩阵制、立体三维制、柔性化经营管理特征的“虚拟组织”及与资产重组和一体化相适应的控股、参股等管理组织模式等；在组织结构方面,借助于信息技术,组织的层次逐渐减少,从金字塔型组织结构逐步向扁平化、柔性化的组织结构转变,柔性化的组织结构的有形界限逐渐模糊,有利于借用外力和整合外部资源;在组织成员配备上,组织中各类人员的比例发生了明显的变化,管理者和业务专家的比例大大提高,他们对组织的影响力也越来越强。

(4) 现代管理的目标由传统的单纯追求利润转向追求企业、员工、顾客、社会各方利益的共同满足。

被誉为"经营之神"的日本松下电器公司董事长松下幸之助曾说,如果要扩大自己的公司,仅想赚钱是不够的,着眼点要放在更高的地方,要与社会共同发展,或对社会有所裨益。只有如此,才会产生梦想与希望的力量。实践证明,企业发展与履行社会责任从长远看是一致的。仅仅谋求最大利润的管理目标已经显得过时,与社会共同发展,重视员工和顾客的利益,越来越成为企业经营的强有力信念。

(5) 现代管理十分重视对组织环境的研究,以提高管理者的工作成效。

组织不是一个封闭的系统,它必然要与周围各种环境发生相互作用。管理者的工作成效通常取决于他们对周围环境的了解、认识和掌握程度,取决于他们是否能够正确、及时地做出反应。现代管理理论,特别是权变管理理论,十分强调环境对管理决策和管理行为的重要性,并对影响管理的环境因素进行了探讨。

(6) 现代管理广泛运用现代自然科学新成果和现代化管理工具。

现代管理广泛运用运筹学、数学、统计学及电子计算机等现代科学技术和工具,来提高管理工作的效率和经济效益。例如,运用概率论、线性规划、排队论、对策论、网络技术、预测技术、价值工程等,将经营管理中的复杂问题编制成数学模型,通过计算求解、定量分析,作为制定各种可行的较为满意方案的依据。运用电子计算机进行工资管理、成本核算、存储控制、订货管理、编制生产计划等。而且,信息技术的发展进一步促使管理方法和手段得到完善,并得到更加深入的应用。例如,20 世纪 70 年代后出现的管理信息系统、人工智能技术、分布式数据库技术、虚拟技术、办公自动化系统、专家系统、决策支持系统、经理信息系统、计算机集成制造系统等使管理手段得到不断发展和完善,并在管理各个领域中得到更加广泛和深入的应用。

2.5 管理理论的新发展

现代管理理论的基本目标是要在不断急剧变化的社会中,保持一个充满活力的组织,使之能够持续地低消耗、高产出,完成组织的使命,履行其社会责任,因而要求管理理论必须不断发展和完善。自 20 世纪 90 年代以来,随着经济全球化、信息化和知识化的迅猛发展,现代组织所面临的经营环境日益复杂多变,竞争也愈来愈烈。众多管理者不断探索,提出了许多新的管理观念、原则和方法。

2.5.1 知识管理理论

20 世纪 90 年代,美国经济的高速发展,引发了对知识推动经济增长作用的新认识。利用知识资本获得真正的竞争优势正在成为一种全新的管理理念。因此，对知识的管理变得日益重要。

知识管理是使信息转化为可被人们掌握的知识，并以此来提高特定组织的应变能力和创新能力的一种新型管理形式。知识管理重在培养集体的创造力，并推动组织的创新。而创新是知识经济的核心内容，是企业的活力之源。技术创新、制度创新、管理创新、观念创新及各种创新的相互结合、相互推动，将成为企业经济增长的引擎。

从国内外知识管理的实践来看，知识管理项目可分为四类。一是内部知识的交流和共享，这是知识管理最普遍的应用。二是企业的外部知识管理，这主要包括供应商、用户和竞争对手等利益相关者的动态报告，专家、顾客意见的采集，员工情报报告系统，行业领先者的最佳实践调查等。三是个人与企业的知识生产。四是管理企业的知识资产，这也是知识管理的重要方面，它主要包括市场资产（来自客户关系的知识资产）、知识产权资产（纳入法律保护的知识资产）、人力资产（知识资产的主要载体）和基础结构资产（组织的潜在价值）等几个方面。

2.5.2　学习型组织理论

学习型组织理论是美国麻省理工学院教授彼得·圣吉在其著作《第五项修炼》中提出来的。彼得·圣吉认为，传统的组织设计是用来管理以机器为基础的技术；而新型的组织却是以知识为基础的，即组织设计是用来处理思想和信息的。这一理论的提出，受到了世界管理学界的高度重视。

彼得·圣吉在其著作《第五项修炼》中明确指出，20 世纪 90 年代最成功的企业将会是“学习型组织”企业，因为未来持久的唯一优势是有能力比你的竞争对手学习得更快。他认为，未来真正出色的企业，将是能够设法使各阶层人员全心投入，并不断学习的组织。学习型组织正是人们从工作中获得生命意义、实现共同愿景和获取竞争优势的组织。这种组织由一些学习团队组成，有崇高而正确的核心价值观念，具有强韧的生命力与实现共同目标的动力，不断创新、不断提高，从而保持持久的竞争优势。

彼得·圣吉提出了学习型组织的 5 项修炼，认为这 5 项修炼是学习型组织的技能。

(1) 自我超越。自我超越的修炼是指学习不断深入，并加深个人的真正愿望，集中精力，培养耐心，并客观地观察现实。它是学习型组织的精神基础。自我超越需要不断认识自己，认识外界的变化，不断地赋予自己新的奋斗目标，并由此超越过去、超越自己、迎接未来。

(2) 改善心智模式。心智模式是指根深蒂固于每个人或组织之中的思想方式和行为模式，它影响人或组织如何了解这个世界，以及如何采取行动的许多假设、成见，或是图像、印象。个人与组织往往不了解自己的心智模式，故而对自己的一些行为无法认识和把握。第二项修炼就是要把镜子转向自己，先修炼自己的心智模式。

(3) 建立共同愿景。如果有任何一个理念能够一直在组织中鼓舞人心，凝聚一群人，那么这个组织就有了一个共同的愿景，就能够长久不衰。如宝丽来公司的“立即摄影”，福特汽车公司的“提供大众公共运输”、苹果电脑公司的“提供大众强大的计算能力”等，都是为组织确立共同努力的愿景。

(4) 团体学习。团体学习的有效性不仅在于团体整体会产生出色的成果，而且其个别成员学习的速度也比其他人的学习速度快。团体学习的修炼是“深度汇谈”。“深度汇谈”是一个团体的所有成员提出心中的假设，从而实现真正一起思考的能力。“深度汇谈”的修炼也包括学习找出有碍学习的互动模式。

(5) 系统思考。组织与人类其他活动一样是一个系统,受到各种细微且息息相关的行动的牵连而彼此影响着,这种影响往往要经年累月才完全展现出来。我们作为群体的一部分,置身其中而想要看清整体的变化则非常困难。因此第五项修炼,是要让人与组织形成系统观察、系统思考的能力,并以此来观察世界,从而决定我们正确的行动。

2.5.3 企业再造理论

1993 年,原美国麻省理工学院教授迈克尔·哈默(M. Hammer)博士与詹姆斯·钱皮(J. Champy)合著了《再造企业—管理革命的宣言书》一书,正式提出企业再造理论。1995 年,钱皮又出版了《再造管理》。哈默与钱皮提出应在新的企业运行空间条件下,改造原来的工作流程,以使企业更适应未来的生存发展空间。企业再造的思潮迅速在美国兴起,并快速传到日本、欧洲乃至全世界。

企业再造,按照哈默与钱皮所下的定义,是指为了迅速地改善成本、质量、服务、速度等重大的企业运营标准,对工作流程进行重新思考与设计。这也就意味着为适应新的世界竞争环境,企业必须抛弃已成惯例的运营模式和工作方法,以工作流程为中心,重新设计企业的经营、管理及运营方式。

在重组中,强调将过去分割开的工作按工作流程的内在规律,并在良好的企业文化基础上重新整合和恢复起来,通过水平和垂直压缩,合并工作、扁平组织、简化流程、提高效率、节约开支,从而达到企业"减肥"和增强竞争能力的作用。

2.5.4 虚拟企业理论

所谓虚拟企业,是当市场出现新机遇时,具有不同资源与优势的企业为了共同开拓市场、共同对付其他的竞争者而组织的建立在信息网络基础之上的共享技术与信息、分担费用、联合开发的、互利的企业联盟体。虚拟企业的出现常常是参与联盟的企业追求一种完全靠自身能力达不到的超常目标,即这种目标要高于企业运用自身资源可达到的限度。因而企业自发的要求突破自身的组织界限,必须与其他对此目标有共识的企业实现全方位的战略联盟,共建虚拟企业,才有可能实现这一目标。

虚拟企业中的成员可以遍布在世界各地,彼此也许并不存在产权上的联系,不同于一般的跨国公司,他们相互之间的合作关系是动态的,完全突破了以内部组织制度为基础的传统的管理方法。虚拟企业的特征表现在以下几个方面。

(1) 虚拟企业使得传统的企业界限模糊化。虚拟企业不是法律意义上的完整的经济实体,不具备独立的法人资格。一些具有不同资源及优势的企业为了共同的利益或目标走到一起联盟,组成虚拟企业,这些企业可能是供应商,可能是顾客,也可能是同行业中的竞争对手。这种新型的企业组织模式打破了传统的企业组织界限,使企业界限变得模糊。

(2) 虚拟企业具有流动性、灵活性的特点。诸企业出于共同的需要、共同的目标走到一起结盟,一旦合作目的达到,这种联盟便可能宣告结束,虚拟企业便可能消失。因此,虚拟企业可能是临时性的,也可能是长期性的,虚拟企业的参与者也是具有流动性的。虚拟企业正是以这种动态的结构、灵活的方式来适应市场的快速变化。

(3) 虚拟企业是建立在当今发达的信息网络基础之上的企业合作。在虚拟企业的运行中，信息共享是关键，而使用现代信息技术和通信手段使得沟通更为便利。采用通用数据进行信息交换，使所有参与联盟的企业都能共享设计、生产及营销的有关信息，从而能够真正协调步调，保证合作各方能够较好合作，最终使虚拟企业集成出较强的竞争优势。

（4）虚拟企业在运行过程中运用并行工程而不是串行工程来分解和安排各个参与企业要做的工作。虚拟企业在完成某一项目或任务时，项目或任务按照并行工程的思想被分解为相对独立的工作模块，促使承担分解任务的各方能够充分调动和使用他们的资源而不必担心核心技术或核心知识被泄露。并且各个合作模块可以并行作业，项目或任务的主持者可以利用先进的信息通信手段在其间不断地沟通与协调，从而保证各个工作模块最终的互相衔接。这样既缩短了时间，又节约了成本，同时还促进了各参与企业有效地配置自己的资源，以及虚拟企业整体资源的充分利用。

（5）虚拟企业一般在技术上占有优势。由于虚拟企业是集合了各参与方的优势，尤其是技术上的优势而形成的，因此在产品或服务的技术开发上更容易形成强大的竞争优势，使其开发的产品或服务在市场上处于领先水平，这一点是任何单个实体企业很难相比的。

（6）虚拟企业可以看作是一个企业网络。该企业网络中的每个成员都要贡献一定的资源供大家共享，而且这个企业网络运行的集合竞争优势和竞争力水平大于各个参与者的竞争优势和竞争力水平的简单相加。虚拟企业的上述特点决定了虚拟企业具有较强的适应市场能力的柔性与灵敏性，各方优势资源集中催生出极强的竞争优势与竞争力。

随着信息技术的发展、竞争的加剧和全球化市场的形成，没有一家企业可以单枪匹马地面对全球竞争，所以由常规组织向虚拟组织过渡是必然的，虚拟组织日益成为公司竞争战略"武器库"中的核心工具。这种组织形式有着强大的生命力和适应性，它可以使企业准确有效地把握住稍纵即逝的市场机会，且对于小型企业来说尤为重要。例如，一家名字为 Tekpad 的小型公司，最初生产手写型电脑输入设备，后来扩展到多媒体输入系统。这家小公司使用著名设计公司的设计，同 IBM 公司合作生产，仅仅使用 28 个临时工、4 个长期雇员，在 12 个月内就成功地推出了 4 种新产品。当 Tekpad 说 IBM 公司加工他们的产品，并且他们与其他大公司有业务联系时，他们就在业务融资、展示实力、实现承诺的能力上获得了重要的信誉。

2.5.5　商业生态系统理论

长期以来，人们形成了一种商场如战场的观念。在这个没有硝烟的战场上，企业与企业之间、企业的部门之间乃至顾客之间、销售商之间都存在着一系列的冲突。

美国学者詹姆斯·穆尔(James F. Moore)1996 年出版的《竞争的衰亡》一书，标志着竞争战略理论的指导思想发生了重大突破。作者以生物学中的生态系统这一独特的视角来描述当今市场中的企业活动，但又不同于将生物学的原理运用于商业研究的狭隘观念。后者认为，在市场经济中，达尔文的自然选择似乎仅仅表现为最合适的公司或产品才能生存，经济运行的过程就是驱逐弱者。而穆尔提出了"商业生态系统"这一全新的概念，打破了传统的以行业划分为前提的竞争战略理论的限制，力求"共同进化"。穆尔站在企业生态系统均衡演化的层面上，把商业活动分为开拓、扩展、领导和更新四个阶段。商业生态系统在其理论中的组成部分是非常丰富的，他建议高层经理人员经常从顾客、市场、产品、过程、组织、风险承担者、政府与社会七个方面来考虑商业生态系统和自身所处的位置；系统内的公司通过竞争可以将毫不相关的贡献者联系起来，创造一种崭新的商业模式。在这种全新的模式下，穆尔认为制订战略应着眼于创造新的微观经济和财富，即以发展新的循环来代替狭隘的以行业为基础的战略设计。

2.5.6 企业整体策略理论

美国耶鲁大学企业管理学教授威维·科利斯与哈佛大学企业管理学教授辛西娅·蒙哥马利在《哈佛商业评论》双月刊上撰文指出，有些企业在多元化的发展上一帆风顺，而有些企业则惨遭失败，其成败关键就在于企业整体策略。他们在之前提出的“资源竞争论”的基础上，进一步提出以资源为核心的企业整体策略，指导企业创造更大的整体竞争优势。卓越的企业整体策略能够通过协调多元事业来创造整体的价值，让“1+1 大于 2”，而不仅是零散的事业集合。企业要制订卓越的整体策略，首先要有整合观念。制订卓越的策略，是许多企业经理人努力的目标。有些人从核心能力着手，有些人重整事业组合，有些人则努力建立学习型组织。但是，这些做法都只是在单一要素上着力，而没有将资源、事业与组织三项因素合为一个整体。以策略创造企业整体优势的精髓，就是将资源、事业与组织这三项构成“策略金三角”的要素合为整体。

在卓越的整体策略中，资源是串联事业与组织结构的线，是决定其他要素的前提。企业的特殊资产、技术、能力都是企业的资源。不同的资源需要不同的分配方式(转移或共享)，也需要配合不同的控制系统(财务表现控制或营运过程控制)。卓越的企业整体策略不是随意的组合，而是精心设计的整体系统，指挥企业要发展什么资源，要在什么事业上竞争，要以什么组织形态实行策略。

本章小结

通过本章的学习，让学生了解管理学形成与发展的脉络，掌握有代表性的古典管理理论和人际关系学说的主要观点，熟悉现代管理理论阶段的主要学派及其观点，培养学生对管理理论知识的分析判断能力。

人类进行有效的管理活动已有数千年的历史，从管理实践到管理学的形成，经历了一段漫长的历史发展过程。在古代、近代历史上，出现了许多伟大的管理实践和管理思想，这是世界管理文化的瑰宝。

工业革命推动了企业使用机器体系和扩大生产规模，要求研究和发展管理思想和管理方法。泰勒、法约尔和韦伯等人先后提出了科学管理和早期的管理理论，标志着管理学的形成。

梅奥等人经过四个阶段的霍桑实验，即照明实验、福利实验、访谈实验、群体实验，得出结论:企业职工都是“社会人”;劳动生产效率主要取决于职工的工作态度及其人际关系状况;企业中存在着非正式组织。

现代管理理论的形成始于第二次世界大战之后，随后形成了众多的现代管理理论学派。这些学派分别从不同的角度对管理理论进行了卓有成效的探讨，都对管理理论的发展做出了贡献，管理科学进入了一个发展、创新、分化、综合并存的时期。

思　考　题

1. 简要归纳我国古代的管理思想,并说明其对当代企业有何借鉴意义。

2. 阐述亚当·斯密关于劳动分工的研究内容。

3. 泰勒科学管理理论的主要内容是什么？其实质是什么？并谈谈科学管理理论对目前我国企业管理的启发。

4. 阐述法约尔的经营管理原则。

5. 韦伯的理想行政组织模式的基本特征是什么？

6. 霍桑实验得出了哪些结论？

7. 比较科学管理理论、一般管理理论、理想行政管理理论及人际关系理论。并分析这些理论对我们的启示。

8. 简述现代管理思想新发展的主要趋势。

第3章 决　策

决策作为管理工作的核心问题贯串于管理过程的始终。决策尤其是战略决策的正确与否,在很大程度上决定着组织的成败。因此,本章将对决策的含义、特点、分类、原则和方法及决策支持系统等问题进行详细的讨论。

3.1　决策的内涵及分类

3.1.1　决策的定义

决策是指决策者以其知识、经验、掌握的信息为依据,遵循决策的原理、原则,采用科学的方法,确定组织未来的行动目标,并从两个以上可能实现的目标行动方案中选择一个较为满意的方案进行分析判断的过程。这可以从三个方面来理解:①决策总是为解决某一问题做出的决定。首先要树立决策的目标,没有目标就无从决策。②决策是从多种方案中做出的选择。没有比较,没有选择,就没有决策。③决策是面向未来的。要做出正确的决策,就要进行科学的预测。

狭义上看,决策是在几种行动方案中进行选择。广义上看,决策还包括在最后选择之前必须进行的一切。决策就是人们为了达到一定目标,在掌握充分的信息和对有关情况进行深刻分析的基础上,用科学的方法拟定并评估各种方案,从中选出合理方案的过程。

决策是为了实现某一目标而从若干个行动方案中选择一个满意方案的分析判断过程。决策是管理者从事管理工作的基础,是衡量管理者水平高低的重要标志之一,在管理活动中具有重要的地位与作用,具体表现在以下几方面。

(1) 决策是管理的核心内容。管理工作是多方面的,都是围绕着决策而展开的。管理活动中的每一个具体环节都有具体的决策问题。首先,计划工作的每一环节都涉及决策。例如,目标的制定、行动方案的选择等,都离不开决策。其次,组织、领导、人员配备、控制等管理职能的发挥也离不开决策,如采取何种组织结构形式,采用何种领导方式,如何选聘人才,如何进行控制等,都需要通过决策来解决。管理中时时处处会遇到问题,决策就是解决问题。可以说,决策贯串于管理过程的始终,存在于一切管理领域。

(2) 决策是管理者的主要职责。有组织就有管理,有管理就有决策。不论管理者在组织中的地位如何,决策都是管理者的重要职责。管理者管理水平的高低,实际上在很大程度上取决于决策水平的高低。

(3) 决策关系到工作目标的实现乃至组织的生存与发展。决策选择方案的优劣直接影响到目标实现的速度、程度和质量，影响到管理的效率。若决策失误，必然会导致管理与经营行为的失败。

司马迁在《史记·孙子吴起列传》中记载的“田忌赛马”的故事，是我国历史上有关决策的生动事例。齐国大将田忌和国内的贵族们赛马，双方的马分为上、中、下三等参加比赛，并实力相当。孙膑帮助田忌采取“用下等马对付上等马，用上等马对付中等马，用中等马对付下等马”的决策。结果赛三场，输一场，胜两场，从而赢得了胜利。从这个故事，我们可以这样来理解决策的含义:决策就是决策者(如田忌)为了达到一定的目的(如赛马胜利)，在可以采取的多种方案中选择和决定实施一个较为满意的方案(如“下对上，上对中，中对下”方案)过程。

现代决策已发展成为一门新兴的科学。决策理论的研究和运用，已成为现代管理中的一个中心课题。正如西蒙认为，管理就是决策，管理的关键在于决策。如今决策已渗透到各个组织的各方面管理工作中，它是各级、各类领导者的主要工作，只是各自决策的重要程度和影响范围不同而已。

科学的决策具有以下几个方面的特征。

(1) 目的性。

组织的决策总是为了解决一定的问题或达到一定的目标。在一定的条件和基础上确立希望达到的结果和目的，这是决策的前提。有目标才有方向，才能衡量决策的成败。目标的确立是决策的首要环节。

(2) 超前性。

组织的任何决策都是针对未来行动的，是为了解决现在面临的、待解决的新问题及将会出现的问题，所以决策是未来行动的基础。这就要求决策者具有超前意识，思想敏锐、目光远大、预见到事物发展变化的趋势，适时地做出正确决策。

(3) 择优性。

决策必须根据既定的目标，运用科学的方法和手段，在评价各种备选方案的基础上，选择一个较为满意的方案，这就要求可供选择的方案不止一个而是多个，这样才有比较。同时，在比较诸方案的基础上，要选择一个满意的、合理的方案，决策才有意义。

(4) 可行性。

决策是为了付诸实施，不准备实施的决策是毫无意义的，因此决策的可行性是指:①决策所依据的数据和资料比较准确、全面;②决策能够解决一定的问题，实现预定的目标;③方案本身有实行的条件;④决策富有弹性，留有余地，以保证目标实现的最大可行性。

(5) 明确性。

决策方案所包括的一系列内容，如提出的目标、指标、数量、标准、时间、地点等都必须明确具体，并尽可能定量化，否则会影响决策的正确性及其效果。

(6) 民主性。

决策者不仅要善于集中决策集团的经验和智慧，而且要善于听取和归纳群众的意见和要求，理智分析，择善而从，以保证决策的科学性。

对于决策是否是管理的一项职能，人们的看法各异。有的学者将决策视为管理的单独职能，与计划、组织、控制等职能并列。但决策学派却认为决策贯串于管理的全过程，即贯串于计划、组织、控制等职能之中，因此它和管理几乎同义。有人赞同决策学派的观点，认为社会组织行使的每一项管理职能都有决策。组织的宗旨、方针、政策、目标、计划、战略等的制定，属计划职能，其中有大量的决策问题；组织结构的设计、管理幅度的大小、集权与分权的适宜度等，属于组织职能，也涉及决策问题；制定评价标准，将实际成绩与标准相比较，采取纠正措施，属于控制职能，在标准、差异容许值的确定及纠正措施的选择方面，也需要决策。此外，如用人、协调、创新等职能，情况也是如此。虽然决策贯串于管理的全过程，但并不排斥把它作为管理的一个职能，因为管理职能互相渗透是一个普遍现象。

☎【小资料】

印尼阿斯特拉国际公司：管理决策与企业经营

说起谢建隆，在印尼乃至东南亚可以说无人不知。30 多年前，谢建隆以 2.5 万美元起家，经过不懈努力，终于建立起一个以汽车装配和销售为主的“王国”。

鼎盛时期，阿斯特拉集团公司拥有 15 亿美元的资产，年营业额达 25 亿美元，55%的印尼汽车市场被它占领。公司股票上市后，不少投资者认为，其经营上轨道，投资风险小，且获利稳定，颇有投资价值。而谢氏家族占有绝对控制权——直接持有 76%的公司股票。

但自从著名的美国王安公司申请破产以来，与其“遥相呼应”的是印尼第二大集团企业——阿斯特拉国际有限公司也陷入了“泥潭”……

一些有识之士毫不客气地指出：酿成这一悲剧的症结完全在于该公司的创立者——印尼华人富商谢建隆患上了严重的“家族企业症”。

这得从谢建隆的大儿子爱德华谈起。爱德华曾获企业管理硕士学位，回到印尼后，决心大干一番。1979 年，爱德华以 2.5 万美元成立了第一家企业——苏玛银行。

当时印尼经济刚刚开始腾飞，政府信用扩充，天时配合，以及凭着“谢建隆”这个金字招牌所代表的信誉，他以很少的抵押就能贷到大笔资金。

接着，他投资金融保险业务和房地产投资开发上，资本迅速膨胀，10 年之内，以苏玛银行为中心的苏玛集团拥有 10 亿美元的资产，事业遍及欧美和东亚地区，成为与阿斯特拉集团相当的集团企业。

殊不知，其巨大成功的背后潜伏着重重危机。从一开始，爱德华就犯了一个不可饶恕的错误：他的集团企业建立在庞大的债务上，而不是稳扎稳打发展起来的。

爱德华这 10 年的经营，似乎只知道“以债养债”，不计代价的成长，基础极其脆弱，没有一些像样的经济实体与之配合。如果机会不再，危险便会接踵而来。

果然，到了 1990 年年底，印尼政府意识到经济发展过热，开始实行一系列紧缩政策，银根收紧便是其中之一。苏玛集团顿时陷入难堪的境地——苏玛银行的贷款无法回收，经营的房地产又不易脱手，而高达 5 亿美元的债务，单是 20%以上的利息就足够拖垮集团……当储户们听说苏玛银行有问题，便开始抢兑，从而一发不可收拾，苏玛集团岌岌可危。

儿子“背时”，老子心急如焚。如今，爱德华大难临头，岂能见死不救？谢建隆唯一能采取的补救措施是以阿斯特拉的股票做抵押来筹措资金。想不到，“屋漏偏逢连夜雨”，阿斯特拉公司的股票又因印尼经济萎缩、汽车市场疲软而价格下跌，结果犹如推倒多米诺骨牌那样，不可逆转。这时，正好是 1992 年年底。

三十年辛劳半年毁，长使英雄泪满襟。本来，苏玛集团和阿斯特拉集团无所有权关系，"苏玛"的灾难不应拖垮谢氏集团，谢建隆完全可以不负连带责任。

那么，究竟是什么原因促使谢建隆下决心"拯救"呢？这无非是两个原因：一方面是维持自家信用；另一方面难舍舐犊之情，不肯学壮士断腕。结果事与愿违，不但无济于事，反而将他的老本都赔光。

由此看来，苏玛集团的崩溃并不在于爱德华不会"守业"，而恰恰暴露了像爱德华这样的第二代企业家往往是低估了企业经营的困难与风险。如果再往深层看，症结还是在谢建隆身上。其一，1990年年底苏玛集团发生危机时，其低估了事态的严重性，把长期问题当作短期问题来处理，直至1992年年底仍不能完全清醒。这样，悲剧发生也就不足为奇了。其二，他不轻易将企业的"权杖"交给儿子，固然不错。但是，作为识途的老马，他理应告诫或阻止爱德华不能靠过度借债来扩充事业。

资料来源：姜忠喆. 哈佛管理经典案例全集. 沈阳：辽海出版社，2013.

3.1.2 决策的分类

组织决策的内容很多，可以按照不同的标准加以分类，下面是几种主要的类型。

(1) 按决策的重要程度分类。

按决策的重要程度分类，有战略决策、管理决策和业务决策。管理决策和业务决策通常又统称为战术决策，与战略决策相对应。

① 战略决策。它是指事关组织兴衰成败的带有全局性、长期性的大政方针的决策。如企业方针、目标与计划的制定，产品技术改造和引进，组织结构的变革等。战略决策的特点是影响的时间长、范围广，决策的重点在于解决组织与外部环境问题，注重组织整体绩效的提高。战略决策属于组织的高层决策，是组织高层领导者的一项主要职责。

② 管理决策。它是指执行战略决策过程中，在组织管理上合理选择使用人力、物力和财力等方面的决策。如企业的销售、生产等专业计划的制订，产品开发方案的制订，职工招收与工资水平的确定，更新设备的选择，资源和能源的合理使用等方面的决策。管理决策的特点是影响的时间较短、范围较小，决策的重点是对组织内部资源进行有效的组织和利用，以提高管理效能。这类决策主要是由组织的中层领导来负责。

③ 业务决策。它又称为作业决策，是指为提高效率及执行管理决策等日常作业中的具体决策。如基层组织内组织任务的日常分配、劳动力调配、个别工作程序和方法的变动等。业务决策的特点是属单纯执行性决策，决策的重点是对日常作业进行有效的组织，以提高作业效率。这类决策一般由基层管理者负责。

战略决策、管理决策和业务决策的联系如表3-1所示。

表3-1 战略决策、管理决策和业务决策的联系

管理层次	决策类别
最高管理层	战略决策
中间管理层	管理决策
初级管理层	业务决策

(2) 按决策的重复程度分类。

按决策的重复程度分类,有程序化决策和非程序化决策。

① 程序化决策。又称为常规决策或例行性决策,指在日常管理工作中以相同或基本相同的形式重复出现的决策,如企业中任务的日常安排、常用物资的订货与采购、会计与统计报表的定期编制与分析等。由于这些活动经常地、重复地进行,积累了一套经验,把这不断重复的工作方法和顺序编成固定的工作规则和程序,使这类工作有章可循。对这种经常性的业务工作和管理所做的决策称为程序化决策。这种决策工作主要由企业中下层管理人员来承担。

② 非程序化决策。又称为非常规决策或例外决策,是指在管理过程中受大量随机因素的影响,很少重复出现,常常无先例可循的决策。如企业经营方向和目标决策、新产品开发决策、新市场开拓决策等。对这类决策,决策者往往没有固定的模式、规则和处理经验可循,完全靠决策者的洞察力、判断力、知识和信念来解决。

但是,程序化决策与非程序化决策两者并不是截然不同的,程序化决策也有重复次数多少的不同,非程序化决策也可能包括某些部分曾是过去处理的,也就是说,程序化或重复性是从高到低的一个连续系列。

(3) 按决策的可靠程度分类。

按决策的可靠程度分类,可分为确定型决策、风险型决策和非确定型决策。

① 确定型决策。指掌握了各可行方案的全部条件,可以准确预测各方案的后果,并从中选择一个最有利的方案为决策方案。确定型决策一般均可运用数学模型或借助电子计算机进行决策。

② 风险型决策。即决策所面临的自然状态是一种随机事件,各种可行方案所需的条件存在不可控因素,决策的结果只能按客观的观察来确定,决策存在着风险,故称风险型决策。

③ 不确定型决策。即客观上存在两种以上的自然状态,其出现的概率是未知的,各种可行方案出现的后果是不确定的,完全凭决策者的经验、感觉和估计来做出决策。

组织的业务决策常属于确定型,而战略性决策一般属于风险型或非确定型,战术性决策则三者兼而有之。

(4) 按决策主体的多少分类。

按决策主体的多少分类,可分为集体决策和个人决策。

集体决策是指多个人一起做出的决策,个人决策则是指单个人做出的决策。相对于个人决策,集体决策的优点:能更大范围地汇总信息;能拟定更多的备选方案;能得到更多的认同;能更好地沟通;能做出更好的决策等。但集体决策也有一些缺点,如花费较多时间,产生责任不明的情况及“从众现象”等。

(5) 按决策层次分类。

按决策层次分类,可分为高层决策、中层决策和基层决策。

① 高层决策。是指组织最高领导层所做的决策。这类决策大多是有关组织全局及与外界有密切联系的重大问题,如组织的经营方针、市场开拓等。

② 中层决策。是指组织中层管理人员所做出的决策。

③ 基层决策。是指组织中基层管理人员所做的决策,这类决策一般是为解决日常工作中的问题。一般来说,越高层的决策,越具有战略性的、非常规性的、非确定性的特性;而越低层

的决策，就越具有战术性的、常规性的、确定性的、技术性的特点。

上述三种决策具有交叉效应，但因决策的层次不同，具有不同的职能、作用和比重，其复杂程度、定量化程度及肯定化程度都有一定区别。高层决策、中层决策和基层决策的比较见表3-2。

表3-2 高层决策、中层决策和基层决策的比较

决策种类	高层决策	中层决策	基层决策
性质差别	非定型化多，定型化少	定型化多，非定型化少	基本定型化
层次差别	战略性的多	业务性的多	执行性的多
决策的复杂程度	复杂	比较复杂	比较简单
决策的定量化程度	大部分无定量化	具有风险性，大部分定量化	小部分无定量化或全部定量化
肯定程度	不完全肯定	肯定	很肯定

(6) 按决策依据分类。

按决策依据分类，可分为经验决策和科学决策。经验决策是依据过去出现的事物会重复出现，从而凭以往的这种经验判断所做出的决策，这类决策只适用于日常的一些事物上。科学决策则是运用运筹学、计算机、管理信息系统等现代决策技术而进行的决策。

3.2 决策过程

3.2.1 决策原则

(1) 满意原则。

决策的满意原则是针对"最优化"原则提出的。"最优化"的理论假设是把决策者作为完全理性化的人，决策是他以"绝对理性"为指导，按"最优化准则"行事的结果。但由于组织处在复杂多变的环境中，要使决策者对未来一个时期做出"绝对理性"的判断，必须具备以下条件：①决策者对相关的信息能全部掌握；②决策者对未来的外部环境和内部条件的变化能准确预测；③决策者对可供选择的方案及其后果完全知晓；④决策不受时间和其他资源的约束。显然，这四个条件对任何决策者，无论是个人还是集体，也不论素质有多高，都不可能完全具备。因此决策不可能是"最优化"的，而只能是"令人满意"或较为适宜的。

(2) 系统原则。

运用系统理论进行决策，是科学决策的重要保证。系统理论是把决策对象看作一个系统，并以这个系统的整体目标为核心，追求整体效应为目的。为此系统原则要求在决策时，首先，应贯彻"整体大于部分之和"的原理，统筹兼顾、全面安排，各要素和单个项目的发展要以整体目标满意为准绳；其次，强调系统内外各层次、各要素、各项目之间的相互关系要协调、平衡配套，要建立反馈系统，实现决策实施运转过程中的动态平衡。

(3) 信息原则。

信息是决策的物质基础，而信息的准确、全面、系统、可靠和及时是科学决策的基础条件。

信息原则要求在决策时，首先，必须搜集大量的信息，保证信息的完整性，这样才能对信息进行归纳、选择，提炼出对决策有效的信息；其次，必须提高信息质量，保证信息的准确性；最后，必须防止信息迂回、阻塞，保证信息的时效性。

（4）可行性原则。

为了使决策付诸实施，决策必须切实可行。可行性原则要求决策者在决策时，不仅要考虑到需要，还要考虑到可能；不仅要估计到有利因素和成功的机会，更要预测到不利条件和失败的风险；不仅要静态地计算需要与可能之间的差距，还要对各种影响因素的发展变化进行定量和定性的动态分析。

（5）集体与个人相结合的原则。

坚持集体与个人相结合的原则，就是要充分发挥专家和智囊团的作用，调动各方面的积极性和主动性，使决策建立在广泛民主的基础上，并在民主的基础上进行集中。一方面，可以充分发挥各方面的专长，提高决策质量，防止个人决策的片面性；另一方面，又为今后决策的实施提供了保证。此原则充分体现了决策科学化和民主化的客观要求。

（6）反馈原则。

反馈原则，就是建立反馈系统，用实践来检验决策和修正决策。由于事物的发展和客观环境的不断变化，决策者受知识、经验、能力的限制，致使决策在实施中可能会偏离预定目标，这就需要根据反馈情况采取措施，对原方案或目标加以相应的调整和修正，使决策趋于合理。

☎【小资料】

立石电机公司：经营制胜之道

立石电机公司是日本最大的控制设备制造企业，它生产的可编程控制器，被广泛应用于各行各业，成为工业自动化的核心产品。名噪一时的“生产者体制”，就是由立石电机公司提出的。依靠这种经营体制，立石电机公司踏上了腾飞之路。在20世纪70年代石油危机后，立石电机公司又毅然废除了“生产者体制”，但公司却取得了更大的发展。

1. 艰难创业

立石一真出生于1900年。这个时期正是人类历史上变化最剧烈、发展最神速的时期，立石曾风趣地说：“上帝让我与20世纪一同来临，就是要我去做出一番事业的。”本着这个信念，立石从小就对科学产生了浓厚的兴趣。在报考大学时，立石却报考了当时属于冷门的电气工程专业。他从欧美发达工业国的发展史中得到启示：现代工业社会是飘浮在电流上的巨轮，离开了电，这艘巨轮必将搁浅。在熊本大学电气工程系，年轻的立石发奋苦读，不到21岁就以优异的成绩拿到了大学毕业的文凭，成为兵库水电厂最年轻的工程师。但一年后，立石辞掉了这家国营发电厂的工作，跑到一家私营电气制造公司工作。他决心制造出更多、更实用的电气产品来推动日本电气工业的发展。

1929年，美国纽约股票市场崩溃，其冲击也波及日本，整个日本经济陷入明治维新以来最严重的萧条期。成千上万的员工被解聘，立石也是其中一员。从人人称赞的青年才俊落魄到流浪街头的失业者，立石的心灵蒙受了极大的打击。他暗下决心，一定要闯出一番事业来证明自己的价值。靠手头仅有的积蓄,立石租赁了一家小工厂,开始生产面向家庭的电气产品,但市场销路平平。立石再次把目光转回到工业电气领域。一个偶然的机会,他从报纸上读到医学界正在被X光曝光控制问题所困扰。这条消息给苦苦寻觅新产品的立石以极大的启发:用高速度的电流来精确地控制曝光时间。利用感应继电器为核心部件,立石研制出了将曝光时间控制在1/20秒的X光曝光定时器。产品虽然成功地问世了,但此时的立石已经穷困潦倒,根本没有资金投入批量生产。无奈之下,他不得不求助于日本X光公司,接受了该公司全部苛刻条件,才使X光曝光定时器得以投产。不过,该产品绝大部分利润都进入了日本X光公司的腰包,立石只能分食残羹。

2. 初获成功

虽然这是一次吃亏的合作,但立石却获得了喘息之机,他可以不必再为衣食琐事而四处奔走,静下心来专心致志地从事新产品开发。在1934年年初,他研制成功了感应式保护继电器。这种继电器是许多工业电气设备上所不可缺少的关键零部件,它给立石的小企业带来了更广阔的市场、全新的发展机遇,就连老天爷也助了锲而不舍的立石一臂之力。1934年年底,一场罕见的台风袭击了日本西部海岸,那里云集着日本众多企业,造成了巨大的损失。为恢复生产,各厂家急需大批感应式保护继电器。一向冷冷清清的立石小工厂突然间忙碌起来,要求修理和订购继电器的订单堆积如山。立石索性把生产定时器的业务全部交给了日本X光公司,自己则专心从事继电器制造业务。定时器是立石制造的最后一项专用产品,从此以后,他把精力全部投入到通用电气零部件的生产上。飞速发展的工业化进程,使得通用电气零部件的销路大开。立石把生产规模一扩再扩,到1937年,他已拥有3家大工厂,并在东京和大阪两大工业基地开设了办事机构。

第二次世界大战中,立石也卷入了军工产品生产商之列,他曾为日本空军制造过风门开关,也转包过著名军工企业三菱重工公司的大批军用品生产任务。不过,对立石未来发展产生重要影响的事件,当属为东京大学研制微动开关。微动开关也称精密开关,是当今工业生产中最重要的部件之一。尽管当时微动开关尚未普及,但它却为立石电机公司日后的发展埋下了伏笔。战火虽然把日本的经济基础设施焚烧殆尽,可日本的众多水力发电厂却奇迹般地完好无损。只要有电就有电气产品的用武之地,电流托浮着千疮百孔的日本经济之船艰难地启航了。经济复兴工作的全面展开,造成了日本电力供应紧张的局面。为控制电力需求的增长,日本政府向企业界征购限流器,立石抓住这个机会,在1948年把自己手中的企业改组为立石电气制造公司,全力投入到限流器制造中。朝鲜战争的爆发,给立石电气制造公司带来了新的发展机会。美国放宽了对日本经济发展的限制,使日本工业界迎来了战后全面起飞的黄金时代。一时间,继电器、微动开关等电气部件的需求量激增,1953年立石电气制造公司的员工数比1949年翻了一番。欣欣向荣的立石电气制造公司并没有使立石陶醉其中,他在百忙之中放下手头工作,亲赴美国进行考察。他称,美国的今天就是日本的明天,考察可以帮助公司明确发展方向。在美国,给立石留下深刻印象的是美国工业生产的自动化程度,几乎任何一家工厂都拥有自己的自动生产线,既降低了产品成本,提高了产品质量的稳定性,又简化了生产管理。他确信日本工业界也必将走上生产自动化的发展之路。为此,立石在回国后立即对公司的经营体制做了重大改革。

立石认为未来的电气产品更新换代速度将越来越快,企业的经营重点应从“面向生产”转为“面向市场”。以前的总公司集权管理的“决策者体制”显然不能有效地适应市场变化,只有将权力下放给对客户要求最敏感的生产销售第一线部门，实行“生产者体制”的分权管理方式，才能紧紧跟上市场发展，始终立于不败之地。实行“生产者体制”后，立石电气制造公司把生产权和人事权下放给各个工厂厂长和子公司的经理，由他们根据市场变化，及时投产新产品、招募新的专业人员。从此，立石电气制造公司令人眼花缭乱地连续推出新产品，如无触点开关、应用于医学及生物学领域的应力计、综合售货机及多种控制设备。到1967年，公司的年产值创下了8年增长10倍的纪录，达到100亿日元。1年后，公司更名为立石电机公司。同时，公司还定下了雄心勃勃的5年奋斗目标，声称要在1974年使产值达到1 000亿日元。

3. 遭受挫折

1973年的石油危机，一下子击中了日本经济的要害。这个资源贫乏的岛国，出现了自第二次世界大战以来最严重的经济衰退。各企业纷纷压缩规模，削减开支，以求渡过难关。在“生产者体制”指导下，立石电机公司铺的摊子过广、涉足领域众多，所以受到很大冲击。在1974年公司不仅没有达到1 000亿日元产值的目标，反而在1975年和1976年连续造成亏损赤字。

4. 重振雄风

为扭转颓势，立石电机公司顺应潮流，果断放弃了当年名噪一时的“生产者体制”，精简管理层次，重新收回下放的权力，由总公司进行宏观调控。另外，立石电机公司对产品发展方向再次做出重大调整，一反20世纪五六十年代那种分门别类、各成一体的做法，重新以开发通用性电气部件为主。但这绝不是简单的轮回，而是螺旋上升。新的通用电气部件，采用了自动控制技术，安装有程序控制器，可根据各种具体用途进行编程处理，提高了产品的通用性。立石电机公司也就此走出了低谷，在1978年实现产值1 010亿日元，虽然比原计划推迟了4年才达到这一目标，但却使立石电机公司对未来的前途更加充满了信心。20世纪80年代世界经济仍处于低谷状态，日本企业界还雪上加霜地遇到棘手的日元升值难题。可立石电机公司却扬眉吐气地急速发展，在1988年产值高达3 150亿日元。这正是立石电机公司在20世纪70年代果断调整经营体制和产品发展方向的结果。由于从制造适用范围狭窄的专用控制电气部件转入生产通用性极强的可编程控制部件，立石电机公司的产品成本总体上呈下降之势，客户范围却呈增加之势。许多日本企业在日元升值之后，为继续保持产品价格优势，下决心提高生产自动化程度，这使得立石电机公司的产品在国内拥有了不断扩大的市场。与此同时，立石电机公司利用日元升值之机，大量从中国台湾和韩国进口廉价电气零件，然后将它们组装成可编程控制器在国内外市场销售，牟得巨额利润。就这样，在世界经济衰退这一特殊背景下，立石电机公司借助日元升值这一特殊情况，以通用性极强的可编程控制器这一特殊产品，取得了令人难以置信的特殊业绩。

资料来源：姜忠喆. 哈佛管理经典案例全集. 沈阳：辽海出版社，2013.

3.2.2 决策的过程

决策程序大致可分为发现问题、确定目标、搜集资料、制订方案、评估和优选方案、贯彻实施、反馈及追踪检查七个过程。这种划分是相对的，既可简化步骤，也可具体细分，有的分三大步骤，有的分八个阶段，但其逻辑顺序和科学要求基本是一致的。

1. 发现问题

问题是决策的始点，决策始于问题的识别，即发现问题，问题就是现实和理想之间的差异。所谓问题，是指应该或可能达到的状况同现实状况之间存在的差距，也表现为需求、机会、挑战、竞争、愿望等，是一个矛盾群，是客观存在的矛盾在主观世界中的反映。矛盾的复杂性决定着决策中问题的复杂程度，矛盾群是决策的问题源。但并非任何问题都要决策，面对纷繁复杂的问题，要经过一系列思维活动，对问题进行归纳、筛选和提炼，善于抓住有价值的问题，把握其关键和实质。如果真正的问题没有抓住，或者抓得不准，决策就决不到点子上。

明确问题包括两个方面。一是要弄清问题的性质、范围、程度及它的价值和影响。不能停留在表面现象和笼统的感觉上，要分析问题的各种表现、同未来需要的适应状况。区分问题的不同类型，诸如全局性的或局部性的；战略性的或战术性的；长远性的或暂时性的；已经显现的或潜在的；能够解决的或暂时无条件解决的等。要搞清问题之间的相关性、层次性、历时性，认识其状态趋势和特点。没有对问题本质的、整体的认识，没有把握客观事物的运动规律，就没有决策的正确方向和前提。为能抓准问题，必须深入进行调查研究，搞清事实，明确问题。二是要找出问题产生的原因，分析其主观原因和客观原因、主要因素与次要因素、直接原因与间接原因等。对问题产生的原因做纵向和横向分析。纵向分析是指从问题的表面开始进行分析，层层深入，究其根底。横向分析是指将同一层次的原因及其相互关系搞清楚，从而找出主要原因。

2. 确定目标

发现问题后，接着就要确定目标。所谓目标，是指在一定条件下，根据需要和可能，在预测的基础上所企求的终极要求或决策所要获得的结果。

确定目标时，要注意以下几点。

(1) 目标应明确、具体。

决策目标的确定是为了实现它，因而要求决策目标要定得准确。首先要求概念必须明确、清晰，即决策目标的理解应当只有一种，能够使执行者明确地领悟含义。如果一个目标的含义怎样理解都可以，那么就无法做出有效的决策，也无法有效地执行。

(2) 目标要分清主次。

在决策过程中，目标往往不止一个，多个目标之间既有协调一致的时候，有时也会发生矛盾。例如，要求商品物美价廉就有矛盾，物美往往要增加成本，价廉就得降低成本，有时还会影响质量。在诸多目标中，有的目标是必须达成的，有的目标是希望达成的，这样就可以使实现目标的严肃性和灵活性更好地结合起来。因此，在处理多目标问题时，一般应遵循下列两条原则。第一，在满足决策需要的前提下尽量减少目标的个数，因为目标越多，选择标准就越多；选择方案越多，越会增加选择的难度。第二，要分析各个目标的权重，分清主次，先集中力量实现必须达到的主要目标。

(3) 要规定目标的约束条件。

决策目标可以分为有条件目标和无条件目标两种，凡给目标附加一定条件者称为有条件目标，而所附加的条件称为约束条件；不附加任何条件的决策目标称为无条件目标。约束条件一般分为两类：一类是客观存在的限制条件，如以一定的人力、物力、财力条件；另一类是目标附加一定的主观要求，例如，目标的期望值，以及不能违反国家的政策法规等。凡是有关的条件目标，只有在满足其约束条件的情况下达到目标时，才算其真正实现了决策目标。

(4) 决策目标数量化。

决策目标数量化就是要给决策目标规定出明确的数量界线。有些目标本身就是数量指标,如产值、产量、销售量、利润等。在制定决策目标时要明确规定增加多少,而不要用“大幅度”和“比较显著”之类的词。有些属于组织问题、社会问题、质量问题等方面的决策,目标本身不是数量指标,可以用间接测定方法,例如,产品质量可以用合格率、废品率等说明。

(5) 决策目标要有时间要求。

决策目标中必须包括实现目标的期限。即使将来在执行过程中有可能会因情况变化而对实现期限做一定修改,但确定决策目标时也必须把预定完成期限规定出来。

确定目标是决策中的重要一环,目标一错,失之毫厘,谬以千里。明智的决策者有这样的体会,目标一旦定好,决策问题已经解决一半。在该步骤中需要做以下几方面的工作。

① 发现差距,提出问题。决策始于提出需要解决的问题。决策中的问题,实际是应有目标与现有状况的矛盾,或在特定环境下理想状态与现实状态的差距。要正确地发现问题,发现差距,才可能确定目标。

② 确定初步目标,进行可行性论证。在找出差距,查明原因的基础上,可确定初步目标。因目标受许多条件的制约,在一定条件下才存在,因而在确定目标方向时应考虑条件,这就是决策目标“质”上的要求。决策者在确定目标方向时必须全面考虑多方面的情况,既有主观方面的,又有客观方面的情况。在确定目标高低时,也要考虑条件,这是决策目标“量”上的要求。决策目标要高低适度,充分发挥决策执行者的主动性和创造性。具体而言,决策目标应符合以下要求:全面详尽且有重点;明确具体,尽可能量化;易于分解,责任落实;先进合理,积极可靠,留有余地;各类目标可以相互制约,并协调一致;具有时效性。

③ 多目标问题处理。在决策过程中,往往会同时遇到各种问题,使决策目标可能不止一个而是多个,有的甚至是相互矛盾的,给决策带来困难,通常的做法:一方面,在满足需要的前提下,尽量减少目标个数。可剔除从属性和必要性不大的目标;合并类似目标;当目标之间存在从属关系时,可将次要的目标作为约束条件;将单项目标综合成一个目标等。另一方面,将目标按重要性进行排列。目标精简后,对余下的目标按重要性排列顺序,并按“必须实现的”和“希望实现的”归类,规定出它们的重要系数(权数),把重点集中到“必须实现”的目标上。

④ 目标之间的协调。当目标之间存在矛盾时,应以总目标为基准进行协调。有时在对全局有利的条件下降低某些目标,甚至放弃某些目标,也可采取折中方式来协调。

3. 搜集资料,掌握情报信息

搜集与决策有关的经济、技术、社会等各方面的情报资料,是进行科学决策的重要依据。情报信息量的大小、正确与否,直接影响到决策的质量。要想在决策上不失误,必须有丰富可靠的情报来源、迅速的情报传递、准确的情报研究,这是决策科学化的重要物质技术基础。没有一批定量的数据,就不可能为决策做出定性分析。因而,要尽可能大量占有数据和资料。资料来源可通过统计调查资料和预测资料来搜集。搜集情报信息资料要达到以下要求。

(1) 广泛性。即凡与目标有关的信息资料,无论直接的或间接的,都要尽可能搜集。

(2) 客观性。即情报资料必须客观地记载对象、时间、地点和数量等。

(3) 科学性。即对搜集来的资料必须采取科学的方法进行加工整理。

(4) 连续性。即要求情报资料能连续地反映事物发展的全过程及其规律性,尽可能连贯。

做好预测工作,是确定目标和搜集资料两个阶段都十分必要的事情。

科学的决策要有科学的预测。科学决策需要的科学依据包括经济依据、现状依据、预测依据。对事物的过去和现状进行定量与定性分析是重要但还不够的。决策是在今后执行的,分析历史和现状是为了预测未来。没有科学的预测,就没有科学的决策。我国过去一些决策上的失误,其中一个重要原因就是科学依据不足,尤其缺乏预测依据。只有通过科学的预测从而获得决策所必要的未来发展的信息,才能有可靠的科学依据。

4. 拟订备选方案

拟订供选择使用的各种可能性方案,是决策的基础。这项工作主要是由智囊机构承担的。如果只有一个方案,就没有比较和选择的余地,也就无所谓决策。国外常有这样的说法:没有选择就没有决策。一些经理人也常用这样的格言来提醒自己:如果你感到似乎只有一条路可走,那很可能这条路就是不该走的。拟订方案阶段的主要任务是对信息系统提供的数据、情报进行充分的系统分析,并在这个基础上制订出备选方案。因此,要求做到以下几点。

(1) 整体详尽性,即尽可能多地列出有可能达到目标的备选方案。

(2) 相互排他性,即各方案必须有区别,各自独立。

(3) 方案可比性,即每一个方案都应根据已确定的约束条件和评价标准及指标体系,用确切的定量数据反映方案的效果,以便比较和选择。

(4) 实现的可能性,即从实现的条件和实施的结果看能否保证决策目标的实现。可行方案应有两个以上才有选择余地。

决策目标确定以后,就应拟订达到目标的各种备选方案。拟订备选方案时要注意以下几方面。

(1) 要分析和研究目标实现的外部因素和内部条件、积极因素和消极因素,以及决策事物未来的变化趋势和发展状况。

(2) 将外部环境的各种不利因素和有利因素、内部业务活动的有利条件和不利条件等同决策事物未来趋势和发展状况的各种估计进行排列组合,拟订出实现目标的方案。

(3) 将这些方案同目标要求进行粗略的分析对比,权衡利弊,从中选择出若干个利多弊少的可行方案,供进一步评估和抉择。

拟订可行方案的过程是一个发现、探索的过程,也是淘汰、补充、修订、选取的过程。应当有大胆设想、勇于创新的精神,又要细致冷静、反复计算、精心设计。对于复杂的问题,可邀请有关专家共同商定。在拟订方案时,可运用"头脑风暴法""对演法"等智囊技术。"对演法"就是让相互对立的小组制订不同的方案,然后双方展开辩论,互攻其短,以求充分暴露矛盾,使方案越来越完善。

5. 优选方案

在方案选择之前,先要对各种备选方案进行评估。要尽可能采用现代科学的评估方法和决策技术,如"可行性分析""决策树""矩阵决策""模糊决策"等技术,对预选方案进行综合评价。这项工作主要由智囊机构的高级研究人员、政策研究人员及从社会上聘请的专家小组来承担。其主要内容是通过定性、定量、定时的分析，评估各预选方案的近期、中期、远期效能价值，分析方案的后果及其影响。在评估的基础上，权衡各个方案的利弊得失，并将各个方案按优先顺序排列，提出取舍意见，交给决策机构定夺。

选择最优化方案是决策的关键一环，也是领导至关重要的职能。在此可以用"一着不慎，满盘皆输"这句警句来表明。做好方案优选，需要满足两个条件：一是要有合理的选择标准；二是要有科学的选择方法。

什么样的方案是最佳方案？其标准是什么？这就需要建立价值标准。达到什么程度才符合要求，是最优还是满意就行？这又提出一个"满意标准"的问题。如果一个方案执行起来会出现几种不同的可能结果，这时应按什么标准去选择？这就产生了不确定情况下的选择标准问题。

(1) 价值标准。这是选择方案的基本判据。其内容有确定各项价值指标、分清主次、综合评价。一般从系统性、先进性、效益性、现实性四个方面进行综合评价，其中效益性是核心。

(2)"最优标准"与"满意标准"。能达到最优标准是最理想的情况，但在实际工作中往往难以达到。因为人们的认识受许多因素的限制，如主客观条件、科技水平、情报信息及环境、时间等限制。有的最优方案对某一企业是适用的，在另一企业就不一定适用；有的方案在短期看是最优的，而长期效果不一定很好。因此，绝对的最优标准是不存在的，最优也是相对而言的。决策理论学派的代表人物西蒙提出一个现实的标准，即"满意标准"或"有限合理性标准"。方案只要"足够满意"即可，不必追求"最优"。多数决策是按"满意标准"行事的。当然，这样做并不排除在可能的条件下达到最优的可能性。

选择方案的方法甚多，归纳起来有经验判断、归纳法、数学方法及试验法等。

(1) 经验判断。这是一种最古老的传统方法。20 世纪 40 年代前的管理决策基本上都是依靠经验来判断。虽然现在把数学方法、物理模型、网络模型等引进决策中，但经验判断的方法仍然是不可缺少和忽视的，尤其是一些涉及社会、心理因素等复杂问题和非计量性多的决策，需要由领导者的经验判断来做决策。

(2) 归纳法。是在方案众多的情况下，先把方案归成几大类，看哪类最好就选中哪类，然后再从中选出最好的方案，如选择厂址的决策往往采取这种方法。这个方法的优点是可以较快缩小选择范围，缺点是可能漏掉最优方案。因为最优方案也可能处在不是最好的那个类别中。不过在不允许进行全面对比的情况下，这个办法仍常被采用，因为按此法选出的方案一般还是比较满意的。

(3) 数学方法。运用数学方法选择方案，在 20 世纪 50 年代以后发展得很快。因为在控制变量属于连续型的情况下，经验判断很难直接找到最优或最满意方案，因而要借助于数学方法。所谓连续型变量是指这个变量的两个变异值之间，可以存在无穷多个中间数值，如产值、成本、利润等就是连续变量。运用数学方法，可以使决策达到精确化。但目前为止，尚有许多复杂的决策用数学方法还解决不了，要综合运用选择方案的多种方法加以解决。

(4) 试验法。社会问题的决策，虽然不可能创造出像实验室那样人为的典型条件，如科技界那样去实验。但对重大问题的决策，尤其是对新情况、新问题及无形因素起重大作用且不便用数学方法分析的决策，先选择少数几个典型单位作为试点，然后总结经验以作为最后决策的依据,也不失为一种有效的方法。有些复杂的决策,虽然反复计算、讨论、比较,仍然没有多大把握,这时试验就被提上日程。但也不是事事都需要经过试验,在方案选择过程中,往往是在选择范围已经缩小到只剩下两个关键方案而定不下来时,或方案已初步选出但仍感到不放心时,不妨去做试验为妥。

以上各种选择方案的方法都各有利弊,具体采用何种办法还需要从实际出发、灵活运用,也可以创造更加科学的方法,以便更简明准确地找到最优方案或满意方案。

方案优选就是领导者的决断和决策行动,也是决策全过程中最核心、最关键的一点。在现代化建设中,真正做到"善断"并不是一件易事,要求领导者具有很高的决策素养、战略的系统观点、科学的思维方法、丰富的经验判断和很强的鉴别能力。

6. 贯彻实施

方案择定后,要付诸实施,在普遍实施前进行"试点"。试点要注意选择在整个系统中具有典型性的地方,不能人为地创造某些特殊条件,这样纵然试点成功,也很难以普遍实施。在试验实证中,应特别注重可靠性分析。可靠性即在规定条件下和预定时间内,完成任务或达到目标的成败概率,其中"失败率"是一个重要标志。"失效"与"可靠"作为一对矛盾范畴,要看其在试行过程中的变化规律。一项决策有时在早期"失效率"高,而在转入正常阶段"失效率"下降,到后期因条件变化需要调整决策时,"失效率"又将上升,呈现出一种"浴盆曲线"状态,或者有的呈现出"S"形曲线,都是波动式的。一般只要采用必要的控制性措施,就可以正常实施,达到预定目标。而有的"故障频率高",则需要采取排除措施或应变措施加以解决。如果方案在实施试点中根本行不通,那就要推倒重来了。

经过可靠性验证后,可以进入普遍实施阶段。在这一步骤上,要抓好以下几方面工作。

(1) 把决策的目标、价值标准及整个方案向下属交底,动员群众、干部和科技人员为实现目标而共同努力,以求实现。

(2) 围绕目标和实施目标的优化方案,制订具体的实施方案,明确各部门的职责、分工和任务,做出时间和进度安排。交方案的同时要交办法,保证层层要有落实方案的具体措施,使总目标有完善的实施基础。

(3) 制定各级、各部门及执行人员的责任制,确立规范、严明制度、赏罚分明,切忌吃"大锅饭"式的粗放管理。要把统一指挥同调动群众的积极性结合起来,加强思想政治工作。

(4) 随时纠正偏差,减少偏离目标的震荡。

7. 反馈及追踪检查

即使是一个优化方案,在执行过程中,由于主客观情况的变化,也会经常发生与目标偏离的情况。因此,必须做好反馈和追踪检查工作。

这个阶段的任务,就是要准确、及时地把方案实施过程中出现的问题、执行情况的信息输送到决策机构,以进行追踪检查。

在贯彻实施方案中遇到的问题,大致可归纳为三种情况:一是执行人员没有按规定完成任务;二是执行中遇到实际困难,发现方案中有不妥当的问题;三是已经按方案执行了,但未达到预定目标。对发生的问题要做具体分析,第一种是教育和落实的问题。第二种是需要修正方案，使其更加切合实际、日臻完善的问题。第三种如果属于已危及决策目标的实现，需要对决策进行根本上的修正，甚至要改变决策目标，这就需要进行追踪决策。如果证明原决策是完全错误的，那就不属于追踪决策的问题，而是要推倒重来的问题了。

追踪决策是正常的，但不是注定要发生的或经常大量出现的，否则就失去了决策的科学性。对追踪决策要有正确的看法，采取冷静、审慎的态度。决策过程是一个动态的、依赖于时空变量的复杂随机函数，把决策看成一个凝固僵化的东西是不切实际的。因此，对方案进行必要的修正是常见的，甚至对决策进行根本性修正的追踪决策也是不奇怪的。经过追踪决策使方案达到双重优化，不但会减少损失，而且可以获得更佳效益。

3.2.3 决策的影响因素

调整企业活动方向和内容的决策要受到众多因素的影响，其中主要的因素包括环境、过去的决策、决策者对风险的态度、组织文化、时间。

(1) 环境。

环境对组织决策的影响是不言而喻的，并且这种影响是双重的。首先，环境的特点影响着组织的活动选择。例如，就企业而言，需要根据不同的市场环境对经营方向和内容经常进行调整。位于垄断市场上的企业，通常将经营重点致力于内部生产条件的改善、生产规模的扩大及生产成本的降低；而处在竞争市场上的企业，则需要密切关注竞争对手的动向，不断推出新产品，努力改善营销宣传，建立健全销售网络。其次，对环境的习惯反应模式也影响着组织的活动选择。即使在相同的环境背景下，不同的组织也可能做出不同的反应。而这种调整组织与环境之间关系的模式一旦形成，就会趋向固定，限制着人们对行动方案的选择。

(2) 过去的决策。

在多数情况下，组织决策不是在一张白纸上进行初始决策，而是对初始决策的完善、调整或改革。过去的决策是当前决策过程的起点，过去选择的实施方案，不仅伴随着人力、物力、财力等资源的消耗，而且伴随着内部状况的改变对外部环境的影响。过去的决策对当前决策的制约程度也受到它们与现任决策者关系的影响。如果过去的决策是由现在的决策者制定的，而决策者通常要对自己的选择及其后果负管理上的责任，因此一般不愿对组织活动进行重大调整，而更倾向于仍把大部分资源投入到过去方案的执行中，以证明自己决策的正确。相反，如果现任主要决策者与组织过去的重要决策没有很深的渊源关系，则会易于接受重大改变。

(3) 决策者对风险的态度。

风险是指失败的可能性。由于决策是人们确定未来活动的方向、内容和目标的行动，而人们对未来的认识能力有限，目前预测的未来状况与未来的实际状况不可能完全相符，因此在决策指导下进行的活动，既有成功的可能，也有失败的风险。任何决策都必须冒一定程度的风险。组织及其决策者对待风险的不同态度会影响决策方案的选择。愿意承担风险的组织，通常会在需要被迫对环境做出反应以前就已采取进攻性的行动；而不愿承担风险的组织，通常只能对环境做出被动的反应。愿冒风险的组织经常会进行新的探索与创新；而不愿承担风险的组织，其活动则要受到过去决策的较多限制。

☎【小资料】

领袖与原子弹的诞生

20世纪40年代初期,第二次世界大战的整个战局对德国基本上都是有利的。欧洲几乎被它占领了。当时很多科学家很快被召集到了德国。德国邮电部部长很有远见,很早就把一批物理学家集中到他的部里进行原子弹研究。但因人力、物力和财力有限,不得不求助于希特勒。希特勒一听火了,大发雷霆,骂他乱搞新花样,并宣布,以后凡是研究武器,6个星期不能上战场的统统不要研究,结果宣判了原子弹的死刑。

而美国总统罗斯福和希特勒大不一样。他对问题总是思前想后,选择很慎重。尽管当时美国有很多的科学家联名上书给他,一再提醒他德国人已经在研制原子弹,但他仍然说目前没有精力。后来科学家们找到罗斯福的私人顾问萨克斯,并说服了他,请他去说服罗斯福。萨克斯想方设法,用拿破仑不接受科学家把蒸汽机装在船上的建议实例,终于说服了罗斯福。罗斯福虽然不是一个物理学家,但却是一个政治家,他也很敏感地意识到了制造原子弹的重要性。于是请来了一些专家讨论,最后做出了制造原子弹的决策。罗斯福下了很大的决心,投资了15亿美元,动用了15万人,占用了全国1/3的电力,全力开展"曼哈顿工程"。历史证明,原子弹的使用,对早日结束第二次世界大战起到了重要作用。

苏联当时的领导人斯大林与罗斯福不一样,他具有果断的性格。当知道有些国家已经在着手研究原子弹时,马上意识到要立即研制原子弹。于是召集来一批科学家,问他们是否知道原子弹,当他得知科学家们早已知道,并认为美国是盟国,又认为苏联不需要研究时,他火了。斯大林说:"你们太糊涂了,资本主义搞的原子弹难道会送给你?"当科学家们推荐一个在前线打仗的年轻物理学家能担负起研制原子弹的任务时,斯大林马上下令将此人从前线召回来。斯大林在极其困难的条件下,抽调两个师的兵力,扫平了一个地区作为研制基地,将附近几个电厂的电全部供应到这个地区,提供了一切方便,终于在1947年苏联成功研制出了原子弹。

(4)组织文化。

组织文化制约着组织及其成员的行为及行为方式。在决策层次上,组织文化通过影响人们对改变的态度而发生作用。任何决策的制定,都是对过去在某种程度上的否定;任何决策的实施,都会给组织带来某种程度的变化。组织成员对这种可能产生的变化可能会怀有抵御或欢迎两种截然不同的态度。在偏向保守、怀旧、维持现状的组织中,人们总是根据过去的标准来判断现在的决策,总是担心在变化中会失去什么,从而对将要发生的变化产生怀疑、害怕和抗御的心理与行为。相反,在具有开拓、创新气氛的组织中,人们总是以发展的眼光来分析决策的合理性,总是希望在可能产生的变化中得到什么,因此渴望变化、欢迎变化、支持变化。显然,欢迎变化的组织文化有利于新决策的实施,而抵御变化的组织文化则可能给任何新决策的实施带来灾难性的影响。在后一种情况下,为了有效实施新的决策,必须首先通过大量工作改变组织成员的态度,建立一种有利于变化的组织文化。因此,决策方案的选择应该考虑改变现有组织文化而必须付出的时间和费用代价。

☎【小资料】

文化特质对决策风格的影响

决策风格及决策者愿意承担的风险承兑，是反映一国文化环境下决策差异的两个重要方面。

日本人更倾向于群体决策，这可以从日本的民族文化特征中得到解释。日本人崇尚遵奉与合作，可以在他们的学校和企业组织中体会到这一点。制定决策前，日本企业的首席执行官要收集大量的信息，以便在群体决策时形成一致的舆论。由于日本组织中的雇员享有高度的工作保障，所以管理决策是从长远角度出发的，而不是只考虑短期的利润，而后者在美国企业中却十分普遍。

在法国普遍以独裁方式制定决策。

德国的管理方式反映了德国文化讲究结构和秩序的特征。在德国组织中制定了大量的规则和条例，管理者有明确的责任并且按照规定的组织路径进行决策。

瑞典管理的决策风格与法国和德国不同，其管理者更富有进取性，主动提出问题，并且不怕风险。瑞典的高层管理者也愿意把决策权层层委让，他们鼓励低层管理人员和雇员参与影响他们利益的决策。

(5) 时间。

美国学者威廉·R.金和戴维·I.克里兰把决策类型划分为时间敏感决策和知识敏感决策。时间敏感决策是指那些必须迅速而尽量准确的决策。战争中军事指挥官的决策多属于此类，这种决策对速度的要求远高于质量。例如，当一个人站在马路当中，一辆疾驶的汽车向他冲来时，关键是他应迅速跑开，至于跑向马路的左边近些、还是右边近些，相对于及时行动来说则显得比较次要。相反，知识敏感决策对时间的要求不是非常严格。这类决策的执行效果主要取决于其质量，而非速度。制定这类决策时，要求人们充分利用知识，做出尽可能正确的选择。战略性决策基本都属于知识敏感决策。因为这类决策着重于运用机会，而不是避开威胁；着重于未来，而不是现在。所以，在选择方案时，时间上相对宽裕，并不一定要求必须在某一日期以前完成。但是，也可能出现这样的情况，外部环境突然发生了难以预料和控制的重大变化，对组织造成了重大威胁。这时组织如不迅速做出反应，进行重要改变，则可能引起生存危机。这种时间压力可能限制人们能够考虑的方案数量，也可能使人们得不到足够的评价方案所需的信息，同时还会诱使人们偏重消极因素，忽视积极因素，仓促决策。

3.3 决策方法

随着决策理论和实践的不断发展，已经出现了许多科学的决策方法。总的归纳起来可以分为两大类：一类是定性决策方法；另一类是定量决策方法。决策者应当根据决策过程的性质和特点，灵活地运用各种方法，优势互补，才能提高科学决策的水平。

3.3.1　定性决策方法

定性决策方法又称为"软方法"，也叫主观决策法，是指决策者根据个人或专家的知识、经验和判断能力，充分发挥专家们的集体智慧进行决策的方法。定性决策的优点是方法灵活简便、通用性大，一般管理者易于采用，有利于调动专家的积极性，激发人的创造力，更适用于非常规型决策。但其缺点是定性决策方法多建立在专家个人主观意见的基础上，未经严格论证，主观性大。定性决策方法主要有以下几种。

1）德尔菲法

德尔菲法（Delphi method）是20世纪40年代美国兰德公司最早用于技术预测的，后来推广应用到决策中来。它是一种通过信函向专家征求对未来有关事项意见的一种决策方法，也是目前采用得最普遍的一种预测和决策方法。

德尔菲法是采用背对背的通信方式征询专家小组成员的预测意见，经过几轮征询，使专家小组的预测意见趋于集中，最后得出符合市场未来发展趋势的预测结论。德尔菲法又名专家意见法或专家函询调查法，是依据系统的程序，采用匿名发表意见的方式，即团队成员之间不得互相讨论，不发生横向联系，只能与调查人员发生关系，反复地填写问卷，以集结问卷填写人的共识及搜集各方意见，可用来构造团队的沟通流程，应对复杂任务的管理技术。德尔菲法也称专家规定程序调查法。该方法主要是由调查者拟定调查表，按照既定程序，以函件的方式分别向专家组成员进行征询；而专家组成员又以匿名的方式（函件）提交意见，经过几次反复征询和反馈，专家组成员的意见逐步趋于集中，最后获得具有很高准确率的集体判断结果。具体流程如图3-1所示。

2）头脑风暴法

头脑风暴法又名畅谈会法。类似于我们颇为熟悉的"诸葛亮会议"，其思想是邀请有关专家敞开思路，在不受约束的条件下，激发灵感，集中体现自由开放、群策群力、发挥集体智慧，针对某些问题畅所欲言，创造一种自由的思考环境，诱发创造思维的共振和连锁反应，从而产生更多的创造性解决方案。此方法产生的结果是名副其实的集体智慧的结晶。

在群体决策中，由于群体成员心理相互作用的影响，易屈从于权威或大多数人的意见，形成所谓的"群体思维"。"群体思维"削弱了群体的批判精神和创造力，损害了决策的质量。为了保证群体决策的创造性，提高决策质量，管理学上发展了一系列改善群体决策的方法，头脑风暴法就是较为典型的一种。

头脑风暴法的具体操作规则可以用实例来说明，例如，选择5～12人，1人为主持人，1～2人为记录员（最好是非正式与会人员），要求人人参与会议，时间不超过2小时为宜，地点、环境不受外界干扰，不允许有质疑和批评，不允许反驳，也不要做结论，建议越多越好，广开思路，不要重复别人的意见，思考、表达创意的气氛和空间应该是完全轻松自由的。这种方法适用于简单问题的决策。

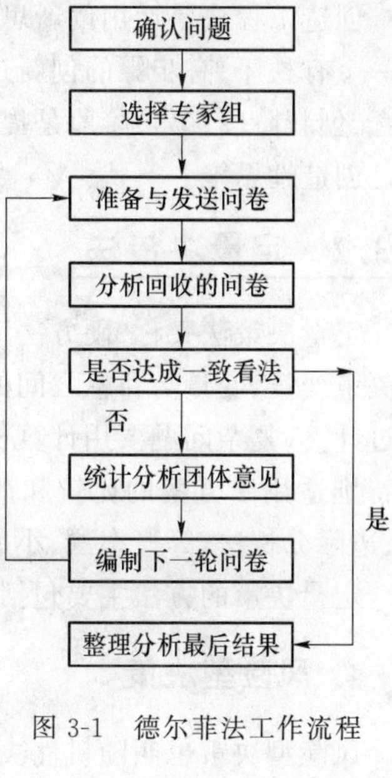

图3-1　德尔菲法工作流程

3）列名小组法

列名小组法，又称德比克法，是改进了德尔菲法的缺陷后所产生的一种新的决策方法。该方法是采用函询与集体讨论相结合的方式征求专家意见的方法。列名小组法的具体做法是把专家请来分成若干个小组，每人发一张卡片，虽在一个小组内也互不交流，只用书面形式回答问题。小组负责人把答案收集后，将多种意见都公布出来，请专家进一步考虑，然后投票表决，只表示同意与否，不做辩论。形成小组意见后，再召开全体专家会议讨论，重新投票，按票数取得意见。可见列名小组法吸收了专家会议法与德尔菲法的长处，克服了它们的不足。这种方法较好地避免了权威的合法化效应，更重要的是防止了“车队效应”的发生。

4）方案前提分析法

方案前提分析法是近年来国外兴起的一种决策方法。这一方法并不直接研讨备选方案本身，而是注重对方案的前提假设进行分析。其依据是任何方案都有几个前提假设作为依据，方案是否正确关键在于这些前提假设是否能够成立。如果前提假设能够成立，则说明这个方案所选取的目标和途径基本上是正确的。由于方案前提分析法不是讨论方案本身，而是讨论方案的前提，这样就能较好地避免决策中一些人为因素的消极影响。方案前提分析法的关键在于找出方案的前提。另外，在讨论时对前提成立的条件要尽量刨根究底，以求更详细、透彻地对方案的前提进行了解。

5）综摄法

综摄法又称类比思考法、类比创新法、提喻法、比拟法、分合法、举隅法、集思法、群辨法、强行结合法、科学创造法等。综摄法是通过讨论从其他角度提出的与方案有关或类似的方案，并借助类比达到分析评估方案目的的方法。综摄法是20世纪40年代由美国学者戈登首创的一种决策方法，因而也称戈登法。由于运用综摄法可以隐瞒决策问题的真相，因而可以防止与会者因个人利害关系而产生消极影响。同时还有利于与会者从新的角度和侧面探讨问题，进行创造性思维，避免他们囿于成见而束缚思想。

6）创造工程法

创造工程法是运用创新思维提出问题与解决问题的一种方法。这种方法把决策过程看成是一个有秩序、有步骤的创新过程。其包括三个阶段：第一阶段是确定问题阶段；第二阶段是孕育、创新阶段；第三阶段是提出设想和付诸实施阶段。创造工程法的核心是第二阶段，其灵魂是创造性思维。

3.3.2 定量决策法

定量决策法又称“硬方法”，是指建立在数学、统计学等基础上的决策方法。它的核心就是把决策变量、变量与目标之间的关系用数学式表示出来，建立数学模型。然后根据决策条件，通过计算（复杂问题要用计算机）求得答案。这种方法既可以适用于决策过程中的任何一步，也特别适用于方案的比较和评价。定量决策法主要有盈亏平衡分析法、决策树法、线性规划法、边际分析法、等概率法、小中取大决策法、大中取大决策法、期望值决策法、博弈论等。

定量决策的方法主要包括风险型决策、确定型决策和不确定型决策三种。

1. 风险型决策

风险型决策也叫随机性决策或概率性决策。它需要具备下列条件：第一，有一个明确的决策目标；第二，存在着决策者可以选择的两个以上的可行方案；第三，存在着决策者无法控制的两个以上的客观自然状态；第四，不同方案在不同自然状态下的损益值可以计算出来。由于风险型决策自然状态出现的概率不肯定，只能估计出一个概率，所以决策人要承担因估计失误而带来的风险。这种决策方法主要应用于有远期目标的战略决策或随机因素较多的非程序化决策，如投资决策、技术改造决策等。风险型决策常用的方法有以下几种。

1）最大可能法

根据概率论的知识可知，一个事件的概率越大，它发生的可能性就越大。因此，在风险型决策中，我们可以选择一个概率最大（即发生可能性最大）的自然状态进行决策，而不是考虑其他自然状态，这样就把风险型决策转化成确定型决策。这种方法就是最大可能法。

例如，某企业要确定计划期内某种产品的产量。根据以往经验和市场预测，该产品销路好、一般、差三种情况发生的概率分别为 0.3，0.5，0.2。产品采用大、中、小批量生产的效益值如表 3-3 所示。现在通过决策分析，为该企业确定合理的生产批量，使其收益最大。

表 3-3 产品批量决策表

自然状态 / 概率 / 效益值 / 行动方案	产品销路		
	Q_1（好）	Q_2（一般）	Q_3（差）
	$P(Q_1)=0.3$	$P(Q_2)=0.5$	$P(Q_3)=0.2$
A_1（大批量的生产）	20	12	8
A_2（中批量的生产）	16	16	10
A_3（小批量的生产）	12	12	12

自然状态 / 效益值 / 行动方案	产品销路 Q_1（一般）
A_1（大批量的生产）	12
A_2（中批量的生产）	16
A_3（小批量的生产）	12

很明显，这是一个风险型决策问题。根据最大可能法，自然状态（即产品销路）Q_2 一般出现的概率 $P(Q_2)=0.5$ 最大，因此就按这一最大可能的自然状态进行决策。决策表相应地变为：

通过比较可以看出采用 A_2（中批量生产量），效益最大。故决策方案为 A_2。

应用最大可能法的条件：在一组自然状态中，其中某一个状态出现的概率比其他状态出现的概率显著地大、并且它们相应的益损值差别不大时，此种方法是有效的；反之，如果它们发生的概率都很小，而且相互拉近时，最大可能法是无效的。

2）期望值法

期望值法是以损益期望值为基础，将不同方案的期望值相互比较，选择期望收益值最大或期望损失值最小的方案为最优方案的一种决策方法。首先计算出每个方案的损益期望值，并以此为目标，选择收益最大或最小的方案为最优方案。期望值等于各自然状态下损益值与发生概率的乘积之和，计算公式：

$$\mathrm{EMV}_i = \sum V_{ij} P_j$$

式中：EMV_i ——第 i 个方案的损益期望值；

V_{ij}——第 i 个方案在第 j 种自然状态下的损益值($i=1,2,\cdots,n$)；

P_j——自然状态(S_j)的概率值($j=1,2,\cdots,m$)。

期望值法以决策矩阵表为工具，见表 3-4。

表 3-4 决策矩阵表

方案 A_i \ 损益值 V_{ij} \ 自然状态 S_j / 概率 P_j	S_1	S_2	…	S_j	…	S_m
	P_1	P_2	…	P_j	…	P_m
A_1	V_{11}	V_{12}	…	V_{1j}	…	V_{1m}
A_2	V_{21}	V_{22}	…	V_{2j}	…	V_{2m}
⋮	⋮	⋮				⋮
A_n	V_{n1}	V_{n2}	…	V_{nj}	…	V_{nm}

【例 3-1】 某冷食厂夏季生产冰淇淋，每箱成本 50 元，售出价格为 100 元，每箱销售后可获利 50 元。如果当天售不出去，剩余一箱就要损失冷藏保管费 30 元，根据去年夏季日销售量资料(见表 3-5)分析。据预测，今年夏季市场需求量与去年同期无太大变化，应怎样安排今年的日生产计划，才能使期望利润最大？

表 3-5 去年夏季日销售量资料表

日销售量	完成日销售量的天数	概率
100	18	0.2
110	36	0.4
120	27	0.3
130	9	0.1
合计	90	1.0

解：用最大期望收益值作为决策的标准，决策分析步骤如下。

(1) 据去年夏季日销售量资料，确定不同日销售量的概率值。

表 3-6 决策矩阵表

方案 A_i \ 损益值 V_{ij} \ 自然状态 S_j / 概率 P_j	每日销售量/箱				期望值 $\left(\sum V_{ij}P_j\right)$
	100	110	120	130	
	0.2	0.4	0.3	0.1	
生产 100 箱	5 000	5 000	5 000	5 000	5 000
生产 110 箱	4 700	5 500	5 500	5 500	5 340
生产 120 箱	4 400	5 200	6 000	6 000	5 360
生产 130 箱	4 100	4 900	5 700	6 500	5 140
最大期望值 $\left[EMV_i=\max\left(\sum V_{ij}P_j\right)\right]$					5 360

(2) 根据有关数据编制决策矩阵表(见表 3-6)。

表中收益值(V_{ij})的计算方法,以日产量 120 箱为例进行计算。

① 日销售量为 100 箱的收益值:$V_{31}=100\times50-20\times30=4\ 400$(元)

② 日销售量为 110 箱的收益值:$V_{32}=110\times50-10\times30=5\ 200$(元)

③ 日销售量为 120 箱的收益值:$V_{33}=120\times50=6\ 000$(元)

④ 日销售量为 130 箱的收益值:$V_{34}=120\times50=6\ 000$(元)

其余各方案的收益值依此类推进行计算。

(3) 计算每个备选方案的期望值。仍以日产量 120 箱方案为例,代入公式得:

$\text{EMV}=4\ 400\times0.2+5\ 200\times0.4+6\ 000\times0.3+6\ 000\times0.1=5\ 360$(元)

其余各方案的期望值依此类推进行计算。

(4) 比较不同方案的期望值并选择最大值为最优决策。从计算结果看,日产量 120 箱方案的期望值最大。故将此方案列为最终决策方案。

3) 决策树法

决策树法即把决策的有关因素(行动方案、自然状态、损益值等)画在一张树状的图形上进行决策的方法。由于决策所做图形的形态像树,故称这种方法为决策树法。决策树法是以决策损益值为依据,通过计算比较各个方案的损益值,绘制成树枝图形,再根据决策目标,利用修枝手段寻求最优方案的决策方法。该方法最大的优点是能够形象地显示出整个决策问题在不同时间和不同阶段的决策过程,逻辑思维清晰,层次分明,特别是对复杂的多级决策尤为适用。

(1) 决策树的结构要素。

① 决策结点:通常用□表示,决策结点是要选择的点,从它引出的分支叫方案分支,一般有几条分支就有几个方案。

② 状态结点:通常用○表示,状态结点表示一个方案可能获得的损益值。从它引出的分支叫概率分支,每一条分支代表一个自然状态。

③ 末梢:通常用△表示,末梢是状态结点的终点,在末梢处标明每一个方案在不同自然状态下的损益值。如图 3-2 所示。

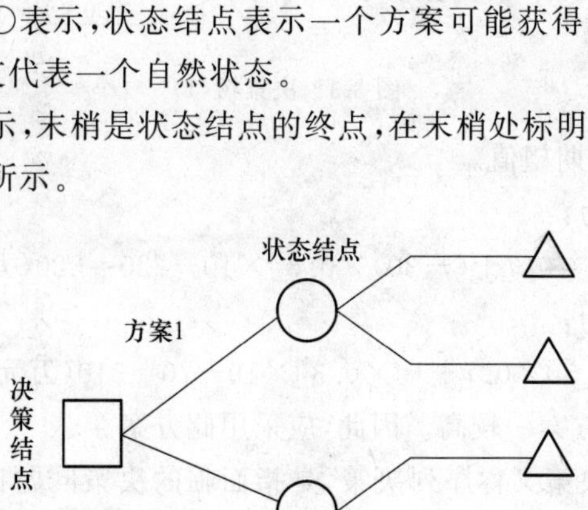

图 3-2　决策树的结构要素

(2) 运用决策树决策的步骤。

① 自左向右绘制决策树,并标出数据。

② 自右向左逐级计算出同一方案在不同自然状态下的损益值,进而计算出方案期望值,并标在结点上。

③ 逐个比较不同方案期望值的大小,然后修枝,并剪去(在舍去的方案枝上画上“//”符

号)期望值较小的方案,如果是期望损失值,则剪去较大的方案。

(3) 决策树法的应用。

① 单级决策。单级决策是指决策问题在整个决策期中只进行一次决策,就能选择满意方案的决策过程。

【例 3-2】 某企业准备生产某种产品,预计该产品的销售有两种可能:销路好,其概率为 0.7;销路差,其概率为 0.3。可采用的方案有两个:一个是新建一条流水线,需投资 220 万元;另一个是对原有的设备进行技术改造,需投资 70 万元。两个方案的使用期均为 10 年,损益资料如表 3-7 所示,试对方案进行决策。

表 3-7 损益资料

方案	投资/万元	年收益/万元		使用期/年
		销路好(0.7)	销路差(0.3)	
1. 新建流水线	220	90	−30	10
2. 技术改造	70	50	10	10

解:首先绘制决策树,如图 3-3 所示。

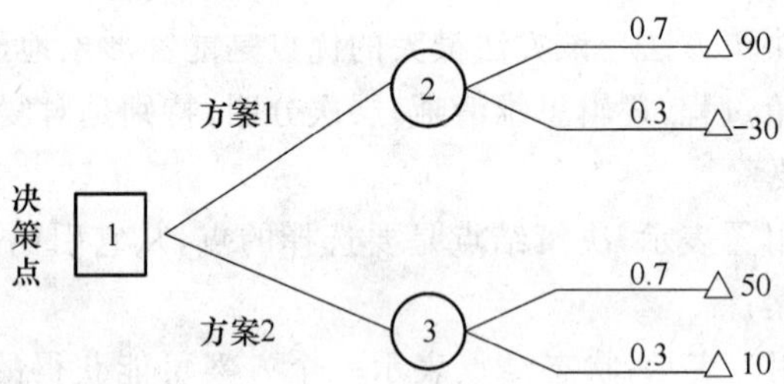

图 3-3 决策树(1)

然后计算两种方案的期望值。

- 结点②的期望值为:

$$[90\times0.7+(-30)\times0.3]\times10-220=320(\text{万元})$$

- 结点③的期望值为:

$$[50\times0.7+10\times0.3]\times10-70=310(\text{万元})$$

从期望收益值来看,方案一较高。因此,应采用此方案。

② 多级决策。多级决策又称序列决策,是指面临的决策问题比较复杂,非一次决策能解决问题,而需进行一系列的决策过程才能选出满意方案的决策。

【例 3-3】 某厂为生产新产品设计了两个建厂方案:一是建大厂,二是建小厂。建大厂需投资 300 万元,建小厂需投资 160 万元。两个方案的经济寿命均为 10 年。估计在 10 年内,前 3 年销路好的概率为 0.7;销路差的概率为 0.3。同时预测投产后,如果前 3 年销路好,后 7 年销路好的概率是 0.9,销路差的概率是 0.1;如果前 3 年销路不好,后 7 年销路也一定不好。在这种情况下,有人又提出第三方案,即先建小厂,如果全年销路好,再扩建成大厂,这样更有把握。扩建需投资 140 万元。各个方案的年损益值如表 3-8 所示,试分析应如何决策。

表 3-8　各方案的损益值表　　　　单位:万元

方案 \ 自然状态	销路好	销路差	寿命/年	投资
	0.7	0.3		
1. 建大厂	100	−20	10	300
2. 建小厂	40	10	10	160
3. 先建小厂后扩建				140

解:首先根据题意,绘出决策树如图 3-4 所示。

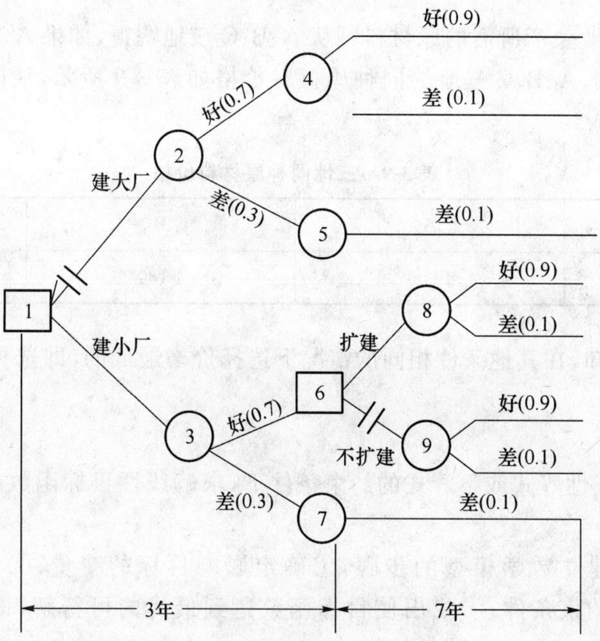

图 3-4　决策树(2)

然后根据决策树图计算各点期望收益值。先计算后 7 年的,后计算前 3 年的。

- 点⑧$EMV_8=[0.9\times100+0.1\times(-20)]\times7-140=476$(万元)
- 点⑨$EMV_9=[0.9\times40+0.1\times10]\times7=259$(万元)

这两点的期望收益值计算出来后,进行比较。由于 $EMV_8>EMV_9$,故决定选择扩建方案,把不扩建的方案剪掉,并把点⑧的期望收益值移至⑥点。

- 点④$EMV_4=[0.9\times100+0.1\times(-20)]\times7=616$(万元)
- 点⑤$EMV_5=[1.0\times(-20)]\times7=-140$(万元)
- 点⑦$EMV_7=1.0\times10\times7=70$(万元)
- 点②$EMV_2=0.7\times100\times3+0.7\times616+0.3\times(-20)\times3+0.3\times(-140)-300=281.2$(万元)
- 点③$EMV_3=0.7\times40\times3+0.7\times476+0.3\times10\times3+0.3\times70-160=287.2$(万元)

最后计算得出 $EMV_3>EMV_2$,故选择先建小厂后扩建的方案。

2. 确定型决策

确定型决策是指在稳定可控的条件下进行决策，只要满足数学模型的前提条件，模型就可以给出确定的结果。它必须具备四个条件：①具有决策者希望达到的目标；②客观条件相对稳定；③有两个以上可供选择的方案；④各方案执行的结果是明确的。确定型决策一般用于程序化的管理性或业务性的决策。确定型决策的主要方法有以下几种。

1）直接判断法

直接判断法是指决策的因素很简明，不需要复杂的计算就可以直接选择出最优方案的决策方法。

【例 3-4】 某企业生产所需的原材料可从 A、B、C 三地购得，如果 A、B、C 三地距该企业的距离相等且运费相同，A、B、C 三地的同种原材料价格如表 3-9 所示，请问该企业应从何地购进原材料？

表 3-9　三地同种原材料价格

产地	A	B	C
价格/(元/吨)	1 000	1 100	1 200

解：从表 3-9 可知，在其他条件相同的情况下选择价格最低的，即选择从 A 地购进原材料是最佳方案。

2）线性规划法

线性规划是在线性等式或不等式的约束条件下，求解线性目标函数的最大值或最小值的方法。

运用线性规划建立数学模型的步骤：①确定影响目标的变量；②列出目标函数方程；③找出实现目标的约束条件；④找出使目标函数达到最优的可行解，即为该线性规划的最优解。

【例 3-5】 某企业生产两种产品，A 产品每台利润 100 元，B 产品每台利润 180 元，有关生产资料情况如表 3-10 所示，试求企业利润最大时，两种产品的产量。

表 3-10　A、B 产品生产资料情况

	单位产品消耗总额		
资源名称	A 产品	B 产品	可利用资源
原材料/千克	120	80	2 400
设备/台时	900	300	13 500
劳动力/工时	200	400	104 000

解：具体计算方法如下。

① 确定影响目标的变量，即企业利润最大时两种产品的产量。设：X_1 为 A 产品的生产数量；X_2 为 B 产品的生产数量；$P(X_i)$ 为企业利润函数（$i=1,2$）。

② 列出目标函数方程：$\max P(X_i)=100X_1+180X_2$

③ 找出实现目标的约束条件：

$$\begin{cases}120X_1+80X_2\leqslant 2\,400\\900X_1+300X_2\leqslant 13\,500\\200X_1+400X_2\leqslant 10\,400\\X_1\geqslant 0, X_2\geqslant 0\end{cases}$$

④ 找出使目标函数达到最优的可行解，即为该线性规划的最优解。

分别以 X_1、X_2 为横纵坐标，将约束方程绘制于表中。由于有三个约束方程，因此有三条直线。三条直线共同构成的区域为可行解的区域。目标函数的最大值一定在由约束方程构成的可行解区域的凸点上。如图 3-5 所示。

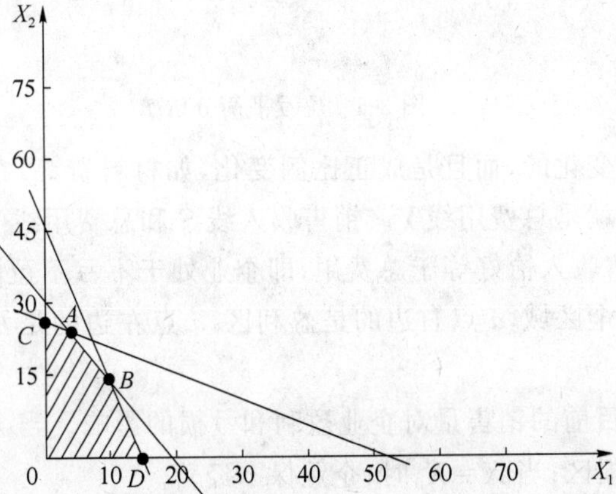

图 3-5　三条直线的可行解区域

通过计算四个凸点 A、B、C、D 所对应的目标函数值，则满足使目标函数最大值的点为 B 点。即当生产 A 产品 4 台、B 产品 24 台时，企业获得的利润最大，为 4 720 元。

3）盈亏平衡分析法

盈亏平衡分析法又称保本分析法或量本利分析法，是通过考察销售量、成本和利润的关系及盈亏变化的规律来为决策提供依据的方法。

在运用盈亏平衡分析法时，关键是找出企业不盈不亏时的销售量(保本销售量或盈亏平衡销售量，此时企业的总收入等于总成本)。该方法常用图形来考察销售量、成本和利润的关系。在应用图形解法时，通常假设产品价格和单位变动成本都不随销售量的变化而变化，所以销售收入曲线、总变动成本曲线和总成本曲线都是直线。盈亏平衡分析法是一种相对简单的方法，对管理者而言是很有价值的。

盈亏平衡分析的原理可用图 3-6 说明。在直角坐标内，横轴表示产量(销售量)，纵轴表示费用和销售收入。

其中：V——变动费用；X——产量；F——固定费用；

X_0——盈亏平衡点产量；Y——总费用；

S——销售收入；a——盈亏平衡点。

根据费用与产量的关系将总费用分成固定费用和变动费用。固定费用是不随产量变化而变化的。它是一个固定的值，如固定资产折旧费用等，在图上是一条与横坐标平行的线。变动

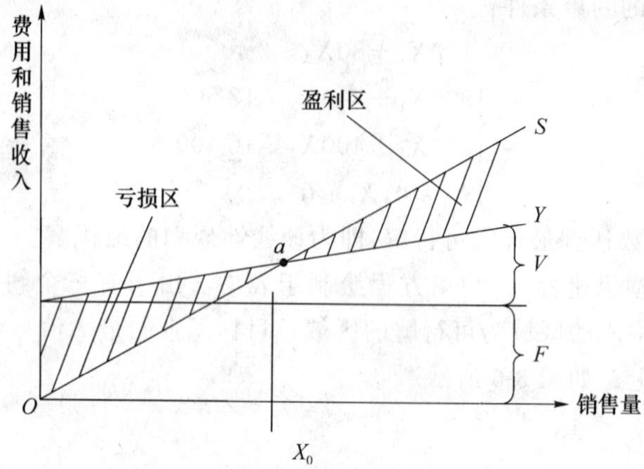

图 3-6 盈亏平衡分析

费用是随产量的变化而变化的，而且是成正比例变化，如材料费等，在图上是一条斜线。把固定费用与变动费用相加就是总费用线 Y。销售收入线 S 和总费用线 Y 的交点 a 为盈亏平衡点（又称保本点），此时销售收入恰好等于总费用，即企业处于不亏不盈的保本状态。a 点把这两条线所夹的范围分成两个区域，a 点右边的是盈利区，a 点左边的是亏损区。通过盈亏平衡图可以分析以下问题。

(1) 可以判断企业目前的销售量对企业盈利和亏损的影响。当 $X>X_0$ 时，企业在盈利区；当 $X<X_0$ 时，企业在亏损区；当 $X=X_0$ 时，企业保本经营。

(2) 可以确定企业的经营安全率。经营安全率是反映企业经营状况的一个指标。其计算公式为：

$$\eta=\frac{X-X_0}{X}\times 100\%$$

式中 η 为经营安全率。η 值越大，说明企业对市场的适应能力越强，企业经营状况越好；η 的值越小，说明企业经营的风险越大，经营越差。增加销售量而盈亏平衡点不变，可增大经营安全率。此外，采取措施降低盈亏平衡点也可以增大经营安全率。一般可根据表 3-11 的标准来判定企业经营安全状况。

表 3-11 企业经营安全状况

经营安全率/%	>30	25～30	15～<25	10～<15	<10
经营安全状况	安全	较安全	不太好	要警惕	危险

盈亏平衡分析法的中心内容是盈亏平衡点的确定及分析。它的确定就是找出这一点所对应的产量或销售量。其计算方法主要有以下三种。

(1) 产(销)量法。

产(销)量法即以某一产品的固定费用与变动费用确定盈亏平衡点。此法适用于单一品种生产的决策分析，或虽属多品种生产，但各品种的固定费用可以划分清楚的决策分析。

若：W——单件产品价格；C_V——单件产品变动费用。

销售收入和总费用可表述如下。

销售收入：$S=W \cdot X_0$。

总费用：$Y=F+V=F+C_V \cdot X_0$。

当盈亏平衡时，则 $S=Y$，即：$W \cdot X_0=F+C_V \cdot X_0$。

盈亏平衡点的产(销)量，其计算公式：$X_0=\dfrac{F}{W-C_V}$。

根据此公式，可求得产量为 X_0 时的利润(P)：

$$P=(W-C_V) \cdot X_0-F$$

同时，也可求得利润为 P 时的产(销)量 X：$X=\dfrac{P+F}{W-C_V}$。

(2) 销售额法。

销售额法即以某一产品销售额的固定费用与变动费用确定盈亏平衡点。此方法适用于多品种生产且每个品种的固定费用又不能划分清楚的情况，计算公式如下：

$$S_0=\frac{F}{1-\dfrac{V}{S}}$$

用销售额法亦可求得或验证盈亏平衡点的产(销)量。

$$X_0=\left[\frac{F}{1-\dfrac{V}{S}}\right]/W$$

(3) 边际利润率法。

边际利润率(m)是指边际利润(M)与销售收入之比。而边际利润则是销售收入扣除变动费用后的余额。此方法是以某一产品的边际利润率与固定成本的关系来求盈亏平衡点。

① 单一品种生产时盈亏平衡点的计算：

$$S_0=\frac{F}{1-\dfrac{V}{S}}=\frac{F}{M/S}=\frac{F}{m}$$

② 多品种生产时，先求全部产品的综合平均边际利润率，然后将它扣除总固定费用。

$$S_0=\frac{F}{\sum M_i/\sum S_i}$$

式中：M_i——某一产品的边际利润；S_i——某一产品的销售收入。

【例 3-6】 某企业生产某种产品，年固定费用为 50 万元，生产单位产品的单位变动成本为 60 元/台，销售价格为 100 元/台，年计划安排生产 17 500 台，试求：企业能否盈利？盈利额为多少？

企业不亏损时至少应生产和销售的数量(即盈亏平衡点产量)：

$$X_0=\frac{F}{W-C_V}=\frac{500\ 000}{100-60}=\frac{500\ 000}{40}=12\ 500(\text{台})$$

即该企业至少应生产、销售 12 500 台，企业才不会亏损。现计划生产 17 500 台，大于盈亏平衡点产量，故企业盈利，其盈利额为：

$$P=(W-C_V) \cdot X-F=(100-60)\times 17\ 500-500\ 000=200\ 000(\text{元})$$

所以，该企业如能生产销售 17 500 台产品，可获利 200 000 元。

【例 3-7】 某企业生产 A、B、C 三种产品，有关资料见表 3-12，试计算各种产品的盈亏平衡点销售量。

表 3-12　三种产品资料表

品种	计量单位	销售量	单价/元	销售收入/元	变动成本总额/元	固定成本总额/元
A	件	10 000	200	2 000 000	1 400 000	
B	台	120	2 000	24 000	168 000	400 000
C	吨	600	100	60 000	42 000	
合计				2 300 000	1 610 000	400 000

解：① 计算边际利润率：

$$边际利润率=1-\frac{变动成本总额(V)}{销售收入总额(S)}=1-\frac{16\ 100\ 000}{2\ 300\ 000}=0.3$$

② 计算盈亏平衡销售额：

$$盈亏平衡销售额(S_0)=\frac{固定成本总额(F)}{边际利润率(m)}=\frac{400\ 000}{0.3}=1\ 333\ 333(元)$$

③ 计算各种产品的盈亏平衡销售额：

$$S_A=1\ 333\ 333\times\frac{2\ 000\ 000}{2\ 300\ 000}=1\ 159\ 420\ (元)$$

$$S_B=1\ 333\ 333\times\frac{240\ 000}{230\ 000}=139\ 130.4\ (元)$$

$$S_C=1\ 333\ 333\times\frac{60\ 000}{2\ 300\ 000}=34\ 782.5\ (元)$$

A 产品盈亏平衡点的销售量＝1 159 420/200≈5 797(件)

B 产品盈亏平衡点的销售量＝139 130.4/2 000≈70(台)

C 产品盈亏平衡点的销售量＝34 782.5/100≈348(吨)

3. 不确定型决策

不确定型决策是指在决策所面临的自然状态难以确定且各种自然状态发生的概率也无法预测的条件下所做出的决策。不确定型决策的条件与风险型决策基本相同，只是无法测算各种状态出现的概率。这时的决策主要取决于决策者的经验、智慧和思维判断。由于决策者面临哪一种自然状态是完全不确定的，因而决策的结果也是完全不确定的，所以称为不确定型决策。

【例 3-8】 某决策问题的收益见表 3-13，试用不确定型决策的方法进行决策。乐观系数 $a=0.8$。

表 3-13　决策问题的收益

自然状态 / 收益值 / 方案	S_1	S_2	S_3	S_4
A_1	50	60	70	80
A_2	40	60	90	100
A_3	70	30	50	60
A_4	20	60	80	90

不确定型决策的方法有乐观准则、悲观准则、乐观系数准则、机会均等准则、后悔准则等。

1) 乐观准则(大中取大)

这是决策者对客观情况抱乐观态度。乐观准则即先找出各种行动方案在各种自然状态下的最大收益值,并选取最大收益中的最大值所对应的行动方案作为决策方案。其决策方案如表 3-14 所示。

表 3-14 乐观准则决策表

自然状态 / 收益值 / 方案	S_1	S_2	S_3	S_4	最大收益值
A_1	50	60	70	80	80
A_2	40	60	90	100	100
A_3	70	30	50	60	70
A_4	20	60	80	90	90
最大收益值中的最大收益值					100

这种方法的特点是决策者对决策事件未来前景的估计持乐观态度并有成功的把握。因此愿意以承担风险的代价去获得最大收益。

2) 悲观准则(小中取大)

悲观准则与乐观准则正相反,它要先算出各种方案在各种自然状态下可能有的收益值,再找出各种自然状态下的最小收益值,把最小收益值中的最大值对应的方案作为决策方案。其决策方案如表 3-15 所示。

表 3-15 悲观准则决策表

所选定的决策方案					A_2
自然状态 / 收益值 / 方案	S_1	S_2	S_3	S_4	最小收益值
A_1	50	60	70	80	50
A_2	40	60	90	100	40
A_3	70	30	50	60	30
A_4	20	60	80	90	20
最小收益值中的最大收益值					50
所选定的决策方案					A_1

采用这种方法是非常保守的,决策者唯恐决策失误造成较大的经济损失。因此在进行决策分析时,比较小心谨慎,从最不利的客观条件出发来考虑问题,力求损失最小。

3) 乐观系数准则(折中准则)

乐观系数准则是介于上述两个准则之间的一个准则,把自然状态好和差的概率变成人为地去估计一种可能性，对乐观和悲观出现的可能性估计就是乐观系数。决策者根据市场预测和经验判断确定一个乐观系数 α 为主观概率，其值在 $0\leqslant\alpha\leqslant1$ 之间，每个方案的估计损益期望值 $=\alpha\times$ 最大损益值 $+(1-\alpha)\times$ 最小损益值。

由于本例中 $\alpha=0.8$，可得出：

A_1 方案的损益期望值 $=0.8\times80+0.2\times50=74$

A_2 方案的损益期望值 $=0.8\times100+0.2\times40=88$

A_3 方案的损益期望值 $=0.8\times70+0.2\times30=62$

A_4 方案的损益期望值 $=0.8\times90+0.2\times20=76$

然后根据各个方案估算损益期望值的大小，选择最大值为决策方案，故应选方案 A_2。

乐观系数准则比较接近实际，但乐观系数的决定很关键，常带有决策者的主观性。

4）机会均等准则（等可能准则）

假定各个自然状态发生的概率相等，计算各个方案损益期望值，再以损益期望值为决策标准。

A_1 方案的损益期望值 $=(1/4)\times(50+60+70+80)=65$

A_2 方案的损益期望值 $=(1/4)\times(40+60+90+100)=72.5$

A_3 方案的损益期望值 $=(1/4)\times(70+30+50+60)=52.5$

A_4 方案的损益期望值 $=(1/4)\times(20+60+80+90)=62.5$

故以损益期望值最大的 A_2 方案为最优方案。

5）后悔值准则

这是因决策的失误造成机会的损失而后悔。决策的目的是使折中后悔减少到最低程度，故以各个方案机会损失的大小来判定方案的优劣。决策过程是在计算出各个方案在各种自然状态下的后悔值后，从中选择每个方案的最大后悔值，然后从最大后悔值中选取最小值作为决策方案。

决策后悔值＝理想效益值－现实结果值

通过表 3-16 可知，按后悔值准则决策，应采用方案 A_1。

表 3-16　决策后悔值表

	收益值				后悔值				最大后悔值
	S_1	S_2	S_3	S_4	S_1	S_2	S_3	S_4	
A_1	50	60	70	80	20	0	20	20	20
A_2	40	60	90	100	30	0	0	0	30
A_3	70	30	50	60	0	30	40	40	40
A_4	20	60	80	90	50	0	10	10	50
最大后悔值中的最小值					20				
应选择的决策方案					A_1				

以上五种方法作为不确定型决策优选方案的依据，都带有相当程度的随意性，从本例中可以看出，由于决策方法不同，决策的结果是不一样的。因此，在实际工作中，决策方法的选择主要取决于决策者的知识、经验、观念、综合分析判断能力和魄力。

本章小结

决策是管理工作的基本环节之一,它贯串于管理的全过程。决策是为了实现某一目的而从若干个可行性方案中选择一个满意方案的分析判断过程。

决策具有下列五个特征:①决策要有明确目的(目标),没有目标就不存在决策;②决策方案要考虑可行性;③决策的关键和实质是选择;④决策结果只能是选择一个相对满意的方案,不应该以追求最佳结果为决策的目标;⑤决策是一个动态循环过程。依据分类方法的不同,分为多种决策类型。按决策的范围分类,有战略决策、管理决策和业务决策;按决策的重复程度分类,有程序化决策和非程序化决策;按决策的可靠程度分类,可分为确定型决策、风险型决策和不确定型决策;按决策主体的多少分类,可分为集体决策和个人决策;按决策层次分类,可分为高层决策、中层决策和基层决策。决策的一般程序包括七个步骤:发现问题、确定目标、搜集资料、制订方案、评估和优选方案、贯彻实施、反馈及追踪检查等过程。常见决策方法有头脑风暴法、德尔菲法、盈亏平衡分析(量本利分析)、决策树方法、不确定决策法。

思 考 题

1. 什么是决策? 如何理解其含义?
2. 简述古典决策理论。
3. 简述行为决策理论。
4. 简述运用德尔菲法技术的步骤。
5. 简述头脑风暴法的特点及原则。

第 4 章
计　划

组织中的管理者,无论职位高低,或多或少都要进行计划活动。计划职能既是各级管理人员的一个共同的职能,也是管理活动的首要职能。不管哪个层次的管理,首先都是从计划开始的。曾经有人做过这样一个实验:组织三组人,让他们沿着公路步行,分别向 10 千米外的 3 个村庄行进。甲组不知道去的村庄叫什么名字,也不知道它有多远,只告诉他们跟着向导走就是了。这个组刚走了两三千米时就有人叫苦了,走到一半时,有些人几乎愤怒了,他们抱怨为什么要大家走这么远,何时才能走到。有的人甚至坐在路边,不愿再走了。越往后走人们情绪越低,最终甲组七零八落,溃不成军。乙组知道去哪个村庄,也知道它有多远,但是路边没有里程碑,人们只能凭经验估计大致要走两个小时。这个组走到一半时才有人叫苦,大多数人想知道他们已经走多远了,比较有经验的人说:"大概刚刚走了一半的路程。"于是大家又簇拥着向前走。当走到 3/4 的路程时,大家又振作起来,加快了脚步。丙组最幸运。大家不仅知道所去的是哪个村庄,它有多远,而且路边每千米有一块里程碑。人们一边走一边留心看里程碑。每看到一个里程碑,大家便有一阵小小的喜悦。这个组的情绪一直很高涨。走了七八千米以后,大家确实都有些累了,但他们不仅不叫苦,反而开始大声唱歌、说笑,以消除疲劳。最后的两三千米,他们越走情绪越高,速度反而加快了。因为他们知道,要去的村庄就在眼前了。此案例表明,要想带领大家共同完成某项工作,首先要让大家知道要做什么,即要有明确的目标(走向哪个村庄);其次要指明行动的路线,这条路线应该是清楚的(如路标),也就是要提出实现目标的可行途径,即计划方案,这是有效开展工作的前提。确定目标及计划行动方案是计划职能的核心任务。

为了使集体活动卓有成效,首先必须明确所追求的目标是什么,完成这些目标必须通过哪些途径,采取什么方案,这些活动便是管理的计划职能。通过计划活动,那些本来不一定能够实现的事情变得有可能实现,有可能变糟的事情得以向好的方向转化。计划活动是连接可能与现实、今天与明天、现在与未来的桥梁。正如哈罗德·孔茨所言,计划工作是一座桥梁,它把我们所处的这岸和我们要去的对岸连接起来,以克服这一天堑。

4.1 计划的含义及其作用

4.1.1 计划的含义

1. 计划的含义

在日常的学习和生活中,我们经常会看到或听到"计划"这个词。大到国家的国民经济发展计划，小到我们身边的一次周末娱乐活动计划，计划几乎无处不在。我们经常会为自己制订一些个人计划，例如，工作计划、学习计划、旅行计划等。我们经常会有这样的体会，如果在每项活动行动之前对整个事情有一个周密的计划，对要做什么及如何去做都能了然在胸，那我们往往能以更大的信心和把握投入到事情中去，而最终的成功率也会高很多。

那么，什么是计划？计划是关于组织未来的蓝图，是对组织在未来一段时间内的目标和实现目标途径的策划与安排。计划有动态和静态之分，即动词和名词意义的计划。从名词意义上说，计划是指用文字和指标等形式表达的，在制订计划工作中所形成的各种管理性文件；从动词意义上说，计划是指为实现决策目标而制订计划工作的过程，即在时间和空间两个维度上进一步分解任务和目标，选择任务和目标实现方式、进度规定，行动结果的检查与控制等。因此，计划工作是对决策所确定的任务和目标提供一种合理的实现方法。

理解计划的含义应把握以下四点：

① 计划是预先制订的行动方案；

② 计划是一个连续的行为过程；

③ 计划是控制的基础和前提；

④ 计划需要修正和调整。

2. 计划工作的含义

计划还有广义和狭义之分。广义的计划是指制订计划、执行计划和检查计划执行情况的工作过程。狭义的计划是指制订计划，即根据实际情况，通过科学的预测、权衡客观需要和主观的可能，提出在未来一定时期内要达到的目标及实现目标的途径。计划工作一般指狭义的计划，它是指根据环境的需要和组织自身的实际情况，通过科学的预测，确定在未来一定时期内组织所要达到的目标及实现目标的方法，它是组织为实现预期目标所进行各项活动做出决策的周密思考和准备工作。计划工作是行动的前提，它使管理人员通盘思考问题，要求事先做好系统的思考，因而有利于更好地协调工作；它树立明确的工作标准，便于事后控制且有利于目标、战略和政策的有效落实，因而对突发事件比较有准备，使参与工作的管理人员明确彼此的责任。由此看来，计划工作比计划显得更重要。计划工作就像一座桥梁，它是组织各个层次管理人员工作效率的根本保证，能够帮助我们实现预期的目标。

计划工作的内容："5W1H"。

① What(what to do)——做什么？目标。

② Why(why to do)——为什么做？原因。

③ Who(who to do)——谁去做？人员。

④ When(when to do)——何时做？时间。

⑤ Where(where to do)——何地做？地点。

⑥ How(how to do)——怎样做？手段。

3. 计划工作的特征

计划工作的根本目的在于保证管理目标的实现。从事计划工作并使之有效地发挥作用，就必须把握计划的性质。其主要表现在以下四个方面。

(1) 计划的普遍性。

与计划的概念相对应，计划的普遍性也有两层含义：一是指社会各部门、各环节、各单位、各岗位，为有效实现管理目标，都必须制订相应的计划。上至国家，下至一个班组，甚至个人，无不如此。二是指所有管理者，从最高层管理人员到第一线的基层工作人员都必须从事计划工作。计划是管理人员的一个基本职能，也许他们各自计划工作的范围不同、特点不同，但凡是管理者都要做计划工作，都必须在上级规定的政策许可的范围内做好自己的计划工作。

(2) 计划的首位性。

把计划放在管理职能的首位，不仅因为从管理过程的角度看，计划先行于其他管理职能，而且因为在某些场合，计划是付诸实施的唯一管理职能。计划的结果可能直接得出一个决策，即不需要进行随后的组织、领导、协调及控制工作等。例如，对于是否需要建立新工厂的计划研究工作来说，如果得出的结论是建立新工厂在经济上是不合算的，那也就没有筹建、组织、领导和控制一个新工厂的问题了。计划具有首位性特征的原因，还在于计划影响和贯串于组织、领导、协调和控制各项管理职能当中，人们得出基层管理者责任感强弱的最重要因素，就是他们从事计划工作的能力。

(3) 计划的科学性。

无论做什么计划都必须遵循客观要求，符合事物自身发展的规律，不能脱离现实条件任意杜撰，随意想象。从事计划工作，就是通过管理者的精心规划和主观能动作用的发挥，使那些本来不可能发生的事成为可能，使那些可能发生的事成为现实。因此，从事计划工作，一是必须要有求实的科学态度，一切从实际出发，量力而行；二是必须有可靠的科学依据，包括准确的信息、完整的数据资料等；三是必须有正确的科学方法，如科学预测、系统分析、综合平衡、方案优化等。这样才能使整体计划建立在科学的基础上，既富有创造性，又具有可行性。

(4) 计划的有效性。

计划不仅要确保组织目标的实现，而且要从众多的方案中选择最优的方案，以求得合理利用资源和提高效率，因此计划要追求效率。计划的效率可以用计划对组织目标的贡献来衡量。贡献是指通过计划实现的组织目标及所得到的利益，扣除制订和实施这个计划所需要的费用和其他成本后，能得到的利益。在计划所要完成的目标已确定的情况下，同样可以用制订和实施计划的成本及其他连带成本(如计划实施带来的损失、计划执行的风险等)来衡量效率。如果计划能得到最大的剩余利益，或者计划按最合理的代价实现目标，这样的计划是有最高效率的。特别要注意的是，在衡量代价时，不仅要用时间、金钱或生产来衡量，而且还要衡量个人和集体的满意程度。

(5) 计划的创造性。

计划工作需要管理者针对组织所面临的新环境来发现和解决新问题。面对出现的新变化和新机会，管理人员要敢于打破旧观念的束缚，及时提出适应本企业特点的一些新思路、新观点和新方法，使计划更为符合客观事实。所以说计划也是一项创造性的管理工作。

☎【小资料】

联想集团的计划

1984 年 11 月 1 日,一个仅靠 20 万元开办费起家的自负盈亏的计算机公司成立了,它就是现在闻名全球的联想集团。1988 年 4 月,联想集团宣布开始向海外进军,第一步准备在香港设立一个贸易公司,目的在于为创办产业积累资金;第二步决定于 1995 年以前,建立科、工、贸一体化的跨国集团;第三步计划在 20 世纪末形成经济规模,使联想股票在海外上市,公司的营业额达到 10 亿美元。

2004 年 12 月 8 日联想演绎了一出新的 IT 版的蛇吞象的惊人故事,联想以 12.5 亿美元的价格兼并了 IBM 公司的全球 PC 及笔记本业务,只不过这次吞下的只是大象的一条腿。

由于联想集团从成立至今,每一步都有清晰的发展计划,所以它已发展成为我国甚至全球 IT 产业的领头羊。

4.1.2 计划与决策

在管理实践中,决策与计划是通用的,但在管理学研究中,决策与计划到底哪个概念更宽,谁包含谁,却有不同的解释。有人认为,计划是一个更大的概念,决策只是计划的一个环节。法约尔是这一观点的最早代表,他认为作为管理第一职能的计划包括从预测未来到选择方案的全过程。决策是在"两个或两个以上的可择方案中做一个选择"。也有人认为,决策概念更宽,决策包含计划。其代表人物是西蒙,他的决策过程不但包括从环境调查和预测、确定活动目标到计划方案的制订和选择的管理认识,而且还延伸到根据决策进行机构设计、人事安排、组织实施、监督控制直至目标实现。而计划仅仅是根据决策目标拟定行动方案的阶段。由此,他提出了一个人皆熟知的管理学命题,"管理就是决策"。西蒙认为,无论是计划、组织、领导还是控制,其工作过程说到底都是由决策的制定与执行两大部分活动所组成,计划只是决策过程的一部分,是为实施决策制订的,任何计划都是实施决策的工具。考虑双方的意见分歧,我们认为首先要对决策和计划的理解做广义和狭义的区分。

从广义上来看,决策和计划是同一种管理职能。其本质都是在活动之前对行动目标和行动方案进行事先筹划,并根据实践去检验和完善,体现了人类实践的主观能动性。其内容都是确定目标、拟定和抉择方案,即解决"5W1H"。其过程都要从环境调查分析预测开始,发现问题、抓住机会、确定目标,然后设计实现目标的计划方案并加以评估选择,最后通过计划实施,对决策和计划进行修正完善,直至目标实现。

从狭义上看,决策和计划各有侧重。决策侧重于对各种目标和行动方案进行抉择,这确实是整个决策或计划过程的关键;计划侧重于围绕目标制订各种行动方案本身,这确实是整个决策或计划过程中的主要工作内容,是抉择的基础。

把广义理解和狭义理解相对照,决策和计划就可以相互包含,决策是计划过程中方案评估抉择阶段,计划是决策过程中方案设计阶段。广义理解,可以把决策和计划看作是同义的。狭义的决策则称为抉择或决断,狭义的计划则称为方案或规划。决策是计划的前提,计划是决策的逻辑延续。在实际工作中,计划和决策相互渗透、相互交织。

4.1.3 计划的作用

计划活动的作用表现在以下四个方面。

(1) 可以预知未来的不确定因素,减少变化带来的影响。未来的不确定和瞬息万变使得计划成为管理必不可少的活动。为了实现预期目标,主管人员必须对未来的变化进行预测,必须推测和估计这些变化对于实现组织目标可能造成的各种影响,必须了解在变化发生时应当采取什么对策及有哪几种可能的备选方案。这样一旦出现变化,便可以及时采取措施,而不至于手足无措、无所适从。尽管有些变化是不可预测的,而且随着计划期变长,不确定性也会随之增加,但这并没有否认计划的作用。相反,周密的计划和科学的预测将使得未来的不确定性和风险被降到最低。

有一个小例子颇能说明计划的重要性。有一位特技飞行员曾有过无数次大难不死的经历。当被问及他死里逃生的秘诀时,他的回答是他在自己醒着的时候,花了相当多的时间去想象飞行中可能会出现的各种情况,然后再分析自己应当采取何种应对措施。这样,当飞行过程中果真出现麻烦时,他就能够不慌不忙地立即做出反应。

(2) 明确组织成员行动的方向和方式,有利于组织目标的实现。周密的计划有利于使各部门的努力协调一致,有利于推动组织中的全体人员形成一股指向整体目标的合力,也有利于促使埋头于日常事务的主管人员去考虑未来。反之,缺乏计划的指引,组织中的成员和各个部门的努力将会各自为政、相互损耗,这样也就难以顺利实现预定的目标。

(3) 使组织的活动经济合理。计划活动旨在以目标明确的共同努力来代替互不协作的分散活动,以均匀一致的工作流程来代替缺乏协调的随意行动,以深思熟虑的决策来代替仓促草率的判断。这将大大有利于减少组织活动中的浪费,提高资源的使用效率,从而使得企业及其他各种组织的活动做到经济合理。

(4) 为控制奠定基础。控制就是使事情按计划进行。管理人员如果没有既定的目标和计划作为衡量尺度,他就无法了解工作的进展情况,也就无法考核下级任务完成的好坏。因此,计划是控制的基础,它为有效控制提供了标准和尺度。没有计划,控制工作也就不存在。

4.2 计划的类型

1. 按计划的影响程度和范围划分

(1) 战略计划:关于组织整体的行动计划,为组织设立总体目标和寻求组织在环境中的地位的计划。战略计划一般由组织的高层管理人员来制订,即做正确的事。

(2) 战术计划:用于企业总体目标的实施细节。可分为两个层次:策略计划是为实现战略计划而采取的手段,比战略计划具有更大的灵活性,一般由中层管理人员制订。作业计划是指规定总体目标如何实现的细节的计划,是根据战略计划和策略计划而制订的执行性计划。作业计划一般由下级管理人员制订。

2. 按计划的时间长短划分

(1) 长期计划:通常称为远景计划,是为实现组织的长期目标服务的具有战略性、纲领性指导意义的综合发展规划。长期计划的期限一般在五年以上。

(2) 中期计划:是根据长期计划提出的目标和内容并结合计划期内的具体条件变化进行编制的,它比长期计划更为详细和具体。中期计划具有衔接长期计划和短期计划的作用,期限一般在一至五年。

(3) 短期计划:通常又称年度计划,是根据中长期计划规定的目标和当前的实际情况,对计划年度的各项活动所做出的具体安排和落实。短期计划的期限一般在一年左右。

3. 按计划的空间划分

(1) 综合计划:对各个方面所做出的规划和安排。

综合计划又称生产大纲,它是对企业未来较长一段时间内资源和需求之间的平衡所做的概括性设想,是根据企业所拥有的生产能力和需求预测对企业未来较长一段时间内的产出内容、产出量、劳动力水平、库存投资等问题所做的大致性描述。综合计划并不具体制订每一个品种的生产数量、生产时间,每一个车间、人员的具体工作任务,而是按照以下几种方式对产品、时间和人员做出安排。

① 产品:按照产品的需求特性、加工特性、所需人员和设备上的相似性等,将产品综合为几大系列,以系列为单位来制订综合计划。例如,服装厂根据产品的需求特性分为女装和童装两大系列。

② 时间:综合计划的计划期通常以年为单位,(有些生产周期较长的产品,如大型机床等,可能需要两年、三年或五年),因此有些企业也把综合计划称为年度生产计划或年度生产大纲。在该计划内,使用的计划时间单位为月、双月或季。在采用滚动式计划的企业,还有可能未来三个月的计划时间单位为月,而其余九个月的计划时间单位为季。

③ 人员:综合计划可用不同的方式来考虑人员安排的问题。例如,将人员按照产品系列分成相应的组,分别考虑所需人员水平;将人员根据产品的工艺特点和所需的技能水平进行分组等。综合计划对人员的安排还应考虑需求变化引起的人员数量的变动,从而决定是采取加班,还是扩大聘用人数等基本方针。

(2) 专业计划:对某一专业领域工作所作的安排。

专业计划是人们为完成某种特定的任务而制订的行为规划。专业计划和普通计划有所不同,其具有较强的目的性、专业性和针对性,常由专业人士来完成,通常由业务主管、行政工作人员或科研学者主持制订。

综合计划与专业计划的区别在于二者的范围不同。综合计划是对业务经营过程的各个方面所做的全面规划和安排;专业计划是对某一专业领域的职能工作所做出的计划,它通常是对综合计划某一方面内容的分解和落实。

综合计划并不一定都是长期的,也有短期的;专业计划也并不一定都是短期的,也有长期的。

4. 按计划内容的详尽程度划分

(1) 指导性计划:只规定一些重大方针,指出重点但不把管理者限定在具体的目标上或特定的行动方案上。

(2) 具体计划:明确规定了目标,并提供了一整套明确的行动步骤和方案。

5. 按计划的形式划分

哈罗德·孔茨和海因·韦里克从抽象到具体把计划分为一种层次体系,包括宗旨(目的或使命)、目标、战略、政策、程序、规则、方案和预算。如图 4-1 所示。

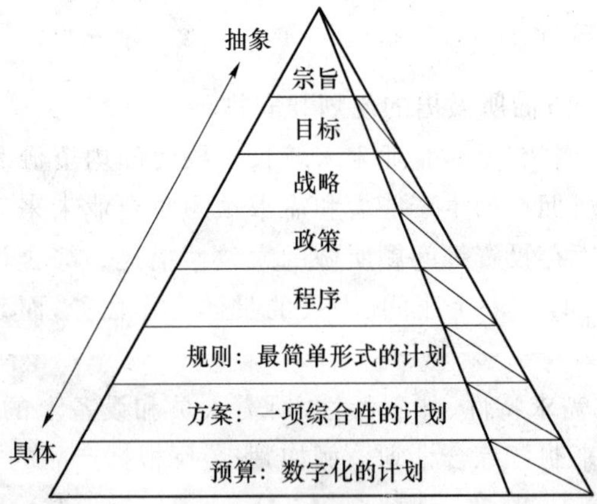

图 4-1 计划的层次体系

(1) 宗旨(purpose)。宗旨是一个组织存在的理由或价值,它规定了组织生存的目的和使命。宗旨是一个组织最基本的目标,宗旨明确了一个组织是干什么的,应该干什么。例如,一个企业的宗旨是追求股东权益最大化或是向社会提供有价值的商品和服务等。

(2) 目标(objective)。目标是在充分理解组织宗旨的条件下建立起来的,是组织活动在一定条件下要达到的预期结果,是计划的出发点与归宿点。

组织中各个管理层次都应该建立自己的目标,组织低层次目标必须与高层次目标相一致,组织要完成一个高层次目标,必须先完成较低层次的目标,循序渐进。

(3) 战略(strategy)。战略一词来自于军事用语,是指通过对交战双方进行分析判断而做出对战争全局的筹划和指导。对于组织来说,战略是为了实现其宗旨和目标而确定的组织行动方向和资源配置纲要,是活动的总规划。对组织活动重点的部署,是实现目标的总思路、大方向,是思想的指南。

(4) 政策(policy)。政策是指组织在决策或处理问题时用来指导和沟通思想及行动方针的明文规定。政策是管理的指导思想,它为管理人员的行动指明了方向,并明确了在一定范围内应怎样进行管理。政策的种类有很多,一个组织的各个部门都要制定各部门相应的政策,制定政策要充分分析组织的目标,保持一贯性、完整性和稳定性。

(5) 程序(procedure)。程序也是一种计划,它规定了某些经常发生的问题的解决方法和步骤。如果说政策是人们思考问题的指南,那么程序则是行动的指南,它具体规定了某一件事情应该做什么、如何去做,其实质是对未来要进行的行动规定时间顺序。对组织内大多数政策来说,都应该规定相应的程序来指导政策的执行。

(6) 规则(rule)。规则是一种最简单的计划,它规定了某种情况下能采取或不能采取的某种具体行动。程序由许多步骤组成,如果不考虑时间顺序,其中的每一步都是一种规则。在通常情况下,一系列规则的总和就构成了程序。

(7) 方案(program)。方案是为了实现既定方针所需要的目标、政策、程序、规则、任务分配、执行步骤、使用资源及其他要素的复合体。方案是粗线条的、纲领性的计划。

(8) 预算(budget)。预算也被称为数字化的计划,是用数字表示预期结果的报表。预算可以用财务术语或其他计量单位来表示,这种数字形式有助于更准确地执行计划。通过预算可以考核管理工作的成效和对预算目标的偏离情况,从而实现控制的目的。

4.3 计划的程序

虽然计划的类型和表现形式各种各样,但科学编制计划所遵循的步骤都具有一定的普遍性。即使在编制一些简单计划时,也应按照以下完整的思路去构想整个计划过程。

4.3.1 估量机会

管理者对机会进行估量,要在实际的计划工作开始之前去做,但实质上这是计划工作的真正起点。对未来可能的机会进行初步了解进而清楚地、全面地掌握是很重要的。管理人员要根据自己的优势和不足清楚自己所处的地位,明白希望解决什么问题及为什么要解决这些问题,并且应当了解希望最终获得什么结果。制定切合实际的目标取决于对所有这些内容的估计。组织计划要求对机会及其环境做出切合实际的分析诊断。

在计划过程中,一个组织必须实事求是地评估自己的优势和劣势。若计划建立在错误的评估上,那么将会导致灾难性的打击。当一个组织集中注意自己弱点的时候,同时也应当看到自己的优势,根据自己的优势制定适宜的战略。对自己拥有的资源,如财务状况、现有技术、有形设备和原材料等进行评估将是一个很好的起点。这些项目占有优势将表明组织实现其目标的能力。

评估外部环境的第一步是界定组织的市场。在界定市场时通常要进行市场历史研究和历史分析,分析市场的历史可以明确顾客购买产品的原因,研究市场可以分辨潜在的顾客及他们的需求。接下来要考虑行业状况,确定竞争性质及战胜竞争对手的战略。组织应当了解主要的竞争对手及他们的优势和劣势。同时,无论是长期计划还是短期计划都必须考虑技术的发展。组织如果忽略了环境中技术的发展而生产产品,最终可能会发现该产品已经过时,因为在市场上可能已出现了另一种应用现代技术的新产品。此外,经济状况也是一个重要的方面。如果由于经济状况恶化而引起货币市场银根紧缩,那么在市场上投放一种产品可能会使销售和利润下降,因此多数计划人员通常都进行经济趋势分析。在进行外部环境分析时,要根据组织和行业的性质,以及其他相关方面的情况进行估算。

分析外部环境的一个重要目的是寻求和分辨新机会。抓住新机会将有助于组织的扩张和多样化。

4.3.2 确定目标

计划的第二步是为整个组织及其所属的下级单位确定计划目标，包括长期目标和短期目标。目标应设定预期结果，指明要达到的终点和重点所在之处，以及依据战略、政策、程序、规则和方案来完成预期的任务。计划工作的主要任务是将决策所确立的目标进行分解，以便落实到各个部门、各个活动环节，并将长期目标分解为各个阶段的目标。企业的目标指明企业主要计划的方向，而主要计划又根据反映企业目标的方式，规定各个重要部分的目标。同时企业主要部门的目标又依次控制下属各部门的目标。沿着这样的一条线依此类推，从而形成了组织的目标结构，包括目标的时间结构和空间结构。目标结构描述了组织中各层次目标间的协作关系。

4.3.3 确定计划的基本前提条件

计划工作的前提条件就是计划工作的假设条件，也就是执行计划时的预期环境。确定前提条件，就是要对组织未来的内外部环境和所具备的条件进行分析和预测，弄清计划执行过程中可能存在的有利条件和不利条件。例如，需了解决策者的选择，理解有关决策的特点和要求，分析决策制定的环境特点，分析决策执行的条件要求。

计划的前提条件一般包括：外部和内部的前提条件、定量与定性的前提条件、可控制和不可控制的前提条件。

确定计划的前提条件主要靠预测，但未来预期环境的内容多种多样、错综复杂，影响它的因素很多，有些因素是企业可以控制的，如企业开发新产品、发展战略、市场策略、资源分配等；有些因素则是企业无法控制的，如税率、政治环境、物价水平、政府政策等；有些因素是企业可部分控制的，如企业内部的价格政策、劳动生产率、市场占有率等。一般来说，不可控因素越多，预测工作的难度就越大，对管理者的素质要求就越高。

确定计划的有效前提条件的要求包括：

① 合理选择关键性的前提条件；

② 提供多套备选的计划前提条件；

③ 保证前提条件的协调一致。

4.3.4 拟订和选择可行行动计划

“条条道路通罗马”“殊途同归”，这些都体现了实现某一目标的途径有多种。拟订和选择行动计划包括三个内容：拟订可行性行动计划、评估计划和选定计划。

拟订可行性行动计划要求拟订尽可能多的计划。可供选择的行动计划数量越多，被选计划的相对满意程度就越高，行动就越有效。因此，在可行的行动计划拟订阶段，要广泛发动群众，充分利用组织内、外的专家，通过他们献计献策，产生尽可能多的行动计划。在寻求可供选择的行动计划阶段需要“巧主意”和创新性。尽管没有两个人的脑力活动完全一样，但科学研究表明，创新过程一般包括浸润（对问题由表及里的全面了解）、审思（仔细考虑这一问题）、潜化（放松和停止有意识的研究，让下意识起作用）、突现（突现绝妙的、也许有点古怪的答案）、调节（澄清、组织和再修正这一方案）。其具体的方式有头脑风暴法和综摄法。

评价行动计划，要注意考虑以下几点：其一，认真考察每一个计划的制约因素和隐患；其二，要用总体效益的观点来评估计划；其三，既要考虑每一个计划有形的可以用数量表示出来的因素，又要考虑无形的不能用数量表示出来的因素；其四，要动态地考察计划的效果，不仅要考虑计划执行所带来的利益，还要考虑计划所带来的损失，特别注意那些潜在的、间接的损失。评价方法一般分为定性和定量两类。

此阶段的最后一步是按一定的原则选择出一个或几个较优计划。

4.3.5 制订主要计划

完成了拟订和选择可行性行动计划后，拟订的主要计划就是将所选择的计划用文字形式正式地表达出来，作为一项管理文件。拟写计划要清楚地确定和描述“5W1H”的内容，即what(做什么)、why(为什么做)、who(谁去做)、when(何时做)、where(何地做)、how(怎样做)。

4.3.6 制订派生计划

通常来说，一个基本计划的执行总是毫无例外地需要一系列派生计划的扶持。比如，一家公司年初制订了“当年销售额比上年增长15%”的销售计划，这一计划同时发出了许多制订派生计划的信号，如生产计划、促销计划等。再如，当一家公司决定开拓一项新的业务时，这个决策也发出了要制订很多派生计划的信号，如雇佣和培训各种人员的计划、筹集资金计划、广告计划等。

派生计划是由各职能部门和下层单位制订的。在这一阶段要注意以下几点：一是务必使有关人员了解企业总体计划的目标与计划前提，掌握总体计划的指导思想和内容；二是协调各派生计划，使其方向一致，以支持总体计划，防止仅追求本单位目标而妨碍总体目标；三是协调各派生计划的工作时间顺序。例如，制造与采购、加工与装配的时间配合，以及能源、交通运输、原材料在时间上的合理安排，从而做好统筹规划。

4.3.7 制定预算使计划数字化

在做出决策和确定计划后，赋予计划含义的最后一步就是把计划转变成预算，使计划数字化。编制预算，一方面是为了使计划的指标体系更加明确，另一方面使企业更易于对计划的执行进行控制。定性的计划往往在可比性、可控性和进行奖惩方面比较困难，而定量的计划则具有较强的约束。

预算是用收益和费用来表示的计划，是对资金分配的描述。预算是对支出的许可，当目标发生偏差时，预算为采取纠偏措施提供信息。从这方面来说预算是计划和控制有效的工具。当既定的目标和方案发生偏差时，必须采取纠正措施，此时预算则被用作控制工具。

预算有多种类型，如生产预算、销售预算、材料预算、现金预算、人工预算、管理费用预算、资金预算和总预算。在编制预算时，如果组织中各个层次的人员能广泛参与，将会提高编制和执行预算的有效性。

4.4 计划的编制方法

4.4.1 滚动计划法

1. 滚动计划法的基本思路

滚动计划法是按照“近细远粗”的原则制订一定时期内的计划，然后按照计划的执行情况和环境变化，调整和修订未来的计划，并逐期向后移动，把短期计划和中期计划结合起来的一种计划方法。

滚动计划法的具体做法：在制订计划时，同时制订未来若干期的计划，但内容采取近细远粗的办法。在第一阶段结束时，根据计划执行情况及内外环境的变化对原计划进行修订，并将计划期限向前滚动一个阶段，以后根据同样的原理逐期滚动。

从时期上看，滚动计划法适用于长期计划的编制，因为计划工作很难准确地预测将来影响企业经营的经济、政治、文化、技术、产业、顾客等的各种变化因素，而且随着计划期的延长，这种不确定性会越来越大。这样，远期的计划就只能是粗略的，而近期的计划则可以订得更具体些，以指导生产经营活动。

从内容上看，滚动计划法主要适用于产品品种比较稳定的生产与销售计划及物资供应计划的编制。因为这些计划都具有一定的连续性，便于按期进行不断的滚动。

2. 滚动计划法的编制方法

1）编制程序

(1) 通过调查和预测掌握有关情况，然后按照近细远粗的原则，制订一定时期内的计划。

(2) 在一个滚动时期终了时，分析计划的执行结果，找出差距，了解存在的问题。

(3) 根据企业内、外条件的变化，以及上一个滚动期计划的执行情况，对原订的计划进行必要的调整和修订。

(4) 根据修改和调整的结果，按照近细远粗的原则，将计划期向后滚动一个时期，制订出第二个计划期的计划。

滚动计划的编制就是上述过程的不断重复。图 4-2 所示的是一个五年期的滚动计划编制方法。

2）计划修正因素

编制滚动计划时，应考虑影响计划的各种因素，对计划进行调整和修订，这些因素统称为计划修正因素，主要有以下几个方面。

(1) 计划与实际的差异。将计划的执行结果与原订的计划进行对比分析，找出两者的差距，分析出现差距的原因，以此作为调整计划的依据。

(2) 客观条件的变化。这种客观条件包括企业的内部条件和企业的外部条件。企业的内部条件包括劳动力构成、技术水平、自动化程度等在企业内部发生的情况；企业的外部条件包括市场情况、政治环境、经济政策、法律因素等企业自身影响范围之外的情况。

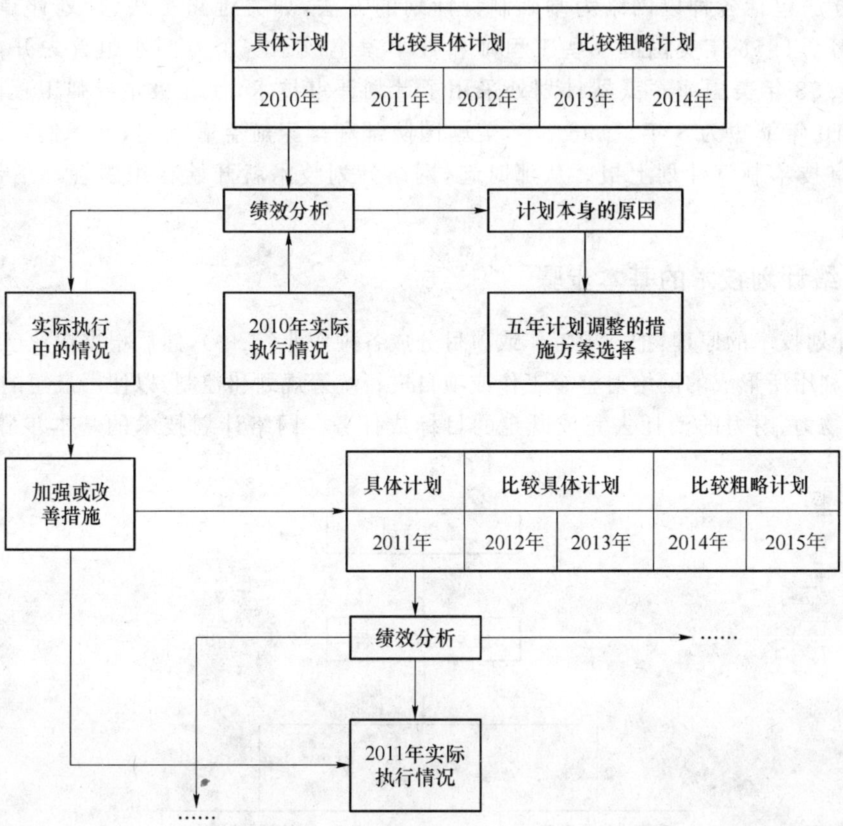

图 4-2 五年期的滚动计划法

(3) 企业经营方针的调整。企业经营方针是企业制订计划最根本的依据，是企业生产经营活动的行动纲领。因此企业经营方针的调整必然影响企业计划的制订。

3. 滚动计划法的评价

滚动计划法虽然使得计划编制和实施工作的任务量加大，但在计算机技术普遍应用的今天，其优点十分明显。

(1) 使计划更加切合实际，相对缩短了计划期，加大了对未来估计的准确性，提高了计划的质量。

(2) 使长、中、短期计划相互衔接，以及各期计划保持一致性。

(3) 大大增强了计划的弹性，可以提高组织的应变能力。

4.4.2 网络计划技术

网络计划技术(PERT)是20世纪50年代后期在美国产生和发展起来的，是一种应用于组织大型工程项目或生产计划安排的科学的计划管理方法。它以网络图的形式，反映组成一项生产任务或一项工程中各项作业的先后顺序及相互关系，并通过相应的计算方法找出影响整项生产任务或项目的关键作业和关键路线，对生产任务或项目进行统筹规划和控制，是一种能缩短工期、降低成本、用更快的速度完成工作的有效方法。

这种方法包括各种以网络为基础制订计划的方法，如关键路径法、计划评审技术、组合网络法等。1956 年美国的一些工程师和数学家组成了一个专门小组首先开始这方面的研究。1958 年美国海军武器计划处采用了计划评审技术，使北极星导弹工程的工期由原计划的 10 年缩短为 8 年。1961 年，美国国防部和国家航空署规定，凡承制军用品必须用计划评审技术制订计划上报。从那时起，网络计划技术就开始在组织管理活动中被广泛地应用。

1. 网络计划技术的基本步骤

网络计划技术的原理：把一项工作或项目分成各种作业（工序），然后根据作业（工序）顺序进行排列，利用所形成的网络对整个工作或项目进行统筹规划和控制，以便用最短的时间和最少的人力、物力、财力的消耗去完成既定的目标或任务。网络计划技术的基本步骤如图 4-3 所示。

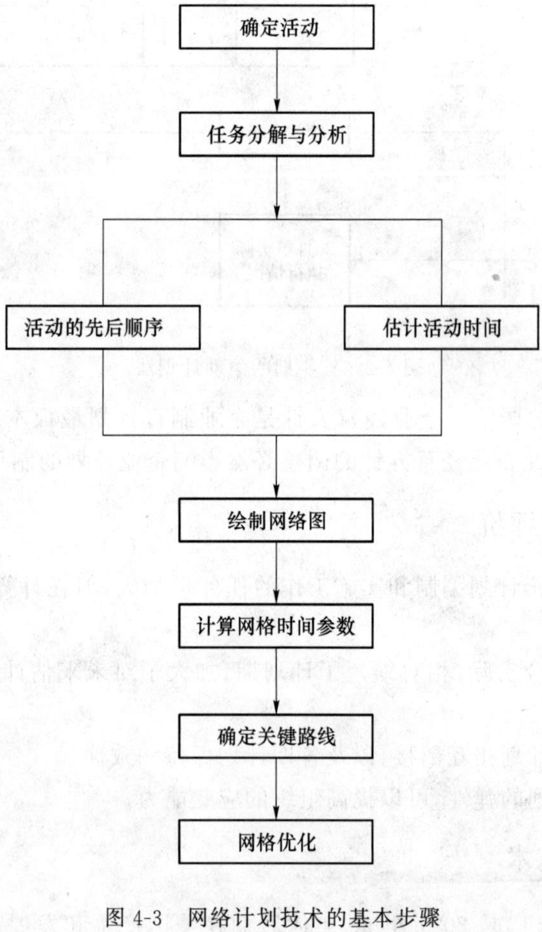

图 4-3　网络计划技术的基本步骤

2. 网络图

网络图是网络计划技术的基础。任何一项任务都可分解成许多工作，根据这些工作在时间上的衔接关系，用箭线表示它们的先后顺序，画出一个由各项工作相互联系、并注明所需时间的箭线图，这个箭线图就称作网络图。图 4-4 便是一个简单的网络图。

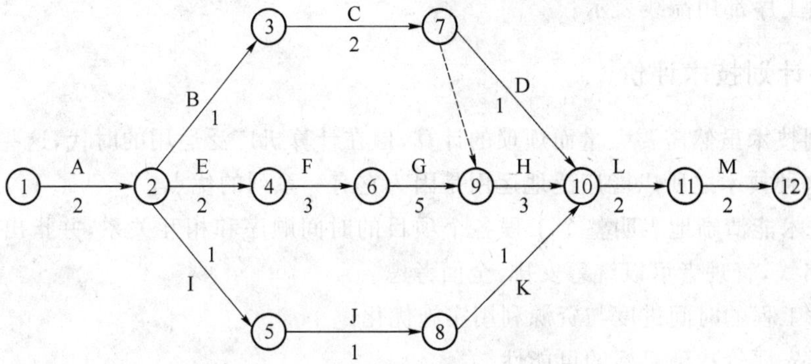

图 4-4　网络图

1）网络图的构成要素

分析图 4-4 可以发现，网络图由以下部分组成。

(1) 活动。活动是指一项工作或一道工序。一般来讲，活动需要花费时间、消耗一定的资源。活动用“→”表示，一般规定，箭线上方注明活动内容，下方注明活动消耗时间。

(2) 事项。事项是指一项活动的开始或完成，一般用带有编号的圆圈表示。在网络图中，圆圈是两条或两条以上箭线的交接点，故又称结点。事项不占用时间和资源，它只是表示某项活动的开始或结束。为了便于识别、检查和计算，对结点要进行编号，编号按箭头方向由小到大，并常用箭线首尾的编号表示某一项活动的名称。应特别注意，每一项活动都应有自己唯一的结点编号。另外，同一结点号码不能重复使用。

(3) 虚工序。因为箭线首尾的结点编号只能唯一地表示一项活动，但对于平行活动来讲，要正确表示活动之间的关系，往往需要借助虚工序。

虚工序用虚箭线表示，它仅仅起着表示活动先后顺序的作用，并不是一项真正的活动。它没有活动名称，既不占用时间，也不消耗资源，计算网络时间参数时，可以把虚工序看成作业时间为零的一项活动，如图 4-4 中连接 7、9 的虚工序。

(4) 线路和关键线路。线路是指从网络始点事项开始，顺着箭线方向到网络终点为止，中间由一系列首尾相连的结点和箭线所组成的通路。关键线路是网络中花费时间最长的事项和活动的序列。

为了反映工序先后顺序关系，经常使用紧前工序或紧后工序的概念，若有 A、B 两道工序，当 A 工序完工以后，才能紧跟在它后面开始 B 工序，则称 A 是 B 的紧前工序，或 B 是 A 的紧后工序。一道工序可能有若干道紧前工序，也可能有若干道紧后工序，没有紧前工序的工序是项目的初始工序，没有紧后工序的工序是项目的最后工序。

2）网络图的绘制原则

(1) 两个结点间只许有一条箭线，即“两点一线”。

(2) 不允许出现“闭路循环”，即“无回路”。

(3) 网络图中有一个始点和一个终点，即所谓“一源”“一汇”。中间不允许出现始结点和终结点。

(4) 结点编号应从小到大、从左到右,不能重复。

(5) 各项工序都用箭线表示。

3. 网络计划技术评价

网络计划技术虽然需要大量而烦琐的计算,但在计算机广泛运用的时代,这些计算已大都程序化了。这种技术之所以能广泛地运用是因为它有一系列的优点。

(1) 该技术能清晰地表明整个工程各个项目的时间顺序和相互关系,并指出完成任务的关键环节和路线,管理者可以统筹安排,全面考虑。

(2) 可对工程的时间进度与资源利用实施优化。

(3) 可事先评价达到目标的可能性。

(4) 便于组织与控制。

(5) 易于操作,并具有广泛的应用范围,适用于各行各业及各种任务。

4.5 目标与目标管理

4.5.1 目标的概念、特点与作用

1. 目标的概念

任何一个组织要想生存,都要有一定的任务和使命,即组织的目标。目标是一个组织根据其任务和目的确定在未来一定时期内所要达到的最终结果。目标管理是美国管理学家彼得·德鲁克提出的。对于组织管理来说,目标是管理行动的出发点,是组织内部各项管理活动的依据;同时,目标又是管理行动的归宿,是判断一个组织管理有效性和合理性的标准。

2. 目标的特点

(1) 目标的层次性。

管理组织是分等级、分层次的,因而管理的目标也是分等级、分层次的,目标的层次性与组织的层次性密切相关。一个组织的总目标确定之后,就要围绕着总目标依次确定下级各个分目标、子目标,从而形成一个有层次的目标管理体系。

(2) 目标的网络性。

如果说目标的层次性是从组织的整体观来考察组织目标,那么目标的网络性则是从某一具体目标的实施规划的整体协调方面来进行工作。网络表示研究对象之间的相互关系,组织中各类、各级目标不是相互孤立的,而是相互联结、相互支持的。一个组织的目标通常是通过各种活动的相互联系、相互促进来实现的,各等级、各层次的目标之间彼此左右关联、上下贯通,从而形成一个整体的目标网络。组织内各目标之间只有彼此相互协调,才能保证组织目标的实现。

(3) 目标的多样性。

组织的主要目标是多种多样的,同时在目标层次体系中的每个层次的具体目标也可能是多种多样的,目标的多样性是组织为更好地适应环境变化的需要所必需的。但值得注意的是并非目标越多越好,过多的目标会使管理人员应接不暇而顾此失彼。因此,应该尽量减少目标的数量,必须对各目标的相对重要程度进行区分,突出主要目标,以免因过于注重小目标而有损于主要目标的实现。

(4) 目标的时间性。

目标是一定时期内所要达到的预期结果,因而目标是有时间性的。从时间上可以将目标划分为长期目标、中期目标和短期目标,组织内层次越高,目标越抽象,目标的时间跨度就越长。但有时短期目标的实现并不能保证长期目标的实现,反之,有时为了长远利益又不得不牺牲眼前利益。因此,管理者要注意目标在时间上的衔接,使各时期的目标协调一致。

(5) 目标的可考核性。

组织完成业绩的好坏是通过目标的实现来衡量的,因而目标是能够考核的。目标考核的途径是将目标量化,但不是所有的目标都适宜定量考核,主管人员在组织中的地位越高,定性目标就可能越多。总之,目标必须具体,便于考核,否则就失去了存在的意义。

3. 目标的作用

(1) 为管理工作指明了方向。

明确的目标确定了组织所希望达到的未来状况。目标的作用首先在于为管理者指明了方向,使他们齐心协力,共同完成组织目标。

(2) 激励作用。

目标的激励作用体现在两个方面:工作必须有吸引力,才能调动起积极性;实现目标,才会产生成就感和满足感。

(3) 凝聚作用。

组织是一个社会协作系统,它必须对其成员有一种凝聚力。一盘散沙的组织是难以发挥作用的,是不能够长期存在的。组织凝聚力的大小受到多种因素影响,其中的一个因素就是组织目标。当组织目标充分体现组织成员的共同利益,并能够与组织成员的个人目标取得最大程度的和谐一致时,就能够极大地激发组织成员的工作热情、献身精神和创造力。而组织目标与个人目标之间潜在的冲突,则是削弱组织凝聚力的主要原因。因此,使组织目标与群体或组织成员个人目标之间取得和谐,是制定目标的又一条原则。

(4) 考核作用。

目标为考核主管人员和员工绩效提供了客观标准。只有通过目标的实现程度来评价管理者和员工的工作绩效才是科学合理的。否则,仅靠主观印象进行考核,这种不够客观公平的做法难以调动管理者及员工的积极性。

4.5.2 目标管理的概念与特点

1. 目标管理的产生

目标管理创始于20世纪50年代的美国,是以泰勒的科学管理和行为科学理论为基础形成的一套管理制度。1954 年,德鲁克在《管理的实践》一书中首先提出了目标管理和自我控制的理论,并对目标管理的原理做了较全面的概括,形成了目标管理方法体系。

德鲁克认为,企业的目的和任务必须转化为目标,各级管理者通过目标对下级进行有效管理,并根据目标完成情况衡量员工的贡献,这样才能保证企业总目标的实现。

我国企业于 20 世纪 80 年代初开始引进目标管理,现在目标管理已成为世界上比较流行的一种企业管理制度。

目标管理的吸引力在于为企业提供了一种将组织的整体目标转换为组织单位和每个成员目标的有效方式。由于有明确的目标作为考核标准,使得对于员工工作成果的评价和奖励能做到更客观、更合理,因此可以大大激励员工为完成组织目标而努力。这种管理制度在美国得到广泛应用,同时由于它特别适用于对主管人员的管理,所以又被称为"管理中的管理"。

2. 目标管理的概念

目标管理是以目标的设置和分解、目标的实施及完成情况的检查、奖惩为手段,通过员工的自我管理来实现企业的经营目的的一种管理方法。

目标管理法是一种程序和过程,它使组织中的上级和下级一起商定组织的共同目标,并由此决定上、下级的责任分目标,然后把这些目标作为经营、评估、奖励每个单位和个人贡献的标准。它用系统的方法,使许多关键管理活动结合起来,高效率地实现个人目标和组织目标。这种方法的实质,是以目标来激励员工自我管理意识,激发员工行动的自觉性,充分发挥其智慧和创造力,以期最终形成员工与企业共命运、同呼吸的共同体。

3. 目标管理的特点

(1) 目标管理是直接面向未来的管理。

目标是一个组织根据其任务和目的确定在未来一定时期内所要达到的最终结果,是管理行动的出发点,又是管理行动的归宿,目标管理是直接面向未来的管理。

(2) 目标管理是注重成果与注重人相结合的管理。

德鲁克强调,凡是其业绩影响企业组织健康成长的所有方面,都必须建立目标。由于目标管理有一套完整的目标考核体系,能够对组织成员中的实际贡献和业绩大小进行评价,从而克服了以往凭印象、主观判断等传统管理方式的不足。

(3) 目标管理能促使权力下放(参与管理)。

目标管理的网络化将目标层层分解下达,这就要求各级管理人员要明确自己的管理目标和管理责任。上级要根据目标的需要,授予下级部门和个人相应的权力,才能激励下级部门和个人充分发挥自己的聪明才智,保证目标的顺利实现。因此,授权是提高目标管理效果的关键,推行目标管理可以促使权力下放。

(4) 目标管理强调"自我控制"。

目标管理既重视科学管理,又重视人的因素。目标管理认为,员工是愿意负责的,愿意在工作中发挥自己的聪明才智和创造力。如果我们控制的对象是一个社会组织中的"人",则必须通过对动机的控制来实现对行为的控制。目标管理的主旨是用"自我控制管理"代替"压制性的管理”,这种“自我控制”可以激励员工尽自己最大的努力把工作做好。

(5) 目标管理是强调以目标网络为基础的系统管理。

目标管理首先由管理层确定一定时期的总目标,然后对总目标进行分解,层层下达,逐级展开,形成不同层次、不同要求的多个目标。这些目标之间相互关联、相互支持,形成整体的目标网络系统,从而保证组织目标的整体性和一致性。

4.5.3 目标管理的基本过程

1. 目标制定

在分析外部环境和内部条件的基础上,通过上、下级意见沟通,对目标项和目标值反复商讨、评议、修改,从而取得统一意见。

目标制定原则:①关键性与全面性相结合;②灵活性与一致性相结合;③挑战性与可行性相结合;④定量与定性相结合。

2. 目标展开

把组织总目标从上到下进行层层分解、层层落实,形成目标体系(“目标—手段”),用总目标指导分目标,用分目标保证总目标。

强调由上而下和由下而上的结合,通过上、下级共同商量来制定。在明确每个层次的目标时,要明确相应的保证措施,如权力、资源条件、利益等。

3. 目标实施

做好“授权”,强调下属的“自我管理与自我控制”。上级管理人员并不是撒手不管,而是留出时间抓重点的综合管理工作。综合管理工作主要体现在指导、协助、检查、提供信息及创造良好的工作环境等方面。

4. 目标成果评价

(1) 目标成果评价的三种形式。具体包括:自我评定、集体评议和上级评审。

(2) 目标成果评价的考评内容。具体包括:目标完成程度;目标复杂程度;努力程度,当目标实施过程中出现预料之外的不利变化时执行者的努力对目标成果的影响。

5. 总结

对目标管理的各个方面做出总结。

4.5.4 目标管理评价

目标管理是一种通过科学的制定目标、实施目标,依据目标进行考核评价来实施组织管理任务的过程。它用系统的方法使许多关键管理活动结合起来,高效率地实现个人目标和企业目标。目标管理在企业管理实践的应用中,为企业带来良好经济效益的同时,也向企业提出了相应的要求。

1）目标管理的优点

(1) 提高管理效率。将目标管理的优点概括为一句话，即它促进了管理工作效率的极大提高。目标管理使组织的每个层次、每个部门、每个成员首先考虑目标的实现，因为这些目标是总目标的分解，所以当各层次、各部门、各成员的目标完成时，也就是组织总目标的实现。另外，在分解总目标时，并没有规定分目标实现的方式和手段，这就提供了一个创新的空间，从而提高了组织的管理效率。

(2) 明确组织的目标和任务。目标管理能够使组织的各级主管人员和成员明确组织的目标和任务，明确各自的职责范围和目标，使组织结构和组织的目标体系相协调。这些职责的明确有助于组织采用分权管理，促使管理者按完成目标所需要的职权来授权。

(3) 实现自我管理。目标管理实际上是一种自我管理的方式，或者说是引导成员自我管理的方式。从目标的制定、目标的实施到目标的成果考评，都强调下属的参与。下属与管理者共同制定目标，下属可以提出自己的建议和设想，把个人目标和组织目标结合起来。下属对自己承诺的目标能够发挥主动性和创造力，能够信守承诺，自己负责、检查、控制，确保目标的实现。

(4) 有利于进行控制。目标管理本身就是一种控制方式，即通过目标分解最终保证总目标的实现就是一种结果控制方式。在目标实施过程中，组织的高层管理者要经常检查目标，如果有偏差，就要及时纠正。此外，一个组织如果有明确的可考核的目标体系，那么其本身就是进行监督控制的最好依据。

2）目标管理的局限性

(1) 目标难以确定。真正可考核的目标是很难确定的，这其中需要做很多研究工作。有时为了片面追求目标的可考核性而过分使用定量，在不宜定量的领域也力图使用数字来表示，从而容易造成偏差。

(2) 给予目标设置者的指导不够。在推行目标管理时，管理人员必须知道企业的战略目标是什么，以及他们自己的活动怎样适应这些目标。如果企业的一些目标含糊不清、不现实或不协调，那么管理人员想同这些目标保持一致，实际上是不可能的。

(3) 强调短期目标。短期目标比较容易分解，而长期目标则比较抽象、难以分解。所以目标管理中的目标通常是短期目标，很少有超过 1 年的，一般是一个季度或者更短。如果组织过于强调短期目标的实现而对长期目标不关心，将不利于组织的长远发展。

总之，目标管理强调的是设置目标，期望以目标来促进员工的自我管理、自我控制，调动员工的积极性，激发员工的创造力，以期最终与企业融为一体。由于目标向来就是计划工作和管理工作不可缺少的部分，因此，尽管推行目标管理存在某些缺点和困难，它仍然是当今世界上较为流行的一种管理方法。

本章小结

组织中的管理者，无论职位高低，或多或少都要进行计划活动。计划活动既是各级管理人员的一个共同的职能，也是管理活动的首要职能。不管哪个层次的管理，首先都是从计划开始的。

计划活动的作用表现在以下四个方面：可以预知未来的不确定性因素，减少变化带来的影响；明确组织成员行动的方向和方式，有利于组织目标的实现；使组织的活动经济合理；为控制奠定基础。

在做出决策和确定计划后，赋予计划含义的最后一步就是把计划转变成预算，使计划数字化。编制预算，一方面是为了使计划的指标体系更加明确，另一方面使企业更易于对计划的执行进行控制。定性的计划往往在可比性、可控性和进行奖惩方面比较困难；而定量的计划则具有较强的约束。

网络计划技术的原理：把一项工作或项目分成各种作业（或工序），然后根据作业（工序）顺序进行排列，利用所形成的网络对整个工作或项目进行统筹规划和控制，以便用最短的时间和最少的人力、物力、财力的消耗去完成既定的目标或任务。

任何一个组织要想生存，都要有一定的任务和使命，即组织的目标。目标是一个组织根据其任务和目的确定在未来一定时期内所要达到的最终结果。目标管理是美国管理学家彼得·德鲁克提出的。对于组织管理来说，目标是管理行动的出发点，是组织内部各项管理活动的依据；同时，目标又是管理行动的归宿，是判断一个组织管理有效性和合理性的标准。

思　考　题

1. 如何理解计划的概念、性质及其作用？
2. 计划的类型有哪些？
3. 如何解释计划层次体系的基本内容？
4. 计划工作包括哪些程序？
5. 计划编制方法有哪些？
6. 滚动计划法的基本原理是什么？
7. 怎样解释“计划的总目标不变，但实现目标进程可以因情况的改变随时改变”这句话的含义？
8. 什么是目标管理？它有何特点？实现目标管理的基本过程是什么？
9. 在企业中实施目标管理的意义何在？

第5章 组织职能

5.1 组织概述

5.1.1 组织的定义

组织就是由两个或两个以上的人组成的有特定目标和一定资源并保持某种权责结构的群体。组织的特征可以概括为以下三点。

(1) 有明确的目标。

没有目标就不是组织,而仅是一个人群。目标是组织的愿望和外部环境结合的产物,所以组织的目的性不是无限的,而是受环境影响和制约的,这个环境包括物质环境及社会文化环境,有了目标后组织才能确定方向。

(2) 拥有一定资源。

组织的资源主要包括五大类:人、财、物、信息和时间。①人的资源是组织最大的资源,是组织创造力的源泉。②财的资源主要是指资金。资金不同于资本,资本是要讲所有权的,而资金是流动中的货币,主要是讲使用权。组织在其存在和发展中需要大量的资金,这些资金有一部分是归组织或股东所有的,还有相当一部分是通过各种渠道聚集起来的。有了资金组织的各项工作才能运转起来。③物的资源。做任何事情物资管理都非常重要,仅有资金是不够的,货币是一种抽象的资源,只有转化成物资,才完成了从抽象到具体、从一般到特殊的过程,从而能满足组织发展的特定需要。④信息资源。信息实际上是一种可以认知其意义的符号,运用好信息资源对一个企业来说也是非常关键的。一个管理者最不同于其他岗位和领域的人员的三大特征:一是他要交换和处理信息;二是基于前者做出决策;三是要为组织进行战略规划。可见信息对管理是非常重要的。⑤时间。科学管理起源于工业革命后期企业家对效率的追求,而效率就是对时间的节约,同样的时间做更多的事、出更多的成果就是效率。从这点上看,管理学这门学科的发展起源于人类理性地对时间的珍爱和对充分利用时间资源的追求。

(3) 保持一定的权责结构。

这种权责结构表现为层次清晰,任务有明确的承担者,并且权力和责任是对等的。有多大的权力就有多大的责任,这一点也是非常重要的。如果哪个管理者想要坐享其成,却努力逃避责任风险,那么被管理者就一定会站出来反对他。

5.1.2 组织的分类

1）根据组织自身的目的，组织可分为公共组织、非营利性组织、营利性组织

公共组织即负责处理国家公共事务的组织，包括政府部门、军队、司法机关等。非营利性组织是公共组织之外的一切不以营利为目的的组织。营利性组织是指以获利为主要目的的组织。

从实践发展来看，一开始是公共组织的管理实践比较普遍，如国家管理、军队管理、宗教管理等，但是后来随着生产力的发展出现了手工作坊、家族式的商业企业、工业企业，再后来是大规模的公司，促使营利性组织蓬勃发展了起来。于是管理领域就有了细化，这种细化本身也是学科发达的标志。它细化为两大类：一类是企业管理学，今天我们讨论的管理学更多意义上是企业管理；另一类是关于国家、政府及一些公共的社会团体的管理，包括政治学和行政学及现在正蓬勃发展的非营利性组织管理等内容。

2）根据组织的内在结构，组织可分为正式组织和非正式组织

正式组织具有以下的特征：①保持相对的稳定性，存在稳定的秩序，人员流动性较小，权责结构清晰。②专业化分工，分成若干岗位及与之相应的职责。③对不同观念层次的协调。由于进行了专业化分工且分成一定的结构和层次，所以在同级上要协调相互关系、在上下级工作链上也要协调关系，从而形成立体的协调层次。④拥有法定的领导权威。它的最高领导人的领导权是由法定的规章制度确定的，并强制要求所有成员服从。⑤建立了相对稳定的规章制度体系，把很多的岗位分工、行为规范、奖惩措施、运营机制、产品范围、行动范围，都以明确的条文确定下来并公布给每个成员，要求他们去遵守。⑥职位的可取代性。它的职位和职责要求都是脱离个人的，某个人离开，其他人可以在这个岗位继续工作。

与正式组织相比较，非正式组织的特征主要表现为：①没有共同的组织目标。非正式组织并非是在完成一定任务的过程中形成的，而是在自然状态下形成的，所以这个群体没有一个共识性的任务前提。②没有明确的组织制度和规定，它的制度和规定是一些约定俗成的、靠默契和非正式的契约来实现的。③成员和形式不稳定，经常发生变动。它的边界是不清晰的，人员的进出也是相对随意的，并且它的交互和影响过程都是非常随意的，有时表现为缺乏秩序。

非正式组织的研究可以追溯到哈佛大学的梅奥教授所领导的霍桑实验。此后人们对组织内的非正式组织的特征及活动的正负面影响进行了充分研究，并取得了较大成果。起初大家都认为非正式组织有很多负面影响，比如拉帮结派、“山头主义”。后来行为学家通过研究发现，非正式组织也有很多正面影响，对非正式组织在管理中的作用要从正反两方面去认识。

非正式组织的正面影响。①通过非正式组织活动，满足员工对正式组织的需求，消除员工对工作的抵触情绪，从而有利于正式组织的正常运作。②通过非正式组织成员之间的感情交流，相互理解、相互信任，有利于组织成员间的协调与合作，加强集体凝聚力。③促进信息沟通，避免了正式组织僵化所导致的信息沟通不畅的情况，同时也消除了上级和下级之间的等级鸿沟。④组织魅力。有利于利用本身的吸引力来提高员工的稳定度，保持组织的稳定和发展。

非正式组织的负面影响。①观念差异。非正式组织成员形成的习俗、信仰，与正式组织的目标、行为规范有差异甚至背道而驰时，将影响组织运转。②内部冲突。各层管理人员没能处理好正式组织与非正式组织的关系，会导致非正式组织成员不愿意听从指挥，甚至故意破坏既定的组织制度。

5.1.3 组织工作

1. 组织工作的定义

组织工作(organization work)是指在组织目标已经确定的情况下,将实现组织目标所必需进行的各项业务活动加以组合,并根据管理宽度原理,划分出不同的管理层次和部门,将监督各活动所必需的职权授予各层次、各部门的主管人员,以及规定这些层次和部门间的相互配合关系。它的目的就是要通过建立一个适于组织成员相互作用、发挥各自才能的良好环境,从而消除由于工作或职责方面所引起的各种冲突,使组织成员都能在各自的岗位上为组织目标的实现做出应有的贡献。

组织工作职能是由于人类在生产劳动中需要合作而产生的,正如巴德强调的那样,人类由于受到生理的、心理的和社会的种种限制,为达到某种目的就必须进行合作,而合作之所以能有更高的效率、能更有效地实现某种目标,在多数情况下就是由于有了组织结构的缘故。具体地说,组织工作职能的内容包括以下四个方面:①根据组织目标设计和建立一套组织结构和职位系统;②确定职权关系,从而把组织的上下左右联系起来;③与管理的其他职能相结合,以保证所设计和建立的组织结构有效运转;④根据组织内外部要素的变化,适时地调整组织结构。

2. 组织工作的过程

设计、建立并维持一种科学的、合理的组织机构,是为了成功地实现组织目标而采取行动的一个连续的过程,这个过程由下列的逻辑步骤所组成:

① 确定组织目标;

② 对目标进行分解,拟定派生目标;

③ 明确为了实现目标所必需的各项业务工作或活动,并加以分类;

④ 根据可利用的人力、物力及利用它们的最佳途径来划分各类工作或活动;

⑤ 授予执行有关各项业务工作或活动的各类人员以职权;

⑥ 通过职权关系和信息系统,把各层次、各部门连接成为一个有机整体。

这个过程的前两步实际上是组织工作的依据,有了这个依据,组织工作才有必要和可能进行,其后几步才真正是组织工作的实质内容。一般来说,组织工作实务同这个过程是相吻合的。主管人员通过这一过程来消除混乱,除人们在工作或职责方面的矛盾和冲突,还应建立起一种适合组织成员互相默契配合的组织结构。

组织工作过程的结束,其最终成果就是一系列的组织系统图和职务说明书。组织系统图描述的是一个组织内部的各种机构(包括层次部门),以及其中相应的职位和相互关系。而职务说明书则是详细规定了每个职务的职权和职责及与其相关的上下左右的关系。

通过组织工作建立起来的组织结构不是一成不变的,而是随着组织内外部要素的变化而变化的。由于任何组织都是社会系统中的一个子系统,它在不断地与外部环境进行能量、信息、材料等的输入与输出,而这种输入和输出一般都会影响到组织目标。随着时间的推移,原来的目标由于环境变化,可能不太适宜了,那么这时必须根据环境条件的变化不断地修正目标。目标的变化自然会影响到随同目标而产生的组织结构,为使组织结构能切实起到促进组织目标实现的作用,就必须对组织结构做出适应性的调整。此外,即使组织的内外要素的变化对组织目标影响不大,但随着社会的进步和科学技术的发展,原有的组织结构已不能高效地适应实现目标的要求时,也需要进行组织结构的调整和变革。所以,组织工作具有动态性的特点。

5.2 组织设计

5.2.1 组织设计的定义

组织设计(organizations designing)是指进行专业分工和建立各部分相互有机协调配合的系统结构的过程。组织设计的核心是企业组织结构整体的设计工作。组织设计的实质是对管理人员的管理劳动进行横向和纵向的分工。组织设计可能出现三种情况:新建的企业需要进行组织结构设计;原有组织结构出现较大的问题或企业的目标发生变化,原有组织结构需要进行重新评价和设计;组织结构需要进行局部的调整和完善。组织设计的任务是设计清晰的组织结构,规划和设计组织中各部门的职能和职权,确定组织中职能职权、参谋职权、直线职权的活动范围并编制职务说明书。

组织设计的结果是要形成组织结构。组织结构的模式可用以下方式来表示。

(1) 组织图:也称组织树,用图形表示组织的整体结构、职权关系及主要职能。组织图一般描述下列几种组织结构及管理关系方面的信息:权力结构、沟通关系、管理范围及分工情况、角色结构和组织资源流向等。

(2) 职位说明书:是说明组织内部的某一特定职位的责任、义务、权力及其工作关系的书面文件。其包括:职位名称及素质能力要求、工作内容和工作关系等。

(3) 组织手册:是职位说明书与组织图的综合,用以说明组织内部各部门的职权、职责及每一个职位的主要职能、职责、职权及相互关系。

5.2.2 组织结构的基本形式及发展趋势

1. 组织结构的基本形式

组织结构(organizational structure)是指组织的框架体系,是对完成组织目标的人员、工作、技术和信息所做的制度性安排。组织结构是表明组织各部分排列顺序、空间位置、聚散状态、联系方式及各要素之间相互关系的一种模式,是整个管理系统的“框架”。组织结构是组织的全体成员为实现组织目标,在管理工作中进行分工协作,在职务范围、责任、权利等方面所形成的结构体系。组织结构是组织在职、责、权方面的动态结构体系,其本质是为实现组织战略目标而采取的一种分工协作体系,组织结构必须随着组织的重大战略调整而调整。组织结构可以用复杂性、规范性和集权性三种特性来描述。组织结构是企业的流程运转、部门设置及职能规划等最基本的结构依据,常见的组织结构形式包括直线制、职能制、直线职能制、事业部制、矩阵制、委员会制。

1）直线制

直线制是一种最早的也是最简单的组织形式。它的特点是企业各级行政单位从上到下实行垂直领导，下属部门只接受一个上级的指令，各级主管负责人对所属单位的一切问题负责。厂部不另设职能机构（可设职能人员协助主管工作），一切管理职能基本上都由行政主管自己执行。直线制组织结构的优点：结构比较简单，责任分明，命令统一；缺点：要求行政负责人通晓多种知识和技能，亲自处理各种业务。这在业务比较复杂、企业规模比较大的情况下，把所有管理职能都集中到最高主管一人身上，显然是难以胜任的。因此，直线制只适用于规模较小、生产技术比较简单的企业，对生产技术和经营管理比较复杂的企业并不适宜。其具体流程如图 5-1 所示。

2）职能制

职能制组织结构是指各级行政单位除主管负责人外，还应相应地设立一些职能机构。如在厂长下面设立职能机构和人员，协助厂长从事职能管理工作。这种结构要求行政主管把相应的管理职责和权力交给相关的职能机构，各职能机构有权在自己业务范围内向下级行政单位发号施令。因此，下级行政负责人除了接受上级行政主管指挥外，还必须接受上级各职能机构的领导。其具体流程如图 5-2 所示。

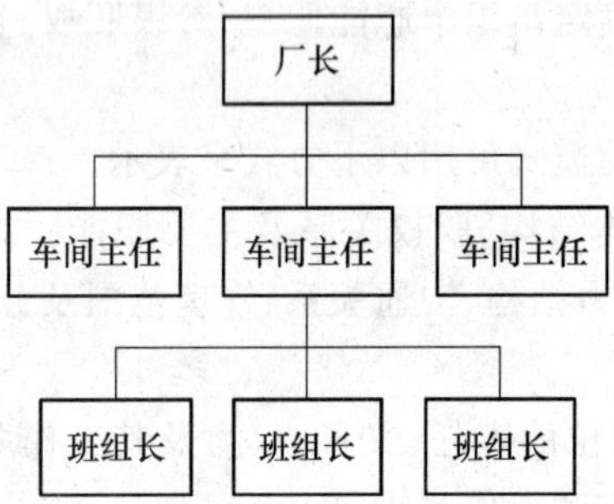

图 5-1　直线制

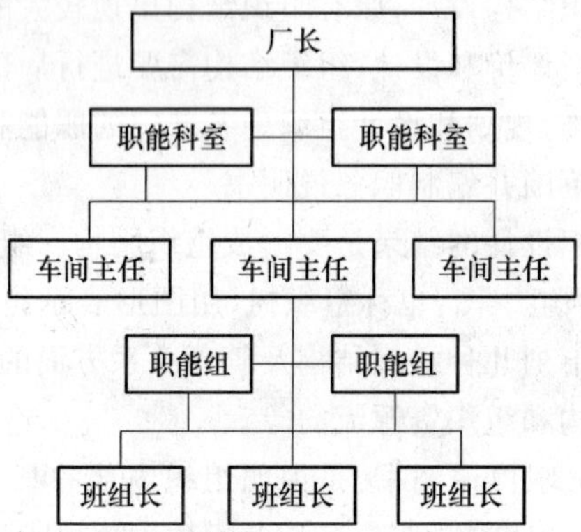

图 5-2　职能制

职能制的优点是能适应现代化工业企业生产技术比较复杂、管理工作比较精细的特点；能充分发挥职能机构的专业管理作用，减轻直线领导人员的工作负担。但其缺点也很明显：它妨碍了必要的集中领导和统一指挥，形成了多头领导；不利于建立和健全各级行政负责人和职能科室的责任制，在中间管理层往往会出现"有功大家抢，有过大家推"的现象；在上级行政领导和职能机构的指导和命令发生矛盾时，下级就无所适从，影响工作的正常进行，并且容易造成纪律松弛，生产管理秩序混乱。由于这种组织结构形式的明显缺陷，现代企业一般都不采用职能制。

3）直线职能制

直线职能制是在直线制和职能制的基础上取长补短，吸取这两种形式的优点而建立起来的。现在绝大多数企业都采用这种组织结构形式。这种组织结构形式把企业的管理机构和人员分为两类，一类是直线领导机构和人员，按命令统一原则对各级组织行使指挥权；另一类是职能机构和人员，按专业化原则，从事组织的各项职能管理工作。直线领导机构和人员在自己的职责范围内有一定的决定权和对所属下级的指挥权，并对自己部门的工作负全部责任；而职能机构和人员则是直线指挥人员的参谋，其不能对直接部门发号施令，只能进行业务指导。其具体流程如图 5-3 所示。

直线职能制的优点:既保证了企业管理体系的集中统一,又可以在各级行政负责人的领导下,充分发挥各专业管理机构的作用。其缺点:职能部门之间的协作和配合性较差,职能部门的许多工作要直接向上层领导报告请示才能处理,这将会加重上层领导的工作负担,同时也造成办事效率低下。为了克服这些缺点,可以设立各种综合委员会或建立各种会议制度,以协调各方面的工作,起到沟通作用,从而更好地帮助高层领导出谋划策。

4) 事业部制

事业部制最早是由美国通用汽车公司总裁斯隆于 1924 年提出的,故有"斯隆模型"之称,也叫"联邦分权化",是一种高度(层)集权下的分权管理体制。它适用于规模庞大、品种繁多、技术复杂的大型企业,是国外较大的联合公司所采用的一种组织形式。近些年,中国一些大型企业集团或公司也引进了这种组织结构形式。事业部制是分级管理、分级核算、自负盈亏的一种形式,即一个公司按地区或按产品类别分成若干个事业部,从产品的设计、原料采购、成本核算、产品制造,一直到产品销售均由事业部及所属工厂负责,实行单独核算、独立经营,公司总部只保留人事决策、预算控制和监督等权力,并通过利润等指标对事业部进行控制。其具体流程如图 5-4 所示。

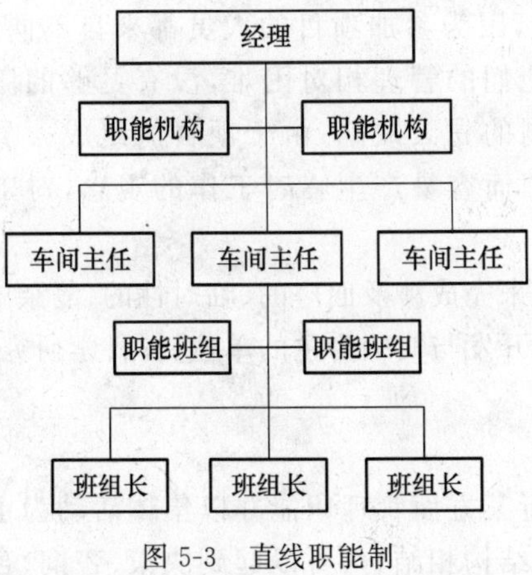

图 5-3 直线职能制

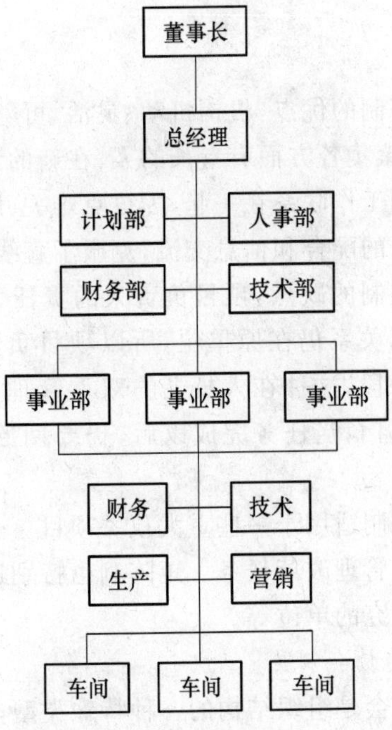

图 5-4 事业部制

事业部制的优点:有利于上层领导者集中精力进行重大决策;有利于充分调动各事业部的积极主动性;能增强企业应变能力,有利于调整产品生产方向;有利于各事业部展开竞争,促进企业发展;有利于培养全面管理人才,为未来发展储备干部。其缺点:造成职能机构重叠,管理人员增加,管理费用增多;各事业部有自己独立的经济利益,易产生本位主义;对公司总部的管理工作要求较高,否则容易发生失控的局面。

5) 矩阵制

在组织结构上,把既有按职能划分的垂直领导系统,又有按产品(项目)划分的平行领导关系的结构，称为矩阵制组织结构。矩阵制组织结构是为了改进直线职能制横向联系差、缺乏弹性的缺点而形成的一种组织形式。它的特点表现在围绕某项专门任务成立跨职能部门的专门机构上，例如，组成一个专门的产品(项目)小组去从事新产品开发工作，在研究、设计、试验、制造各个不同阶段，由有关部门派人参加，力图做到条块结合，以协调有关部门的活动，从而保证任务的顺利完成。其具体流程如图 5-5 所示。

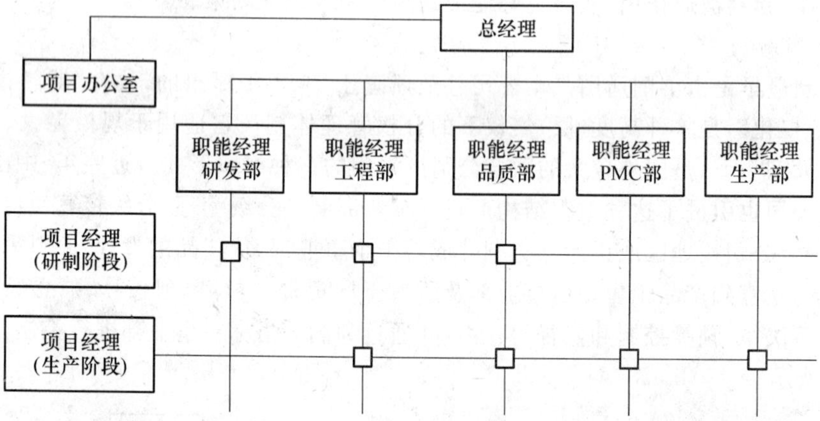

图 5-5　矩阵制

矩阵制的优点：机构机动、灵活，可随项目的开发与结束进行组织或解散；任务清楚、目的明确，能聚集各方面有专长的人；在新的工作小组里，各小组成员能沟通、融合，把自己的工作同整体的工作联系在一起，为攻克难关、解决问题而献计献策，促进了项目的实现；加强了不同部门之间的配合和信息交流，克服了直线职能制中各部门互相脱节的现象。

矩阵制的缺点：项目负责人的责任大于权力，因为参加项目的人员都来自不同部门，他们的隶属关系仍在原单位，所以项目负责人对他们的管理相对困难，没有足够的激励手段与惩治手段，这种在人员上的双重管理是矩阵制的先天缺陷；由于项目的组成人员来自各个职能部门，当任务完成以后，仍要回原单位，因而容易产生临时工作的观念，对工作有一定影响。

矩阵制适用于一些重大攻关项目。企业可用来完成涉及面广的、临时性的、复杂的重大工程项目或管理改革任务。矩阵制也特别适用于以开发与实验为主的单位，如科学研究，尤其是应用性研究的单位等。

6）委员会制

委员会是组织结构的一种特殊类型，它是执行某方面管理职能并以集体活动为主要特征的组织形式。实际中的委员会常与上述其他组织结构相结合，可以起到决策、咨询、合作和协调等作用。

委员会制的优点：能较好地发挥委员会全体人员的智慧，克服个人知识、能力、经验和精力等方面的限制，有利于集思广益，能使重大决策考虑得比较周详，防止出现严重失误；有利于避免权利的过分集中所造成的滥用职权、以权谋私、个人专断等现象；有利于领导人才的培养。

委员会制的缺点：权利分散，容易造成多头领导的现象，不利于集中统一领导；集中决策的程序比较复杂，麻烦较多，容易造成扯皮现象，不能及时决策，贻误时机；集中决策之下，还可能导致无人对决策后果负责的情况，出了问题相互推诿。

2. 组织结构的发展趋势

1）扁平化

组织结构的扁平化是通过减少管理层次、裁减冗余人员来建立的一种紧凑的扁平组织结构，从而使组织变得灵活、敏捷，提高组织效率和效能。彼得·德鲁克曾预言：未来的企业组织将不再是一种金字塔式的等级制结构，而是会逐步向扁平式结构演进。根据1988年对美国41家大型公司的调查发现，成功的公司比失败的公司平均要少4个层级。

扁平化组织结构的优势主要体现在以下几个方面。

(1) 信息流通畅，使决策周期缩短。组织结构的扁平化，可以减少信息的失真，增加上下级的直接联系，信息沟通与决策的方式和效率均可得到改变。

(2) 创造性、灵活性加强，使员工的士气和生产效率提高，员工工作积极性增强。

(3) 降低成本。管理层次和职工人数减少，工作效率提高，必然带来产品成本的降低，从而使公司的整体运营成本降低，市场竞争优势增强。

(4) 有助于增强组织的反应能力和协调能力。企业的所有部门及人员更直接地面对市场，减少了决策与行动之间的迟滞，增强了对市场和竞争动态变化的反应能力，从而使组织能力变得更柔性、更灵敏。

组织结构框架从“垂直式”向“扁平式”转化，成为众多知名大企业走出大而不强困境的有效途径之一。美国通用电气公司推行“零管理层”变革，杰克·韦尔奇把减少层次比喻为给通用电气公司脱掉厚重的毛衣。例如，在一个拥有8 000多名工人的发动机总装厂里，只需要有厂长和工人，除此之外不存在任何其他层级。生产过程中必需的管理职务由工人轮流担任，一些临时性的岗位，如招聘新员工等，由老员工临时抽调组成，任务完成后即解散。国内家电行业的知名企业长虹、海尔也不约而同地进行了企业组织结构的调整，从原来的“垂直式金字塔结构”实现了向“扁平式结构”的转化。

2）网络化

随着信息技术的飞跃发展，信息的传递不必再遵循自上而下或自下而上的等级阶层就可实现部门与部门、人与人之间直接的信息交流。企业内部的这种无差别、无层次的复杂的信息交流方式，极大地刺激了企业中信息的载体和运用主体——组织的网络化发展。

相对于官僚制组织而言，网络组织最本质的特征在于强调通过全方位的交流与合作实现创新和双赢。全方位的交流与合作既包括了企业之间超越市场交易关系的密切合作，也包括了企业内部各部门之间、员工之间广泛的交流与合作关系，而且这些交流与合作是以信息技术为支撑的，并将随着信息技术的发展而得到不断的强化。当然，网络关系不能完全取代组织中权威原则的作用，否则组织就会出现混乱，所以网络组织中的层级结构始终是需要保持的，只不过在组织结构网络化的条件下，采取的是层级更少的扁平化结构。

组织结构网络化主要表现为企业内部结构网络化和企业间结构网络化。企业内部结构网络化是指在企业内部打破部门界限，各部门及成员以网络形式相互连接，使信息和知识在企业内快速传播，实现最大限度的资源共享。杰克·韦尔奇曾致力于研究公司内部的无边界化，无边界化使企业内部之间的沟通畅通无阻，极大提高了管理效率。企业间结构网络化包括纵向网络和横向网络，纵向网络即由行业中处于价值链不同环节的企业共同组成的网络型组织，例如，供应商、生产商、经销商等上下游企业之间组成的网络，通用汽车公司和丰田汽车公司就分别构建了一个由众多供应商和分销商组成的垂直型网络。这种网络关系打破了传统企业间明确的组织界限，大大提高了资源的利用效率及对市场的响应速度。横向网络指由处于不同行业的企业所组成的网络。这些企业之间发生着业务往来，在一定程度上相互依存。最为典型的例子是日本的财团体制，其中大型制造企业、金融企业和综合商社之间在股权上相互关联、管理上相互参与、资源上共同分享、重大战略决策上集体行动，使得各方之间保持着长期紧密的联系。

组织的网络化使传统的层次性组织和灵活机动的计划小组并存，使各种资源的流向更趋于合理化，通过网络凝缩时间和空间，加速企业全方位运转，提高企业组织的效率和绩效。

3）无边界化

无边界化是指企业各部门间的界限模糊化，目的在于使各种边界更易于渗透，打破部门之间的沟通障碍，从而有利于信息的传送。

比较有代表性的无边界化模式是团队组织，团队指的是职工打破原有的部门边界，绕开中间各管理层，组合起来直接面对顾客和对公司总体目标负责的以群体和协作优势赢得竞争优势的企业组织形式。这种组织成为组织结构创新的典型模式。团队一般可以分为两类：一类是专案团队，其成员主要来自公司各部门的专业人员，其使命是为解决某一特定问题而组织起来，问题解决后即宣告解散；另一类是工作团队，可以进一步把它分为高效团队和自我管理团队，工作团队一般是长期性的，从事于日常性的公司业务工作。

因此，无边界思想是一种非常具有新意的企业组织结构创新思想，它完全是超越国界、超越制度、超越阶级、超越阶层的。组织作为一个整体的功能得以提高，远远超过各个组成部门的功能。

4）多元化

企业不再被认为只有一种合适的组织结构，企业内部不同部门、不同地域的组织结构不再是统一的模式，而是根据具体环境及组织目标来构建不同的组织结构。管理者要学会利用每一种组织工具，有能力根据某项任务的业绩要求，选择合适的组织工具，从一种组织转向另一种组织。

5）柔性化

组织结构的柔性化是指在组织结构上，根据环境的变化调整组织结构，建立临时的以任务为导向的团队式组织。组织柔性化的本质是保持变化与稳定之间的平衡，它需要管理者具有很强的管理控制力。

随着信息化、网络化、全球化的日益发展，企业内外部信息共享、人才共用已成为主要特征。全球范围跨国经济的发展和企业集团的壮大，已初步形成了一种跨地区、跨部门、跨行业、跨职能的具有高度柔性化的机动团队化组织。柔性化组织最显著的优点是灵活便捷、富有弹性，因为这种结构可以充分利用企业的内外部资源，增强组织对市场变化与竞争的反应能力，有利于组织较好地实现集权与分权、稳定性与变革性的统一。除此之外，柔性化组织结构还可以大大降低成本，促进企业人力资源的开发，并推动企业组织结构向扁平化发展。美国霍尼韦尔公司为巩固客户关系，组建了由销售、设计和制造等部门参加的“突击队”，这个临时机构按照公司的要求，把产品的开发时间由 4 年缩短为 1 年，把即将离去的客户又拉了回来。很显然，柔性化组织结构强化了部门间的交流合作，让不同方面的知识共享后形成合力，有利于知识技术的创新。

6）虚拟化

组织结构的虚拟化是指用技术把人、资金、知识或构想网络在一个无形的组织内来实现一定的组织目标的过程。虚拟化的企业组织不具有常规企业所具有的各种部门或组织结构，而是通过网络技术把组织目标所需要的知识、信息、人才等要素联系在一起，组成一个动态的资源利用综合体。虚拟化组织结构的典型应用是创造虚拟化的办公空间和虚拟化的研究机构。前者是指同一企业的员工可以置身于不同的地点，但通过信息和网络技术连接起来，如同在同一所办公大厦内，同步共享和交流信息与知识；后者是指企业借助于通信网络技术，建立一个可以与世界各地的属于或不属于本企业的研究开发人员、专家或其他协作人员联系在一起、跨越时空的合作联盟，更好地实现企业目标。

5.2.3 组织设计的基本原理

设计和建立合理的组织结构，根据组织外部要素的变化适时地调整组织结构，其目的是更有效地实现组织目标。进行有效的组织工作应遵循以下基本原理。

（1）目标统一。组织结构的设计和组织形式的选择必须利于组织目标的实现。任何一个组织，都是由它特定的目标决定的，组织中的每一部分应该都与既定的组织目标有关系。同理，每一个机构也有自己的分目标来支持总目标的实现，这些分目标就又成为机构进一步细分的依据。因此，目标层层分解，机构层层建立，直至每一个人都了解自己在总目标的实现中应完成的任务，这样建立起来的组织机构才是一个有机整体，才能为组织目标的实现奠定组织基础。这一原理还要求在组织设计中要以事为中心，因事设机构、设职务，人与事高度配合，避免出现因人设事、因人设职的现象。

（2）分工协调。分工就是按照提高管理专业化程度和工作效率的要求，把组织的目标分成各级、各部门及个人的目标和任务，使组织的各个层次、各个部门的每个人都了解自己在实现组织目标中应承担的工作职责和职权。有分工就要有协调，协调包括部门之间的协调和部门内部的协调。分工协调原理可这样来表述：组织结构的设计和组织形式的选择越是能反映目标所必需的各项任务和工作的分工，以及彼此间的协调、委派的职务，越是能适合于担任某一职务的人的能力与动机，其组织结构和形式就越有效。组织结构层次的分工、部门的分工及职权的分工，以及各种分工之间的协调就是分工协调原理的具体体现。

（3）管理宽度适当。管理宽度是指直接管理下属的数量。主管人员有效地监督、指挥其直接下属的数量是有限的。管理宽度的限度取决于多方面的因素，如工作类型、主管人员及下属的能力等。因此，管理宽度是因组织、因人而异的。由于管理宽度的大小影响组织的管理层次及主管人员的数量等一些重要的组织问题，所以每一个主管人员都应根据影响自身管理宽度的因素来确定自己的理想管理宽度。

（4）权责一致。职权和职责必须相等。在进行组织结构的设计时，既要明确规定每一个管理层次和各个部门的职责范围，又要赋予完成其职责所必需的管理权限。职责与职权必须协调一致，要履行一定的职责，就该享有相应的职权，这就是权责一致原理的要求。只有职责没有职权，其职责承担者的积极性、主动性必然会受到束缚，实际上也不能承担起应有的责任；相反，只有职权而无任何职责，或职责程度小于职权，将会导致滥用权力、产生官僚主义等。因此，在实际的组织设计中应尽量避免这两种倾向。

（5）统一指挥。组织的各级机构及个人必须服从一个上级命令和指挥，这样才能保证命令和指挥的统一，避免多头领导和指挥，使组织最高管理部门的决策得以贯彻执行。根据这一原理，上级指挥从上到下逐级下达，不许发生越级指挥的现象，下级只接受一个上级的领导，只向一个上级汇报并对他负责，这样上下级之间就形成了一条“指挥链”。在这条“指挥链”上，上级既能了解下属情况，下属也容易领会上级的意图。因此，按照统一指挥原理进行组织工作能提高管理工作的有效性,避免由于“多头领导”和“政出多门”所造成的混乱局面。

统一指挥原理在实践中可能会出现一些问题,如缺乏横向联系和灵活性等。为弥补这一缺陷,在实际应用中往往规定主管人员有必要的临时处置、事后汇报职权,其依据的原则是“法约尔桥”原理。这个原则规定,根据统一指挥原理,上级可授权下级进行直接联系,但必须将行动结果报告上级,这样将有助于统一指挥的实施。

(6) 集权与分权相结合。为了保证有效的管理,必须实行集权与分权相结合的领导体制。把该集中的权力集中起来,该下放的权力分给下级,这样才能够加强组织的灵活性和适应性。如果把所有的权力都集中在最高管理层,不仅会使最高层主管淹没于烦琐的事务当中,顾此失彼,而且还会助长官僚主义、命令主义和文牍主义作风,忽视了组织有关战略性、方向性的大问题。因此,高层主管必须将与下属所承担职责的相应职权赋予他们,使下属有职、有责、有权,这样就可以使下属充分发挥他们的聪明才干,调动他们的积极性,以保证管理效率的提高,也可以减轻高层主管的负担,集中精力抓大事。当然,在具体的组织中,究竟哪些权力应该集中,哪些权力应该分散,并没有统一的模式,往往是根据组织的具体性质及一定的管理经验来决定的。

(7) 精干高效。在服从由组织目标所决定的业务活动需要的前提下,力求减少管理层次,精简管理机构和人员,充分发挥组织成员的积极性,提高管理效率,更好地实现组织目标。一个组织只有机构精简、队伍精干,工作效率才会提高;如果组织层次繁多、机构臃肿、人浮于事,则势必导致浪费人力,滋长官僚主义、办事拖拉、效率低下等问题。因此,一个组织是否具有精干高效的特点,是衡量其组织结构是否合理的主要标准之一。

(8) 稳定性与适应性相结合。组织结构及其形式既要有相对的稳定性,又必须随组织内外部条件的变化做出相应的调整。一般而言,组织要进行实现目标的有效活动,必须维持一种相对平衡的状态,组织越稳定,效率也将越高。组织结构的调整和各个部门职权范围的划分,都会给组织的正常运行带来不利的影响。因此,组织结构不宜频繁调整,应保持相对稳定。但是,组织本身是在不断运动的,而且组织赖以生存的大环境也是在不断变化的,当组织结构相对地呈现僵化状态、组织内部效率低下且无法适应外部变化时,组织的调整与变革就不可避免了。因为只有调整变革,才会给组织重新带来效率和活力。

5.2.4 组织设计的影响因素

组织设计恰当与否直接影响着组织的运行效率。设计良好的组织能更好地适应内外部环境的变化,不断创新和发展。组织设计也不是一成不变的,随着主客观条件的改变,组织设计也要做相应的调整。组织内外部各种变化因素都会对组织内部的结构设计产生重大影响。归纳起来,影响组织设计的因素主要包括以下几个方面。

1) 组织战略

组织结构只是实现组织战略目标的手段,因此组织结构的设计和调整必须服从于组织战略。如果管理者对组织战略进行了重大的调整,就需要同时改变组织结构,以适应和支持这一变革。对“战略—结构”关系率先进行研究的是埃尔弗雷德·钱德勒。他对美国100家大公司进行了考察,并追踪了这些公司组织长达50年的发展历程,同时在广泛收集历史案例资料后得出结论:公司战略的变化先行于并导致组织结构的变化。组织通常起始于单一产品或产品线生产,这种简单的战略形成了相对简单、松散的组织结构形式。此时,决策集中在一个高层管理人员手中,组织的复杂性、正规性程度较低,而集权化程度较高。随着组织不断发展壮大,公司战略逐渐由单一产品纵向一体化向多样化经营转变。战略的实施对控制手段和协调手段的要求也日益复杂,这就要求重新设计组织结构,采用相对复杂、严格的结构形式,以适应组织战略的变化。

(1) 保守型战略的企业采用刚性结构。这种企业的领导者认为,企业面临的环境是较为稳定的,市场需求不再有大的增长和变化。企业的战略目标为保持该产品已取得的市场份额,集中精力改善企业内部生产条件,提高效率,降低成本。采取这种保守型战略,保持生产经营的稳定和提高效率便成为企业的主要任务。同时,在组织设计上强调提高生产和管理的规范化程度,以及用严格的控制来保证生产和工作的效率。刚性结构的组织表现出以下特点:实行以严格分工为特征的组织结构;高度的集权控制;规范化的规章和程序;以成本和效率为中心的严格的计划体制;生产专家和成本控制专家在管理中,特别是在高层管理中占重要地位;信息沟通以纵向为主。

(2) 风险型战略的企业实行柔性结构。这种企业的领导者认为,企业面临的环境复杂多变,市场需求高速增长且市场变化很快,机遇和挑战并存。因此,企业必须不断开发新产品,开拓新市场,实行新的经营管理方法。为了满足组织不断开拓和创新的需要,在组织设计上应以保证企业的创新需要和部门间的协调为目标。柔性结构的组织表现出以下特点:规范化程度较低;相对分权的控制;计划较粗泛而灵活;高层管理主要由市场营销专家和产品开发、研究专家组成;信息沟通以横向为主。

(3) 分析型战略的企业兼具刚性和柔性的特征。这种战略指引下的组织结构表现出以下特点:既强调纵向的职能控制,也重视横向的项目协调;对生产部门和市场营销部门实行详细而严格的计划管理,而对产品的研究开发部门实行较为粗泛的计划管理;高层管理人员由原有产品的生产管理、技术管理等职能部门的领导及新产品的事业部领导联合组成,前者代表企业的原有阵地,后者代表企业的发展方向;权力的控制是集权与分权的适当结合;信息在传统部门间主要为纵向沟通,在新兴部门间及其与传统部门间主要为横向沟通。

企业主要战略类型与组织结构特征如表 5-1 所示。

表 5-1 企业战略类型与组织结构特征

结构特征	战略类型		
	保守型战略	风险型战略	分析型战略
集权和分权	集权为主	分权为主	适当结合
计划管理	严格	粗泛	严格与粗泛相结合
高层管理人员构成	生产专家、成本控制专家	市场营销专家和产品开发、研究专家	联合组成
信息沟通	纵向为主	横向为主	纵向与横向相结合

2) 组织规模与发展阶段

有关研究结果表明:组织的规模对其结构具有明显的影响作用。例如,对于一个生产单一产品、只有几十人的小型企业来说,采用直线制组织结构形式将是最好的选择。而对于一个拥有成千上万人的大型企业来讲,如果没有复杂而严密的组织结构、健全的规章制度及分权计策,要使企业保持正常运行是很难实现的。

一般而言,组织规模越大、工作越专业化、标准操作化程序和条例制度越多,组织的复杂性和正规化程度也就越高，组织结构越倾向于机械式。但需要注意的是这种关系并不是线性的。也就是说，随着组织的扩大，规模对结构的影响强度在逐渐减弱。例如，一个拥有 2 000 名员工的组织已经建立了相当规模的机械式结构，当它再增加 500 名员工时，不会对其组织结构产生太大的影响。而对一个仅有 200 名员工的组织来说，同样增加 500 名员工，则可能会使其转变为更加机械式的结构。

企业是由简单到复杂连续向前发展的，大致会经历以下五个阶段。

(1) 创业阶段：小型的、单一产品的公司，大多由一个人管理。此阶段组织结构还不正规，协调只有最低限度的要求，信息沟通不正式，几乎没有规范的战略规划系统，大多凭直觉判断做决策。

(2) 职能发展阶段：单一产品的公司，但其规模增大，管理开始复杂。决策量增加，多由其他管理者做出；职能专业化，组织协调增加，信息量增加，沟通变得更加重要和困难。

(3) 分权阶段：具有多种产品的公司，管理者多用分权控制。组织结构分成多个半独立的利润中心和产品组团；日常问题由各事业部经理处理，战略计划和决策由总部做出；灵活性减少，重复性工作增加。

(4) 参谋激增阶段：增加公司一级的参谋，加强对子公司的计划和控制，但也带来了直线管理人员和参谋人员的矛盾及效率的低下。

(5) 再集权阶段：利用信息处理的计算机和复杂的控制系统，形成再集权管理。

企业规模对组织结构的影响主要表现在三个方面。①规范化程度。随着企业规模的扩大，企业越来越需要高度的规范化。②分权程度。规模大的企业需要较多的分权来减轻最高决策者的负担，并紧密联系实际情况。③规模大的企业需要更多的专业化部门和增加新的层级以免管理幅度过宽。

3) 技术因素

任何组织都需要利用技术手段将投入转换为产出。而无论采用什么样的技术和生产方式，都会对组织结构产生一定的影响，组织结构必须与之相适应才能使组织更有效。技术是在产品和服务的设计、生产和分销中所运用的技能、知识、工具、机器、计算机和设备的结合。通常而言，一个组织运用的技术越复杂，管理者和工人就越难以对技术施加严格的控制或有效的监控。反之，技术越常规，规范的结构就越适合，因为任务是简单的，生产产品和服务所需要的步骤可以事先拟订出来。

任务的多样性和任务的分析能力决定了技术的复杂性或非常规性。任务的多样性是个人或职能部门在工作时遇到的新问题或新形势的数量。任务的分析能力是个人或职能部门用程序性解决方法来解决问题的程度。非常规技术或复杂技术有高任务多样性和低任务分析能力的特点，这意味着将会出现各种各样的问题，解决这些问题需要大量非程序性的决策。相反，常规技术的特点是低任务多样性和高任务分析能力，这意味着这些问题差别不大，且易于利用程序性决策解决。

美国著名的管理学家伍德沃德对英国南部近 100 家小型制造企业进行调查，并按“工艺技术连续性”的程度，把企业分为三种类型：单件生产、大量生产和连续生产，同时提出与之相适应的组织结构。

(1) 单件生产，即进行定制生产。组织成员人数不多，生产特点为小批量、多品种。与之相适应的组织结构较为简单，管理层级较少，整体的复杂性、规范程度都较低。

(2) 大量生产,包括大量和大批生产。由于这类企业生产的产品标准化程度较高,为提高效率,组织结构中分工较细、专业化程度高,这就使得组织结构复杂化。同时,为了严格管理,必将制定健全的规章制度,组织结构的规范化程度也较高,整个组织的集权程度也较高。

(3) 连续生产,这是所用技术中最复杂的一类,如炼油厂和化工厂这类连续流程的生产企业。这类企业工艺技术复杂,组织结构中各管理层级之间差异较小,管理人员和技术人员比例较大,因此其规范化和集权化程度都较低。

总之,一个组织的技术性质是组织结构的重要决定因素。如今,随着计算机控制生产的更多应用,以及使用自我管理团队推动创新、提高质量、降低成本的趋向,许多企业正在尝试使它们的组织更有弹性,充分利用复杂技术的价值创造这一优势。

表 5-2 描述了在组织中技术类型与组织结构特征的比例关系。

表 5-2 技术类型与组织结构特征

组织结构特征	单件小批量生产	大批量生产	连续生产
管理层级数目	3	4	6
高层领导的管理幅度	4	7	10
基层领导的管理幅度	23	48	15
基本工人与辅助工人的比例	9∶1	4∶1	1∶1
管理人员占全体员工的比例	低	中等	高
工人技术的熟练程度	高	低	高
工作流程的规范化程度	少	多	少
集权程度	低	高	低
口头沟通次数	多	少	多
书面沟通次数	少	多	少
整体结构类型	有机式	机械式	有机式

4) 组织环境

环境也是组织结构的一个主要影响因素。在稳定的环境中运作有效的组织结构,一旦组织处于动态的、不确定的环境中将不能适应,从而使组织效率降低。当今社会,日趋激烈的全球竞争,日益加速的产品创新,乃至顾客对产品越来越高的要求,使组织处于不断变化的动态环境中。传统的组织结构已越来越不能适应快速变化的环境。因此,越来越多的管理者开始致力于组织改组,力求使其精干、快速、灵活,更具有机动性。

5) 人力资源的特点

影响一个组织结构选择的另外一个重要因素是所雇用的人力资源的特点。一般而言,组织的劳动力技术含量越高,需要团结成集体或团队来执行任务的人越多,组织越可能使用弹性分权制结构。具有较高技能的员工或把较强专业价值和行为规范内化为他们所受培训的一部分的员工,往往渴望自由和自治,而且不喜欢被严格监督。例如,会计师知道诚实公正地报告公司账务的必要性,医生和护士理解尽可能给予病人最佳护理的义务。弹性结构以分散化的职权和被授权的员工为特征,比较适合高技能人员的需要。这样,在设计一个组织结构时,管理者必须密切注意劳动力及工作本身的特点。

总之，一个组织的战略、规模与发展阶段、技术、环境和人力资源都是管理者为一个组织设计最优结构时要考虑的因素。在一个组织的环境中，不确定性越大，组织的战略和技术越复杂，它的劳动力素质越高、技能越高，管理者越有可能设计一种弹性结构。而一个组织的环境越稳定，组织的战略或技术越常规，组织的战略和技术越容易理解，劳动力所需的技能越少，管理者则越可能设计一个规范而可控的组织结构。

5.2.5 组织结构的设计过程

1. 岗位设计

组织结构设计的第一步是将实现组织目标必须进行的活动划分成最小的有机相连的部分，以形成相应的工作岗位。组织活动划分的基本要点是专门化，即按照工作性质的不同进行划分，使得每一个组织成员或若干个成员能执行一组有限的工作。岗位设计是在工作分析的信息基础上，研究和分析工作如何完成来促进组织目标的实现，以及如何使员工在工作中得到满意以调动员工的工作积极性。岗位设计的主要内容包括工作内容、工作职责和工作关系的设计三个方面。

(1) 工作内容。工作内容的设计是岗位设计的重点，一般包括工作的广度和深度、工作的自主性、工作的完整性及工作的反馈5个方面。

① 工作的广度，即工作的多样性。工作内容设计的过于单一，员工容易感到枯燥和厌烦，因此设计工作时，应尽量使工作多样化，使员工在完成任务的过程中能进行不同的活动，保持对工作的兴趣。

② 工作的深度。设计的工作内容应具有从易到难的一定层次，对员工工作的技能提出不同程度的要求，从而增加工作的挑战性，激发员工的创造力和克服困难的能力。

③ 工作的完整性。保证工作内容的完整性能使员工更有成就感，即使是流水作业中的一个简单程序，也要进行全程跟踪，让员工见到自己的工作成果，感受到自己工作的意义。

④ 工作的自主性。适当的自主权能增加员工的工作责任感，使员工感到自己受到了信任和重视，认识到自己工作的重要性，使员工工作的责任心增强、热情提高。

⑤ 工作的反馈。工作的反馈包括两方面的信息：一是同事及上级对自己工作意见的反馈，如对自己工作能力、工作态度的评价等；二是对工作本身的反馈，如工作的质量、数量、效率等。工作反馈信息使员工对自己的工作效果有了全面的认识，能正确引导和激励员工，有利于工作的精益求精。

(2) 工作职责。工作职责的设计主要包括工作的责任、权力、方法及工作中的相互沟通和协作等方面。

① 工作责任。工作责任设计就是员工在工作中应承担的职责及压力范围的界定，也就是工作负荷的设定。责任的界定要适度，工作负荷过低，无压力，会导致员工行为轻率和低效；工作负荷过高，压力过大又会影响员工的身心健康，会导致员工的抱怨和抵触。

② 工作权力。权力与责任是对应的，责任越大权力范围越广，否则二者脱节，会影响员工的工作积极性。

③ 工作方法。其包括领导对下级的工作方法、组织和个人的工作方法设计等。工作方法的设计具有灵活性和多样性，不同性质的工作根据其工作特点的不同采取的具体方法也不同，

不能千篇一律。

④ 相互沟通。沟通是信息交流的过程,是整个工作流程顺利进行的信息基础,包括垂直沟通、平行沟通、斜向沟通等形式。

⑤ 协作。整个组织是有机联系的整体,是由若干个相互联系、相互制约的环节构成的,每个环节的变化都会影响其他环节及整个组织的运行,因此各环节之间必须相互合作、相互制约。

(3) 工作关系。组织中的工作关系表现为协作关系、监督关系等方面。

通过以上三个方面的岗位设计,为组织的人力资源管理提供了依据,保证事(岗位)得其人,人尽其才,人事相宜;优化了人力资源配置,为员工创造更加能够发挥自身能力、提高工作效率、提供有效管理的环境保障。

岗位设计的方法有多种,但其中心思想都是要使工作丰富化,主要方式包括工作轮换、工作扩大化和工作丰富化等。工作轮换属于工作设计的内容之一,指在组织的不同部门或在某一部门内部调动雇员的工作,目的在于让员工积累更多的工作经验。工作扩大化的做法是扩展一项工作包括的任务和职责,但是这些工作与员工以前承担的工作内容非常相似,只是同一种工作内容在水平方向上的扩展,不需要员工具备新的技能,所以并没有改变员工工作的枯燥和单调。工作丰富化是指在工作中赋予员工更多的责任、自主权和控制权。工作丰富化与工作扩大化、工作轮换都不同,它不是水平地增加员工工作的内容,而是垂直地增加工作内容。这样员工会承担更多的任务、更大的责任,员工有更大的自主权和更高程度的自我管理,还有对工作绩效的反馈。

一个成功有效的岗位设计,必须综合考虑各种因素,既需要对工作进行周密的、有目的的计划安排,并考虑到员工的具体素质、能力及各个方面的因素,也要考虑本单位的管理方式、劳动条件、工作环境、政策机制等因素。具体在进行岗位设计时,必须考虑以下几方面的因素。

(1) 员工的因素。人是组织活动中最基本的要素,员工需求的变化是岗位设计不断更新的一个重要因素。岗位设计的一个主要内容就是使员工在工作中得到最大的满足,随着文化教育和经济发展水平的提高,人们的需要层次也提高了,除了一定的经济收益外,他们希望在自己的工作中得到锻炼和发展,因此对工作质量的要求也更高了。只有重视员工的要求并开发和引导其兴趣,给他们的成长和发展创造有利的条件和环境,才能激发员工的工作热情,增强组织吸引力,最大限度地留住人才。否则随着员工不满意程度的增加,带来的只能是员工的冷漠和生产低效,最终导致人才流失。因此,岗位设计时要尽可能地使工作特征与要求适合员工个人特征,使员工能在工作中发挥最大的潜力。

(2) 组织的因素。岗位设计最基本的目的是提高组织效率、增加产出。岗位设计离不开组织对工作的要求,在进行具体设计时应注意:岗位设计的内容应包含组织所有的生产经营活动,以保证组织生产经营总目标的顺利、有效实现;全部岗位构成的责任体系应该能够保证组织总目标的实现;岗位设计应该能够助于发挥员工的个人能力,提高组织效率。这就要求岗位设计时,要全面权衡经济效率原则和员工的职业生涯及心理上的需要,找到最佳平衡点,保证每个人满负荷工作,使组织获得组织的生产效益和员工个人满意度两方面的收益。

(3) 环境的因素。环境因素包括人力供给和社会期望两方面。一是岗位设计必须从现实情况出发,不能仅凭主观愿望,而要考虑与人力资源的实际水平相一致。例如,在我国目前人力资源素质不高的情况下,工作内容的设计应相对简单,在技术的引进上也应结合人力资源的情况,否则引进的技术没有合适的人使用,会造成资源的浪费,影响组织的生产。二是社会期望指人们希望通过工作满足哪些需要。不同员工的需求层次是不同的，这就要求在岗位设计时要多考虑一些人性方面的东西。

优良的岗位设计能保证员工从工作本身寻得意义与价值，可以使员工体验到工作的重要性和自己所负的责任，及时了解工作的结果，从而产生高度的内在激励作用，形成高质量的工作绩效及对工作高度的满足感，达到最佳激励水平，为充分发挥员工的主动性和积极性创造条件，这样组织才能形成具有持续发展的竞争力。

岗位设计要遵循三个原则：专业分工原则、协调费用最小原则和不相容职务分离原则。

(1) 专业分工原则。专业分工原则追求深度知识与市场经验的积累，在此原则下的岗位设计是组织细分的过程，岗位成为组织中工作内容自成体系、职责独立的最小业务单元。关于组织细分，可以将其流程分解或模块化，部门是一级流程分解的结果，是企业内部价值链具有一定使命的独立环节；而岗位是对部门，即一级流程分解下某一个模块的再分解。因此，在专业分工原则下，部门岗位设计的第一步为工作内容细分，其表现形式为岗位最小化。

(2) 协调费用最小原则。协调费用最小原则是为减少不同职位间的协调，降低运作成本。其在岗位设计方面的应用通过工作关系分析和工作定量分析的步骤来实现。进行工作关系分析而非工作定量分析，是为一人多岗做准备，其适用于公司发展较快，岗位工作量及职责具有较大不确定性的情况。在这种不确定下，岗位不适宜合并，而可由工作内容具有相关性的岗位兼任。进行工作定量分析，则是在工作量不饱满的情况下，对职能细分或流程被分割的岗位予以合并，其应用结果为撤岗和并岗。工作关系分析是对最小业务活动之间的工作相关性进行分析，确定适用的优化组合方案。从而通过对工作岗位、部门的相关性分析，使组织发挥系统和平衡的功能，达到分工合理、简洁高效和工作顺畅的目的。而随着公司各项工作的稳定开展，结合对各个岗位工作的定量分析，可以对于工作量不足于80%的岗位及时进行撤岗、并岗，保证每一个岗位的合理负荷，使所有工作尽可能集中，并降低人工成本。

(3) 不相容职务分离原则。不相容职务分离的核心是内部牵制。古埃及时已在记录官、出纳官和监督官之间建立起了内部牵制制度。内部牵制是一个人不能完全支配账户，另一个人也不能独立地加以控制的制度。不相容职务是指那些如果由一个人担任，既可能发生错误和舞弊行为，又可能掩盖其错误和弊端行为的职务。基于不相容职务分离原则的岗位设置需要在岗位间进行明确的职责权限划分，确保不相容岗位相互分离、制约和监督。企业经营活动中的授权、签发、核准、执行和记录等工作步骤必须由相对独立的人员或部门分别实施或执行。

随着企业外部环境和管理实践的发展，岗位设置也产生了一些新趋势。

(1) 岗位扩大化。专业化分工使员工能力高度专一，提高了劳动效率，但也容易造成员工单调感、厌倦工作。同时高度的专业化不利于岗位之间的信息沟通，从而容易导致缺乏活力、抑制创新。因此，很多企业在岗位设置时适当扩大了岗位工作范围，从而避免以上问题。

(2) 团队化工作方式。企业越来越多地采用团队工作的模式，如研发团队、市场策划团队及其他强调创意的团队。在团队工作中，只存在大致的分工，而没有绝对的岗位界限，团队成员更强调各自在团队中的角色定位，按照能力而不是岗位发挥作用。如果在团队中强调岗位，反而会破坏团队工作氛围，抑制团队工作优势。

(3) 弹性岗位设置。有人提出基于能力的岗位设置方法，其主要特征：岗位工作目标和职责比较模糊，员工不必拘泥于岗位职责范围，从而有利于发挥个人特长，进而使企业具有应对市场变化的弹性。这种形式在第三产业尤为突出，因为第三产业是高度依赖于人的，员工的能力和积极性对工作任务的影响非常巨大。

这些都是在新经济条件下岗位设置所表现出的一些新趋势，但在我国这样一个以制造业为主、第三产业尚不发达的国家，这些趋势目前还不是主流。而且，这些趋势都是在规范的专业分工岗位设置基础之上形成起来的，并非对分工的否定，而是对分工的发展。

☎【小资料】

岗位设计的新挑战

在当前企业生存压力极剧增强、外部竞争日益激烈的背景之下，势必要求企业开辟或衍生多元化、创新的业务形态和商业模式，寻找下一片蓝海并提升竞争能力，从而以业务领域领导者的姿态在市场中立足。因此，企业能否在新机遇、新战略面前快速调整业务实现的方向和速度(即组织的战略执行力度)，决定了企业能否先于竞争对手攀上高峰。而对战略执行力度要求的不断提升，也对企业的岗位设计能力提出了前所未有的挑战，具体包括：能否快速感应并适应企业的战略转变，岗位设计若无法及时对战略变化进行更新，将直接影响企业是否提供正确、合适的管理支持体系及推动战略的执行，使企业陷入"船大难掉头"的不利境地；能否快速对组织整体进行岗位设计和更新，传统的岗位设计过程是漫长而烦琐的，现代企业的发展速度已不容许企业投入太多的时间资源，因此高效的岗位设计过程是企业战略快速变革的先决条件；能否应用于管理实践，作为战略制定区域与战略支持区域的衔接点，岗位设计成果能否被最终应用于管理实践，决定了战略变革能否被真正落到实处。然而这恰恰是传统岗位设计中最难以实现的部分，如职责定立不清、衡量指标不够量化、岗位目标难以评估、组织层级设定混乱等诸多问题，为管理最终起到成效设置了重重阻碍，而这正是由于没有实施专业、量化的岗位设计所导致的结果。

思考：在新市场环境下，有没有创新的岗位设计方法能帮助企业迎接新的机遇与挑战呢？

2. 部门化

部门是指组织中管理人员为完成规定的任务有权管辖的一个特定领域。部门化(departmentalization)是将若干职位组合在一起的依据和方式。它是将组织中的活动按照一定的逻辑安排划分为若干个管理岗位。部门划分的目的是确定组织中各项任务的分配及责任的归属，以求分工合理、职责分明，达到组织的目标。在部门化的过程中最常用以下几种形式。

(1) 职能部门化(functional departmentalization)。这是最普遍采用的一种划分方法，即按专业化的原则，以工作或任务的性质为基础来划分部门。按其重要程度可分为基本的职能部门和派生的职能部门。基本的职能部门一般有生产、工程、质量、销售、财务部门等；派生的职能部门，如生产部门中的设计科、工艺科、制造车间、生产计划科、设备动力科、安全科、调度室等。职能部门化的优点：有利于从业人员的归口管理；易于监督和指导；有利于提高工作效率。缺点：容易出现部门的本位主义；决策缓慢管理较弱；较难检查责任与组织绩效。

(2) 产品部门化(product departmentalization)。这是指按组织向社会提供的产品来划分部门的。例如，家电企业集团可能会依据其产品类别划分彩电部、空调部、冰箱部、洗衣机部等部门。产品部门化的优点：可提高决策的效率；便于本部门内更好地协作；易于保证产品的质量和进行核算。缺点：容易出现部门化倾向；行政管理人员过多，以及管理费用增加。

（3）地区部门化（geographic departmentalization）。这是指按地理位置来划分部门。例如，跨国公司依照其经营地区划分的各个分公司。地区部门化的优点：对本地区环境的变化反应迅速灵敏；便于区域性协调；利于管理人员的培养。缺点：与总部之间的管理职责划分较困难。

（4）流程部门化（process departmentalization）。这是指按完成任务的过程所经过的阶段来划分部门。例如，机械制造企业划分铸工车间、锻工车间、机械加工车间、装配车间等部门。流程部门化的优点：能取得较好的经济优势；充分利用专业技术和技能；简化了培训。缺点：部门间的协作较困难。

（5）顾客部门化（customer departmentalization）。这是指按组织服务的对象类型来划分部门。例如，银行为不同的顾客提供服务，设立了商业信贷部、农业信贷部和普通消费者信贷部等。顾客部门化的优点：可更加有针对性地按需生产、按需促销。缺点：只有当顾客达到一定规模时，才能比较经济。

通过上述对部门划分方式的分析，更多是为了理论研究上的方便。在实际工作中，组织很少根据唯一的标准来划分部门，而是经常同时利用两个或两个以上的部门化方式形成合式的组织结构。如大学里设置的教务处、科研处、财务处等部门是按照职能为部门划分标志的，而本科生部、硕士生部、博士生部等的设置又是按照产品为部门划分标志的。究竟采用何种部门化或若干种部门化的组合，往往取决于对各种部门化方式优劣的权衡。

现代组织的部门化呈现出两种主要趋势：顾客部门化和跨职能团队。顾客部门化被认为是能更好地预测顾客的需求并能对其需求变化做出更好反应的一种部门化方式。跨职能团队是各专业领域的专家组合在一起协同工作。如世界闻名的生产饮料容器和快餐盒的膳魔师（Thermos）公司，它以跨专业领域的弹性化团队取代了传统的受制于职能边界的部门化结构。

3. 管理层次与管理幅度

管理层次指组织纵向划分的管理层级的数目。管理幅度指一个人或组织直接管理的下属人员或机构的数目，又称控制幅度。管理层次受到组织规模和管理幅度的影响，它与组织规模成正比，组织规模越大，包括的成员越多，则管理层次就越多；在组织规模已定的条件下，它与管理幅度成反比，主管直接控制的下属越多，管理幅度越小。管理层次与管理幅度的反比关系决定了两种基本的管理组织结构形态：扁平结构形态和锥型结构形态。

图 5-6 为管理层次与管理幅度的关系。

一般来说，管理幅度越大，人与人之间的关系就越复杂。法国数学家格雷卡耐斯研究指出：管理幅度与关系数呈指数函数关系，即下属数量按等差级数增加，则关系数按几何级数增加。这就说明，一个管理者如果管理的下属太多，就会引起复杂的人际关系。因此，一方面要把管理幅度控制在适度的范围，另一方面要加强部门和人员之间的沟通。

管理幅度与层次适度还要求尽量减少幅度和层次。这样可以避免政出多门，简化办事程序，从而提高行政效率。管理幅度和层次都有较大的弹性，但对于公共行政组织来说，还是应尽量保持相对稳定，并用法规形式固定下来，这样才能防止机构和人员不断膨胀、部门之间扯皮现象和职责不清现象的发生。

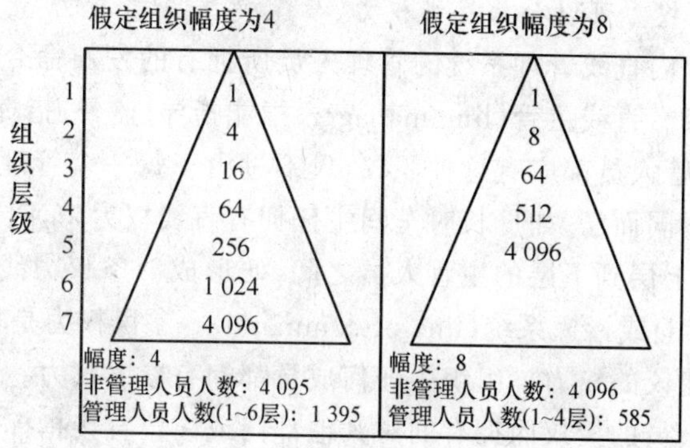

图 5-6 管理层次与管理幅度的关系

任何组织都需要解决主管人员直接指挥与监督的下属数量问题，但在不同的组织中，每位主管人员直接管辖的下属数量往往是不同的。根据孔茨和奥唐奈的调查：美国五星上将艾森豪威尔在第二次世界大战中任盟军欧洲部队最高司令官时，有三名直属下级，而这三名下属没有一人有多于四名下属的；1975 年，通用汽车公司的总经理有两名执行副总经理和一个由 13 名副总经理组成的小组向他直接报告工作……这些事实表明：努力去确定一种适用于任何组织的管理幅度是没有意义的，也是不可能有结果的。有效的管理幅度受到诸多因素的影响，包括管理者与被管理者的工作内容、工作能力、工作环境与工作条件等。

5.3 落实权力

5.3.1 组织权力类型

1）按照来源不同，权力可以分为管理职权和威信

管理者的职位权力是其所处工作岗位的正式权力。正式权力来源于上级的授予，组织授予管理者的正式权力一般可以分为支配权、强制权和奖赏权三种权力。支配权是指管理者在其分管的工作范围内确定工作目标、建立相应组织、制定规章制度、分配资源、组织开展活动的决策权和工作调配权。强制权是和威胁相联系的迫使他人服从的力量。强制权只对那些害怕惩罚的下属有效，因此惩罚的设置与表述尤为重要，同时也要强化监督过程。奖赏权主要是对于诱使下属付出额外的劳动或从事岗位职责以外的工作。奖赏权建立在交换基础之上，管理者通过提供心理或经济上的奖励来换取下属的遵从，因此奖励一定要具有激励作用。

但在实际的管理活动中，仅具有法定的权力是难以做好管理工作的，管理者在工作中应重视个人影响力。威信虽然与职位有一定的关系，但主要取决于管理者个人的品质、思想、知识、能力和水平；取决于同组织人员思想的共鸣、感情的沟通；取决于相互之间的理解、信赖与支持。这种"影响力"一旦形成，各种人才都会吸引到管理者周围，心悦诚服地接受管理者的引导和指挥，从而产生巨大的精神力量。

2）根据性质不同，权力可以分为直线权力、参谋权力、职能权力

直线权力是指组织内直线管理系统的管理人员所拥有的发布命令及执行决策等权力，也就是通常所指的指挥权。直线主管（line manager）指能指导、监督、指挥、管理下属人员。很显然，每一个管理层的主管人员都应有这种职权，只不过由于每一个管理层次的功能不同，其职权的大小及范围各有不同而已，如厂长对车间主任拥有直线权力，车间主任对班组长拥有直线权力。这样，从组织的上层到下层的主管人员之间，便形成一条权力线，这条权力线被称为指挥链（chain of command）或指挥系统（line of command）。参谋权力是指组织成员拥有向其他组织成员提供咨询和建议的权力。组织中任何成员都拥有参谋权力。职能权力是指某一岗位或部门根据高层管理人员的授权而拥有的对其他部门或岗位直接指挥的权力。它只在被授权的职能范围内或一定时间内有效。

人们通常将直线权力、参谋权力与业务部门、参谋部门对号入座，认为直线权力是业务部门管理人员的权力，而参谋权力则是参谋部门的权力，这显然是错误的。直线权力和参谋权力同时存在于业务部门和参谋部门，参谋部门中间同样存在上下级关系，而业务部门同样有向其他部门人员提出建议的权力。一般而言，对于企业内人员进行归类主要是根据其主要行使的权力，如果其主要职责是指挥协调下属工作则为直线人员，若其主要职责是为别人提出建议则为参谋人员。

三者之间的关系：直线权力是命令与指挥的权力，参谋权力是协助与建议的权力。直线人员在进行重大决策前要征询参谋人员的建议，参谋人员不能超越权限直接发号施令，从而保证组织内部命令的统一性。职能权力是直线权力派生出来的限于特定职能范围内的直线权力，直线人员拥有除上层直线人员赋予职能部门职能权力以外的大部分直线权力，职能部门的管理人员除了拥有对本部门下属的直线权力外，还拥有上层管理者所赋予的特定权力，可在职能范围内对其他部门及其下属部门发号施令。为了维护一定程度的统一指挥权，职能权力在组织结构中应限定其职能范围和作用层次范围。

3）根据实现方式不同，权力可以分为强制性权力、功利性权力、操纵性权力、人格型权力

（1）强制性权力（威胁）。这是最为普遍存在的权力形式，指甲要求乙做某事，乙因为受到甲的威胁，虽然不愿做但是不得不去做。乙是否满足甲的意志，取决于乙的决定；要么按照甲的希望去做，要么面对甲的威胁。如果乙按照甲的希望去做了，威胁就成功了；如果乙违背甲的意志，甲就必须决定是否实施威胁。

（2）功利性权力（奖励）。功利性权力基本上与强制性权力相反，如果权力客体服从权力主体的意志，权力主体就会承诺给权力客体某种好处。这种权力被称为功利性的，是因为权力主体对客体提供的东西是实用的、有价值的。作为功利性的奖励，主要包括财富、职位、雇用、荣誉及权力。

（3）操纵性权力（同化）。操纵性权力并不是建立在公开的沟通基础之上，而是以更巧妙的方式全部或部分地改变权力客体的价值观。这类权力假设，如果一个人的态度能够被重造，他就会以别人所希望的方式去作为。如果能够彻底地重塑一个人的态度以便让他按你的方式去思维，你就无须威胁或奖励，他就会按你的行为方式去作为，因为他的思维方式已完全被你同化了。实行操纵性权力的技巧主要有“洗脑”、宣传和社会化。

（4）人格型权力（感染）。也叫影响力，如果权威来自人们对制度与过程的崇敬，那么影响力则来自人们对特殊类型的人的尊敬，这种人具有超凡的品质、个人魅力、启示力。具有人格

型权力的人并不一定占据官职,人们对他们的服从主要是因为其人格因素。当然,在现代组织中,来自机构中的权威与来自个人的人格魅力往往是结合在一起的。

5.3.2 授权

管理者不可能把实现组织目标所进行的全部任务都担当起来,也不可能亲自实施和监控组织中的所有活动,因此必须把一部分任务和权力授予给下层管理者。管理者把其负责的某项任务委托给下属,赋予下属一定的权力和责任,使下属在一定的监督之下自主行动的过程就是授权。

在目标管理中,授权的必要性具体表现为:①授权是完成目标责任的基础;②授权是调动部属积极性的需要;③授权是提高部属能力的途径;④授权是增强应变能力的条件。

尽管授权是管理过程的必要选择,但在实际的管理过程中,很多组织领导基于以下原因不能很好地授权,不仅不利于下属的发展,也不利于自己工作绩效的提升。①自身能力欠缺,不知如何授权;②对下属不信任,担心工作做不好影响完成任务,或害怕下属威胁到自己的地位;③受职业偏好的影响。与此同时,下属由于缺乏自信、害怕承担责任、权责利不对等原因也不愿意接受授权,对任务的有效完成也会产生不利影响。

因此,为了保障授权的效果,授权过程中应遵循以下基本原则。

(1) 慎选原则。授权慎选原则除慎重地确定授权范围和大小外,特别要注意选好被授权者,如果被授权者选择不好,不仅难以取得预期的授权效果,反而会给管理者带来麻烦。

(2) 信任原则。一旦授权就要信任被授权者,一般不要直接干涉被授权者的工作,以发挥他们的工作积极性。

(3) 层级原则。一个组织从最高主管到每一层级下属人员的职权系统越明确,则决策和信息沟通工作就越有效,下级人员必须知道是谁授予自己的职权,当遇到超出职权范围内的问题应该向谁请示。

(4) 适度原则。各级管理者授权要掌握好度,权力既不能过小,也不能过大。权力过小可能压抑了下属的积极性,不利于他们尽职尽责;权力过大易造成授权者不好控制,命令指挥难以执行。

(5) 权责对等原则。授权时必须保证被授权者的职权与职责相一致,即有多大的权力就应担负多大的责任。

(6) 可控原则。授权绝对不是弃权,没有可控制的授权就是弃权。授权者应该经常综合观察全局的计划进程,对可能出现偏离目标的局部现象要进行协调,对被授权者实行必要的监督。

为了更好地授权,促进组织目标的有效实现,在授权的过程中需要注意以下几个方面的问题。

(1) 明确组织目标实现所需完成的任务。任务的分派一定要是基于组织目标的实现,对组织目标实现的任务重要性进行划分,对于除了需要管理者亲自完成的任务外都可以分派下属完成。

(2) 明确赋予被授权者的权力。根据任务的特点和所需要具备的能力选择合适的被授权者,并赋予其开展活动和指挥他人行动的权力。权力的授予不要越级授权和交叉授权及避免重复授权,要让所有相关人员获悉授权情况,帮助被授权者确立地位。

(3) 明确被授权者所需要承担的责任。被授权者的主要责任是确保任务的完成,并根据任务的完成情况接受奖励或惩处。但是需要注意的是授权者对组织任务的完成负有最终责任。

(4) 确立监控权。授权者授予被授权者的只是权力的代理使用权,因为授权者对责任负最终责任,所以必须加强对被授权者的监控,根据其工作情况调整授权力度和是否继续授权。

☎【小资料】

"授权"与"反授权"

"反授权"是执行者将工作问题与矛盾推给上级,使领导无形中沦为"下属",形成了本末倒置。我们经常遇到的一种情况是领导越俎代庖,在授权后却心怀不安地四处询问、插手执行。其实,"反授权"本质是岗位责任不清,未能"坚守"所致。很多时候,由于反授权执行者的工作责任和权利由其上级承担,久之成性,凡事找领导,造成企业内部效率低下,互相搪塞。

防止"反授权"的途径绝非易事,不"越级授权"是首要条件,在部署与建构中,全面权力下放,明确责任,逐级分解,倡导下级主动思考,形成"人人是责任人"的岗位观,便于下属独立拿到成果。当我授权下去一件事情,下属过几天来跟我说:在执行中遇到了一些挑战,进展不太顺利,问我怎么办才比较好的时候,我就对他说:怎么办?我也不知道怎么办,唯一的办法是你继续去办,你办好了得到奖励,你办不好得到惩罚;不管是奖励还是惩罚,你都是在兑现自己的承诺,履行自己的工作职责;你要么把事情办了,你要么把自己办了;当然我相信你,如果你还在乎公司、承诺、职责和尊严的话,你一定会把事情办了,而且会办得很好。据统计发现,有90%的人都把事情办了,只有不到10%的人没有把事情做好,而是自己把自己办了,而这10%的人也正是我们想办的人,他们自己就把自己办了,这也叫授权有力。

资料来源:防止"反授权". http://www.izhong.com/boss/article/2011060318490368750840.

5.3.3 集权与分权

集权是指决策权较多集中在组织系统中较高的管理层级一种组织形式;分权是指决策权适当地分散在组织系统中较低的管理层级的一种组织形式。组织管理者应处理好集权与分权的关系,组织管理的实践表明,组织目标的一致性必然要求组织行动的统一性。所以,组织实行一定程度的集权是十分必要的。同时,组织高层将其一部分决策指挥权分配给下级组织机构和部门的负责人,使他们充分行使这些权利,支配组织的某些资源,并在其工作职责范围内自主地解决某些问题。因此,一个组织内部要实行专业化分工,就必须实行分权。

集权和分权是一个相对的概念。绝对的集权意味着组织中的全部权力集中在一个主管手中,组织活动的所有决策均由主管做出,主管直接面对所有的实施执行者,没有任何中间管理人员及中层管理机构,这在现代社会经济组织中显然是不可行的。而绝对的分权则意味着全部权力分散在各个管理部门,甚至分散在各个执行、操作者手中,没有任何集中的权力,因此主管的职位显然是多余的,一个统一的组织也不复存在。所以,在现实社会中的组织,可能是集权的成分多一点,也可能是分权的成分多一点。需要研究的不是应该集权还是分权,而是哪些权力宜集中,哪些权力宜分散,在什么样的情况下集权的成分应多一点,何时又需要较多的分权。

集权与分权虽然同样必不可少,但在组织中几乎普遍存在一种集权的倾向。集权倾向主要与组织的历史和领导者的个性有关,但有时也可能是为了追求行政上的效率。首先,如果组织是在自身较小规模的基础上逐渐发展起来的且发展过程中亦无其他组织的加入,那么集权倾向可能更为明显。因为组织规模较小时,大部分决策都是由最高主管(层)直接制定和组织实施的。决策权的使用可能成为习惯,一旦失去这些权力,主管便可能产生对"自己的组织"失去控制的感觉。因此,即使事业不断发展、规模不断扩大,最高主管或最高管理层仍然愿意保留不应集中的大部分权力。其次,个性较强和极其自信的领导者往往喜欢所辖部门完全按照自己的意志来运行,而集中控制权力则是保证个人意志绝对被服从的先决条件。当然,集中地使用权力,统一地使用和协调本部门的各种力量,达成比较突出的工作成绩,也是提高自己在组织中的地位、增加升迁机会的重要途径。此外,有时为了政策的统一与行政的效率,集权可以保证组织总体政策的统一性和决策执行的速率。在集权体制下,决策的制定可能是一个缓慢的过程,但任何问题一经决策,便可借助高度集中的行政指挥体系使各个层次迅速组织实施。

集权制的优点:①具有对组织的绝对控制权,确保坚持既定政策;②方便管理,易于分辨每一项职能的重点;③在整个组织中可能拥有通用的标准;④有可能雇佣一批十分称职的职能型专家,由于工作负担繁重,集权制能够使他们把注意力全部放在其专业领域上;⑤所产生的管理工作量使采用机器进行管理更合理,它降低了工资单处理、会计和存货控制等这些领域的成本。

集权制的缺点:①控制可能会变为独裁式的,而且缺乏灵活性,降低组织的适应能力;②当组织成员无法自行斟酌决定而必须按照僵硬的规定办事时,可能导致挫折感;③可能采用一些官僚性的控制手段,从而导致表格和刻板程序的激增,降低组织的运行效率;④管理者可能不认为自己是独立的决策者而自视为接受命令的下级,从而降低组织成员的工作热情,使组织的发展失去基础;⑤大规模组织的主管远离基层,基层发生的问题经过层层请示汇报后再做决策,不仅影响决策的正确性,而且影响决策的及时性,从而降低决策的质量。

企业管理应采取权变策略,宜集权则集权,宜分权则分权。其主要考虑以下几方面因素。

(1) 组织发展阶段。创业期的企业一般应选择集权模式。当企业发展到较大规模,造成决策者的精力和知识难以应对时,企业应进入分权阶段。通过实行事业部制,总部掌握投资决策权、财务承诺权、融资权、人事权和工资制定权,其他权力则下放到各事业部,这样能调动事业部的积极性,促进企业的跨越式发展。组织在分权阶段获得又一次飞跃发展后,其规模变得更加庞大、组织结构异常复杂、产品更加多元化、营业额剧增。当总部感到无法控制其数量众多、规模庞大的下属机构,此时又需要迈入再集权阶段。如此循环往复,组织在螺旋式运动中发展壮大。在组织发展过程中,在集权到分权的循环转换中,要注意避免从一个极端走向另一个极端,导致各种矛盾和冲突的爆发。

(2) 组织环境的确定性程度。组织结构、人员比例、市场环境、竞争对手、主要供应商、客户等,都是影响企业采取集权或分权组织结构的因素。一般而言,分权管理因为信息传递成本较低,并且能够很好地发挥下层的主动性和创造性,所以更适合不确定性较高的环境,如竞争激烈的买方市场环境。反之,环境不确定性较低的企业,其对市场适应力的要求不高,可以通过集权管理来增加管理的效率。

(3) 下属成熟度。所谓下属成熟度就是指个体完成某一具体任务的能力和意愿程度。在员工的职业生涯早期,员工的工作能力和工作意愿较低,领导者应该尽可能给予员工指导和帮助,即采用指导型的领导方式。随着员工职业能力的增长,任务与关怀的领导方式则更适合于员工的发展,应采用推销型领导方式。当员工步入职业生涯鼎盛时期,领导者的主要角色是提供便利和沟通,应采用参与型领导方式。在员工职业生涯晚期,各方面都能自律自主,领导者应该给予员工一定的决策权力,应采用授权型的领导方式。

(4) 工作性质。如果一项工作的技术化程度、专业化程度较高,超出了领导者个人素质所能承受的限度,那么领导者就应该采取分权模式。而那些经常处于“危机”和“紧急状态”的组织一般应该集权管理,如部队、警察局等。当一项工作的组织利益相关性远远大于个人利益相关性时,采取分权的领导方式往往会加剧决策的混乱。反之,当一项工作的个人利益相关性远远大于组织利益相关性时,领导者在决策时让下属分享并使用权力是极为必要的。

☎【小资料】

分权为生,集权为升

在零售领域,谈起集权和分权,大家自然就会联想到沃尔玛和家乐福。沃尔玛在经营上强调系统性和集权性,拥有先进的、统一的信息系统和高效的物流配送系统,是集权的典型;家乐福则强调灵活性和本土化,各门店店长拥有因地制宜的高度商品管理权和人事任免权,是分权的榜样。在全球市场上,沃尔玛略胜一筹;在中国市场上,家乐福则技高半分。从1995年进入中国开始,家乐福始终坚持灵活性和本土化两条基本原则,其全国经营策略并无统一定势,也无一致的价格策略,一切策略的制订都是基于城市性和区域性的,一切策略的变化都基于竞争对手和顾客的变化而变化。然而分权也有诸多劣势,家乐福对此深有感触,因为其单门店采购腐败已经成为吞噬企业利润的重要因素之一,并达到了触目惊心的地步。而如何做到“放而不乱,集而不死”一直是众多企业苦苦追求的目标。实际上,相比于沃尔玛高度集中的程序化操作模式,家乐福正在力争寻求一种在保持分权灵活性的前提下适度集权的方法,使二者达到合理的平衡点。在单门店权力被集中到以城市为单位的小区域市场的同时,总部和大区市场的部分权力也继续下放到小区域市场,以达到集中管理的目的,保证对市场反应的灵活性。

5.4 组织文化

5.4.1 组织文化的定义与构成

组织文化是在一定经济、社会、文化背景下形成的,并在长期的发展过程中逐步形成的日趋稳定的独特价值观,以及由此而形成的行为规范、道德准则、群体意识、风俗习惯等。一般认为,组织文化有三个层次结构,即潜层次、表层和显现层。

(1) 潜层次的精神文化。这是组织文化中的核心和主体,是广大员工共同而潜在的意识形态,包括管理哲学、敬业精神、人本主义价值观念、道德观念等。

(2) 表层的制度文化。它又称制度层,指体现某个具体组织文化特色的各种规章制度、道德规范和员工行为准则的总和,也包括组织体内的分工协作关系的组织结构。它是组织文化核心层与显现层的中间层,是由虚体文化向实体文化转化的中介。

(3) 显现层的物质文化。它又称物质层,是指凝聚着组织文化抽象内容的物质体的外在显现,它既包括组织整个物质和精神的活动过程、组织行为、组织体产出等外在表现形式,也包括组织实体性的文化设备、设施等,如带有本组织色彩的工作环境、作业方式、图书馆、俱乐部等。显现层是组织文化最直观的部分,也是人们最易于感知的部分。

5.4.2 组织文化的功能

(1) 凝聚功能。组织文化总是向人们展示某种信仰与态度,它不仅影响着组织成员的处世哲学和世界观,而且也影响着人们的思维方式。因此,在某一特定的组织内,人们总是为自己所信奉的哲学所驱使,它起到了"黏合剂"的作用。良好的组织文化同时意味着良好的组织气氛,它能够激发组织成员的士气,并且产生本职工作的自豪感、使命感、归属感,从而使组织产生强大的向心力和凝聚力。

(2) 导向功能。组织文化一旦形成,就产生了一种定势,这种定势就自然而然地把员工引导到组织目标上来。组织提倡什么、抑制什么、摒弃什么,员工的注意力也就转向什么。当组织文化在整个组织内成为一种强文化时,其对员工的影响力也就越大,员工的转向也就越自然。

(3) 约束功能。组织文化的约束功能是通过员工自身感受而产生的认同心理过程来实现的。它不同于外部的强制机制,如此处不准吸烟、上班不许脱岗等,这种强制性的机制是组织管理的基本法则。而组织文化则是通过内省过程,产生自律意识,自觉遵守成文的规定,如法规、厂纪等。自律意识要比强制机制的效果好得多,因为强制在心理上与员工产生对抗,这种对抗或多或少地会使强制措施打折扣。而约束功能使员工能自觉地接受文化的规范和约束,并按价值观的指导进行自我管理和控制。

(4) 激励功能。组织文化以理解人、尊重人、合理满足人们的各种需要为手段,以调动广大员工的积极性、创造性为目的。所以,组织文化从前提到目的都是激励人、鼓舞人。通过组织文化建设,创造良好的、安定的工作环境、和谐的人际关系,从而激发员工的积极性和创造性。组织文化的激励已不仅仅是一种手段,而是一种艺术,它的着眼点不仅在于眼前的作用,更在于人创造文化、文化塑造人的因果循环。

(5) 辐射功能。组织文化不仅对组织内部产生强烈的影响,而且通过组织自己的产品及组织其他员工的传播,也会把组织的经营理念、组织精神和组织形象昭示于社会,有的还会对社会产生强烈的影响。

5.4.3 组织文化的形成过程与建设方法

1. 组织文化的形成过程

从组织文化建设的宏观角度来分析,大致可以分为以下四个相互影响与提升的螺旋式阶段。

第一阶段，不自觉的文化创造。

企业在创立和发展过程中逐渐形成一套行之有效且在组织内部被广泛认可的组织运营理念或者思想。这一阶段组织文化的基本特点是具有鲜活的个性特征、零散的而非系统的、在组织内部可能是“未经正式发布或声明的规则”。在这一个过程中，企业关注的是在发展进程中那些难忘的、重大的事件或案例背后所体现出的文化气质或者精神价值。这些事件或案例的背后往往是在组织面临着巨大的利益冲突和矛盾的情境下发生的，在这种冲突和矛盾下的企业选择正是企业价值观的具体体现。

第二阶段，自觉地文化提炼与总结。

企业经过一段时间的发展，在取得一定的市场进步或成功时，就需要及时总结和提炼企业市场成功的核心要素。这些成功要素是组织在一定时期内成功的工具和方法，具有可参考或可复制的一般性意义。更加重要的是企业往往在取得市场成功的同时，吸引了更大范围、更多数量的成员加盟。而此时企业如果缺乏共同的价值共识往往会发生内部离散效应。对企业而言这一阶段最重要的就是尽快自觉地进行一次文化的梳理与总结，通过集体的系统思考进行价值观的发掘与讨论，并在共同使命和愿景的引领下确定共同的价值共识。

第三阶段，文化落地执行。

日益庞大的组织规模和多元化的员工结构，为文化的传播和价值理念的共享提出了新的挑战，前期总结和提炼的价值理念体系如何得到更大范围内组织成员的认同就成了这一阶段最为重要的事情。从实践经验来看，企业在文化落地阶段应该遵循“从易到难、由内而外、循序渐进”的原则开展文化落地建设。

第四阶段，文化的再造与重塑。

文化建设对企业而言是一个没有终极答案的建设过程，关乎企业生存与发展的核心命题对企业的领导者而言是一个需要不断思考、不断总结、不断否定与肯定的过程，任何一个阶段性的总结并不代表着企业的经营者掌握了全部真相或绝对真理。因此，一个健康的组织一定是有一个“活的”文化体系与之相伴随，这个“活的”文化体系并不具备自动进化的功能，需要企业持续不断地进行系统思考，并根据组织内外的环境与组织发展的需要进行文化的更新、进化甚至是再造。

2. 组织文化的建设方法

运用行之有效的方法是加快组织文化建设的保证，其主要包括以下几种方法。具体可根据不同时期、不同需要单独或综合选用，合理开展，以达到预期目标。

(1) 示范法。通过总结宣传能代表组织文化精神的先进模范人物事迹，树立与组织文化价值取向一致的榜样，进行组织文化建设。使用该方法需注意榜样的树立应具有代表性，在组织中要有一定的威信，同时要注意对榜样行为的强化。

(2) 激励法。通过开展一系列与组织文化内涵相关的活动，对活动的参与者进行精神和物质鼓励。使用这种方法时要使职工切实感受到自己与组织的一致性关系，把组织文化的价值体系与工作目标相联系，从而达到共同价值观的认同。

(3) 感染法。通过对组织文化氛围的营造，培养职工组织文化价值观念。使用该方法时要充分发挥职工的主动性，强调职工的主人翁意识，帮助职工打破对领导权威的畏惧心理，建立起平等的人际关系，对职工的指导到位而不越位，让职工有一定自主选择的空间。

(4) 灌输法。通过宣讲、研讨会、各种媒体等宣传手段对组织人员进行组织文化传播。这种方法要目的明确，观念到位，思想端正，评价有方，环节合理，方式得当。

(5) 疏导法。指对组织文化价值体系的目标行为进行恰当的反映，有目的地举行各种活动，引导职工树立组织文化需要的价值观念和行为规范。使用这种方法应注意把握职工的主流思想，充分发挥组织中非正式组织的作用。

(6) 价值澄清法。通过对话方式，鼓励职工自己去发现、考虑、检验、选择、更新自己的价值观念。使用该方法时要注意选择合适的话题、积极的赞赏，注意自己行动的分析等。

☎【小资料】

企业文化生根的4R路径

第一步(R1)：入眼。

入眼是指企业文化的认知。梳理、凝练企业文化的核心：愿景、使命、核心价值观，写成体系(手册)，让全员认识、感知企业文化。

企业文化是企业具有的、需要全体员工共同认知的。那么如何才能达到共同认知呢？

(1) 氛围营造：

① 企业文化手册设计、印刷；

② 氛围营造、策划。

(2) 考核：组织全员进行企业文化考核，采取自下而上的考核。

第二步(R2)：入脑。

入脑是指企业文化的认可。通过培训、研讨企业文化核心，让全体员工认可、感觉企业文化。

入脑的主要步骤方法包括以下两方面。

(1)宣讲与培训：

① 为高层领导提供企业文化基本知识的宣讲；

② 为高层领导提供企业文化核心理念的培训；

③ 为中层领导提供企业文化基本知识的宣讲；

④ 为中层领导提供企业文化核心理念的培训；

⑤ 为基层员工提供企业文化核心理念的宣讲培训。

(2) 考试：

① 借助一些活动，如知识竞赛、诗歌朗诵、看板等方式；

② 组织企业文化考试。

第三步(R3)：入心。

入心是指企业文化的认同。通过讨论、研讨企业文化核心，让全体员工认同、感受企业文化。

(1) 讨论与研讨：分专题进行讨论，分层级进行研讨。

(2) 征文、演讲等比赛。

(3) 故事征集。

(4) 成果汇报。

第四步(R4)：入行。

入行是指企业文化的践行。通过讨论、公开承诺，让理念变成行为，让全体员工践行、体验企业文化。

(1) 汇总讨论成果,形成行为规范。

(2) 汇总故事案例,形成故事集。

(3) 对照行为准则、规范,修正自己的行为。

(4) 理念变为行为。

(5) 长期坚持,慢慢形成习惯。

资料来源:企业文化生根的4R路径. http:. blog. hr. com. cn/html/00/n-80900. html.

5.5 组织变革

5.5.1 组织变革概述

1. 组织变革的定义

组织变革(organizational change)是指运用行为科学和相关管理方法,对组织的权利结构、组织规模、沟通渠道、角色设定、组织与其他组织之间的关系,以及对组织成员的观念、态度和行为及成员之间的合作精神等进行有目的、系统的调整和革新,以适应组织所处的内外部环境、技术特征和组织任务等方面的变化,从而提高组织效能。企业的发展离不开组织变革,内外部环境的变化、企业资源的不断整合与变动都给企业带来了机遇与挑战,这就要求企业关注组织变革。

2. 组织变革的原因

组织变革的原因主要表现在三个方面。一是企业经营环境的变化。如国民经济增长速度的变化、产业结构的调整、政府经济政策的调整、竞争观念的改变、科学技术的发展等所引起产品和工艺的变革。企业组织结构是实现企业战略目标的手段,企业外部环境的变化必然要求企业组织结构做出适应性的调整。二是组织内部环境变化。组织变革企业内部条件的变化主要包括:①技术条件的变化,如企业实行技术改造,引进新的设备及技术、生产、营销等部门的调整;②人员条件的变化,如人员结构和人员素质的提高等;③管理条件的变化,如实行计算机辅助管理,实行优化组合等。三是企业的成长要求。企业处于不同的生命周期对组织结构的要求也各不相同,如小企业成长为中型或大型企业、单一品种企业成长为多品种企业、单厂企业成为企业集团等。

3. 组织变革的征兆

一般来说,企业中的组织变革是一项"软任务",即有时候组织结构不改变,企业仿佛也能运转下去,但如果等到企业无法运转时再进行组织结构变革就为时已晚了。因此,企业管理者必须抓住组织变革的征兆,及时进行组织变革。组织结构需要变革的征兆包括:①企业经营业绩的下降,如市场占有率下降、产品质量下降、消耗和浪费严重、企业资金周转不灵等;②企业生产经营缺乏创新，如企业缺乏新的战略和适应性措施，缺乏新的产品和技术更新，没有新的管理办法或新的管理办法推行起来困难等；③组织机构本身病症的显露，如决策迟缓、指挥不灵、信息交流不畅、机构臃肿、职责重叠、管理幅度过大、人事纠纷增多、管理效率下降等；④职工士气低落，不满情绪增加，如管理人员离职率增加，员工旷工率、病、事假率增加等。当一个企业出现以上征兆时，应及时进行组织诊断，用以判定企业组织结构是否有加以变革的必要。

5.5.2　组织变革的形式与过程

1. 组织变革的形式

(1) 战略性变革。战略性变革是组织对其长期发展战略或使命所做的变革，如果组织决定进行业务收缩，就必须考虑如何剥离关联业务；如果组织决定进行战略扩张，就必须考虑并购的对象和方式，以及组织文化重构等问题。

(2) 结构性变革。结构性变革是指组织需要根据环境的变化适时对组织的结构进行变革，并重新在组织中进行权利和责任的分配，使组织变得更为柔性灵活、易于合作。

(3) 流程主导性变革。流程主导性变革是指组织紧密围绕其关键目标和核心，充分应用现代信息技术对业务流程进行重新构造。这种变革对组织结构、组织文化、用户服务、质量、成本等各个方面产生重大的影响。

(4) 以人为中心的组织变革。组织中人的因素最为重要，组织如若不能改变人的观念和态度，组织变革就无从谈起。以人为中心的变革是指组织必须通过对员工的培训、教育等引导，使他们能够在观念、态度和行为方面与组织保持一致。

2. 组织变革的过程

卢因提出一个包含解冻、变革、再冻结三个步骤的有计划组织变革模型，用以解释和指导如何发动、管理和稳定变革过程。

(1) 解冻。这一步骤的焦点在于创设变革的动机。鼓励员工改变原有的行为模式和工作态度，采取新的适应组织战略发展的行为与态度。为了做到这一点，一方面，需要对旧的行为与态度加以否定；另一方面，要使领导、员工认识到变革的紧迫性。可以采用比较评估的办法，把本单位的总体情况、经营指标和业绩水平与其他优秀单位或竞争对手加以比较，找出差距和解冻的依据，帮助领导、员工“解冻”现有态度和行为，从而迫切要求变革，且愿意接受新的工作模式。此外，还应注意创造一种开放的氛围和心理上的安全感，减少变革的心理障碍，提高变革成功的信心。

(2) 变革。变革是一个学习过程，需要给领导、员工提供新信息、新行为模式和新的视角，指明变革方向来实施变革，进而形成新的行为和态度。在这一步骤中，应该注意为新的工作态度和行为树立榜样，采用角色模范、导师指导、专家演讲、群体培训等多种途径。卢因认为，变革是个认知的过程，它由获得新的概念和信息得以完成。

(3) 再冻结。在再冻结阶段，利用必要的强化手段使新的态度与行为固定下来，使组织变革处于稳定状态。为了确保组织变革的稳定性，需要注意使领导、员工有机会尝试和检验新的态度与行为，并及时给予正面的强化。同时，加强群体变革行为的稳定性，促使组织形成稳定持久的群体行为规范。

5.5.3 组织变革的阻力

组织变革中的阻力是指人们反对变革、阻挠变革甚至对抗变革的制约力。变革会使人们产生忧虑，因为人们害怕与之相联系的经济利益的损失、不方便性、不确定性和对通常社会模式的破除。

1. 组织变革阻力的来源

(1) 个体因素。由于不同个体对组织变革的结果接纳性及风险意识不同，因而对变革的态度就会不同，所以人的因素是组织变革的核心问题，甚至直接关系到企业变革的成败。变革中个体的阻力主要来自于基本的人类特征如知觉、个性和需要等。其具体表现为：①变革导致个人对未来产生不安全感和恐惧感；②变革与个人以往的习惯、价值观发生冲突时，也会引起员工对组织变革的抵制；③能力或资源不足产生的阻力；④对变革倡导者的不满或变革倡导者个人能力不足；⑤性格因素。

(2) 群体因素。组织变革的阻力还会来自群体方面，对组织变革形成阻力的群体因素主要有群体规范和群体内聚力等。其具体表现为：①群体惯性的影响；②对专业知识的威胁；③对原有资源分配的威胁。

(3) 组织因素。在组织变革中，组织内部体制、决策程序、组织文化和奖励制度等因素及变革的时机也会影响组织变革的进程。其具体表现为：①领导班子没有达成共识、班子缺乏强势作风及紧盯不懈；②管理层不积极参与；③没有与改革相适应的组织结构或管理制度；④忽视了文化的重塑，没有将变革根植于企业文化。

2. 降低变革阻力的策略

1) 采用正确的变革战略

采用什么样的变革战略，对变革的阻力和变革的成果至关重要。一般来说，组织实施变革时有三种主要战略可以采用，即强制变革战略、教育变革战略和理性或自利变革策略。强制变革战略指靠发出和强制执行命令而实施变革，这种战略的优越性是执行迅速，但其缺陷是低责任心和高阻力。教育变革战略的做法是通报信息而使人们确信变革的必要性，这种战略的缺点是实施缓慢而困难，但比起强制变革战略，它可以激发更强的责任感并减少阻力。理性或自利变革战略是使人们确信变革会对他们个人有利，如果这一种战略成功，战略的实施将会相对容易。因而理性变革战略往往被视为最理想的变革战略。

2) 建立推动变革的组织团队

首先，要形成一个强有力的领导联盟。美国通用电气公司(GE)前总裁韦尔奇说过，“我在任总裁的时候，75％的时间都花在挑选、评估、鼓励我的团队。”其次，每一个领导者必须知道其目的，而且每一个追随者最好相信自己正跟随一个知道他正在干什么的人。在整个变革过程中，领导者必须确定某种长期持有并被公认的观念，并将其作为快速变化过程中的稳定剂，否则，组织结构和程序就会混乱无序。最后，有能力的领导者并非简单地命令要变革，而是能够采取有效措施来推动、实施变革。

组织领导者应全身心地投入变革。组织变革过程中需要有一批人尤其是高层管理者坚定地拥护组织变革，支持组织变革的管理者权力越大，组织变革成功的可能性也就越大。只有组织的高层领导才能最清楚地告诉员工组织变革的重要性和必要性。最高领导层不仅要确定组织变革将要达到的目标，为了实现组织变革的目标，他们还应该规划并管理变革的过程，这样才能在表明变革的重要性的同时实现变革目标和变革过程间的协调统一。

同时要保障组织公正。依据社会交换理论，组织的公正性会激发员工的信任感，在信任的前提下，员工较易从事对组织有益的组织行为。如果领导者有能力且组织在分配、程序、互动等方面做到公正性强，那么组织变革过程中遇到的阻力就会小。

3）有步骤地实施变革

通过精心设计变革过程，管理者可以降低变革的阻力，提高变革成功的可能性。理想的变革过程包括以下几个方面的内容。

(1) 邀请员工参加变革和具体的转变过程。事实证明人们对事件的参与程度越大，就越会积极承担工作的责任，支持工作的进程。因此，当有关人员能够参与有关变革的设计讨论时，抵制变革的情况就显著减少。变革中如果能让与变革有关的人尤其是将持反对意见的人吸收到决策过程中来，他们就不容易形成阻力，甚至主动加入到变革中，利用自己的专长为决策做出有力的贡献。参与和投入方法在管理人员所得信息不充分或者岗位权力较弱时使用更为有效。

(2) 建立激励机制。提高员工的士气，肯定并奖励参与改进的员工，建立有效的业绩管理体系是促进企业变革成功最重要的活动。在组织变革中，必须让员工感到自己是有价值的，帮助他们找回自己的归属感。

(3) 为使人们了解变革的目的，需要进行传播和沟通。决策层、管理层、员工层及各层之间都要加强沟通。加强沟通是克服组织变革阻力的有效途径。它适用于信息缺乏和环境未知的情况。通过沟通、分享情报资料，不仅带来相同的认识，而且在群体成员中形成一种责任感，一起克服变革中遇到的种种困难。同时，在组织变革中加强信息交流，也使得决策者能够及时发现变革中产生的新问题、新情况，获得有效的反馈。

(4) 争取群体促进和支持。许多管理心理学家提出，运用“变革的群体动力学”可以推动组织变革。这里包括创造强烈的群体归属感，设置群体共同目标，培养群体规范，建立关键成员威信，改变成员态度、价值观和行为等。这种方法在人们由于心理调整不良而产生抵制时使用比较有效。

(5) 把握组织变革的时间和进程。任何变革都需要时间来完成，员工需要时间去适应新的制度，排除障碍。因此领导者必须有耐心，适时、适度地推行变革，否则就容易导致员工的抵制。首先，要处理好成果和速度的关系。过分追求阶段性成果而忽视改变的速度，会使变革失去意义；片面追求速度而忽视阶段性成果，又易导致整体变革的失败。因此，企业必须辩证地处理好速度和成果的关系。其次，变革的路径选择也需要领导者精心考量，因为这往往关系到变革的成败。最后，在现实中，常常不会给一个领导者很长的时间来证明自己变革成功，因此，在变革早期迅速取得一些局部的成效，对把变革继续推行下去至关重要。

4）塑造变革文化，让变革因子扎根企业

建立鼓励创新、勇于变革的企业文化是保障管理变革的重要条件，我们必须让变革融入企业文化。正如管理大师汤姆·彼得斯所说，为了适应日趋激烈的竞争，我们必须学会深刻地喜欢变革，就像我们以前曾深刻地憎恨过它一样。热衷变革，甚至热衷变革中的混沌，是企业生存乃至成功的前提条件。

5）多管齐下，果断消除变革阻力

（1）操纵、收买与合作。可采取的措施有歪曲事实使事件显得更有吸引力，封锁不受欢迎的信息，制造谣言使员工接受变革等。收买是一种包括了操纵与合作的形式。它通过让某个变革阻力群体的领导者在变革决策中承担重要角色来收买他们。之所以征求这些领导者的意见，并不是为寻求更完善的决策，而是为了取得他们的允诺。相对而言，操纵和收买的成本都较低，并且易于获得反对派的支持。但如果对象意识到自己被欺骗和被利用时，这种策略会产生适得其反的效果，一旦被识破，变革推动者会因此而信誉扫地。

（2）谈判与协商。当变革的阻力非常强大时，谈判与协商可能是一种必要的策略，通过与受变革影响的人进行协商，以某种有价值的东西来换取阻力的降低或换取他们对变革的认同与参与。这种策略的优点是能避免产生激烈的对抗；缺点是容易引起他们的效仿，从而使变革成本加大。

（3）强制。当改革势在必行，而上述方法又不奏效时，管理当局就不得不直接对抵制者使用威胁力和控制力来强迫实施变革，如改换工种、开除、降低薪酬、不给予提升机会等。强制的优点是快速实现，能够克服各种抵制；缺点是放任人员对倡导者的愤怒，影响公司运营。

5.6 人力资源管理

人力资源管理是指企业的一系列人力资源政策及相应的管理，这些活动主要包括人力资源规划、人员招聘与配置、培训与开发、绩效管理、薪酬管理、员工关系管理六大模块。人力资源管理六大模块之间相互衔接、相互作用、相互影响，形成人力资源管理的有效体系。其中，人力资源规划是人力资源管理的起点，主要通过规划帮助组织预测未来的人员需求数量及基本素质构成；人员招聘与配置，以人力资源规划为输入之一，解决组织人员配置、人岗匹配的问题；培训与开发，其主题是“育人”；绩效管理是六大模块的核心，是其他各模块的主要输入，主旨在于帮助人，解决组织如何用人的问题；薪酬管理，旨在激励人，解决企业留人的问题；员工关系管理，旨在管理人，帮助企业形成合理化人力资源配置的有效循环。

图 5-7 阐述了人力资源管理的主要内容。

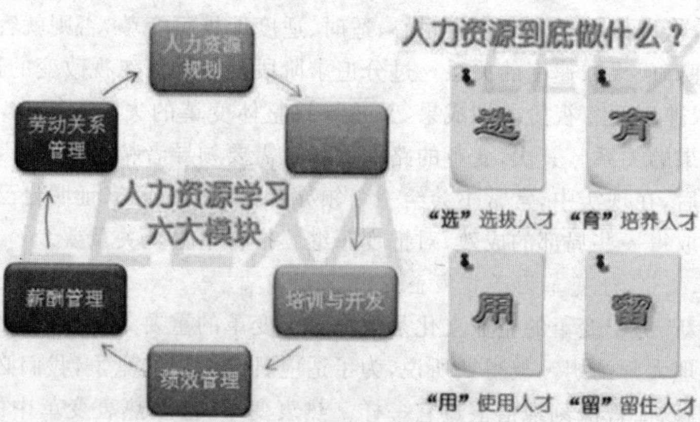

图 5-7 人力资源管理的主要内容

5.6.1 人力资源规划

人力资源规划(human resource plan,HRP)也叫人力资源计划,是指为实施企业的发展战略、完成企业的生产经营目标,根据企业内外部环境和条件的变化,通过对企业未来人力资源的需要和供给状况的分析及估计,运用科学的方法进行组织设计,对人力资源的获取、配置、使用、保护等各个环节进行职能性策划,制订企业人力资源供需平衡计划,以确保组织在需要的时间和岗位上,获得各种必需的人力资源,保证事得其人、人尽其才,从而实现人力资源与其他资源的合理配置,有效激励、开发员工的规划。通过合理的人力资源规划应实现以下目标:一是得到和保持一定具备特定技能、知识结构和能力的人员;二是充分利用现有人力资源;三是能够预测企业组织中潜在的人员过剩或人力不足等问题;四是建设一支训练有素,运作灵活的劳动力队伍,增强企业适应未知环境的能力;五是减少企业在关键技术环节对外部招聘的依赖性。

人力资源规划主要包括四个方面的内容。①招聘计划。计算本年度所需人才,并计划考察可有内部晋升调配的人才,确定各年度必须向外招聘的人才数量及确定招聘方式,寻找招聘来源。②人员培训计划。按照公司的业务需要、公司的战略目标、公司的培训能力,制订专业人员培训计划、部门培训计划、一般人员培训计划等。③考核计划。一般而言,应在提高、公平、发展的原则下,对不同分工人员制定不同的考核方法。④发展计划。结合公司发展目标,设计核心骨干员工职业生涯规划和职业发展通道,明确核心骨干员工在企业内的发展方向和目标,以达到提高职业忠诚度和工作积极性的作用。

5.6.2 人员招聘与配置

人员招聘是企业为了弥补岗位空缺而进行的一系列人力资源管理活动的总称。人员配置是企业为了实现生产经营的目标,采用科学的方法,根据岗得其人、人得其位、适材适所的原则,实现人力资源与其他物力、财力资源的有效结合而进行的一系列管理活动的总称。通常组织结构设计中的职位说明书对各职位已有了明确的规定。在人员招聘时,可以通过职务分析来确定某一职务的具体要求。一般来讲,人员招聘的途径有外部招聘和内部提升两种。

外部招聘就是组织根据制订的标准和程序,从组织外部选拔符合空缺职位要求的员工。

1) 外部招聘的优缺点

(1) 外部招聘的优点。

① 有利于树立良好的企业形象。外部招聘是一种有效的对外交流方式,外部招聘会起到广告的作用,在招聘的过程中,企业在其员工、客户和其他外界人士中宣传了自己,从而形成良好的口碑。

② 外部招聘能够带来新理念、新技术。从"外部引进"的员工对现有组织文化有一种全新的视野,而少有主观的偏见。典型的内部员工已基本适应组织文化,与外部人员相比,他们既看不出组织有待改进之处,也无进行改革和提高自我意识的冲动,整个组织缺乏竞争意识和氛围。另外,通过从外部引进优秀的技术和管理专家,能够给组织现有员工带来一种无形的压力,使他们产生危机意识,激发他们的斗志和潜能,从而产生"鲶鱼效应"。

③ 外部招聘能带来更广的选择余地,有利于企业招到优秀人才。外部招聘的人才来源广泛,选择余地充分,具备各类条件和不同年龄层次的求职人员有利于满足企业选择合适人选的

需要。通过外部招聘能引进许多杰出人才，特别是某些稀缺的复合型人才，在一定程度上，既能够节约企业内部培养和业务培训费用支出，又能够给企业带来急需的知识和技能。

④ 可以缓解内部竞争者之间的紧张关系。由于空缺职位有限，企业内部可能有几个候选人，他们之间的不良竞争可能导致勾心斗角、相互拆台等问题发生。一旦某一候选人被提升，其他候选人可能会出现不满情绪，消极懈怠，不服管理。外部招聘可以使内部竞争者得到某种心理平衡，避免了组织成员之间的不团结。

(2) 外部招聘的缺点。

① 筛选时间长，难度大。要招聘到优秀的员工，企业必须能够比较准确地测定应聘者的能力、性格、态度、兴趣等素质，从而准确预测他们在未来的工作岗位上能否达到企业所期望的要求。而研究表明，这些测试结果只有中等程度的预测效果，仅仅依靠这些测试结果来进行科学的录用决策是比较困难的。为此，一些企业还辅助采取如推荐信、个人资料、自我评定、工作模拟等方法，这些方法各有各的优势，但也都存在着不同程度的缺陷，这就使得录用决策耗费的时间较长。

② 进入角色状态慢。外部招聘的员工需要花费较长的时间才能了解企业的工作流程和运作方式及企业文化。如果外聘员工的价值观与企业的文化相冲突，那么员工能不能适应企业文化并及时进入角色将面临一定的考验和风险。

③ 引进成本高。外部招聘需要在媒体发布信息或者通过中介机构招募时，一般需要支付一笔不小的费用，而且由于外部应聘人员相对较多，后继的挑选过程也非常的烦琐与复杂，不仅花费了较多的人力、财力，还占用了大量的时间。

④ 决策风险大。外部招聘只能通过几次短时间的接触，就必须判断候选人是否符合本组织空缺岗位的要求，而不像内部选拔那样经过长期的接触和考察，所以，很可能因为一些外部的原因(如信息的不对称性、逆向选择及道德风险)而做出不准确的判断，进而增加了决策风险。

⑤ 影响内部员工的积极性。如果组织中有胜任的人未被选用或提拔，即内部员工得不到相应的晋升和发展机会，内部员工的积极性可能会受到影响，容易导致"招来女婿气走儿子"的现象发生。

2) 内部提升的优缺点

(1) 内部提升的优点。

① 能够对内部员工产生较强的激励作用。对获得晋升的员工来说，由于自己的能力和表现得到企业认可，他会产生强大的工作动力，其绩效和对企业的忠诚度便随之提高。对其他员工而言，由于企业为员工提供晋升机会，从而感到晋升有望，工作就会更加努力，增加对企业的忠诚和归属感。这样，内部提升就把员工的成长与企业的成长连为一体，形成积极进取、追求成功的氛围。

② 与外部招聘相比，内部提升的有效性更强、可信度更高。由于企业管理人员对内部员工的业绩评价、性格特征、工作动机及发展潜力等方面都有比较客观、准确的认识，信息相对外部人员来说是对称的、充分的，在一定程度上减少了"逆向选择"，甚至是"道德风险"等方面的问题，从而减少用人方面的失误，提高人事决策的成功率。

③ 与外部招聘来的员工相比，内部员工适应性更强。从运作模式看，现有的员工更了解本组织的运作模式，与从外部引进的新员工相比，他们能更好地适应工作。从企业文化角度来

看，内部员工已经认同并融入企业文化，与企业形成事业和命运的共同体，更加认同企业的价值观和规范，有更高的企业责任心和对企业的忠诚度，进入新的岗位适应性更强。

④ 费用率低。“内部制造”可以节约高昂的费用，如广告费、招聘人员和应聘人员的成本费等，同时还可以省去一些不必要的培训，减少了间接损失。另外，一般来说，内部候选人已经认可企业现有的薪酬体系，其工资待遇要求会更符合企业的现状。

(2) 内部提升的缺点。

① 可能造成内部矛盾。“内部制造”需要竞争，而竞争的结果是失败者占多数。竞争失败的员工可能会心灰意冷、士气低下，不利于企业的内部团结。内部提升还可能导致部门之间出现“挖人才”现象，不利于部门之间的协作。此外，如果招聘中按资历而非能力进行选择，将会诱发员工养成“不求有功，但求无过”的心理，使优秀人才流失或被埋没，削弱企业的竞争力。

② 容易造成“近亲繁殖”。同一企业内的员工有相同的文化背景，可能产生“团队思维”现象，抑制了个体创新。尤其是当企业内重要职位由基层员工提拔，进而僵化思维意识，不利于企业的长期发展，如通用电气20世纪90年代所面临的困境被认为与其长期实施“内部提升”策略有关。

③ 失去选取外部优秀人才的机会。一般情况下，外部优秀人才更多，一味寻求内部提升，降低了外部“新鲜血液”进入本企业的机会，表面上看是节约了成本，实际上是对机会成本的巨大浪费。

④ 除非有很好的发展或培训计划，内部晋升者不会在短期内达到对他们预期的要求，内部发展计划的成本比雇佣外部直接适合需要的人才更高，且多个被提升员工由于“彼得原理”可能还不能很好地适应工作，影响到企业整体的运作效率和绩效。

5.6.3 培训与开发

培训是指组织通过对员工有计划、有针对性的教育和训练，使其能够改进目前知识和能力的一项连续而有效的工作。培训旨在提高员工队伍的素质，促进组织的发展，实现补充知识、发展能力、转变观念、交流信息四个方面的目标。培训包括对员工的培训与管理培训。员工培训按内容来划分，可以分为员工技能培训和员工素质培训。员工技能培训是企业针对岗位的需求，对员工进行的岗位能力培训。员工素质培训是企业对员工素质方面的要求，主要有心理素质、个人工作态度、工作习惯等的素质培训。主要的培训方法包括讲授法、视听技术法、讨论法、角色扮演法、个别指导法等。对管理者培训的要求则不仅是提高其具体工作的技能，而且更重要的是要提高其从整体上把握全局、激励他人及协调他人劳动的能力。其主要的培训方法有：工作轮换、角色扮演、临时职务等。

(1) 工作轮换是将员工由一个岗位调到另一个岗位以扩展其经验的培训方法。这种知识扩展对完成更高水平的任务常常是很有必要的。轮换培训项目也可以帮助新员工理解他们工作领域内的各种工作。但是这种方法也有一些潜在的问题。例如，新员工从事每一项工作的时间如此短，以至于他们觉得自己更像是某个部门的参观者而不是该部门劳动者的一员；由于他们的工作水平往往不高，所以可能降低整个工作小组的效率；在其他员工与轮换到他们部门的人一同工作时，可能会对其产生不满，而将来该人也可能会成为他们的老板。

(2) 在角色扮演中，要求参加者对他们实际工作中可能遇到的具体问题做出反应。他们不是通过听说如何处理问题，甚至也不是讨论如何处理问题，而是通过实际去做来进行学习。

角色扮演通常被用于管理人才开发中，它可以有效地用于面试、申诉处理、工作绩效评价、会议领导、工作小组问题解决、有效交流及领导模式分析等诸方面的教学中。

(3) 临时职务。为了慎重地考察一个人能否胜任更高的职位，最好采用临时性和非正式性“提拔”的方法来观察他的能力和表现，以尽量避免降职所带来的负面影响。如设立经理助理的职位，在委员会或项目小组这类组织中赋予更大的职责，特殊情况下可先让他担任代理职位等。彼得原理是指在一个等级制度中，每个职工都趋向于上升到他所不能胜任的地位。彼得指出，每一个职工由于在原有职位上工作成绩表现好，就将被提升到更高一级的职位；之后，如果继续胜任则将进一步被提升，直至到达他所不能胜任的职位。对一个组织而言，一旦组织中的相当部分人员被推到了其不能胜任的级别，就会造成组织人浮于事、效率低下，导致组织发展停滞。因此，这就要求改变单纯的“根据贡献决定晋升”的企业员工晋升机制，不能因某个人在某一个岗位级别上干得很出色，就推断此人一定能够胜任更高一级的职务。要建立科学、合理的人员选聘机制，客观评价每一位职工的能力和水平，将职工安排到其可以胜任的岗位。不要把岗位晋升当成对职工的主要奖励方式，应建立更有效的奖励机制，更多地以加薪、休假等方式作为奖励手段。有时将一名职工晋升到一个其无法很好发挥才能的岗位，不仅不是对职工的奖励，反而使职工无法很好地发挥才能，也会给企业带来损失。

☎【小资料】

美国权威机构监测，培训的投资回报率一般在33%左右。在对美国大型制造业公司的分析中，公司从培训中得到的回报率可达20%～30%。摩托罗拉公司向全体雇员提供每年至少40小时的培训，调查表明：摩托罗拉公司每1美元培训费可以在3年以内实现40美元的生产效益。摩托罗拉公司认为，素质良好的公司雇员已通过技术革新和节约操作为公司创造了40亿美元的财富。摩托罗拉公司的巨额培训收益说明了培训投资对企业的重要性。

5.6.4 绩效管理

所谓绩效管理，是指各级管理者和员工为了达到组织目标共同参与的绩效计划制订、绩效辅导沟通、绩效考核评价、绩效结果应用、绩效目标提升的持续循环过程，绩效管理的目的是持续提升个人、部门和组织的绩效。绩效管理的关键在于绩效目标管理而非绩效考核，绩效目标是否有效制定、是否与公司的战略相结合、是否合理地从上到下分解，都会影响最终绩效管理运行的效果。绩效考核只是绩效管理的一个环节，完整的绩效管理应当是一个循环流程，包括绩效目标制定、绩效辅导、绩效考核和绩效激励等内容。

绩效管理的关键在于沟通，绩效管理沟通主要是指组织者、考核者、被考核者之间的沟通。根据绩效管理循环，将绩效沟通分为三个沟通过程。①绩效计划沟通：指在绩效管理实施前的培训过程、绩效指标体系的建立、目标值确定过程的沟通。②绩效实施沟通：包括绩效辅导和绩效考核过程中的沟通。③绩效结果沟通：指绩效结果的应用及绩效反馈的沟通，绩效结果应用的沟通是让员工明白，要对自己过去的行为和结果负责，引导员工正确的思维。通过沟通帮助员工查找产生良好绩效和不良绩效的原因，并制定改进的措施和方法。

5.6.5 薪酬管理

薪酬管理是在组织发展战略指导下，对员工薪酬支付原则、薪酬策略、薪酬水平、薪酬结构、薪酬构成进行确定、分配和调整的动态管理过程。薪酬管理要为实现薪酬管理目标服务，薪酬管理目标是基于人力资源战略设立的，而人力资源战略服从于企业发展战略。薪酬管理包括薪酬体系设计、薪酬日常管理两个方面。薪酬体系设计主要包括薪酬水平设计、薪酬结构设计和薪酬构成设计；薪酬日常管理是由薪酬预算、薪酬支付、薪酬调整组成的循环，这个循环可以称之为薪酬成本管理循环。

薪酬设计是薪酬管理最基础的工作，如果薪酬水平、薪酬结构、薪酬构成等方面有问题，企业薪酬管理不可能取得预定目标。薪酬预算、薪酬支付、薪酬调整工作是薪酬管理的重点工作，应切实加强薪酬日常管理工作，以便实现薪酬管理的目标。薪酬体系建立起来后，应密切关注薪酬日常管理中存在的问题，及时调整公司薪酬策略，调整薪酬水平、薪酬结构及薪酬构成，以实现效率、公平、合法的薪酬目标，从而保证公司发展战略的实现。

5.6.6 员工关系管理

从广义上讲，员工关系管理是在企业人力资源体系中，各级管理人员和人力资源职能管理人员通过拟订和实施各项人力资源政策和管理行为，以及其他的管理沟通手段来调节企业和员工、员工与员工之间的相互联系和影响，从而实现组织的目标并确保为员工、社会增值。从狭义上讲，员工关系管理就是企业和员工的沟通管理，这种沟通更多采用柔性的、激励性的、非强制的手段，从而提高员工满意度，支持组织其他管理目标的实现。其主要职责是协调员工与管理者、员工与员工之间的关系，引导建立积极向上的工作环境。员工关系管理是企业人力资源部门的重要职能之一，良好的员工关系可以使员工在心理上获得一种满足感，有利于提高其工作意愿和积极性，也在一定程度上保障企业战略和目标的有效执行。可以说，员工关系是影响员工行为态度、工作效率和执行能力的关键因素，值得企业管理者高度关注和重视。

从管理职责来看，员工关系管理主要有9个方面。一是劳动关系管理。劳动争议处理，员工上岗、离岗面谈及手续办理，处理员工申诉、人事纠纷和以外事件。二是员工纪律管理。引导员工遵守公司的各项规章制度、劳动纪律，提高员工的组织纪律性，在某种程度上对员工行为规范起约束作用。三是员工人际关系管理。引导员工建立良好的工作关系，创建利于员工建立正式人际关系的环境。四是沟通管理。保证沟通渠道的畅通，引导公司上下及时地双向沟通，完善员工建议制度。五是员工绩效管理。制定科学的考评标准和体系，执行合理的考评程序，考评工作既能真实反映员工的工作成绩，又能促进员工工作积极性的发挥。六是员工情况管理。组织员工心态、满意度调查，谣言、怠工的预防、检测及处理，解决员工关心的问题。七是企业文化建设。建设积极有效、健康向上的企业文化，引导员工价值观，维护公司的良好形象。八是服务与支持。为员工提供有关国家法律、法规、公司政策、个人身心等方面的咨询服务，协助员工平衡工作与生活。九是员工关系管理培训。组织员工进行人际交往、沟通技巧等方面的培训。

本章小结

组织就是由两个或两个以上的人组成的有特定目标和一定资源并保持某种权责结构的群体。组织的正常运行必须有明确的目标、相应的资源和一定的权责结构。根据组织自身的目的可以把组织分为三大类:营利性组织、非营利性组织和公共组织。根据内在结构组织可分为正式组织和非正式组织。组织工作将实现组织目标所必需进行的各项业务活动加以组合,并根据管理宽度原理,划分出不同的管理层次和部门,将监督各活动所必需的职权授予各层次、各部门的主管人员,以及规定这些层次和部门间的相互配合关系。

组织设计的结果是要形成组织结构。组织结构是指组织的框架体系,是对完成组织目标的人员、工作、技术和信息所做的制度性安排。常见的组织结构形式包括直线制、职能制、直线职能制、矩阵制、事业部制等。组织设计恰当与否直接影响着组织的运行效率,进行有效的组织工作应遵循目标统一性、分工协调、管理宽度适当、权责一致、统一指挥、精干高效、集权与分权相结合、稳定性与适应性相结合的原则,并综合考虑组织战略、组织规模与发展阶段、技术因素、组织环境及企业人力资源状况等因素。组织结构的设计过程包括岗位设计、部门化和管理层次与管理幅度设计。组织岗位设计的主要内容包括组织工作内容、组织工作职责和组织工作关系的设计三个方面。部门化是将若干职位组合在一起的依据和方式,常见的部门化包括职能部门化、产品部门化、地区部门化、流程部门化和顾客部门化。管理层次指组织纵向划分的管理层级的数目。管理幅度指一个人或组织直接管理的下属人员或机构的数目。管理层次受到组织规模和管理幅度的影响,与组织规模成正比,与管理幅度成反比。有效的管理幅度受到诸多因素的影响,包括管理者与被管理者的工作内容、工作能力、工作环境与工作条件等。

组织权力按照来源不同可以分为管理职权和威信,管理职权一般可以分为三种权力即支配权、强制权和奖励权。根据性质不同权力可以分为直线权力、参谋权力、职能权力。直线权力是命令与指挥的权力,参谋权力是协助与建议的权力,职能权力是直线权力派生出来的限于特定职能范围内的直线权力。管理者把其负责的一项任务委托给下属,赋予下属一定的权力和责任,使下属在一定的监督之下自主行动的过程就是授权。集权是指决策权较多集中在组织系统中较高的管理层级。分权是指决策权适当地分散在组织系统中较低的管理层级。企业管理应综合考虑组织发展阶段、组织环境的确定性程度、下属成熟度及工作性质等因素来采取权变策略,宜集权则集权,宜分权则分权。

组织文化是在一定经济、社会、文化背景下形成的,并在长期的发展过程中逐步形成的日趋稳定的独特价值观,以及由此而形成的行为规范、道德准则、群体意识、风俗习惯等。一般认为,组织文化有三个层次结构,即潜层次、表层和显现层。组织文化具有凝聚功能、导向功能、约束功能、激励功能、辐射功能。组织文化的形成一般会经过四个阶段:不自觉的文化创造、自觉的文化提炼与总结、文化落地执行、文化的再造与重塑。运用行之有效的方法是加快组织文化建设的保证,常用的方法有示范法、激励法、感染法、灌输法、疏导法、价值澄清法。

企业的发展离不开组织变革,内外部环境的变化、企业资源的不断整合与变动,都给企业带来了机遇与挑战,这就要求企业必须关注组织变革。组织变革的形式有战略性变革、结构性变革、流程主导性变革和以人为中心的组织变革，其变革的过程包含解冻、变革、再冻结。组织变革的过程中会遇到个体因素、群体因素和组织因素等方面的阻力。为了降低组织变革阻力，管理者应采用正确的变革战略，建立推动变革的组织团队，有步骤地实施变革，塑造变革文化，多管齐下，果断消除变革阻力。

人力资源管理是指企业的一系列人力资源政策及相应的管理，这些活动主要包括人力资源规划、人员的招聘与配置、培训与开发、绩效管理、薪酬管理、员工关系管理六大模块。人力资源管理六大模块之间相互衔接、相互作用、相互影响形成人力资源管理的有效体系。人力资源规划主要包括招聘计划、培训计划、考核计划和发展计划四个方面的内容。人员招聘是企业为了弥补岗位空缺而进行的一系列人力资源管理活动的总称，人员招聘的途径有外部招聘和内部提升。培训是指组织通过对员工有计划、有针对性的教育和训练，使其能够改进目前知识和能力的一项连续而有效的工作。对管理者培训培训方法有工作轮换、角色扮演、临时职务等。绩效管理是指各级管理者和员工为了达到组织目标共同参与的绩效计划制订、绩效辅导沟通、绩效考核评价、绩效结果应用、绩效目标提升的持续循环过程。薪酬管理是在组织发展战略指导下，对员工薪酬支付原则、薪酬策略、薪酬水平、薪酬结构、薪酬构成进行确定、分配和调整的动态管理过程。员工关系管理就是企业和员工的沟通管理，这种沟通更多采用柔性的、激励性的、非强制的手段，从而提高员工满意度，支持组织其他管理目标的实现。其主要职责是协调员工与管理者、员工与员工之间的关系，引导建立积极向上的工作环境。

思考题

1. 组织设计的任务是什么？其影响因素有哪些？
2. 简述组织设计的过程。
3. 为什么要授权？如何有效授权？
4. 简述集权与分权的关系和影响因素。
5. 简述组织文化的定义及建设方法。
6. 简述组织变革的阻力及减少阻力的策略。
7. 简述人力资源管理的主要内容。

第6章
领导职能

6.1 领导概述

领导是一个组织的主管人员在管理过程中的行为活动。目前已有许多学者把它从管理过程中独立出来，专门予以探讨和研究，并逐渐形成了管理科学的一个新的分支——领导科学(science of leadership)。本章只从管理过程角度出发，阐述领导职能的概念、本质及作用。

6.1.1 领导的定义

什么是领导？人们对领导的定义各不相同，如美国著名管理学家里奇·格里芬认为，领导使组织内的成员团结合作，以实现组织的目标和计划。阿瑟·比德因和威廉斯·格兰克认为，领导是影响个人或团体行为，以便努力完成企业目标的艺术。孔茨则提出，领导的实质就是追随关系。换言之，就是人们愿意追随某人，从而使他成为领导者。所以，领导可以定义为影响力。

从以上不同的观点可以看出，对领导的理解事实上应该分为领导和领导者两个方面。所谓领导，指的是拥有组织赋予职位和权力的领导者影响下级完成组织目标的一种管理过程，而领导者是指进行领导活动的主体。

从管理学的意义上来讲，领导的定义可概括为：领导是指管理者依靠其影响力，通过激励、沟通、指挥等手段，带领被领导者或追随者去实现组织目标的活动过程。其基本含义可以从以下几个方面理解。

第一，领导包含领导者和被领导者两个方面。领导者是指能够影响他人并拥有管理的职位权力、承担领导职责、开展领导工作的人。领导者一定要有领导的对象，如果没有被领导者，领导者将变成“光杆司令”，领导工作就失去了意义，领导职能也就不复存在。在领导过程中，下属都甘愿追随领导者并接受领导者的领导。

第二，领导是一种活动，是引导人们的行为过程，是领导者带领、引导和鼓舞下属完成工作、实现目标的过程，是管理的一项重要职能。

第三，领导的基础是领导者的影响力。领导者拥有影响被领导者的能力，它既包括由组织赋予的职位权力，也包括领导者个人所具有的影响力。一个领导者如果一味地行使职权而忽视社会和情绪因素的影响力，就会使被领导者产生逃避或抵触行为。当一个领导者的权力不能使下属跟随领导者时，领导工作是无效的。

第四，领导施加影响力的方式或手段主要有激励、沟通和指挥。

① 激励是指管理者通过作用于下属来激发其动机、推动其行为的过程。激励的具体形式包括能满足人的需要，特别是心理需要的种种手段。激励具有自觉自愿性、间接性和作用持久性等特点。激励是管理者调动下属积极性，增强群体凝聚力的基本手段。

② 沟通是指管理者为有效开展工作而交换信息、交流感情、协调关系的过程。具体形式有信息的传输、交换与反馈，人际交往与关系融通，说服与促进态度（行为）的改变等。这是管理者保证管理系统有效运转，提高整体效应的经常性手段。

③ 指挥是指管理者凭借权力，直接命令或指导下属行事的行为。指挥的形式有部署、命令、指示、要求、指导、帮助等。指挥具有强制性、权威性、统一性等特点。指挥是管理者最经常使用的领导手段，其前提条件是权力。

第五，领导的目的是实现组织的目标。不能为了领导而领导，不能为了体现领导的权威而领导。领导的根本目的在于影响下属为实现组织的目标而努力。

6.1.2 领导与管理的联系和区别

在理解领导的概念时，有必要区别领导和管理的不同之处。具体内容见表 6-1。

表 6-1 管理和领导的区别

比较项目	管理	领导
职能	管理的范围大	领导行为是属于管理的范围
岗位	管理者未必是领导者	领导者也未必是管理者
制订计划	为达成目标，制订出详细的步骤和计划进度，进行资源分配	展现未来的前景与目标，指明达到愿景目标的战略
组织和人员配备思路	组建所需组织结构及配备人员，规定权责关系，制定具体政策和规程，建立一系列的制度监督下属的工作状况	重在指导人员；同协作者沟通，指明方向、路线；帮助人们更好地理解目标、战略及实现目标后的效益；引导人们根据需要组建工作组、建立合作伙伴关系
执行	在执行中强调采用控制的方式来解决问题，通过具体的、详细的计划监督进程和结果	一般采取鼓动和激励的方式，在思想上动员和鼓励人们克服工作中的障碍与困难，推动各项工作顺利开展
效果	一般只能发挥组织成员的现有能力	可充分挖掘组织成员的潜在能力

1）领导者与管理者的联系

领导者和管理者都是在组织中拥有权力的个体，在组织中处在举足轻重的位置，他们的工作对组织的发展产生重大影响，二者之间没有根本的利益冲突，只有二者无间合作才能使组织更好的发展，理想情况下，管理者应该同时也是领导者。

2）领导者与管理者的区别

对于领导和管理的区别，约翰·科特是这样说的："领导是用来做什么的？是用来构建一个远景和策略的，是用来协调、拟定策略和协调相关人士的，他要排除障碍，要提升员工的能力，以实现远景。什么是管理？管理不仅仅是上面的这些东西，管理是运用计划、预算、组织、人事、控制来解决问题，维持既有的体系。”

领导者和管理者有如下几方面区别。

(1)在工作范围方面。首先从领导者方面来说，领导者提供的是方向性的东西，需要从宏观上把握组织的发展方向，为组织制定长期规划，而且要时刻思考如何打破固有秩序，不断创新，通过进行创新型活动来进行组织变革。领导者要解决的是本组织发展中的根本性问题，同时还要对组织的未来进行一定程度的预见。总体来说，领导者的工作要具有概括性、创新性、前瞻性。其次从管理者方面来说，管理者要做的是具体化的东西，需要在已有规划指导下做好细部工作，为组织日常工作做出贡献，管理者要研究的不是变革，而是如何维持目前良好状态并使之稳定保持，因此有时管理者会进行一些重复性的工作，管理者对待问题不需要过分追本溯源，他们要做的是将已出现的问题很好的解决。总体来说，管理者的工作具有具体性、重复性、现实性。

(2) 在自身素质方面，不同的工作也对他们提出了不同的素质要求。

① 众所周知，领导者在活动中很重要的一点就是要运用个人魅力，好的领导者用个人魅力影响其下属，使他们愿意听从领导者，愿意遵照领导者说的去做。而管理者似乎更倾向于运用组织上赋予的权力去做事，管理者更偏向用权力树立威严，让下级“惧怕”，不得不听从其指挥，按其指示去做事。

② 领导者积极、大胆，具有拓展创新精神，喜欢讨论和善于搞好人际关系、安抚员工，认为工作是一种乐趣，对待工作主观性较强。管理者相对于领导者而言较为保守、冷静，喜欢守成多于开拓，独立自主性较强，管理者与员工泾渭分明。管理者把工作看作是完成任务的过程，对待工作冷静、理智、客观。

③ 一个好的管理者是可以通过学习而培养出的，而好的领导者更倾向于天赋性。

(3) 在工作侧重点方面。

① 领导者看重的是结果是否符合他的预期，不过多关注过程；而管理者强调的是完成目标的过程是否符合要求，有无偏差。

② 虽然领导者和管理者都对效率和效益有追求，但手段不同。领导者是通过人与文化的运作，因此是柔和而温暖的；管理者则是以阶层和系统运作为主，所以是刚硬而冷酷的。

③ 领导者关注人，管理者关注生产；领导者提出问题，管理者解决问题。

④ 领导者强调“有机的情感非逻辑”，管理者强调“机械的效率逻辑”。

(4) 在工作方法方面。

① 领导者工作较为随意，灵活性强，工作与领导者个性有很大关系。管理者把规章奉为信条，更具客观性，因此有时领导者在部属犯错时可以法外开恩，但管理者却遵章办事。

② 领导者倾向于运用激励手段，通过调动组织成员的积极性来达成目的。管理者更倾向于运用控制，按照给定条件和预定的目标，对受控对象施加主动影响。综上所述，领导者与管理者虽有相同之处，但绝不可以混为一谈，正确认识两者的区别与联系有助于对日常的管理活动进行更好的把握，从而促进组织的发展。

☎【小资料】

泰德·特纳桌上有一句座右铭:要么领导,要么服从,别无他途。特纳很显然选择了领导。他把一生的精力都投入到一次又一次的大胆冒险中——在所有"权威"都认为他必败无疑之时,却获得了一个又一个的成功。

1963年,泰德·特纳在其24岁时,中止了在布朗大学的学业,开始经营家中濒临倒闭的广告牌企业。仅短短几年时间,特纳就使企业有了明显转机。随后,他购买了亚特兰大一家独立的小型电视台,并为其取名为"超级电视台"。一年之后,他又买下了亚特兰大的勇敢者棒球队,当时这是一支屡战屡败的球队,但这使他自己的电视台除了重播那些早已过时的影片之外,还有了一些可以实况播出的内容。此后,他把最新的卫星转播技术与尚未开发的有线电视市场相结合,从而使"超级电视台"获得了极大成功。而勇敢者棒球队也于1992年跻身于世界强手之列。

1981年,特纳认定24小时新闻直播必有市场,尽管当时没有一个人赞同此看法,他还是倾其全部财力创立了有线电视新闻网(cable news network,CNN),获得了令人难以置信的效益,并且由于对1991年海湾战争的报道而赢得了无数赞誉。1986年,泰德·特纳又一次投赌,买下了联合艺术家电影图书馆。与以往一样,批评家们都认为他是个傻瓜,但他再次证明了他们的错误,特纳的超级电视台因为上演经典影片而获得了巨大成功。

发现别人看不到的机遇和大胆追求成功的能力,使泰德·特纳明显区别于一般的企业经理。正是这个人,希望自己像水手一样证实自己的价值,驾驶着他的小舟在1979年美国世界杯赛上取得了成功;正是这个人,在20世纪80年代为了促进世界和平而创办了友好运动会,使美国和苏联运动员进行奥林匹克风格的竞赛;正是这个人,在得知好莱坞著名影星简·方达打算离婚时决心与她通话——两年后他们结婚了;正是这个人,被1993年1月的《时代》周刊授予"年度先生"的称号。

6.1.3 领导的本质

领导就是使组织成员追随与服从。领导并非孤立地存在,一般情况下,人们不能强迫他人施行某种行为。因此,领导意味着追随者愿意接受引导或影响,在接受某人为领导者时,组织成员为了实现某一目标,自愿放弃某些决策自由。正是这些下属的追随与服从,才使领导者在组织中的地位得以确认,并使领导过程成为可能。因此,可以说领导的本质是一种影响力。所谓影响力是指一个人在与他人的交往中,影响和改变他人的心理和行为的能力。

领导者对下属及组织的影响力来自两个方面:一是权力(制度权力)影响力,二是非权力(个人权力)影响力。

1. 权力影响力

权力影响力包括法定的权力、强制的权力、奖励的权力。它由组织正式授予管理者并受组织规章的保护。这种权力与特定的个人没有必然的联系,它只同职务相联系。权力是管理者实施领导的基本条件。没有权力,管理者就难以有效地影响下属,实施真正的领导。

(1) 法定的权力来自于上级的任命。组织正式授予领导者一定的职位,从而使领导者占据权势地位和支配地位,使其有权对下属发号施令。这种支配权是管理者的地位或在权力阶层中的角色所赋予的。

(2) 强制的权力是和惩罚权相联系的、迫使他人服从的力量。在某些情况下,领导者是依赖于强制的权力与权威施加影响的,对于一些心怀不满的下属来说,他们不会心悦诚服地服从领导者的指示,这时领导者就运用惩罚权迫使其服从。这种权力的基础是下属的惧怕。这种权力对那些认识到不服从命令就会受到惩罚或承担不良后果的下属影响力是最大的。

(3) 奖励的权力是在下属完成一定的任务时给予相应的奖励,以推动下属的积极性。这种奖励包括物质奖励如奖金等,也包括精神的奖励如晋升等。依照交换原则,领导者通过提供心理或经济上的奖酬来换取下属的遵从。

对权力影响力的影响因素主要有以下几方面。

(1) 传统观念。人类长期的社会生活,使人们对领导者形成了固有的心理观念,由此产生了对领导者的服从感。由于这种传统观念从小就影响着每一个人的思想,从而增强了领导者言行的影响力。

(2) 职位因素。由于领导者凭借所授予的指挥他人开展具体活动的权力,可以左右被领导者的行为、处境甚至前途、命运,从而使被领导者对领导者产生敬畏感。领导者的职位越高、权力越大,下属对他的敬畏感越大,领导者的影响力也越大。

(3) 资历的影响。一个人的资历与经历是历史性的东西,它反映了一个人过去的情况。一般而言,人们心目中对资历较深的领导者比较尊敬,因此其言行也容易在人们的心里占据一定的位置。

权力是通过正式的渠道发挥作用的。当领导者担任管理职务时,由传统观念、职位、资历构成的权力影响力会随之产生;当领导者失去管理职位时,这种影响力将大大削弱、甚至消失。

2. 非权力影响力

非权力影响力包括专长影响力和品质影响力。

(1) 专长影响力是指领导者具有各种专门知识和特殊技能或学识渊博而获得同事及下属的尊重和佩服,从而使其在各项工作中显示出在学术上或专长上的举足轻重的影响力。这种影响力的影响基础通常是狭窄的,仅仅限于专长范围之内。

(2) 品质影响力是指由于领导者优良的作风、思想水平、品德修养,而在组织成员中树立的德高望重的影响力。这种影响力建立在下属对领导者承认的基础之上,它通常与具有超凡魅力或名声卓著的领导者相联系。

对非权力影响力的影响因素主要有以下几方面。

(1) 品格。主要包括领导者的道德、品行、人格等,优秀的品格会给领导者带来巨大的影响力。因为品格是一个人的本质表现,好的品格能使人产生敬爱感,并能吸引人,使人模仿。下属常常希望自己能像领导者一样。

(2) 才能。领导者的才能是决定其影响力大小的主要因素之一。才能通过实践来体现,主要反映在工作成果上。一个有才能的领导者会给事业带来成功,从而使人们对他产生敬佩感，吸引人们自觉地接受其影响。

(3) 知识。一个人的才能是与知识紧密地联系在一起的。知识水平的高低主要表现在对自身和客观世界认识的程度。知识本身就是一种力量。知识丰富的领导者，容易取得人们的信任，并由此使人产生信赖感和依赖感。

(4) 感情。感情是人的一种心理现象，它是人们对客观事物好恶倾向的内在反映。人与人之间建立了良好的感情，便能产生亲切感，相互的吸引力越大，彼此的影响力也就越大。因此，一个领导者平时待人和蔼可亲、关心体贴下属、与群众的关系融洽，他的影响力就往往较大。

由品格、才能、知识、感情因素构成的非权力影响力，是由领导者自身的素质与行为造就的。在领导者从事管理工作时，它能增强领导者的影响力；在领导者不担任管理职务时，这些因素仍会对人们产生较大的影响。

领导工作有效性的核心内容就是领导者影响力的大小及其有效程度。管理者要实施有效的领导，最关键的就是要增强其对下属及组织影响力的强度与有效性。提高影响力一般有三种最常见的手段，即激励、沟通、指挥。

6.1.4 领导的作用

拿破仑认为，一只绵羊带领的一群狮子，敌不过一只狮子带领的一群绵羊。我国也有类似的俗语“千军易得，一将难求”，可见领导者对于组织的重要程度。

(1) 带领组织成员共同实现组织目标。

领导的一个重要作用就在于引导组织中的全体人员有效地理解和领会组织目标，协调组织成员之间的关系和活动，使组织成员充满信心、步调一致地朝着共同的目标前进。

(2) 指挥作用。

在组织活动中，需要有高瞻远瞩、运筹帷幄的领导者，帮助组织成员认清所处的环境和形势，指明组织活动的目标和达到目标的途径。领导者通过激励、沟通、指挥、指导活动，推动组织成员最大限度地实现组织的目标。在整个活动中，要求领导者作为带头人来引导组织成员前进，鼓舞人们去奋力实现组织的目标。只有这样，才能真正发挥指挥的作用。

(3) 有利于调动组织成员的积极性。

从事社会活动的人具有不同的需求、欲望和态度。人的身上也可能蕴藏着每个组织所需要的生产力。领导可以诱发这一力量，通过领导工作能够调动组织中每个组织成员的积极性、主动性和创造性，使其以高昂的士气自觉、自动地为组织做出贡献。

(4) 有利于个人目标与组织目标趋于统一。

人们的个人目标有很多，并且也不统一，有的为了获得高收入，有的是为名望，有的是为工作的挑战性，有的是为得到上级领导的认可与肯定，有的为了实现自我价值等。一旦他们加入某个组织工作时，就会想方设法去努力实现自己的个人目标，但是个人目标与组织目标不见得完全一致，长此以往将不利于组织目标的实现。通过领导工作可以帮助他们认识个人对组织、社会所承担的义务，让他们体察到个人与组织的密切关系，进而使他们主动地放弃一些不切实际的要求，自觉地服从于组织目标。所以领导者也要创造一种环境，在实现组织目标及条件允许的范围内，尽量满足个人的需求，使人们对组织产生自然信赖和依赖的感情，从而为加速实现组织目标而做出努力。

6.1.5 领导的分类

组织中的领导者是复数而非单数，是一群人而非一个人。领导者的类型按不同的角度可划分为多种类型。

1. 按权力集中程度划分

按权力集中程度划分，可分为集权型领导、分权型领导和均权型领导。

1）集权型领导

所谓集权，是指领导者把管理的制度权力进行收揽的行为和过程。因此，所谓集权型领导者，就是把管理的制度权力相对牢固地进行控制的领导者。由于管理的制度权力是由多种权力的细则构成的，如奖励权、强制权、收益的再分配权等，这就意味着对被领导者或下属而言，其受控制的力度较大。在整个组织内部，资源的流动及其效率主要取决于集权领导者对管理制度的理解和运用，同时，个人专长权和影响力是领导者行使上述制度权力成功与否的重要基础。这种领导者把权力的获取和利用看成是自我人生价值的实现。

这种领导的优势在于通过完全的行政命令，管理的组织成本在其他条件不变的情况下，要低于组织边界以外的交易成本。这对于组织在发展初期和组织面临复杂突变的变量时是有益处的。但是，长期将下属视为可控制的工具，则不利于他们职业生涯的良性发展。

2）分散型领导

和集权型领导形成鲜明对比的是分散型领导。这种领导者的特征是向被领导者授权，鼓励下属参与，并且主要依赖于其个人专长权和影响力影响下属。从管理学角度看，这意味着这样的领导者通过对管理制度权力的分解，进一步通过激励下属的需要去实现组织的目标。不过，由于这种权力的分散性，使得组织内部资源的流动速度减缓，因为权力的分散性一般导致决策速度降低，进而增大了组织内部的资源配置成本。但是这种领导者对组织带来的好处也十分明显。通过激励下属，组织发展所需的知识，尤其是隐性知识能够充分地积累和进化，员工的能力结构也会得到长足提高。因此，相对于集权型领导者，这种领导者更能为组织培育未来发展所需的智力资本。

3）均权型领导

均权型领导是领导者与工作人员的职责权限明确划分。工作人员在职权范围内有自主权。这种领导方式主张分工负责、分层负责，以提高工作效率，更好地达成目标。

2. 按决策权力大小划分

按决策权力大小划分，可分为专断型领导、民主型领导和自由型领导。

1）专断型领导

专断型领导是领导者把决策权集于一人手中，这种领导方式可以说是以行政权威推行工作，下属无权参与，没有自主权，完全处于被动的地位，其特点是重视行政手段，严格规章制度，缺乏灵活弹性。

2）民主型领导

民主型领导是一种权力集中在集体、重大决策和政策均由集体成员参与讨论决定、共同执行的领导方式。领导者同下属互相尊重、彼此信任。领导者通过交谈、会议等方式同下属交流思想，商讨决策，领导者应注意按职授权，注重使下属能自主发挥应有的才能。此外，奖惩也应有客观标准，不以个人好恶行事。

3）自由型领导

自由型领导是一种自由放任、各行其是、各自为政的领导方式。这种领导方式是领导者对工作关心不多、任其自然，所以又称放任型领导方式。这种类型的领导者有意分散领导权，给下属以极大的自由度。

3. 按领导者态度划分

按领导者态度划分，可分为体谅型领导和严厉型领导。

1）体谅型领导

体谅型领导是领导者对下属十分体谅，关心其生活困难，注意建立互相依赖、互相支持的友好关系，注意赞赏下属的工作成绩，提高其工作水平。

2）严厉型领导

严厉型领导是领导者对下属要求十分严厉，重组织、轻个人，要求下属牺牲个人利益服从组织利益，明确每个人的责任，执行严格的纪律，重视监督和考核。

4. 按领导重心所向划分

按领导重心所向划分，可分为“以事为中心”的领导、“以人为中心”的领导和“人事并重式”的领导。

(1)“以事为中心”的领导者认为，应以工作为中心，强调工作效率，以最经济的手段取得最大工作成果，以工作的数量与质量及达成目标的程度作为评价成绩的指标。

(2)“以人为中心”的领导者认为，只有下属是愉快的、愿意工作的，才会产生最高的效率、最好的效果。因此，领导者尊重下属的人格，不滥施惩罚，注重积极的鼓励和奖赏，注意发挥下属的主动性和积极性，注意改善工作环境，注意给予下属合理的物质待遇，从而保持其身心健康和精神愉快。

(3)“人事并重式”的领导者认为，既要重视人，也要重视工作，两者不可偏废。既要充分发挥主观能动性，也要改善工作的客观条件；使下属既有饱满的工作热情，又有主动负责的精神。领导者对工作要求严格，必须按时、保质、保量地完成工作计划，创造出最佳成果。

5. 按创新维度划分

按创新维度划分，可分为维持型领导和创新型领导。

1）维持型领导

维持型领导一般也称为事务型领导。这种领导者通过明确角色和任务要求，激励下属向着既定的目标工作，并且尽量考虑和满足下属的社会需要，通过协作活动提高下属的生产率水平。他们对组织的管理职能推崇备至，勤奋、谦和而且公正，会把事情理顺、工作有条不紊地进行。这种领导者重视非人格的绩效内容，如计划、日程和预算，对组织有使命感，并且严格遵守组织的规范和价值观。

2）创新型领导

(1) 魅力型领导。这种领导者有着鼓励下属超越他们预期绩效水平的能力。他们的影响力来自以下方面:有能力陈述一种下属可以识别的、富有想象力的未来愿景;有能力提炼出一种每个人都坚定不移赞同的组织价值观系统;信任下属并获取他们充分的信任回报;提升下属对新结果的认识,激励他们为了部门或组织而超越自身的利益。这种领导者不像事务型领导者那样不擅长预测,而是善于创造一种变革的氛围,热衷于提出新奇的、富有洞察力的想法,并且还能用这样的想法去刺激、激励和推动其他人勤奋工作。此外,这种领导者对下属有某种情感号召力,可以鲜明地拥护某种达成共识的观念,有未来眼光,而且能就此和下属沟通,激励他们的工作方向。

(2) 变革型领导。这种领导者鼓励下属为了组织的利益而超越自身利益,并能对下属产生深远而且不同寻常的影响,如美国微软公司的创始人比尔·盖茨。这种领导者关心每一个下属的日常生活和发展需要,帮助下属用新观念分析老问题,进而改变他们对问题的看法,能够激励、唤醒和鼓舞下属为达到组织或群体目标而付出加倍的努力。

(3) 战略领导者。战略领导者的特征是用战略思维进行决策。战略,本质上是一种动态的决策和计划过程,追求的是长期目标,行动过程是以战略意图为指南,以战略使命为目标基础。因此,战略的基本特性是行动的长期性、整体性和前瞻性。对战略领导者而言,是将领导的权力与全面调动组织的内外部资源相结合,实现组织长远目标,把组织的价值活动进行动态调整,在市场竞争中站稳脚跟的同时,积极竞争未来,抢占未来商业领域的制高点。战略领导者认为组织的资源由有形资源、无形资源和有目的地整合资源的能力构成。他们的焦点经常超越传统组织边界范围中的活动,进入组织之间的相互关系地带,并将这种区域视为组织潜在的利润基地。

战略领导者一般是指组织的高层管理人员,尤其是首席行政长官(CEO)。其他战略领导者还包括企业的董事会成员、高层管理团队和各事业部的总经理。不管头衔和组织的功能怎样,战略领导者一般具有不可授权的决策责任。没有战略领导者,也就没有战略的提出与实施。

6.1.6 领导的功能

领导的功能指领导者在领导过程中必须发挥的作用,即领导者在带领、引导和鼓舞下属为实现组织目标而努力的过程中,要发挥组织、激励和控制作用。

(1) 组织功能。

组织功能指领导者为实现组织目标,合理地配置组织中的人、财、物三个要素,把组织的三要素构成一个有机整体的功能。组织功能是领导的首要功能,没有领导者的组织过程,组织中的人、财、物只可能是独立的、分散的要素,难以形成有效的生产力。通过领导者的组织活动,人、财、物之间的合理配置,才能构成一个有机整体,才能去实现组织的目标。

(2) 激励功能。

激励功能指领导者在领导过程中,通过激励方法调动下级和职工的积极性,使之能积极努力地实现组织目标的功能。实现组织的目标是领导者的根本任务,但完成这个任务不能仅靠领导者一个人去亲自干。他应在组织的基础上,通过激励功能的作用,将全体职工的积极性调动起来共同努力。"众人拾柴火焰高",领导的激励功能,形象地说就是要使众人都积极地去拾柴。

(3) 控制功能。

控制功能指在领导过程中,领导者对下级和职工,以及整个组织活动的驾驭和支配的功能。在实现组织的目标过程中,"偏差"是不可避免的。这种"偏差"的发生可能源于不可预见的外部因素的影响,也可能源于内部不合理的组织结构、规章制度、不合格管理人员的影响,纠正“偏差”,消除导致“偏差”的各种因素是领导的基本功能。

6.1.7 领导体制

领导体制是指领导权力的划分和实施领导职能的组织形式和组织制度,是决定组织效率的重要因素。合理的领导体制不仅会提高领导效率、创造性地实现领导功能,而且还会使整个组织显得生机勃勃、欣欣向荣。领导体制不合理,领导层内部权责不明,甚至争权夺利,必然会降低领导效率,最终使组织失去效率,严重的甚至会使组织走向衰亡。

建立和完善领导体制,应正确处理好以下关系。

(1) 集体领导与个人负责的关系。

我国长期以来片面突出个人的领导作用,强调“能人领导”,把组织的兴衰成败寄托在一个人身上。这是一种不正常的现象,一方面,它会影响组织发展的稳定性;另一方面,也容易滋长个人专制主义。因此,我们必须把集体领导与个人负责很好地结合起来,建立集体协议下的主要首长负责制,既发挥集体的智慧,又能实现统一决策、统一领导与统一指挥。

(2) 党政关系。

我国的政治制度强调党的领导。但是,党组织是一种政治组织,它应当主要发挥其政治核心作用,保证党的路线、方针、政策在组织中的落实,做好党的建设和职工思想教育工作。党组织不能代替和包办行政领导权,直接指挥组织的日常生产经营活动。否则,就会出现党政不分、以党代政的不正常现象,导致组织指挥系统的混乱,严重影响组织的领导效能。因此,组织内党、政应分工明确,并形成相互支持、互相制约的关系。

(3) 重视职工参与管理。

强调职工参与管理,这是现代管理的一个趋势。它可以提高职工对组织和工作的责任感,激发职工的工作热情,有效地调动职工的工作主动性和积极性。对领导者来讲,也可以收到集思广益的效果。因此,领导者应该重视职工参与管理,并使之经常化、制度化。

6.2 领导理论

领导是一个组织能否有效地实现组织既定目标的关键因素。20 世纪 30 年代以来,人们对于领导及其效能问题有各种各样的解释或理论。在西方国家有很多学者从不同角度研究了关于领导的理论。有研究领导者个性特征的;有研究领导行为的;也有研究领导环境对领导方式的作用的。大体上说来,按提出理论的时间先后顺序,现有的有关领导的理论可以分为领导特质理论、领导方式理论、领导权变理论三大类。

第一阶段(20 世纪初到 20 世纪 30 年代):领导特质理论的研究比较注重领导者的性格、素质等方面的特征。这一阶段研究的内容包括:身体特征、个性特征和才智特征等。这一阶段主要的理论有斯托格迪尔的领导个人因素论和吉赛利的领导品质论。

第二阶段(20 世纪 40 年代到 20 世纪 60 年代后期):领导理论的研究以研究领导行为为主。这一阶段主要的理论有勒温的三种领导风格类型、利克特的支持关系理论、布莱克和穆顿的管理方格理论。

第三阶段(20 世纪 70 年代至今):属于领导权变理论研究阶段。这一阶段主要的理论有菲德勒的权变领导理论、罗伯特·豪斯的路径—目标理论,以及提出后由保罗·赫西和肯尼斯·布兰查德予以发展的领导生命周期理论。

6.2.1 领导特质理论

领导特质理论又称为领导性格理论、素质理论、品质理论。这一理论着重研究领导者的品质和特性。这一理论的出发点:领导效率的高低主要取决于领导者的特质,那些成功的领导者也一定有某些共同点。根据领导效果的好坏,找出好的领导者与差的领导者在个人品质或特性方面有哪些差异,由此就可以确定优秀的领导者应具备哪些特性。研究者认为,只要找出成功领导者应具备的特点,再考察某个组织中的领导者是否具备这些特点,就能断定他是不是一个优秀的领导者。这种归纳分析法成了研究领导特质理论的基本方法。

按对领导特性来源的不同解释,可将领导特质理论分为传统特质理论和现代特质理论。前者认为领导者所具有的品质是天生的,是由遗传决定的;而后者则认为领导的品质和特性是在实践中形成的,是可以通过教育、训练培养的。

1. 传统特质理论

传统特质理论认为领导者的特质来源于生理遗传,是先天具有的,且领导者只有具备这些特质才能成为有效的领导者。美国行为科学家亨利(W. Henry)1949 年在调查研究的基础上指出,成功的领导者应具备 12 种品质:①成就需要强烈,他把工作成就看成是最大的乐趣;②干劲大,工作积极努力,希望承担富有挑战性的工作;③用积极的态度对待上级,尊重上级,与上级关系较好;④组织能力强,有较强的预测能力;⑤决断力强;⑥自信心强;⑦思维敏捷,富于进取心;⑧竭力避免失败,不断地接受新的任务,树立新的奋斗目标,驱使自己前进;⑨讲求实际,重视现在;⑩眼睛向上,对上级亲近而对下级较疏远;⑪对父母没有情感上的牵扯;⑫效力于组织,忠于职守。早期特质理论工作者吉布(C. A. Gibb)于 1954 年指出,天才的领导者具有 7 项特性:①智力过人;②英俊潇洒;③能言善辩;④心理健康;⑤外向而敏感;⑥有较强的自信心;⑦有支配他人的倾向。

2. 现代特质理论

现代特质理论认为:领导者的特性和品质并非全是与生俱来的,而是可以在领导实践中形成,也可以通过训练和培养的方式予以造就。美国普林斯顿大学教授威廉·鲍莫尔(William J. Baumol)针对美国企业界的实况,提出了企业领导者应具备的 10 项条件:①合作精神;②决策能力;③组织能力;④精于授权;⑤善于应变;⑥勇于负责;⑦勇于求新;⑧敢担风险;⑨尊重他人;⑩品德超人。日本企业界认为,有效的领导者应具备 10 项品德和 10 项才能,具体内容如表 6-2 所示。

美国管理协会曾对在事业上取得成功的 1 800 名管理人员进行了调查,发现成功的管理人员一般具有下列 20 种品质和能力:①工作效率高;②有主动进取精神;③善于分析问题;④有概括能力;⑤有很强的判断能力;⑥有自信心;⑦能帮助别人提高工作的能力;⑧能以自己的行为影响别人;⑨善于用权;⑩善于调动他人的积极性;⑪善于利用谈心做工作;⑫热情关心别人；⑬能使别人积极而乐观地工作；⑭能实行集体领导；⑮能自我克制；⑯能自主做出决策；⑰能客观地听取各方面的意见；⑱对自己有正确估价，能以他人之长补自己之短；⑲勤俭；⑳具有管理领域的专业技能和管理知识。

表 6-2 有效的领导者应具备的条件

十项品德		十项才能	
1. 使命感	6. 公平	1. 判断能力	6. 劝说能力
2. 责任感	7. 热情	2. 创造能力	7. 对人理解能力
3. 依赖性	8. 勇气	3. 思维能力	8. 解决问题能力
4. 积极性	9. 忠诚老实	4. 规划能力	9. 培养下级能力
5. 进取心	10. 忍耐性	5. 洞察能力	10. 调动积极性能力

上述领导特质理论，无论是传统特质理论还是现代特质理论，都强调了领导者应具有较多的适应于领导工作的人格特质。但领导特质理论还存在着一些缺陷：①领导特质理论忽视了下属，而下属对领导的成效往往产生重要的影响；②没有具体指出不同的品质和特性在领导工作中的相对重要性；③不同的理论依靠的证据不一致；④随着研究的展开和深入，被当作领导者特质的条目越来越多，而且有不断增多之势，这导致理论上的争执和混乱。

6.2.2 领导方式理论

领导才能与追随领导者的意愿都是以领导方式为基础的，所以许多人开始从研究领导者的内在特征转移到外在行为上，这就是领导者的行为方式论。这种理论认为，依据个人行为方式可以对领导进行最好的分类。然而至今还没有一个公认的“最好的”分类。

有效的领导方式理论除了研究领导的个性和素质以外，还要研究领导的工作行为方式。领导者通过一定的工作方式对被领导者施加影响，以组织被领导者实现组织绩效的领导行为，称为领导行为方式或领导方式。

领导方式的内涵一般是指领导者在不同的工作环境中如何作出决策和实现目标，以及行使权力和发挥领导影响力的方式。为了进一步理解领导方式，还需考察领导行为和领导活动的过程。

诺贝尔经济学奖获得者西蒙认为，领导方式大致可分为两类：一是领导者通过培养教育，树立员工对组织的忠诚，培养员工的态度、习惯和精神状态，诱发员工对工作效率的关心，引导员工自觉地执行组织的决定；二是领导者行使权力，进行动员和提供信息，迫使操作人员执行组织的决定。

由于在领导特质理论的矿山中未能挖掘到金子，越来越多的研究者期望能够从领导者的行为和领导方式着手，寻找领导有效性的理论。

1. 怀特和李皮特的三种领导方式理论

美国管理学家拉尔夫·怀特(Ralph K. White)和罗纳德·利皮特(Ronald Lippitt)提出了三种领导方式理论：权威式领导、民主式领导及放任式领导。

(1) 权威式领导。所有政策均由领导者决定；所有工作进行的步骤和技术也按领导者发号施令行事；工作分配及组合多由他单独决定；领导者对下属较少接触，如有奖惩往往对人不对事。

(2) 民主式领导。主要政策由组织成员集体讨论决定,领导者采取鼓励协助态度;通过讨论,使其他人员对工作全貌有所认识,在所设计完成工作的途径和范围内,下属人员对于进行工作的步骤和所采用的技术有相应的选择机会。

(3) 放任式领导:组织成员或群体有完全的决策权,领导者给组织成员提供工作所需的资料条件和咨询,而尽量不参与、也不主动干涉,只是偶尔表示工作意见。工作进行几乎全依赖于组织成员个人自行负责。

这三种领导方式中,一般认为民主领导方式的效果较好。

2. 领导连续流理论

美国管理学家罗伯特·坦纳鲍姆(Robert Tannenbaum)和沃伦·施密特(Warren H. Schmidt)于1958年提出了领导连续流理论。这种连续流理论描述了从主要以领导人为中心到主要以下属为中心的一系列领导方式,这些方式的效果依领导者把权力授予下属的大小程度而不同。

因此,领导连续流方式不是在两种方法(独裁的或民主的)中任选其一,而是提供一系列的领导方式,说不上哪一种方式总是正确的,而另一种方式总是错误的。

3. 利克特的"工作中心"与"员工中心"理论

利克特的"工作中心"与"员工中心"理论又称利克特的四种领导方式理论。

1961年,美国管理学家利克特(Likert)及相关研究人员把领导者分为两种基本类型,即"以工作为中心"的领导与"以员工为中心"的领导。

前者的特点是任务分配结构化、严密监督、工作激励、依照详尽的规定行事;而后者的特点是重视人员行为反应及问题,利用群体实现目标,给组织成员较大的自由选择的范围。

据此,利克特倡议员工参与管理。他认为有效的领导者是注重于面向下属的,他们依靠信息沟通使各个部门像一个整体那样行事。由于这种领导方式要求对人采取激励方法,因此利克特认为,它是领导一个群体的最为有效的方法。利克特假设了四种管理方法,以此作为研究和阐明他所认为的领导原则。

管理方法之一:"利用—命令式"方法。主管人员发布指示,决策中有下属参与;主要用恐吓和处分等手段,有时也偶尔用奖赏去激励人们;惯于由上而下地传达信息,把决策权局限于最高层。

管理方法之二:"温和—命令式"方法。用奖赏兼某些恐吓及处罚的方法去鼓励下属;允许一些自下而上传递的信息;向下属征求一些想法与意见并允许把某些决策权授予下属,但要加以严格的政策控制。

管理方法之三:"商议式"方法。主管人员在做决策时征求、接受和征用下属的建议;通常试图去酌情利用下属的想法与意见;运用奖赏并偶尔用处罚的办法和让员工参与管理的办法来激励下属;既能下情上传,又使上情下达;由上级主管部门制定主要的政策和决定,但让低一级的主管部门去做出具体的决定,并采用其他一些方法商量着办事。

管理方法之四:"集体参与"方法。主管人员向下属提出挑战性目标并对他们能够达到目标表示出信心;在诸如制定目标与评价目标所取得的进展方面,让群众参与其中并给予物质奖赏;既使上下级之间的信息畅通,又使同级人员之间的信息畅通;鼓励各级组织做出决定,或者将他们自己与下属结合起来作为一个群体从事活动。

利克特发现，那些用管理方法之四去从事管理活动的管理人员，一般是极有成就的领导者，以此种方法来管理的组织，在制定目标和实现目标方面是最有成绩的。他把这些主要归之于员工参与管理的程度，以及在实践中相互支持的程度。

4. 领导四分图理论

1945 年美国俄亥俄州立大学的研究人员哈尔平（Halpin）和维纳（Winer）通过调查研究得出结论：领导方式存在着以工作为中心（定规）和以人为中心（关怀）这两种倾向，但这两种倾向并不是领导方式的连续统一体的两端。实际上这两种倾向在同一个领导者的领导方式中可以同时存在，也就是说可以把这两种倾向看成两个独立的维度。

所谓“关怀”是指领导者对其下属的尊重、信任及互相理解的程度。从高度关怀到低度关怀，中间可以有无数个不同程度的关怀。而所谓“定规”，也就是指领导者对于下属的地位、角色与工作方式，是否都定有规章或工作程序。因此，可依此构成一个领导行为坐标，大致可分为四个象限或四种领导方式。这就是所谓领导方式的四分图，如图 6-1 所示。

5. 管理方格理论

美国得克萨斯大学的管理学者罗伯特 · 布莱克（Robert R. Blake）和简 · 穆顿（Jane S. Mouton）把领导者对人的关心和对工作的关心结合起来，把管理人员按他们的绩效导向行为（对生产的关心）和维护导向行为（对人员的关心）进行评估，给出等级分值。每个方格表示“关心生产”和“关心人员”这两个基本因素以不同程度相结合的一个领导方式。对生产的关心表示为主管者对各种事物所持的态度，如研究的创造性，职能人员的服务质量，工作效率及产品产量等。对人的关心含义也很广泛，例如，个人对实现目标所承担的责任，保持职工的尊严，建立在信任而非顺从基础上的职责，保持良好的工作环境等。

然后以此为基础，把分值标注在两个维度坐标界面上，并在这两个维度坐标轴上分别划出 9 个等级，从而形成 81 种不同的领导方式类型。如图 6-2 所示。

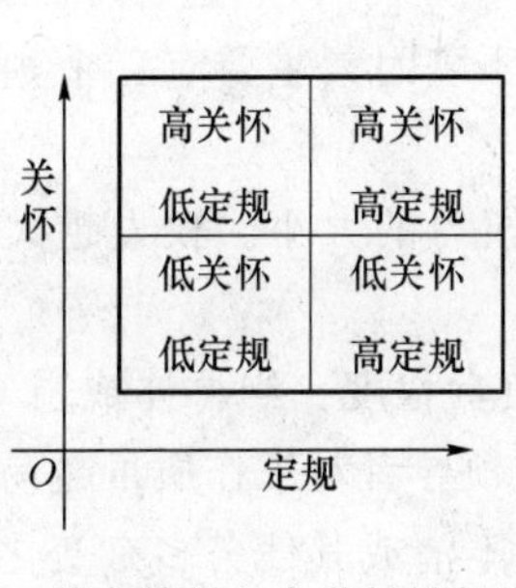

图 6-1 俄亥俄州立大学领导行为坐标

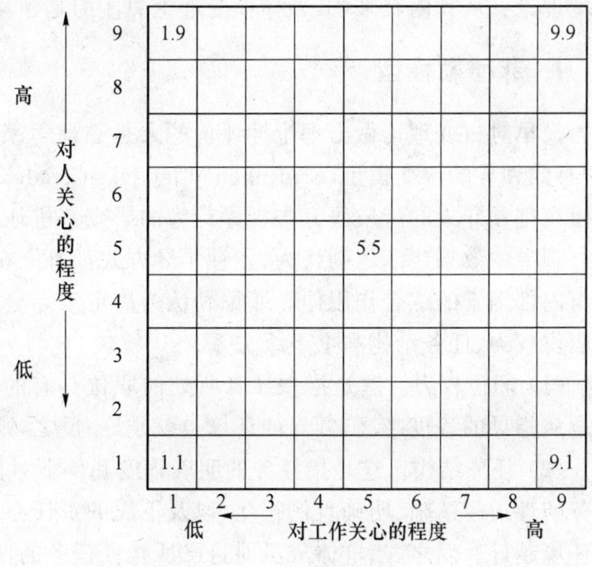

图 6-2 管理方格图

"1.1"方格表示对工作和人都极不关心,这种方式的领导者只做维持自己职务的最低限度的工作,也就是只要不出差错,多一事不如少一事,因而称为"贫乏型的管理"。

"9.1"方格表示对工作极为关心,但忽略对人的关心,也就是不关心工作人员的需求,并尽可能使后者不干扰工作的进行。这种方式的领导者拥有很大的权力,强调有效地控制下属,努力完成各项工作。因而为"独裁的、重任务型的管理"。

"1.9"方格表示对人极为关心,也就是关心工作人员的需求是否能够满足,重视搞好人际关系和强调同事及下级同自己的感情,但忽略工作的效果。因而被称为"乡村俱乐部型的管理"。

"5.5"方格表示既对工作关心,也对人关心。这种方式的领导者既对工作的质量和数量有一定要求,又通过引导和激励使下属完成任务。但是这种领导往往缺乏进取心,乐意维持现状。因而被称为"中庸之道型管理"。

"9.9"方格表示对工作和对人都极为关心。这种方式的领导者能使组织的目标与个人的需求最有效地结合起来,既高度重视组织的各项工作,能通过沟通和激励使群体合作,又让下属人员共同参与管理,使工作成为组织成员自觉、自愿的行动,从而获得较高的工作效率,因而被称为"战斗集体型管理"。

除了以上五种基本的定向外,还可以找出另外一些组合,例如,"5.1"方格表示准生产中心型管理,比较关心生产,不太关心人;"1.5"方格表示准人中心型管理,比较关心人,不太关心生产。

6.2.3 领导权变理论

随着研究的深入,人们开始把注意力转移到对领导所处情境的研究,并且认为领导的有效性受环境因素的影响很大,这种理论就是领导权变理论。"权变"一词有"随具体情境而变"或"依具体情况而定"的意思。领导权变理论主要研究与领导行为有关的情境因素对领导效力的潜在影响。该理论认为,在不同的情境中,不同的领导行为有不同的效果,所以又被称为领导情境理论。从其内容来看,领导权变理论关注的是领导者与被领导者及环境之间的相互影响。

1. 菲德勒模型

最早对权变理论做出理论性评价的人是心理学家菲德勒(F. Fiedler)。他于1962年提出了"有效领导的权变模型(contingency model of leadership effectiveness)",即菲德勒模型。这个模型把领导人的特质研究与领导行为的研究有机地结合起来,并将其与情境分类联系起来研究领导的效果。菲德勒认为,各种领导方式都可能在一定的环境内有效,这种环境是各种外部与内部因素的综合作用体。菲德勒认为决定领导有效性的环境因素主要有三个,它们分别是职位权力、任务结构和上下级关系。

(1) 职位权力。这是指领导者所处的职位具有的权威和权力的大小。权力越大,群体成员遵从指导的程度越高,领导的环境也就越好;反之,则越差。

(2) 任务结构。这是指任务的明确程度和部下对任务的负责程度。当群体成员对所担任任务的性质越清晰、明确且例行化,以及下属的责任心越强,则领导者对工作质量越易控制,领导环境越好。反之,当群体成员对自己所担任任务的性质模糊不清或其任务多有变化时,领导环境则越差。

(3) 上下级关系。这是指下属乐于追随领导者的程度。菲德勒认为，从领导者的角度看这是最重要的。如果下属对上级越尊重，并且乐于追随，则上下级关系越好，领导环境也就越好；反之，则越差。

菲德勒模型不仅对领导方式做了分类，而且还对领导效能做了界定，并在此基础上深入地探讨了如何使各种领导方式充分发挥其功能的问题。菲德勒认为，一个领导者，无论他采取何种领导方式，其最终目的都是为了获取最大的领导效能，要想取得理想的领导效能，必须使一定的领导方式和与之相适应的领导情势相配合。因此，菲德勒模型的最大优点在于它吸收了过去有关领导行为的研究成果，分清了不同领导方式能够发挥领导效能的情境。

2. 情境领导理论（领导生命周期理论）

另一种应该引起重视的领导权变理论由美国行为学家保罗·赫西(P. Hersey)和管理学者肯·布兰查德(K. Blanchard)共同提出。该理论的研究重点放在下属人员的成熟度上，他们认为领导者的领导方式必须随着下属的成熟度而加以改变。所谓“成熟度”是指人们对自己的行为承担责任的能力和愿望的大小。它取决于两个要素：工作成熟度和心理成熟度。工作成熟度包括一个人的知识和技能，工作成熟度高的人拥有足够的知识、能力和经验完成他们的工作任务而不需要他人的过多指导。心理成熟度指的是一个人做某事的意愿和动机。心理成熟度高的个体不需要太多的外部激励，他们靠内部动机激励。虽然这一理论还有待做更深一步的研究，但它认为领导方式的有效性取决于下属的行为，对其他领导方式是一个很好的补充。

该理论在管理方格理论的基础上，根据员工的成熟度不同，将领导方式分为命令式、说服式、参与式和授权式四种。

(1) 命令式。其表现为高工作低关系型领导方式，领导者对下属进行分工并具体指点下属应当干什么、如何干、何时干，它强调直接指挥。因为在这一阶段，下属缺乏接受和承担任务的能力和愿望，既不能胜任又缺乏自觉性。

(2) 说服式。其表现为高工作高关系型领导方式。领导者既给下属以一定的指导，又注意保护和鼓励下属的积极性。因为在这一阶段，下属愿意承担任务，但缺乏足够的能力，有积极性但没有完成任务所需的技能。

(3) 参与式。其表现为低工作高关系型领导方式。领导者与下属共同参与决策，领导者着重给下属以支持及其内部的协调沟通。因为在这一阶段，下属具有完成领导者所交给任务的能力，但没有足够的积极性。

(4) 授权式。其表现为低工作低关系型领导方式。领导者几乎不加指点，由下属自己独立地开展工作、完成任务。因为在这一阶段，下属能够而且愿意去做领导者要他们做的事。

根据下属成熟度和组织所面临的环境，情境领导理论认为随着下属从不成熟走向成熟，领导者不仅要减少对活动的控制，而且也要减少对下属的帮助。当下属成熟度不高时，领导者要给予明确的指导和严格的控制；当下属成熟度较高时，领导者只要给出明确的目标和工作要求，其余工作就可由下属自我控制和完成。

3. 路径—目标理论

路径—目标理论也是领导权变理论的一种，由多伦多大学的组织行为学教授罗伯特·

豪斯(Robert J. House)最先提出，后来华盛顿大学的管理学教授特伦斯·米切尔(Terence R. Mitchell)也参与了这一理论的完善和补充。这是目前最受人们关注的一种领导权变理论，因为该理论并没有指出所谓的最佳领导方法，只是建议领导人选择最适合具体情况的领导风格。

路径—目标理论是以期望概率模式和对工作、对人的关心程度模式为依据，认为领导者的工作效率是以能激励下属达到组织目标并在工作中得到满足的能力来衡量的。领导者的基本职能在于制定合理的、员工所期待的报酬，同时为下属实现目标扫清道路、创造条件。根据该理论，领导方式可以分为以下四种。

(1) 指示型领导方式。领导者应该对下属提出要求、指明方向，给下属提供他们应该得到的指导和帮助，使下属能够按照工作程序去完成自己的任务，实现自己的目标。

(2) 支持型领导方式。领导者对下属友好，平易近人，平等待人，关系融洽，关心下属的生活福利。

(3) 参与型领导方式。领导者经常与下属沟通信息、商量工作，虚心听取下属的意见，让下属参与决策、参与管理。

(4) 成就指向型领导方式。领导者做的一项重要工作就是树立具有挑战性的组织目标，激励下属想方设法去实现目标、迎接挑战。

路径—目标理论说明，领导者可以而且应该根据不同的环境特点来调整领导方式和作风，当领导者面临一个新的工作环境时，他可以采用指示型领导方式指导下属建立明确的任务结构和明确每个人的工作任务。之后可以采用支持型领导方式，这样有利于与下属形成一种协调和谐的工作气氛。当领导者对组织的情况进一步熟悉后，可以采用参与型领导方式积极主动地与下属沟通信息、商量工作，让下属参与决策和管理。在此基础上，就可以采用成就指向型领导方式，领导者与下属一起制定具有挑战性的组织目标，然后为实现组织目标而努力工作，并且运用各种有效的方法激励下属实现目标。研究结果表明，路径-目标理论对于上层职位和专业性工作特别有用，因为这些岗位上领导者的行为能对工作环境的设计工作施加相当大的影响。但其用于日常生产工作则不明显，因为领导者无法为这些日常工作更令人满意而做更多的事情。

4. 领导者参与模型

1973 年维克多·弗洛姆(Victor Vroom)和菲利普·耶顿(Phillip Yetton)提出了领导者参与模型(leader-participation model)，该模型将领导行为与参与决策联系在一起。由于认识到常规活动和非常规活动对任务结构的要求各不相同，研究者认为领导者的行为必须加以调整来适应这些任务结构。领导者参与模型是规范化的，它提供了根据不同的情境类型而遵循的一系列规则，以确定参与决策的类型和程度。这一复杂的"决策树"模型包含 7 项权变因素(可通过"是"或"否"选项进行判定)和 5 种可供选择的领导风格。

弗洛姆和亚瑟·杰戈(Arthur Jago)后来又对该模型进行了修订。新模型包括与过去相同的 5 种可供选择的领导风格，但将权变因素扩展为 12 项，其中 10 项按 5 级量表评定。该模型认为对于某种情境而言，以下 5 种领导行为中的任何一种都是可行的：独裁 I(AI)，独裁 II(AII)，磋商 I(CI)，磋商 II(CII)和群体决策 II(GII)

① AI：你使用自己手头现有的资料独立解决问题或做出决策。

② AII:你从下属那里获得必要的信息,然后独自做出决策。在从下属那里获得信息时,你可以告诉或不告诉他们你的问题。在决策中下属的任务是向你提供必要信息而不是提出或评估可行性解决方案。

③ CI:你与有关的下属进行个别讨论,获得他们的意见和建议。你所做出的决策可能受到或不受下属的影响。

④ CII:你与下属们集体讨论有关问题,收集他们的意见和建议。你所做出的决策可能受到或不受到他们的影响。

⑤ GII:你与下属们集体讨论问题,你们一起提出和评估可行性方案,并试图获得一致认可的解决办法。

6.2.4 新领导理论

20世纪80年代以来,越来越多的管理学者和实际工作者开始从另外一个角度研究领导问题,于是提出了"超凡魅力的"(charismatic)或"改革精神的"(transformational)领导者的概念,即能够对本组织发挥非凡影响力的人,就是有超凡魅力的或有改革精神的领导者。

1. 美国管理学家巴斯关于改革精神的领导理论

伯纳德·巴斯(Bernard M. Bass)把领导者分为两类:"执行型"和"改革型"领导者。前者为下属提出需要做什么、有哪些要求,并且帮助下属树立信心,只要付出必要的努力,一定能达到组织与个人的目标;后者则通过提高对完成任务的价值与重要意义的认识,通过强调集体和组织的利益高于个人的利益,以及通过强调追求更高层次的需求等,来激励下属完成比原来预期更多的工作。

巴斯认为,前述三种领导理论(费德勒模型、情境领导理论、路径—目标理论)完全适合于执行型的领导者。当然,这些理论在过去、现在甚至将来都还是可用的、有益的。但是,作为一个领导者,为了取得更好成效,以及对自己的组织发挥更重大的影响力,就必须运用自己个人的想象力和精力去鼓舞下属。

2. 美国管理学家博伊德的领导技能理论

美国管理学家理查德·博伊德(Richard Boyd)在巴斯理论的基础上,提出了"改革精神"的领导者必须具备的5种新的领导技能。

① 预见技能。对经常不断变化的内外部环境能深谋远虑。

② 想象技能。运用说服和榜样诱导下属按领导者或整个组织的意图行事。

③ 价值观综合技能。把员工在经济、安全、心理、精神、美学和物质等方面的需求综合起来,以便使人们有共同的动机、价值观和目标。

④ 授权技能。乐意并且有效地与下属分享权力。

⑤ 自知或反省技能。既明白自己的需求与目标,也了解下属的需求和目标。

博伊德认为,上述这些新的领导技能并不是生来就具备的,而是在实践中锻炼、培养、学习和提高的结果。

3. 豪斯的超凡魅力领导理论

罗伯特·豪斯认为,超凡魅力的领导者拥有非常大的权力,其中一部分来自于他对影响其他人的一种需求,因此他应该具备强烈的自信心、强大的支配力,以及对于信念和道德的坚定性,以便使下属确认跟随他是正确的。豪斯还指出,超凡魅力的领导者能提出一个有想象力的、更远大的目标,从而赢得追随者的支持。这样的领导者还应该细心地创造一个成功而又能胜任的形象,并以自己的榜样来表达他所坚持的价值观,以便使追随者确信能实现领导者的期望。

6.3 激　　励

领导与激励工作密切相关。领导者要取得被领导者的追随与服从,首先必须能够了解被领导者的愿望并帮助他们实现各自的愿望。可以说,管理者越是懂得什么东西可以激励员工,以及激励如何发挥作用,并把它们在各项管理工作中反映出来,那么,他们就越有可能成为有效的领导者。

6.3.1 激励的概念

激励就是管理者运用各种管理手段刺激被管理者的需要,激发其动机,引导并促进被管理者产生有利于管理目标行为的过程。一般可以从以下三个方面来理解激励的概念。

(1) 激励是一个过程。人的行为都是在某种动机的推动下完成的。对人的行为的激励,实质上就是通过利用能满足人们需要的诱因条件,激发行为动机,从而推动人们采取相应的行为去实现目标,然后再根据人们新的需要设置诱因,如此循环往复。

(2) 激励过程受内外部因素的制约。各种管理措施应与被激励者的需要、理想、价值观和责任感等内在的因素相吻合,才能产生较强的影响力,从而激发和强化工作动机,否则就不会产生激励作用。

(3) 激励具有时效性。每一种激励手段的作用都有一定的时间限度,超过时限就会失效。因此,激励不能一劳永逸,需要持续进行。

6.3.2 激励的作用

激励的主要作用在于激发、调动人的积极性,从而使人们能够更富有成效地努力工作,以取得最大的成效。管理学研究证明,个人的工作成效取决于个人的能力和工作积极性,若用公式来描述即为:$M=F(A,E)$。这里 M 表示工作成效,A 表示工作能力,E 表示工作积极性,F 是它们之间的关系函数,每个人的关系函数应该都不一样。在决定工作成效的因素中,工作能力自然是最基本的。如果通过有效的人事管理,使个人能够胜任工作,那么决定工作效率的关键因素就是工作积极性。并且,个人的能力变化是比较缓慢的,而工作态度、积极性的高低常常可能在短期内发生较大的变化,从而对工作成效产生很大影响。激励恰恰就是要使人保持旺盛的工作热情和积极性。激励的重要作用表现在以下三个方面。

(1) 通过激励来挖掘人的潜力。

人的潜在能力与平时所表现出的能力有时存在很大差别,前者会大大超出后者。人的工作积极性越高,潜在能力就越容易发挥出来。所以,挖掘人的潜在能力,关键就在于有效的激励制度和激励方法。

(2) 通过激励可以为组织吸引优秀人才。

有效的激励制度不仅可以充分调动组织内现有的人才资源,而且还有助于吸引组织外的人才流向组织内部。因为人人都愿意自己的才能得到充分的发挥,并得到公正的满足。有效激励的实质就是能够合理地满足人们的需要,这样的激励制度自然会吸引那些优秀的人才加盟。

(3) 通过激励可以激发员工的创造性。

有效的激励不仅可以调动员工的劳动积极性,而且还会促进员工在工作中发挥自己的创造能力去克服工作中的困难,从而更好地完成任务。这种创造性的工作态度和热情,对组织任务的完成和组织的发展具有重大意义。

6.3.3 激励的过程和作用

激励过程就是一个由需要开始到需要得到满足为止的连锁反应。当人产生需要而未得到满足时,会产生一种紧张不安的心理状态;在遇到能够满足需要的目标时,这种紧张不安的心理就转化为动机,并在动机的驱动下向目标努力;在目标达到后,人的需要得到满足,紧张不安的心理状态就会消除;随后,又会产生新的需求,引起新的动机和行为,这就是激励过程。可见,激励实质上是以未满足的需要为基础,利用各种目标激发产生动机,驱使和诱导行为促使实现目标,提高需要满足程度的连续心理和行为过程,其整个过程如图 6-3 所示。

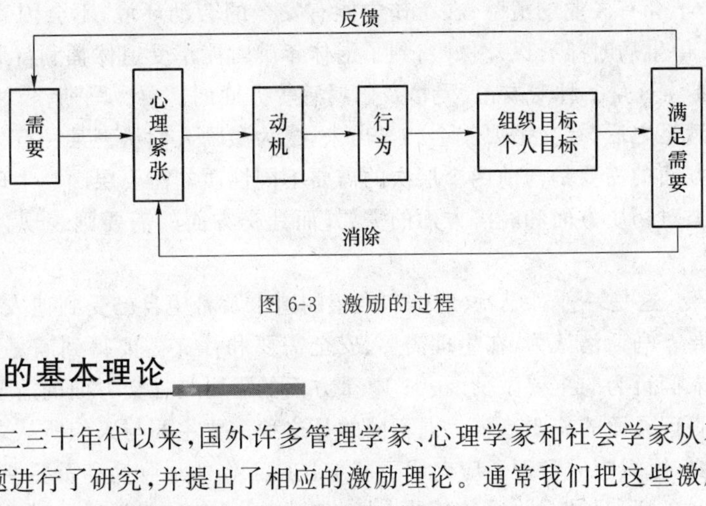

图 6-3 激励的过程

6.3.4 激励的基本理论

自 20 世纪二三十年代以来,国外许多管理学家、心理学家和社会学家从不同的角度对怎样激励人的问题进行了研究,并提出了相应的激励理论。通常我们把这些激励理论分为三大类:内容型激励理论、过程型激励理论和强化型激励理论。

1. 内容型激励理论

需要和动机是推动人们行为的原因。内容型激励理论是着重研究需要的内容和结构及其如何推动人们行为的理论。其中代表性的理论有需要层次理论、双因素理论等。

1) 需要层次理论

需要层次理论是由美国著名的社会心理学家亚伯拉罕·马斯洛(Abraham Maslow)提出来的。这个理论有两个基本论点。①人是有需要的动物,其需要取决于他已经得到了什么,还缺什么,只有尚未满足的需要能够影响行为。换言之,已经得到满足的需要不能再起激励作用。②人的需要都有轻重层次,某层次需要得到满足后,另一层次需要才出现。

马斯洛把人类的各种需要分成5种，并按其优先次序排成阶梯式的需要层次，故这一理论通常被称为“需要层次理论”。马斯洛的需要层次理论可以用图6-4表示。

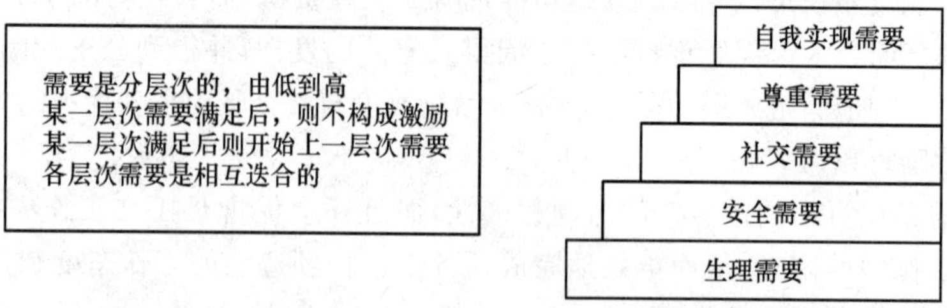

图6-4　需要层次理论

（1）生理需要。即人类对食物、水、服装、空气和住房等的需要。按照马斯洛的观点，生理需要是一切需要之中最占优势的需要，因为这是人类最基本和最原始的需要。可以说，人类生理需要的满足，是人类的其他需要产生的基础，当人类的生理需要满足之后，人类才能提出其他更高级的需要。

（2）安全需要。当生理需要得到基本满足以后，就会出现一系列新的需要，可以概括地称之为安全需要，即人类对生命安全、财产安全、劳动安全和就业安全（工作稳定）等方面的需要。例如，人们希望生命不会遭受疾病的威胁；财产不会遭受各种人为的和非人为的因素的损害；能有稳定的工作，不会有失业的危险；在工作中能有安全的劳动环境，不会因意外的事故而使身体受到伤害；希望生病时能有医疗保险；到了退休年龄时能享受退休福利待遇等。

（3）社交需要。这是一种对友谊、爱情及归属感等方面的需要。马斯洛认为，在生理需要和安全需要得到满足之后，社交需要就会凸显出来，成为激励人们从事某种行为的主要激励因素。人类对社交方面的需要是与前两个层次的需要不同性质的需要层次。生理需要和安全需要主要表现为人类对物质方面和经济方面的需要，而社交方面的需要则表现为人类对心理和精神方面的需要。

（4）尊重需要。这是一种对成就、地位和声望的追求及希望自己受到他人的赏识、尊敬和重视等方面的需要。马斯洛认为，在生理需要、安全需要和社交需要得到满足以后，尊重方面的需要就会成为人们行为的主要激励因素。尊重方面的需要与社交方面的需要一样同属于人类对社会方面和心理方面的需要追求。但不同的是这种需要主要与人们所从事的工作本身有关。针对这种需要，组织中的管理者应向职工着重强调工作的艰巨性和重要性，使人们对自己所从事的工作感到自豪和骄傲，并通过各种表扬、鼓励、授予各种荣誉称号、发给与人们的身份地位有关的各种奖励和给予独立自主地从事工作的机会等来满足人们对尊重的需要，从而调动人们工作的积极性。

（5）自我实现需要。这是更高层次的需要，这种需要就是希望在工作上有所成就，在事业上有所建树，实现自己的理想或抱负。有人认为，这种需要只存在于那些事业心极强的科学家身上，其实这种看法是有片面性的。同尊重需要一样，自我实现需要几乎在任何人身上都有不同程度的表现。

片面看待下属的需要是不正确的，应进行科学分析并区别对待。要将本组织的特点同被管理者的各层次需要联系起来，经过科学分析，找出被管理者的需要及其差别；然后，有针对性地满足被管理者的需要，才能取得良好的激励效果。如表6-3所示。

表 6-3 需要层次在企业中的应用

需要层次	激励因素(追求的目标)	应用
生理需要	食物、空气、住房、家庭幸福	空气调节、基本工资、工作条件
安全需要	职业保障、意外事故的防止	雇佣保证、退休养老金制度、意外保险制度、安全生产制度、危险工种福利制度
社交需要	友谊、团体的接纳、组织的认同	建立和谐的工作团队、建立协商和对话制度、互助金制度、联谊小组、教育培养制度
尊重需要	名誉和地位、权力和责任	人事考核制度、职衔、表彰制度、责任制度、授权
自我实现需要	能发挥个人特长的环境、具有挑战性的工作	决策参与制度、提案制度、破格晋升制度、目标管理、工作自主权

2) 双因素理论

弗雷德里克·赫茨伯格(Frederick Herzberg)是美国研究激励问题的知名学者,他提出了著名的激励—保健因素理论,即双因素理论。赫茨伯格的研究是在 20 世纪 50 年代后期进行的,其对象是匹兹堡地区 11 个工商机构的 2 000 名工程师和会计师。赫兹伯格发现,引起受访人员工作不满的因素大都同他们的工作环境有关,而感到满意的因素则一般都与工作本身有关。据此,他提出了双因素理论。

传统理论认为,满意的对立面是不满意;而双因素理论则认为,满意的对立面是没有满意,不满意的对立面是没有不满意。因此,影响职工工作积极性的因素可分为两类:保健因素和激励因素。

所谓保健因素,就是那些得不到就会造成职工不满的因素,这类因素的改善能够预防和消除职工的不满,但不能使职工感到满意并激发起职工的积极性。它们主要是指公司政策、行为管理和监督方式、工作条件、人际关系、地位、安全和生活条件等。保健因素一般与工作环境和工作条件有关。

所谓激励因素,就是那些得到就会使职工感到满意的因素,唯有这类因素的改善才能让职工感到满意,给职工以较高的激励,调动职工的积极性,从而提高劳动生产效率。它们主要是指工作富有成就感、工作成绩得到认可、工作本身具有挑战性、负有较大的责任、在职业上能得到发展等。激励因素一般与工作内容和工作本身有关,如表 6-4 所示。

表 6-4 保健因素与激励因素

保健因素	激励因素
■ 金钱 ■ 监督 ■ 地位 ■ 安全 ■ 工作环境 ■ 政策与行动 ■ 人际关系	■ 工作本身 ■ 赏识 ■ 进步 ■ 成长 ■ 责任 ■ 成就

善于区分管理实践中存在的两类因素，对于保健因素(如工作条件、福利等)要给予基本的满足，以消除下级的不满；要学会正确识别与挑选激励因素，善于抓住激励因素，进行有针对性的激励。例如，调整工作的分工、加强宣传工作、增加工作的挑战性、实行工作丰富化等来增加员工对工作的兴趣，千方百计地使员工满意自己的工作，从而达到有效激励的效果。

但是，在不同国家、不同地区、不同时期、不同阶层、不同组织甚至是每一个人，最敏感的激励因素是各不相同的，有时差别还很大。因此，必须在分析上述因素的基础上，灵活地加以确定。例如，工资在发达国家的一些企业中不是激励因素，但在我们国家的许多企业中对员工仍是一个非常重要的激励因素。

2. 过程型激励理论

过程型激励理论是着重研究人们选择其所要进行的行为的过程，即研究人们的行为是怎样产生的，是怎样向一定方向发展的，如何能使这个行为保持下去，以及怎样结束行为的发展过程。它主要包括亚当斯的公平理论和弗鲁姆的期望理论。

1) 公平理论

公平理论是以心理学者称作"认知不协调"的概念为基础，由美国心理学家斯泰西·亚当斯(J. Stacey Adams)于20世纪60年代首先提出来的。这一理论的基本认识是所有人都期望他在工作中的投入(如努力、技能等)和产出(如工资或其他满足)之间保持一定的关系，所有不协调(不公平)的存在都激励着人们去达到协调(公平)和减少不协调(不公平)。

公平理论的基本观点：当一个人做出了成绩并取得了报酬以后，他不仅关心自己所得报酬的绝对量，而且关心自己所得报酬的相对量。因此，他要进行种种比较来确定自己所获报酬是否合理，比较的结果将直接影响今后工作的积极性。

根据公平理论可知，经过比较，如果员工感觉不公平，员工会竭力地采取措施来消除不公平感。通常采取以下5种行为：①曲解自己或比较对象的投入或产出；②采取某种行为来改变自己的投入或产出；③采取行为使比较对象的投入或产出发生改变；④选择不同的对象以平衡心理；⑤辞去自己的工作。

2) 期望理论

维克多·弗洛姆(Victor Vroom)的期望理论认为：只有当人们预期到某一行为能给个体带来某种有吸引力的结果时，个体才会采取这一特定行为。根据这一理论的研究，人们对待工作的态度取决于对下述三种联系的判断。

(1) 期望值：努力-绩效的联系。需要付出多大努力才能达到某一绩效水平？自己是否真能达到这一绩效水平？概率有多大？人们总是希望通过一定的努力达到预期的目标，如果个人主观认为达到目标的概率很高，就会有信心，并激发出很强的工作力量。反之，如果他认为目标太高，通过努力也不会有很好的绩效时，就失去了内在的动力，导致工作消极。

(2) 联系度：绩效-奖励的联系。当达到这一绩效水平后，会得到什么奖励？人总是希望取得成绩后能够得到奖励，当然这个奖励也是综合的，既包括物质上的，也包括精神上的。如果他认为取得绩效后能得到合理的奖励，就可能产生工作热情，否则就可能没有积极性。

(3) 效价：奖励-个人目标的联系。这一奖励能否满足个人目标？吸引力有多大？人总是希望自己所获得的奖励能满足自己某方面的需要。然而由于人们在年龄、性别、资历、社会地位和经济条件等方面都存在差异，他们对各种需要要求得到满足的程度就不同。因此，对于不同的人采用同一种奖励办法能满足的需要程度不同,能激发出的工作动力也就不同。

期望理论的基础是自我利益,它认为每一个员工都在寻求获得最大的自我满足。期望理论的核心是双向期望:管理者期望员工的行为,员工期望管理者的奖励。期望理论的假设是管理者知道什么对员工最有吸引力。期望理论的依据是员工个人的直觉与判断,而与实际情况不相关。不管实际情况如何,只要员工以自己的直觉确认自己经过努力工作就能达到所要求的绩效,达到绩效后又能得到具有吸引力的奖励,他就会努力工作。

3. 强化型激励理论

强化理论是由美国心理学家斯金纳(Skinner)首先提出的。该理论认为人的行为是对其所受刺激的函数。如果这种刺激对他有利,则这种行为就会重复出现;若对他不利,则这种行为就会减弱直至消失。因此管理者要采取各种强化方式,以使人们的行为符合组织的目标。根据强化的性质和目的,强化可以分为正强化和负强化两大类型。

1) 正强化

所谓正强化,就是奖励那些符合组织目标的行为,以便使这些行为得到延续和加强,从而有利于组织目标的实现。正强化的刺激物不仅包含奖金等物质奖励,还包含表扬、晋升、改善工作环境等精神奖励。为了使强化能达到预期的效果,还必须注意实施不同的强化方式。有的正强化是连续的、固定的,如对每一次符合组织目标的行为都给予强化,或每隔一段固定的时间都给予一定数量的强化。尽管这种强化有及时刺激、立竿见影的效果,但久而久之人们就会对这种正强化有越来越高的期望,或者认为这种正强化是理所应当的。管理者要么不断加强这种正强化,否则其作用会减弱甚至不再起到刺激行为的作用。另一种正强化的方式是间断的、时间和数量都不固定的,亦即管理者根据组织的需要和个人行为在工作中的反映,不定期、不定量地实施强化,使每一次强化都能起到较大的效果。实践证明,后一种正强化方式更有利于组织目标的实现。

2) 负强化

所谓负强化,就是惩罚那些不符合组织目标的行为,以使这些行为削弱直至消失,从而保证组织目标的实现不受干扰。实际上,不进行正强化也是一种负强化的表现。同样,负强化也包含着减少奖酬或罚款、批评、降级等方式。实施负强化的方式与正强化的方式有所差异,应以连续负强化为主,即对每一次不符合组织目标的行为都应及时予以负强化,消除人们的侥幸心理,减少直至消除这种行为重复出现的可能性。

在管理实践中应用强化型激励理论,应注意以下问题。

(1) 要依照强化对象的不同采用不同的强化措施。人们的年龄、性别、职业、学历、经历等不同,需要就不同,强化方式也应有所区别。如有的人更重视物质奖励,有的人更重视精神奖励,此时就应区分情况,采用不同的强化措施。

(2) 及时反馈。一个人在实施某种行为以后,如果没有及时反馈,领导者没有注意到这种行为,这种行为重复发生的可能性就会减小以至消失。所以,必须利用及时反馈作为一种强化手段。

(3) 在运用强化手段时,应以正强化为主;同时,必要时也要对坏的行为给予惩罚,做到奖惩结合。

6.3.5 有效的激励手段与方法

激励的方法指在关怀、尊重、体贴、理解的基础上,以诚挚的感情、合情合理的分析,实事求是的科学态度，恰如其分的手段，对受激励的对象以启发和开导，调动其内在积极因素，促使其振奋精神、积极向上、努力进取。

激励的方法分为精神激励法和物质激励法两大类。

1. 精神激励法

(1) 目标激励。企业目标是企业凝聚力的核心，它体现了职工工作的意义，能够在理想和信念的层次上激励全体职工。实施目标激励，企业应对自己的长远目标、中期目标和近期目标进行宣传，使职工更加了解企业，了解自己在目标的实现过程中应起到的作用。此外，应注意把组织目标和个人目标结合起来，宣传两者的一致性，使大家了解到只有在完成企业目标的过程中，才能实现个人的目标。这样，职工就会对企业产生强烈的感情和责任心，就能自觉地关心企业的利益和发展前途。

(2) 情感激励。古人云："感人心者莫先于情。"情感是人们对于客观事物是否符合人的需要而产生的态度和体验，是人类所特有的心理机能。当客观事物符合人的需要时，就会产生满意、愉快、欢乐等情感；反之，就会产生忧郁、沮丧等消极情感。现代领导者不仅要注意以理服人，更要强调以情感人。情感激励就是领导要加强与职工的感情沟通，尊重职工，使职工始终保持良好的情绪以激发职工的工作热情。

(3) 榜样激励。所谓榜样激励，也就是典型激励。典型是公开树立起来的旗帜，典型的力量是无穷的，运用先进典型教育职工和带动职工，是组织经常用的一种行之有效的激励方法。在实际工作中，应注意发现和及时正确地宣传好的典型，发挥典型的导向作用，使好人好事得到社会和大众的承认和尊重，使人们向先进看齐，以先进为榜样，培养健康、向上的情操。

(4) 行为激励。从管理心理学的角度来看，每个人都会对他周围的人产生行为影响力。但由于权力、地位、资历、品德、才能和心理素质等情况的不同，每个人对他周围的人产生的行为影响力的大小是不同的。一般来说，职位越高的领导者，其影响力就越大。正因为如此，领导者只有加强自身修养，通过自己的言传身教，树立权威和表率，充分发挥自然性影响力，才能更好地影响、激励职工。

(5) 考核激励。就是对职工的思想、业务水平、工作表现和完成任务等方面进行考核，对政绩突出、表现优秀者给予奖励、晋升，对不胜任者要换职换岗，必要时还应降职处理。这种做法的目的是给职工造成一种压力，从而促使其振奋精神、积极进取。

(6) 尊重激励。自尊心是一种高尚纯洁的心理品质。自尊心是人们潜在的精神能源，前进的内在动力。一个人的自我尊重需要得到满足，就会对自己充满信心、对他人满腔热情，从而更好地感受人生的价值。反之，一个人的自我尊重需要得不到满足，就可能会消极颓废、自暴自弃、畏缩不前。

要注意的是不同文化环境中成长起来的人，对尊重的理解是不一样的。东方文化认为尊重人主要是给面子，不能伤面子；而西方文化认为给面子不是真正的尊重，尊重是要实事求是地承认个人的价值。类似这种差别在管理中是应当注意的。

(7) 关怀激励。就是把他人的政治利益、物质利益和精神生活的需要时刻放在心里。对于他人的工作、学习、生活、成长和进步给予关心和支持。通过关心他人的冷暖和切身利益，帮助其排忧解难，使其认识到自我存在的价值，从而让他人产生更好的精神力，积极工作，多做贡献。

(8) 危机激励。危机就是潜在的危险,危机激励就是企业领导要不断地向员工灌输危机观念,让他们明白企业生存环境的艰难,以及由此可能对他们的工作、生活带来的不利影响,使人产生危机感,从而更好地激励他们自发地努力工作。

(9) 表扬激励。表扬激励就是对好人好事给予公开赞扬,对人们身上存在的积极因素和积极表现及时肯定、鼓励和支持。从心理学特点来讲,人们都喜欢接受表扬,不愿接受批评。从每个人的身上看,积极因素总的来说始终是占主要方面的,能把消极因素转化为积极因素,把大多数人的积极性调动起来,促进工作的顺利进行。

(10) 荣誉激励。荣誉是社会或组织对个体或群体的崇高评价,是满足人们自尊需要、激发人们奋力进取的重要手段。荣誉激励成本低廉,但效果很好。美国IBM公司有一个"百分之百俱乐部",当公司员工完成他的年度任务时,他就被批准成为"百分之百俱乐部"成员,他和他的家人被邀请参加隆重的聚会。结果,公司的雇员都将获得"百分之百俱乐部"会员资格作为第一目标,以获取那份光荣。这一激励措施有效地利用了员工的荣誉需要,从而取得了良好的激励效果。

2. 物质激励法

物质激励法指的是通过满足人们对物质利益的需要来激励人们的行为、调动人们工作积极性的方法。物质利益是人们生存和发展的基础。不同的人对物质利益的要求是不同的。但总的来说,它仍是现阶段最重要的个人利益之一。所以,物质激励法也是管理中最重要的激励方法。

(1) 晋升工资。工资是人们获得工作报酬的主要形式,它与奖金的主要区别在于工资具有一定的稳定性和长期性。晋升工资的激励方法一般用于一贯表现较好,长期以来工作业绩突出的职工。

(2) 颁发奖金。奖金是针对某一件值得奖励的事情给予的奖赏。奖金与工资不同,它的灵活性大,不具有长期性、稳定性的特点。奖金也是一种重要的物质激励手段,一般适用于特殊事情的激励。

(3) 其他物质奖赏。除了货币性的工资与奖金之外,常用的还有住房、轿车、带薪休假等可为人们提供其他物质利益的激励手段。特别是有些激励方法带有物质型激励与精神型激励相结合的特征,如高尔夫球俱乐部会员证,对个人来说,参加高尔夫球运动不仅是一种享受,而且在一定社会圈子中它还代表着一种地位和身份,给人以自尊需要的满足感。另外,当代很多企业实行职工持股制度,给予股份奖励也都是一种物质奖励手段。

在实施物质激励时应注意以下几方面。

(1) 物质激励应与企业的相应制度结合起来。制度是目标实现的保障。因此,物质激励效应的实现也需要依靠相应的制度来保障。例如,物质奖惩标准在事前就应制定好并公之于众,并且形成制度稳定下来,而不能靠事后的"冲动",想起来则奖励一下,想不起来就作罢,那样达不到激励的目的。

(2) 物质激励必须公平、公正,但注意防止"平均主义"。美国心理学家亚当斯的公平理论告诉管理者必须对所有职工一视同仁,按统一标准奖罚,不偏不倚,否则将会产生负面效应。此外,还必须要反对"平均主义",平均分配奖励等于无效激励。

(3) 企业要通过物质奖励调动职工积极性,应把奖金与工资分开发放。如果把奖金与工资一起发放,容易使员工把工作应得的和额外奖励的混为一谈,职工不一定会有受奖励的喜悦。

本章小结

领导是引导和影响个人或组织在一定的条件下，去跟随实现组织目标的行动过程。领导者必须有追随者，必须拥有影响其追随者的能力与力量。拥有权力且适当地使用权力是领导者的基本素质。管理者的权力包括：合法性权力、奖赏性权力、强制性权力、参照性权力和专长性权力。

管理和领导是两个既相互区别又相互联系的概念。管理的权力建立在合法性权力和强制性权力的基础之上，而领导的权力既可以是建立在合法的、强制性的权力基础上，也可以建立个人的影响力和参照性权力等基础上。

影响领导有效性的因素及如何提高领导的有效性是领导理论研究的核心。根据对领导特性来源的不同解释，可将领导特质理论分为传统特质理论和现代特质理论。传统特质理论认为领导者所具有的特质是天生的，由遗传因素所决定；现代特质理论则认为领导者的特质和特性是在实践中形成的，是可以通过教育和训练培养的。

在对领导行为的研究中，主要集中于研究领导者具备什么样的领导行为、领导风格才能提高领导绩效。典型的有怀特和李皮特的三种领导方式理论，领导连续流理论，利克特的四种管理方式理论，管理方格理论，领导四分图理论等。这些理论主要从领导者对生产的关心和对人的关心两个维度，以及上级的控制与下属的参与等角度对领导行为进行分类研究。但是这些领导行为的类型与绩效之间的关系显然依赖于领导所处的情境因素。

激励就是管理者运用各种管理手段刺激被管理者的需要，激发其动机，引导并促进被管理者产生有利于管理目标行为的过程。激励的基本理论包括内容型激励理论、过程型激励理论和强化型激励理论。内容型激励理论有需要层次理论、双因素理论；过程型激励理论包括公平理论、期望理论；强化型激励理论有正强化和负强化两大类型。有效的激励方法分为精神激励法和物质激励法两大类。

思考题

1. 什么是领导？领导在管理中的作用具体表现在哪些方面？
2. 阐述领导与管理的区别。
3. 如何根据不同的标准分析和研究不同类型领导的特点？
4. 费德勒权变理论的主要观点是什么？该理论对管理者有何启示？
5. 路径—目标理论的主要观点是什么？该理论对管理者有何启示？
6. 解释说明管理方格理论的主要内容。
7. 激励的本质是什么？如何认识激励的过程和人的行为的联系？
8. 阐述各种激励理论的基本内容，指出它们对管理工作的贡献和局限性。

第7章 沟　通

避雷针效应：在高大建筑物顶端安装一个金属棒，用金属线把这根金属棒与埋在地下的一块金属板连接起来，利用金属棒的尖端放电及金属的导电性，使云层所带的电和地上的电逐渐中和，从而保护建筑物避免雷击。避雷针效应同样适用于人际沟通，人因疏导而通，避免了相互间的不协调，这里的疏导就是沟通。

7.1 沟通的定义和作用

7.1.1 沟通的定义

对于沟通(communication)的定义，一直以来众说纷纭。人们有关沟通的定义已达到100多种。

(1) 托马斯·贝特曼认为，沟通就是信息和意图通过公用的符号从一方传递到另一方的过程。

(2)《韦氏大辞典》认为，沟通是文字、文句或消息的交流，思想或意见的交换。

(3) 西蒙认为，沟通可视为任何一种程序，借此程序，组织中的某一成员，将其所决定的意见或前提传送给其他成员。

从以上对沟通的解释可以得知，沟通既可以是通信工具之间，人与机器之间，也可以是组织之间，甚至是组织与个人、个人与个人之间的信息交流。因此，沟通是信息的传递和理解。

沟通是信息传递和理解的过程，是两个人或多个人之间进行的在事实、思想、意见和情感等方面的交流。因此，沟通是指可理解的信息或思想在两个或两个以上人群中的传递或交换的过程，其目的是激励或影响人的行为。

信息沟通对于企业来说，就像神经系统对人体一样不可缺少，它是人们之间传递思想和交流信息的过程。任何一个管理过程都包含两种性质的运动形式：一是物质流，即人、财、物的输入、输出；二是信息流，指各种信息的传递、接收和处理。管理者通过信息流掌握物质流的状况，进而指挥物质流的运动。一般来说，管理者应较少地与“具体的事物”打交道，而更多的是与“事物的信息”打交道。管理者要想做好管理工作，必须掌握尽可能多的信息。

因此，沟通的内容包括以下几层主要含义：①沟通的对象是人，且必须涉及两个人以上；②沟通必须要有一定的信息情报，即传递和交流的内容；③沟通必须借助于一定的媒体才能进行，如口头和文字；④信息只有被接受和理解，沟通过程才算完整；⑤不同意见之间的争论也是一种有效的沟通方式。

从沟通的组成来看，一般包括三个方面：沟通的内容（文字）、沟通的语调和语速（声音）、沟通的行为姿态（肢体语言）。同样的文字在不同的声音和行为下，表现出的效果是截然不同。所以有效的沟通应该是这三者的融合。

7.1.2 沟通的重要性

沟通对管理者的重要性主要体现在以下几个方面。首先，沟通是计划、组织、领导和控制等管理职能得以实施和完成的基本条件。例如，组织目标的确定和理解需要沟通，计划的下达与执行需要沟通，奖惩制度、薪酬福利制度的落实需要沟通，目标实现的标准及如何评估也需要沟通。只有保持信息的传递畅通，并得以理解和反馈，才能更好地实现各项管理职能。其次，沟通也是管理者的重要工作。通过沟通，管理者把组织内部的成员联结起来实现组织的目标，没有沟通不可能进行群体或组织的活动，沟通的效率及沟通的效果将对组织的整体绩效有重要影响。最后，沟通还为组织建立起同外界联系的桥梁，任何组织只有通过与外界的沟通才有可能成为一个与外部环境发生相互作用的开放系统。

普林斯顿大学曾对一万份人事档案进行分析，结果发现："智慧""专业技术"和"经验"只占成功因素的 25%，其余 75%取决于良好的人际沟通。沟通与管理成效密切相关，管理者每时每刻都离不开沟通。

松下幸之助说："企业管理过去是沟通，现在是沟通，未来还是沟通。"可见有效的沟通在管理中的地位意义深重。从某种意义上来说，整个管理工作都与沟通有关。计划者与企业外部人士的交流，组织者与被组织者的信息传递，领导者与下属的感情联络，控制者与控制对象的纠偏工作无不与沟通相联系。

有效的内部沟通既有利于与质量管理体系相关的信息传递，同时还是良好企业文化的根基。企业内部良好的沟通文化可以使所有员工真实地感受到沟通的快乐和绩效。有效的沟通也能为企业提供工作的方向、了解内部成员的需要、了解管理效能的高低等。因此，有效地进行沟通对企业具有重要意义。许多企业已经认识到沟通的重要性，它不仅仅是企业与外部的信息交流，企业的内部沟通也与企业经营的成败存在千丝万缕的联系。

☎【小资料】

AC 航班坠落事件

一个初春的晚上 7:40，AC 航班正飞行在离目的地 K 市不远处的高空。机上的油量还可维持近两个小时的航程。在正常情况下，像 AC 这样的航班，由此地飞行到降落 K 机场，仅需不到半小时的时间。可以说，飞机的这一缓冲保护措施是安全的。但没有想到，AC 航班在降落前遭遇了一系列耽搁和问题。

首先，晚上 8:00，K 机场航空交通管理员通知 AC 航班飞行员，由于机场出现了严重的交通问题，他们必须在机场上空盘旋待命。8:45，AC 航班的副驾驶员向机场报告他们飞机的燃料快用完了，交通管理员收到这一信息。然而，在 9:24 之前，飞机并没有被批准降落机场。而在此之前，AC 航班机组成员没有再向 K 机场传递任何情况十分危急的信息，只是飞机座舱中的机组成员在相互紧张地通告说他们的燃料供给出现了危机。

9:24,AC航班第一次试降失败。由于飞行高度太低及能见度太差的原因,飞机安全着陆没有保证。当机场指示AC航班进行第二次试降时,机组成员再次提到他们的燃料将要用尽,但飞行员还是告诉机场交通管理员说新分配的飞行跑道"可行"。9:32时,飞机有两个引擎失灵了,1分钟后,另外两个引擎也停止了工作。耗尽燃料的飞机终于在9:34坠毁于K市,机上73名人员全部遇难。

当事故调查人员考察了飞机座舱中的磁带并与当事的机场交通管理员交谈之后,他们发现导致这场悲剧的原因实际上很简单:机场方面不知道AC航班的燃料会这么快耗尽。下面是有关人员对这一事件所做的调查。

第一,飞行员一直说他们"油料不足",交通管理员则告诉调查者,这是飞行员们惯用的一句话。当因故出现降落延误时,管理员认为,每架飞机都不同程度地存在燃料问题。但是,如果飞行员发出"情况危急"的呼声,交通管理员有义务优先为其导航,并尽可能迅速地允许其着陆。一位交通管理员这样指出,如果飞行员表明情况十分危急,那么,所有的规则程序都可以不顾,我们会尽可能以最快的速度引导其降落的。事实是AC航班的飞行员从未说过"情况危急",由此导致K机场交通管理员一直未能理解到飞行员所面临的真正问题。

第二,AC航班飞行员的语调也并未向交通管理员传递有关情况危急的严重信息。机场交通管理员普遍接受过专门训练,可以在多数情况下捕捉到飞行员声音中极细微的语调变化。尽管AC航班机组成员内部也表现出对燃料问题的极大忧虑,但他们向K机场传达信息时的语调却是冷静而职业化的。

另外也应当指出,AC航班的飞行员不愿意声明情况危急是有一些客观的原因的。如按条例规定,驾驶员在飞行中做了危急情况报告之后,他们事后需要补写出长篇的、正式的书面汇报交给有关方面。还有,发出危急情况报告后如果飞行员被发现在估算飞机在飞行中需要多少油量方面存在严重的疏漏,那么飞行管理局就有理由吊销其驾驶执照。这些消极的强化因素,在相当程度上阻碍着飞行员发出紧急呼救。在这种情况下,飞行员的专业技能和荣誉感便会变成一种"赌注"!

7.2　沟通的类型与方法

7.2.1　沟通的类型

在管理系统中进行沟通,根据不同的标准进行划分,可以将沟通分为以下几种不同的类型。

1. 按组织中的沟通渠道划分

信息在组织中可能通过组织规定的正式渠道流动,也可能通过组织非正式的渠道流动。

1) 正式沟通

正式沟通是指按照组织设计中事先规定好的结构系统和信息流动的路径、方向、媒体等进行的信息沟通,如公函、会议、情报调查研究等。例如,当管理者要求员工完成某项任务的时候,他是在进行正式沟通。正式沟通的优点在于:正规、严肃、有权威性;参与沟通的人员普遍具有较强的责任心和义务感，从而易保持所沟通信息的准确性及保密性。正式沟通的缺点在于：过于刻板，缺乏灵活性；信息传播范围受限制；传播速度比较慢。

2）非正式沟通

非正式沟通是指以正式组织途径以外的信息沟通方式，如私下交换意见、传播信息、谈话、聊天等。如员工在餐厅或走廊间的交谈都属于非正式沟通。非正式沟通一般有单线式、流言式、偶然式、集束式四种方式。单线式沟通是通过一长串的人把信息传递给最终的接受者；流言式沟通是某人积极主动地寻找并告诉任何人；偶然式沟通是一个不规则的过程，信息的发送者在这个过程中随机地把信息传递给别人，然后这些接受者又按同一方式告诉别人；集束式沟通是发送者把信息告诉经过选择的人，此人又依次把信息转告其他经过选择的人。

非正式沟通的特点在于沟通方式比较灵活方便，但也伴随着随意性强、信息扭曲和失真可能性大等缺点。非正式沟通能够发挥作用的基础是组织中良好的人际关系。

2. 按沟通信息的流向划分

组织中的沟通可以是向上的、向下的，也可以是平行的。

1）上行沟通

上行沟通即自下而上的沟通。是指在组织职权层级中，信息由下而上流动，如下级向上级提出自己的意见或建议等。它通常存在于参与式或民主式管理的组织环境之中，如下属提交的工作绩效报告、合理化建议、员工意见调查表、投诉程序等。

自下而上的沟通一般有两种形式：一是上对下征求意见，包括调查、召开座谈会、汇报会，设置意见箱、建立来信来访的接待制度、设立接待日制度、同下级进行不拘形式的交谈等；二是下主动向上反映情况、提出意见或建议。下对上主动汇报和反映情况，是下对上沟通的重要组成，各种报表就是典型的汇报工具。

2）下行沟通

下行沟通即自上而下的沟通，是指信息从上级逐层地向下级传递的沟通，这是组织下达指令、发布指示、表达愿望的通道。其通常的表现形态是在组织职权层级链中，信息由高层成员向低层成员流动，如上级向下级发布各种指令、指示、命令、指导文件和规定等。这种自上而下的沟通在实行专制式领导的组织中尤为突出。

因此，组织内部下行沟通主要包括以下几个方面：①对分配给员工的任务及其工作方法给予明确、详细的工作描绘和指导；②从组织的整体出发，向员工说明如何和为什么要使其工作与组织总目标相一致；③向员工介绍有关组织过去、现在、将来的各方面情况，同时说明组织的有关规章制度和工作程序；④对员工的绩效评估应着眼于完成工作的好坏，排除性别、年龄、资历、社会背景等其他因素干扰；⑤组织理念要着重于培养员工为组织目标的实现努力的意愿。

自上而下的沟通中常存在以下问题：①信息的分享不够；②信息冗余量过大；③信息精确度较低；④动态信息过少。

3）横向沟通和斜向沟通

在同一组织层次的员工之间发生的沟通，称之为横向沟通。这种内部交流信息的方式常常可以起到协调行动的作用。斜向沟通，也称为交叉沟通，是指信息在处于不同组织层次的没有直接隶属关系的人员或单位间的沟通。这种沟通常常发生在直线部门与参谋部门之间，而在这些部门中参谋人员具有一定的职能权限。

3. 按是否进行信息反馈划分

这是根据沟通的过程中是否进行反馈来划分的，可以分为单向沟通和双向沟通。

1）单向沟通

单向沟通，即不具有反馈渠道的信息沟通。它比较适用于以下情况：问题简单但时间比较紧；下属易于接受方案；下属没有了解问题的足够信息；上级缺乏处理负反馈的能力。单向沟通信息传递速度快、安静、压力小，但是不易被理解、计划要求高。

2）双向沟通

双向沟通是指具有反馈渠道的信息沟通。它比较适用于以下情况：时间充裕，但问题棘手；下属对方案的接受程度至关重要；下属能提供有价值的信息与建议；上级能建设性地处理负反馈。双向沟通信息传递速度慢、吵闹、容易理解。但是，沟通中随时会受到对方的挑剔或批评，因而心理压力大；同时对应变能力的要求过高。表 7-1 为单向沟通与双向沟通的比较。

表 7-1 单向沟通与双向沟通的比较

因素	结果
时间	双向沟通比单向沟通需要更多的时间
信息和理解的准确程度	在双向沟通中，接受者理解信息和发送者意图的准确程度大大提高
接受者和发送者的置信程度	在双向沟通中，接受者和发送者都比较相信自己对信息的理解
满意	接受者比较满意双向沟通，发送者比较满意单向沟通
噪声	由于与问题无关的信息较易进入沟通渠道，双向沟通的噪声比单向沟通要大得多

4. 按信息沟通的网络划分

在沟通中，信息的流动总是要经过某些人和机构传递的，这就形成了一个由各种通道构成的网络。沟通网络的基本形式有链式沟通、轮式沟通、Y 式沟通、环式沟通、全通道式沟通 5 种，如图 7-1 所示。

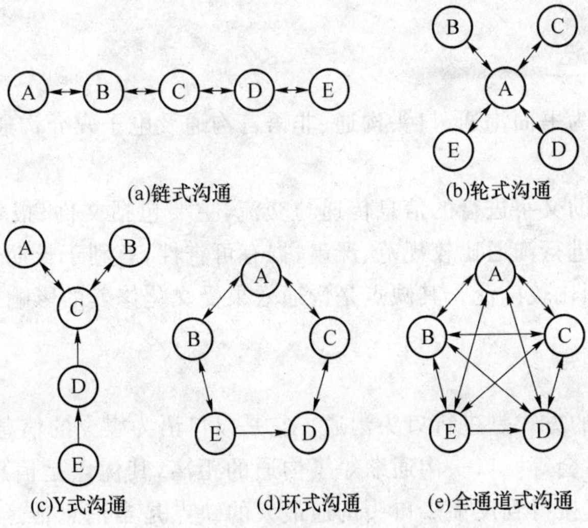

图 7-1 沟通网络的主要形式

(1) 链式沟通。

链式沟通属于控制型结构,它严格按照直线职权关系和指挥链系统逐级传递信息,信息容易失真,参与成员的联系面窄,平均满意度低。

(2) 轮式沟通。

在轮式沟通中,主管人员分别对四个下级进行沟通联系,而下级之间无沟通。轮式沟通集中化程度高,解决问题速度较快,是加强组织控制、争时间、抢速度的一个有效方法。

(3) Y式沟通。

这是一种只有纵向沟通的模式,是一个有四个层次的组织结构。它比较适用于主管人员的工作任务十分繁重,需要有人选择信息、提供决策依据,同时又要对组织进行有效的控制。

(4) 环式沟通。

组织成员只能与相邻的成员进行沟通,即沟通只能发生在同一部门成员之间或直接上下级之间。环式沟通集中化程度低,组织成员具有比较一致的满意度。如果组织需要创造出一种高昂的士气来实现组织目标,它是一种行之有效的措施。

(5) 全通道式沟通。

每个成员都可以自由地与其他成员沟通,因此沟通速度较快,成员合作气氛浓厚,士气高昂,但是达成一致意见的效率较低。它一般适用于解决复杂问题,增强组织合作精神,提高士气。

以上5种沟通网络类型的比较如表7-2所示。

表7-2 5种沟通网络类型比较

比较项目	链式	轮式	Y式	环式	全通道式
命令明确性	中	高	高	低	低
成员满意度	中	低	低	中	高
复杂任务	中	低	低	中	高
简单任务	中	高	高	中	中

7.2.2 沟通的方法

沟通方法可以分为书面沟通、口头沟通、非语言沟通及电子媒介沟通。

(1) 书面沟通。

书面沟通是指借助文字进行的信息传递与交流,主要包括文件、报告、信件、书面合同等。其优点是以书面方式进行沟通比较规范、严肃,据有可查性,有利于长期保存,同时信息传递准确性较高,传递的范围比较广泛。其缺点是沟通效果受文化修养的影响较大,对情况变化的适应性较差。

(2) 口头沟通。

传递消息最主要的方式是进行口头沟通。它是以口语为媒介的信息传递,如演讲、面对面交谈、报告、讲座、研讨会等。口头沟通缩短了沟通的距离,其优点是信息传递速度快、简单灵活,信息接受者能够直接得到反馈。口头沟通最大的缺点是当消息传递需要经过一大群人的时候,信息往往容易失真;消息经过的人越多,歪曲原意的可能性就越大。

(3) 非语言沟通。

非语言沟通是指借助于非正式语言符号的形式所进行的信息传递，如交通路口的红绿灯信号、警察的手势等。非语言沟通中，最常用的是体态语言和语调。体态语言包括手势、面部表情和其他身体动作；语调是指说话的声调，轻柔平缓和刺耳尖利的语调所传达的意义是完全不同的。表 7-3 为几种常见的非语言信息及其含义。

表 7-3 常见的非语言信息及其含义

非语言信息	典型含义	非语言信息	典型含义
直接目光接触	友好、真诚、自信、果断	鼓起鼻孔	生气、受挫
避开目光接触	冷淡、紧张、害怕、说谎、缺乏安全感	双手发抖	紧张、焦虑、恐惧
挠头	迷惑不解	身体前倾	感兴趣、注意
咬嘴唇	紧张、害怕、焦虑	懒散地坐在椅子上	厌倦、放松
踮脚	紧张、不耐烦、自负	摇椅子	厌倦、自以为是、紧张
双臂交叉在胸前	生气、不同意、防卫、进攻	驼背坐着	缺乏安全感、消极
扬起眉毛	怀疑、吃惊、反感、气愤	坐姿端正	自信、肯定

(4) 电子媒介沟通。

在当今信息时代，我们依赖于各种各样的电子传输媒介来传递发送信息。电子沟通就是以电子符号的形式通过电子媒体而进行的沟通，如通过电报传真、闭路电视、可视电话、计算机网络、电子邮件等有效地传递或保存、处理信息。

表 7-4 为不同沟通方法的比较。

表 7-4 不同沟通方法的比较

沟通方式	举例	优点	缺点
书面沟通	报告、备忘录、信件、内部期刊、布告等	持久、有形、可以核实	效率低、缺乏反馈
口头沟通	交谈、讲座、讨论会、电话、演说等	快速传递、快速反馈、信息量很大	传递中经过层次越多信息失真越严重、核实越困难
非语言沟通	声、光信号、体态、语调、动作、表情等	信息意义十分明确、内涵丰富、含义隐含灵活	传递距离有限、界限模糊、只能意会不能言传
电子媒介沟通	传真、闭路电视、计算机网络、电子邮件(e-mail)等	快速传递、信息容量大、一份信息可同时传递给多人、廉价	单向传递，电子邮件可以交流，但看不见表情

7.3 沟通的过程及元素

沟通发生之前必须存在一个意图，称之为要被传递的信息。它在发送者和接受者之间传递。信息首先被转化为信号形式，然后通过媒介传送给接受者，由接受者将收到的信号再转译过来。这样，要传递的意义或信息就从一个人传给了另一个人。

7.3.1 沟通的过程

沟通过程是指沟通主体对沟通客体进行有目的、有计划、有组织的思想、观念、信息交流，使沟通成为双向互动的过程。如图 7-2 所示，完整的信息沟通过程通常包括以下几个环节。①发送者有向他人传送信息的需要。这里所说的信息是一个广义的概念，它包括观点、想法、资料等内容。②发送者将这些信息编译成接受者能够理解的一系列符号。为了有效地进行沟通，这些符号必须适应媒体的需要。例如，如果媒体是书面报告，符号的形式应选择文字、图表或照片；如果媒体是讲座，就应选择文字、投影胶片和板书等。③通过特定渠道将上述符号传递给接受者。由于选择的符号种类不同，传递的方式也不同。传递的方式可以是书面的，如信、备忘录等；也可以是口头的，如交谈、演讲、电话等；甚至还可以通过身体动作来表述，如手势、面部表情、姿态等。④接受者接受这些符号。接受者根据发送来的符号传递方式，选择相应的接受方式。例如，如果发送来的符号是口头传递的，接受者就必须仔细地听，否则，符号就会丢失。⑤接受者将这些符号编译为具有特定含义的信息。由于发送者翻译和传递能力的差异，以及接受者接受和翻译水平的不同，信息的内容和含义经常被曲解。⑥接受者理解信息的内容。⑦发送者通过反馈来了解他想传递的信息是否被准确无误地接受。一般来说，由于沟通过程中存在着许多干扰和扭曲信息传递的因素（通常把这些因素称为噪声），使得沟通的效率大为降低。因此，发送者了解信息被理解的程度也是十分必要的。沟通过程中的反馈，构成了信息的双向沟通。

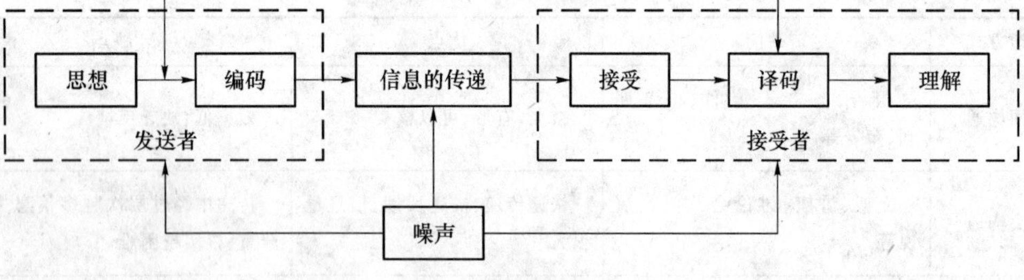

图 7-2　信息沟通过程

7.3.2 沟通的元素

人与人的沟通过程包括输出者、接受者、信息、渠道四个主要元素。

(1) 输出者。

信息的输出者就是信息的来源，他必须充分了解接受者的情况，以选择合适的沟通渠道利于接受者的理解。要顺利地完成信息的输出，必须对编码和解码两个概念有基本的了解。编码是指将想法、认识及感觉转化成信息的过程；解码是指信息的接受者将信息转换为自己的想法或感觉。在从事编码的过程中，注意以下几个方面有利于提高编码的正确性。

① 相关性。信息必须与接受者所知道的范围相关联，如此才可能使信息为接受者所了

解。所有信息必须以一种对接受者有意义或有价值的方式传送出去。

② 简明性。尽量将信息转变为最简明的形式,因为越是简明的方式,越可能为接受者所了解。

③ 组织性。将信息组织成有条理的若干重点,可以方便接受者了解及避免接受者承担过多的负担。

④ 重复性。主要是在口语的沟通中,重复强调重点,以利于接受者的了解和记忆。

⑤ 集中性。将焦点集中在信息的几个重要层次上,以避免接受者迷失在一堆杂乱无章的信息之中。在口语沟通中,可凭借特别的语调、举止、手势或面部表情来表达这些重点。若是文字沟通方式,则可采用画线或强调语气来突出内容的重要性。

(2) 接受者。

接受者是指获得信息的人。接受者需要从事信息解码的工作,即将信息转化为他所能了解的想法和感受。这一过程要受接受者的经验、知识、才能、个人素质及对信息输出者的期望等因素的影响。接受者要经过接收、译码、理解等才能了解所收到信息的内涵和意义。译码过程关系到接受者是否能正确理解输出者所传递的信息,译码错误,信息就会被误解。

(3) 信息。

信息是指在沟通过程中传送给接受者(口语和非口语)的消息。同样的信息,输出者和接受者可能有着不同的理解,这可能是由于输出者和接受者的差异造成的,也可能是由于输出者传送了过多的不必要信息。

(4) 沟通渠道。

组织的沟通渠道是信息得以传送的载体,即编码后的信息通过一定的形式、方式并结合具体的条件进行信息传递,如文件、报告、会议、打电话、写信、谈话、电视和互联网等。根据信息的重要性和复杂程度等,选择不同的信息传递渠道。有些重要和复杂的信息,通常采取多种渠道进行传递,如将绩效评估的结果告诉员工时,管理者会在面谈之后再提供一封总结信。选择什么样的信息传递渠道,既与沟通的场合、沟通双方所处环境及条件有关,也与选择渠道的成本有关。各种信息沟通渠道都有利弊,信息的传递效率也不尽相同。因此,选择适当的渠道对实施有效的信息沟通是极为重要的。沟通渠道不仅能使正确的思想观念尽可能全、准、快地传达给沟通客体,而且还能广泛、及时、准确地收集客体的思想动态和反馈的信息,因而沟通渠道是提高沟通功效的重要一环。

7.4　沟通的障碍与克服

☎【小资料】

沟通的障碍

有一个秀才去买柴,他对卖柴的人说:"荷薪者过来!"

卖柴的人听不懂"荷薪者"(担柴的人)三个字,但是听得懂"过来"两个字,于是把柴担到秀才面前。

秀才问他:“其价如何?”

卖柴的人听不太懂这句话,但是听得懂“价”这个字,于是就告诉秀才价格。

秀才接着说:“外实而内濡,烟多而焰少,请损之。”(你的木材外表是干的,里面却是湿的,燃烧起来,会浓烟多而火焰小,请减些价格吧。)

卖柴的人因为听不懂秀才的话,担着柴就走了。

所谓沟通障碍,是指信息在传递和交换过程中,由于信息意图受到干扰或误解,而导致沟通失真的现象。在人们沟通信息的过程中,常常会受到各种因素的影响和干扰,使沟通受到阻碍。

7.4.1 沟通的障碍

在人际沟通过程中信息失真的现象广泛存在。除了沟通过程中所识别的一般类型的信息失真之外,管理者还面临其他一些有效沟通的障碍。

1. 沟通障碍的来源

(1) 输出者的障碍。

在沟通过程中,信息输出者的情绪、倾向、个人感受、表达能力、判断力等都会影响信息的完整传递。输出者的障碍主要表现在:表达能力不佳;信息传送不全;信息传递不及时或不适时;知识经验的局限;对信息的过滤不准确。

(2) 接受者的障碍。

从信息接受者的角度看,造成沟通障碍的因素主要是信息译码不准确;对信息的筛选不准确;对信息的承受力较低;心理上的障碍等。

(3) 沟通通道的障碍。

沟通通道的问题也会影响到沟通的效果。沟通通道障碍主要表现在以下几个方面。①选择沟通媒介不当。②几种媒介相互冲突。当信息用几种形式传送时,如果相互之间不协调,会使接受者难以理解传递的信息内容。③沟通渠道过长。组织机构庞大,内部层次过多,从最高层传递信息到最低层,从最低层汇总情况到最高层,中间环节太多容易使信息损失较大。④外部干扰。信息沟通过程中经常会受到自然界各种物理噪声、机器故障的影响或被另外其他事物所打扰,也会因双方距离太远而沟通不便,影响沟通效果。

2. 造成沟通障碍的原因

在实际工作中,由于受多方面因素的影响,信息往往会被丢失或曲解,以致不能被有效地传递,从而造成沟通的障碍和无效。有效沟通的障碍主要来自于组织的沟通障碍和个人的沟通障碍两方面。

(1) 组织的沟通障碍。

在管理中,合理的组织机构有利于信息沟通。但是如果组织机构过于庞大,中间层次太多,那么信息从最高决策层传递到下属单位不仅容易造成信息的失真,而且还会浪费大量时间,影响信息的及时性。有学者统计得知,如果一个信息在高层管理者那里的正确性是100%,到了信息的接受者手里可能只剩下20%的正确性。这是因为在进行信息沟通时,各级主管部门都会花时间对接受到的信息进行甄别，一层一层地过滤，然后有可能将断章取义的信息上报。此外，在甄选过程中，还掺杂了大量的主观因素，尤其是当发送的信息涉及传递者本身时，往往会出于心理方面的原因造成信息失真。因此，如果组织机构臃肿、机构设置不合理，各部门之间职责不清、分工不明、形成多头领导，或者因人设事、人浮于事，就会给沟通双方造成一定的心理压力，影响沟通的正常进行。

(2) 个人的沟通障碍。

① 个性因素所引起的障碍。信息沟通在很大程度上受个人心理因素的制约。个人的气质、态度、情绪、见解等的差别，都会成为信息沟通的障碍。

② 知识、经验水平的差距所导致的障碍。在信息沟通中，如果双方经验水平和知识水平差距过大，就会产生沟通障碍。此外，个体的经验差异对信息沟通也有影响。其特点是信息沟通的双方往往依据经验上的理解去处理信息，从而使彼此理解的差距拉大，形成沟通的障碍。

③ 对信息的不同态度所造成的障碍。这可分为不同的层次来考虑。一是认识差异。在管理活动中，不少员工和管理者忽视信息作用的现象还很普遍，从而为正常的信息沟通造成了很大的障碍。二是利益观念。在组织中，不同的成员对信息有不同的看法，其选择的侧重点也不相同。很多员工只关心与他们物质利益有关的信息，而不关心组织目标、管理决策等方面的信息，这也造成了信息沟通的障碍。

④ 相互不信任所产生的障碍。有效的信息沟通要以相互信任为前提，这样才能使向上反映的情况得到重视，向下传达的决策迅速实施。管理者在进行信息沟通时，应该不带成见地听取意见，鼓励下级充分阐明自己的见解，这样才能做到思想和感情上的真正沟通，才能接收到全面可靠的情报，才能做出明智的判断与决策。

⑤ 沟通者的畏惧感及个人心理品质也会造成沟通障碍。在管理实践中，信息沟通的成败主要取决于上级与下级、领导与员工之间全面有效的合作。但在很多情况下，这些合作往往会因下属的恐惧心理及沟通双方的个人心理品质而形成障碍。一方面，如果主管过分威严，给人造成难以接近的印象，或者管理人员缺乏必要的同情心，不愿体恤下情，都容易造成下级人员的恐惧心理，影响信息沟通的正常进行。另一方面，不良的心理品质也是造成沟通障碍的因素。

⑥ 知觉选择偏差所造成的障碍。接受和输出信息也是一种知觉形式。而人们总是习惯选择性接受一部分信息，而摒弃另一部分信息，这就是知觉的选择性。知觉选择性所造成的障碍既有客观方面的因素，也有主观方面的因素。在接受或转述一个信息时，凡是符合自己需要的、与自己有切身利害关系的信息，人们很容易听进去，而对自己不利的、有可能损害自身利益的信息，人们则不容易听进去。因此，可能会导致信息歪曲，影响信息沟通的顺利进行。要实现有效沟通，必须消除上述沟通障碍。

3. 沟通障碍的类型

沟通障碍有三种类型：个人沟通障碍、物理沟通障碍和语义沟通障碍。

(1) 个人沟通障碍。

个人沟通障碍是指由于人的感情、价值观或者不好的倾听习惯而产生的沟通障碍，以及人们在受教育程度、种族、性别、社会经济地位和其他方面的差别引起的沟通障碍。个人沟通障碍在工作中是普遍存在的。

个人沟通障碍常常与人们之间的心理距离有关，它很类似于实际的物理距离。如果一个人对另一个人的说话方式很反感，就会导致两人之间的心理距离变远。此外，人们所沟通的实际上是对客观事实的解释，而不是客观事实本身。如果沟通双方的知觉比较近似，沟通效果就会更为有效。解决个人沟通障碍的办法，从组织来讲，就是信息传递机构应以实事求是原则为准则，在员工心目中树立牢固的威信；就个人而言，就是要对组织和他人不怀成见。

(2) 物理沟通障碍。

物理沟通障碍也是沟通的一种干扰因素，是指在人们沟通的环境中存在的障碍。典型的物理沟通障碍包括沟通渠道障碍和沟通距离障碍。

① 沟通渠道障碍。由于种种干扰，常使沟通过程的信息传递渠道受阻或不通畅，从而影响沟通的效果。这主要表现为客观因素的影响，如通信工具、信息技术落后等，从而使人们之间的交流和沟通不能顺畅进行。随着科学技术的不断发展，未来的计算机网络系统将会大大提高信息输出和接受的效率。

② 沟通距离障碍。管理者与职工之间、职工与职工之间，客观上均存在着空间上的距离。正是由于空间距离的阻隔，双方无法进行面对面的交流和沟通，从而使得人们在选用沟通媒介时受到限制。另外，由于每一个人的社会背景、个性特点等不同，其心理、阅历和素养等方面也存在差异，这也会造成沟通障碍。

(3) 语义沟通障碍。

语义沟通障碍主要指因对语义的不同理解引起的障碍。它是由人们沟通所使用的符号自身的局限性而产生的。

语义障碍主要源于人们用于沟通的符号。信息沟通的符号多种多样，如语言、文字、图像、体态语言等，这些符号通常有多种含义。当人们必须从众多的含义中选择一种时，一旦选错，就会产生语义障碍。

语义沟通障碍的类型有以下几种。

① 语词引起的语义障碍。人们最常用的沟通方式是词语沟通。词语引起语义障碍的因素包括：词语的多重含义、专业术语及词语联想等。

② 图像引起的语义障碍。除词语以外，图像是另一种类型的沟通符号，它在企业内部的沟通中具有广泛的用途，因为它具有直观性和形象化的特点。

③ 体态语言引起的语义障碍。体态语言是非词语沟通的重要组成部分。所谓"体态语言"，即双方在彼此沟通和交流时，其体态表征所传递的信息，它包括面部表情、手势动作、体态姿势三个部分。例如，当下属提出建议时，如果上司的眉宇紧锁、愁容不展，说明上司拒绝采纳；如果上司点头、拍手、微笑，则表示同意、赞成。但是由于文化差异的存在，不同的人对体态语言的解释也不尽相同，因而容易导致对体态语言的误解。

7.4.2 沟通障碍的克服

实现有效沟通的方法一般包括以下几个方面。

1. 领导者要充分认识到有效沟通的重要性，并把这种思想付诸行动

企业的领导者必须真正地认识到与员工进行沟通对实现组织目标十分重要，因而要领导企业建设良好的沟通文化，营造健康的沟通环境。如果领导者通过自己的言行认可了沟通观

念，这种观念会逐渐渗透到组织的各个环节中去。同时，沟通要有认真的准备和明确的目的性，沟通者自己首先要对沟通的内容有正确、清晰的理解。重要的沟通最好事先征求他人意见，沟通要解决什么问题，达到什么目的，不仅沟通者要清楚，也要尽量使被沟通者清楚。此外，沟通不仅是下达命令、宣布政策和规定，而且是为了统一思想、协调行动，所以沟通之前应对问题的背景、解决问题的方案及其依据和资料、决策的理由和对组织成员的要求等做到心中有数。

2. 提高沟通的心理水平

要克服沟通的障碍必须注意心理因素的作用。①在沟通过程中要认真感知、集中注意力，以便信息准确而又及时地传递和接受，避免信息错传和接受时减少信息的损失。②增强记忆的准确性是消除沟通障碍的有效心理措施，记忆准确性高的人，传递信息准确，接受信息也更准确。③提高思维能力和水平是克服沟通障碍的重要心理因素，较高的思维能力和水平对于正确地传递、接受和理解信息起着重要的作用。④培养稳定情绪和良好的心理气氛，创造相互信任、有利于沟通的环境，有助于人们真实地传递信息和正确地判断信息，避免因偏激而歪曲信息。

3. 提倡直接沟通、口头沟通，书面沟通时应正确地使用语言文字

在美国，曾有人对经理们进行调查，请他们选择认为良好的沟通方式，45%的经理认为直接听口头汇报最好，27%的经理喜欢去检查，15%的经理喜欢定期会议，13%的经理喜欢下属做汇报。这说明倾向面对面的直接沟通、口头沟通者居多。日本不主张领导单独办公，主张大屋集体办公，这些都是为了及时、充分、直接地掌握第一手资料和信息，不仅了解生产动态，而且了解职工的士气和愿望，还可以改善人际关系。

使用书面沟通时，语言文字运用得是否恰当直接影响沟通的效果。使用语言文字时要简洁、明确，叙事说理要言之有据、条理清楚、富于逻辑性，同时要措辞得当、通俗易懂。非专业性沟通时，要少用专业性术语。此外，可以借助手势语言和表情动作，以增强沟通的生动性和形象性，使对方容易接受。

4. 在沟通过程中沟通双方应学会有效的倾听

有效的倾听能增加信息交流双方的信任感，是克服沟通障碍的重要条件。要提高沟通效率，必须诚心诚意地去倾听对方的意见，这样对方才能把真实想法说出来。要提高倾听的技能，可以从以下几方面去努力：一是专注于沟通者，做到目光接触；二是展现赞许性的点头和恰当的面部表情；三是避免分心的举动或手势；四是要提出意见，以显示自己充分聆听的心理提问；五是复述，用自己的话重述对方所说的内容或重点，澄清疑问；六是要有耐心，不要随意插话；七是不要妄加批评和争论；八是反复和对方验证对信息的理解；九是使听者与说者的角色顺利转换。

5. 缩短信息传递链，拓宽沟通渠道，保证信息的双向沟通

信息传递链过长，会减慢流通速度并造成信息失真。因此，要减少组织机构重叠，拓宽信息渠道。此外，管理者应激发员工自下而上地沟通。例如，运用交互式广播电视系统，允许员工提出问题，并得到高层领导者的解答；公司内部刊物设立有问必答栏目，鼓励员工提出自己

的疑问。在利用正式沟通渠道的同时,可以开辟非正式的沟通渠道,让领导者走出办公室,亲自和员工们交流信息。坦诚、开放、面对面的沟通会使员工觉得领导者理解自己的需要和受到关注,取得事半功倍的效果。

6. 有效的反馈

在沟通过程中,最后一个步骤是信息反馈。反馈就是沟通双方期望得到一种信息的回流。反馈有两种形式:一种是正面的反馈,另一种是建设性的反馈。正面的反馈就是对对方做得好的事情予以表彰,希望好的行为再次出现。建设性的反馈,就是在别人做得不足的地方给他建议。需要注意建设性的反馈是一种建议,而不是一种批评。在沟通过程中,没有反馈的信息,沟通就不完善,因为信息过去了却没有回来,是一种单向的行为。所以,没有反馈就不能称为完整的沟通。反馈就是给对方一个建议,目的是帮助对方把工作做得更好。企业管理者应该针对企业具体情况,进行调查研究、分析判断,及时排除沟通障碍,以实现企业的预期目标。

7. 提倡平行沟通

所谓平行沟通是指车间与车间、科室与科室、科室与车间等在组织系统中同一个层次之间的相互沟通。领导的重要职能是协调,但是这里的协调主要是目标的协调、计划的协调,而不是日常活动的协调。日常的协调应尽量鼓励平级之间进行。

克服沟通障碍不只是工作方法的问题,更根本的是管理理念的问题。发达国家的现代企业流行的"开门政策""走动管理",是基于尊重、了解实情及组成团队等现代管理理念,沟通只是这种理念的实现途径。因此,如何克服沟通障碍,以及如何建立高效、通畅的沟通,应站在管理理念和价值观的高度,妥善地加以处理。

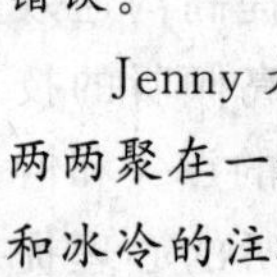

☎【小资料】

作为圣迭戈医院的护理部主任,Jenny 负责管理 9 名值班主管及 115 名注册护士和护士助理。她讲述了这样一段亲身经历:7 月 9 日星期一刚上班,她就意识到自己犯了一个极大的错误。

Jenny 大约早上 6:05 来到医院,她看到一大群护士(要下夜班的和即将上早班的)正三三两两聚在一起激烈地讨论着。当她们看到 Jenny 走来时,立即停止了交谈。这种突然的沉默和冰冷的注视,使 Jenny 明白自己正是谈论的主题,而且看来她们所说的不像是赞赏之辞。

Jenny 来到自己的办公室,半分钟后她的一名值班主管迪·马考斯走了进来。马考斯直言不讳地说:"Jenny,上周你发出的那些信对人们的打击太大了,它使每个人都心烦意乱。""发生了什么事?"Jenny 问道,"在主管会议上大家都一致同意向每个人通报我们单位财务预算的困难,以及裁员的可能性。我所做的只不过是执行这项决议。"

"可你说了些什么?"迪显然很失望,"我们需要为护士们的生计着想。我们当主管的以为你会直接找护士们谈话,告诉她们目前的困难,谨慎地透露这个坏消息,并允许她们提出疑问。那样的话,可以在很大程度上减小打击。而你却寄给她们这种形式的信,并且寄到她们家里。天哪!周五她们收到信后,整个周末都处于极度焦虑之中。她们打电话告诉自己的朋友和同事,现在,传言四起,我们处于一种几乎骚乱的局势中,我从没见过员工的士气如此低落。"

Jenny犯了一个错误,或者应该说两个。首先,她所寄出的信件显然未能成功地向员工们传达她的意图;其次,选择信件作为媒介来传递她的这一信息是不合适的。有时以书面形式进行沟通很有效,而有时口头交流的效果更好。当Jenny回过头来反思这一举动时,她得出结论:和许多人一样,她倾向于回避口头沟通,因为她对这种方式心存疑虑。遗憾的是在这件事上这种疑虑恰恰阻碍了她选择正确的媒介来传递信息。她知道这一消息会使员工产生恐慌和不安。在这种情况下,Jenny需要一种保证最大清晰度,并能使她和主管们迅速处理潜在危机的方法来传递信息。最好的方法是口头传达,而把这种未曾料到的坏消息以信件的形式寄至员工家中的决定,无疑是个极大的错误。

7.5 沟通技能的开发

美国著名学府普林斯顿大学对一万份人事档案进行分析后发现,"智慧""专业技术"和"经验"只占成功因素的25%,其余75%取决于良好的人际沟通;哈佛大学就业指导小组调查结果显示,在500名被解职的男女职员中,因人际沟通不良而导致工作不称职者占82%。

"沟"是手段,是方法;"通"是目的,是结果。有效的沟通,是能在对的时候,向对的人传达对的信息,对方理解后做出期望中的回应。打个电话、发个传真、写封邮件也是沟通,但是如果对方并没有接受你的信息,那沟通还是无效的、失败的。由于领导和下属在立场、角度、观点等因素方面的不同,对事件、问题的看法肯定有差异,因此在工作中进行良好的沟通是非常必要的,不仅要跟领导沟通,同时也要跟同事沟通;不仅是对工作进行沟通,同时也要对思想观点进行沟通,这样才能减少、消除双方的分歧,达到沟通的最佳效果。为了达到有效沟通的目的,在沟通的过程中,要注意沟通的原则和技巧。

7.5.1 有效沟通的原则

虽然沟通障碍不可能完全消除,但尽量克服障碍,改进信息沟通进而达到组织成员之间的有效沟通还是非常有必要的。美国著名的公共关系专家特立普、森特在他们合著的被誉为"公关圣经"的著作《有效的公共关系》中提出了有效沟通的"7C"原则。

(1) Credibility:可信赖性,即建立对传播者的信赖。

(2) Context:一致性(情境架构),指传播应与物质的、社会的、心理的、时间的环境等相协调。

(3) Content:内容的可接受性,指传播内容应与受众有关,必须能引起他们的兴趣,满足他们的需要。

(4) Clarity:表达的明确性,指信息的组织形式应该简洁明了,易于公众接受。

(5) Channels:渠道的多样性,指应该有针对性地运用传播媒介,以达到向目标公众传播信息的作用。

(6) Continuity and consistency:持续性与连贯性,沟通是一个没有终点的过程,要达到渗透的目的,必须对信息进行重复,但又需要在重复中不断补充新的内容,这一过程应该持续地坚持下去。

(7) Capability of audience：受众能力的差异性，这是说沟通必须考虑沟通对象能力的差异(注意能力、理解能力、接受能力和行为能力)，采取不同方法实施传播才能使传播易为受众理解和接受。

上述“7C”原则基本涵盖了沟通的主要环节，涉及传播学中控制分析、内容分析、媒介分析、受众分析、效果分析、反馈分析等主要内容，极具价值。这些有效沟通的基本原则，对人际沟通来说同样具有不可忽视的指导意义。

☎【小资料】

美国沃尔玛公司总裁山姆·沃尔顿

山姆·沃尔顿曾说过，如果必须将沃尔玛管理体制浓缩成一种思想，那可能就是沟通。因为它是我们成功的真正关键之一。沟通就是为了达成共识，而实现沟通的前提就是让所有员工一起面对现实。沃尔玛决心要做的，就是通过信息共享、责任分担实现良好的沟通交流。沃尔玛公司总部设在美国阿肯色州本顿维尔市，公司的行政管理人员每周花费大部分时间飞往各地的商店，通报公司所有业务情况，让所有员工共同掌握沃尔玛公司的业务指标。在任何一个沃尔玛商店里，都定时公布该店的利润、进货、销售和减价的情况，并且不只是向经理及其助理们公布，也向每个员工、计时工和兼职雇员公布各种信息，鼓励他们争取更好的成绩。沃尔玛公司的股东大会是全美最大的股东大会，每次大会公司都尽可能让更多的商店经理和员工参加，让他们看到公司全貌，做到心中有数。山姆·沃尔顿在每次股东大会结束后，都和妻子邀请所有出席会议的员工约 2 500 人到自己的家里举办野餐会，在野餐会上与众多员工聊天，大家一起畅所欲言，讨论公司的现在和未来。

7.5.2 沟通技能的开发

沟通技能是指管理者具有收集和发送信息的能力，能通过书写、口述与肢体语言等媒介，有效与明确地向他人表达自己的想法、感受与态度，也能较快、正确地解读他人的信息，从而了解他人的想法、感受与态度。

沟通技能涉及许多方面，如简化运用语言、积极倾听、重视反馈、控制情绪等。虽然拥有沟通技能并不意味着能成为一个有效的管理者，但缺乏沟通技能则会使管理者遇到许多困难和障碍。

1. 跟踪信息与调节信息流

跟踪信息是指在组织沟通中，宁可假定自己的信息被人误解，因而需要设法跟踪信息的发送，以便确定自己的信息是否已准确地得到接受和理解。并且，可以通过对沟通进行质量和数量方面的调节，采用“例外原则”，设法消除“沟通信息超载”，以确保经理们得到最佳的信息流。

2. 利用反馈和移情

反馈是有效的双向沟通的一个关键条件。在面对面沟通中，可以得到直接反馈，而在下行沟通中，往往由于反馈机会有限而造成沟通偏差。因此，研究普遍认为，需要大力加强上行沟通中的反馈，并在组织沟通中更为“接受者导向”，注意在反馈中的移情，即把自己摆在他人的角色上，并善于适应别人的观点和设身处地理解他人的情绪，从而获得共同理解的基础。此外，上下级之间的相互信任有利于提高沟通的信息加工层次与质量。

3. 增强沟通技能的开发

改进组织沟通的重要技巧之一是通过增强倾听技巧促进主动沟通，并把重点放在理解上，既要理解他人，也要理解自己。在沟通中，需要掌握一些沟通技巧：善于像收音机那样，仔细、完整地接收和倾听信息；简化沟通中所运用的语言，使沟通信息尽量简洁；注意分析和抓住段落信息，要求对方加以复述，并做出小结和回顾；尽量采用“我……”的表述，而避免“我们如何……”的称呼；在沟通信息中定立阶段目标；避免过多谈论自己的话题，而注意有足够时间倾听对方的意见，使话题平稳地转移；注重运用肯定技巧，通过信息反馈、姿势、表情和运用“对抗”方式肯定自己意见；注意避免干扰姿势或动作，不打断发言者，集中倾听对方的信息；适当利用非正式沟通渠道，以便通过非正式渠道加强沟通的灵活性和速度；注意在沟通中针对情景或人员作出不同的信息处理，并强调时机性。

沟通是人与人之间进行信息交流的必要手段，每一个社会人都离不开沟通。同时，沟通也是一门学问、一门艺术，良好的沟通技巧能让沟通者与对方产生很好的感情，增进双方的了解，让双方在心情舒畅中达成共识。但在沟通中，应该注意：沟通不是简单的“你＋我＝你＋我”，即在沟通中，如果双方没有共鸣，你说你的，我说我的，其结果必然是不欢而散的。

有效的沟通技巧一般包括：①自信的态度；②体谅他人的行为；③适当地提示对方；④有效地直接告诉对方；⑤善用询问与倾听。

一个人的成功，20％靠专业知识，40％靠人际关系，另外40％需要观察力的帮助，因此为了提升我们个人的竞争力，获得成功，就必须不断地运用有效的沟通方式和技巧，随时有效地与“人”接触沟通。只有这样，才有可能使你事业更加成功。

本章小结

沟通是信息传递和理解的过程，是两个人或多个人之间进行的在事实、思想、意见和情感等方面的交流。因此，沟通是指可理解的信息或思想在两个或两个以上人群中的传递或交换的过程，其目的是激励或影响人的行为。

沟通发生之前必须存在一个意图，称之为要被传递的信息，它在发送者和接受者之间传递。信息首先被转化为信号形式，然后通过媒介传送给接受者，由接受者将收到的信号再转译过来。这样，要传递的意义或信息就从一个人传给了另一个人。

沟通障碍是指信息在传递和交换过程中，由于信息意图受到干扰或误解，而导致沟通失真的现象。在人们沟通信息的过程中，常常会受到各种因素的影响和干扰，使沟通受到阻碍。在人际沟通过程中信息失真广泛存在，除了沟通过程中所识别的一般类型的失真之外，管理者还面临其他一些有效沟通的障碍。沟通障碍主要来自三个方面：发送者的障碍、接受者的障碍和沟通通道的障碍。

“沟”是手段，是方法；“通”是目的，是结果。有效的沟通，是能在对的时候，向对的人传达对的信息，对方理解后做出期望中的回应。打个电话、发个传真、写封邮件也是沟通，但是如果对方并没有接受你的信息，那沟通还是无效的、失败的。由于领导和下属在立场、角度、观点等因素方面的不同，对事件、问题的看法肯定有差异，因此在工作中进行良好的沟通是非常必要的，不仅要跟领导沟通，同时也要跟同事沟通；不仅是对工作进行沟通，同时也要对思想观点进行沟通，这样才能减少、消除双方的分歧，达到沟通的最佳效果。

思考题

1. 有效的沟通就是意见一致吗？
2. 在组织中，哪些沟通方法是人们最常使用的？
3. 如何克服沟通中的障碍？
4. 什么情况下适合使用双向沟通？
5. 什么情况下适合使用单向沟通？
6. 试比较单向沟通和双向沟通的异同。
7. 非正式沟通有哪些特点？管理者应如何对待组织中的非正式沟通？
8. 如何利用沟通原理使一个组织的管理活动协调统一？
9. 结合你所在单位管理的实际情况，联系你所学的管理理论，谈谈为实现良好的沟通应该注意哪些方面。

第8章
控　制

8.1 控制概述

8.1.1 控制的内涵

作为管理的一项重要职能，控制（controlling）的含义在管理理论的不同发展阶段有着不同的内涵。在科学管理阶段，泰勒、法约尔等人将工人视为“会说话的工具”“一部机器上的一个齿轮”“一个齿轮上的一个齿牙”，故将控制理解为监督的同义语，管理人员则被称为监工。监工对工人的控制，就是根据计划部门依据“第一流的工人”连续不断地工作所能完成的工作指标所做的计划和作业定额，对工人进行自上而下的严厉的“胡萝卜加大棒”式的监督。

在行为科学阶段，自早期的行为科学——人际关系学说产生以后，由于梅奥、马斯洛、赫茨伯格等人认为：人除了是“经济人”之外，更重要的还是“社会人”，人不仅有生理需要和安全需要，还有更高一级的社会需要、尊重需要和自我实现需要。受这些观点的影响，控制也就有了新的内涵，控制要强调对人的关心和尊重，以促使员工自觉地按照预定计划进行工作。

在现代管理阶段，特别是20世纪40年代后期，由于控制论、信息论和系统论等新兴学科的相继出现，对人的认识则更加注重于人的主观能动作用和创造力的开发及自我控制。控制开始从传统的以经验为基础转向以科学理论为依托，控制方法也逐渐科学化。尤其是后来随着计算机的发展和普及，控制理论和控制方法有了新的突破，控制的及时性、全面性和准确性都有了很大的提高。

管理学家们对于控制的定义给出了很多不同的说法。法约尔认为控制就是监视个人是否依照计划、命令及原则执行工作；孔茨认为控制就是按照计划标准衡量计划的完成情况和纠正计划执行中的偏差，以确保计划目标的实现；谢默霍恩认为控制是衡量工作绩效、对比成果与目标，并且必要时采取纠正措施的过程。可见，控制是指管理人员监视各项活动以保证它们按计划进行并纠正各种显著偏差的过程。控制的实质是使工作按计划进行，或者只对计划做适当的调整，以确保组织的目标及为此而拟订的计划能够得以实现。要把握控制的含义，需要掌握以下几个要点。

(1) 控制是管理过程的一个阶段，是将组织的活动维持在允许的限度内。控制的标准来自人们通过目标、指标、计划、程序或规章制度的形式含蓄地或明确地表达出来的期望。从广义上讲，控制的职能是使系统以一种比较可靠的、可信的、经济的方式进行活动；从实质上讲，控制必须同检查、核对或验证联系起来，这样才有可能使控制根据由计划过程事先确定的标准来衡量实际的工作。

(2) 控制是发现问题、分析问题、解决问题的全过程。组织开展业务活动，由于受外部环境、内部条件的变化和个人认识问题、解决问题能力的限制，实际执行结果与预定目标完全一致的情况是不多的。因此，对管理者来讲，重要的问题不是工作有无偏差或是否可能出现偏差，而是能否及时发现偏差或通过对进行中的工作深入了解，从而预测到潜在的偏差。发现偏差，才能找出造成偏差的原因、环节和责任者，采取针对性的措施纠正偏差。

(3) 控制职能的完成需要科学的程序。实施控制需要三个基本步骤，即建立控制的标准、将实际绩效同标准进行比较、纠正偏差。没有标准就不可能有衡量实际成绩的根据；没有比较就无法知道绩效的好坏；不制定纠正偏差的措施，整个控制过程就会成为毫无意义的活动。因而，控制职能的三个基本步骤需要建立在有效的信息系统之上。

(4) 控制要有成效必须具备以下要素。第一，控制系统必须具有可衡量性和可控制性，人们可以据此来了解标准；第二，有衡量这种特性的方法；第三，有用已知标准来比较实际结果和计划结果并评价两者之间差别的方法；第四，能适时调控系统以保证在必要时调整已知标准的方法。

(5) 控制的目的是使组织管理系统以更加符合需要的方式运行，使其更加可靠、更加便利、更加经济。因此，控制所关心的不仅是与完成组织目标有直接关系的事件，而且还要使组织管理系统维持在一种能充分发挥其职能、以达到这些目标的状态。

8.1.2 控制的必要性及目的

1. 控制的必要性

亨利·西斯克指出，如果计划从来不需要修改，而且是在一个全能的领导人的指导之下，由一个完全均衡的组织完美无缺地来执行的，那就没有控制的必要了。然而，这种理想的状态不可能成为企业管理的现实。无论计划制订得多么周密，人们在执行计划的活动中总是会或多或少地出现与计划不一致的现象。

(1) 组织环境的变化。

如果企业面对的是一个完全静态的市场，市场供求条件永不发生变化，每年都以同样的费用取得同样性质和数量的资源，同时又能以同样的价格向同样的客户销售同样品种和数量的产品，那么，企业管理人员便年复一年、日复一日地以相同的方式组织企业经营，工人可以以相同的技术和方法进行生产作业。然而事实上，这样的静态环境是不存在的，企业外部的一切环境每时每刻都在发生着变化。管理者需要及时了解环境变化的程度和原因，不断地对组织的战略、战术进行再评估，通过建立控制系统准确把握计划方案和实际结果之间差异的程度与原因，调整和修正行动。

(2) 管理权力的分散。

只要企业经营达到一定规模，企业主管就不可能直接组织和指挥全体员工的劳动。时间与精力的限制要求主管委托助手代理部分管理事务，同样这些助手也会再委托其他人协助自己工作，这便是企业管理层次形成的原因。为了使助手们有效地完成部分管理事务，高一级的主管必然要授予他们相应的权限。因此，任何企业的管理权限都制度化或非制度化地分散在各个管理部门和层次。企业分权程度越高，控制就越有必要，每个层次的主管都必须定期或非定期地检查直接下属的工作，以保证授予他们的权力得到正确的利用。如果没有控制，管理人员就不能检查下级的工作情况，即使出现权力滥用或活动不符合计划要求等其他情况，管理人员也无法发现，更无法采取及时的纠正行动。

(3) 工作能力的差异。

即使企业制订了全面完善的计划，经营环境在一定时期内也相对稳定，对经营活动的控制也仍然是必要的。这是由不同组织成员的认知能力和工作能力的差异所造成的。由于组织成员工作环境的差异，他们的认知能力会有所不同，对计划要求的理解就可能发生差异；即使每个员工都能完全正确地理解计划的要求，但由于工作能力的差异，他们的实际工作结果也可能在质和量上与计划要求不符。某个环节产生偏离计划的现象，都会对整个企业活动的进行造成冲击。因此，加强对这些成员的工作控制是非常必要的。

2. 控制的目的

在一个组织中，往往存在两类问题：一类是经常产生的可迅速地、直接地影响组织日常经营活动的“急性问题”；另一类是长期存在的影响组织素质的“慢性问题”。解决急性问题，多是为了维持现状；而要打破现状，就需解决慢性问题。在各级组织中，大量存在的是慢性问题，但人们往往只注意解决急性问题而忽视了慢性问题。这是因为慢性问题是在长期的活动中慢慢形成的，产生的原因也复杂多样，人们对这些问题已经习以为常，不容易发现或者即使已经发现也不愿意承认和解决由于慢性问题所带来的对组织素质的影响。而急性问题是经常产生的，对多数人的工作和利益会产生显而易见的影响，故容易被人们发现、承认和解决。因此，要使控制工作真正起作用，就要像医生诊治疾病那样，重点解决慢性问题，从而打破现状，使组织得以螺旋式发展。

因此，在现代的管理活动中，控制要达到的首要目的是要适应环境的变化。从制定目标到目标实现前，总是需要相当长一段时间。在这段时间内，组织内部的条件和外部的环境可能会发生变化。在变化着的内外部环境中，通过控制工作随时将计划的执行结果与标准进行比较，若发现有超过计划容许范围的偏差时，则及时采取必要的纠正措施，以使系统的活动趋于相对稳定，从而实现组织的既定目标。

控制要达到的另一个目的是要限制偏差的累积。一般来说，工作中出现偏差是不可避免的，但小的偏差失误在较长时间里会积累放大，最终对计划的正常实施造成威胁。因此，管理控制应当能够及时地获取偏差信息。

8.1.3 控制的前提

为了保证控制目的的实现，在控制活动实施前应确保满足三个基本前提条件。

(1) 要有明确的计划和目标。

控制的计划包含两方面内容。一是控制要以计划为依据，即控制之前必须先有计划，没有计划就无从控制。计划越全面、完整，控制工作的目标就越明确，效果也会越好。二是控制工作自身也应拟订计划，确定控制工作的目标、重点、要求、进度及各种控制形式的正确使用和各种控制手段的协调一致等。同时,控制活动本身是为达到某个计划目标而采取的保证措施。目标决定控制活动的内容,没有目标,控制就没有意义。例如,库存控制的目标是使库存量维持在某一定量的水平上,库存控制活动就是围绕这一目标进行的。当库存量在目标水平线上下波动时,则应采取相应的措施使库存量恢复到目标水平线上。

(2) 要有责权分明的组织结构。

任何一项工作都是由许多部门共同合作完成的,各项控制工作都应有明确的规定,即要有分工明确的组织结构。建立责权分明的组织结构,每件事情都有专门的机构负责,使得信息能有效、畅通地传输,控制活动就易于开展。一旦发现偏差,管理者马上就能判断偏差出在哪里,由哪个部门负责,以便及时采取措施纠正。因此,组织结构越明确、越完整,其控制效果也就越明显。

(3) 要有科学的控制方法和手段。

控制的目的是要使实际运行情况和计划方案相一致。而实际运行情况需要通过一定的控制方法才能得到,如果发现偏差,纠偏措施也要通过一定的控制方法和手段来实现。在实际控制过程中,管理者应根据具体的控制目标采取相应的控制方法,才能取得较好的控制效果。

8.1.4 控制系统

由“施控者”“受控者”和“控制作用的传递者”三个部分所组成,相对于某种环境而言具有控制功能与行为的系统叫作控制系统(如图 8-1 所示)。控制系统既是信息反馈系统,又是自组织系统。

(1) 组织管理控制系统的对象是整个组织。

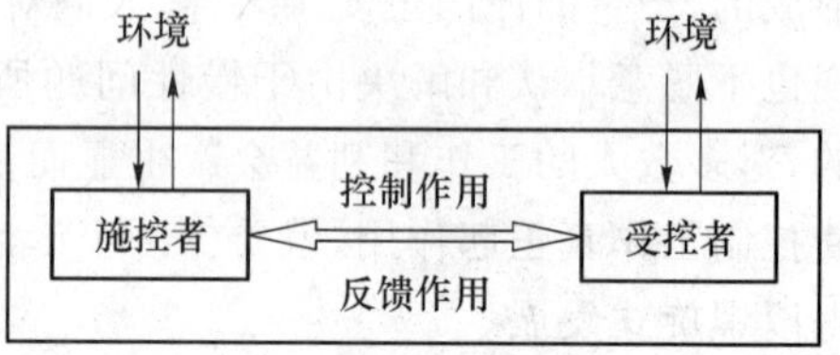

图 8-1 控制系统示意图

控制对象即以人为核心的组织中各种要素及其相互结合所形成的运动过程,它具有全面性和统一性。所谓全面性,即组织中各个环节和各个部门都无一例外地受到控制。所谓统一性,是指要把组织内的各项工作当作一个整体来控制,而不是对各项工作孤立地进行控制。组织管理控制系统强调控制对象的整体优化,注意整体的协调一致,反对顾此失彼,甚至相互矛盾的控制。

(2) 组织管理控制系统的控制器主要是组织的管理者。

在组织管理控制系统中,管理者是主体,具有自觉的能动作用,能够按照客观条件的变化有意识地调节控制的内容和方式。但是,作为控制器的管理者,不仅是指组织的高层管理者,它还包括组织内各层次的管理者,甚至还包括组织中的每一个成员。因为每个成员作为管理客体是被控制对象,而作为管理主体从事各种活动时也会起控制作用。因此,在组织管理控制系统中,控制器实质上是一个以人为主体的、具有层次性的整体。

(3) 组织管理控制系统的传递者即组织管理控制系统中的信息反馈机构。

控制的信息反馈机构就是用既定的程序、方法和手段综合处理信息,并将信息提供给管理者的机构。这个机构以收集、加工、整理、储存信息为主要任务,通过向组织决策层和职能管理部门及时提供必要的信息,辅助管理者进行对组织的有效控制。信息反馈机构主要是通过一种被称之为“反馈”的过程来起控制作用的。反馈是控制论的一个最基本概念,它是将控制系统的信息作用于被控系统后产生的结果再输送回去,并对信息的再输入发生影响的过程。对此，维纳指出，一切类型的系统都是用揭露在目标实现过程中的错误和采取纠正措施的信息反馈来控制自己的。换言之，各种系统都是用自身的某些能量在成效和标准之间进行反馈，从而比较所得的信息（如图 8-2 所示）。

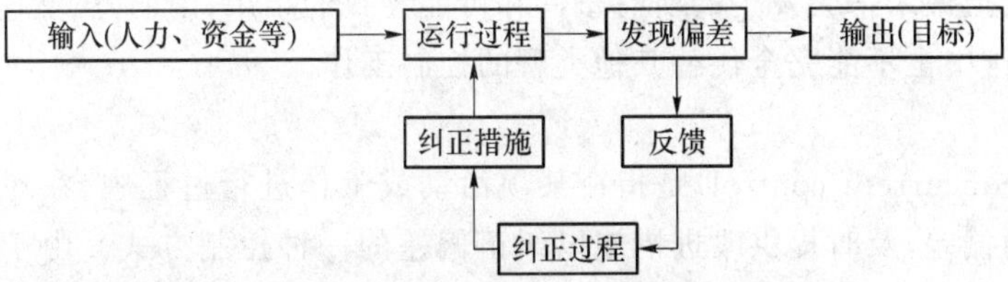

图 8-2　控制的反馈形式

8.1.5　控制的类型

1. 按控制的侧重点划分

按控制的侧重点划分，控制可分为前馈控制、现场控制和反馈控制，这三种类型控制之间的关系如图 8-3 所示。

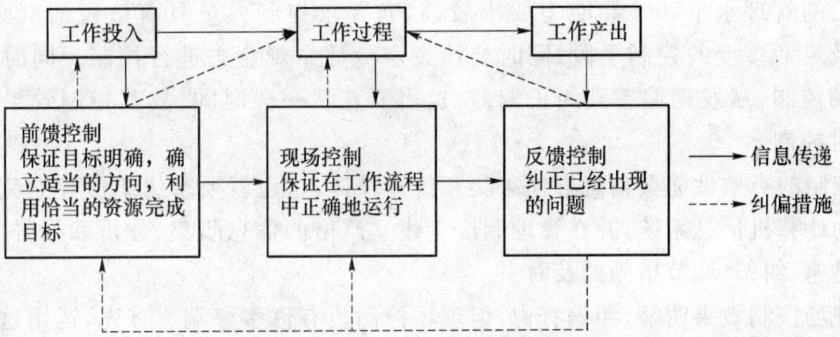

图 8-3　三种控制类型的关系

1）前馈控制

前馈控制（feedforward control）是一种在计划实施之前，为了保证将来的实际绩效能达到计划的要求，尽量减少偏差的预防性控制。由于前馈控制把控制活动提前到组织活动开始之前，因而也称之为预先控制和事前控制。前馈控制的目的是保证高绩效，它在本质上有预防的作用，因此它属于一种预防性控制，它的工作重点并不是控制工作的结果，而是克服某些干扰或适应环境的变化，提前采取各种预防性措施，包括对投入资源的控制、主动修正指令，以防止工作过程中可能出现的偏差，保证预期目标的实现。例如，在麦当劳公司，食物成分的预先控制就是前馈控制，其在公司的质量管理中起到了举足轻重的作用。

前馈控制是一种面向未来的控制。前馈控制的优点：首先，从理论上讲，它是人们最乐于采用的类型，因为它能避免预期问题的出现，有防患于未然的效果；其次，前馈控制适用于一切领域中的工作，如企业、医院、学校、军队都可以运用这种控制方法，其适用范围很广；最后，前馈控制是在工作开始之前针对某项计划行动所依赖的条件进行控制，不针对具体人员，因而不会造成心理抵触，易于被员工接受并付诸实施。

但是，由于未来的不确定性，要实行切实的前馈控制也不是一件容易的事情。它需要及时和准确的信息，必须对整个系统和计划有透彻的分析，懂得计划行动本身的客观规律性，从而才能建立前馈控制的模式。同时要经常注意保持它和现实情况相吻合，并且确定输入的变量数据，估算它们对预期的最终成果的影响，还要采取措施以保证最后结果合乎需要。由于管理人员不可能完全把握未来会发生的所有事件和可能导致的结果，因而，虽然前馈控制有许多优点，但在管理工作中也不能完全代替其他类型的控制工作。

2）现场控制

现场控制(concurrent control)是指在某项活动或工作进行过程中，在现场及时发现存在的偏差或潜在的偏差，及时提供改进措施以纠正偏差的一种控制方式。由于它是组织活动进行过程中同期发生的控制，因此又称之为同期控制。与前馈控制和反馈控制相比，现场控制活动往往是在偏差已经或将要出现但尚未造成严重后果的情况下进行的，它可以分析研究造成偏差的根源，并预测偏差发展的可能方向，然后做出控制。

现场控制一般表现为两种方式：一是主管人员深入现场检查和指导下属的活动，它包括适当的工作方法和工作过程的指导，监督下属工作，发现偏差督促纠正；二是表现为基层工作人员的日常自我工作控制，控制的对象就是自我的操作控制过程。现场控制能及时发现偏差，及时纠正偏差，是一种较经济、有效的控制方法，也是一种难度较大的控制方法。由于现场控制对已经出现的偏差要进行即时纠正，需要对实时信息做出及时的反应，因而对主管人员的管理水平和领导能力要求较高，它要求控制人员具有敏锐的判断力、快速的反应能力及灵活多变的控制手段，同时要注意避免凭主观意志进行控制。同时要注意的是即使是现场控制，从发现偏差到纠正偏差，也需要花费一段时间，故其控制效果有时也并非完全的实时控制。

现场控制的有效性需要信息方便采集和传递快捷，这也就要求组织应建立完善的信息网络和必要的计算机信息系统，并在管理制度上建立严格的信息收集、分析和报告体系，确保信息传递的迅速，纠偏、调节措施的及时。

虽然现场控制效果明显，纠偏有力，但现场控制也有许多弊端。首先，运用这种控制方法容易受到管理者的时间、精力、业务水平的制约。管理者不能时时事事进行现场控制，只能偶尔或在关键工作上予以使用。其次，现场控制的应用范围较窄。对于简单劳动或是标准化程度很高的工作容易进行现场控制，而对那些问题难以辨认、成果难以衡量的工作，如科研工作、行政管理等，则很难进行现场控制。最后，现场控制容易在控制者与被控制者之间形成心理上的对立，容易影响被控制者的工作积极性和主动精神。所以，现场控制一般不能成为日常性的主要控制方法，而只能是其他控制方式的补充。

3）反馈控制

反馈控制(feedback control)是管理控制中最常见的控制类型，其控制作用产生于行动之后，所以也称之为事后控制。它是活动完成之后，主管人员根据已发生的情况分析工作的执行结果，将它与控制标准相比较，从中发现已经出现或即将出现的偏差，在分析原因的基础上采取措施纠正偏差，以防止偏差继续发展或在以后的工作中再次发生；或者是在组织内外部环境发生了重大变化，导致原定标准和目标脱离现实时，采取措施调整修正计划。例如，企业根据业绩对管理人员实施的奖惩，企业对不合格产品进行淘汰，发现产品销路不畅而减产、转产或加强促销等，都属于反馈控制。

反馈控制的优点：首先，反馈控制可以根据工作的实际结果对工作进行评价，既易于工作人员接受,也有利于管理人员采取有效和有力的措施改进管理工作。其次,反馈控制可以增强员工的积极性。因为人们希望获得评价他们绩效的信息,并据此来调整自己未来的行为,而反馈正好提供了这样的信息。最后,在周期性重复活动中,可以避免下一次活动发生类似的问题。

反馈控制的弊端:反馈控制存在时间滞后性,当管理者获取信息时,可能的失误和损失已经发生,弥补的措施只能在新的工作中产生效果,"亡羊补牢"就是对反馈问题和工作效果的很好描述。虽然反馈控制存在以上问题,但在实际工作中,反馈控制依然是控制活动中运用得最多的一种控制方式。在管理中使用最多的反馈控制有财务报表分析、生产成本分析、产品质量检验和组织成员绩效测评等。

在实际控制过程中,应根据工作的重要性,结合不同控制类型的特点,选择恰当的方式。可以看出,这三种控制方式的控制重点各不相同:前馈控制重在资源,包括人、财、物等;现场控制重在进行的活动,多为工作过程;反馈控制是对已结束工作的资源投入、工作过程进行评价,用于对下一次活动的开展进行控制。控制并不是管理的最后环节,它伴随着计划的执行、生产或服务活动的进行而开展,并且将上一次活动的信息反馈给下一次的工作,从而开始新一轮的管理控制。

2. 按控制的逻辑发展划分

1) 试探控制

试探控制也叫随机控制,是一种原始的控制方式,也是其他控制方式的基础。试探控制是在人们对解决问题所必需的条件不了解,对控制对象的性质不清楚的情况下所能采取的唯一办法。试探控制是完全建立在偶然机遇的基础上,是"试试看"的思想在控制活动中的体现。这种控制方式有较大的风险,对事关重大的活动一般不宜采用这种控制方式。在人类社会发展的初期,人们的知识十分有限,因而常采用试探控制。但也应该看到,人类对客观世界的探索是无止境的,无论科学怎样发达,客观世界总会存在尚未被认识的事物,特别是在科学研究中,当人们对某一全新领域的研究刚刚开始,还不能用其他方法来控制对象时,试探控制往往成为人们唯一可以采用的办法。

2) 经验控制

经验控制也叫记忆控制,是一种应用广泛的控制方式。试探控制所得到的直接成果就是经验,把由试探控制得出的结果用于指导下一次控制活动,就是经验控制。

在经验控制中,最重要的是经验的可靠性。它包括两层含义:一是真实性;二是必然性。所谓真实性,是指能反映解决问题的正确方法,如果把失败的经验作为成功的经验加以运用,就会导致失败。所谓必然性,是指经验能反映事物内部的规律性。偶然的经验虽是真实的,但它不反映事物的规律性,不足以指导以后的行动。正像一个人看到一只兔子撞死在树下,就认为每天都会有兔子来撞,而采取"守株待兔"的办法一样,结果只能是毫无收获。

需要注意的是事物总是不断发展变化的,而经验都是已经做过的事情。因此,如果对当时的具体情况不做详细的分析,一味照搬过去成功的经验,或者把某一时期的经验当作教条,不允许越"雷池"半步,这样的控制就达不到控制目的。

3) 推理控制

推理控制也叫逻辑控制,是试探控制和经验控制相结合的产物。它通过中间起过渡作用的媒介实现控制，因此又叫共轭控制。推理控制就是根据事物之间的相似性，用类比的方法，将一种事物的控制用于另一种事物的控制。例如，三国时期的“曹冲称象”，曹冲把大象引到一只船上，在船上刻下吃水线，再把大象换成石头，也使船沉到同样的吃水线上，通过称出石头的重量来得知大象的体重。这个方法实际上就是推理（或共轭）控制方法。由于这种控制方法归根到底是使用别处的经验，所以也叫经验转移。其具体过程：事物甲与事物乙相似，那么可以通过对事物乙的经验控制结果推理控制出事物甲的结果。这里关键是“相似”，即事物甲与事物乙的基本性质要大体相似，否则事物乙的经验难以指导对事物甲的控制。科学技术的发明创造，有不少是通过推理控制的方式来获得的。实验方法也是一种推理控制，即把模型上的实验结果用于控制原型。

4）最优控制

最优控制是控制方式发展的高级阶段，是在前面三种控制方式的基础上，通过精确的分析和推导得出的，是“选优求好”的思想在控制活动中的具体体现，是人类主观能动性高度发挥的产物。最优控制，就是符合最优标准的控制。其核心思想：不仅要保证实现控制的目的，而且强调要在较短的时间内，以尽可能少的人力、物力、财力的消耗（即系统的输入量）来实现控制的目的；或者在同样的时间、资源条件下，使系统的输出达到最佳的目标状态。这就要求在实际控制前或控制过程中，提供多种可供选择的方案，以便在实际控制时能够有所选择，使受控系统能够达到尽可能好的结果。

为了选择好的方案，以便将受控系统调整到最佳状态上，需要确定有效性判据。有效性判据是系统运行效果的判定依据。根据有效性判据，判定何种状态优，何种状态劣，何种状态是最佳状态。例如，对于一个短跑教练员来说，衡量其受控系统——短跑运动员的有效性判据是百米速度；对于一个投资者来说，衡量其受控系统——资金的有效性判据是资金的利润等。受控系统的每一次输出，都是由相应的输入产生的，最优控制就在于不断调整输入，保证输出的有效性判据取得最好的效果。

3. 按控制有无信息反馈划分

在控制系统中，没有信息反馈机制的控制称为开环控制；具有信息反馈机制作用的控制称为闭环控制。

1)开环控制

开环控制是系统不将输出信息返送回原输入端的直链式控制方式。开环控制是由首尾不相接的一连串环节所组成的，其中后面的环节对前面的环节没有影响或影响甚微。也就是说，这种控制方式几乎不存在反馈，信息构不成闭合回路（如图 8-4 所示）。

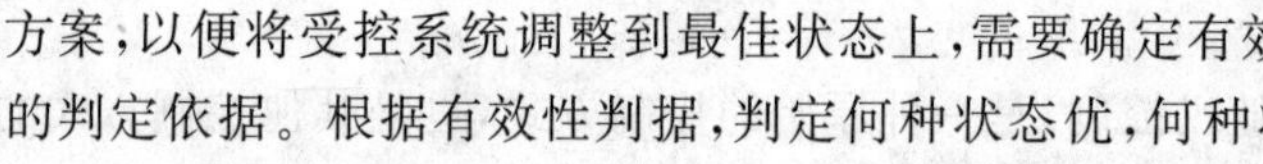

图 8-4　开环控制

开环控制是系统按照既定的控制程序来实现控制的目的，为了保持系统运行的有效性，其控制程序设计的前提是外部环境和系统的未来行为都是确定的，即不可预测的干扰因素并不存在或系统是在理想条件下运行的，确定不受干扰因素的影响。因此，在开环控制条件下，输入是固定的，与输出有无偏差无关，就像自动交通信号装置一样，不管有无车辆或车辆多少，都是按时转换信号。这种控制的优点是控制效率较高，但其不足是适应性较差。开环控制适合对组织内具有一定规律性的作业的控制，而不太适合对受外部环境影响较大的组织的全局的控制。

2）闭环控制

闭环控制是根据反馈原理对系统进行调节的一种控制方式。简单地说，就是施控系统根据反馈信息，通过调节受控系统的输入来实现控制目的。其反馈控制过程是施控系统将输入信息变换成控制信息，控制信息作用于受控系统后产生的结果再被返送到原输入端，并对信息的再输出产生影响，从而起到控制作用，达到预定目的（如图 8-5 所示）。

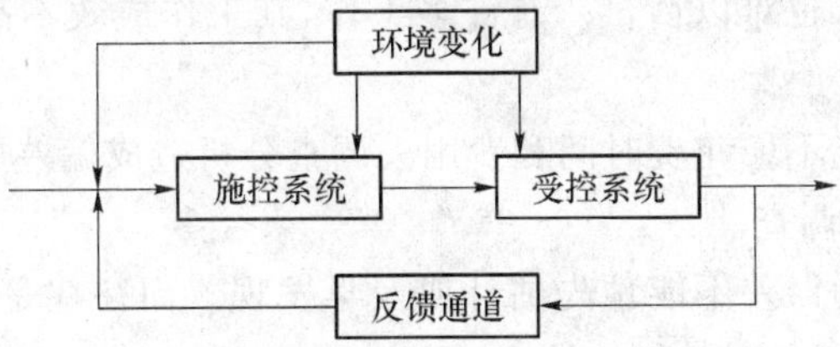

图 8-5 闭环控制

闭环控制与开环控制的根本区别在于增加了反馈环节（在管理系统中是“监测机构”）。由于增加了反馈环节，使整个控制过程形成了一个双向环形的闭合回路。通过反馈环节，把受控系统的状况返送给施控系统来影响其控制指令的改变。在管理中，闭环控制是使受控对象的行为结果反馈过来影响自身的输入，进而调节自身的行为。例如，为激励组织成员的积极性，根据组织成员的劳动成果实施奖惩，使用的就是闭环控制方式。

4. 按控制原因或结果划分

1）间接控制

间接控制指通过建立控制系统，对被控制对象进行控制的一种方法。其控制主体是直接责任者的监督人。这种控制方法是根据计划和标准，对比和考核实际的结果，发现工作中出现的偏差，分析产生的原因，追究其责任，并采取适当的纠正措施。

在实际工作中，由于主管人员缺乏知识、经验和判断力所造成的管理上的失误和工作上的偏差，运用间接控制则有助于这些误差的纠正。同时，间接控制还可以帮助主管人员总结经验，增加他们的知识和判断能力，提高他们的管理水平。但是，间接控制也有不少缺点，如只考核工作业绩，忽视了其他外部环境因素；对许多偏离计划的误差不能预先估计或及时发现，以至难以采取有效的纠正措施；有时虽然能发现偏差并找到原因，但大家却相互推卸责任或主管人员固执己见不愿纠正错误。所以间接控制只有和直接控制结合应用，才能发挥出较好的作用。

实际上，在工作中出现问题、产生偏差的原因有很多。所定的标准不正确固然会造成偏差。但如果标准是正确的，不确定性因素、主管人员缺乏知识、经验和判断力也会使计划遭到失败。所谓不确定性因素包括了不能确定的每一件事情。例如，一个制造铝活塞的计划成功与否，不仅取决于已知的各项前提条件，而且还取决于其他一些不确定性因素：将来的世界状况、已知的和尚未发现的金属材料的竞争，以及会把现有最好的活塞发动机淘汰掉的新的动力技术的发展等。对于这些不确定性因素造成的管理上的失误是不可避免的。

间接控制也存在着许多缺点，最显而易见的是间接控制是在出现偏差、造成损失之后才采取措施，因此它的费用支出是比较大的。另外，间接控制的五个假设(工作成效是可以计量的，人们对工作成效具有个人责任感，追查偏差所需要的时间是有保证的，出现的偏差可以预料并能及时发现，有关部门或人员将会采取纠正措施)有时不能全部成立。其主要包括以下几个原因。

① 许多管理工作的绩效很难计量。例如，主管人员的决策能力、预见性和领导水平是难以精确计量的；对完成计划起关键影响作用的部门的工作成效是不能和非关键部门的工作成效相比拟的，即便是前者的工作成效大，也不能说明后者的工作难度一定低于前者。

② 个人责任感的高低也难以衡量。有许多工作，其工作成效不高，与个人责任感关系不大或无关。

③ 有时主管人员可能不愿花费时间和费用去调查分析造成偏差原因的事实，这往往会阻碍对违反标准的原因进行调查。

④ 有许多偏离计划的误差不能预先估计或及早发现。而往往是发现太迟以至难以采取有效的纠正措施。

⑤ 有时虽能发现偏差并找到产生的原因，却没有人愿意采取纠正措施，大家相互推卸责任，或者是即使把责任固定下来，当事的主管人员却固执己见，不愿纠正错误。

由此看来，间接控制并不是普遍有效的控制方法，它还存在着许多不完善的地方。

2) 直接控制

直接控制指着眼于培养更好的主管人员，使他们能够熟练应用管理的概念、技术和原理，能以系统的观点来进行和改善他们的管理工作，从而防止出现因管理不善而造成的不良后果。直接控制是相对于间接控制而言的，它是通过提高主管人员的素质来进行控制工作的。直接控制的合理性是以四个较为可靠的假设(合格的主管人员所犯的错误较少；管理工作的成效是可以计量的；在计量管理工作的成效时，管理的概念、原理和方法是一些有用的判断标准；管理基本原理的应用情况是可以评价的)为依据的。

直接控制的指导思想认为：合格的主管人员出的差错最少，其能觉察到正在形成的问题，并能及时采取纠正措施。所谓“合格”，是指能熟练地运用管理的概念、原理和技术，能以系统的观点来进行管理工作。因此，直接控制的原则就是主管人员及其下属的质量越高，就越不需要进行间接控制。

直接控制的优点。一是在对个人委派任务时能有较大的准确性。为使主管人员合格，对他们经常不断地进行评价，实际也必定会揭露出工作中存在的缺点，并为消除这些缺点而进行专门培训提供依据。二是直接控制可以加速采取纠正措施并使其更有效。直接控制鼓励用自我控制的方法进行控制。由于在评价过程中会揭露出工作中存在的缺点，因而也就可以促使主管人员主动采取纠正措施并使其更加有效。三是可以提高主管人员的素质，减少偏差的发生，从而节约经费开支。由于提高了主管人员的素质，减少了偏差的发生，也就有可能减轻间接控制造成的负担，节约经费开支。四是可以获得良好的心理效果。主管人员的素质提高后，他们的威信也得到了提高，下级人员对他们的信任和支持增加了，这样就有利于整个计划目标的顺利实现。

8.1.6 控制与其他职能的关系

控制工作存在于管理活动的全过程中,与其他管理职能紧密地结合在一起,它不仅可以维持其他职能的正常活动,而且在必要时,还可以通过采取纠正偏差的行动或改变其他管理职能的活动,使管理过程形成一个相对封闭的闭路系统。

1. 控制与计划的关系

控制是对管理系统的计划实施过程进行监测,将监测结果与计划目标相比较,找出偏差,分析其产生的原因并加以处理。由此可见,控制和计划息息相关,要准确理解控制的含义,必须把它放在与计划工作的联系中加以说明。如果说管理计划工作是谋求一致、完整而又彼此衔接的工作方案,那么管理控制工作则使一切管理活动都按计划进行。

计划和控制是一个问题的两个方面。计划产生控制的标准,是控制的前提;而控制是计划目标能够实现的保证。一旦计划付诸实施,控制工作就必须跟随、贯穿其中,衡量计划的执行进度,揭示计划执行中的偏差及指明纠正措施,以保证对工作发展态势的控制。计划越明确、全面和完整,控制的效果也就越好;反之,控制越是完善,管理者实现组织计划的目标就越容易。

两者的关系具体表现在:①一切有效的控制方法首先就是计划方法,例如,预算、政策、程序和规则,这些控制方法同时也是计划方法或计划本身;②之所以需要控制,是因为要实现目标和计划,控制到什么程度、怎样控制都取决于计划的要求;③控制职能使管理工作成为一个闭路系统,成为一个连续的过程。

在一般情况下,控制工作既是一个管理过程的终结,又是一个新的管理过程的开始。控制工作不仅限于衡量计划执行中出现的偏差,更在于通过采取纠偏措施,把那些不符合计划要求的管理活动引回到正常的轨道上来,使组织系统稳步地实现预定目标。纠偏措施有可能很简单,但更多的情况下,纠偏措施可能涉及需要重新拟定目标、修订计划、改变组织结构、调整人员配备、并对指导或领导方式做出重大的改变等。这实际上又是一个新的管理过程的开始。从这个意义上说,控制工作不仅是实现计划的保证,而且可以积极地影响计划工作。

2. 控制与组织的关系

要进行有效的控制,必须要有组织的保证,同时控制还必须反映组织结构的类型。组织职能是通过建立一种组织结构框架,为组织成员提供一种适合默契配合的工作环境。因此,组织职能的发挥不但为组织计划的贯彻执行提供了合适的组织结构框架,为控制职能的发挥提供了人员配备和组织机构,而且组织结构的确定也规定了组织中信息联系的渠道,为组织的控制提供了信息系统。如果目标的偏差产生于组织方面的问题,则控制的措施就要涉及组织结构的调整、组织中的权责关系和工作关系的重新确定等方面。在控制进行过程中,我们必须知道组织在计划实施中发生的偏差情况及采取纠偏行动的职责应归属于谁。如果各级组织机构职责不明确,承担偏差产生责任的部门和采取纠偏措施的部门就无法确定。因此,组织机构越明确、全面和完整,所设计的控制系统越是符合组织机构中的职责和职务的要求,控制工作就会越有效果。

3. 控制与领导的关系

控制要有效进行，还必须配备合适的人员，必须给予正确的指导和领导，必须调动广大参与者的积极性。领导职能是通过领导者的影响力来引导组织成员为实现组织的目标而做出积极的努力。这意味着领导职能的发挥影响到组织控制系统的建立和控制工作的质量。反过来，控制职能的发挥又有利于改进领导者的领导工作，提高领导者的工作效率。

一个有效控制系统的形成，还必须依赖于管理者的充分授权。在处理人际关系时，许多管理者认为授权是一件非常困难的事，其主要原因是由于管理者对下属的决策负有最终的责任，他害怕下属犯了错误而由他来承担责任，从而使许多管理者试图靠自己做事来避免授权给他人。但是，如果通过建立反馈机制，形成一种有效的控制系统，就能积极、有效地提供被授予权力的下属工作绩效的信息和反馈，这种不愿授权的思想负担可以大大减轻。

8.1.7 控制的原则

控制的职能就是使工作按照计划的进度表向预定的目标前进。为了达到有效控制的目的，在建立控制系统时必须遵循以下原则。

1）重点原则与例外原则

重点原则是指任何组织都不可能对每一件事情进行全面控制。因为全面控制的代价太大，所以组织在建立有效控制时必须从实际出发，对影响组织目标成果实现或反映工作绩效的各种要素进行科学的分析研究，从中选择出关键性要素作为控制对象并进行严格的控制，其他要素则相对放松控制，这样管理人员可以省出很多时间和精力，收到事半功倍的效果。一般来讲，关键性因素包括：关于环境特点及其发展趋势假设、资源投入、组织活动过程等。在确立了重点的控制对象后，就必须在相关环节上建立预警系统或关键控制点，组织控制了关键点，也就控制了全局。在选择关键点时要注意：①影响整个工作过程的重要操作与事项；②能在重大损失出现前显示出差异的事项；③若干能反映组织主要绩效水平的实践与空间分布平衡的控制点。

控制也应当强调例外原则。例外原则是指主管人员越是只注意一些重要的例外偏差，越是把控制的主要注意力集中在那些超出一般情况的特别好或特别坏的情况，控制工作的效能和效率就越高。所以，管理者必须寻找那些有差错的、不寻常的、例外的事情，如质量控制中广泛地运用例外原则来控制工序质量。

需要指出的是控制工作中只注意例外情况是不够的。在偏离标准的各种情况中，有一些是无关紧要的，而另一些则不然，某些微小的偏差可能比某些较大的偏差影响更大。例如，一个主管人员可能对利润率下降了一个百分点感到非常严重，而对“合理化建议”奖励超出预算的20%不以为然。因此，在实际运用当中，例外原则必须与重点原则相结合。仅仅立足于寻找例外情况是不够的，我们应当把注意力集中在重点的例外情况的控制上。虽然这两条原则有某些共同之处，但是我们也应当注意到它们的区别，控制重点原则强调选择控制点，而例外原则则强调观察这些点上所发生的异常偏差。

2）及时性原则

法约尔曾指出，为了达到有效控制的目的，控制应在有限的时间内及时进行。有效的控制要求能对组织活动中产生的偏差尽可能早地发现并及时采取措施加以纠正，避免偏差的进一步扩大或防止偏差对组织产生不利影响的扩散。信息是控制的基础，要做到及时控制，信息的收集和传递必须及时，管理人员必须及时掌握能够反映偏差产生及其严重程度的信息。如果信息处理的时间过长，即使信息是非常客观和完全正确的，其时间的滞后可能就失去了纠偏的实际意义，且会产生严重的后果。

控制的及时性原则主要表现在两点：①在偏差还未发生之前，就能准确预见并制定对策，以防患于未然，特别是对控制全局的主管人员来说，应关注所预见的趋势，通过对活动变化趋势的把握，尽可能早地预测偏差的产生，并采取预防措施加以纠正，从而使各方面的损失降到最低限度。②一旦产生偏差，能够及时发现并予以纠正，避免时过境迁，使控制失去应有的效果。

3）灵活性原则

尽管人们一直在探索未来，也在努力预测未来，但不可预测性始终是一个客观的存在。人们努力追求预测的准确性，以及对实际绩效和差异情况了解的准确性，并努力提高所采取措施的准确性，但不准确性总会存在。如果控制不具有弹性，则在执行时难免陷于被动。为了使控制与实际相吻合，应考虑多种方案及可以允许变动的幅度，从而使控制具有一定的灵活性。所以，控制应当从实现目标的目的出发，采用多种灵活形式达到控制的目的。同时，控制应允许意外的变化或情况发生，过于死板反而会破坏控制的有效性。

4）经济性原则

组织的一切经济活动都应以较少的支出取得较多的经济收益为目的，控制工作也不例外。控制所支出的费用必须小于由于控制所带来的收益的增加。这个要求看起来很简单，但实际做起来相当复杂。因为一个主管人员很难了解哪个控制系统是最优的，它所花费的费用是多少。一般来说，要实现控制的经济性，首先应根据组织规模的大小、所要控制问题的重要程度，以及控制费用和所能带来的收益等方面来设计控制系统。其次，所选用的控制技术和控制方法，应当是能够以最少费用或其他代价就可以检查和阐明工作偏差及其原因的。最后，不要追求所谓的“全面控制”，应该实行有选择的控制，把着眼点放在组织工作最重要的方面和最关键的环节上。

5）客观性原则

客观性就是坚持实事求是、一切从实际出发的原则。在控制工作中难免会出现许多主观因素，但对下属工作的评价，不应仅凭主观来决定，不能只凭个人的主观经验或直觉判断来采取行动，而应坚持一切从实际出发来认识问题。有效的控制要求有客观的、准确的和适当的标准。这个标准可以是定量的，例如，每一个预防对象的费用或每日门诊病人数量，或者工作完成的日期。客观的标准也可以是定性的，例如，一项专门性的训练计划，或者是旨在提高人员素质的专门培训计划。问题的关键在于，在每一种情况下，标准都应是可测定和可考核的。

8.2 控制过程

从管理控制的实施上看，组织的管理控制大致包括制定控制标准、衡量实际绩效和纠正偏差三个阶段，这三个阶段的有序结合构成了完整的管理控制过程（如图 8-6 所示）。

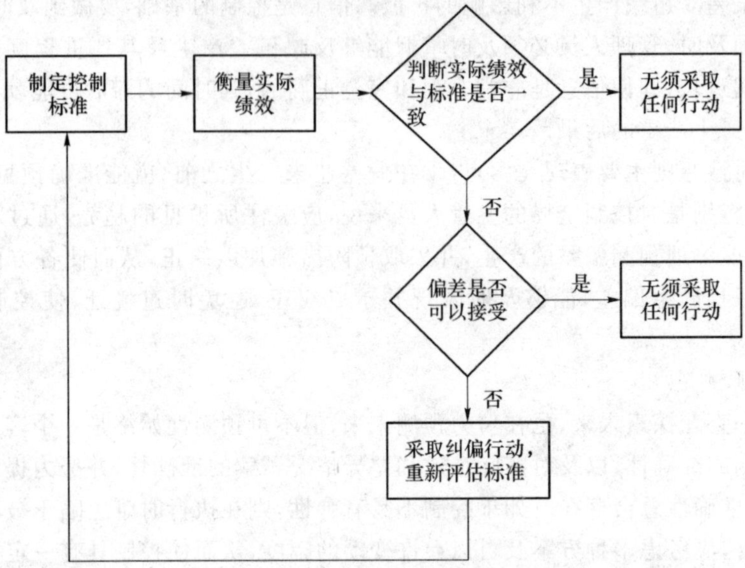

图 8-6　控制的过程

8.2.1　确立标准

通过计划确立控制标准是控制过程的起点，如果没有控制标准，衡量成效和纠正偏差将失去客观依据。控制标准是控制过程中对实际工作进行检查的衡量尺度，是实施控制的必要条件，对计划工作和控制工作起着承上启下的作用。一般来说，控制标准是从整个计划方案中选出的对工作成效进行评价的关键指标，这些是计划已经制定了的具体的、可直接引用的标准。但因各种计划的详尽程度不同，有些计划是比较抽象的、概括的，是对组织工作目标及行动方案的总体规划和安排，这时需要将计划目标转换，制定出一套更具体、可测量和考核的控制标准。控制标准要求尽可能简化明了，做到具体化、数字化，容易测定，便于执行。

1. 控制标准的分类

控制标准可以分为定量和定性两大类。

(1) 定量标准：①实物标准。实物标准是企业在耗用原材料、能源，雇用劳动力，以及生产产品等操作层中的标准。例如，企业中的产品质量、单位台时定额、单位产品工艺消耗定额、废品的数量等。②价值标准。价值标准反映了组织的经营状况，包括成本标准、利润标准、资金标准等。例如，单位产品成本、年利润额、销售收入、税金等。③时间标准。时间标准为工作的开展提供了时间限制。例如，工时定额、工程周期、交货期、生产线的节拍、生产周期等。

(2) 定性标准主要是有关产品和服务质量、顾客满意度、组织形象等方面的衡量标准，这些标准的控制对企业和组织计划与目标的实现也极为重要。

2. 选择控制的关键点

一般来说，并不是计划实施过程中的每一步都要制定控制标准，而是要选择一些关键点作为主要的控制对象。只要对这些主要的关键点进行控制，就可以控制企业和组织活动的整体状况。确定控制关键点的过程是一个分析决策的过程。它需要对计划内容做全面深入的分析,同时还要充分考虑组织实施过程中的具体情况及外部环境带来的干扰影响。确定关键控制点需要有丰富的经验和敏锐的观察力。一般关键控制点都是目标实施过程中的重要组成部分,它可能是计划实施过程中最容易出现偏差的点,或是起制约因素的点,或是起转折作用的点,或是变化度大的点等,应根据具体情况进行具体选定。为此,孔茨建议管理者应不时地问自己这样一些问题:什么能最佳地反映本部门的目标?当没有达到这些目标时,什么能最佳地表明情况?最能表明偏差情况的是什么?能向主管表明谁应对此负责?哪些标准最省钱?经济适用的信息标准是什么?

3. 确立控制标准的方法

在日常管理工作中,常用的确立控制标准的方法有以下三种。

(1) 统计分析法。相应的标准称为统计标准。它是通过分析反映企业经营在各个历史时期状况的数据或对比同类型企业的水平,运用统计方法为未来活动而建立的标准。最常用的有统计平均值法、极大(或极小)值法和指数法等。统计分析法常用于确立与企业的经营活动和经济效益有关的标准。这种方法的优点是简便易行,但由于受历史的局限,而难以准确反映发展和变化的要求。

(2) 经验判断法。它是由有经验的管理人员凭经验、判断和评估来确立控制标准。在这种方法中,管理人员的主观期望和个人价值系统将起决定性的作用,因此应尽量克服主观性,充分综合各方面管理人员的知识和经验确立标准。这种方法一般是作为其他两种方法的补充。

(3) 技术分析法。又称工程方法,相应的标准称为工程标准。它是以准确的技术参数和实测的数据为基础制定的标准,它主要用于测量生产者或某一工程的产出定额标准。例如,机器的产出标准,就是根据设计的生产能力确定的;劳动时间定额是利用秒表测定的受过训练的普通工人以正常的速度按照标准操作方法对产品或零部件进行某个工序的加工所需的平均必要时间。

以上三种确立控制标准的方法各有优劣,因此在日常管理工作中可根据标准的性质、工作的要求选择综合使用。

8.2.2 衡量成效

这是控制过程的第二个步骤。这一步是依据标准衡量执行情况,把实际工作与标准进行比较,对工作作出客观评价以便从中发现偏差,并分析偏差产生的原因。当然,按照标准衡量实际成效最理想的是在偏差尚未出现之前就有所察觉,并采取措施加以避免。一般而言,工作情况的测定方式主要有三种:一是管理者定期分析固定信息反馈形式,如统计报表、业务报表;二是管理者听取执行者的口头或书面汇报;三是管理者进行实地检查。

在测定过程中,测定结果所要达到的精确程度要依具体应用的需要而定。所有的测量结果都只能精确到某种有限的程度。在管理工作中,为了突出重要的数值而需要舍零取整的情形是很多的。一个优秀的管理人员,应能迅速抓住既往成绩的中心意义,这种本领是实施有效控制的一个重要条件。

测定结果的表现方法也是一个技巧性很强的问题。凡是企图表现和解释大量数据资料的人都会承认,如果不设计某种简化的方法,便难免产生徒劳无益的结果。实践证明,图解法在表达测定结果时具有较好的作用,它可以使各种重要关系形象化,使人不至于被无足轻重的细节弄得一塌糊涂。在测定结果已经反映出工作偏差的情况下,要对产生偏差的原因进行综合分析。首先要分清出现偏差是计划和控制标准不合乎实际还是执行不力,如果是后者,还必须继续分析其原因是客观的还是主观的,是集体的还是个人的,具体是谁的责任造成的,都要一一区分清楚,以便为下一步纠正偏差做好准备。

为了能够及时、准确地提供反映偏差的信息,同时又符合控制工作在其他方面的要求,管理者在衡量工作成效的过程中应注意以下几个问题。

(1) 通过衡量成效,检验标准的客观性和有效性。

衡量工作成效是以预定的标准为依据的,但利用预定的标准去检查各部门在各个阶段的工作,这本身也是对标准的客观性和有效性进行检验的过程。检验标准的客观性和有效性,是要分析对标准执行情况的测量能否取得符合控制需要的信息。在为控制对象确定标准的时候,人们可能只考虑了一些次要的因素,或者只重视了一些表面的因素,因此,利用既定的标准去检查人们的工作,有时并不能达到有效控制的目的。例如,衡量职工出勤率是否达到正常水平,不足以评价劳动者的工作热情、劳动效率或劳动贡献;分析产品数量是否达到计划目标,不足以判定企业的盈利程度;计算销售人员给顾客打电话的次数和花费在推销上的时间,不足以判定销售人员的工作绩效。在衡量过程中对标准本身进行检验,就要指出能够反映被控制对象的本质特征的最适宜标准。要评价员工的工作热情,可以考核他们提供有关经营或技术改造合理化建议的次数;评价他们的工作效率,可以计量他们提供的产品数量和质量;分析企业的盈利程度,可以统计和分析企业的利润额及其与资金、成本或销售额的相对百分比;衡量推销人员的工作绩效,可以检查他们的销售额是否比上一年或平均水平高出一定数量等。

衡量成效的方法主要有以下几种。

① 定性衡量和定量衡量。定性衡量主要反映和评价工作的创造性和主动性等内容,而定量衡量较多的是反映和评价与管理控制标准相对应的实际工作成绩和效果。

② 连续衡量和间断衡量。连续衡量和间断衡量所反映的工作绩效时域和状况是不同的,对控制效果影响也不同。衡量绩效的间隔时间需要合理制定,如果间隔太短,会增加控制费用;但间隔太长,会使问题发现太迟,从而造成不必要的损失。

③ 执行过程中衡量和执行后衡量。这主要取决于采用哪一种控制方式,但无论执行过程中衡量还是执行后衡量,都要切实做好组织活动的日常统计记录、现场观测和技术测定工作,从而掌握真实可靠的被控量实际值,从而对工作绩效做出及时的、正确的评价。

(2) 确定适宜的衡量频度。

要进行有效的控制,就要避免出现控制过多或控制不足的现象。这里的“过多”或“不足”,不仅体现在控制对象及需要衡量的标准数目的选择上,而且体现在对同一标准的衡量次数或频度上。对影响某种结果的要素或活动过于频繁的衡量,不仅会增加控制的费用,而且可能会引起有关人员的不满,从而影响他们的工作态度;而如果检查和衡量的次数过少,则可能使许多重大的偏差不能及时发现,从而不能及时采取措施。

以什么样的频度、在什么时候对某种活动的绩效进行衡量,这取决于被控制活动的性质。例如,对产品的质量控制常常需要以小时或以日为单位进行,而对新产品开发的控制则可能只需以月为单位进行就可以了。需要控制的对象可能发生重大变化的时间间隔是确定适宜的衡量频度所需考虑的主要因素。

(3) 建立信息反馈系统。

负有控制责任的管理人员只有及时掌握反映实际工作与预期工作绩效之间偏差的信息,才能迅速采取有效的纠正措施。然而,并不是所有的衡量绩效的工作都是由主管直接进行的,有时需要借助专职的检测人员。因此,应该建立有效的信息反馈系统,使反映实际工作情况的信息适时地传递给适当的管理人员,使之能与预定标准相比较,及时发现问题。这个系统还应能及时将偏差信息传递给与被控制活动有关的部门和个人,以使他们及时知道自己的工作状况,知道为什么错了,以及需要怎样做才能更有效地完成工作。建立这样的信息反馈系统,不仅更有利于保证预定计划的实施,而且能防止基层工作人员把衡量和控制视作上级检查工作、进行惩罚的手段,从而避免产生抵触情绪。

8.2.3 纠正偏差

这是控制过程的第三个步骤。这一步是在衡量工作成效的基础上,针对被控制对象状态对于标准的偏离程度,及时采取措施予以纠正,使其恢复到正常状态上来。

(1) 要分清偏差的性质,偏差可分为正偏差和负偏差。正偏差是实际绩效比标准完成得还好;负偏差是实际绩效没有达到标准的要求。负偏差固然引人注目需要纠正,但是,出现正偏差时也不一定就没有问题,也必须引起注意并正确处理。例如,由于正偏差,生产超过了计划,造成库存大量积压、资金周转不灵,也会危及企业经营目标的实现。

(2) 要分析偏差产生的原因。可能是由于未能严格按计划要求行动所致,如工作不负责、不认真或不能胜任、能力有限等;也可能由于外部环境发生了重大变化,而事先并没有估计到这些变化,如国家政策法规变化、国际政治风云变化、市场出现了新的强大竞争对手、某个大客户或大供应商突然破产等;还有可能是由于计划目标本身不合理造成,如盲目把目标定得太高而实际能力根本达不到。弄清原因是采取措施的基础。

(3) 采取措施纠正偏差。管理者可以选择的方案有三种:①不采取行动。当工作绩效与控制标准之间不存在偏差时,理所当然的不会采取任何行动。还有就是当偏差虽然出现,但未超过允许的偏差范围时,管理者也可以不采取任何行动。这种小范围的偏差有时可以通过组织的自适应控制来校正,以及通过成本—效益分析。管理者发现,如果采取纠偏行动,其费用可能会超过偏差带来的损失,此时最好的方案也许就是不采取任何行动。②改进工作绩效。如果偏差是由于工作产生的,且偏差已超出了允许的范围,则需要采取纠偏措施以改进工作绩效。具体采取的方式涉及各方面的管理工作,通常包括改进生产技术、改进流程、改进管理方式、调整组织结构、改进激励措施、重新配置人力物力资源、调整培训计划等。③修订控制标准。可以采用提高标准和降低标准两种方式。如果标准脱离实际,导致多数员工、多数部门无法实现控制目标时,管理部门应适当降低标准;相反,如果实际工作绩效已远远超过了标准,则应在充分肯定工作的情况下,适当提高标准。标准的修订在管理控制中是不可避免的,这是由于在组织管理中,一些不确定因素的影响往往难以预测,同时,管理环境的变化也会导致管理目标和标准的变化。从某种意义上说,管理控制就是一个不断制定标准、实施标准、修订和完善标准的过程。值得注意的是在修订标准时,应从实际情况出发,强调标准的客观性,避免管理人员主观因素的消极影响。

8.3 控制方法

8.3.1 预算控制

预算控制是指根据预算规定的收入与支出标准来检查和监督各个部门的生产经营活动，以保证各种活动或各个部门在充分达成既定目标、实现利润的过程中对经营资源的利用，从而使费用支出受到严格有效的约束。在管理控制中使用最广泛的一种控制方法就是预算控制。预算控制最清楚地表明了计划与控制的紧密联系，预算是计划的数量表现。预算的编制是作为计划过程的一部分开始的，而预算本身又是计划过程的终点，是转化为控制标准的计划。预算内容可以简单地概括为三个方面：①“多少”——为实现计划目标的各种管理工作的收入（或产出）与支出（或投入）各是多少；②“为什么”——为什么必须收入（或产出）这么多数量，以及为什么需要支出（或投入）这么多数量；③“何时”——什么时候实现收入（或产出），以及什么时候支出（或投入），但是必须使得收入与支出取得平衡。

1. 预算控制的主要内容

预算在形式上是一整套预计的财务报表和其他附表。按照不同的内容可以将预算分为经营预算、投资预算和财务预算三大类。

(1) 经营预算是指企业日常发生的各项活动预算。它主要包括销售预算、生产预算、直接材料采购预算、直接人工预算、制造费用预算、单位生产成本预算、推销及管理费用预算等。其中最基本和最关键的是销售预算，它是销售预测正式的、详细的说明。由于销售预测是计划的基础，加之企业主要是靠销售产品和劳务所提供的收入维持经营费用的支出和获利的，因而销售预算是预算控制的基础。生产预算是根据销售预算中的预计销售量，按产品品种、数量分别编制的。生产预算编好后，还应根据分季度的预计销售量，经过对生产能力的平衡排出分季度的生产进度日程表或称为生产计划大纲，在生产预算和生产进度日程表的基础上编制直接材料采购预算、直接人工预算和制造费用预算。这三项预算构成对企业生产成本的统计。而推销及管理费用预算，包括制造业务范围以外预计发生的各种费用明细项目，如销售费用、广告费、运输费等。对于实行标准成本控制的企业，还需要编制单位生产成本预算。

(2) 投资预算是对企业的固定资产的购置扩建、改造、更新等，在可行性研究的基础上编制的预算。它具体反映在何时进行投资、投资多少、资金从何处取得、何时可获得收益、每年的现金流量为多少、需要多少时间回收全部投资等。由于投资的资金来源往往是企业的限定因素之一，而对厂房和设备等固定资产的投资又往往需要很长时间才能回收，因此，投资预算应当力求和企业的战略及长期计划紧密联系在一起。

(3) 财务预算是指企业在计划期内反映有预计现金收支、经营成果和财务状况的预算。它主要包括现金预算、预算收益表和预计资产负债表。必须指出的是前述的各种经营投资预算中的资料，都可以折算成金额反映在财务预算内。这样，财务预算就成为各项经营业务和投资的整体计划，故也称“总预算”。

2. 预算控制失效的危险倾向

预算过繁是一种常见的风险。由于对极细微的支出也作了详细的规定,致使主管人员失去管理自己部门需要的自由。所以,预算究竟应当细微到什么程度,必须联系授权的程度进行认真确定。过细或过繁的预算将使授权名存实亡。

预算控制过程中存在目标置换风险。在这种情况下,主管人员只是热衷于使自己部门的费用尽量不超过预算的规定,但却忘记了自己的首要职责是实现企业的目标。目标的置换通常是由两个方面的原因引起的:①没有恰当地掌握预算控制的度,例如,预算编制得过于详细,或者制定了过于严厉的制裁规则以保证遵守,还可能制定了有较大吸引力的节约奖励措施以刺激主管人员尽可能地压缩开支;②为职能部门或作业部门设立的预算标准没有很好地体现计划的要求,与企业的总目标缺乏更直接的、更明确的联系,从而使得这些部门的主管人员只是考虑如何遵守预算和程序的要求,而不是从企业的总目标出发考虑如何做好自己的本职工作。为了防止在预算控制中出现目标置换的倾向,一方面应当使预算更好地体现计划的要求;另一方面应适当掌握预算控制的度,使预算具有一定的灵活性。预算的详细程度和预算控制的严格程度都应有一个合理的限度,一旦超出了这个限度,预算控制就会背离其目的走向反面。

预算控制中另一种潜在危险是效能低下。预算有一种因循守旧的倾向,过去所花费的某些费用,可以成为现在预算同样一笔费用的依据,如果某个部门曾支出过一笔费用购买物料,这笔费用就成了今后预算的基数。此外,主管人员常常知道在预算的层层审批中,原来申请的金额多半会被削减。因此,申报者往往将预算费用的申请金额有意扩大,远远大于实际需要,所以,必须有一些更有效的管理方法来扭转这种倾向,否则预算很可能会变成掩盖懒散、效率低下的主管人员的保护伞。

由于缺乏灵活性的预算会带来危险,而与效率相一致的最大限度的灵活性,则是良好的计划工作和控制工作的基础,所以人们越来越注意可变预算的应用。这种预算通常是随着销售量的变化而变化的,所以它主要限于在费用预算中应用。由于当单位可变费用(成本)不变时,可变费用总数是随着销售量的变化而变化的,因此,实际当中可变预算主要是用来控制固定费用(成本)的。

事实上,固定费用并非绝对不变,而只是在一定的产量范围内基本保持不变。固定费用随产量(或销售量)的变化呈现出一种阶梯状的变化关系。所以,在大多数情况下,可变预算总是提出一个产量幅度,在这个范围内,各种固定性的费用要素是不变的。如果产量低于该幅度的下限,就要考虑采用一个更适合于较低产量的固定费用,例如,压缩行政人员、处理闲置设备等。如果产量超过了该幅度的上限,那么为了按较大生产规模来考虑必需的固定费用,例如,增加设备、扩大厂房面积等,则应另外编制一个不同的可变预算。

8.3.2 生产控制

1. 供应商控制

供应商是生产资料的制造者或经营者。供应商所提供的材料直接影响产品的质量与成本,供应商的生产能力与管理水平将影响客户的生产与效益。为了保证产品的正常生产与维护企业的经济效益,在进行物资采购的全过程中应加强对供应商的管理与控制。

买方控制供应商的方法有以下几种。

(1) 完全竞争控制。通过采购企业对其上游供应商的控制来引起供应商之间的竞争。这种竞争可以提高产品质量并降低产品购买价格。

(2) 合约控制。采购企业通过与供应商进行谈判、协商,根据双方的利益达成某种一致,并由双方签署框架协议。它的目的是使双方在今后的具体购销活动中能更好地履行各自的权利和义务,基于该合同产生的一切买卖行为都要以框架协议的规定为准。这种方式的特点是供需双方的关系比完全控制密切,但又不像股权控制和管理输出控制那样紧密。现在,很多大型企业都通过合约控制方式来进行供应商的管理。

(3) 股权控制。通过协商的方式互相购买对方的股份进行股权交换。在此过程中,双方需要在权利和义务上相互做出承诺和保证。此外,还要在信息、技术、数据和人员等方面进行交换,以实现对对方的监督和控制。

(4) 管理输出控制。近几年来,由于企业之间的合作与并购的快速发展,参股日益增加,人们对企业合作有了新的认识,开始由企业产权控制走向企业管理控制,并慢慢演变为管理输出控制。管理输出控制是在股权控制或其他形式合作的企业之间,通过向对方企业输出管理人员,进行技术和管理支持,实现对对方企业状况的掌握、信息的了解,这实际上为企业之间的实质性合作提供了一个载体或媒介。管理输出控制使得合作企业双方的关系更加密切,降低了双方的交易成本,达到对采购物流控制的目的。

防止被供应商控制的方法有以下几种。

(1) 全球采购。当企业得到许多商家的竞价时,如有 30 家供应商,企业只要 3 家报价,这就很有把握找到最佳供应商。全球采购往往可以打破供应商的垄断行为。

(2) 再找一家供应商。独家供应有两种情况,一是供应商不止一家,但买方企业仅向其中一家采购,大多是由买方造成;二是供应商仅此一家,是由卖方造成的,如独占性产品的供应商或独家代理商等。对于第一种情况,只要"化整为零",变成由多家供应,从而造成卖方企业间的竞争。

(3) 增强相互依赖性。多给供应商一点业务,如在原材料需求量增加时,优先考虑原来的供应商,这样就提高了供应商对采购方的依赖性。在相互依赖性增强时,对方的控制能力必将会减弱。

2. 库存控制

1915 年,美国的福特·哈里斯发表了关于经济订货批量的模型,开创了现代库存理论的研究。随着管理工作的科学化,库存管理的理论有了很大的发展,形成了许多库存模型,它们应用于企业管理中已得到显著的效果。库存控制(inventory control)是对制造业或服务业生产、经营全过程的各种物品、产成品及其他资源进行管理和控制,使其储备保持在经济合理的水平上。它是在满足顾客服务要求的前提下通过对企业的库存水平进行控制,力求尽可能降低库存水平、提高物流系统的效率,以提高企业的市场竞争力。

库存控制系统的主要控制因素是时间和数量。库存控制是通过订货的时间和订货的数量实现有效控制的。库存控制就是要解决何时订货和每次订多少货这两个基本问题,从而使库存水平不但在时间上,而且在数量上都经济合理。在订货数量一定的条件下,订货时间过迟,将造成物资供应脱节、生产停顿；订货时间过早，将使物资储存时间过长，储存费用和损失增大。在订货时间一定的条件下，订货量过大不仅会导致增加仓库面积和库存保管费用，从而提高了产品成本；还会导致大量的流动资金被占用，造成资金呆滞，既加重了货款利息等负担，又会影响资金的时间价值和机会收益；此外，还造成产成品和原材料的有形损耗和无形损耗；也会造成企业资源的大量闲置，影响其合理配置和优化等诸多问题。而订货量过小则会导致服务水平下降，影响销售利润和企业信誉；造成生产系统原材料或其他物料供应不足，影响生产过程的正常进行；使订货间隔期缩短，订货次数增加，订货（生产）成本提高；影响生产过程的均衡性和装配时的成套性等。

因此，选择合适的库存模型和库存制度使库存水平在时间和数量上经济合理，是库存理论研究的主要内容。通过库存控制应达到以下几个目标：一是在保证企业生产、经营需求的前提下，使库存量经常保持在合理的水平上；二是掌握库存量动态，适时、适量提出订货，避免超储或缺货；三是减少库存空间占用，降低库存总费用；四是控制库存资金占用，加速资金周转。

库存控制系统必须解决三个问题：隔多长时间检查一次库存量？何时提出补充订货？每次订多少？按照对以上三个问题的不同解决方式，可以分成三种典型的库存控制系统。

（1）定量库存控制系统。所谓定量库存控制系统就是订货点和订货量都是定量的库存控制系统，当库存控制系统的现有库存量降到订货点及以下时，库存控制系统就向供应厂家发出订货，每次订货量均为一个固定的量。经过一段时间（提前期），所发出的订货到达，库存量增加。订货提前期是从发出订货至到货的时间间隔，其中包括订货准备时间、发出订单、供方接受订货、供方生产、产品发运、提货、验收和入库等过程。显然，提前期一般为随机变量。要发现现有库存量是否到达订货点，必须随时检查库存量。定量库存控制系统需要随时检查库存量，并随时发出订货。这样，虽然增加了管理工作量，但它使得库存量得到严密的控制。因此，定量系统适用于重要物资的库存控制。为了减少管理工作量，一般可采用双仓系统。所谓双仓系统是将同一种物资分放两仓（或两个容器），其中一仓使用完之后，库存控制系统就发出订货。在发出订货后，就开始使用另一仓的物资，直到到货，再将物资按两仓存放。

（2）定期库存控制系统。定量库存控制系统需要随时监视库存变化，对于物资种类很多且订货费用较高的情况是很不经济的。定期库存控制系统可以弥补定量库存控制系统的不足。定期库存控制系统就是每经过一个相同的时间间隔，发出一次订货，订货量为将现有库存补充到一个最高水平。定期库存控制系统不需要随时检查库存量，到了固定的间隔期，各种不同的物资可以同时订货。这样既简化了管理，也节省了订货费。定期库存控制系统的缺点是不论库存水平降得多还是少，都要按期发出订货，当库存水平很高时，订货量是很少的。为了克服这个缺点，就出现了最大、最小库存控制系统。

（3）最大、最小库存控制系统。最大、最小库存控制系统仍然是一种定期库存控制系统，只不过它需要确定一个订货点。当经过一定时间间隔时，如果库存量降到订货点及以下，则发出订货；否则，再经过一定时间时再考虑是否发出订货。

3. 质量控制

1）质量的内涵

美国著名的质量管理专家朱兰（J. M. Juran）博士从顾客的角度出发，提出了产品质量就是产品的适用性，即产品在使用时能成功地满足用户需要的程度。用户对产品的基本要求就是适用，适用性恰如其分地表达了质量的内涵。美国的另一位管理大师德鲁克则认为质量就是满足需要，这一定义有两个方面的含义，即使用要求和满足程度。人们使用产品，总对产品质量提出一定的要求，而这些要求往往受到使用时间、使用地点、使用对象、社会环境和市场竞争等因素的影响，这些因素的变化会使人们对同一产品提出不同的质量要求。因此，质量不是一个固定不变的概念，它是动态的、变化的、发展的，它随着时间、地点、使用对象的不同而不同，随着社会的发展、技术的进步而不断更新和丰富。用户对产品的使用要求的满足程度，反映在对产品的性能、经济特性、服务特性、环境特性和心理特性等方面。因此，质量是一个综合的概念。它并不要求技术特性越高越好，而是追求如性能、成本、数量、交货期、服务等因素的最佳组合，即所谓的最适当。

2）质量控制的发展

质量控制的思想经过三个发展阶段。一是质量检验阶段。这一阶段是质量管理的初级阶段，以事后检验为主。二是统计质量控制阶段。从单纯依靠质量检验事后把关，发展到过程控制，突出了质量的预防性控制的管理方式。三是全面质量管理阶段。这是一个组织以质量为中心，以全员参与为基础，目的在于通过让顾客满意和本组织所有成员及社会受益而达到长期成功的管理途径。

20 世纪 50 年代末，美国通用电气公司的费根鲍姆和质量管理专家朱兰提出了“全面质量管理”（total quality management，TQM）的概念，他们认为，全面质量管理是为了能够在最经济的水平上，并考虑充分满足客户要求的条件下进行生产和提供服务，把企业各部门在研制质量、维持质量和提高质量的活动融为一体的一种有效体系。20 世纪 60 年代初，美国一些企业根据行为管理科学的理论，在企业的质量管理中开展了依靠职工“自我控制”的“无缺陷运动”（zero defects）；日本在工业企业中开展质量管理小组活动，使全面质量管理活动迅速发展起来。全面质量管理的基本方法可以概况为四句话十八字，即一个过程，四个阶段，八个步骤，数理统计方法。一个过程，即企业管理是一个过程。企业在不同时间内，应完成不同的工作任务。企业的每项生产经营活动都有一个产生、形成、实施和验证的过程。四个阶段，根据管理是一个过程的理论，美国的戴明博士把它运用到质量管理中来，总结出“计划（plan）—执行（do）—检查（check）—处理（act）”四阶段的循环方式，简称“PDCA 循环”，又称“戴明循环”，如图 8-7 所示。为了解决和改进质量问题，“PDCA 循环”中的四个阶段还可以具体划分为八个步骤。①计划阶段：分析现状，找出存在的质量问题；分析产生质量问题的各种原因或影响因素；找出影响质量的主要因素；针对影响质量的主要因素，提出计划，制定措施。②执行阶段：执行计划，落实措施。③检查阶段：检查计划的实施情况。④处理阶段：总结经验，巩固成绩，工作结果标准化；提出尚未解决的问题，转入下一个循环。

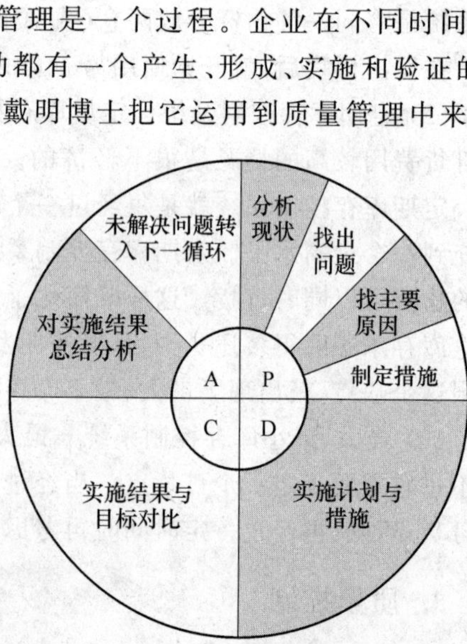

图 8-7　PDCA 循环

全面质量管理有三个核心的特征：全员参加

的质量管理、全过程的质量管理和全面的质量管理。

(1) 全员参加的质量管理，即要求全部员工，无论高层管理者还是普通办公职员或一线工人，都要参与质量改进活动。参与改进工作质量管理的核心机制，是全面质量管理的主要原则之一。

(2) 全过程的质量管理必须在市场调研、产品的选型、研究试验、设计、原料采购、制造、检验、储运、销售、安装、使用和维修等各个环节中都把好质量关。其中，产品的设计过程是全面质量管理的起点，原料采购、生产、检验过程是实现产品质量的重要过程；而产品的质量则最终是在市场销售、售后服务的过程中得到评判与认可。

(3) 全面的质量管理是用全面的方法管理全面的质量。全面的方法包括科学的管理方法、数理统计的方法、现代电子技术、通信技术等。全面的质量包括产品质量、工作质量、工程质量和服务质量等。

8.3.3　财务控制

财务控制是指对企业的资金投入及收益过程和结果进行衡量与校正，目的是确保企业目标及为达到此目标所制订的财务计划得以实现。对财务比率的比较分析是最重要的分析。财务比率涉及企业经营管理的各个方面，主要分为以下三方面的指标：偿债能力、营运能力及盈利能力。一般来说，用这三个方面的能力来衡量企业风险和收益的关系。

1. 偿债能力

短期偿债能力是指企业偿还短期债务的能力，短期偿债能力不足，不仅会影响企业的信用，增加今后筹集资金的成本与难度，还可能使企业陷入财务危机，甚至破产。一般来说，企业应该以流动资产偿还流动负债，而不应靠变卖长期资产，所以用流动资产与流动负债的数量关系来衡量短期偿债能力。流动资产既可以用于偿还流动负债，也可以用于支付日常经营所需要的资金。所以，流动比率高一般表明企业短期偿债能力较强，但如果流动比率过高，则会影响企业资金的使用效率和获利能力。合适的流动比率与不同行业的企业具有不同的经营特点有关，还与流动资产中现金、应收账款和存货等项目各自所占的比例有关，因为它们的变现能力不同。为此，可以用速动比率(剔除了存货和待摊费用)和现金比率(剔除了存货、应收账款、预付账款和待摊费用)辅助进行分析。一般认为流动比率为 2，速动比率为 1 比较安全，比率过高有效率低之嫌，比率过低则有管理不善的可能。但是由于企业所处行业和经营特点的不同，应结合实际情况具体分析。

$$\text{流动比率}=\frac{\text{流动资产}}{\text{流动负债}}\times 100\%$$

$$\text{速动比率}=\frac{\text{流动资产}-\text{存货}-\text{待摊费用}}{\text{流动负债}}\times 100\%$$

长期偿债能力是指企业偿还长期利息与本金的能力。一般来说，企业的长期负债主要是用于长期投资，因而最好是用投资产生的收益偿还利息与本金。通常以负债比率和利息收入倍数两项指标衡量企业的长期偿债能力。负债比率又称财务杠杆，由于所有者权益不需偿还，所以财务杠杆越高，债权人所受的保障就越低。但这并不是说财务杠杆越低越好，因为一定的负债表明企业的管理者能够有效地运用股东的资金，帮助股东用较少的资金进行较大规模的经营，所以财务杠杆过低说明企业没有很好地利用其资金。

$$负债比率=\frac{负债总额}{资产总额}\times 100\%$$

2. 营运能力

营运能力是以企业各项资产的周转速度来衡量企业资产利用的效率。周转速度越快，表明企业的各项资产进入生产、销售等经营环节的速度越快，那么其形成收入和利润的周期就越短，经营效率自然就越高。一般来说，营运能力包括以下五个指标。

$$应收账款周转率=\frac{赊销收入净额}{应收账款平均余额}\times 100\%$$

$$存货周转率=\frac{销售成本}{存货平均余额}\times 100\%$$

$$流动资产周转率=\frac{销售收入净额}{流动资产平均余额}\times 100\%$$

$$固定资产周转率=\frac{销售收入净额}{固定资产平均净值}\times 100\%$$

$$总资产周转率=\frac{销售收入净额}{总资产平均值}\times 100\%$$

由于上述的这些周转率指标的分子、分母分别来自资产负债表和损益表，而资产负债表的数据是某一时点的静态数据，损益表的数据则是整个报告期的动态数据，所以为了使分子、分母在时间上具有一致性，就必须将取自资产负债表上的数据折算成整个报告期的平均额。通常来讲，上述指标越高，说明企业的经营效率越高。但数量只是一个方面的问题，在进行分析时，还应注意各资产项目的组成结构，如各种类型存货的相互搭配、存货的质量及适用性等。

3. 盈利能力

盈利能力反映企业获取利润的能力，是各个方面关心的核心，也是企业成败的关键，只有长期盈利，企业才能真正做到持续经营。因此无论是投资者还是债权人，都对反映企业盈利能力的比例非常重视。一般用下面几个指标衡量企业的盈利能力。

$$毛利率=\frac{销售收入-成本}{销售收入}\times 100\%$$

$$营业利润率=\frac{营业利润}{销售收入}=\frac{净利润+所得税+利息费用}{销售收入}\times 100\%$$

$$净利润率=\frac{净利润}{销售收入}\times 100\%$$

$$总资产报酬率=\frac{净利润}{总资产平均值}\times 100\%$$

$$权益报酬率=\frac{净利润}{权益平均值}\times 100\%$$

$$每股利润=\frac{净利润}{流通股总股份}\times 100\%$$

上述指标中，毛利率、营业利润率和净利润率分别说明企业生产（或销售）过程、经营活动和企业整体的盈利能力，其比率越高则获利能力越强。总资产报酬率反映股东和债权人共同投入资金的盈利能力。权益报酬率则反映股东投入资金的盈利状况。权益报酬率是股东最为关心的内容,它与财务杠杆有关,如果资产的报酬率相同,则财务杠杆越高的企业权益报酬率也越高,因为股东用较少的资金实现了同等的收益能力。每股利润只是将净利润分配到每一份股份,目的是更简洁地表示权益资本的盈利情况。衡量上述盈利指标是高还是低,一般要通过与同行业其他企业的水平相比较才能得出结论。

上述三个方面是相互关联的。注意将各种比率有机联系起来进行全面分析,不可孤立地看某种或某类比率。例如,盈利能力会影响短期和长期的效益,而营运能力的效率又会影响盈利能力。因此,财务分析需要综合应用上述比率。

在财务分析中,比率分析用途最广,但也有局限性,其突出表现在比率分析属于静态分析,对于预测未来并非绝对合理可靠。比率分析所使用的数据为账面价值,难以反映物价水准的影响。可见,在运用比率分析时,一是要注意将各种比率有机联系起来进行全面分析,不可单独地看某种或各种比率,否则便难以准确地判断公司的整体情况;二是要注意审查公司的性质和实际情况,而不仅是着眼于财务报表;三是要注意结合差额分析,这样才能对公司的历史、现状和将来有一个详尽的分析、了解,达到财务分析的目的。

8.3.4 综合控制方法

1. 标杆控制法

标杆管理法由美国施乐公司于1979年首创,西方管理学界将其与企业再造、战略联盟一起并称为20世纪90年代三大管理方法。标杆控制是以在某一项指标或某一方面实践上竞争力最强的企业或行业中的领先企业或组织内某部门作为基准,将本企业的产品、服务管理措施或相关实践的实际状况与这些基准进行定量化的评价、比较,在此基础上制定、实施改进的策略和方法,并持续不断反复进行的一种管理方法。标杆控制实质上就是模仿和创造,是一个有目的、有目标的学习过程。通过学习,企业重新思考和设计经营模式,借鉴先进的模式和理念,再进行本土化改造,创造出适合自己的全新最佳经营模式。

标杆控制一般分为以下几个实施步骤。

(1) 内部研究与初步竞争性分析。要发展标杆管理计划,决定以什么为目标的第一步就是要认定谁是顾客及顾客的需求。在界定顾客范围之后,要对顾客需求进行诊断并制作一份顾客需求摘要。这份摘要用来指引标杆管理调查的去向,它决定了标杆管理的进度、行动的范围、报告格式及资源的分配等。

(2) 组成标杆管理团队。在确定标杆管理的主题之后,便可以根据这个主题的特性来决定标杆管理团队的成员应该如何组成。其最基本的原则是必须要有在这个主题领域内具有专业知识的员工来参与。除此之外还需考虑团队成员在时间的安排上要能有某种程度上的配合,以及多方考量团队成员专长、技能的多元化及互补性。

(3) 选定标杆管理伙伴。标杆管理伙伴是指提供标杆管理调查相关资讯的组织,也就是要选定最佳行业典范来作为学习合作的伙伴。

(4) 搜集及分析资讯。在了解另一个组织的作业流程、产品及服务之前,首先要彻底了解自己本身。在这个阶段中必须搜集分析自己内部作业资讯,了解目前的作业方式并进行检讨,找出需要改进的地方。当资料搜集完毕,必须将所得的资料整理并做一份摘要,以加强资讯的效力和意义。

(5) 采取行动。标杆管理的主要目标就是采取行动，以达到或超越标杆。在这个阶段，企业会根据前一阶段所提出来的改革行动计划书来变更实际的流程，这些改变通常会显著而剧烈，甚至能立刻看出成效。在企业进行完改革后的一段时间，必须要进行绩效指标的评估，以检查实行的成果。

尽管标杆管理是目前最受欢迎的商业工具之一，但是单纯的标杆管理，缺乏结合自己实际情况的创新将会导致企业竞争战略趋同。标杆管理的基本思路就是模仿，通过模仿、学习实现超越。标杆管理使得单个企业运作效率的绝对水平大幅提高，而企业之间相对效率差距却日益缩小。此外，单纯为赶超先进而推行标杆管理，则会使企业陷入"落后—基准—又落后—再基准"的"标杆管理陷阱"之中。标杆管理仅仅是一项管理技术，它要为组织的整体发展战略服务，并且应结合自身实际情况适当进行创新，不能完全一味地模仿，否则带来的结果往往事与愿违。

☎【小资料】

标杆管理

早在1979年，施乐公司最先提出"标杆管理"的概念，一开始只是在公司的几个部门做标杆管理，到1980年扩展到整个公司范围。当时以高技术产品复印机主宰市场的施乐公司发现，有些日本厂家以施乐公司制造的成本的价格出售类似的复印设备。由于这样的大举进攻，施乐的市场占有率锐减。为了应对此挑战，施乐公司最高层领导决定制订一系列改进产品质量和提高劳动生产率的计划。施乐公司派雇员到日本的合作伙伴——富士施乐及其他日本公司进行考察，详细了解竞争对手的情况。接着施乐公司便要确定竞争对手是否领先，为什么领先，存在的差距怎么才能消除。对比分析的结果使施乐公司确信从产品设计到销售、服务和雇员参与等一系列方面都需要加以改变。最后施乐公司为这些环节确定了改进目标，并制订了达到这些目标的计划。通过标杆管理，施乐公司使其制造成本降低了50%，产品开发周期缩短了25%，人均创收增加了20%，并使施乐公司的产品开箱合格率从92%上升到99.5%，施乐公司重新赢得了原先市场占有率。行业内有关机构连续数年评比，就复印机六大类产品中，施乐公司有四类在可靠性和质量方面名列第一。

2. 平衡记分卡

平衡记分卡是从财务、客户、内部运营、学习与成长四个角度，将组织的战略落实为可操作的衡量指标和目标值的一种新型绩效管理体系。设计平衡记分卡的目的就是要建立"实现战略制导"的绩效管理系统，从而保证企业战略得到有效的执行。因此，人们通常认为平衡记分卡是加强企业战略执行力的最有效战略管理工具。平衡记分卡方法打破了传统的只注重财务指标的业绩管理方法。平衡记分卡认为，传统的财务会计模式只能衡量过去发生的事情(落后的结果因素)，但无法评估组织前瞻性的投资(领先的驱动因素)。在过去的工业时代，注重财务指标的管理方法还是有效的。但在当今的信息社会里，传统的业绩管理方法并不全面，组织必须通过在客户、供应商、员工、组织流程、技术和革新等方面的投资，获得持续发展的动力。正是基于这样的认识，平衡记分卡方法认为，组织应从四个角度审视自身业绩，即财务角度、客户角度、内部经营流程角度、学习和成长角度。这几个角度分别代表企业三个主要的利益相关者：股东、客户、员工。每个角度的重要性取决于角度的本身和指标的选择是否与公司战略相一致。平衡记分卡控制的过程如图 8-8 所示。

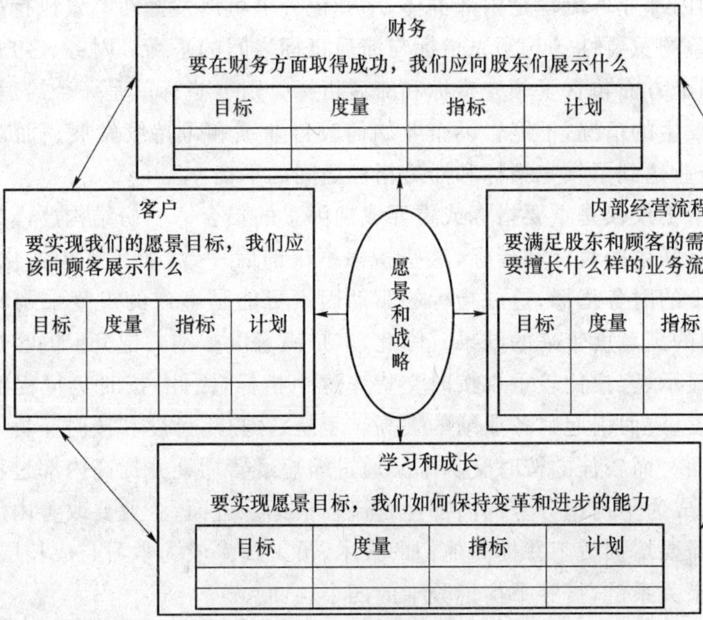

图 8-8 平衡记分卡控制的过程

(1) 财务层面。财务业绩指标可以显示企业的战略及其实施和执行是否对改善企业盈利做出贡献。财务目标通常与获利能力有关，其衡量指标有营业收入、资本报酬率、经济增加值等，也可能是销售额的迅速提高或创造现金流量。

(2) 客户层面。在平衡记分卡的客户层面，管理者确立了其业务单位将竞争的客户和市场，以及业务单位在这些目标客户和市场中的衡量指标。客户层面指标通常包括客户满意度、客户保持率、客户获得率、客户盈利率，以及在目标市场中所占的份额。客户层面使业务单位的管理者能够阐明客户和市场战略，从而创造出出色的财务回报。

(3) 内部经营流程层面。在这一层面上，管理者要确认组织擅长的关键内部流程，这些流程帮助业务单位提供价值主张，以吸引和留住目标细分市场的客户，并满足股东对财务回报的期望。

(4) 学习和成长层面。它确立了企业要创造长期的成长和改善就必须建立的基础框架，确立了未来成功的关键因素。平衡记分卡的前三个层面一般会揭示企业的实际能力与实现突破性业绩所必需的能力之间的差距，为了弥补这个差距，企业必须投资于员工技术的再造、组织程序和日常工作的梳理，这些都是平衡记分卡学习与成长层面追求的目标，如员工满意度、员工保持率、员工培训和技能等，以及这些指标的驱动因素。

平衡记分卡强调管理过程应该实现五项平衡：①财务指标和非财务指标的平衡。企业考核的一般是财务指标，而对非财务指标（客户、内部流程、学习与成长）的考核很少，即使有对非财务指标的考核，也只是定性的说明，缺乏量化的考核，缺乏系统性和全面性。②企业的长期目标和短期目标的平衡。平衡记分卡是一套战略执行的管理系统，如果以系统的观点来看平衡记分卡的实施过程，则战略是输入，财务是输出。③结果性指标与动因性指标之间的平衡。平衡记分卡以有效完成的战略为动因，以可衡量的指标为目标管理的结果，寻求结果性指标与动因性指标之间的平衡。④企业组织内部群体与外部群体的平衡。平衡记分卡中，股东与客户为外部群体，员工和内部业务流程是内部群体，平衡记分卡可以发挥在有效执行战略的过程中平衡这些群体间利益的重要性。⑤领先指标与滞后指标之间的平衡。财务、客户、内部经营流程、学习和成长这四个方面包含了领先指标和滞后指标。财务指标就是一个滞后指标，它只能反映公司上一年度发生的情况，不能告诉企业如何改善业绩和可持续发展。而对于后三项领先指标的关注，使企业达到了领先指标和滞后指标之间的平衡。

最好的平衡记分卡不仅仅是重要指标或重要成功因素的集合。一份结构严谨的平衡记分卡应当包含一系列相互联系的目标和指标，这些指标不仅前后一致，而且互相强化。例如，投资回报率是平衡记分卡的财务指标，这一指标的驱动因素可能是客户的重复采购和销售量的增加，而这两者是客户的满意度带来的结果。因此，客户满意度被纳入记分卡的客户层面。通过对客户偏好的分析显示，客户比较重视按时交货率这个指标，因此，按时交付程度的提高会带来更高的客户满意度，进而引起财务业绩的提高。于是，客户满意度和按时交货率都被纳入平衡记分卡的客户层面。而较佳的按时交货率又通过缩短经营周期并提高内部过程质量来实现，因此这两个因素就成为平衡记分卡的内部经营流程指标。进而，企业要改善内部流程质量并缩短周期的实现又需要培训员工并提高他们的技术，员工技术成为学习与成长层面的目标。这就是一个完整的因果关系链，贯穿平衡记分卡的四个层面。

平衡记分卡方法因为突破了财务作为唯一指标的衡量工具，做到了多个方面的平衡。平衡记分卡与传统评价体系比较，具有如下几个特点。

(1) 平衡记分卡为企业战略管理提供强有力的支持。随着全球经济一体化进程的不断发展，市场竞争的不断加剧，战略管理对企业持续发展而言更为重要。平衡记分卡的评价内容与相关指标和企业战略目标紧密相连，企业战略的实施可以通过对平衡记分卡的全面管理来完成。

(2) 平衡记分卡可以提高企业整体管理效率。平衡记分卡所涉及的四项内容，都是企业未来发展成功的关键要素，通过平衡记分卡所提供的管理报告，将看似不相关的要素有机地结合在一起，可以大大节约企业管理者的时间，提高企业管理的整体效率，为企业未来成功发展奠定坚实的基础。

(3) 注重团队合作，防止企业管理机能失调。团队精神是企业文化的集中表现，平衡记分卡通过对企业各要素的组合，让管理者能同时考虑企业各职能部门在企业整体中的不同作用与功能，使他们认识到某一领域的工作改进可能是以其他领域的退步为代价换来的，促使企业管理部门考虑决策时要从企业出发，慎重选择可行方案。

(4) 平衡记分卡可提高企业激励作用，扩大员工的参与意识。传统的业绩评价体系强调管理者要求下属采取什么行动，然后通过评价来证实下属是否采取了行动及行动的结果如何，整个控制系统强调的是对行为结果的控制与考核。而平衡记分卡则强调目标管理，鼓励下属创造性地完成目标，这一管理系统强调的是激励动力。因为在具体管理问题上，企业高层管理者并不一定会比中下层管理人员更了解情况、所做出的决策也不一定比下属更明智，所以由企业高层管理人员规定下属的行为方式是不恰当的。此外,企业业绩评价体系大多是由财务专业人士设计并监督实施的,但是由于专业领域的差别,财务专业人士并不清楚企业经营管理、技术创新等方面的关键性问题,因而无法对企业整体经营的业绩进行科学合理的计量与评价。

(5) 平衡记分卡可以使企业信息负担降到最少。在当今信息时代,企业很少会因为信息过少而苦恼,随着全员管理的引进,当企业员工或顾问向企业提出建议时,新的信息指标总是不断增加。这样,会导致企业高层决策者处理信息的负担大大加重。而平衡记分卡可以使企业管理者仅仅关注少数而又非常关键的相关指标,在保证满足企业管理需要的同时,尽量减少信息负担成本。

本章小结

控制是指管理人员监视各项活动以保证它们按计划进行并纠正各种显著偏差的过程。控制的实质是使工作按计划进行,或者只对计划做适当的调整,以确保组织的目标及为此而拟定的计划能够得以实现。由于企业的运营环境不断发生变化,经营管理过程中权力的分散及组织成员工作能力的差异,使得人们在执行计划的活动中总是会或多或少地出现与计划不一致的现象。因此,通过控制职能主要实现两个目的:一是要使企业适应环境的变化,二是要限制偏差的累积。为了实现上述目标,控制活动实施前应确保满足三个基本前提条件:一是要有明确的计划和目标,二是要有责权分明的组织结构,三是要有科学的控制方法和手段。同一般的控制系统一样,组织管理控制系统也由作用者(管理者)与被作用者(整个组织)及作用的传递者(信息反馈机构)三个要素所组成。为了达到有效控制的目的,在建立控制系统时必须遵循以下原则:重点与例外原则、及时性原则、灵活性原则、经济性原则及客观性原则。

按控制的侧重点不同,控制可分为前馈控制、现场控制和反馈控制。按控制的逻辑发展,控制可分为试探控制、经验控制、推理控制和最优控制。按控制有无信息反馈,控制可分为开环控制和闭环控制。按控制原因或结果划分,控制可分为直接控制和间接控制。不同的控制类型都各有优缺点,需要根据实际需要选取。从管理控制的实施上看,组织的管理控制大致包括制定控制标准、衡量实际绩效和纠正偏差三个阶段,这三个阶段的有序结合,构成了完整的管理控制过程。

管理控制中使用最广泛的一种控制方法就是预算控制,其是指根据预算规定的收入与支出标准来检查和监督各个部门的生产经营活动,以保证各种活动或各个部门在充分达成既定目标、实现利润的过程中对经营资源的利用,从而使费用支出受到严格有效的约束。按照不同的内容可以将预算分为经营预算、投资预算和财务预算三大类。

为了保证产品的正常生产与维护企业的经济效益,在进行物资采购的全过程中应加强对供应商的管理与控制。买方可以通过完全竞争控制、合约控制、股权控制、管理输出控制等方式加强对供应商的控制,并通过全球采购、增加供应商数量及加强相互依赖度等手段减少被供应商控制的风险。生产控制的另一个重要的方面就是库存控制,库存控制系统的主要控制因素有两个,即时间和数量。库存控制是通过订货的时间和订货的数量来实现的。库存控制就是要解决何时订货和每次订多少货这两个基本问题。使库存水平不但在时间上,而且在数量上都经济合理。

财务控制是指对企业的资金投入及收益过程和结果进行衡量与校正，目的是确保企业目标及为达到此目标所制定的财务计划得以实现。财务比率控制最常用的控制指标包括偿债能力指标、营运能力指标和盈利能力指标，注意将各种比率有机联系起来进行全面分析，不可孤立地看某种或某类比率。

标杆控制和平衡记分卡是两种典型的综合控制的方法。标杆管理实质上就是模仿和创造，是一个有目的、有目标的学习过程。通过学习，企业重新思考和设计经营模式，借鉴先进的模式和理念，再进行本土化改造，创造出适合自己的全新最佳经营模式。平衡记分卡方法打破了传统的只注重财务指标的业绩管理方法。它强调组织必须通过在客户、供应商、员工、组织流程、技术和革新等方面的投资，获得持续发展的动力。正是基于这样的认识，平衡记分卡方法认为，组织应从四个角度审视自身业绩，即学习与成长角度、内部经营流程角度、客户角度、财务角度。

思 考 题

1. 组织运营管理过程中为什么需要控制？控制的目的是什么？如何才能达到？
2. 简述控制的内涵及分类。
3. 简述控制的一般过程及每一阶段的注意事项。
4. 简述预算控制的定义及风险。
5. 如何对供应商进行有效控制？
6. 简述财务比率控制的指标体系及相互关系。
7. 简述标杆控制的基本思想。
8. 简述平衡记分卡的运用。

第9章 创 新

本章首先从“三个和尚故事新说”——制度创新、管理创新、技术创新的故事说起。有一名老话，叫“一个和尚挑水吃，两个和尚抬水吃，三个和尚没水吃”。如今，这三个观点在一定程度上已经过时了。现在是“一个和尚没水吃，三个和尚水多得吃不完”。故事从这里说起，有三座庙，这三座庙离河边都比较远。怎么解决吃水问题呢？第一座庙，和尚们挑水路比较长，一天挑一缸水就累了。于是三个和尚商量，咱们来个接力赛吧，每人挑一段路。第一个和尚从河边挑到半路停下来休息，第二个和尚继续挑，又转给第三个和尚挑到缸里去，空桶回来再接着挑，大家都不怎么累，水很快就挑满了。这是协作的办法，也叫“制度创新”。第二座庙，老和尚把三个徒弟都叫来，立下新的庙规，引进竞争机制。三个和尚都去挑水，谁挑得多，晚上吃饭加一道菜；谁挑得少，吃白饭，没菜。三个和尚拼命去挑，一会儿水就挑满了。这个办法叫“管理创新”。第三座庙，三个和尚商量，天天挑水太累，咱们想想办法。山上有竹子，把竹子砍下来连在一起，竹子中心是空的，然后买了一个辘轳。第一个和尚负责把水摇上去，第二个和尚专管倒水，第三个和尚在地上休息。三个人轮流换班，一会儿水就灌满了。这叫“技术创新”。此案例表明：由三个和尚没水喝，到三个和尚通过不同的办法达到共同的目的，关键在于不局限于固有的思维，发扬了团结协作、良性竞争、开拓创新的精神。

9.1 管理的创新职能

组织、领导、控制等是保证计划目标实现所不可或缺的。从某种角度说，它们是管理的“维持职能”，其任务是保证系统按预定的方向和规则进行。但是管理是在动态环境中生存的社会经济系统，仅靠维持是不够的，还必须不断调整系统活动的内容和目标，以适应环境变化的要求，这就需要管理的创新职能。

9.1.1 创新及其作用

创新就是创造新的事物。英语中 innovation（创新）这个词起源于拉丁语。它原意有三层含义，第一，更新，就是对原有的东西进行替换；第二，创造新的东西，就是创造出原来没有的东西；第三，改变，就是对原有的东西进行发展和改造。创新一般有两种含义：一是创造了新的东西，这和创造实际是同一个意思；二是本来存在一个事物，将它更新或者创造出一个新事物来代替它。在这种意味下，创新中包含了创造。但创造不可能凭空而起，新的创造一般是建立在原有的事物或其转化的基础上，包含了对原有事物的创新，因而创造中又包含了创新。人类的创造、创新可以分解为两个部分：一是思考，想出新主意；二是行动，根据新主意做出新事物。一般是先有创造、创新的主意，然后才有创造、创新的行动。

一般来说，创新概念包含的范围很广，它包括各种各样的以新的方式提高资源配置效率的活动。对于创新概念，一般有狭义和广义两个层次的理解。

狭义理解的创新概念立足于把技术和经济结合起来，即创新是一个从新思想的产生到产品的设计、试制、生产、营销和市场化的一系列活动。

广义理解的创新概念力求将科学、技术、教育及政治等与经济融合起来，即创新表现为不同参与者和机构之间（企业、政府、大学、科研机构等）的交互作用的网络。在这个网络中，任何一个结点都有可能成为创新行为实现的特定空间，创新行为因而可以表现在技术、制度、组织机构或管理等不同的侧面。

创新是指人类为了满足自身需要，不断拓展对客观世界及其自身的认知与行为的过程和结果的活动。具体来讲，创新是指人们为了一定的目的，遵循事物发展的规律，对事物的整体或其中的某些部分进行变革，从而使其得以更新与发展的活动。

1. 作为管理基本职能的创新

创新这一概念，最早是由美籍奥地利经济学家约瑟夫·熊彼特提出来的。他在 1912 年出版的著作《经济发展理论》一书中首次阐述了创新的含义，他指出，创新就是建立“新的生产函数”，即“企业家对生产要素的新组合”，也就是把一种从来没有过的生产要素和生产条件的“新组合”引入生产体系，从而引起生产方式的变革，形成一种新的生产能力。熊彼特还认为，创新属于经济范畴，不属于技术范畴。

具体地说，创新包括以下五种情况。

(1) 引进一种新产品，或者提供更好的产品质量。

(2) 采用一种新的生产方法，就是在有关的制造部门中未曾采用过的方法。这种新的方法并不需要建立在新的科学发现基础之上，也可以是商业上处理一种产品的新方式。

(3) 开辟一个新的市场，就是该产品之前不曾进入的市场，不管这个市场以前是否存在。

(4) 获得一种原材料或半成品的新供给来源，不管这种来源是已经存在的，还是第一次创造出来的。

(5) 实行一种新的企业组织形式，如造成一种垄断地位或打破一种垄断地位。

围绕以上五个方面展开的创新活动有一个共同的特征，即强烈的利润动机和潜在的盈利前景。创新的概念实质上是把生产力的进步作为经济和社会发展的动力。熊彼特把竞争机制升华为创新机制，从而使人们更为准确地把握现代经济发展的脉搏。熊彼特还认为企业家是创新活动的倡导者和实行者，并指出静态中的经济主体是经济人，动态中的经济主体则是企业家（创新者）。也就是说，企业家异于一般的企业经营管理者，后者只是按传统方式经营管理企业，而前者则敢于冒风险，富有进取精神，不因循守旧，能够不断地倡导和开展创新活动。

2. 创新与维持的作用及其关系

管理工作可以概述为：设计系统的目标、结构和运行规划，启动并监视系统的运行，使之符合预定的规则操作;分析系统运行中的变化,进行局部或全局的调整,使系统不断呈现新的状态。维持和创新是管理的本质内容,有效的管理在于适度的维持与适度的创新相结合。

1）维持与创新的作用

作为管理的两个基本职能,维持与创新是相互联系、不可或缺的。创新是维持基础上的发展,而维持则是创新的逻辑延续;维持是为了实现创新的成果,而创新则是为更高层次的维持提供依托和框架。只有创新没有维持,系统会呈现出时刻变化的无序混乱状态;而只有维持没有创新,系统则缺乏活力,最终会被环境淘汰。卓越的管理是实现维持与创新最优组合的管理。

2）维持与创新的关系

作为企业管理的基本职能,维持与创新对企业生存和发展都是非常重要的。维持是保证企业各项活动顺利进行的基本手段,也是企业中最常见的工作。根据物理学的熵增原理,原来基于合理分工、职责明确而严密衔接起来的有序的系统结构,会随着系统在运转过程中各个部分之间的摩擦而逐渐地从有序走向无序,最终导致有序平衡结构的解体。企业管理的维持职能便是要严格地按预定的规划来检视和修正企业系统的运行,尽力避免各子系统之间的摩擦,或减少因摩擦而产生的结构内耗,以保证系统的有序性。没有维持,企业的目标就难以实现,计划就无法落实,企业的各项工作就有可能偏离计划的要求,企业的各个要素就有可能相互脱离,各自为政,从而整个企业系统就会出现一种混乱的状况。所以,维持对于企业生命的延续是至关重要的。

但是,仅有维持是不够的。企业作为一个社会经济系统,它是由众多要素构成的,它要不断地与外部发生物质、信息、能量的交换。而外部环境是在不断地发生变化的,这些变化必然会对企业的活动内容、活动形式和活动要素产生不同程度的影响;同时,企业内部的各种要素也是在不断发生变化的。企业内部某个或某些要素在特定时期的变化必然要求引起企业内其他要素的连锁反应,从而对企业原有的目标、活动要素间的相互关系等产生一定的影响。企业若不及时根据内外变化的要求,适时进行局部或全局的调整,则可能被变化的环境所淘汰,或为改变了的内部要素所不容。这种为适应企业内外部变化而进行的局部或全局的调整,便是企业管理的创新职能。

综上所述,作为企业管理的两个基本职能,维持与创新对企业的生存和发展都是非常重要的。

3. 创新的特征

为了更有效地创新,我们必须认识创新的特征。一般来说,创新具有以下特征。

1）创造性

创造性是指创新所进行的活动与其他活动相比,具有突破性的质的提高。也可以说,创新是一种创造性构思付诸实践的结果。

创新的创造性首先表现在新产品、新工艺上或是体现在产品、工艺的显著变化上;其次表现在企业组织结构、制度安排、管理方式等方面的创新上。这种创造性的特点就是敢于打破常规、把握规律的同时紧紧地抓住时代前进的趋势,勇于探索新道路。

2）风险性

由于创新的过程涉及许多相关环节和影响因素,从而使得其创新结果存在一定程度的不确定性，即创新带有较大的风险性。“一将功成万骨枯”，一个创新的背后往往有着数以百计的失败的设想。据统计，在美国，企业产品开发的成功率只有20%～30%，如果是计算从设想到进行开发成功的比率那就更低。

创新具有风险性，首先是因为创新的全过程需要大量的投入，这种投入能否顺利实现价值补偿，受到来自技术、市场、制度、社会、政治等不确定因素的影响。其次是因为竞争过程的信息不对称，竞争者也在进行各种各样的创新，但其内容我们未必清楚，因而我们花费大量的时间、金钱、人力等资源研究出来的成果，很可能对手已经抢先一步获得或早已超越这一阶段，从而使我们的成果失去意义。最后就是创新计划本身作为一个决策，无法预见到许多未来的环境变化情况，固不可避免地带有风险性。

3）高收益性

企业创新的目的是要增加企业的经济效益和社会效益，以促进企业发展。创新具有高收益性，这是因为在经济活动中高收益与高风险并存，创新活动也是如此，因而尽管创新的成功率较低，但成功之后却可获得丰厚的利润。微软公司（Microsoft）创办初期，仅有1种产品、3个员工和1.6万美元的年收入，但他经过持续的创新活动获得了巨大的经济效益，从而一跃成为全球的大型高科技公司。

“天下熙熙，皆为利来；天下攘攘，皆为利往”。正是因为创新在高风险的前提下具有高回报，许多国家都成立了风险投资公司，资助创新者前赴后继地进行各种各样的创新试验，以便在其中部分项目成功后获得高额的收益，从而得到持续的发展。

4）系统性和综合性

企业创新涉及战略、市场调查、预测、决策、研究开发、设计、安装、调试、生产、管理、营销等一系列过程的系统活动。这一系列活动是一个完整的链条，其中任何一个环节出现失误都会影响整个企业的创新效果。同时，与经营过程息息相关的经营思想、管理体制、组织结构的状况也会影响整个企业的创新效果，所以创新具有系统性和综合性。创新的系统性和综合性表现在创新是由许多人共同努力的结果，它通常是远见与技术的结合，需要众多参与人员的相互协调和相互作用才能产生系统的协同效应，使创新达到预期的目的。

5）时机性

时机是时间和机会的统一体，也就是说，任何机会都是在一定的时间范围内存在的。如果我们正确地认识客观存在的时机并充分利用时机，就有可能获得较大的发展；反之，如果我们错过了时机，我们的种种努力就会事倍功半，甚至会前功尽弃，出现危机。

创新也具有这样的时机性。消费者的喜好处于不断的变化之中，同时社会的整体技术水平也在不断提高，因而使创新在不同方向具有不同的时机，甚至在同一方向也随着阶段性的不同具有不同的时机。从而要求创新者在进行创新决策时，必须根据市场的发展趋势和社会的技术水平进行方向选择，并识别该方向的创新所处的阶段，选准切入点。

6）适用性

创新是为了进步与发展，因而只有能够真正促使企业发展和进步的创新，才是真正意义上的创新。从这个意义上讲，创新并非越奇越好，而是以适用为准则。对于一个企业来说，由于基础条件不同、历史背景不同、所处环境不同、经营战略不同，从而需要解决的问题和达到的目的也不同。因此，不同的企业采取的创新方式也应该有所区别，要使创新满足本企业的适用需求。

9.1.2 创新职能的基本内容

企业是人的集合体。企业绩效及其生存与发展能力首先取决于其成员的努力，这些成员是在企业活动的不同时间、空间提供这些努力的。要使这些努力转变为对企业有效的贡献，必须对他们在企业活动中的行为进行引导和整合，行为的可预测性是行为引导和整合的基本前提。企业是通过制度结构化、层级结构化及文化结构化来使成员的行为具有一定程度的可预测性，从而实现对这些成员在企业活动过程的不同时间、空间的努力进行引导与整合的。制度结构化规范了作为类群的企业不同参与者之间的正式关系，层级结构化规范了作为个体的这些参与者之间的正式关系，而文化结构化则规范了作为类群或个体的参与者在企业生产经营活动过程中的非正式关系。目标、技术、制度、层级与文化的结构化要受到企业经营的环境、企业在经营过程中所选择的技术及企业活动的规模与内容特点等因素的影响。根据上述特点，从企业目标、技术结构、制度结构、组织结构及环境结构五个层面分析创新对企业组织可能产生的影响，如图 9-1 所示。

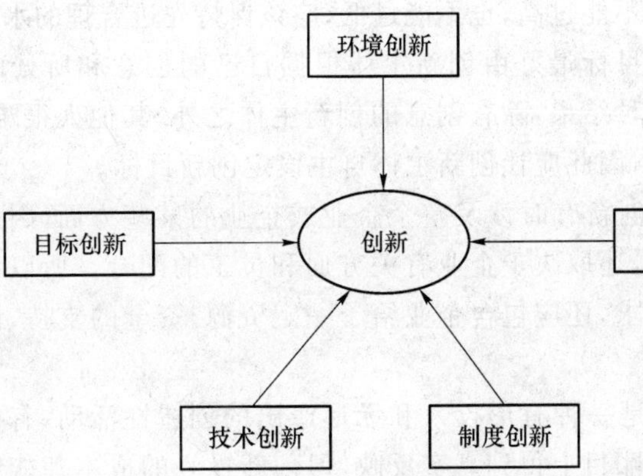

图 9-1 创新职能的基本内容

1. 目标创新

企业每一个具体的经营目标需要适时的根据市场环境和消费需求的特点及变化的趋势加以整合，每一次调整都是一次创新。

所谓的目标创新，就是企业提出有别于竞争者的，更能体现永续经营意义的，并且能使企业产生持续利益的长远目标体系。因此，寻求更高、更新的目标既是企业的意愿，也应是员工和股东的追求，而且必须是员工和股东利益高度一致化的战略目标方能有实现的可能。当然，企业制定的目标不能“高”到企业不可攀的地步，也不能“新”到对企业将来没有帮助或哗众取宠的程度。所谓“高”，就是将企业未来资源整合可能产生的效应融入战略实施计划，并能在战略目标中体现出高度；所谓“新”，就是所要实现的战略目标既非竞争者所能简单效仿，又不乏对企业永续经营产生动能的那种创新。

目标创新是企业创新的重要组成部分，企业在各个时期的具体经营目标，都要适时地根据市场环境和消费需求的特点及变化趋势加以整合，每一次调整都是一种创新。而作为创新管理的目标，是指企业创新活动所要达到的目的和结果，它反映并体现企业创新的水平和发展方向。它既可能是创新主体希望达到的最终结果,也可能是企业状态变革的一系列选择的结果。创新目标引导创新行动,没有目标的行动是盲目的行动。创新行动的进展逐步逼近创新管理的目标。

1) 创新目标体系

创新目标要根据具体的内容如制度创新、组织创新而做出具体的决定。它是多层次的、多方位的,它是由多种目标组成的多目标体系。事实上,企业要实现其他方面的目标均离不开创新目标,创新目标是企业成功的关键。

企业目标的创新也就是企业各个目标的创新,是企业根据不同时期所处的内外部环境所进行的目标调整。

2) 创新目标的设置

(1) 目标先进合理。创新目标的设定与创新主体的能力相符,与企业管理发展的阶段性要求相符,从而使得创新主体经过努力之后能够达到创新目标。无法实现的目标会使人产生挫折感,从而使人丧失创意、丧失信心,使创新最终变得没有可能;而过低的目标又会失去创新的意义。所以创新目标的设定既不能过高,也不能过低,应该保持先进合理的水平。

(2) 目标体现自主性。创新目标最好由创新主体根据自己的创意和所处的环境自主设定。因为某一创新究竟要达到何种结果,除有创意的创新主体之外,其他人很难把握,再加上创新本身就是一种自主性的工作,因此应让创新主体自主设定创新目标。

(3) 目标具备协调性。由于创新有时涉及整个企业或企业的某些方面,因此创新的最终成功不仅取决于创新主体的努力,还取决于企业有关方面和员工的配合。所以设定创新目标的时候应包含协调配合方面的要求,还应包含企业给予一定资源、资金的支持,以便在创新过程中能够减少阻力。

(4) 目标具有经济性。创新是一种有形投入和无形产出的创造性活动,有些创新活动给企业带来的巨大收益往往很难在账目上得到真实反映,但创新投入的成本却能够在账目上清晰地反映出来,这种特殊的投入、产出关系常常会使有些人觉得创新得不偿失,从而抵触或反感创新。因此,在设定创新目标时也要科学全面地进行投入、产出分析,争取以尽量少的资源和资金投入,获取尽可能多的产出收益。目标一旦设定就成了创新行为的导向,每当一项创新行动向创新目标逼近一步时,就会给创新主体带来成就感,进而刺激其采取下一步创新行动,从而促进创新行为的持续进行。

2. 技术创新

技术创新是指采用新的生产方法或新的原料生产产品,以达到保证质量、降低成本、保护环境或使生产过程更加安全和省力的目标。技术创新是企业创新的主要内容,主要表现在要素(材料及手段)创新、要素组合方法(工艺)创新及要素组合成果(产品)创新等方面。

1) 要素(材料及手段)创新

要素创新包括材料创新和设备创新;要素组合创新包括生产工艺和生产过程方面的创新。操作方法的革新,用更省力、更高效的操作方法,代替传统的、不适应现代技术进步的操作方法。例如,前些年,美国农产品过剩,农场主负债累累,政府补贴农业的财政负担沉重。堪萨斯州、北卡罗来纳州等农业州的农民与大学合作,从环保角度出发,以农产品做原料生产工业产品,如用玉米生产一次性水杯、餐具和包装盒,从玉米中提取燃烧用的乙醇,从大豆中提取润滑油替代石油产品等，受到市场欢迎，从而政府决定给予减税和强制推行等支持。

2）要素组合方法（工艺）创新

工艺路线的革新，这是生产方式思路的改变。例如，用精密铸造、精密锻造、粉末冶金代替金属切削生产复杂的机械零件，可大大缩短生产周期，降低成本。此外，还包括工艺装备的革新。例如，用电脑绣花机代替手工绣花，用数控机床代替手动操作机床等。

3）要素组合成果（产品）创新

产品创新是企业技术创新的核心内容，包括品种创新、产品结构创新。

品种创新要求企业根据市场要求的变化及消费者偏好的转移，及时地调整企业的生产方向和生产结构，不断地开发出消费者欢迎的适销产品。产品结构创新不断地改变原有品种的基本性能，对现在生产的各种产品进行改进和改造，找出更加合理的产品结构，从而具有更强的市场竞争力。

3. 制度创新

任何一个企业的生存与发展都与制度密切相关。美国经济学家诺斯认为，对经济发展起决定作用的是制度因素。一个有效率的制度，即使没有先进的设备或技术，也可以刺激劳动者创造出更多的价值。但是，再先进的设备或技术，如果存在于低效率的环境中，也无法高效率地为经济增长做出贡献。由此可见制度创新对经济发展的重要作用。制度创新主要是从社会经济角度来分析企业系统中各成员间的正式关系的调整和创新。

所谓制度创新，就是引入一项新的制度安排来代替原来的制度。制度创新意味着对原有企业制度的否定，是一个破旧立新的过程。企业制度的发展过程即企业制度的创新过程。企业制度的发展历史经历了两次重大的制度创新：一次是工厂制度取代手工作坊；另一次是现代企业制度取代业主制或合伙人制。现代企业制度是企业制度历史演变的结果，或者说是迄今为止企业制度历史演变过程中的一种高级形态。

现代企业制度创新是为了实现管理目的，将企业的生产方式、经营方式、分配方式、经营观念等规范化设计与安排的创新活动。制度创新是把思维创新、技术创新和组织创新活动制度化、规范化，同时又具有引导思维创新、技术创新和组织创新的功效。它是管理创新的最高层次，是管理创新实现的根本保证。

企业制度创新的目的是建立一种更优越的制度安排，调整企业中所有者、经营者、劳动者的权利和利益关系，使企业具有更高的活动效率。企业制度创新的方向是不断调整和优化企业所有者、经营者和劳动者之间的关系，使各个方面的权利和利益得到充分的体现。

1）产权制度

产权制度，是指既定产权关系和产权规则结合而成的且能对产权关系实现有效的组合、调节和保护的制度安排。产权制度是企业制度的核心，它不仅决定着企业的性质和方向，而且影响着企业其他制度的制定及运行方式。产权制度的最主要功能在于降低交易费用，提高资源配置效率。建立归属清晰、权责明确、保护严格、流转顺畅的现代产权制度，是市场经济存在和发展的基础，是完善基本经济制度的内在要求。当前我国经济社会发展中出现的一些矛盾和问题，都直接或间接地涉及产权问题。建立健全现代产权制度，是实现国民经济持续、快速、健康发展和社会有序运行的重要制度保障。

2）经营制度

经营制度是企业在生产经营活动中有关经营权归属及其行使条件的具体化描述，约束和规范企业所有部门及成员在日常生产经营中的活动。合理、合法地符合企业当前发展要求的企业经营制度可以显著提升企业的整体运营效率。因此企业在不同的发展阶段应该适时变革旧的经营制度，建立并施行与企业发展相适应的经营制度。经营制度的创新方向应该是不断寻求企业生产资料最有效利用的方式。

3）管理制度

管理制度是对企业管理活动的制度安排，包括公司经营目的和观念、公司目标与战略、公司的管理组织及各业务职能领域活动的规定，包括对材料、设备、人员及资料等各种要素的取得和使用的规定。

现代的管理制度主要包括两种。

（1）强制制度。麦格雷戈的“X理论”及泰勒的“经济人”假设认为，人天生是懒惰的，没有责任心，只为了自己的经济利益而劳动，甚至不愿意工作。在这种理论的影响下，管理者在制定管理制度时，也只会考虑以怎样的方法强迫员工进行劳动。所以，在工业经济初期，管理制度是强制性的“硬”要求，严格规定员工在日常工作中应该做什么，不该做什么，甚至对员工完成某项工作的动作都有要求。这种程序化的管理制度完全没有对员工的关心，只是一味地以提高生产效率为目的，员工迫于自身利益的考虑也只能服从这种强制制度。

（2）约束制度。随着时代的发展和周围环境的改变，员工渐渐会反抗过于苛刻的制度，争取自己的权利。相应地，管理者在一定程度上修改的制度出现了“软化”的趋势。正如“人际关系之父”罗伯特·欧文提出的改善工作条件、制定童工法、缩短工作时间等管理方法，都是前所未见的。可以明显地看到，这些措施的提出，已经不再把人当作“经济人”，而是一种“社会人”来看待。此时的管理制度已经开始对人本身有了关心和思考。

现在国内大多数企业都是采用这种“胡萝卜加大棒”的管理制度。所以，企业对员工提出合理的报酬以激发员工的劳动热情和积极性就有着十分重要的意义。也就是说分配制度上的创新在于不断追求和实现报酬与贡献的更高层次上的平衡。

产权制度、经营制度、管理制度这三者之间的关系是错综复杂的。一般来说，一定的产权制度决定了相应的经营制度。但在产权制度不变的情况下，企业具体的经营方式可以不断进行调整；同样，在经营制度不变时，具体的管理规则和方法也可以不断改进。而当管理制度的改进发展到一定程度，则会要求经营制度做相应的调整；经营制度的不断调整，则必然会引起产权制度的革命。因此，管理制度的变化会反作用于经营制度，经营制度的变化会反作用于产权制度。制度创新的方向是不断调整和优化企业所有者、经营者、劳动者三者之间的关系，使各个方面的权利和利益得到充分的体现，使组织各种成员的作用得到充分的发挥。

4. 组织结构创新

组织结构创新是指设计和应用新的、更有效率的组织结构。组织结构创新的目的在于更合理地组织管理人员的工作，提高管理劳动的效率。组织结构创新按其影响系统的范围可分为技术结构的创新和经济与社会结构的创新两类。①技术结构的创新。例如，福特在20世纪20年代首创流水线生产方式，让工人依次地完成简单工序，大大提高了生产率，从而开创了大规模生产标准产品的工业经济时代。②经济与社会结构的创新。通过调整人们的责、权、利关系以提高组织效能。例如,美国通用汽车公司20世纪20年代采用事业部制,解决了统一领导与分散经营的矛盾,使规模经营与适应市场的要求得到了统一,极大地增强了竞争力。

5. 环境创新

环境是企业经营的土壤,同时也制约着企业的经营。环境创新不是指企业为适应外界变化而调整内部结构或活动,而是指通过企业积极的创新活动去改造环境,去引导环境朝着有利于企业经营的方向变化。例如,通过企业的公关活动,影响社区政策的制定;通过企业的技术创新,影响社会技术进步的方向等。就企业来说,环境创新的主要内容是市场创新。市场创新主要是指通过企业的活动去引导消费,创造需求。新产品的开发往往被认为是企业创造市场需求的主要途径。其实,市场创新的更多内容是通过企业的营销活动来进行的,即在产品的材料、结构、性能不变的前提下,或通过市场的地理转移,或改进交易和支付方式及通过揭示产品新的物理使用价值,来寻找新用户,也可以通过广告宣传等促销工作,来赋予产品以一定的心理使用价值,影响人们对某种消费行为的社会评价,从而诱发和强化消费者的购买动机,增加产品的销售量。

环境创新不是指企业为适应外界变化而调整内部结构或活动,而是指通过企业积极的创新活动去改造环境,引导环境朝着有利于企业经营的方向发展。

9.1.3　创新的过程和原则

创新源自于知识发现、知识创造,离不开企业对知识资产的有效管理;它是新思想、新发明、新知识的商业化过程,不能独立于企业的商业战略和竞争环境而存在;它会引发并伴随着组织的变革,不能脱离组织结构、组织机制进行研究;它是组织有目的、有意识的活动,需要组织的事先规划;它是一个总体线性、局部反复性的周期过程,需要从创新过程和具体的创新阶段入手,才能得到全面和深入的理解。

1. 创新的过程

创新一般分为六个阶段:知识创造与选择、技术开发、匹配、生产开发、市场开发和评估反馈。并强调该过程中对创新的选择能力、匹配能力、执行能力和评估能力,以及在知识创造和市场匹配阶段中思想发散和收敛的重要性。如图9-2所示。

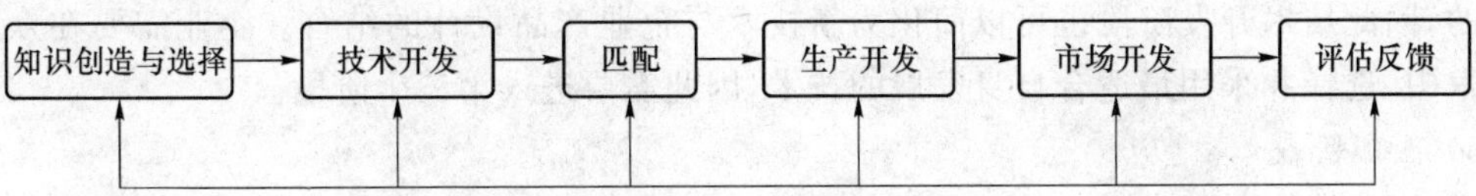

图9-2　创新的过程

1) 知识创造与选择阶段

这个阶段不是一个孤立的阶段,而是与整个创新过程相关,伴随整个创新过程始终的阶段。这个阶段可以分为两部分来看。第一,创新的初始阶段,在这个阶段企业广泛收集来自外部和内部的信息,对其进行加工处理,并结合知识共享和知识交流,使企业不断产生新的知识。此过程中企业会意识到创新的存在,发现组织或企业中的机会,并将其显性化。第二,创新的各个阶段所伴随的知识创造过程。由于创新是一个很复杂的过程,无论是在技术开发、生产开发还是在市场开发阶段，都会遇到各种难以预料的困难，因此企业对各个阶段需要认真评估、及时反馈和分析，通过知识创造解决难题，使创新能够顺利进行，也可能由此引发出新的系列产品。在这个阶段要特别强调的是知识创造是需要从思维发散走到思维收敛，因为组织中不同的员工往往会对问题有不同的看法，通过交流和不同观点的摩擦，新思想将不断增加，从而出现知识膨胀现象。但这种膨胀现象不是无止境的，因为企业在同一段时间，不能采用多种创新，只能选择最适合企业发展的一种或几种。所以在发散思维之后需要有收敛的过程，来整合不同的思想观点和创新方案，这一般是由企业的决策层通过一定的决策方式，在多个新机遇中，选择出最有效可行的方案。

具体而言，思维发散和收敛过程包括以下内容。

(1) 思维发散过程。发散过程有以下三个步骤。①从企业内部(如员工、部门)和企业外部(如合作者、供应商、顾客、竞争者及一些信息中介)收集相关的数据、事实、信息和建议。②对数据和信息进行处理加工，产生有价值的信息和知识，并将其共享，让企业员工理解和吸收。③激发每个员工的隐性知识，产生新知识，并对新知识进行收集和共享。同时新知识又会指导员工去收集新的数据、信息和知识。这三个步骤不断循环，使企业的新知识逐渐增多。这个过程中企业必须把握发散的度，既不能储备太多的信息和知识，也不能储备过少的信息和知识。因为储备过少可能使得信息存在偏差，造成错误决策；储备太多会使信息收敛的效率低，难以聚焦到重要的新机会上。

(2) 思维收敛过程。收敛过程有以下三个步骤。①整合信息和新知识，减少冗余；去除无效的信息和知识。②分析企业背景、资源和潜能，把握企业的商业战略，制定选择新机会的统一标准。③在统一标准的衡量下，识别最有价值的新知识和机遇。同时，在创新过程中评估和反馈信息也会不断传递到组织中，被组织成员内化、理解和吸收。针对各阶段存在的困难和问题，组织成员通过，激发新知识，形成认同型的解决方法。再通过进一步交流，将其外化、概念化为具体解决方案，传递给相关负责人，将解决方案与产品融合，具体化到产品中。

2) 技术开发阶段

技术开发阶段是指企业把新思想、新构思转变为新的产品原型或样品的过程。具体而言，它是对企业开发新产品而组织技术研究人员所进行的构思创意，研制产品原型或样品，对产品原型或样品进行测试、评价及筛选等工作的总称。但是对于很多企业来说，创新产品的产生并不是基于自主开发，而是在其他地方，如研究机构等，已经研制出的新技术，结合自己的产品创造出的，因此技术开发阶段也可以简化为新技术与企业产品设计的结合。企业需要在众多的新技术中，选择并采用最适合自身发展的技术，因此需要进入第三个阶段。

3) 匹配阶段

随着信息技术发展，新产品生命周期的缩减和市场需求的不断变化，创新的风险也不断增加。为了提升创新的成功率，除了正确地选择机遇外，还需要使企业的创新技术与市场需求、商业战略相匹配，如果创新产品缺少市场需求或与企业整个发展方向不一致，必然会导致创新的失败或使企业进入误区。

这个阶段是创新过程中最容易忽视却最为重要的阶段，它也同样经历了一个胀缩过程，即从发散到收敛的过程。首先企业需要对所有的技术创新，各种原型产品进行汇集，并将专家、技术人员及其他员工对各种创新的可行性分析进行汇总。在此基础上，企业的决策层才可能根据企业现阶段发展状况，根据匹配原理，制定合理的评价标准，对可行性技术创新方案或原型产品进行选择。但这个阶段与知识创造中的选择阶段不同。第一,它的选择范围比选择阶段要小得多,仅包括通过选择阶段之后研制出的原型产品和方案及它们的相关信息。第二,在这个阶段决策者的冲突会比选择阶段小,因为选择的范围较小,而且决策者对产品的认识和市场的认识更加深入,因此收缩的速度比选择阶段快。第三,参与匹配阶段的人员比参与选择阶段的人员要少得多,在选择阶段几乎所有员工都参与知识创造过程,即发散过程;但匹配阶段只有企业的高层、技术开发人员及部分市场开发人员参与。第四,选择中采用的评价标准不同,选择阶段只能根据企业高层或专家对未来的预测,制定标准,选择较好的机会;而匹配阶段是对近期市场发展变化的跟踪,调查应结合近期预测制定的标准。

匹配阶段的发散过程:①从顾客或内部的产品试用人员那里收集有关原型产品的反馈信息,发现问题,寻找解决方案,不断改进;②根据原型生产和反馈情况,制定每种产品的可行性方案;③通过市场调查、跟踪分析近期消费者的需求变化。匹配阶段的收敛过程:①整合市场调研信息和企业现状信息,制定评价产品方案的标准;②选择可行性方案。在匹配过程中,企业通过收集市场和产品相关信息,评价出每种产品方案的优势和劣势,撰写可行性方案;决策层可通过决策排除市场与技术不匹配的产品方案,并从可选集中选择最优方案,迅速投入生产,进行市场开发。

4) 生产开发阶段

生产开发是指企业把新的产品原型或样品转变为新产品的过程。它是企业在确定将要投放市场的产品原型或样品之后,即技术开发和匹配过程结束之后,到新产品正式投入批量生产之前而进行的中试、工艺流程设计、产品标准制定、工装及模具设计和制造、工作方法与劳动定额确定等一系列工作的总称。

5) 市场开发阶段

市场开发是指企业把新产品转变为市场上所需要的新商品的过程。实际上,从构思开始,企业就得考虑市场开发问题,它应该包括企业从构思开始,到新商品正式投放市场之前所做的市场调查与研究、市场测试与评价、制订市场营销计划及最终的销售等各项工作。

6) 评估反馈阶段

评估能够帮助企业更好地认识顾客对自己产品的认可程度及产品给顾客带来的价值,从而帮助企业更好地做出预测和改进。由于创造顾客价值的能力取决于企业的知识创造能力、选择能力、匹配能力和执行能力,而每一个阶段的能力又取决于前一个阶段的能力表现,因此,企业不仅需要在一个创新过程的末期通过顾客进行反馈,还要在创新过程的每一个阶段进行反馈,必要时,还应重新执行上一个阶段,确保每一个阶段的有效性。

在以上六个过程中,从第一阶段到第二阶段,体现了组织的选择能力;从第二阶段到第四阶段体现了组织的匹配能力;第四阶段到第五阶段体现了组织的执行能力;第六阶段体现了组织的评估能力。在整个创新过程中知识创造和市场匹配是促使企业创新并实现成功创新的关键。

2. 创新活动的原则

要有效地组织系统的创新活动,就必须研究和揭示创新的规律,并在组织管理活动中灵活地运用创新原则。

1）对创新活动过程的把握

总结众多成功企业的经验，成功的创新要经历寻找机会、提出构思、迅速行动、坚持不懈这几个阶段的努力。

（1）寻找机会。创新活动是从发现和利用旧秩序内部的一些不协调现象开始的。旧秩序中的不协调既可存在于系统的内部，也可产生于对系统有影响的外部。就系统的外部来说，有可能成为创新契机的变化主要有技术的变化、人口的变化、宏观经济环境的变化和文化与价值观念的转变等；就系统内部来说，引发创新的不协调现象主要有生产经营中遭遇到瓶颈，企业意外的成功和失败等。

（2）提出构想。敏锐地观察到不协调现象的产生以后，还要透过现象究其原因，并据此分析和预测不协调的未来变化趋势，估计它们可能给组织带来的积极或消极后果，并在此基础上，努力将威胁转换为机会，将危机转换为商机，采用头脑风暴法、畅谈会等方法提出多种解决问题、消除不协调、使系统在更高层次实现平衡的创新构想。

（3）迅速行动。创新成功的秘密主要在于迅速行动。提出的构想可能还不完善，甚至可能很不完善，但这种并非十全十美的构想必须立即付诸行动才有意义。“没有行动的思想会自生自灭”，这句话对于创新思想的实践尤为重要，一味地追求完美，以减少受讥讽、被攻击的机会，就可能坐失良机，把创新的机会白白地送给自己的竞争对手。创新的构想只有在不断地尝试中才能逐渐完善，企业只有迅速地行动，才能有效地利用“不协调”提供的机会。

（4）坚持不懈。构想经过尝试才能成熟，而尝试是有风险的，是不可能“一打就中”的，是可能失败的。创新的过程是不断尝试、不断失败、不断提高的过程。因此，创新者在开始行动以后，为取得最终的成功，必须坚定不移地继续下去，绝不能半途而废，否则便会前功尽弃。

2）对创新活动的组织引导

系统的管理者不仅要对自己的工作进行创新，而且更主要的是组织下属的创新。组织创新，不是去计划和安排某个成员在某个时间去从事某种创新活动——这在某些时候也许是必要的，但更重要的是为部属的创新提供条件、创造环境，有效地组织系统内部的创新。

（1）正确理解和扮演“管理者”的角色。管理人员往往是保守的，他们往往自觉或不自觉地扮演现有规章制度的守护神的角色。为了减少系统运行中的风险，他们往往对创新尝试中的失败吹毛求疵，随意惩罚在创新尝试中遭到失败的人，或轻易地奖励那些从不创新、从不冒险的人……在分析了前面的关于管理的维持与创新职能的作用后，再这样来狭隘地理解管理者的角色显然是不行的。管理人员必须自觉地带头创新，并努力为组织成员提供和创造一个有利于创新的氛围与环境，积极鼓励、支持、引导组织成员不断进行创新。

（2）大力促进创新的组织氛围的形成。促进创新的最好方法是大张旗鼓地宣传创新，鼓励创新，激发创新，树立“无功便是有过”的新观念，使每一个成员都能奋发向上，努力进取，跃跃欲试，大胆尝试。要造成一种人人谈创新，时时想创新，无处不创新的组织氛围，使那些无创新欲望或有创新欲望却无创造行动、从而无所作为者自己感觉到在组织中无立身之处，使每个人都认识到组织聘用自己的目的。不是要自己简单地用既定的方式重复那些也许重复了许多次的操作，而是希望自己去探索新的方法、找出新的程序，只有不断地去探索、尝试才有继续留在组织中的资格。

（3）制订有弹性的计划。创新意味着打破旧的规则，意味着时间和资源计划外的使用，因此，创新要求组织的计划必须具有弹性。创新需要思考，思考需要时间。把每个人的每个工作日都安排得非常紧凑，对每个人都实行“满负荷工作制”，则创新的许多机遇便不可能发现，创新的构想也无条件产生。同时，创新需要尝试，而尝试需要物质条件和试验场所。要求每个部门在任何时间都严格地制订和执行严密的计划，则创新会失去基地，而永无机会尝试的新构想，就只能留在人们的脑子里或图纸上，不可能给组织带来任何实际的效果。因此，为了使人们有时间去思考、有条件去尝试，组织制订的计划必须具有一定的弹性。

(4) 正确地对待失败。创新的过程是一个充满着失败的过程。创新者应该认识到这一点，创新的组织者更应该认识到这一点。只有认识到失败是正常的，甚至是必需的，管理人员才可能允许失败、支持失败，甚至鼓励失败。当然，允许失败、支持尝试并不意味着鼓励组织成员去马马虎虎地工作，而是希望创新者在失败中取得有用的教训，学到有益东西，从而使下次失败到创新成功的路程缩短。

(5) 建立合理的奖酬制度。要激发每个人的创新热情，还必须建立合理的评价和奖惩制度。创新的原始动机也许是个人的成就感、自我实现的需要，但是如果创新的努力不能得到组织或社会的承认，不能得到公正的评价和合理的奖酬，则持续创新的动力会渐渐削弱甚至消失。

9.2 组织技术创新

【小资料】

科龙公司的技术创新

科龙公司作为中国民营企业如今已有员工16 000多人，产业涉及五大领域，拥有11亿元固定资产。公司生产的容声牌冰箱、科龙牌空调和三洋科龙牌冷柜享誉全国并出口海外。

作为中国家电产业领头羊的科龙公司，为了应对国内外的竞争，科龙采取的措施是加快自己的技术创新，提高产品的技术含量，提高产品的档次。科龙集团成立了香港科龙发展有限公司，加快了技术研发的步伐，加大了对技术更新的投入等。

在激烈的市场竞争中，科龙不断集中独特的技术，开发优质新产品、引导新潮流成了科龙精粹的一大特色。在国内首创电子除臭的旋转功能的是科龙容声冰箱；在国内首先开发出无氟电冰箱，率先推出全自动除霜功能的是科龙容声冰箱；首家推出大圆弧门，太空流线型冰箱外观的是科龙容声冰箱；花费3 000万日元，从日本引进风靡世界的热转式冰箱外观，又一次带动我国冰箱外观革命和产业升级的还是科龙容声冰箱。

技术创新指生产技术的创新，包括开发新技术，或者将已有的技术进行应用创新。科学是技术之源，技术是产业之源，技术创新建立在科学的发现基础之上，而产业创新主要建立在技术创新基础之上。

9.2.1 产品创新与技术创新

技术创新和产品创新有密切关系，又有所区别。技术的创新可能带来但未必带来产品的创新，产品的创新可能需要但未必需要技术的创新。一般来说，运用同样的技术可以生产不同的产品，生产同样的产品可以采用不同的技术。产品创新侧重于商业和设计行为，具有成果的特征，因而具有更外在的表现；技术创新具有过程的特征，往往表现得更加内在。产品创新可能包含技术创新的成分，还可能包含商业创新和设计创新的成分。技术创新可能并不带来产品的改变，而仅仅带来成本的降低、效率的提高，例如，改善生产工艺、优化作业过程，从而减少资源消费、能源消耗、人工耗费或提高作业速度。此外，新技术的诞生往往可以带来全新的产品，技术研发往往对应于产品或着眼于产品创新；而新的产品构想，往往需要新的技术才能实现。

熊彼特认为，创新就是把生产要素和生产条件的新组合引入生产体系，即建立一种新的生产函数。熊彼特之后，经济学家们在发展创新理论的过程中把创新区分为技术创新和制度创新。技术创新是指人类通过新技术改善经济福利的商业行为。技术创新不是纯技术概念，而是一个经济学范畴。熊彼特认为，创新就是发明创造的第一次商品化。

熊彼特特别强调企业家在经济活动中的主导地位。他把企业家定义为具有创新才能的人。企业家是创新活动的人格化，没有企业家，创新也就无从谈起。企业家的创新行为把科学家的发展创造成果引入经济活动中，一般情况下，创新可以降低成本或提高产品质量，从而使实行创新的厂商在竞争中占据优势，获得超额利润。超额利润的引诱会促使其他企业纷纷模仿，创新及模仿浪潮必然促进整个经济的增长和发展。也就是说，熊彼特把技术创新作为一个转换媒介，把科学技术与经济增长和发展联系了起来。

进入 21 世纪后，在信息技术推动下，知识社会的形成及其对技术创新的影响进一步被认识，科学界进一步反思对技术创新的认识。《复杂性科学视野下的科技创新》的作者认为技术创新是各创新主体、创新要素交互复杂作用下的一种复杂涌现现象，是技术进步与应用创新的“双螺旋结构”共同演进的产物。信息通信技术的融合与发展推动了社会形态的变革，催生了知识社会，使得传统的实验室边界逐步“融化”，进一步推动了科技创新模式的嬗变。要完善科技创新体系需要构建以用户为中心、需求为驱动，以社会实践为舞台的共同创新、开放创新的应用创新平台，通过创新双螺旋结构的互动形成良好的创新生态，打造用户参与的创新 2.0 模式。

9.2.2 技术创新的决定因素

根据技术创新理论的代表人物莫尔顿·卡曼和南赛·施瓦茨的研究，决定技术创新的因素主要有三个。

(1) 竞争程度。

竞争是引起技术创新的必要条件。竞争是一种优胜劣汰的机制，技术创新可以给企业带来降低成本、提高产品质量和经济效益的好处，帮助企业在竞争中占据优势。因此，每个企业只有不断进行技术创新，才能在竞争中击败对手，保持和发展自己，获得更大的超额利润。

(2) 企业规模。

企业规模的大小从两个方面影响技术创新的能力，一方面，技术创新需要一定的人力、物力和财力，并承担一定的风险。规模越大，这种能力越强。另一方面，企业规模的大小影响技术创新所开辟的市场前景的大小，企业规模越大，它在技术上的创新所开辟的市场也就越大。

(3) 垄断力量。

垄断力量影响技术创新的持久性。垄断程度越高，垄断企业对市场的控制力就越强，别的企业难以进入该行业，也就无法模仿、学习垄断企业的技术创新，垄断厂商技术创新得到的超额利润就越能持久。"中等程度的竞争"即垄断竞争下的市场结构最有利于技术创新。在这种市场结构中，技术创新又可分为两类：一是垄断前景推动的技术创新，指企业由于预计能获得垄断利润而采取的技术创新；二是竞争前景推动的技术创新，指企业由于担心自己目前的产品可能在竞争对手模仿或创新的条件下丧失利润而采取的技术创新。

技术创新主要以企业活动为基础，企业的创新活动需要有一定的动力和机制。在市场经济条件下，作为自主经营、自负盈亏的经济主体，企业之间存在着竞争，要生存和发展，就必须争取市场，否则就会在竞争中被淘汰。要扩大市场，就必须在成本、产品质量、价格上占优势，这就迫使企业必须进行技术创新。企业在市场竞争中追求生存和发展，这是促进企业技术创新的必要条件。同时技术创新也需要有良好的宏观环境。企业进行技术创新的主要动力是获取高额利润，只有当对经济前景有乐观的预期时，企业才愿意进行技术创新，这就要求宏观经济能稳定增长。政府的主要经济职能就是稳定经济，减少经济波动。此外，完善的社会保障制度是企业进行技术创新的后盾，否则技术创新的风险将使一些企业难以承受。国家还应从财政、信贷、公共投资等方面保证技术创新的资金供应。

9.2.3　技术创新战略

随着科技的发展，经济一体化、市场全球化已成为世界经济发展不可阻挡的潮流。研究表明：通过不断的技术创新所带来的核心专长，将是企业在未来激烈的市场竞争中得以生存与发展的主要支撑。企业技术创新在企业未来的发展中将扮演越来越重要的角色。企业面对自己的内部和外部环境，怎样选择适合自身发展的技术创新战略，并使之有效实施，已成为企业十分关注的问题。

随着科学技术的突飞猛进，在激烈的市场竞争中，产品生命周期大大缩短，一种新产品可管企业几十年的局面已被打破，新产品不断涌现，如果企业不采取技术创新，就有可能被市场淘汰。由于创新战略选择的失误导致的不良创新也可能加快企业衰亡的进程。因此，选择一个适应本企业实际的发展战略是十分必要的。

1. 技术创新的战略定位

技术创新的战略定位是由技术创新的性质决定的。技术创新具有创造性，不确定性，易受市场、环境、技术发展影响等特性。一个企业要想获得技术创新的成功，必须结合自身的特性、价值观、核心专长等，在为企业总战略服务的基础上给技术创新战略定位，这种定位不宜过于具体，以便使企业在动态的环境中游刃有余，克服刚性过多，缺乏灵活性的弊端。技术创新按其创新目的来划分，可分为以下四种不同的定位。

(1) 低成本领先战略定位。

一般要求企业本身就是成本领先者，除非一些小企业通过重大的技术变革得以彻底改变其地位。低成本领先战略需要企业不断地注意产品的设计，先进设备的引进，具备较高的相对市场份额及较低成本的分销系统，较低的价格。企业在确立以低成本领先战略为其技术创新的目的时，则必须围绕降低成本、简化工艺流程、进行相关产品的开发和应用及先进设备的创新、改进与引进上下功夫；注重控制产品技术、工艺技术，尽可能降低制造成本、生产标准化产品。

(2) 差异领先战略定位。

一般要求原材料采购质量好，产品性能好，有较好的工艺，具有独特的个性，满足顾客特殊需要，生产规模相对较小，总之，产品对消费者要有与众不同的价值感受。企业在确立以差异领先战略为其技术创新的目的时，则必须在优质原材料购进，产品独特的工艺，产品独特的性能、功能、设计及包装上下功夫，注重工艺技术即尽量使产品工艺精细；注重产品技术即尽量设计具有独特风格、性能、功能的产品等，使顾客从产品中获得独特的价值感受与消费享受。

(3) 先动战略定位。

先动战略即企业面对竞争对手，第一个采取行动方案，凭借其较强的研发能力，通过对新产品的革新与开发等而获得竞争优势，它要求企业具有较雄厚的资金及研发能力，对市场具有较强的洞察、反应能力。采取先动战略，可以在产品技术、工艺技术、控制技术等某一技术或多个技术上进行突破与创新。

(4) 范围经济定位。

范围经济是指企业通过对核心技术(无形产品)的拥有及其对有形产品的生产，形成一条创新链，进行一系列的产品研制与开发，获得规模经济，增强企业竞争力，为企业获得高额利润。采用这种创新要求企业在产品核心技术上进行研究与开发，同时注重产品技术的扩散与应用。在家电行业中，如攻克了制冷核心技术，则不仅可以将其技术应用于制冷家电，还可以应用于工业制冷设备等，生产出一系列产品，形成一定的规模，从而产生范围经济。

2. 革命性创新战略与渐进性创新战略

企业在进行战略选择时，当战略定位确定后，就要考虑创新的性质，即采取渐进性的技术创新，还是革命性的技术创新。所谓渐进性创新是指对现有技术进行局部改进所产生的技术创新。在现实的经济技术活动中，大量的创新是渐进性的，如对现有彩色电视机进行改进，生产出屏幕更大、操作更方便、能收视更多频道的电视机。革命性创新是指在技术上有重大突破的技术创新，它常伴随着一系列渐进性的产品创新和工艺创新，并在一段时间内引起产业结构的变化。如未来的数字式高清晰度彩色电视机领域就是一项革命性创新。革命性创新可以改变整个行业的结构，形成规模效益，居于行业领导地位。它可以使原先实力不雄厚的企业，一下跃入行业前列，形成一种跳跃式发展，取得规模经济，获得成本优势和差异优势。但革命性创新研发的投资与推广产品费用较大，产品进入市场周期长，而且革命性产品初期一般性能较差，需要不断改进。渐进性创新是一种较稳妥的创新方式，它一般是对原产品进行渐进的、分步骤的改进。这种技术创新投资费用少，周期短，风险小，见效快。但它难以获得革命性创新所拥有的行业垄断地位或成本领先地位。

3. 先动战略与跟进战略

技术创新行动在时间上的先动或跟进是具有很大意义的。先动者一般拥有新产品开发和运用的能力和资源，在竞争者回应之前，企业能够获得高额利润，可以更快获得顾客的忠诚感，并对竞争者的进入建立情感障碍，先动优势的保持依赖其技术创新的难模仿性。跟进者通过对先动者的标杆学习对先动者迅速做出回应，在技术、生产、研发上进行跟进。跟进者回应的速度，经常是决定成功与否的关键。快速跟进者能够获得一些原始的顾客，同时发展自己的品牌忠诚感，可避免因先动而带来的一些风险，但它必须有很强的技术模仿、学习能力。在我国技术开发能力还不够强的情况下，跟进战略是具有很大意义的。日本是跟进、模仿创新的典范。第二次世界大战后，日本与欧美国家的技术水平已相差二三十年，他们从 1950 年至 1978 年的 28 年里引进 3 万多项技术，支付外汇 76.6 亿美元，进口了 100 多亿美元的设备，加上消化吸收和开发的费用 300 多亿美元，合计不到 500 亿美元，如果靠自己研制就得需要投资 2 000多亿美元。也就是说，日本依靠跟进，模仿创新，至少节省了 1 500 多亿美元，比自己先动、独立开发要节约 2/3 的时间和 9/10 的研究开发经费，这为日本赶超世界先进水平赢得了时间和资金。

4. 单一战略与组合战略

创新过程中，针对企业所需攻克技术的难度和创新程度，可分为单一技术和组合技术。单一技术，就是只需运用一项技术就可以攻克在研发中的技术难关或只对某一项进行创新。组合技术则是同时运用两项以上的技术攻克在研发中的技术难关或对产品进行多方面的开发创新。如广州珠江钢琴厂针对企业向世界级钢琴制作水平看齐的产品定位，在产品外观造型、制作工艺、声学品质方面进行全面创新。在外观造型上，把立式钢琴现有的 9 个规格 61 个品种精简为 5 个规格 35 个品种，把卧式钢琴现有的 5 个规格 8 个品种稳定下来逐步配套成 10 个品种。钢琴外壳制作实行分线生产，公司以生产板式外壳为主，造型复杂的工艺琴发外加工。在制作工艺上，引进德国舒密尔牌钢琴作为样品进行工艺水平的创新。在声学品质即音色、音量上，也积极进行模仿创新，最终取得了巨大成功。

9.2.4 技术创新的方式

1. 自主创新方式

自主创新是指企业依靠自身的资源通过研究、探索产生技术突破，攻破技术难关，并在此基础上推动创新的后续环节，完成技术的商品化，获取商业利润，达到预期目标的创新活动。自主创新是一种先动行为，它可以是一种根本性的变革，也可以是一种渐进性的改变，是一种对领先企业较为适用的方式。它是领导行业发展、垄断市场、获得丰厚利润、实现成本领先战略的有效方法，同时也可以达到获得高差异的战略目的，是带动我国经济发展的有效途径。企业要想在全球经济中占有一席之地，最终必须依靠自主创新。自主创新要求企业有很强的研发能力、较雄厚的经济实力及管理组织能力。它有投资大，周期长，风险大，收益大等特点，一旦获得成功，就可能奠定自身在行业中的领导地位。在技术上，其产品的标准和技术规范将成为本行业或相关性行业统一认定的标准，可建立自主创新企业在行业中稳定的地位，增强企业的竞争力。在生产制造上，能够优先积累生产技术和管理方面的经验，先于其他企业获得产品成本和质量控制方面的竞争优势。在市场上，自主创新企业一般属于新市场的开拓者，在产品投入市场的初期，企业可完全独占市场，获得大量的超额利润。而且通过新技术专利转让，自主创新企业亦可获得相当可观的技术转让收入。同时，在某一方面技术的突破很可能形成创新的集群现象，带动一大批新产品的诞生，推动新产业的发展。但自主创新企业也不是一劳永逸的，它也存在一个技术扩散的问题，一旦竞争厂商也引进了革新成果，与自主创新者并驾齐驱时，企业就可能在低成本和高差异上两者皆失。因此，要求企业不断地进行创新活动，转移市场竞争目标，使竞争者难于跟进，从而保持领先地位。

2. 内部转移方式

一般而言，内部转移是一个企业或更多的是一个进行相关多元化集团公司所采用的方法。当公司在某一个产品、某一个领域，特别是企业核心技术方面有所突破，形成某一技术在行业中领先时，它不仅可以在某一范围内受益，还可以将技术转移到集团的子公司或其他领域。各子公司或事业部分享技术创新成果，这样既可以形成集团公司在市场上的竞争整体实力，也分摊在研发中昂贵的投资成本，降低研发费用。如一个集团公司在电冰箱的制造过程中突破了制冷技术，则不仅在电冰箱的生产中使技术在同行业中获得领先地位，得到丰厚的超额利润，而且可以把制冷技术转移到空调或工业制冷技术上，在集团公司内共享研发成果，同时，研发费用也可以分摊到空调、工业制冷技术产品上，从而降低了研发成本，产生规模效益。

3. 模仿学习的方式

模仿学习是指企业通过学习模仿率先创新者的创新思路和创新行为，吸取率先创新者成功的经验和失败的教训，引进购买或反向破译率先创新者的核心技术秘密，实行对产品的功能与生产工艺的发展与改进等一系列活动。它是一种跟进行为，是一种从渐进性走向根本性变革的技术创新过程。它具有模仿跟随性、开拓性、资源投入的中间聚积性等特点，它通过注重创新链上的产品设计、工艺制造、批量生产、质量控制等中后续环节的投入，形成丰厚的技术积累，生产出在性能、质量、价格方面富有竞争力的产品与率先创新企业竞争。模仿、学习创新是我国企业在研发技术相对落后的情况下通向自主创新、面对国际化竞争的一种有效方式。模仿、学习创新，可以通过技术的积累将知识和能力内化于企业组织结构之中，形成企业的一种重要的无形资源，提高企业的基础竞争力。模仿、学习创新的最大优点是省力、投资小、风险小、进入市场快。不过，有时在高科技领域和装备工业等方面的模仿、学习创新也要投入很高的资金。日本许多以模仿创新而著称的企业每年的研究开发经费投入均占销售收入的5%以上。一旦模仿成功，在市场上赢得消费者的青睐，能够超越率先创新者的产品，给企业带来丰厚的利润回报。模仿、学习创新也有其劣势，它可能会受到进入壁垒的制约而影响实施效果。如核心技术信息被封锁，率先创新企业先期建立的完备营销网难以突破，或率先创新者通过法律阻碍模仿创新等，因此企业也要在模仿、学习中注意法律上的一些问题，通过合法的途径进行模仿、学习，而不至于陷入法律纠纷中，影响企业发展的进程。耐克公司的模仿、学习创新战略是一个很典型的案例。20世纪70年代初期，阿迪达斯制鞋公司在跑鞋制造业占据统治地位。随着跑鞋业的繁荣，有很多新企业加入制鞋行业，耐克公司就是其中一家。1964年，奈特和鲍尔曼开始合伙，为泰格尔跑鞋生产鞋底，于1975年制成一种新型鞋底，推动了奈特和鲍尔曼的事业。后来他们以阿迪达斯公司的制品为模型进行仿造，重视研究开发和技术革新，到20世纪70年代末公司生产出140多种不同式样的产品，其中某些产品是市场上最新颖和工艺最先进的产品，使它居于同行榜首。它通过模仿、学习不仅赶上了竞争对手，且大大超过了竞争对手，成为行业中的佼佼者。

4. 合作联盟方式

合作联盟指企业间或企业、科研机构、高等院校之间的联合创新行为。它通常以合作伙伴的共同利益为基础,以资源共享或优势互补为前提,有明确的合作目标、合作期限和合作规则,合作各方在技术创新的全过程或某些环节共同投入、共同参与、共享成果、共担风险。合作的成员之间可以是供需关系,也可以是相互竞争关系。它是在全球性技术竞争不断加剧、企业创新活动越来越复杂的情况下做出的必然选择。合作创新可以缩短创新时间,增强企业的研究能力,分散企业创新风险,它一般集中在高新技术产业。合作创新一般有以下几个目的。其一,可以起到防御作用。当公司在行业中处于相对领先地位时,通过合作创新可以获得市场、技术和资源。许多处于这种情形下的公司会与一个创业型的企业建立一种小型的战略联盟,目的是为了追踪新技术或本领域内革命性的发展,发现新的商业机会。例如,瑞典的 SKF 公司(滚珠轴承业中的全球领导者)与法国的 SMD 公司联合开发电磁轴承,瑞士的制药业巨头——IBA-GBIGY 公司与 Chiron 公司在合成疫苗方面的合作。其二,追赶同行。当合作业务仍是公司经营组合中的核心领域,则该公司仍只是一个市场追随者。战略联盟的主要动机就是为了追赶同行,强化其竞争地位以获得生存。例如,瑞典的汽车制造商 SAAB 公司为了追赶而与通用汽车公司合作。其三,保持市场份额。当合作的业务是公司经营组合中的次要部分,而该公司又是领导者时,该公司可能会建立战略联盟,从而获得较高的效率。1989 年爱立信与通用电子在蜂窝式无线电通信领域建立的战略联盟就是这样一个例子。还有一些跨国公司为了不被所在国赶出市场,以项目为基础合资开发某个领域。

5. 外购或购并方式

外购创新是指企业为了更加有效地建立和发挥核心专长,获得商业利润,提高企业在市场上的竞争能力,通过合法手段购买一个研究机构或另外企业的专利技术,建立自己的核心专长,获得市场竞争优势。购并创新则是通过购并一个企业,而获得这个企业的技术创新成果和能力。20 世纪 90 年代以前,国际上大企业的技术主要依赖或偏好于内部的研究开发,进入 20 世纪 90 年代后,技术的来源发生了某些变化,许多国际大企业开始寻求从企业外部获取技术。外购方式相对投资较少,掌握技术较快,有利于企业缩短研制周期,减少风险,缩小竞争中的差距。但外购的技术往往是别的企业已经采用的技术,它们会给企业开发的新产品带来一定的困难,并且经常会依赖外购来实现创新,容易使其内部创新能力减退。一般情况下,外购技术可以产生良好的短期回报,但在不知不觉中,企业会减少对新技术研究开发的投资,包括研发费用和人力的投入,特别是某些技术诀窍只有在研究开发的过程中才能学会。如果企业过分依赖技术外购,这势必影响企业的技术创新能力,从而最终损害企业的长远利益。

9.3 组织管理创新

管理创新这一概念一定与管理有关。管理是对组织的资源进行有效整合以达成组织既定目标与责任的动态创造性活动,相应的管理创新应该是用新的、更有效的方式、方法来整合组织资源，以期更有效地达成组织的目标与责任。

9.3.1 管理与管理创新

最早论述管理创新的学者是约瑟夫·熊彼特。熊彼特提出的企业创新本意是要说明它们在经济发展中的功效，但实质上是含有了创造全新的资源配置方式的内在含义。熊彼特之后关于管理创新的人士和学派，首推科斯教授的新制度经济学派。科斯教授提出了"交易费用"的概念，并用其解释了企业作为市场机制的一种替代的必然。科斯教授的追随者认为组织创新可以节约交易费用，而组织创新的原动力又在于追求交易费用的节约。实际上，组织创新是管理创新的一部分。新制度经济学派的学者们虽然未能直接论述管理创新问题，然而它们在回答企业组织的产生与发展原因时提出的组织创新概念本身已经涉及了管理创新这一命题。钱德勒在其名著——《看得见的手——美国企业的管理革命》中实际上已经证明了企业组织的创新与发展实为管理革命、管理创新的一部分。

管理创新的概念源于管理，是创造一种新的、更有效的资源整合范式，这种范式既可以是新的有效整合资源以达到企业目的和责任的全过程管理，也可以是新的具体资源整合及目标制定等方面的细节管理。管理创新至少可以包括下列五种情况：提出一种新经营思路并加以有效实施；创设一个新的组织机构并使之有效运转；提出一种新的管理方式方法；设计一种新的管理模式；进行一项制度的管理，制度创新也是管理创新之一。

管理理论的发展是管理理论家与管理实践家们不断对管理真谛、管理特性的认识与把握的过程，这个过程也是管理论的创新过程。从科学管理到行为科学，从行为科学到管理科学，从管理科学到现代管理理论丛林，无不是理论创新的结果。产生于 20 世纪 70 年代的现代管理理论，是古典管理理论发展的合理逻辑，也是管理理论与实践创新的成果。进入 20 世纪 90 年代，现代管理最新的思潮当属流程再造和学习型组织。

1. 流程再造

美国两位管理专家迈克尔·哈默和詹姆斯·钱皮 1993 年出版了一本令管理学界及企业界震动的书——《改造企业》，引发流程改造或叫改造企业研究与实践的热潮，成为当今与未来企业管理变革与创新的主要方面之一。

流程再造是根据信息社会的要求，信息革命及技术的发展及当今工商时代发展的需求，彻底改变企业的本质，将拆开的组织架构按照自然跨部门的作业流程重新组装回去。这样一种重新组装是对过去组织赖以运作的体系与程序的一种革命。流程的改革建立在信息技术得以高度发展的今天，这是因为信息技术的发展使得效率不一定产生于分工，而有可能产生于整合之中。事实上，现代组织面临的各种管理问题已经很难将其确定为一个专业性的问题，因而将其交给一个分工性的职能部门处理已经不妥，也难使其有效处理此类问题。而为了针对某一类问题而特设部门进行专门负责处理，则使得本来已经膨胀了的组织机构更加繁多，从而会使管理成本上升，协调困难，效率降低。在信息技术发达的今天，人们已经准备了对综合性问题进行综合性处理的方案，也就是流程革命可以进行整合性处理的方案。

2. 学习型组织

彼得·圣吉于 1990 年出版了《第五项修炼——学习型组织的艺术与实务》。彼得·圣吉以全新的视野来考察人类群体危机最根本的症结所在，认为我们片段和局部的思考方式及由其产生的行动，造成了目前切割而破碎的世界，为此需要突破线性思考的方式，排除个人及群体的学习障碍，从新旧管理的价值观念、管理的方式方法进行革新。

彼得·圣吉提出了学习型组织的五项修炼，认为它是学习型组织的技能，分别为：自我超越；改善心智模式；建立共同愿景；团队学习；系统思考。

9.3.2 管理创新的理论依据

要有效地进行管理创新，必须依照企业创新的特点和基本规律。

1. 企业本性论

追求利润最大化，因为企业是现代社会的经济主体，是社会政治、经济和文化生活的基本单元。现代社会是以企业为主宰的团体社会。企业没有利润，怎样体现自己的生存意义，又怎样追求自己的价值，这是企业进行管理创新首要的和基本的理论依据。

2. 管理本性论

“管理本性论”指明了企业生存的目标。实现这一目标必须依靠科学的管理。通过加强基础管理和专业管理，保证产品质量的提高、产量的增加、成本的下降和利润的增长。这是企业管理创新的又一依据。

3. 员工本性论

“员工本性论”明确创造利润这一企业本性，认识到实现企业本性要靠科学的管理，根据市场和社会变化有效地整合企业内部资源，创造更高的生产率，不断满足市场需求，是管理创新的常新内容，但还必须明确管理的主体。在构成企业的诸多要素中，人是最积极、最活跃的主体性要素，企业的一切营运活动必须靠人来实现。人是生产力的基本要素，又是管理的主体。这是企业活力的源泉所在，也是管理能否成功的关键。

4. 国企特性论

国有企业是国有资产的运营载体，在当前国民经济中占有主导地位，是一种“特殊”的企业。政府要依靠和发挥国有经济的作用，通过国有企业实现宏观调控，与外资企业抗衡，稳定市场秩序，维护公开、公平的市场竞争，保证经济社会发展目标的实现。改革只会改变国企承担社会目标的形式和某些内容，但绝不会改变其承担社会目标的职能，也不会改变经营者所面对的较之私人企业更多的管理难题。

9.3.3 管理创新的阶段

1. 第一阶段：对现状的不满

在几乎所有的案例中，管理创新的动机都源于对公司现状的不满，或是公司遇到危机，或是商业环境变化及新竞争者出现而形成战略型威胁，或是某些人对操作性问题产生抱怨。

当然，不论出于哪一种原因，管理创新都在挑战组织的某种形式，它更容易产生于紧要关头。

2. 第二阶段:从其他来源寻找灵感

管理创新者的灵感可能来自其他社会体系的成功经验,也可能来自那些未经证实却非常有吸引力的新观念。

有些灵感源自管理思想家和管理宗师的思想或著作。1987 年,Murray Wallace 出任了惠灵顿保险公司的 CEO。在惠灵顿危机四伏的关键时候,Wallace 读到了汤姆·彼得斯的新作《混沌中的繁荣》。他将书中的高度分权原则转化为一个可操作的模式,这就是人们熟知的“惠灵顿革命”。Wallace 的新模式令公司的利润率大幅增长。

还有些灵感来自无关的组织和社会体系。20 世纪 90 年代初,总部位于丹麦哥本哈根的助听器公司奥迪康推行了一种激进的组织模型:没有正式的层级和汇报关系;资源分配是围绕项目小组展开的;组织是完全开放的。几年后,奥迪康取得了巨大的利润增长。而这个灵感却来源于公司 CEO Lars Kolind 曾经参与过的美国童子军运动。Kolind 说,童子军有一种很强的志愿性。当他们集合起来,就能有效合作而不存在任何等级关系。这里也没有钩心斗角、尔虞我诈,大家目标一致。这段经历让我重视为员工设定一个明确的“意义”,这种意义远远超越了养家糊口。同时,建立一个鼓励志愿行为和自我激励的体系。

此外,有些灵感来自背景非凡的管理创新者,他们通常拥有丰富的工作经验。ADI 公司的经理 Art Schneiderman 在斯隆管理学院攻读 MBA 课程时,Schneiderman 深受 Jay Forrester 系统动态观念的影响。加入 ADI 前,他在贝恩咨询公司做了六年的战略咨询顾问,负责贝恩咨询公司在日本的质量管理项目。Schneiderman 深刻地了解日本企业,并用系统的视角看待组织的各项职能。因此当 ADI 的 CEO Ray Stata 请他为公司开发一种生产质量改进流程的时候,他很快就设计出了一整套的矩阵,含盖了各种财务和非财务指标。

这三个例子说明了一个简单的道理:管理创新的灵感很难从一个公司的内部产生。很多公司盲目对标或观察竞争者的行为,导致整个产业的竞争焦点高度趋同。只有通过从其他来源获得灵感,公司的管理创新者们才能够开创出真正全新的东西。

3. 第三阶段:创新

管理创新人员将各种不满的要素、灵感以及解决方案组合在一起,组合方式通常并非一蹴而就,而是重复、渐进的,但多数管理创新者都能找到一个清楚的推动事件。

4. 第四阶段:争取内部和外部的认可

与其他创新一样,管理创新也有风险巨大、回报不确定的问题。很多人无法理解创新的潜在收益,或者担心创新失败会对公司产生负面影响,因而会竭力抵制创新。而且,在实施之前,我们很难准确判断创新的收益是否高于成本。因此对于管理创新人员来说,一个关键阶段就是争取他人对新创意的认可。

在管理创新的最初阶段,获得组织内部的接受比获得外部人士的支持更为关键。这个过程需要明确的拥护者。如果有一个威望高的高管参与创新的发起,就会大有裨益。另外,只有尽快取得成果才能证明创新的有效性,然而,许多管理创新往往在数年后才有结果。因此,创建一个支持同盟并将创新推广到组织中非常重要。管理创新的另一个特征是需要获得“外部认可”,以此说明这项创新获得了独立观察者的印证。在尚且无法通过数据证明管理创新的有效性时,高层管理人员通常会寻求外部认可来促使内部变革。

9.3.4 管理创新的基本条件

为使管理创新能有效地进行,还必须创造以下的基本条件。

(1) 创新主体应具有良好的心智模式。

这是实现管理创新的关键。心智模式是指由于过去的经历、习惯、知识素养、价值观等形成的基本固定的思维认识方式和行为习惯。创新主体具有的心智模式:一是远见卓识;二是具有较好的文化素质和价值观。

(2) 创新主体应具有较强的能力结构。

管理创新主体必须具备一定的能力才可能完成管理创新,管理创新主体应具有核心能力、必要能力和增效能力。核心能力突出地表现为创新能力;必要能力包括将创新转化为实际操作方案的能力,从事日常管理工作的各项能力;增效能力则是控制、协调、加快进展的各项能力。

(3) 企业应具备较好的基础管理条件。

现代企业中的基础管理主要指一般的最基本的管理工作,如基础数据、技术档案、统计记录、信息收集归档、工作规则、岗位职责标准等。管理创新往往是在基础管理较好的基础上才有可能产生,因为基础管理好可提供许多必要的准确的信息、资料、规则,这本身有助于管理创新的顺利进行。

(4) 企业应营造一个良好的管理创新氛围。

创新主体能有创新意识,能有效发挥其创新能力,与拥有一个良好的创新氛围有关。在良好的工作氛围下,人们思想活跃,新点子产生得多而快;而不好的氛围则可能导致人们思想僵化,思路堵塞,头脑空白。

(5) 管理创新应结合本企业的特点。

现代企业之所以要进行管理上的创新,是为了更有效地整合本企业的资源以完成本企业的目标和任务。因此,这样的创新就不可能脱离本企业和本国的特点。在当前的国际市场中,短期内中国大部分企业的实力比西方企业弱,如果以刚对刚则会失败,若以太极拳的方式以柔克刚,则可能是中国企业走向世界的最佳方略。中国企业应充分发挥以“情、理、法”为一体的中国式管理制度的优势和特长。

(6) 管理创新应有创新目标。

管理创新目标比一般目标更难确定,因为创新活动及创新目标具有更大的不确定性。尽管确定创新目标是一件困难的事情,但是如果没有一个恰当的目标则会浪费企业的资源,这本身又与管理的宗旨不符。

9.3.5 如何提高管理创新能力

管理者提高公司的管理创新能力可以通过以下几种方式。

(1) 有意识地进行管理创新。

很多公司建立了研发实验室,或是为某些个人指定了明确的创新职责。但实际上究竟有多少公司建立了专门的组织架构来培育管理创新呢?要成为一个管理创新者,第一步需向整个组织推销其观念。

(2) 创造一个怀疑的、解决问题的文化。

当面临挑战时,公司员工会如何反应?他们会开始怀疑吗?他们是会借助竞争者采用的标准解决方案,还是会更深入地了解问题,努力发现新的解决之道?只有最后一条路才能将公司引向成功的管理创新,管理者应当鼓励员工寻求解决问题而非选择逃避。

(3) 寻求不同环境中的类比和例证。

公司应该向一些高度弹性的社会体系学习,如议会民主制度等。如果公司希望提高员工的动力,就应该去观察、学习各种志愿者组织。鼓励员工去不同的国家工作也非常有价值,这可以开阔员工的视野并激发思维。

(4) 培养低风险试验的能力。

有一家公司的管理人员不断鼓励员工及团队提出管理创新办法。但他们很快意识到,要想使能动性转化为有效性,就不能放任所有的新主意在整个组织内蔓延。他们规定,每种创新只能在有限的人员范围和有限的时间内进行。这既保证了新创意有机会实施,同时也不会危害到整个组织。

(5) 利用外部的变革来源来探究新想法。

当公司有能力自己推进管理创新时,有选择地与外部的学者、咨询顾问、媒体机构及管理大师们合作,将会很有用。他们有三个基本作用:新观念的来源;作为一种宣传媒介让这项管理创新更有意义;使公司已经完成的工作得到更多的认可。

(6) 持续地进行管理创新。

真正的成功者绝非仅进行一两次的管理创新。相反,他们是持续的管理创新者。通用电器就是一个典型例子。它不仅成名于其"群策群力"原则和无边界组织,还拥有很多更为古老的创新,例如,战略计划、管理人员发展计划、研发的商业化等。

本章小结

组织、领导、控制等是保证计划目标实现所不可或缺的要素,从某种角度说,它们是管理的"维持职能",其任务是保证系统按预定的方向和规则进行。但是管理是在动态环境中生存的社会经济系统,仅维持是不够的,还必须不断调整系统活动的内容和目标,以适应环境变化的要求——创新职能。

创新一般分为六个阶段:知识创造与选择、技术开发、匹配、生产开发、市场开发和评估反馈。并强调该过程中对创新的选择能力、匹配能力、执行能力和评估能力,以及在知识创造和市场匹配阶段中思想发散和收敛的重要性。

随着科学技术的突飞猛进,在激烈的市场竞争中,产品生命周期大大缩短,一种新产品可管企业几十年的局面已被打破,新产品不断涌现,如果企业不采取技术创新,就有可能被市场淘汰。由于创新战略选择的失误导致的不良创新也可能加快企业衰亡的进程。因此,选择一个适应本企业实际的发展战略是十分必要的。

管理创新的概念源于管理,是创造一种新的、更有效的资源整合方式,这种方式既可以是新的有效整合资源以达到企业目的和责任的全过程管理,也可以是新的具体资源整合及目标制定等方面的细节管理。管理创新至少可以包括下列五种情况：提出一种新经营思路并加以有效实施；创设一个新的组织机构并使之有效运转；提出一种新的管理方式方法；设计一种新的管理模式；进行一项制度的管理，因此制度创新也是管理创新之一。

思 考 题

1. 简述维持职能与创新职能的关系。

2. 创新有什么特征？

3. 简述创新包括哪些内容。

4. 简述决定技术创新的因素有哪些。

5. 简述如何提高创新能力。

6. 联系实际谈谈企业家为什么愿意投入大量的人力、物力进行创新，以及如何进行有效创新。

7. 你认为创新才能是天生的吗？企业能通过培养提高员工的创新能力吗？

8. 创新与企业的经济效益之间存在必然的联系吗？

9. 联系实际谈谈管理者如何对创新活动进行组织引导。

10. 富有创新精神的文化如何会使组织变得更为有效？同样的，这种文化会不会使组织变得更低效？

第10章 管理道德与社会责任

企业作为经济发展的主体，其目标是实现利润最大化。但随着社会经济的发展，人们环保意识、健康意识、维权意识等的增强，人们对企业的要求不仅仅停留在提供满意的商品和服务上，而且要考虑其对社会的长期利益和社会福利问题。企业要想获得长期的生存与发展，不仅要遵守法律，同时还必须遵守一定的道德规范，承担相应的社会责任。因此，管理者要进行正确决策，必须考虑企业的社会责任和管理道德问题。从某种意义来讲，管理道德与社会责任的提出是企业发展成熟的标志，也是管理理论开始走向成熟的标志。因而，在现代管理学研究中，应重视对管理道德与社会责任的研究。

☎【小资料】

家乐福中国掀廉政风暴，多名管理人员涉嫌受贿被拘

家乐福中国新总裁罗国伟掀起的改革风暴开始在家乐福各个环节显现。最近，家乐福中国总部以邮件、通告的形式向全国各个地区通报了一些已被查处的内部腐败事件。家乐福内部掀起的反腐风暴正在越刮越猛。家乐福内部通告显示，近期北京CCU(城市采购中心)及7家门店生鲜处相关人员被送到司法机关。东北区域几家门店生鲜处负责人被拿掉，深圳梅林店部分员工也被处理。“总部的决心很大，反腐败已经确立为今年的工作重点”。一位家乐福南区CCU采购人员告诉记者其中一则通告内容：“2007年6月25日至8月1日，对家乐福北京CCU及7家门店事件进行调查，经查包括12名供应商在内的22名人员被北京警方传唤，其中8名家乐福经理级员工被警方正式拘留，此案正在审理中。”据知情人士进一步透露，这次被查处的是家乐福北京7家门店肉课的课长，以及CCU负责生鲜采购的人员。现有的证据是收“黑钱”，即收受供应商的贿赂。

10.1 管理道德概述

10.1.1 管理道德的概念

道德，就是依靠社会舆论、传统习惯、教育和人的信念的力量去调整人与人、个人与社会之间关系的一种特殊的行为规范，是规定行为是非的惯例和原则。一般来说，道德是社会基本价值观一个约定俗成的表现，人们一般都会根据自己对社会现象的理解、社会认同的形态，形成与社会大多数人认同的道德观，大多数人能够知道该做什么不该做什么，哪些是道德的哪些是不道德的。

道德一般可分为社会公德、家庭美德、职业道德三类。其中职业道德，是同人们的职业活动紧密联系的、符合职业特点所要求的道德准则、道德情操与道德品质的总和，是从事一定职业的人在职业劳动和工作过程中应遵守的与其职业活动相适应的行为规范。职业道德是从业人员在职业活动中应遵守或履行的行为标准和要求，以及应承担的道德责任和义务。

管理道德作为一种特殊的职业道德，是从事管理工作的管理者的行为准则与规范的总和，是特殊的职业道德规范，是对管理者提出的道德要求，对管理者自身而言，可以说是管理者的立身之本、行为之基、发展之源；对企业而言，是对企业进行管理的价值导向，是企业健康持续发展所需的一种重要资源，是企业提高经济效益、提升综合竞争力的源泉，可以说管理道德是管理者与企业的精神财富。

☎【小资料】

西门子中国对腐败零容忍

自20世纪90年代中期起，西门子股份公司的非法贿赂支出资金已超过10亿欧元。据调查，西门子内部涉案人员通常会以签署咨询合同的方式，通过第三者支付咨询费进行间接行贿。

据德国媒体报道，目前“贿赂门”事件已涉及西门子中国公司，西门子中国公司的运营中近半数业务涉及行贿。西门子中国公司总裁兼首席执行官郝睿强日前在上海自曝家丑：“去年我们开除了西门子中国公司20名员工，因为他们被发现涉及了一些公司不能容忍的行为。对于贿赂、腐败事件，我们是零容忍的。”

西门子股份公司董事长兼执行总裁罗旭德日前承认，公司声誉受损，处境艰难，自己将着重处理贿赂问题，目前针对西门子中国公司的相关审计和调查仍在进行之中。“我们会充分配合有关机构的调查”。罗旭德表示，上任后将“合规”作为自己工作计划中的重中之重。在具体的措施上，西门子将在内部设立“合规官”，加强内部监控流程，进行定期的员工“合规”培训及聘请外部独立的有丰富内审经验的律师事务所等，加强“合规”管理。

管理道德的思想经历了以下三个阶段的发展。

(1) 前管理阶段。在这一阶段，管理道德观受个人利益支配。按怎样对自己有利制定决策，并按照什么行为方式会导致奖赏或惩罚来确定自己的利益。在这一阶段上，行为者认为凡是对自己有利的行为就是道德的，对自己不利的行为就是不道德的。

(2) 管理阶段。道德观受他人期望的影响，包括遵守法律，对重要人物的期望做出反应，并保持对人们期望的一般感觉。这种道德观有良性的，也有恶性的。一些真正为企业整体利益着想的道德观就是良性的。相反，以个别人期望为是非标准的管理道德观就是恶性的。

(3) 原则阶段。原则是指个人的道德原则，它们可以与社会的准则和法律一致，也可以不一致。这种管理道德观强调个性和个人英雄主义，认为人如果压抑自己，不充分施展和发展自我，违背自己内心的是非观，是不道德的。

10.1.2 管理道德观念

1. 道德功利观

道德功利观是指完全按照结果或后果制定道德决策。功利理论通过考察如何为绝大多数人提供最大的利益这种量化的方法来制定道德决策。这种观点主张以行为结果即所获得的功利来判断人类行为是否道德，当某行为能给行为所及的大多数人带来最大利益，它便是道德的；反之，便是不道德的。功利观鼓励人们提高效率，符合多数人的利益最大化。

例如，按照功利观的观点，一个管理者或许认为，解雇20%的工人是合理的，因为这将增加工厂的利润，提高留下的80%雇员的工作保障，并使股东获得最佳收益。一方面，功利主义能给大多数人(80%的员工)带来利益，同时对效率和生产率有促进作用，当然就可以认为该行为是道德的，必然能得到大多数人的支持。另一方面，功利主义也存在一些不可回避的问题：一是企业为了实现利益最大化，可能采取不公平、不道德甚至损害他人或社会利益的手段，如没有让那些受决策影响的人参与决策；二是功利观只规定了对大多数人有利，而没有规定所得利益如何在相关人员中分配，所以很可能产生利益分配不公平，一小部分人利用手中的职权或资本，获取绝大部分的利益，而大部分人只得到了一小部分的利益，形成贫富两极分化的现象；三是导致一些利益相关者(20%的工人)的权益被忽视，这也是不道德的。

☎【小资料】

吉德拉的“三板斧”

菲亚特汽车公司是意大利最大的汽车制造企业，也是世界最大的汽车公司之一。但在20世纪70年代，由于国际汽车市场疲软，再加上公司内部出现了管理问题，菲亚特汽车公司经历了历史上最不堪回首的日子，公司年年亏损，以至菲亚特集团的决策者中有人力主甩掉汽车公司这个沉重的包袱。消息传出后，菲亚特汽车公司上下一片恐慌，都不知道哪一天公司就会被解散。

1979年，47岁的维托雷·吉德拉出任了菲亚特汽车公司总经理。他四处调查访问，脸上带着微笑，在小本子上不停地记东西。一天，他合上笔记本，召开了公司管理人员会议。“诸位，近年来我们公司每况愈下，似乎要从欧洲汽车生产商的序列中消失了。对此，我作为一名菲亚特人，倍感痛心。今天，请大家思考，菲亚特公司的问题在哪里?”一阵沉默。吉德拉随即宣布：“散会!”众人表情严肃地离开会场。望着大家的背影，吉德拉相信大家会开动脑筋。

几天后，吉德拉又召开了第二次公司管理人员会议。这一次他可没马上宣布散会，而是举起了他的“三板斧”：“我们要大幅度地进行机构调整，大家要有足够的心理准备和承受能力。”吉德拉严肃地说：“菲亚特汽车公司机构重叠，效率低下，是导致企业缺乏活力的主要原因……”

吉德拉动手果断。首先，关闭了汽车分厂和周边机构，淘汰了冗余，职工总数一下子减少了三分之一，由15万人降到10万人。这一板斧遇到了强大阻力。菲亚特汽车公司的员工人数在意大利首屈一指，被称为“解决就业的典范”，这次减负数量如此之多，自然引起了各方议论。但是吉德拉丝毫不为所动，坚定地完成了计划。

吉德拉的第二板斧是对生产线的改造，第三板斧是对汽车销售代理机制的改革。经过这三板斧，菲亚特汽车公司终于重新焕发了活力，走出了低谷。

2. 道德权利观

道德权利观关注尊重和保护个人自由和特权的观点，包括隐私权、思想自由、言论自由、生命与安全及法律规定的各种权利，只有尊重和保护个人的基本权利的行为才是道德的。例如，针对雇员揭发雇主的违法行为，有的人认为这是不道德的，雇员要忠于雇主。但道德权利观认为应该尊重和保护雇员的言论自由权，谴责雇员揭发雇主是不道德的行为。

权利观积极的一面是维护了每个人的基本权利，并把它作为评判道德与否的标准，符合道德的本意，对随意侵犯他人权益的行为无疑有制约的作用。但它也有消极的一面，它能够造成一种关注保护个人权利胜过把工作做好的工作气氛，而阻碍生产力和效率的提高。在个人权益与组织利益发生矛盾时，权利观会优先考虑个人利益，从而影响组织在生产过程中的生产率和效率的提高。

尊重个人的基本权利当然是人类社会进步的表现，但保障的程度必然受到社会经济发展程度的制约，过高的保障期望会给社会经济发展带来消极影响。因此，正确处理个人与组织的关系，既要尊重每个人的基本权利，又要确保组织整体效率的提高，是道德权利观必须妥善解决的问题。

☎【小资料】

惠普："电话"断线

如果有一天，你发现自己的隐私正被公司采用非法手段监控，你会怎么办？

托马斯·帕金斯选择了离开。帕金斯是惠普公司的董事，4个月前，当他获悉公司对包括自己在内的部分董事的私人电话和邮件进行跟踪时，愤然离职。一个月后，他了解到公司在电话跟踪时居然采用了"pretexting"，于是向美国证券交易委员会举报了相关负责人的非法行为。

"pretexting"是一种通过欺诈获得不知情人信息的技术和方法，翻译的术语为"假托"，出现于20世纪90年代，多被用于金融欺诈。此事被曝光后，西方企业界"爆炸"了，有人在美国国会上甚至将该"电话门"事件与"安然"事件并列。

"如果惠普创始人比尔·休利特和戴夫·帕卡德能够活到今天，他们会感到惊骇，会感到不安。"在9月28日美国国会的听证会上，惠普的CEO赫德再次向"电话门"中的受害者道歉。

在惠普骄傲的企业文化中，"相信、尊重个人，尊重员工"一直是其光荣的宣言，该文化从两位创始人在车库起家时就开始渗透，并被管理专家纳入"惠普之道"的核心中。

然而，"电话门"事件中不惜以非法手段践踏"惠普之道"的不是别人，正是惠普的"最高舵手"，公司董事长帕特丽夏·邓恩。

在邓恩看来，过去两年中，惠普董事会中出现了"内鬼"，"内鬼"一而再、再而三地私自将属于公司机密的消息透露给媒体。这是她所无法忍受的，于是下令调查，并纵容了所找来的两家调查公司使用“假托”技术，窃取了多位惠普董事和 9 名记者的家庭电话记录。

“电话门”事件曝光后，在外界强烈批评的压力下，邓恩被惠普董事会辞掉。

但在惠普公司看来，他们的董事长并非一贯如此，在邓恩下台后，CEO 赫德为其辩护，“我们从未质疑过她的意图、人格和道德。”

“我们处于非常困难的境地。必须阻止这种(泄密)行为。调查团队希望尽最大努力找出泄密者，因此才制订了包含一些争议手段的调查计划。”赫德说自己能够理解调查团队的意图，只是当时欠缺经验和深思熟虑。

不过，在商业伦理与道德日益重要的今天，这种过错仍无法原谅。商业伦理的两难则在于，许多答案的“是”与“非”隐含在巨大利益的“取”与“舍”中。

管理道德权利观的积极一面是保护个人自由和隐私，但它在组织中也有消极的一面：它能造成一种过分墨守规章的工作气氛，从而阻碍生产力和效率的提高。

3. 道德公正观

道德公正观要求管理者公平和公正地贯彻和加强规则，并在此过程中遵守所有的法律、法规。管理者可能会应用公正观理论来决定给那些在技能、绩效或职责处于相似水平的员工支付同等级别的薪水，其决策的基础并不是性别、个性、种族或个人爱好等似是而非的差异。实行公正标准也会有得有失，它保护了那些可能缺乏代表性或无权的利益相关者的利益，但它也会助长一种使雇员降低风险承诺、创新和生产率的权利意识。例如，接受公正观的管理者可能会向新来的员工支付比最低工资水平高一些的工资，因为在他(她)看来，最低工资不足以维持该员工的基本生活。

我国目前还是发展中国家，两极分化严重。城乡差距、贫富差距、受教育程度差距、临时工与正式工差距、有编制和非编制差距等，造成工资待遇有极大的差别。如果片面地强调基于简单的公正公平，会导致事实上的不公正，并可能重新回到历史上的“大锅饭”现象。

☎【小资料】

冯景禧的平等观

20 世纪 80 年代，在香港十大富翁中，最惹人注目、最具传奇色彩的就是冯景禧和他的新鸿基证券公司了。冯景禧平等地对待每一个顾客的思想已深入每个员工的心，成为公司的行为准则。

冯景禧的平等观来自一次不平等的待遇。那天，冯景禧下班回家，突然心血来潮，走到巷口转角的面店去吃面。那家店很干净，看起来很舒服，于是冯景禧叫了一碗阳春面就坐下来吃，这时隔桌的客人吃完了面去付账，他吃的是排骨面，付了 55 元。他出门时，老板和店员站在两边，恭恭敬敬地说：“谢谢，谢谢，欢迎您再来。”冯景禧想，这家店对顾客也很热情。可当冯景禧吃完面，付了 7 元钱的账出门时，就没有人理他了。冯景禧心里不平：难道只有吃排骨面的人值得尊敬、吃阳春面的人就不值得尊敬吗？下决心他以后再也不光顾这家面店了，同时也决心在他的店里一定要平等地对待每一位顾客。

一天，一位乞丐专程来买一块豆浆馒头，服务员感到为难，因为豆浆馒头在店里都是按仓出货的，从来没卖过一个的。恰好这时冯景禧在店里，了解了情况后，他亲自拿了一个包好后郑重地交给乞丐，并在收钱后恭恭敬敬地说："谢谢您的惠顾。"乞丐走后，店员们好奇地问冯景禧："老板，以前不论什么顾客光顾，都是我们招呼，这次您为什么亲自接待一个乞丐呢？"冯景禧回答："平时那些顾客，都是有钱、有身份的人，他们光临我店，当然应该欢迎，这没什么稀罕的。而这位乞丐，为了尝一尝我们的豆浆馒头，掏出身上仅有的一点钱。也许在这之后，他再也没有钱光顾我们店了，我当然应当亲自卖给他。"

4. 综合社会契约道德观

综合社会契约道德观认为应当根据实证因素（是什么）和规范因素（应当是什么）制定道德决策，其基础是两种"契约"的整合：允许企业处理并确定可接受的基本规则的社会一般契约，以及处理社区成员之间可接受的行为方式的一种更为具体的契约。例如，美国公司在中国的雇员，与美国本国的同等技能、同等绩效或同等职责的员工相比，工资待遇差别可能有5～10倍之多，并且中国员工在失业、医疗、休假等方面的保障往往更少。但这些行为通常并不被认为是不道德的，而被视为是正常、至少是可以理解和接受的。

综合社会契约道德观与其他三种观念的区别在于它要求管理者考察各行各业和各公司中的现有道德准则，以决定什么是对的、什么是错的。

实证研究表明，大多数企业经营者对道德行为持功利主义态度。这并不足为奇，因为功利观与利润、效益紧密联系在一起，在追求利润最大化的过程中，可以为多数人谋取尽可能多的好处。但是，随着社会经济的增长，人们的社会意识日益增强，社会生存环境备受关注，功利主义遭到了越来越多的非议，因为它在照顾大多数人利益的时候忽视了个人和少数人的利益。对个人权利和社会公平的重视意味着管理者需要在是非功利标准的基础上建立道德准则。对企业管理者来说，这无疑是个严峻的挑战，它使管理者在多种道德标准面前感到困惑，不断发现自己处在道德困境之中。

10.2　管理道德影响因素

10.2.1　影响管理道德的因素

一个管理者的行为是否合乎道德，受多种因素的影响。其中，管理者道德发展阶段、个人特征、组织结构、组织文化和道德问题强度等是影响管理者道德行为的重要因素。缺乏强烈道德感的人，如果他们为那些反对非道德行为的规则、政策、职务说明或文化准则所约束，那么做错事的可能性就会小很多。相反，非常有道德的人，可以被一个组织允许或鼓励非道德行为的文化所腐蚀。此外，管理者更可能对道德强度很高的问题制定出合乎道德的决策。

1. 道德发展阶段

人类的道德发展要经历三个层次，每个层次又分为两个阶段。随着阶段的上升，个人的道德判断越来越不受外部因素的制约。①前惯例层次，在这一层次，个人只有在其利益受到影响的情况下才会做出道德判断；②惯例层次，在这一层次，道德判断的标准是个人是否维持平常的秩序并满足他人的期望；③原则层次，在这一层次，个人试图在组织或社会的权威之外建立道德准则。如表 10-1 所示。

表 10-1　道德发展阶段

层次	内容	阶段
前惯例层次	只受个人利益的影响。决策的依据是本人利益，这种利益是由不同行为方式带来的奖赏和惩罚决定的	1. 遵守规则以避免受到物质惩罚 2. 只在符合你的直接利益时才遵守规则
惯例层次	受他人期望的影响。包括对法律的遵守，对重要人物期望的反应，以及对他人期望的一般感觉	3. 做你周围的人所期望的事 4. 通过履行你允诺的义务来维持平常秩序
原则层次	受个人用来明辨是非的伦理准则的影响。这些准则可以与社会的规则或法律一致，也可以与社会的规则或法律不一致	5. 尊重他人的权利，置多数人的意见于不顾，支持不相关的价值观和权利 6. 遵守自己选择的伦理准则，即使这些准则违背了法律

道德发展的最低层次是前惯例层次。在这一层次，人们的道德选择仅受个人利益的影响，其行为特征是为避免物质惩罚严格遵守组织规则或只在符合直接利益时才遵守规则。道德发展的中间层次是惯例层次。在这一层次，人们的道德选择受他人期望的影响，道德判断的标准是个人是否维持平常的秩序并满足他人的期望。道德发展的最高层次是原则层次。在这一层次，人们的道德选择具有自主性，受自己认为是正确的个人行为准则的影响，个人试图在组织或社会的权威之外建立道德原则。

通过对道德发展阶段的研究表明：人们以前后衔接的方式依次通过这六个阶段（见表 10-1），而不是跳跃式地前进；道德发展随时可能中断，发展可能停止在任何一个阶段上；大部分成年人的道德水平处于第四阶段上，他们被束缚于遵守社会准则和法律。一个管理者达到的道德阶段越高，就越倾向于采取符合道德规范的行为。例如，处在第三阶段的管理者可能制定出能得到他周围人支持的决策；处于第四阶段的管理者将寻求制定尊重企业规则和程序的决策，以成为一名模范的员工；处于第五阶段的管理者更有可能对他认为错误的组织行为提出挑战；处于第六阶段的管理者如中国企业家史玉柱在巨人集团破产后东山再起时，坚持要还清法律规定可以不还的欠债。

2. 个人特征

有两个个性变量影响着个人行为，即自我强度和控制中心。自我强度用来衡量一个人的信念强度。一个人的自我强度越高，克制冲动并遵守其信念的可能性越大。自我强度高的人更加可能做他们认为正确的事。对于自我强度高的管理者，其道德判断和道德行为会更加一致。控制中心用来度量人们在多大程度上是自己命运的主宰。具有内在控制中心的人认为他们控制着自己的命运，而具有外在控制中心的人则认为他们生命中发生的事是由运气或机会决定的。从道德角度看，具有外在控制中心的人不大可能对其行为后果负责，更可能依赖外部力量。相反，具有内在控制中心的人则更可能对其行为后果负责，并依赖自己内在的是非标准来指导行为。与具有外在控制中心的管理者相比，具有内在控制中心的管理者的道德判断和道德行为可能更加一致。

☎【小资料】

富翁和乞丐

有两个人去寻找成功的道路，他们必须经过一片森林，在那里他们遇到了蜂群。这些蜜蜂不停地嗡嗡叫，并企图蜇他们。其中一个人一边抱怨："这个鬼地方！"一边胆战心惊地逃出了森林。另外一个人很小心地避开蜂群，但他边躲边四处张望，像是在寻找什么东西。许多年后，他们中一个人成了乞丐，另一个人成了富翁。当两个人偶然再见面的时候，乞丐说，上天对他太不公平了，找了一辈子也未找到成功。富翁说，你错了，上天同时给了我们机会，你只看到了蜂群，我却因为蜂群发现了大量的玫瑰和蜂蜜，最终成功了。

3. 组织结构

好的组织结构有利于管理者道德行为的产生。一些组织结构提供了有力的指导，而另一些则令管理者模糊不已。模糊程度最低并时刻提醒管理者什么是"道德"的组织结构可能促进道德行为的产生。正式的规章制度、职务说明书等可大大降低人们对道德的模糊度。组织结构对管理道德的影响主要体现在以下几方面。

(1) 组织结构的关键在于减少模糊性。因为模糊性小的组织结构有助于促进管理者的道德行为。正式的规章制度、职务说明和明文规定的道德准则可以降低组织结构的模糊程度，从而可以促进行为的一致性。

(2) 上级管理行为的示范作用。上行下效，上级的行为对个人道德或不道德行为具有强烈的影响。下级关注管理当局在做什么，并以此来确定什么是可以接受的和上级期望的行为标准。

(3) 合理的绩效评估体系。要用科学的方法制定出切实可行的评估指标和评估程序，从客观、全面的角度评价每一位员工。一个仅以成果为唯一标准的系统，会使人们在指标的压力面前"不择手段"，也会助长不道德的行为。

(4) 报酬的分配方式、赏罚的标准也是影响管理者道德行为的重要因素。因为它直接与道德的一个重要标准——公正相联系。公正的程度关系着人们的道德选择，也关系着人们对道德的信念和坚持。

此外，在不同的组织结构中，管理者在工作时间、竞争和成本等方面的压力也不同，压力越大，越有可能降低道德标准，从而达成妥协。

☎【小资料】

分 粥 制 度

有7个人组成了一个小团体共同生活，其中每个人都是平凡而平等的，没有什么凶险祸害之心，但不免自私自利。他们想用非暴力的方式，通过制度来解决每天的吃饭问题：要分食一锅粥，但没有带刻度的容器。大家实验了很多办法，大体来说主要有以下几种。

方法一：有一个人专门负责分粥事宜。很快大家就发现，这个人为自己分的粥最多，于是又换了一个人，结果也是一样。由此可见，权力导致腐败，绝对的权力导致绝对的腐败。

方法二：大家轮流主持分粥，每人一天。结果看起来大家平等了，但每个人只有一天能吃饱，且还有很多剩余，其余 6 天都饥饿难挨。于是又可得出结论：绝对权力导致了资源浪费。

方法三：大家选举一个信得过的人主持分粥。开始这位品德高尚的人还能保持公平，但不久就开始为自己和溜须拍马的人多分。看来，制度不好会让好人也逐渐变坏。

方法四：选举一个分粥委员会和一个监督委员会，形成集体决策和监督机制。这样公平是做到了，但每次分粥前分粥委员会都要讨论，监督委员会还要检查，有时还争论不休。等到大家可以吃粥时，粥早就凉了。看来，过于民主也要付出效率的代价。

方法五：每人轮流值日分粥，但是领粥时分粥的人要拿最后一碗。令人惊奇的是在这个制度下，7 只碗里的粥每次都几乎是一样多。原来，分粥的人明白，只要有一碗粥比别的碗少，那一碗肯定是自己的，所以他必须公平。看来，一个好的制度不一定很复杂，但一定要形成一个内在的制约机制。

4. 组织文化

组织文化是企业在长期的经营活动中形成的并被企业员工普遍认同和遵守的价值观念、团体意识、工作作风、行为规范和思维方式等范畴。组织文化的内容、性质和强弱程度对管理道德有明显的影响。组织文化的内容和强度也会影响道德行为。组织文化分为强组织文化和弱组织文化。最有可能产生高道德标准的组织文化是那种有较强的控制能力及具有较强承受风险和冲突能力的组织文化。在弱组织文化中，管理者可能以亚文化准则作为行为的指南。

强组织文化对组织成员有较强的道德约束力。处在这种文化环境中，组织最有可能产生那种有较强的控制能力及风险和冲突承受能力的高道德标准的组织文化。处在这种文化中的管理者，将被激励进取和创新，意识到不道德行为会被发现，并且对他们认为不现实或个人所不合意的需要或期望进行自由、公开的挑战。

相反，在一个较弱的组织文化中，即使人们具有正确的道德标准，在遇到矛盾和冲突时也难以坚持原有的道德准则，从而导致管理者的非道德行为。如管理者和员工在积极创新进取时，一旦遭受挫折或失败，就会受到组织的歧视和惩罚。在这种组织文化环境下，人们做事会很保守，有时为了取得成果取悦上级而采取不道德的行为，助长不道德管理行为的滋生与扩散。

☎【小资料】

破窗理论

美国斯坦福大学心理学家津巴多曾做过这样一项实验：他找来两辆一模一样的汽车，一辆汽车停在比较杂乱的街区，另一辆汽车停在中产阶级街区。他把停在杂乱街区的那辆车牌摘掉，顶棚打开，结果一天之内就被人偷走了。而摆在中产阶级街区的那一辆过了一个星期也安然无恙。后来，津巴多用锤子把这辆车的玻璃敲了一个洞，结果过了几个小时，车就不见了。

后来，政治学家威尔逊和犯罪学家凯林依托这个实验，提出了"破窗效应"。破窗理论认为：如果有人打破了一个建筑的一扇玻璃，而这扇玻璃又未得到及时维修，别人就可能受到暗示性的纵容去打破更多的玻璃。久而久之，这些玻璃就会给人造成一种无序的感觉。

5. 道德问题强度

影响管理者道德行为的另一个因素是道德问题本身的强度，所谓问题强度是指该问题如果采取不道德的处理行为可能产生后果的严重程度。管理者如果比较在意道德评价，认为道德问题很重要，他就会自觉遵循道德规范和道德原则，并且会不断提高自身的道德水平；否则，就会我行我素。具体来看，道德问题强度取决于以下六个因素。

① 某种道德行为造成的伤害(或利益)有多大？

② 有多少人认为这种行为是邪恶的(或善良的)？

③ 行为实际发生并造成实际伤害(或带来实际利益)的可能性有多大？

④ 行为后果的出现需要多长时间？

⑤ 你觉得受害者(或受益者)与你(在社会上、心理上或身体上)有多接近？

⑥ 道德行为对有关人员的影响的集中程度如何？

综上所述，受伤害的人越多，越多人认为这种行为是不道德的，行为发生并造成实际伤害的可能性越高，行为的后果出现越早，观察者感到行为的受害者与自己挨得越近，问题强度就越大。这五个因素决定了道德问题的严重程度，道德问题越重要，管理者越有可能采取道德行为。

☎【小资料】

三鹿集团"搬起石头砸了自己的脚"

石家庄三鹿集团股份有限公司(简称三鹿集团)是一家位于中国河北石家庄的中外合资企业，主要业务为奶牛饲养、乳品加工生产，主要经营产品为奶粉，其控股方是持股56%的石家庄三鹿有限公司，合资方为新西兰恒天然集团，持股43%。三鹿集团的前身是1956年2月16日成立的"幸福乳业生产合作社"，一度成为中国最大奶粉制造商之一，其奶粉产销量连续15年全中国第一。

2008年6月28日，位于兰州市的解放军第一医院收治了首例患"肾结石"病症的婴幼儿，据家长们反映，孩子从出生起就一直食用河北石家庄三鹿集团所产的三鹿婴幼儿奶粉。7月中旬，甘肃省卫生厅接到医院婴儿泌尿结石病例报告后，随即展开了调查，并报告卫生部。随后短短两个多月，该医院收治的患婴人数就迅速扩大到14名。此后，全国陆续报道因食用三鹿乳制品而发生的病例一度达几百例，事态之严重，令人震惊！2008年9月13日，党中央、国务院对严肃处理三鹿牌婴幼儿奶粉事件做出部署，立即启动国家重大食品安全事故一级响应，并成立应急处置领导小组。2008年9月15日，甘肃省政府新闻办召开了新闻发布会称，甘谷、临洮两名婴幼儿死亡,确认与三鹿奶粉有关。三鹿集团企业声誉急剧下降。2008 年 12 月 24 日,三鹿集团被法庭颁令破产。2009 年 2 月 12 日,石家庄市中级人民法院正式宣布三鹿集团破产。这家国内连续 15 年保持产销量第一的奶粉生产企业,最终宣告破产。

“三鹿奶粉”事件所产生的影响巨大而深远,它在人们心目中留下巨大的阴影。近年我国食品安全问题和事件接二连三地发生。苏丹红事件、PVC 保鲜膜事件、雀巢奶粉碘超标事件、吊白块事件、大头娃娃事件……一件接一件;还有不断见诸报端的大米拌工业油、小米染黄颜料、鲜菜残留农药、地沟油、鸡肉激素超标、注水肉、瘦肉精及大量假冒伪劣商品案件等。这些问题和现象,充分暴露出我国部分企业和食品行业从业人员社会道德的缺失和沦丧。

一些企业的“无德”行为,造成普通百姓对食品消费忧心忡忡、心惊胆战,造成严重的社会诚信危机,这对构建社会主义市场经济体制非常不利。人民日报的文章指出:食品行业事关人民生命安全,它需要的不仅是技术和资本,更要讲道德和良心。温家宝总理在看望“三鹿奶粉”事件患病儿童时指出:“这起事件暴露出政府监管不力,也反映出一些企业缺乏职业道德和社会公德,用老百姓的话说就是‘没良心’。”温总理的话一语中的。无德企业损坏了市场经济秩序,挑战了社会文明的底线,一个以人为本的现代社会绝不能放任见利忘义的行为,绝不允许企业失守社会道德。

道德是企业的生命,是企业发展的根本,是企业成长发展的基石。2009 年 9 月 27 日,温总理在达沃斯论坛上讲到企业家责任时指出:企业家要有道德,每个企业家都应该流着道德的血液,每个企业都应该承担起社会责任。合法经营与道德结合的企业,才是社会需要的企业。以松下幸之助为代表的优秀企业家一直倡导企业家要树立正确的道德观,他说,道德给人智慧和力量。松下的经营理念、经营智慧是以道德观为支持的,这是松下电器成长和成熟的基石。

无良、无德的企业和人员给全国人民生命安全带来巨大危害,也应了中国的俗语“搬起石头砸了自己的脚”——企业信誉扫地,砸了职工的饭碗,断了企业的前途。“三鹿奶粉”等问题食品事件不断提醒和告诫我们,在发展社会主义市场经济的过程中,企业的道德建设和社会诚信建设一刻也不能停。企业在追求最大利润的同时,必须坚守社会道德,承担社会责任,为消费者负责。如果以牺牲道德和消费者利益换取黑心利润,只能是搬起石头砸自己的脚,最终付出沉重的代价。“三鹿奶粉”事件,让我们真正感到:企业如人,不能无品无德。在建设社会主义市场经济、构建和谐社会进程中,一刻也不能忘记倡导诚信理念,建设社会道德。

10.2.2 改善管理道德行为的途径

当今社会,环境污染、企业欺诈、同行间不正当竞争、商业贿赂、员工不负责等现象泛滥,企业道德已到了一个非治理不可的时候,也正是改善和建设企业道德的好时机。高层管理者可以采取多种措施来提高员工的道德素质,这些措施包括:挑选高道德素质的员工,提炼、规范管理道德准则,管理者以身作则,设立合理的工作目标,重视管理道德教育,对绩效进行全面科学的评估等。

1. 挑选高道德素质的员工

每个人由于所处的道德发展阶段、生存环境、所接受的教育等不同,具有不同的个性特征,形成不同的价值观念和道德准则。这些不同的价值观念和道德准则可能会带到工作中去,因此组织在员工特别是管理人员的招聘过程中,就必须进行道德考察,剔除道德上不符合要求的求职者和候选人。挑选的过程,应当视为了解个人道德发展水平与道德品质的一个机会。

从某种程度上讲:"有德有才是正品,有德无才是次品,无德无才是毒品。"企业一般不会录用有案底(或前科)的人,一个有过道德不良记录的人也是很难改变其态度的,"江山易改,本性难移"讲的就是这个道理。

道德考察真正实施起来并非易事,其困难主要来自两个方面。一是在考核标准和考核办法上。道德观本身比较抽象,道德考察的标准是模糊的,而且道德规范包括爱国守法、诚实守信、团结友爱、敬业奉献、自强自立、勤俭节约等多项内容,很难形成明确、单一的检测标准,因而无法使被测者在道德上有明确的数量差别。同时,现代的价值观念本来就处于一个多元乃至是混乱的状态中,有时善恶是非很难有统一的标准。二是道德考察容易受到其他因素影响而发生误判。考察人和被考察人通常是在一起学习或工作的人,在此过程中,道德考察很容易变成人际关系的考察,从而极易造成人际关系水平等同于道德水平,偏离道德本身评判的要求,这种考察方法事实上很难真正对考察对象的道德品质做出客观、实事求是的评价。

2. 提炼、规范管理道德准则

管理道德建设的过程,就是管理者管理道德素质形成和不断完善的过程,这需要管理者把管理道德认识、管理道德情感、管理道德意志和管理道德信念等与所从事的管理工作、企业的实际情况等结合起来,注重吸收西方道德观中合理的成分,广泛继承中华民族传统道德观的精华,提炼出体现管理特色的管理道德准则。使管理者了解、明确管理道德规范,认清管理道德的标准和行为准则,以利于管理者形成良好的管理道德。

通过提炼管理道德标准,实行管理道德的规范化管理,使管理者自觉地对照管理道德准则时刻检查自己、规范自己行为。将管理道德准则内化成管理道德认识,从而培养成良好的管理道德行为习惯,既有利于管理者自身的进步与发展,又有利于企业管理水平的提高与发展。

☎【小资料】

麦道公司的道德准则

美国《幸福》杂志列出全美最好的1 000家公司中,几乎90%的公司都有一套明文的道德法规。下面是麦道公司的道德准则。

为了使正直和道德成为麦道公司的特征,作为公司成员的我们必须努力做到:

① 在我们所有的交往中要诚实和守信;

② 可靠地执行分派的任务和责任;

③ 我们所说的和所写的一切要真实和准确;

④ 在所从事的工作中要协作和富有建设性;

⑤ 对待我们的同事、顾客和其他所有人都要公平和体贴;

⑥ 在我们的所有活动中要守法;

⑦ 始终以最好的方式完成全部任务;

⑧ 经济地利用公司资源；

⑨ 为我们的公司和为提高我们所生活的世界的生活质量奉献自己的服务。

正直和高尚的道德标准要求我们努力工作、具有勇气和做出艰难选择。有时为了确定正确的行动路线，员工、高层管理人员和董事会之间进行磋商是必要的。从长期来看，我们做正确的事情比做权宜的事情能获得更好的结果。

管理者对道德准则的态度(是支持还是反对)及对违反者的处理办法，对道德准则的效果有重要影响。如果管理者认为这些准则很重要，应经常宣讲其内容，并当众给违反者指明，那么就能为道德准则提供坚实的基础。

我国虽然缺乏类似的统计数据，但管理先进的企业也大多有道德准则或道德公约，如《华为公司的基本法》。但目前在管理的道德准则方面，我国存在着两个突出问题。

(1) 规则与行为脱离。部分组织尤其是企业，把公司的道德准则当作是对外广告宣传的需要，或是应付外来检查的需要，在公司的活动中并不真正或认真执行，究其原因在于各级管理者长期以来只满足于提出空洞的道德口号，而没有进一步要求各行各业、各组织健全道德准则，因而它对组织行为和组织中个人的行为事实上没有有效的约束力。道德准则对于管理来说，最重要的是“知行合一”，就是说不仅要知，而且是在行为中落实，得到真正的实行。

(2) 不合时宜。一般来说，组织的道德准则一旦制定便相对稳定，越是对人的行为有约束力的准则，稳定性越强。然而，在一些情况下，准则必须随着时代的变化而变化，或者赋予原有的准则以新的内涵。尤其是社会经济转型时期，这种变化尤显重要。

3. 管理者以身作则

道德准则要求管理者尤其是高层管理者应以身作则。因此，要使组织的管理道德准则得到员工的认同与有效执行，组织的管理者必须做好以下两件事情。

(1) 言传身教。管理者应当以自己克己奉公、敬业奉献的行动和诚信友善的态度取得员工的敬佩和支持，在道德方面起模范带头作用。古人有云：“己所不欲，勿施于人”“己欲立而立人，己欲达而达人。”每一个管理者都应当推己及人，要求别人做到的，首先自己要做到。只有自己廉洁自守，兢兢业业，才能要求员工为集体尽力。所谓“上行下效”“上有所好，下必甚焉”的道理就是如此。管理者通过他们的言行建立了某种文化基调，这种文化基调向员工传递和暗示了某些信息：如高层管理者把公司的资源据为己有、虚报支出、公车私用、公款吃喝玩乐或优待好友，这无疑向员工暗示，这些行为都是可以接受的。

(2) 必须在人员提升和奖惩方面把好道德关。选择什么人作为提升的对象，选择什么事作为奖赏的对象，将向员工传递强有力的信息。现实生活中，有一些人擅长溜须拍马、弄虚作假，通过不正当手段博取领导信任。晋升这些人实际是对不良道德的鼓励，对诚实正直、实事求是品德的否定。最终会伤害多数人的积极性，影响组织发展。再如，如果领导选择关系户作为提升或奖赏的对象，则表明靠拉拢关系这种不正当的方法获得好处不仅是可取的，而且是有效的，于是“关系文化”就可能盛行，人们的注意力就不可能集中在工作实绩的创造上，而是转向人际方面的钻营。

奖惩也同样如此，必须奖励真正该奖励的人，不让老实人吃亏。同时对明显不道德行为应及时做公开谴责和必要的行政处罚，让组织中所有人都认清后果，这就传递了这样的信息：做坏事要付出代价，不道德行为不是你的利益所在，从而促进社会风气的好转。

4. 设立合理的工作目标

目标是行动预期要实现的结果，工作目标集中体现组织管理者对员工工作的要求。员工应该有明确和现实的目标。如果目标对员工的要求不切实际，即使目标是明确的，也会产生道德问题。如过低的目标，降低实现目标的门槛，减轻应尽的责任，如此设定目标也是不道德的。通过降低预定目标，夸大最终成绩，谋取不正当利益。为了降低目标，有的管理者隐瞒事实，混淆视听，有的甚至上下串通，与道德规范格格不入。过高的目标则把员工压得透不过气，即使是素质较高的员工也会迷惑，很难在道德和目标之间做出选择，有时为了达到目标不得不牺牲道德。

一些组织的工作目标不合理，还表现在目标体系中只有数量指标而没有或极少有质量指标，使产品质量得不到保证，最终伤害客户利益。这种管理的缺陷表现为目标不完善，实质是职业道德低，为谋求自身利益最大化而无视客户对质量的要求。而明确的目标可以减少员工的迷惑，并能激励员工而不是惩罚他们。

5. 重视管理道德教育

现在，越来越多的组织意识到对员工进行适当的道德教育的重要性，它们积极采取各种方式来提高员工的道德素质，如开设研修班、组织专题讨论会等。

(1) 提高管理道德认识，包括管理者对其管理的地位、性质、作用、服务对象、服务手段等方面的认识。对管理道德价值的认识是培育管理者管理道德的前提，就是要认识管理道德的实质、内涵，充分认识到管理道德对个人、企业乃至社会的重要性。只有提高对管理道德的认识，才能在思想上重视、在行动上实施、在发展中提升。

(2) 培养管理道德情感，就是管理者在处理自己和职业的关系及评价管理行为过程中形成的荣辱好恶等情绪和态度。主要包括对所从事管理工作的荣誉感、责任感，对服务对象的亲切感，热爱本职工作，敬业乐业等。管理道德情感一经形成，就会成为一种稳定而强大的力量，积极影响人们管理道德行为的形成和发展。

(3) 锻炼管理道德意志，就是人们在履行管理义务的过程中所表现出来的自觉地克服一切困难和障碍，做出抉择的力量和精神。是否具有坚毅果敢的管理道德意志，是衡量每个管理者管理道德素质高低的重要标志。

(4) 坚定管理道德信念，就是管理者对所从事管理工作应具备的道德观念、道德准则和道德理想发自内心的真诚信仰。管理者一旦牢固地确定了管理道德信念，就能自觉地坚定不移地履行自己的义务，并能据此来鉴别自己或他人的行为。培养和确立终生不渝的管理道德信念，是每个管理者管理道德修养的中心环节。

☎【小资料】

母亲如何给孩子分苹果

一位著名的心理学家为了研究母亲对人一生的影响，挑选了50位成功人士和50名罪犯，分别给他们写信，要他们谈谈母亲对自己的影响。有两封信给他的印象很深，一封来自一位著名政治家，另一封来自监狱的犯人。他们都谈到小时候母亲给他们分苹果的事。

那位犯人说，小时候，有一天妈妈拿来几个苹果，大小不同。我一眼就看中那个又红又大的，十分想要。这时，妈妈把苹果放在桌上，问我和弟弟："你们想要哪个？"弟弟抢先说："我要那个最大最红的。"妈妈听了，瞪了他一眼，责备地说："好孩子要把好东西让给别人，不能总想着自己。"于是我灵机一动，改口说："妈妈，我想要那个最小的，把大的留给弟弟吧。"妈妈听了，非常高兴，在我的脸上亲了一下，把大苹果奖励给我。从此我学会了说谎，慢慢地为了得到自己想要的东西不择手段，去偷、去抢，结果进了监狱。

那位政治家说，小时候，有一天妈妈拿来几个苹果，大小各不相同。我和两个弟弟都争着要吃大的，妈妈把那大的举在手上说："谁都想要最红、最大的，现在你们来个比赛，谁赢了就是谁的。"她把草坪分成三块，我和弟弟每人一块负责修剪它，看谁修剪得最快最好。结果，我赢了那个最大的苹果。我非常感谢母亲，她让我明白了一个最简单的道理：要想得到最好的，就必须努力争第一。在我的家里，你想要什么好东西要通过比赛来赢得，这很公平，你想要什么，想要多少，就必须为此付出多少努力和代价，绝不能投机取巧或不劳而获。

6. 对绩效进行全面科学的评估

绩效评估全面与否，对道德建设有重要影响。许多组织的奖励之所以没有达到预期的效果，主要是绩效评估的片面性造成的。如仅以经济成果来衡量绩效，无视工作中的道德影响，人们为了取得成果就会不择手段，从而产生不符合道德的行为。如果组织想让其管理者坚持高的道德标准，它在评估的过程中必须把道德方面的要求包括进去。在对管理者的评估中，不仅要考察其决策带来的经济成果，还要考虑其决策带来的道德后果。

因此，绩效评估必须全面而科学：既要看结果，也要看手段，看整个过程有无不道德问题发生；既要看近期经济绩效，又要看对组织长期发展的影响，防止行为短期化；既要看经济效益，又要看社会效益和生态效益，防止对社会和环境产生不利的影响。绩效评估要达到手段和结果的统一、近期和长远的统一、经济效益与社会效益和生态效益的统一。

7. 树立典型，加强引导

在管理道德建设过程中，树立典型、发挥榜样示范的作用是十分重要的。典型引导是激励人们自觉规范道德行为的有效途径。

(1) 注重发挥企业领导者管理道德的表率作用。企业领导者是企业的精英，高层管理者的模范、表率行为对其他管理者管理道德的形成具有直接的效果。对企业领导者来说，管理价值、道德价值高于物质利益，企业领导人应把国家、员工赋予的职位当作为国家、企业做贡献，为员工服务的机会，"先天下之忧而忧，后天下之乐而乐"，勇于负责，不计得失，自强不息，以身作则，讲真话、办实事，"言必信、行必果"，树立领导者良好的管理道德，这对推动管理道德的形成起着举足轻重的作用。

(2) 树立典型人物，做好舆论导向，发挥引导作用。像牛玉儒等现实生活中涌现出来的典型人物，他们的感人事迹、道德品质是人们所敬仰的，在这些典型人物身上也充分体现出了优秀的管理道德。因此，大力宣传典型人物，把道德规范人格化，有利于使管理者以典型人物为榜样，学习典型人物的人格，激发自身去追求典型人物所拥有的优秀的理想人格，并且以这种理想人格为标准来塑造自己，促进管理者管理道德水平的形成和提高。

8. 将管理道德行为列入岗位考核内容

管理者是否具有管理道德，不是看其是否会背诵管理道德的多少规范条款，而要看他是否能理解管理道德，把管理道德要求与自己的工作相结合，落实到实际行动中、具体工作中，形成稳定的职业行为。管理道德规范化、制度化，会成为管理者的习惯行为，就会在管理工作中发挥巨大的作用，也必将在企业内形成良好的道德风尚，使企业步入良性的发展轨道。因此，企业应将管理道德建设纳入管理者岗位考核内容之一，加强检查、考核、奖惩措施，使每一个管理者不断地对照准则自我检查，不断地修正自己的行为方向，最终养成良好的管理道德。

改善管理道德是一项长期的任务，不是一朝一夕可以完成的，要贯串于企业发展的全过程和全体员工，从而减少组织中的不道德行为发生。在以上措施当中，单个措施的作用是极其有限的，但若把它们中的多数或全部结合起来，就很可能收到较好的效果。

10.3　企业社会责任

现代社会对企业的预期发生了变化，企业要想获得长期的发展壮大，在追求利润的过程中应该考虑对社会有利的长期效益。如果一个企业不仅承担了法律上和经济上的义务，还承担了“追求对社会有利的长期目标”的义务，我们说该企业是有社会责任的。企业的社会责任似乎是看不见、摸不着的东西，但实际上它就存在于我们的社会生产生活中。

10.3.1　企业社会责任的发展历程

早在18世纪中后期英国完成第一次工业革命后，现代意义上的企业就有了充分的发展，但企业社会责任的观念还未出现，实践中的企业社会责任局限于业主个人的道德行为之内。企业社会责任思想的起点是亚当·斯密(Adam Smith)的“看不见的手”。古典经济学理论认为，一个社会通过市场能够最好地确定其需要，如果企业尽可能高效率地使用资源以提供社会需要的产品和服务，并以消费者愿意支付的价格销售它们，企业就尽到了自己的社会责任。

到了18世纪末期，西方企业的社会责任观开始发生微妙的变化，表现为小企业的业主们经常捐助学校、教堂和穷人。

进入19世纪以后，两次工业革命的成果带来了社会生产力的飞跃，企业在数量和规模上有了较大程度的发展。这个时期受“社会达尔文主义”思潮的影响，人们对企业的社会责任观是持消极态度的，许多企业不是主动承担社会责任，而是对与企业有密切关系的供应商和员工等极尽盘剥，以求尽快变成社会竞争的强者，这种理念随着工业的大力发展产生了许多负面的影响。

与此同时，19世纪中后期企业制度逐渐完善，劳动阶层维护自身权益的要求不断高涨，加之美国政府接连出台《反托拉斯法》和《消费者保护法》以抑制企业的不良行为，客观上对企业履行社会责任提出了新的要求，企业社会责任观念的出现成为历史必然。

随着经济和社会的进步，企业不仅要追求利润，而且要对环境负责，并承担相应的社会责任。

1）第一阶段(20世纪50年代至70年代)：盈利至上

1970年9月13日，诺贝尔奖获奖人、经济学家米尔顿·弗里德曼在《纽约时报》刊登题为《商业的社会责任是增加利润》的文章，文中指出，极少主义趋势，比公司主管人员除了为股东尽量赚钱之外应承担社会责任，更能彻底破坏自由社会本身的基础，企业的一项、也是唯一的社会责任是在比赛规则范围内增加利润。社会经济学的观点认为，利润最大化是企业的第二目标，企业的第一目标是保证自己的生存。为了实现这一点，他们必须承担社会义务及由此产生的社会成本。他们必须以不污染、不歧视、不从事欺骗性的广告宣传等方式来保障社会福利，他们必须融入自己所在的社区及资助慈善组织，从而在改善社会中扮演积极的角色。

1976年经济合作与发展组织(OECD)制定了《跨国公司行为准则》，这是迄今为止唯一由政府签署并承诺执行的多边、综合性跨国公司行为准则。这些准则虽然对任何国家或公司没有约束力，但要求更加保护利害相关人士和股东的权利，提高透明度，并加强问责制。2000年该准则重新修订，更加强调了签署国政府在促进和执行准则方面的责任。

2）第二阶段(20世纪80年代至90年代)：关注环境

20世纪80年代，企业社会责任运动开始在欧美发达国家逐渐兴起，它包括环保、劳工和人权等方面的内容，由此导致消费者的关注点由单一关心产品质量，转向关心产品质量、环境、职业健康和劳动保障等多个方面。一些涉及绿色和平、环保、社会责任和人权等的非政府组织及舆论也不断呼吁，要求社会责任与贸易挂钩。迫于日益增大的压力和自身的发展需要，很多欧美跨国公司纷纷制定对社会做出必要承诺的责任守则(包括社会责任)，或者通过环境、职业健康、社会责任认证应对不同利益团体的需要。

3）第三阶段(20世纪90年代至今)：社会责任运动

20世纪90年代初期，美国劳工及人权组织针对成衣业和制鞋业所发动"反血汗工厂运动"。因利用"血汗工厂"制度生产产品的美国服装制造商Levi-Strauss被新闻媒体曝光后，为挽救其公众形象，制定了第一份公司生产守则。在劳工和人权组织等非政府组织和消费者的压力下，许多知名品牌公司也都相继建立了自己的生产守则，后演变为"企业生产守则运动"，又称"企业行动规范运动"或"工厂守则运动"，"企业生产守则运动"的直接目的是促使企业履行自己的社会责任。

但这种跨国公司自己制定的生产守则有着明显的商业目的，而且其实施状况也无法得到社会的监督。在劳工组织、人权组织等非政府组织的推动下，"生产守则运动"由跨国公司"自我约束"(self-regulation)的"内部生产守则"逐步转变为"社会约束"(social regulation)的"外部生产守则"。

到2000年，全球共有246个生产守则，其中除118个是由跨国公司自己制定的外，其余皆是由商贸协会或多边组织或国际机构制定的所谓"社会约束"的生产守则。这些生产守则主要分布于美国、英国、澳大利亚、加拿大、德国等。

2000年7月"全球契约"论坛第一次高级别会议召开，参加会议的50多家著名跨国公司的代表承诺，在建立全球化市场的同时，要以"全球契约"为框架，改善工人工作环境、提高环保水平。"全球契约"行动计划已经有包括中国在内的30多个国家的代表、200多家著名大公司参与。

2001年2月，全球工人社会联盟公布了一份长达106页的由耐克公司资助完成的报告。

报告的内容是关于印尼9家耐克合约工厂的劳工调查。这份报告的新意在于它是由耐克出钱完成并公布的,而耐克又不能拒绝公布。耐克对这些问题的反应将会为服装公司设立新的基准。

2002年2月在纽约召开的世界经济峰会上,三十六位首席执行官呼吁公司履行其社会责任,其理论根据是公司社会责任"并非多此一举",而是核心业务运作至关重要的一部分。

2002年,联合国正式推出《联合国全球协约》。协约共有九条原则,联合国恳请公司对待其员工和供货商时都要尊重其规定的九条原则。

纵观企业社会责任建设工作在中国近十几年的发展,大致经历以下三个阶段。

(1) 第一个阶段。

20世纪90年代中期到21世纪初,在国际零售商、品牌商推动下,逐步重视起社会责任问题,建立了在国际采购中实施社会责任方面的准则、标准或体系。中国企业开始接受跨国公司实施的社会责任方面的工厂审核。

(2) 第二个阶段。

从21世纪初到2006年,企业社会责任开始得到广泛关注。中国的学术机构、非政府组织及在华国际组织开始对社会责任进行系统的介绍和广泛的研究、讨论。政府部门也开始关注企业社会责任建设工作。

(3) 第三个阶段。

2006年至今,当今社会,企业落实社会责任,实现企业经济责任、社会责任和环境责任的动态平衡,反而会提升企业的竞争力与社会责任,为企业树立良好的声誉和形象,从而提升公司的品牌形象并获得所有利益相关者对企业的良好印象,增强投资者信心,更加容易吸引企业所需要的优秀人才等。

《中华人民共和国公司法》第五条规定,公司从事经营活动,必须遵守法律、行政法规,遵守社会公德、商业道德,诚实守信,接受政府和社会公众的监督,承担社会责任。公司的合法权益受法保护,不受侵犯。

10.3.2　企业社会责任的概念

企业社会责任(corporate social responsibility,CSR),是指企业在其商业运作里对其利害关系人应负的责任。企业社会责任的概念是基于商业运作必须符合可持续发展的想法,企业除了考虑自身的财政和经营状况外,也要加入其对社会和自然环境所造成的影响的考量。利害关系人是指所有可以影响或会被企业的决策和行动所影响的个体或群体,包括:员工、顾客、供应商、社区团体、母公司或附属公司、合作伙伴、投资者和股东等。社会责任虽然没有法律的直接规定,但道德伦理要求企业应承担对社会的责任。况且,法律的规定也不能包罗万象、面面俱到,因此社会责任便成为法律责任的必要补充。为了更好地理解"社会责任"这一概念,有必要对其和其他两个概念做比较,这两个概念是社会义务和社会响应。

(1) 社会义务是指企业仅仅实现其经济和法律的责任。这是法律所要求的最低程度。若只是以社会义务作为对自己的要求,那么企业在追求社会目标时将仅限于有利于其经济目标的程度。这种做法是以社会责任的古典观点为基础的,即企业认为自己唯一的社会责任就是对股东的责任。由此可以说,社会责任是一种比社会义务更高的道德标准。

(2) 社会响应是指一个企业对社会压力做出反应,并用社会准则作为指导的能力。社会响应的观点强调管理者针对其从事的社会行动做出实际的决策。一个具有社会响应能力的企业之所以采取某种行为方式是因为它希望满足某种普遍的社会需要。

(3) 社会责任定义为企业追求有利于社会的长远目标的一种义务,它超越了法律和经济所要求的义务。社会责任加入了一种道德的要求,促使人们从事使社会变得更美好的事情,而不做那些有损于社会的事情。一个具有社会责任感的企业从事有助于改善社会的事情,绝不只限于法律要求必须做的或经济上有利的事情,它之所以如此做是因为这些事情是应做的、正确的或是合乎道德的。社会责任要求企业明辨是非,决策合乎道德标准,经营活动合乎道德规范。一个具有社会责任感的企业做正确的事情,因为它自觉有责任这样做。例如,假设某公司生产多种产品,该公司宣称要生产具有合理的、安全性的产品来表明其对于社会责任的态度。类似地,该公司每当生产出不安全的产品都会做出响应,一旦发现产品不安全就会立即从市场上召回。那么,因安全隐患而有 10 次产品召回之后,它还能够被认为是一家具有社会责任感的公司吗?它还能够被认为具有社会响应能力吗?对这两个问题的可能答案,前者为"否",后者为"是"。

10.3.3 两种不同的社会责任观

在"企业是否需要承担社会责任"这一问题上,有两种截然不同的观点。

1. 古典观点

古典观点(classical view)主张管理当局唯一的社会责任就是利润最大化。这一观点的最直率的支持者是经济学家和诺贝尔殊荣的获得者米尔顿·弗里德曼(Milton Friedman)。他认为管理者的主要责任就是从股东(公司真正的所有者)的最佳利益出发来从事经营活动。这些利益是什么呢?弗里德曼认为股东只关心一件事,这就是财务方面的回报。他还主张不管何时当管理者自作主张将组织资源用于"社会利益"时,都是在增加经营成本。这些成本只能要么通过高价转嫁给消费者,要么降低股息回报由股东所承担。必须指出,弗里德曼并不是说组织不应当承担社会责任,他支持组织承担社会责任,但这种责任仅限于为股东实现组织利润的最大化。

在弗里德曼看来,当管理者把企业资源用于社会目的时,他们是在削弱市场机制的作用。当然有人要为此埋单。具体来说,如果企业承担社会责任的行为使利润和股利下降,则它损害了股东的利益;如果履行社会责任使员工的工资和福利下降,则它损害了员工的利益;如果用提价来补偿社会责任的行为,则损害了消费者的利益;如果顾客不愿意或支付不起较高的价格,销售额就会下降,那么企业的生存就会受到威胁,这时企业的所有利益相关者都会遭受或多或少的损失。此外,弗里德曼还认为,职业经理追求利润以外的其他社会目标,其实他们是在扮演社会公共管理者的责任,而这方面的责任应由公民选举的行政官员来承担。至于"社会应该怎样",他怀疑企业管理者不具有这方面的专长。

从纯经济角度看待企业社会责任的主要观点:其一,违反了利润最大化原则。这些人认为,企业追求社会目标会冲淡企业的基本使命——提高生产率。而且,许多社会性活动不能自负盈亏,企业参加这些活动必将提高企业的经营成本,最终必将有人为此付出代价。因此,他们认为企业应只参加那些能带来经济利益的活动,而其余活动让给其他机构去做。其二,应各司其职。在当今社会,企业拥有的权力已经很大了,如果让它追求社会目标,企业的权力会更大。况且，追求社会目标是政治相关代表组织的责任，企业与公众之间在社会责任方面没有直接的联系，对企业管理者来说，就不应该承担社会责任。另外，承担社会责任需要相关专门技能，企业管理者分析问题和解决问题的视角和能力基本是经济方面的。就能力而言，他们难以胜任社会问题的角色。其三，缺乏大众支持。公众对企业承担社会责任的意见不一、争论较大，社会对企业处理社会问题的呼声也不是很高。如此，在缺乏一致支持的情况下采取行动，很可能会失败。

2. 社会经济学观点

社会经济学观点（socioeconomic view）认为管理当局的社会责任不只是创造利润，还包括保护和增进社会福利。这一立场是基于社会对企业的期望已经发生了变化这样一种信念。公司并非只是对股东负责的独立实体。它们还要对社会负责，社会通过各种法律、法规认可了公司的建立，并通过购买产品和服务对其提供支持。此外，社会经济学观点的支持者认为，企业组织不仅仅是经济机构。社会接受甚至鼓励企业参与社会的、政治的和法律的事务。例如，他们认为雅芳公司是具有社会责任感的。该公司发起了乳腺癌防治运动，让妇女尤其是那些难以获得医疗护理和治疗的妇女，接受更多的乳腺癌教育并为她们提供早期检查服务。他们也会认为巴西的化妆品制造商娜透拉化妆品公司（Natura Cosmetics SA）在圣保罗的公立小学推行改善儿童读写和判断技能的教育计划，也是在承担社会责任。因为管理者们通过这些计划保护和增进了社会福利。世界上越来越多的组织开始重视它们的社会责任。实际上，对企业所有者的一项调查表明，当开展社会责任方面的活动会有损利润时，有 68%的回答者表示他们仍会继续这些活动。

从社会经济学的角度赞成企业承担社会责任的主要观点：其一，满足公众期望，塑造良好形象。20 世纪 60 年代以来，社会对企业的期望越来越多，公众对企业追求经济和社会双重目标的呼声日益高涨。同时，企业承担社会责任可以塑造良好的公众形象。企业在公众中的形象如同企业的生命，其好坏直接关系到它是否能获得更多的顾客、更好的员工，能否较容易地筹集资本，能否使销售额得到提升等。由于公众通常认为社会目标是重要的，因此企业通过承担社会责任实现社会目标，能够产生良好的公众形象。其二，创造良好的经营环境。企业承担社会责任有助于解决社会难以统一解决的问题，改善所在社区的状况，提高企业的公众形象，从而有利于吸引和留住人才，提高企业的核心竞争力。同时，企业履行社会责任可以降低由政府管制而引起的社会经济成本，增强企业的自主性和灵活性。其三，增加长期利润。在股票市场上，有社会责任的企业通常被看作是风险较低、透明度较高的公司。因此，社会责任会使企业的股票价格上涨，从而使股东获得较高收益。企业的生存离不开社会，其应该具有社会意识。况且承担社会责任不仅是道德上的要求，还符合企业自身的利益，它会给企业带来良好的社区关系和企业形象，从而使企业能可靠地获取较多的长期利润。

除此之外，企业拥有财力、物力、技术和管理等能力，它有能力帮助那些需要援助的公共项目和支持慈善机构开展活动。企业在社会中拥有很多权力，根据权责对等的原则，也必须承担相应的责任，这样企业才不会违背公众利益，从事不负责任的活动。企业承担社会责任，预防相关社会问题的产生也是必要的。社会性问题发展到相当严重的程度而得不到处理时，往往需要付出比预防行动大得多的代价，并分散了企业管理在经营方面的精力。

表 10-2 阐述了两种社会责任观对企业承担社会责任观点的比较。

表 10-2　两种社会责任观对企业承担社会责任观点的比较

事项	古典观点	社会经济学观点
利润	一些社会活动白白消耗企业的资源；目标的多元化会冲淡企业的基本目标——提高生产率，因而减少利润	企业参与社会活动会使：①自身的社会形象会得到提升；②与社区、政府的关系更加融洽，因而增加利润特别是长期利润
股东利益	企业参与社会活动实际上是管理者拿自己的钱为自己捞取名声等方面的好处，因而不符合股东的利益	承担社会责任的企业通常被认为其风险低且透明度高，其股票因符合股东利益而受到广大投资者的欢迎
权力	企业承担社会责任会使其本已十分强大的权力更加强大	企业在社会中的地位与其所拥有的权力是有限的，企业必须遵守法律、接受社会舆论的监督
责任	从事社会活动是政治家的责任，企业家不能"越俎代庖"	企业在社会上有一定的权力，根据权责对等的原则，它应承担相应的社会责任
社会基础	公众在社会责任问题上意见不统一，企业承担社会责任缺乏一定的社会基础	企业承担社会责任并不缺乏社会基础，近年来舆论对企业追求社会目标的呼声很高
资源	企业不具备（拥有）承担社会责任所需要的资源，如企业领导人的视角和能力基本上是经济方面的，不适合处理社会问题	企业拥有承担社会责任所需要的资源，如企业拥有财力资源、技术专家和管理才能，可以为那些需要援助的公共工程和慈善事业提供支持

考察有关赞成和反对企业承担社会责任的争论，是理解社会责任对于影响管理者在计划、组织、领导和控制的决策中所起的作用的另一条途径。

10.3.4　企业承担社会责任的经营业绩

企业承担社会责任是否会有损于企业的经营业绩？纯经济学观点和社会经济学观点各有说辞，其根本原因在于二者从不同的角度、用不同的方法来研究社会责任。根据纯经济学观点，企业承担社会责任会淡化企业使命，影响其生产率的提高。许多社会性活动不能自负盈亏，企业参加这些活动必将提高企业的经营成本，违背企业追求利润最大化原则。最终必将有人为此付出代价，或以更高的价格转嫁给消费者，或由投资者获得较低的边际利润来补偿。而社会经济学观点认为，企业承担社会责任不仅履行了应尽的道德义务，满足了公众期望，还帮助企业同所在社区建立良好关系，改善企业在公众心目中的形象，从而为企业稳定地获得长期利润提供有效保证，这也足以弥补企业在承担社会责任之初所支付的成本。从这种意义上来讲，企业的社会责任行为是利大于弊的。

多数研究表明社会参与和经济绩效之间是正相关的。例如，一项研究发现企业的社会绩效与过去的和将来的财务绩效呈正相关的关系。但是，我们在这些结果中提炼任何让人信服的假设时都应当谨慎，因为存在着某些与衡量"社会责任"与"经济绩效"有关的方法论问题。大多数方法是通过分析年度报表内容，引证公司文档中有关社会活动的描述，或者采用公众感觉的"声誉"指数来确认企业的社会绩效。这些标准作为可靠的社会责任尺度显然是有欠缺的。尽管经济绩效尺度(如净收入、权益收益率或每股价格)更为客观,但它们通常仅用于短期的经济绩效。社会责任对企业利润的冲击(积极的或消极的)要多年后方能见效。若存在时间的滞后,短期财务指标便不可能得出有效的结果。而且这里还有一个因果关系的问题。例如,如果有证据表明社会参与和经济绩效是正相关的,这也许并不意味着社会参与产生了更高的经济效益。也可能正相反,就是说,它可能表明正是高利润才使得企业能够参与社会活动。我们不应忽视这些方法论上的"因果关系"。实际上,一项研究发现,如果这些研究中不完善的实证分析正确的话,那么社会责任对公司财务绩效的影响是中性的。

考察社会责任与经济绩效问题的另一条途径是评估具有社会意识的共同证券基金。这些共同证券基金通常利用了某种类型的社会屏障筛选(social screening),即在投资决策中应用社会标准。例如,这些共同证券基金不会投资于与酒类、赌博、烟草、核能、武器、价格管制、诈骗有关的公司。这些共同证券基金为个人投资者支持那些具有社会责任感的公司提供了一条途径。在过去5年中,多数共同证券基金(股票基金、债券基金和货币市场基金)的业绩超过了市场平均水平。但是,由于多数共同基金投资于技术公司(这些公司往往能够达到社会屏障筛选的要求),它们在股市的震荡中必然是易受创的。

值得一提的是只有当企业树立起自觉的社会责任意识时,才会意识到企业不仅要对投资者负责,还要对所有的利益相关者负责,企业才能从真正严格意义上履行社会责任,从而促进社会公正,增加社会福利,最终实现企业真正意义上的利润最大化。

10.3.5 企业社会责任的对象

根据以上分析,企业承担社会责任在短期内会增加经营成本,但从长期来看,会使企业赢得更多的利润和更好的声誉,促进社会和谐发展。由此可见,企业应积极地承担社会责任。根据利益相关者理论,企业与员工、顾客、投资者、竞争者、社区、环境等构成经济利益共同体,企业可从与利益相关者的关系方面来承担社会责任。

1. 企业对员工的责任

只有满意的员工,才有满意的顾客!顾客满意,股东才会满意!员工是企业最宝贵的财富。为了使员工满意,企业在经营管理中应做到以下几点。

(1) 不歧视员工。随着社会发展的多元化,现代企业员工队伍也趋于多元化。为了调动各方面的积极性,企业要同等对待所有员工,保证员工拥有平等待遇和机会,避免在性别、年龄、宗教信仰、户籍、国籍等方面的歧视行为。

(2) 营造一个良好的工作环境。工作环境的好坏直接影响员工的工作效率和身心健康。企业要为员工营造一个健康、安全、关系融洽、压力适中的工作环境。如推行民主管理,认真听取员工建议;重视员工的利益,按时足额支付工资,按当地政府规定为员工缴纳"三险";赏罚分明、奖惩得当;必要时根据企业的实际情况为员工配备必要的设施,努力改善员工工作条件和物质条件。

(3) 定期或不定期的培训员工。能否在企业中得到锻炼和发展的机会是决定员工(特别是高素质的员工)去留的一个关键因素。有社会责任感的企业不仅会根据员工的综合素质为其提供合适的工作岗位和相对公正的报酬，而且在工作的过程中根据情况的需要对其进行培训，经过培训后的员工能胜任更具挑战性的工作。这样做既满足了员工自身的需要，也满足了企业的需要。

2. 企业对顾客的责任

顾客是企业产品和服务的最终使用者，顾客的忠诚程度及数量往往决定着企业的成败得失。企业对顾客的责任主要表现在：尊重顾客，为顾客提供真正需要的、安全的产品或服务；赢得顾客信赖，提高回头客的购买次数；做好售后服务工作，及时解决顾客在使用企业产品时遇到的困难。要明白一个道理："水能载舟，亦能覆舟"，顾客是水，企业是舟。

3. 企业对投资者的责任

投资者是企业的资金来源，是企业财产的最终所有者。企业管理者受投资者的委托经营企业，必须为投资者带来有吸引力的投资报酬。而那种只想从投资者手中获取资金，却不愿或无力给投资者以合理回报的企业，是对投资者不负责任的表现。投资者最终会解聘管理者、抛弃企业。因此，企业有责任与投资者进行及时的沟通，将其财务状况及时、准确地报告给投资者，假报或误报是对投资者的欺骗和不负责任的表现。

4. 企业对竞争者的责任

在市场经济条件下，竞争无处不在、无时不有，但在此条件下的竞争是良性、有序的竞争。有社会责任的企业不会为了一时之利、逞一时之勇，通过不正当手段恶意挤垮对手，争个"鱼死网破""两败俱伤"。市场上没有永远的敌人，只有永远的利益。因此，企业要处理好与竞争对手的关系，在竞争中合作，在合作中竞争。

5. 企业对社区的责任

社区是企业生存的小环境，其对企业的影响不可忽视。为此，企业不仅要为所在的社区居民提供劳动就业机会，增加当地的财政资源，还要通过适当的方式尽可能地为所在社区做出贡献。如不以营利为目的地对所在社区或其他特定社区的建设进行福利投资，包括学校、医院、养老院、公共娱乐设施、图书馆等。通过此类活动，不仅回报了社区和社会，还为企业树立了良好的形象。

6. 企业对环境的责任

企业既受环境的影响又影响着环境，古人云："皮之不存，毛将焉附。"因此，从自身生存和发展的角度来看，企业有责任保护环境。企业对环境的责任主要表现在以下几方面。

(1) 防止污染环境。在企业内宣传环保教育，培养员工环护意识。有社会责任的企业会主动节约能源和其他不可再生资源的消耗，尽可能减少企业活动对生态的破坏。同时，积极采用生态生产技术，开发绿色产品。

(2) 治理受污染的环境。企业的生产经营需要消耗大量物资和能源，产生的"三废"要采取切实有效的措施及时地处理。根据"谁污染谁治理"的原则，承担治理费用，不能推脱，更不能采取转嫁生态危机的不道德行为。

☎【小资料】

我国企业的社会责任标准

1. 明礼诚信

确保产品货真价实的责任。由于种种原因造成的诚信缺失正在破坏着社会主义市场经济的正常运营，由于企业的不守信，造成假冒商品随时可见，消费者因此而造成的福利损失每年在2 500亿～2 700亿元，占GDP比重的3%～3.5%。很多企业因商品造假的干扰和打假难度过大，导致企业难以为继，岌岌可危。为了维护市场的秩序，保障人民群众的利益，企业必须承担起明礼诚信、确保产品货真价实的社会责任。

2. 科学发展

企业的任务是发展和盈利，并担负着增加税收和国家发展的使命。企业必须承担起发展的责任，搞好经济发展，要以发展为中心，以发展为前提，不断扩大企业规模，扩大纳税份额，完成纳税任务，为国家发展做出贡献。但是这个发展观必须是科学的，任何企业都不能只顾眼前，不顾长远；也不能只顾局部，不顾全局；更不能只顾自身，而不顾友邻。所以无论哪个企业，都要高度重视在“五个统筹”的科学发展观指导下的发展。

3. 可持续发展

中国是一个人均资源特别紧缺的国家，企业的发展一定要与节约资源相适应。企业不能顾此失彼，不顾全局。作为企业家，一定要站在全局立场上，坚持可持续发展，高度关注节约资源。并要下决心改变经济增长方式，发展循环经济、调整产业结构。尤其要响应中央号召，实施“走出去”的战略，用好两种资源和两个市场，以保证经济的运行安全。这样，我们的发展才能持续，经济再翻两番的目标才能实现。

4. 保护环境

随着全球和我国的经济发展，造成环境日益恶化，特别是大气、水、海洋的污染日益严重，野生动植物的生存面临危机，森林与矿产过度开采，给人类的生存和发展带来了很大威胁，环境问题成了经济发展的瓶颈。为了人类的生存和经济的可持续发展，企业一定要担当起保护环境、维护自然和谐的重任。

5. 医疗卫生、公共教育与文化建设

医疗卫生、公共教育与文化建设，对一个国家的发展极为重要。特别是公共教育，对一个国家脱除贫困、走向富强就更具有不可低估的作用。医疗卫生工作不仅影响全民族的身体健康，也影响社会劳力资源的供应保障。文化建设则可以通过休闲娱乐，陶冶人的情操，提高人的素质。我国由于前一个时期对这些方面投入较少，存在问题比较严重。而公共教育和文化建设的发展固然是国家的责任，但在国家对这些方面的扶植处于困难、财力不足的情况下，企业应当分出一些财力和精力担当起发展医疗卫生、公共教育和文化建设的责任。

6. 发展慈善事业

虽然我国的经济取得了巨大发展,但是作为一个有13亿人口的大国还存在很多困难。特别是农村的困难就多,更有一些贫困人口需要扶贫济困。这些责任固然需要政府去努力,但也需要企业为国分忧,参与社会的扶贫济困。为了社会的发展,也是为企业自身的发展,我国的广大企业,应该重视扶贫济困,更好承担起扶贫济困的责任。

7. 保护职工健康

人力资源是社会的宝贵财富,也是企业发展的支撑力量。保障企业职工的生命、健康和确保职工的工作与收入待遇,这不仅关系到企业的持续健康发展,而且也关系到社会的发展与稳定。为了应对国际上对企业社会责任标准的要求,也为了使中央关于"以人为本"和构建和谐社会的目标落到实处,我国的企业必须承担起保护职工生命、健康和确保职工待遇的责任。作为企业要坚决做好遵纪守法、爱护员工,不断提高工人工资水平和保证按时发放。企业要多与员工沟通,多为员工着想。

8. 发展科技

当前,就总的情况看,我国企业的经济效益是较差的,资源投入产出率也很低。为解决效益低下问题,必须要重视科技创新。通过科技创新,降低煤、电、油等的消耗,进一步提高企业效益。改革开放以来,我国为了尽快改变技术落后状况,实行了拿来主义,使经济发展走了捷径。但时至今日,我们的引进风依然越刮越大,越刮越严重,而对引进技术的消化吸收却没有引起注意。因此,企业要高度重视引进技术的消化吸收和科技研发,加大资金与人员的投入,努力做到创新以企业为主体。

本章小结

根据古典观,企业的社会责任仅仅是股东财务回报最大化;与之相对立的社会经济学观点认为,企业应负更大的社会责任。

社会义务是指企业仅仅实现其经济和法律的责任。社会响应是指一个企业对社会压力做出反应,并用社会准则作为指导的能力。社会责任是指企业对有利于社会的长远目标的追求,它要求企业探索基本的道德真理,从而决定什么是对的,什么是错的。

道德的功利观按照结果和后果制定道德决策。道德的权力观寻求尊重和保护个人的基本权力。道德的公正观理论寻求公平和公正地贯彻和加强规则。社会契约整合理论认识到组织与经验所在社区的道德标准之间隐含的契约。

一个管理者的行为道德与否,是管理者的道德发展阶段、个性特征、组织结构、组织文化和道德问题强度之间复杂的相互作用的结果。

一个综合的道德计划应包括:挑选高道德素质的员工,提炼、规范管理道德准则,管理者以身作则,设立合理的工作目标,重视管理道德教育,对绩效进行全面科学的评估,以及树立典型、加强引导和将管理道德行为列入岗位考核内容。

思　考　题

1. 什么是管理道德？在管理道德方面存在哪些观点？哪一种观点在企业经营中最流行？为什么？

2. 目前中国的管理道德状况如何？你认为应从哪些方面入手加强中国的管理道德建设？

3. 影响管理道德的因素有哪些？它们是如何影响管理者道德的？

4. 管理者可以通过哪些方法改善组织成员的道德行为？

5. 试述如何提升员工的道德修养。有哪些途径？

6. 如何理解企业社会责任？社会责任与社会义务、社会反应有什么区别？

7. 阐述支持与反对企业承担社会责任的理由各有哪些。

下篇
管理学典型案例

第11章 管理学概论案例

案例 11.1

麦当劳公司的经营管理

麦当劳公司总部坐落在美国伊利诺伊州奥克布鲁克，是拥有300多亿美元资产的全球第一快餐品牌。麦当劳是全球规模最大、最著名的快餐集团，从1955年创始人雷·克罗克在美国伊利诺伊州开设第一家餐厅至今，麦当劳在全世界的120多个国家和地区已开设了三万多家餐厅，现在仍以快速的趋势迅猛发展。麦当劳的细节管理已经成为其公司文化的一部分。

1. 食品质量的细节管理

麦当劳的可口可乐温度均为4℃，因为这个温度的可乐味道最为甜美，所以全世界麦当劳的可口可乐常温统一规定保持在4℃。麦当劳的面包均厚17毫米，面包中的气泡均为0.5毫米，这样的面包在口中咀嚼时味道最好、口感最佳。麦当劳严格要求牛肉原料必须挑选精瘦肉，牛肉由83%的肩肉与17%的上等五花肉精制而成，脂肪含量不得超过19%，绞碎后，一律按规定做成直径为98.5毫米、厚为5.65毫米、重为47.32克的肉饼。麦当劳食品要求标准化，无论国内国外，所有分店的食品质量和配料相同，并制定了各种操作规程和细节，如“煎汉堡包时必须翻动，切勿抛转”等。

2. 生产过程的标准化管理

面包不圆和切口不平都不用；奶浆接货温度要在4℃以下，高出就退货；一片小小的牛肉饼要经过40多项质量检查关，只要有一项不符合规定标准，就不能出售给顾客；餐厅的一切原材料都有严格的保质期和保存期，如生菜从冷藏库送到配料台，只有2个小时的保鲜期限，一旦超过这个时间就必须处理掉；为了方便管理，所有的原材料、配料都必须按照生产日期和保质日期次序摆放使用。

3. 严格的清洁管理

餐厅内外必须干净整齐，桌椅、橱窗和设备要做到一尘不染；所有的餐具、机器在每天下班后必须彻底拆开清洗、消毒；餐厅内不许出售香烟和报纸；器具全部都为不锈钢的，每隔一天必须擦一遍全店所有的不锈钢器材；玻璃每天要擦；停车场每天冲水；垃圾桶每天刷洗；天花板每星期必须打扫一次；服务员上岗操作时，必须严格清洗消毒，先用洗手槽中的温水将手淋湿，然后使用专门的麦当劳杀菌洗手液洗双手，尤其注意清洗手指缝和指甲缝；手接触头发、制服等东西后,必须重新洗手消毒。

蕴含在上述细节中的QSCV(quality;service;cleanliness;value)原则无疑是麦当劳成功的有力保障。QSCV的根本的归宿是“顾客至上,顾客永远第一”的价值理念。具体而言,QSCV可以描述为以下四方面。

quality(质量)——制定严格的食品品质标准和管理制度,使顾客在任何地点、任何时间品尝的麦当劳食品都是同一品质的。

service(服务)——按照细心、关爱和爱心的原则,提供热情、周到、快捷的服务。

cleanliness(清洁)——制定必须严格遵守的清洁工作标准。

value(价值)——向顾客提供更有价值的高品质产品和服务。

正是上述一整套严格的质量标准和管理制度,保证了麦当劳在任何情况下都能向顾客提供品质一流的食品,使得麦当劳的核心价值文化得以延续,使得其特色经营理念和标准化的风格得以持久。

资料来源:麦当劳大学:标准化执行的66个细节-在线阅读.http://www.xiexingcun.com/lizhi/D/70/index.html.

思考题

1. 麦当劳的管理给我们带来哪些启示?
2. 麦当劳是如何贯彻其价值理念的?

案例11.2

刘全的管理者角色定位

刘全是深圳一家消费电子产品公司的策划部经理,是农村出身的大学生,由于工作颇有成就,深得公司领导赏识,从一线摸爬滚打到现在这个位置。他对工作要求特别严格,经常废寝忘食地全身心投入工作,甚至没有时间谈恋爱。他希望他的员工也像他一样,全心全意投入到公司的事务上,一心为公,敬业奉献。他的口头禅是“公司事再小也是大事,个人事再大也是小事”。

他要求下属员工上班时间不得闲聊、不得接打私人电话、不得做与岗位工作无关的事情,所有时间都得用在工作上。要求下属员工养成“早到晚归”的习惯,并让下属员工每天陪自己加班到十一二点,即使下属员工真的无事可做,也不能随便回去。假如下属员工没有养成这种习惯,那么加薪晋职的机会就很渺茫,而且很可能被他“冷藏”,再无出头之日,或者莫名接到调职或解雇的通知。另外,无论什么节假日,他都会为下属员工重新规划,以满足他工作的需要,根本没有什么周末、国家法定节假日的概念。

在他的领导下,下属员工总有做不完的工作,但实际上有些工作没有任何意义。他的做法终于引起了下属员工的不满,他们抱怨说自己完全没有私人的空间,随时都被经理管理和监督着,好像自己被卖给了公司,身心受到严格的限制,他们快要疯掉了。一次,其中一个下属在内部网站的BBS牵头讨论加班要给加班费、工作应该劳逸结合等问题,竟然被他得知,没几天这位员工就在绩效考评中被合理、规范地“处理”掉了。随后在一个深夜召开的部门会议上，下属员工终于爆发了自己的不满情绪，显然，下属员工被尊重的需求没有得到满足，刘全的工作也因此陷入了被动，士气低落、效率下降、人员流失、管理混乱等，不久他被撤职调离。

资料来源：教你成为一个优秀的管理者．(2010-03-20). http://yingyu.100xuexi.com/view/examdata/20100320/538AD47E-0192-465E-B7CA-C2C8D8078BE4.html.

思考题

1. 分析刘全所处的管理层次。
2. 试分析刘全的管理者角色定位是否恰当。
3. 你会对刘全提出哪些建议来提高其管理效果？

案例 11.3

H公司章总

“失去了一个优秀的骨干，得到了一个平庸的经理。”这是很多企业老总在将骨干员工提升为经理后面临的尴尬，这种现象被称为“彼得现象”。在各种组织中，由于习惯于将在某个等级上称职的人员晋升提拔，因而雇员总是倾向于晋升到其不称职的位置。试运用管理者的相关知识讨论出现“彼得现象”的原因。

北京H公司章总，工龄有三十多年，在行业内也算是前辈，工作态度非常严谨仔细，对公司的组织和培训工作非常重视，尽管有专门的培训部，章总还是从培训课程的内容设置、培训讲师的选聘、培训场地的签订到培训证书的印制、培训现场条幅的悬挂、培训期间餐饮的预订等，事无巨细，从头抓到尾。他还经常亲自蹲点于培训现场，不时打断讲师指正讲授内容，并且常常召唤秘书奔走往返于培训现场办理公文、处理文件。

一次，章总临时指示培训部举办经销商销售顾问培训和市场经理培训，培训部不得不马上确定培训讲师、拟制培训日程表、商谈培训教室、拟订培训通知等。由于某种原因，这次培训报到的实际人数没有达到理想状态，章总在培训报到现场，果断指示将两个班合并为一个班举办，以节省开销。尽管前期已经安排妥当，培训讲师林教授也强调培训对象不同，培训内容侧重点也不一样，而且报到时间也不同，但章总置之不理。结果，经销商参训学员得知突然变更，怨声载道，全部怪罪于培训部。章总竟然也在众人面前大声斥责培训部负责人，责备其培训工作做得一塌糊涂，然后命令公司其他部门负责人全部到场蹲点。这下更热闹了，培训工作不仅章总亲自指导，各部门负责人也不时指东道西，甚至连总经理、秘书也插手指挥。可想而知，一个简单的培训活动被搞得乱七八糟。培训结束后第二天，培训部负责人即提交了辞职报告。

资料来源：秦胜利. 当活动负责人遇到事必躬亲的上级. (2009-06-05). http://www.mypm.net/case/show_case_content.asp? caseID=2830.

思考题

1. 分析H公司章总所处的管理层次。

2. 试分析 H 公司章总的管理者角色定位是否恰当。

案例 11.4

升任公司总裁后的思考

郭宁最近被一家生产机电产品的公司聘为总裁。他在大学时学的专业是工业管理，大学毕业后就到该公司工作，最初担任液压装配单位的助理监督。当时他对液压装配知之甚少，在管理工作上也没有实际经验。可是他认真好学，一方面仔细参阅单位工作手册，并努力学习有关技术书刊；另一方面监督长也对他主动指点，使他渐渐摆脱了困境，并能够胜任工作。经过半年多的努力，他已有能力独自承担液压装配的监督长工作。可是公司当时没有提升他为监督长，而是直接升他为装配部经理，负责包括液压装配在内的四个装配单位的领导工作。当助理监督时，他主要关心的是每日的作业管理，技术性很强，而当他担任装配部经理时，他发现自己不能只关心当天的装配工作状况，还得做出此后数周乃至数月的规划，还要完成许多报告并参加许多会议，因而没有多少时间从事自己喜欢的技术工作。担任装配部经理不久，他发现原有的装配工作手册已过时，公司已安装了许多新的设备，吸收了一些新的技术，于是他花了整整一年的时间修订工作手册，使之切合实际。在修订手册的过程中，他发现要使装配工作与整个公司的生产作业协调起来是有很多讲究的。为此，他主动到几个工厂去访问，学到了许多新的工作方法，并且把这些新方法吸收到修订的工作手册中。由于该公司的生产工艺频繁发生变化，工作手册不得不经常修订，郭宁对此都完成得很出色。工作了几年后，他不但自己学会了这些工作，而且还学会了如何把这些工作交给助手去做，这样他可以腾出更多的时间用于规划工作和帮助他的下属，以及花更多的时间参加会议、批阅报告和完成向上级的工作汇报。郭宁担任装配部经理 6 年之后，该公司负责规划工作的副总裁辞职应聘到其他公司，他便主动申请担任此职务，他自信拥有担任这一新职务的能力。在同另外 5 名竞争者较量之后，郭宁被正式提升为规划工作副总裁。由于此高级职务工作的复杂性，他在刚接任时碰到了不少麻烦。例如，他感到很难预测一年之后的产品需求情况。可是一个新工厂的开工，乃至一个新产品的投入生产，一般都需要在年前做出准备。而且在新的岗位上他还要不断地处理市场营销、财务、人事、生产等部门之间的协调问题，这些他过去都不熟悉。他在新岗位上越来越感到：越是职位上升，越难于仅仅按标准的工作程序去进行工作。但是他还是渐渐适应了，并做出了成绩，之后又被提升为负责生产工作的副总裁，而这一职位通常是由该公司资历最深、辈分最高的副总裁担任的。到了现在，郭宁又被提升为总裁。他知道，当上公司最高主管时，他应该自信自己有处理可能出现的任何情况的才能，但他也明白自己尚未达到这样的水平。因此，一想到明天就要上任，他就不免为此而担忧！

资料来源：升任公司总裁后的思考.（2003-09-21）. http://bbs.kaoyan.com/thread-270385-1-1.html.

思考题

1. 你认为郭宁当上公司总裁后，他的管理责任与过去相比有了哪些变化？应当如何去适应这些变化?

2. 你认为郭宁要成功地胜任公司总裁的工作,哪些管理技能是最重要的?你觉得他具有这些技能吗?

3. 如果你是郭宁,你认为当上总裁后自己应该弥补哪些缺陷,才能使公司取得更好的绩效?

案例 11.5

经理今天出差

总经理今天出差,你一直都是总经理的左膀右臂,他昨天把你叫到了办公室,叫你负责他出差期间的一些日常事务,但重大事情必须先跟他联系后再做决定。

像往常一样,你按时上班,处理自己原来负责的那一部分文件及报告,并将交给总经理的报告也做了适当批阅。当你正忙着的时候,总经理秘书小王来找总经理。小王因病请了几天假,她还不知道总经理今天出差了。“什么?那我们给威尔公司怎样的答复呢?”听到这句话,你猛然记起,今天是答复威尔公司的最后期限了。如果与威尔公司合作成功,它无疑将成为公司未来最大的伙伴。你知道总经理是很想得到这一合作机会的,但威尔公司所提条件中,部分条文让人难以接受。“总经理忘了把他的决定告诉我。”怎么办?你不假思索地抓起电话,拨叫总经理的手机——忙音——对了,按照行程,总经理今天是到草原看原料的产地去了,发达的通信工具还没延伸到那里。怎么办?威尔公司在前几次磋商中,已经无意中表现出对我们公司拖延答复的不满了,如果这次还要延期,合作就很可能破裂;但同时,威尔公司的条件也太苛刻了,要达成协议需要做出很大的让步。显然,你不具备相应的权力。时针指向11点整,这时秘书跑步进来跟你说:“威尔公司的电话……”

资料来源:经理今天出差.(2014-03-20). http://www.docin.com/p-564323216.html.

思考题

1. 在主持人介绍背景后,面对背景中的“你”该怎么办?

请分组讨论。每个小组可以从以下三方面来进行讨论。

(1) 你可以代表公司吗?

(2) 你可以有哪几种决策方案?请分析各决策方案的风险及优点。

(3) 你应该怎样回答威尔公司的电话?

2. 背景扩展如下:威尔公司的电话总算被你对付过去了,公司和威尔仍然有合作的机会,谢天谢地,你也终于联系上了总经理。他的答复是现在很忙,没办法估计此事,你可以自行处理。请讨论以下问题。

(1) “你”已经得到了足够的权力了吗?

(2) 若是谈判不成功,“你”应该负全责吗?为什么?

(3) 试从这个案例中,讨论权力的来源与责任的关系。

第 12 章
管理思想与管理理论案例

案例 12.1

OEC“海尔管理之剑”

管理有模式，无定式，这就是管理的科学性和艺术性。海尔在管理模式上，没有盲目照搬模仿，而是结合自身的情况，总结了一套符合海尔的管理模式，即 OEC 管理法，它对海尔的发展起到了至关重要的作用。下面我们通过一个小案例来了解 OEC 管理法。

在海尔与日本某家电企业的一个合作项目中，日方带来一整套日式管理。张瑞敏告诉日本人，他们的办法不行，日本人坚定地摇头。张瑞敏说：“你现在就到十字路口看看，红灯亮了，人们照样往前闯，熟视无睹，视死如归，你这几条规定算什么？”日本人还是摇头。

三个月之后，日本人承认他们的办法的确不行，张瑞敏的观察一针见血，他熟悉中国人的秉性，知道中国人做事的最大毛病是不认真，做事不到位，每天工作欠缺一点，天长日久就成了落后的顽症。他想，需要一个管理机制专攻这一毛病，这一机制同时还承担下述功能：领导在与不在，企业照样良性运转。因此，他发明了一套管理方法叫作“OEC”。O——Overall 全方面；E——Everyone 每个人，Everything 每件事，Everyday 每一天；C——Control 控制，Clear 清理。“OEC”管理法也可表示为：日事日毕，日清日高。即每天的工作每天完成，每天工作要清理并要每天有所提高。OEC 管理法的实质是借鉴泰勒制，对任务的量化下达指标，考核其工作质量并实地奖惩。OEC 管理法由三个体系构成：目标体系→日清体系→激励机制。即首先确立目标，日清是完成目标的基础工作，日清的结果必须与正负激励挂钩才有效。

具体地说，OEC 管理模式意味着企业每天所有的事都有人管，所有的人均有管理、控制内容，并依据工作标准对各自控制的事项，按规定的计划执行，每日把实施结果与计划指标对照、总结、纠偏，达到对事物发展过程日日控制与事事控制的目的，确保事物向预定目标发展。

这一管理方法可以概括为五句话：总账不漏项，事事有人管，人人都管事，管事凭效果，管理凭考核。这样，从车间工人到集团总部的每一位干部都知道自己每天应干些什么，甚至可能自己考核自己的工作，领取自己该得到的那份报酬。

OEC 管理法被誉为“海尔的管理之剑”，它是海尔人在长期探索中形成的独具特色的企业管理模式，并在实践中取得了非常好的效果。

资料来源：海尔 OEC 管理法.（2008-06-30）. http://blog.sina.com.cn/s/blog_4c136cb001009x3l.html.

思考题

1. 海尔的OEC管理法体现了科学管理理论的哪些方面?
2. 这个案例给你带来哪些启示?

案例12.2

H公司行为科学应用

H公司是一家电器生产企业,多年来在市场上有不俗的表现,消费者也颇为认可。1990年,公司张总经理因年龄已大,身体也不够好,提出了辞职退休的要求。董事会再三挽留不住,只得另外聘任年轻有为的李志强先生为公司新的总经理。临别时,张总告诉他的后任李志强先生:“我公司过去之所以取得良好的业绩,在市场的竞争中保持了相当大的优势和市场份额,全依赖公司员工上下一条心,有很强的凝聚力;只要万众一心,就没有战胜不了的困难。希望李总千万不要忘了这一点。”对于张总的一番话李志强颇为赞同,深感自己责任重大,因为自己过去虽然也做过一些高级管理工作,但大都与业务有关,如何激励员工保持凝聚力的确未曾很好实践,也缺乏经验。

李志强走马上任后对公司各方面作了调查研究,召开了一些各职能部门管理人员、公司一般员工的座谈会,了解情况。一个月后一个增强企业内部和谐氛围,增强员工协作与努力的方案在李志强的脑海中形成了,于是他召开了总经理办公会议,诸副总们、部门经理们一起讨论他的方案。

“各位同事,经过一个月的了解,我感到H公司的确是在各方面都有骄人业绩的公司,管理方面尤其突出,这些成绩的取得的确应归功于全体员工上下一条心,把公司看作是自己的家,把公司的事业看作是自己的事业来努力。这方面我们应该继续下去,即过去各种好的做法可以不变,大家可以大胆地照原来的惯例工作。

我也注意到在成绩的背后,经验的背后,还有一些问题尚未解决,例如员工间、部门间因工作产生的纠纷近来时有出现,出现纠纷是正常的,问题是解决的方法。我们原来采用的方法是由上级或上级部门裁决,裁决后尽管纠纷各方面都服从了,但我知道其中一定有一方心中不痛快或不服帖,如果长此以往,必定会使我们公司凝聚力强、上下一条心的集体精神遭到破坏。为此,我们提出一个解决员工间、部门间工作纠纷的新方案。具体地说,就是纠纷双方自己坐下来协商解决,即自我管理。”

望着下属们不解的眼光,李志强清了一下喉咙,继续说:“公司专门设一大房间,注意,这房间我特请心理学家和行为科学家来布置。凡发生工作纠纷的各方请自动一起到那个房间坐一坐,我相信,最终一定是各方心情愉快,纠纷圆满解决。”

李志强的话刚结束,下面就像开了锅,大家议论纷纷,好像天方夜谭一般,充满了迷惑。“这样吧,我先带大家参观一下这个房间,然后我们再接着开会。”李志强笑嘻嘻地说着,便起身招呼大家跟他走。大家来到了那间神秘的大房间,有一位工作人员打开了门,让大家进去。

原来这间大房间被分隔成四小间，一间套一间。进入这间大房间先得进第一小间，第一小间迎面立着的一个屏风上装有一大块玻璃镜，绕过镜子几步就进入了第二小间；第二小间的门口挂着一个大沙袋，非得推着它人才能进去；第三小间的墙上挂满了公司历年所获的各种奖状，公司优秀员工的事迹与照片，公司各年业绩的图示等；第四小间就是几个沙发和小桌椅，旁边还有可自取的咖啡、茶、饮料等，似乎是一个小会议室，另还有一扇门可供外出。

李志强带着他们回到会议室，这下可好了，大家议论开来……

资料来源：H公司行为科学应用.（2010-08-24）. http://doc.mbalib.com/view/212271cd63c5fe6816cb24c4d34e8da3.html.

思考题

1. 李志强总经理的新方案是基于什么理论？为什么这么做？
2. 有没有更好的方法来解决员工与部门间因工作产生的矛盾冲突？
3. 行为学家把房间布置成那个样子，其目的、功效究竟是什么？

案例 12.3

通用汽车如何渡过内部危机？

1971年12月，通用汽车公司洛兹敦厂的管理部门开始对装配线上装配的维加车出现异乎寻常的不合格率感到极为担心。前几周，在可容2 000辆汽车的存车厂里放满了发送给全国汽车商之前需要返修的维加车。

管理部门特别感到恼火的是，许多毛病是一般汽车装配生产中不应出现的质量缺陷。有数不清的维加车挡风玻璃碎了，内饰割伤，点火开关坏了，后视镜打碎……该厂经理说，在有些情况下，整个发动机装置经过40个人之手，可是谁也没有为它们做什么工作！

总之，公司在分厂一级的管理中遇到了危机：工人缺勤、质量下降、成本增加，甚至出现罢工等严重问题。有些人把这件事看作是“年轻工人的反抗”，简言之，这是一次企业内部的伦理危机。

企业伦理涉及企业与雇员、企业与消费者、企业与政府、企业与环境等方面的相互关系，通用汽车公司的企业伦理危机发生在企业与雇员、企业与工会之间的相互关系，以及因公司改革或重组所产生的裁员等问题。从表面上看，通用汽车公司的危机产生于GMAD（通用汽车公司装配改革计划）——为了提高产品质量和劳动生产率，对汽车生产装配技术操作加强控制，并把这个管理系统扩展到6个工厂。

1. 福特模式已难以为继

在实施GMAD改革后，虽然企业的管理部门声称改革不会给装配工人带来太大的压力，但是工会指责说这次改革又恢复了30年代“血汗工厂式”的管理，要工人以同样的工资做更多的工作。一个工人抱怨说：“那是世界上最快的生产线，它置我们于死地，我们无法在规定的时间内完成工作，每天两班倒，而公司还要埋怨我们低质量、低效率。”

工人的不满大大增加。在GMAD改革以前，厂里的不满指责大约有100个，自改革后，增至5 000个，其中1 000个是指责工作岗位上加了太多的活。

当工人们抵制管理部门命令时，一些迹象表明，第一线的管理人员并没有受过适当的训练，不能很好地执行管理人员的任务，当时管理人员的平均工作经验不到3年，其中20%还不到1年。一般来说，他们都很年轻，对工会合同的条款和管理人员的其他职责缺乏了解，同时，对如何处理正在发展的工人的抱怨和敌对情绪缺乏经验，从前没受过这方面的训练。

另一个重要事实是，工人的强烈反应并不完全由于GMAD的组织和工作的变革。这个工厂不仅大多数由年轻人组成，而且公司没有对他们进行必要的企业伦理、规章制度、知识技能方面的教育和培训。管理部门发现，洛兹敦工厂的反应比进行同样变革的其他工厂要大得多。

一个高级管理人员承认，公司没有采取有效的手段使工人对工作发生兴趣。许多工人受益于公司补助学费支持他们上夜大学的计划。但受了这种教育后，装配工作显然就不能满足他们的要求及做高级工作的期望。此外，当时的劳工市场很困难，他们在别处找不到有意义的工作，同时，他们也不愿意放弃在装配线上挣得的优厚工资。公司的高级职员们说，这使工人感到困惑和灰心丧气。

许多管理者和工程师都在问：不知管理部门所采用的这种管理模式能否继续下去。随着作业越来越容易、简单和重复，体力劳动越少，对工人的技能要求是低了，但工作却更单调了。有一个工人说："公司必须想点办法，使一个小伙子能对所干的活感兴趣。一个小伙子总不能一天8小时年复一年地干同一个活呀！公司也不能仅对小伙子说：'好，原来你有6个点要焊，现在你只要焊5个了。'"

由于工人的不满增长，汽车工人工会于1972年1月初决定举行一次罢工，由于高达97%的工人表示赞成，罢工于3月初开始。公司估计由于工人不满和怠工造成的对工作的破坏已使公司损失总额达4 500万美元。

此后，公司管理部门考虑对GMAD的改革中某些不合理的地方进行修正，洛兹敦厂的一些矛盾才得到了缓和。

2. 危机产生的根源

在危机事件解决以后的几个月中，通用汽车公司发动了一次深入的恢复正常工作环境的活动。因为工人们回去工作后，许多思想问题并没有很好解决，还存在不安的情绪。在公司总部办公室的协助下，洛兹敦厂的管理部门制订了企业伦理建设计划，首先从诊断上一次发生的危机开始。他们对全厂工人进行了问卷调查，与各级领导管理人员一起举行了一系列会议，并征求了工会的意见，最后得出了以下结论。

第一，工人们认为管理部门不关心他们的需要、情感等问题。

第二，工人的工作无保障，他们认为管理部门不事先通知或协商就改变他们的工作计划。

第三，工人们认为管理部门对他们改进工作方法的意见不感兴趣。

第四，有些工人对装配工作中繁重、机械、重复的劳动感到厌倦和不满。

第五，许多工人对公司的目标和计划不了解，企业和员工之间缺乏共同的目标，因此未能形成凝聚力。

第六，第一线的管理人员也不十分了解整个管理部门的目标和计划，因此未能把这些目标和计划同他们每天对工人的管理工作结合起来。

3. 解决危机——交流计划

通过上述诊断,公司认为产生危机的主要根源是管理部门和工人之间缺乏及时的沟通和必要的交往。于是,从1972年开始实施“交流计划”,该交流计划的内容主要有以下几方面。

第一,工厂每天的无线电广播。管理部门每天用5分钟在工厂公众讲话网广播与汽车工业、公司和工厂有关的新闻,使工人对汽车工业、公司和工厂的情况有大体的了解。其内容也张贴在工厂各处布告栏里。

第二,消息公报。作为工厂经理和工人之间一种直接交流的方法,所有有关工厂业务的主要消息都直接传给工人,工厂经理还告诉大家该厂存在的问题,并征求工人对解决这些问题的意见。

第三,管理训练。为了加强管理人员在工作中起个人之间交往的作用,所有管理人员,从工厂经理到基层的管理人员,以及职员都要经过人际关系和交往的训练。这个计划的目的在于提高管理人员同他们的部下进行组织联络和交往的自觉性。训练计划由富有组织装配线经验的公共关系协调员和质量控制主任来设计和指导。

管理部门任命公共关系协调员担任工厂交往协调员,负责厂内外计划。此外,管理部门还发展了一种作业轮换计划,对轮换工作有兴趣的工人给予必要的训练,帮助他们扩大在同一装配工作组内的工作能力。

1973年10月查尔斯·艾伯内西任洛兹敦厂新经理。他被认为是GMAD组织中最能干的经理之一,对交往计划热烈赞成,他自己也参加了培训计划。

洛兹敦厂经过一段时间,不仅恢复到正常情况,而且在1975年一年中,出现了争取成为效率最高的装配厂之一这种受鼓舞的迹象。工人的不满程度下降到1971年—1972年的三分之一,生产效率也有明显提高。

洛兹敦管理部门深信,齐心协力改善管理部门和工人的关系是取得积极成果的主要因素。正如工厂经理所说:“我们的最终目的是形成这样一种组织风气,经理和工人都共同感到我们是在这里一起工作。现在我们这里相互之间分得太清楚,管理部门、工人和工会之间都人为地分开了,我看不出有什么理由不能通过直接交往加强管理部门和工人之间的关系。”

“由于汽车装配业中有许多限制,因此工人不能意识到自己是该组织的一分子。我们必须用现有的技术生产一定数量的汽车,以便在该行业中站住脚。只要我们很好地解释,相信大多数工人是能够理解的。他们可能并不喜欢这样做,但是他们肯定能理解,而且愿意同我们合作。”

“我认为工作多样化和组织发展这两个计划是对的,但是我们必须承认装配厂的技术局限性。在洛兹敦厂我们有一支年轻而且受过相当教育的劳动力,他们希望知道正在进行的每件事。令人意外的是,如果你诚恳地同他们交往,你告诉他们什么,他们就会接受。相互交往正是把每天的生产连贯在一起的最好办法。”

4. 交流,交流,再交流

洛兹敦厂的管理部门就是根据这种管理哲学和企业伦理,考虑于1975年夏在原有的几个交流计划上增加一个新的交流计划。他们对原有计划所取得的进步感到满意,但是认为,如果正式把这些计划联结在一起,使工人和管理人员进行人与人的直接交往,可以进一步达到交往的目的。由于认识到第一线的管理人员太忙，对人与人的交往，特别是对他们的部下，无法给予足够的关心，因此管理部门发展了一个计划，以促进和加强高级管理人员和其他管理人员在交往中的作用。建议的计划有以下特点。

第一，建立称为通讯员和训练员的新职务，主要目的是把管理人员、工人和职能人员的工作结合在一起。要在11个生产部门中各委派一个通讯员和训练员，由他们向工厂经理直接汇报情况。

第二，通讯员和训练员的作用，对于装配线工人来说是一种"综合者"，因而可以加强工人和管理人员之间，装配线工人和职能人员之间的交往联系。

第三，由于通讯员和训练员大部分时间在工厂，因此他们能搞清楚工人和第一线管理人员之间，及上级管理人员之间是否进行了合适交往。在需要促进生产部门和职能部门的交往及设法使职能部门的服务及时满足生产线的需要时，还可以起"中间作用"。

第四，通讯员和训练员每天要和工厂经理及交往协调员见面，检查和讨论工厂中存在的"人的问题"。

大家认为选择和训练通讯员和训练员对于这个新计划能否成功至关紧要，通讯员、训练员应该有相当的工作经验，要当过总厂长，并在工作中显示出具有组织和处理人与人关系的才能。

思考题

1. 企业应该重视提高员工的士气，通用汽车公司运用了什么方法来提高员工士气？
2. 你如何看待通用汽车公司的"交流计划"？

案例 12.4

南港电子公司

南港电子公司坐落在中国沿海一个大开放城市，是制造精密电子仪器的合资企业，到1992年年底为止，正式合资近一年。总经理保罗·马洛面对所取得的成绩及所发生的问题可谓喜忧参半，喜的是公司在这一年的时间里已取得了相当成绩，某项主要产品获得了国际权威电子机构认可的质量合格证书，前不久美国一家杂志的记者来访，保罗还对公司的进展大谈一通；忧的是工人们的不满情绪溢于言表，不仅牢骚很多，而且工作消极被动。他就曾亲眼见到一些工人上班时间打瞌睡，有人甚至坐在机床上休息。中国人简直是个谜，不但跟美国人大不相同，而且与跟他打过交道的几个东南亚国家的工人也不同。近来居然有30多名工人正式打报告要求调回原单位，听说还有更多的人有此意向，这直接影响到公司的工作效率及质量，必须下决心及时加以解决。记得有人曾提醒他，到中国搞管理要注意文化差异，但他觉得，问题在于这些中国人的思想认识跟不上西方的现代管理方法。

南港电子公司是三方合资的企业，首期投资额为3 000万美元。江苏的南江电子总公司占股权50%;美国的BW公司占股权35%;香港的DK公司占股权15%。厂址直接设在南江电子总公司下属的南江导航雷达厂,干部与职工也大多是雷达厂的原班人马。

该雷达厂的前身791厂原本是一家生产海军用雷达的军工企业,20世纪80年代初军转民时,成为电子局下属综合性电子企业"南江电子总公司"的一家分厂,原厂里的大部分现役军人也都直接转业,继续留在雷达厂工作。

随着改革开放、搞活经济等政策的不断深化,南江电子总公司的业务迅速扩大,技术力量的发展已跟不上形势。1988年,为了利用外资,引进先进的设备、技术和管理方法,南江电子总公司开始积极寻找合资的外商伙伴。他们首先找到香港的DK公司,该公司与美国大型电子企业BW公司有传统的联系,BW公司是名列美国500强之一、享有盛誉的跨国性大企业,其电子产品中也不乏军工用品,与国防机构联系较多。通过DK公司引见,南江电子总公司与BW公司历经为期3年的谈判,终于达成三家合资协议,1991年1月,正式宣告"南港电子公司"成立。南江电子总公司的总经理兼任合资企业董事长,BW公司的保罗·马洛被任命为总经理。南江导航的李立三和DK公司的何冰清分别担任主管生产和财务的副总经理。由于何冰清是位资深的财会专家,经验丰富,因而兼任公司的总会计师。

李立三原是南江导航雷达厂的厂长,1962年毕业于某重点大学电子系,后被分配到海军,从事技术工作。20世纪70年代初,被提拔为管理干部,1979年担任791厂主管生产的副厂长;成立南江导航雷达厂时,他又被提升为厂长。

保罗今年58岁,曾在海军服役,担任技术军官,退役后加入BW公司,一直从事电子产品的销售,做过地区销售经理,也曾在马来西亚等几个东南亚国家中BW公司的分公司担任过总经理,成绩可观。他知道BW公司在中国投资是看中了中国市场的巨大潜力及廉价劳力。初访南江导航雷达厂时,保罗对那里的技术力量和产品质量印象很深,但该厂的管理很落后,基层管理者整天在一线干活,像个高级技工,责任不明、赏罚不清,大锅饭现象严重。他决心向南港推行西方的管理制度,改变现状。

在合资的过程中,原南江导航雷达厂的工人、干部可自愿与新公司重新签订合同,不愿签合同者,回南江电子总公司重新分配。

由于南江电子总公司历来效益不错,职工福利在该地区范围内是数一数二的,因此很多职工对是否参加合资企业犹豫不决,加上传统认为合资企业工作无保障,更使一些工人下不了决心。在此情况下,南江电子总公司决定保证合资企业中原雷达厂职工(新招聘者除外),享受南江电子总公司原有的一切待遇,并且一旦被合资企业解雇,南江电子总公司将负责重新安排工作,最后,原1 082名雷达厂职工中,有887人与新公司正式签订了合同。

合资后,公司对组织结构进行了重新调整,总监以上的正职均由美方派人担任,正职经理也部分由美方担任;对中方管理人员也进行了重新安排,除上层管理者由总经理任命外,对基层管理者采取了"优化组合"的方式:经理任命主任,主任再挑选手下的班组长和工人,落选的前雷达厂干部到基层当工人。

保罗还亲自与负责人事与培训的经理罗宾一道,为主任及经理们制定了严格的职务说明,规定他们不许亲自干工人的工作,要承担起管理者的责任。同时,他们制定并实行了严格的等级制度:公司自上而下共分18级,总经理为17—18级,总监为15—16级,经理为12—14级,主任为9—11级，工人为1—8级；在工人的级别当中，每一部门有相应的名额比例，只能按比例提级。为刺激工人的积极性，在级别工资上也拉开档次，保罗希望通过打破原来工人与管理者收入差别不大的传统，刺激管理者真正承担起责任。合资后工人与管理者的实际收入差距较大，每月工人与主任的总收入差可达300元左右。

据大致了解，公司中约有200人不满现状，生产受到一定程度的影响，但由于主任和经理们严格的控制，任务勉强可以完成。

保罗对此觉得不可思议，他想："合资后工人的工资普遍至少增加了1/3，他们不但不好好干活，居然还有人要走。要走嘛，我们并不恐惧，总归有的是后来人，但也不应该便宜了他们。如今他们走了以后还可到南江电子总公司找份好工作。合同中的这一条，当初定的时候我就不同意，如果没有这条后路，看他们还闹着要走？合资以后招来的那些人，就听话多了。"

为了更进一步了解各方面的意见，找到解决问题的办法，保罗从某咨询机构请来一位调查员，以中方代表的身份，听取各层次人员对合资以来公司经营的意见和看法。经过一段时间的工作，调查员向保罗递交了一份书面报告，如实反映了各个层次人员的想法，其中令保罗感到意外的是，中上层管理人员也牢骚满腹。

李立三："我虽是中方最高层干部，却没有实权，几乎是一个形同虚设的傀儡，最多只能执行一点总经理布置的具体工作，他不了解中国情况，表面上愿意听取我的意见，实际上是我行我素。公司里一些重要职务都由美国人顶着，中方人员权力很有限，我毫无办法，一切只好由他们去吧。保罗说'合资协议上明确规定要学习美国先进管理技术'。我说，规定是学你先进的一面，不先进的学个啥？他说美国的还能有不先进的？那好，这回我倒要看看美国'先进的'管理方法到底有多大神通！"

王应洪（生产部经理）："我们这位美国部长简直是'太上皇'，什么都是他对，经常大发雷霆，武断得很。他瞧不起咱中国人，常对工人大喊大叫，好多工作我们明明干得不错，偏要再去美国高价聘请一些洋技工来，他们的技术也不比我们高明，工资却高出我们几十倍甚至上百倍，很多人对此不服气。再说，我们现在用的许多东西都从美国进口，连拖把、扫帚、工作服也要进口，这不是浪费吗？说是引进新设备，合资一年了，没见多少新设备，却进口不少零部件，有些零部件明明我们国内也有，质量也不差，他们这是向中国销产品，花这些钱，我们觉得心痛。光叫中方干部学现代管理，我看他们老美自己首先就该学。"

安启文（一车间调试工段主任）："我原在海军服役，后来到791厂工作，我们的优良传统是官兵一致，干部带头。如今这儿的美国人要求我们不要干具体活儿，只能搞管理，说是'给你高薪不是要你做高级技工，而是要你管理。'可哪有那么多管理工作？再说这么一来，疏远了群众，大家有怨言，'钱多拿那些。还甩大袖子，整天别个步话机逛悠。'我们自己也过意不去。"

李明仁（四车间总装工段五级工）："刚来时挺高兴的。以为能多挣点钱，但如今钱拿的并不多，比对面的合资饮料厂少拿多了，活儿却重了不少；并且公司根本不重视我们，对工人也不关心，烘干组工人整天高温作业，加热炉还是半自动，但根本不让工人们休息，稍微坐一会儿，就说你懒，最后干脆连凳子都给撤走了。合资前我们不但可以坐下休息，车间还有报纸可阅读，现在倒好，有事没事也得站在那儿，当官的只知道监视工人，你干活儿他看不见，伸一下懒腰他肯定就会走上前来。"

施万春(二车间三级工):"现在七级、五级的位置都是满的,干一辈子也不一定能混上个七级工,主任那么年轻,这辈子算是没希望了。说是按考试成绩定级别,成绩也不公布,干了十几年的老工人只是个三级工,刚招聘来的小翻译却都是五级工。有的三级工技术并不比五级工差,实际上很多三级工都在干五级工的活儿,拿三级工的钱。不干吧,说你不服从领导,要扣分;干吧,又觉得生气。"

刘长惠(四车间质检员):"以前我们是主人,还有职代会可以发表意见,现在强调一级管一级,有问题逐级上报,这一弄,我们从主人变成了雇员。以前工人可以直接找厂长解决问题,现在只许找主任,主任给不给你向上反映,会不会走样,有没有人听,谁知道,合资快一年了,很多人还认不出哪一位'老外'是总经理。"

结尾

从合资的第一天开始,保罗就信心十足,他希望将南港电子公司建成世界级企业,在发展内部能力的同时,他也致力于国内外市场的开发。一年来,的确取得了许多突破性进展,并且前景十分乐观。然而面对现存的问题,保罗也意识到,要巩固现有成绩,取得更大的进展,必须改变现状。他琢磨着如何开展工作,从哪儿入手,怎样才能调动全体职工的积极性,问题的根源究竟在哪儿。

资料来源:领导力案例.(2008-05-08). http://www.guandang.com/doc/2324889.html.

思考题

1. 通过阅读本案例,你认为南港电子公司在管理上存在的最大问题在哪里?
2. 通过阅读本案例,你认为保罗在提高工人积极性方面所采取的措施主要有哪些不足?
3. 工人有意见或建议只能向车间主任反映,车间主任再向经理反映,一层一层向上传递,这种沟通方式的优缺点有哪些?

案例 12.5

合作为什么出现裂痕

孙加明和周云龙是高中的同学,也是好友。孙加明相对比较内向,不爱多说话,但动手能力强,喜欢钻研问题,学习成绩非常好;周云龙则性格开朗,兴趣广泛,喜好结交朋友。高中毕业后他们双双考上了本省的重点大学。尽管孙加明在生化学院学化学,周云龙在管理学院学企业管理,但两人还经常在一起,讨论问题、交流思想。

大学毕业时,孙加明进入了当地一家大型的国有药厂研发部门搞产品研发,周云龙则在当地一家私营企业的人力资源部工作。在最初的几年中,两人都取得了很好的工作业绩,先后在各自的企业当上了产品研发部经理和总经理助理。

在这期间,虽然两人之间也有一些联系和来往,但总体上都忙于自己的工作,相互交流不多。在5年后的一次大学同学聚会时,两人之间有了一次深谈。正是这一次深谈,使两人下决心从各自的企业辞职，筹集资金，各投资50%创办一家合成化工厂，初始注册资金为50万元，租用他人的场地和设备，由周云龙负责企业经营管理，孙加明负责技术和产品研发，两人走上了共同创业之路。

由于孙加明拥有技术和产品知识，周云龙善于经营管理，公司在第一年就利用销售设备实现销售收入50万元、利税10多万元的佳绩，并在随后的5年间，产值从50万元增到5 000多万元，税利从10多万元增到3 000多万元，完成了企业的原始积累，进入了二次创业时期。

在最初的几年，两人专心致力于企业的发展，尽管双方在企业某些经营决策上也产生过一些分歧和争执，但两人之间维持着很好的合作关系，以至于外人常常以为他们是两兄弟。随着企业的进一步发展，两人之间表面上仍维持着以前那种良好的合作关系，但从两人各自和自己的家人、朋友的交谈中，以及双方私下的交流中可以发现，双方心底里已经产生了一些隔阂。

孙加明认为，企业之所以能取得这么好的效益，主要是因为自己开发的产品好，尽管周云龙在经营管理上也起到了一定的作用，但也不能把所有的荣誉都归功于他自己。而且周云龙在管理上也没有做好：现在企业员工的待遇比以前提高了，在行业中也处于中上水平，但员工的积极性还不如以前；公司创业时那种艰苦奋斗、团结协作和奉献的精神不见了，取而代之的是铺张浪费、相互攀比、部门主义和相互推诿；尽管制定了各部门的职责，但相互推诿的现象并没有减少，只不过以前说得最多的是不知道该谁做，现在说得更多的是其他部门不配合；实行的全员全面考评，到最后也流于形式，并没有能够真正起到奖优罚劣和提高员工工作业绩的作用；尽管通过了质保体系论证，但质量问题照样经常出现，客户投诉也没有减少；每月的培训花了不少钱，但并没有取得什么效果，反而因为员工经常请假、逃课及请不到老师而难以为继。特别是在企业中，讨论并制定了很多制度，既然在制定的时候大家都没有异议，按道理平时就应该一律照章办事，违反了规章制度就应该照章处理，但在实际工作中，周云龙常常以属于特殊情况为由，不按规章制度处理，导致下面的人一违反规章制度就找周云龙说情，到最后规章制度也成了嘴上讲讲、纸上写写的东西。

周云龙则认为，孙加明老是认为企业的发展主要是靠他的技术和产品，事实上，没有他带着营销部门的人到处跑，哪能取得这么快的发展。自己身为总经理，社会上的交际是难免的，尽管得到了一些荣誉，那也是代表企业的，孙加明为此而斤斤计较，也太过于小气了。在管理上，他也没少花心思：为了加强管理，组建了专门的职能管理部门，并聘请了相应的管理咨询公司进行了组织结构的重新调整，组织制定了各部门职能说明书和各岗位职责说明书；为了调动员工的积极性，根据新的岗位分工，进一步增加了员工的平均薪资；为了加强对员工的控制，参照国外公司的做法，对员工实行了定期的全面考评；通过了ISO 9001：2000质量保证体系的论证，明确了各项业务流程和各类工作表单，并每年进行管理评审；建立了每月一次的员工培训制度，聘请相应的老师来讲课，以扩大员工视野、提高员工素质。应该说，自己对管理非常重视，花费了不少的精力，一般公司加强管理的措施，本公司基本上都做了。至于为什么没能够取得预期的效果，他也不清楚，可能管理本来就需要持续完善。对于孙加明意见比较大的不照章办事的问题，周云龙认为，这实际上是两人在到底应该如何对待规章制度上有不同的想法，孙加明认为应照章处理，周云龙则认为规章制度是一种管理手段而已，有特殊情况就应该酌情处理，所以在工作中出现特殊情况时，自己确实会不按规章制度做，这也是很正常的。因此，孙加明表面上是对自己的工作有意见，实质上可能是不愿意自己当总经理，想他自己一个人干。

资料来源：合作为什么会出现裂痕.（2013-12-06）. http://wenku.baidu.com/link? url=vLaRmgBemt7vpE-_JYquSfAMMD11PajKRldc2gFwX_w_yu9eQR6JwUAEnnc_GFbYikzVP1QesFlMBTxNxmw2SL3Pfp2OrZFeAO_O-e05pEG.

思考题

1. 孙加明和周云龙，当初为什么会一起创办企业，并在最初几年取得了良好的业绩？到后来两人之间又为什么会产生矛盾？如果你是孙加明，你会如何改变这一局面？如果你是周云龙，又会怎么做？为什么？

2. 按案例中的描述，周云龙在企业管理方面履行了管理四大职能中的哪些职能？

3. 在一个组织中，我们到底应该如何对待规章制度？规章制度可不可以违反？违反了应该如何处理？为什么？

4. 为什么周云龙在企业管理方面采取了很多措施，却没有能够取得理想的效果？

5. 案例中所说的 ISO 9001:2000 质量保证体系是什么？它的主要内容有哪些？你还知道哪些与此相关或相似的管理体系？

第13章 决策案例

案例 13.1

小米公司的发展策略

小米公司成立两年半了，截至 2012 年 11 月底，其营业额突破 100 亿元，原来计划卖 30 万部手机，但现在已经超过 700 万。小米能够走到今天要感谢两家公司，苹果公司和诺基亚公司。

苹果手机的发布，带来了全世界对于审美的提升，也开启了智能手机时代。苹果手机很在乎美感、设计的东西，它把手机带入到了视觉审美的时代。这也是小米强调的"设计先导"。苹果给我们的启示是，只有漂亮的产品才会得到传播，才会有口碑。

智能手机之所以这么火爆，除了苹果公司的功劳，还有诺基亚公司的迅速衰落，它不应该这么草率地主动放弃塞班系统，逼着用户转投到苹果系统和安卓系统的阵营。诺基亚公司丢掉的份额就是小米公司和其他手机品牌的生存空间，所以感谢诺基亚公司，它为全球智能手机做出了巨大贡献，极大地推动了全球移动互联网的进程。

小米公司的创新经验，有四点可以分享。

首先，我们不计成本地做最好的产品。我们基本上都采用苹果公司的供应商。譬如我们是第一个采用高通 4 核 1.5 GHz 芯片的手机公司。当然，这或许也会有一个误区，就是国内手机厂家会只买贵的，不买对的。有人问，为什么小米 2 不用 1 300 万像素的相机，只用 800 万像素的，1 300 万像素的相机只贵几美元啊，这是因为 1 300 万像素的相机质量不够稳定。

其次，小米公司是营销在互联网、渠道在互联网，开创了互联网手机模式，通过模式的创新来改变传统手机的成本结构，达成最高的性价比。小米公司营销费用很少，我们也省去了渠道的费用，通过模式的创新来改变手机公司的成本结构。

除了成本结构的改变，我们在定价方面也有独到之处。我知道与电脑一样，手机芯片也遵循摩尔定律，过一个季度，芯片就要降价。譬如我们买一个高价手机，刚开始 6 000 多元，过了一个月变成 5 000 多元……这就会让消费者感觉自己是冤大头。小米公司的定价就是反其道行之，按照发布时的成本定价，我们的定价基本都是同行的一半，一步到位。这种定价方式是，我们前期可能亏钱，但后面是可以赚钱的，当然只是薄利。就因为这样，有人骂我们是"期货公司"。

第三，小米公司的"铁人三项"，就是硬件、软件和互联网服务的一体化。这其中，我们最大的创新就是引入了硬件和软件都向公众开放。我们就是要让消费者参与其中，有任何的意见都可以反馈，我们会迅速给予回应，这样就能够让大家有参与感和拥有感。当然这种做法也很容易遭来骂声，会让负面变成噪声，小米公司诞生到现在网上有 90%的信息都是负面的，但这并不影响小米手机的实际销量。因为我们会有忠实的参与者，他们的口碑会影响到他身边的朋友。

第四，也是我们最感欣慰的就是，小米的粉丝。现在大家还没有理解粉丝经济，以前企业和消费者的关系就是买卖关系，而我们小米公司要与消费者成为朋友关系。因为我是发烧友，我知道自己有什么需求，渴望参与其中。没做小米公司之前，我与诺基亚公司的人聊过很多次关于手机的问题，但他们不改，我只好自己来做。

我们每周更新四五十个，甚至上百个功能，其中有三分之一是由米粉提供的。其实对于很多人来说做手机还是一个神秘的事情，你的建议一旦被采纳，你就可以跟朋友去吹牛，你就会有成就感。我们给了几十万人这个机会互动参与。

资料来源：互联网思维创新的四大成功法则_中国电子商务研究中心 . http://b2b. toocle. com/detail--6164406. html.

思考题

1. 试分析影响小米公司的战略决策的因素有哪些。
2. 小米公司战略决策与传统的手机企业相比有什么不同？它最突出的特点是什么？
3. 你认为其他企业模仿小米手机的经营模式可以取得成功吗？为什么？

案例 13.2

海尔与华为的国际化战略比较

海尔和华为都是国际化布局做得比较早和比较好的企业。海尔在 2005 年就对外传播"1 000亿，世界的海尔"，即全球销售总额是 1 000 亿元，海外销售额在 100 亿元左右，海外销售额占整体销售额的 10%左右。华为海外销售额在 2005 年达到 47.5 亿美元，占华为同期全球销售总额 82 亿美元的 58%左右，产品销售已达全球 80 多个国家和地区。海尔从事家电行业，华为从事的是通信、IT 行业，虽然这两个企业在行业背景、产品、渠道等方面有巨大的差异，但在国际化方面还是有可比性的。

判断一个公司是否具有国际化，有一个很简单的标准：其海外销售额占全球销售总额的 1/3 以上的话，才可以称得上是一个国际化的公司。从这个角度评价，华为已是一个真正国际化的公司。华为已把国内销售总部降格为与海外其他八个地区总部平行的中国地区部，可见国际市场对华为的重要性。而海尔国内销售仍占大头，海外销售的话语权还不大，是一个还在国际化征途上的公司。海尔和华为开始国际化的时间点基本是一致的，都是在 1995 年左右开始走向国际市场，经过了十几年的国际化历程，为何在国际化方面有这么大的差距呢？

1. 海尔“先难后易”的国际化战略

海尔采取的是“先难后易”的国际化战略，简单地说就是先打开发达国家市场，后进入发展中国家市场的战略。按海尔的说法，到消费者最讲究、最挑剔的市场，到强者如林的成熟市场，摔打历练，才能迅速成长，占领制高点，然后，居高临下，进入其他市场。

海尔先后在美国和意大利等地建立了工厂。然而不少人对这个战略持怀疑态度，从海尔海外实际的运作情况来讲，这个战略运作得也不是很成功。

海尔虽然在美国有工厂和贸易公司，但在美国市场一直没有占领主流市场，只是在细分市场上小有斩获，在欧洲和日本等发达国家市场的表现也是差强人意。打个形象的比喻，先难后易，就像让刚毕业的小学生去参加高考一样，结果可想而知。这个战略“看上去很美”，逻辑上也好像成立，但实际操作的效果并不理想。

2. 华为“先易后难”的国际化战略

华为国际化采取的是务实的“先易后难”战略。华为的主要创始人任正非是“学毛标兵”，他的国际化战略是农村包围城市的“海外”翻版。华为的国内市场也是通过先做县城再做城市的农村包围城市的战略创建起来的。这种“先易后难”的战略与其说是华为的主动战略选择，在某种程度上不如说也是一种不得已而为之的战略。因为华为当时不管在产品、技术、人才、综合实力上和强大的国外竞争对手都差距悬殊，正面较量的话，凶多吉少。

针对当时的市场情况，东方不亮西方亮。欧美跨国公司吃欧美市场的肥肉，华为先去啃亚非拉的骨头。不能正面碰撞就侧面迂回。1996 年华为启动了拓展国际市场的漫长之旅，起点就是非洲、中东、亚太、独联体以及拉美等第三世界国家。在经过长达 10 年的发展中国家市场的磨砺和考验后，华为的产品、技术、团队、服务等已日趋成熟，完全具备了与世界上最发达国家竞争的强大实力。华为才陆续登陆欧洲、日本、美国市场。农村包围城市的“先易后难”的战略取得了阶段性的胜利。

思考题

1. 试比较华为与海尔国际化战略的差异。
2. 对于准备进入国际市场的中国企业来说，哪一种国际化战略更适合，为什么？

案例 13.3

巨人集团的兴衰史

1989 年 8 月，在深圳大学软件科学管理系硕士毕业的史玉柱和三个伙伴，用借来的 4 000 元钱承包了天津大学深圳科技工贸发展公司计算机部，并用手头仅有的 4 000 元钱在《计算机世界》利用先打广告后付款的方式做了 8 400 元的广告，将其开发的 M-6401 桌面排版印刷系统推向市场。广告打出后 13 天，史玉柱的银行账户第一次收到三笔汇款共 15 820 元。巨人事业由此起步。到 9 月下旬，史玉柱将收到的款项全部再次投入广告。4 个月后，M-6401 的销售额一举突破百万大关，从而奠定了巨人集团创业的基石。

1991年4月，珠海巨人新技术公司注册成立，公司共15人，注册资金200万元，史玉柱任总经理。8月，史玉柱投资80万元，组织10多个专家开发出M-6401汉卡上市。11月，公司员工增加到30人，M-6401汉卡销售量跃居全国同类产品之首，获纯利达1 000万元。1992年7月，巨人公司实行战略转移，将管理机构和开发基地由深圳迁往珠海。9月，巨人公司升为珠海巨人高科技集团公司，注册资金1.19亿元。史玉柱任总裁，公司员工发展到100人。12月底，巨人集团主推的M-6401汉卡年销售量2.8万套，销售产值达1.6亿元，实现纯利3 500万元，年发展速度达500%。1993年1月，巨人集团在北京、深圳、上海、成都、西安、武汉、沈阳、香港成立了8家全资子公司，员工增至190人。12月，巨人集团发展到290人，在全国各地成立了38家全资子公司。集团在一年之内推出中文手写电脑、中文笔记本电脑、巨人传真卡、巨人中文电子收款机、巨人钻石财务软件、巨人防病毒卡、巨人加密卡等产品。同年，巨人实现销售额300亿元，利税4 600万元，成为中国极具实力的计算机企业。由于国际电脑公司的进入，电脑业于1993年步入低谷，巨人集团也受到重创。1993年、1994年，全国兴起房地产和生物保健品热，为寻找新的产业支柱，巨人集团开始迈向多元化经营之路——计算机、生物工程和房地产。在1993年开始的生物工程刚刚打开局面但尚未巩固的情况下，巨人集团毅然向房地产这一完全陌生的领域发起了进军。欲想在房地产业中大展宏图的巨人集团一改初衷，拟建的巨人科技大厦设计一变再变，楼层节节拔高，从最初的18层一直涨到70层，投资也从2亿元涨到12亿元，1994年2月破土动工，气魄越来越大。对于当时仅有1亿资产规模的巨人集团来说，单凭其实力，根本无法承受这项浩大的工程。对此，史玉柱的想法是：1/3靠卖楼花，1/3靠贷款，1/3靠自有资金。但令人惊奇的是，大厦从1994年2月破土动工到1996年7月，巨人集团未申请过一分钱的银行贷款，全凭自有资金和卖楼花的钱支撑。1994年3月，巨人集团推行体制改革，公司实行总裁负责制，而史玉柱出征集团董事长。1994年8月，史玉柱突然召开全体员工大会，提出“巨人集团第二次创业的总体构想”。其总目标是：跳出电脑产业，走产业多元化的扩张之路，以发展寻求解决矛盾的出路。1995年2月，巨人集团隆重召开表彰大会，对在巨人脑黄金销售计划第一阶段做出重大贡献的一批“销售功臣”予以重奖。5月18日，巨人集团在全国发动促销电脑、保健品、药品的“二大战役”。霎时间，巨人集团以集中轰炸的方式，一次性推出电脑、保健品、药品三大系列的30个产品。巨人产品广告同时以整版篇幅跃然于全国各大报纸。不到半年，巨人集团的子公司就从38个发展到228个，人员也从200人发展到2 000人。多元化的快速发展使得巨人集团自身的弊端一下子暴露无遗。

1995年7月11日，史玉柱在提出第二次创业一年后，不得不再次宣布进行整顿，在集团内部进行了一次干部大换血。8月，集团向各大销售区派驻财务总监和监察审计总监，财务总监和监察审计总监直接对总部负责，同时，两者又各自独立，相互监控。但是，整顿并没有从根本上扭转局面。1995年9月，巨人的发展形势急转直下，步入低潮。伴随着10月发动的“秋季战役”的黯然落幕，1995年年底，巨人集团面临着前所未有的严峻形势，财务状况进一步恶化。

1996年年初，史玉柱为挽回局面，将公司重点转向减肥食品“巨不肥”，3月份，“巨不肥”营销计划顺利展开，销售额大幅上升，公司情况有所好转。可是，一种产品销售得不错并不代表公司整体状况的好转，公司旧的制度弊端、管理缺陷并没有得到解决。相反，“巨不肥”带来的利润还被一些人私分了。集团公司内各种违规违纪、挪用贪污事件层出不穷。其属下的全资子公司康元公司，由于公司财务管理混乱，集团公司也未派出财务总监对其进行监督，导致公司浪费严重，债台高筑。至 1996 年年底，康元公司累计债务已达 1 亿元，且大量债务存在水分，相当一部分是由公司内部人员侵吞造成的，公司资产流失严重。而此时更让史玉柱焦急的是，预计投资十几亿元的巨人大厦。他决定将生物工程的流动资金抽出投入大厦的建设，而不是停工。进入 1996 年 7 月份，全国保健品市场普遍下滑，巨人保健品的销量也急剧下滑，维持生物工程正常运作的基本费用和广告费用不足，生物产业的发展受到了极大的影响。

按原合同，大厦施工三年盖到 20 层，1996 年年底兑现，但由于施工不顺利而没有完工。大厦动工时，为了筹措资金，巨人集团在香港卖楼花拿到了 6 000 万港币，国内卖了 4 000 万元，其中在国内签订的楼花买卖协议规定，三年大楼一期工程(盖 20 层)完工后履约，如未能如期完工，应退还定金并给予经济补偿。而当 1996 年年底大楼一期工程未能完成时，建大厦时卖给国内的 4 000 万元楼花就成了导致巨人集团财务危机的导火索。巨人集团终因财务状况不良而陷入了破产的危机。

资料来源：彭征. 巨人大厦的倒掉. (2007-09-28). http://book.sina.com.cn/nzt/live/fin/jurenbsmm/47.shtml.

思考题

巨人集团衰落的因素有哪些？关键的原因是什么？

案例 13.4

生产率下降的原因是什么

赵先生是一家大电子厂的制造经理。该公司的管理部门最近安装了一些新机器，实行了一种简化的工作系统，使每一个人包括他自己在内感到惊讶的是，提高生产率的期望并未实现。实际上，生产开始下降，质量降低，离职的雇员数目增加。

他认为机器没有任何故障。有使用这种机器的其他公司的报告，这些报告坚定了他的想法。他也曾要求制造这种机器的公司派一些代表对机器进行过仔细检查，他们报告说，机器运转正处于最高效率。赵先生怀疑，问题可能出在新的工作系统上。但是，他的直接下属并非都持有这种看法，他们是四个基层主管人，每人负责一个科组，还有一个是他的物资供应经理。他们对生产率下降的原因看法不同，分别认为是操作工训练差、缺乏适当的经济刺激体制和士气低落。显然，对这一问题各人有各人的想法，下属中存在潜在的分歧。

这天早晨，赵先生接到分部经理的一个电话，他刚刚得到近 6 个月的生产数字，打电话表示他的关切。他指出，应以赵先生认为的最好方式解决这一问题，他很想在一周内知道计划采取什么步骤。赵先生和部门经理同样关心生产率的下降问题，可问题在于采取什么措施扭转这种情况呢？

资料来源：管理学计划. (2011-07-25). http://doc.mbalib.com/view/1bd28b87fc12d97563f199675cc9db90.html.

思考题

1. 分析这位制造经理所面临的问题，并猜测他将采取怎样的步骤或程序(有几种可能方案)?

2. 请对造成生产率下降的原因进行分析。

3. 请提出你的对策建议。

案例 13.5

戴尔:有所为有所不为

1993 年，一个前所未有的经验让我们明白，集中焦点是多么重要。如果一家公司的成长比整个产业还快，这固然很好，但是一年 127% 的成长率，很快便会超出有效管理的范围。我们的问题不是业务缩减，也不是顾客不再光顾，实际状况正好相反。我们的问题，是过度追求每一个机会。为了整个利益，不能也不该再这样做。

经过现金周转危机之后，我们渐渐明白，搞清楚不必做什么事与学会该做什么事一样重要。从那年以后，公司每年定下几项“大而棘手且有胆略的目标”，当然，还是以“资金流通、获利性、成长”的原则为基础。这些是公司希望在次年达到的主要目标，依照我们实现这些目标的机会大小，以及我们的实践能力高低来排定其优先顺序。在 1993 年之后，我们必须循序渐进。当时重点放在内部基础结构与市场机会两方面，包括建立系统与程序、征选训练人才，以及巩固我们在笔记本电脑和服务器市场的领导地位。

我们不再像以往那样一头栽进机会的深渊，而是开始脚踏实地寻求成长。曾有一段时间，我们不把精力花在创造新产品上，而致力于改进及发挥旧产品的潜力方面。我们的新点子向来层出不穷，而现在我们必须有节制，这对我和对公司其他人而言，都有很大的调整。我们用心衡量所有的新创意，评估新产品是否能让顾客与股东都获利，然后再仔细推敲这个机会值不值得全力以赴。

大多数公司发展和成熟的脚步都比我们慢许多，但他们在规模尚小的时候学到的基本程序，我们这时候必须回头认识。我们强调“资金流通、获利性与成长”，这是正确的方向，但除此之外，我们还遭遇到一些文化上的挑战。我们所创造出的公司气氛，一直是以成长为重心，可是现在我们必须转移重点，从向外发展转为加强公司内部。

对我们而言，所谓成长，指的是一种结合我们特有的不拘小节的创业家精神，以及“肯干”的态度和“能干”的能力而带动公司发展的方式。这表示要能在日常工作里，充分发挥我们开始懂得的利用损益概念的能力；这也表示员工要能够以股东的角度来思考；这还表示要遵循戴尔公司的三大黄金原则——摒弃存货，倾听顾客需求，坚持直销。看起来容易，有些最好的经营方式即使是最简单的做法，也需要时间来执行。

资料来源：戴尔有所为有所不为.(2013-07-25). http://www.doc88.com/p-0028087733093.html.

思考题

你是怎么理解戴尔公司的有所为有所不为的？对你有什么启示？

案例 13.6

阿迪达斯与耐克

如果你是一名认真的长跑者，那么在20世纪60年代或70年代初，你只有一种合适的鞋可选择：阿迪达斯(Adidas)。阿迪达斯是德国的一家公司，是为竞技运动员生产轻型跑鞋的先驱。在1976年的蒙特利尔奥运会上，田径赛中有82%的获奖者穿的是阿迪达斯牌运动鞋。

阿迪达斯的优势在于试验。它试用新的材料和技术来生产更结实和更轻便的鞋。它采用袋鼠皮绷紧鞋边。四钉跑鞋和径赛鞋采用的是尼龙鞋底和可更换鞋钉。高质量、创新性和产品多样化，使阿迪达斯在20世纪70年代支配着这一领域的国际竞争。

20世纪70年代，蓬勃兴起的健康运动使阿迪达斯公司感到吃惊。一瞬间成百上千万以前不爱好运动的人们对体育锻炼产生了兴趣。成长最快的健康运动细分市场是慢跑。据估计，到1980年有2 500万～3 000万美国人加入了慢跑运动，还有1 000万人是为了休闲而穿跑鞋。尽管如此，为了保护其在竞技市场中的统治地位，阿迪达斯并没有大规模地进入慢跑市场。

20世纪70年代出现了一大批竞争者，如美洲狮(Puma)、布鲁克斯(Brooks)、新布兰斯(New Ballance)和虎牌(Tiger)。但有一家公司比其余更富有进取性和创新性，那就是耐克(Nike)。耐克公司由前俄勒冈大学的一位长跑运动员创办，其产品在1972年俄勒冈的尤金举行的奥林匹克选择赛中首次亮相。穿着新耐克鞋的马拉松运动员获得了第四名至第七名的成绩，而穿阿迪达斯鞋的参赛者在那次比赛中占据了前三名。耐克的大突破出自1975年的"夹心饼干鞋底"方案。它的鞋底上的橡胶钉使之比市场上出售的其他鞋更富有弹性，"夹心饼干鞋底"的流行及旅游鞋市场的快速膨胀，使耐克公司1976年的销售额达到1 400万美元。而在1972年仅为200万美元，自此耐克公司的销售额飞速上升。今天，耐克公司的年销售额超过了35亿美元，并成为行业的领导者，占有运动鞋市场26%的份额。

耐克公司的成功源于它强调的两点：研究和技术改进，风格式样的多样化。公司有将近100名雇员从事研究和开发工作。它的一些研究和开发活动包括人体运动高速摄影分析，对300个运动员进行的试穿测验，以及对新的和改进的鞋和材料的不断试验和研究。

在营销中，耐克公司为消费者提供了最大范围的选择。它吸引了各种各样的运动员，并向消费者传递最完美的旅游鞋制造商形象。到20世纪80年代初慢跑运动达到高峰时，阿迪达斯已成了市场中的"落伍者"。竞争对手推出了更多的创新产品，更多的品种，并且成功地扩展到了其他运动市场。例如，耐克公司的产品已经统治了篮球和年轻人市场，运动鞋已进入了时装时代。到20世纪90年代初，阿迪达斯的市场份额降到了可怜的4%。

资料来源：阿迪达斯与耐克.(2011-01-26).http://www.taoxie.com/adidas/news/15763.htm.

思考题

1. 到20世纪90年代初，阿迪达斯的不良决策制定如何导致了其市场份额的极大减少？这些决策如何使得阿迪达斯的市场份额在20世纪90年代初降到了可怜的地步？是不确定性在其中扮演了什么角色吗？

2. 在20世纪70年代，阿迪达斯的决策制定并不是围绕群体组成的，对于阿迪达斯来说，委员会结构会导致不同结果吗？

3. 耐克公司的管理当局制定了什么决策使它如此成功？

4. 你认为阿迪达斯的管理当局今天能采取什么措施纠正它以前的错误？

第14章 计划案例

案例 14.1

怎样才能成为全球500强——上海宝钢集团的发展计划

公司目标：世界一流企业——世界500强中的优秀企业，世界一流水平——拥有著名品牌和自主知识产权。

上海宝钢集团是国内最早提出要进入世界500强的企业之一，它不仅仅要进入500强，而且要成为500强中的优秀企业。

1. 宝钢的优势分析

宝钢发展成为全球最具竞争力的钢铁企业，其优势主要表现在以下几个方面。

第一，宝钢是中国最现代化的钢铁联合企业，其销售收入不仅在国内同行企业中是一流的，而且已跻身于世界钢铁企业前列。

第二，宝钢与世界上任何一个钢铁企业相比，其吨钢成本消耗为最低，尤其是劳动力成本最低。1999年公司人均年产钢达到765吨，位于世界一流行列。之后两年就已达到人均年产钢1 000吨以上。

第三，宝钢地处亚洲，在中国这个广阔的市场里，钢铁产品需求潜力很大。宝钢以长期以来形成的产品优势、质量优势、信誉优势、服务优势等确立了稳固的市场地位，在国内几乎没有强有力的竞争对手，其80%以上产品的质量均达到世界一流水平，汽车板，耐大气腐蚀钢，高强度、高韧性系列管线钢等产品，在国内市场占有率均超过50%。

第四，宝钢管理者经验丰富，皆为国内钢铁业精英，他们长期从事钢铁业的管理工作，人均从业年数达18年以上，半数以上高级管理人员具有硕士以上学历，并且很多具有海外工作经验。集团有一支一流的人才队伍：不仅在国内外广招各类高级人才，还把优秀员工送往国外知名学府或企业进行培训。目前，集团集结了400多名科技人员专业从事新技术、新材料、新工艺、新装备的开发研制，并有170余名专业人员从事产品质量检验工作。

第五，宝钢的整体装备水平在全球是一流的，它引进了日本、德国、美国等世界发达国家钢铁工业的先进技术和装备，在此基础上，建起了高度自动化、连续化、大型化的世界一流钢铁联合企业。投产后不断加大科技投入，对设备进行更新改造，使整体装备继续保持着世界先进水平。

第六，宝钢所在的上海市是中国最繁荣的城市，也是经济最发达的地方之一。举世瞩目的浦东开发区就在这里，濒临江海的地理条件，使公司原材料的供应源源不断，快捷的水路、铁路、航空，以及四通八达的公路运输，把宝钢同世界联系在一起，使它的产品能以最快的速度运到世界各地。

除了上述优势外，宝钢还有许多潜在的优势，比如它的品种结构还有很大的发展空间。另外，宝钢今后还会根据生产的实际需要增建部分项目，这样就可以把原先部分富余的钢坯转化为优质的钢材。宝钢经过调整，把产能、物流调整到最佳配置。因此，在成本大大降低的同时，销售收入将会大幅提高。现阶段，宝钢正努力做到制造成本最低、产品结构合理、盈利能力增强、资本结构优化、不断创新技术。

2. 宝钢的二次创业

宝钢二次创业的发展目标就是要追赶跑在前面的竞争对手，如韩国的浦项钢铁公司，抽象一点说，其目标就是要把宝钢建成世界上最具竞争力的钢铁企业。之所以以韩国浦项钢铁公司为赶超对象，是因为目前在全世界钢铁企业中，浦项钢铁公司的获利能力最强，很多钢铁企业，包括日本的新日铁公司也在赶超浦项钢铁公司。

在国际化经营方面，宝钢坚持以“当地化＋CS＝国际化”的原则在全球进行资源配置以实现全球化、市场化、效益最大化，优化资源产出量。宝钢的产品主要在国内市场销售。2000 年的内销比例为 84.9%，其余产品销往日本、韩国、东南亚国家、美国和欧洲等地区。保持一定的比例出口是公司的整体战略之一，这有助于公司掌握世界钢铁产品市场的发展趋势，以便设计未来发展的计划，避免率汇变化的风险和促进客户结构的多元化。目前，宝钢拥有先进的生产技术和设备，已成为国内最现代化的综合性钢铁公司，是全球生产同类产品的低成本钢铁生产企业之一。在产品出口方面，各子公司抓住国际钢材市场复苏的有利时机，结合国内钢铁总量控制的要求，努力改善出口产品结构，加大“双高”产品出口量。

在技术开发和科技创新方面，宝钢与国家自然科学基金委员会各出资 600 万元，成立了面向全国的“钢铁联合研究基金”，用于钢铁及相关技术基础研究。公司还设立了 500 万元的科技发展专项经费，重点用于前瞻性、基础性等科技开发项目。2000 年实施重点研究开发项目 156 项，开发成功“西气东输”用 X70 管线钢、高磁导率软磁合金、微晶玻璃钢等新产品。公司在开发新技术的同时坚决淘汰落后工艺装备，其中宝钢集团上海第一钢铁有限公司、宝钢集团上海浦东钢铁有限公司、宝钢集团上海五钢有限公司等子公司取得实质性进展，全年淘汰落后的炼铁能力 16.5 万吨，炼钢能力 14 万吨，轧钢能力 26 万吨。上海宝钢益昌薄板有限公司的冷轧机组已经过 4 个月的改造，为产品质量达到世界一流水平奠定了基础。

在多元化经营方面，宝钢针对涉足的产业提出了“以实业为基础，以贸易为先导，以金融为后盾”的多元化经营战略方针。宝钢目前钢铁主业的生产规模在 2 000 万吨左右，产品结构以板管材为主、棒结材为辅，不锈钢产品正在发展之中。宝钢的汽车板、造船板、薄电板、管线钢、油管等高档产品在国内的市场占有率位于前列。宝钢贸易服务产业定位于钢材及相关材料的加工及贸易服务，以强化宝钢的钢材和相关产品的加工、贸易及物流的业务能力和材料供应解决方案能力。金融业作为宝钢的储备性战略产业，主要涉及保险、商业银行、证券、财务公司及信托五大金融领域，参股浦东发展银行、交通银行、华泰财产保险公司、新华人寿保险公司、福建兴业银行，是太平洋保险集团的第一大股东。

3. 结语

1999年底,《世界钢铁业指南》已经将宝钢的综合竞争力列为世界钢铁企业的前三名,当时认为宝钢是未来最具有发展潜力的企业。宝钢集团经过科学论证,参照世界最先进的钢铁企业经营业绩,制定了极具挑战性的战略目标。宝钢前董事长谢企华表示:“我们力争在5～6年时间,把公司建设成为全球最具竞争力的钢铁企业。”

思考题

1. 为了保证宝钢集团战略目标的实现,宝钢集团在哪些方面制定了保证措施?
2. 你认为宝钢的发展计划与其资源基础是否相匹配呢?
3. 在市场不断变化的当今,宝钢应如何调整发展战略呢?

案例 14.2

施温自行车公司的失误

伊格纳茨·施温于1895年在芝加哥创办了施温自行车公司,后来成长为世界最大的自行车制造商。在20世纪60年代,施温公司占有美国自行车市场25%的份额。不过,过去是过去,现在是现在。爱德华·施温是创始人伊格纳茨的长孙,1979年他接过公司的控制权,那时,问题已经出现,而糟糕的计划和决策又使公司雪上加霜。

在20世纪70年代,施温公司不断投资于它强大的零售分销网络和品牌,以便主宰10挡变速车市场。但是进入20世纪80年代,市场转移了,山地车取代10挡变速车成为销量最大的车型,并且轻型的、高技术的、外国生产的自行车在成年的自行车爱好者中日益普及。施温公司错过了这次市场转换的机会,它对市场的变化反应太慢,管理当局专注于削减成本而不是创新。结果,施温公司的市场份额开始迅速地被更富于远见的自行车制造商夺走,这些制造商销售的品牌有特莱克、坎农戴尔、巨人和钻石。

或许,施温公司最大的错误是没有把握住自行车是一种全球产品,公司迟迟未能开发海外市场和利用国外的生产条件。一直拖到20世纪70年代末,施温公司才开始加入国外竞争,把大量的自行车转移到日本进行生产。但到那时,不断扩张的中国台湾地区的自行车工业已经在价格上击败了日本生产厂家。作为对付这种竞争的一种策略,施温公司开始少量进口中国台湾制造的巨人牌自行车,然后贴上施温商标在美国市场上出售。

1981年,当施温公司设在芝加哥的主要工厂的工人举行罢工时,公司采取了也许是最愚蠢的行动。管理当局不是与工人谈判解决问题,而是关闭了工厂,将工程师和设备迁往中国台湾的巨人公司自行车工厂。作为与巨人公司合伙关系的一部分,施温公司将所有的一切,包括技术、工程、生产能力都交给了巨人公司,这正是巨人公司要成为占统治地位的自行车制造商所求之不得的。作为交换条件,施温公司进口并且在美国市场上以施温商标经销巨人公司制造的自行车。正如一家美国竞争者所言:“施温将特许权盛在银盘上奉送给巨人公司。”

到1984年,巨人公司每年交付给施温公司70万辆自行车,以施温商标销售,占施温公司年销售额的70%。几年后，巨人公司利用从施温公司那里获得的知识，在美国市场上创立了他们自己的商标。

到1992年，台湾巨人公司和大陆的自行车厂商，已经在世界市场上占据了统治地位。巨人公司销售的每10辆自行车中，有7辆是以自己的商标出售的。而施温公司怎么样了？当它的市场份额在1992年10月跌落到5%时，公司开始申请破产。

资料来源：管理案例.(2005-12-03). http://www.mba163.com/glwk/qygl/200512/3496_6.html.

思考题

1. 更有效的长期计划会怎样挽救施温公司？
2. 解释施温公司的计划在1965年、1975年和1985年应当是什么样的？

案例14.3

华为的目标管理

目标管理能极大地调动员工工作的积极性，从而提高企业的竞争能力，遂被广泛应用，并在世界企业管理界大行其道。华为作为我国优秀的企业之一，在目标管理上也有自己的心得。

目标管理(MBO)是管理专家彼得·德鲁克(Peter F. Drucker)所提出的，并且还为此制订了SMART标准。S即specific，代表具体的，指绩效考核要切中特定的工作指标，不能笼统；M即measurable，代表可度量的，指绩效指标是数量化或者行为化的，验证这些绩效指标的数据或者信息是可以获得的；A即attainable，代表可实现的，指绩效指标在付出努力的情况下可以实现，避免设立过高或过低的目标；R即relevant，代表相关性，指实现此目标与其他目标的关联情况；T即time-based，代表有时限，指注重完成绩效指标的特定期限。那么华为执行目标管理的时候，是怎么契合SMART标准的呢？

(1) 先有目标，再工作。有些企业的员工一大早上班，来到办公室后开始埋头苦干，虽然工作态度值得肯定，实则处于盲乱的状态，像无头的苍蝇一样。华为公司也遇到过类似的问题。员工工作都非常努力，还经常加班，但就是工作结果离预期的目标相差甚远，这不得不引起企业管理者的深思。结果，华为管理层进行深入调查发现，大多数华为员工都是坚定的指令接受者，接受任务后就埋头苦干，却很少思考自己的工作目标究竟是什么。因此，他们往往不清楚何时应该完成什么样的任务，任务完成的程度如何及有没有合理的操作手段等。就是这种毫无目的性的工作方式导致了员工工作的混乱，选择错误的工作方法，擅自改变工作目标，做了很多无用功等。针对这种情况，任正非就提出了“先瞄准目标，再开枪”的策略，也就是永远不能“先干起来再说”。因此，员工个人也应有自己的工作目标，而且这个目标应该是和企业目标一致的，这样才能让员工明白自己目前做什么才能满足企业的发展需要。华为公司在培训员工的时候，让每一名员工在开始工作之前必须弄清楚五件事：做什么？如何做？做多少？在哪儿做？为什么做？明白这五点，才是员工做好工作的前提，这样才能引导员工正确地去做工作。

(2) 目标要切实可行。企业中绝大多数员工还是希望自己的工作能够做得更多、更好,从而能更大程度的证明自己的能力。但从现实情况来讲,在制定目标的时候,他们总会对于目标缺乏基本的判断,他们只知道自己想要什么,而不知道自己究竟能够做什么。虽然目标要高于现实,但不能超出范围,否则目标就变成空中楼阁,无法触及。正因为如此,华为公司在进行目标管理,为员工制定目标之前,总是会先进行一番调查,同时做好可行性研究,了解目标工作的难度,了解目标是否能够完成。任正非认为任何目标必须是可执行的,任何缺乏执行性或者无法达到的目标,都毫无用处。在华为公司内部,很少会有人提出一些不切实际的计划,公司也绝对不赞成、不鼓励员工提出此类计划,在他们看来,目标并不是越大越好,一旦遥不可及,就会变成负担。

(3) 工作目标要明确、量化。目标管理的原则要求目标必须是可度量的。而华为员工都有明确且可执行的工作目标,都明白各自的工作任务。在执行目标时,他们通常会根据员工具体的工作过程,按照基本的流程设定相对独立的工作步骤或工作单元,指定三个量化指标:时量、数量、质量。如对于产品的数量、检查次数等直接可量化的目标,完全可以用数量角度去衡量,而无法直接量化的指标可以从质量、时量的角度去考虑。再如人员投诉率、服务及时性可以反映出员工对于职能部门的满意程度;文件的通过率可以反映出文件起草的好坏。上述三个量化指标,既是布置工作的要求,也是衡量工作效果的指标。它们贯穿于整个工作的全过程,有了这三个指标,员工才能确保工作执行到位。例如,华为公司在进行考勤统计时,他们会要求"3 小时内完成 15 000 人的考勤统计,形成考勤表,并及时上报行政主管"。在这个工作目标中,就包含了三个量化指标:时量是三个小时,数量是 15 000 人的考勤统计,质量是形成考勤表,上报行政主管。任何一个量的未完成或者缺失,都会影响目标的实现。这种工作方法有效保证了员工的工作目标不会过多地偏离现实,更不会变得遥不可及。

(4) 目标要一步一个脚印。华为公司在发展的过程中,虽然采用的是群狼战术,但它并不是暴发户式的增长,而是通过每一小步,一步一个脚印扎扎实实走出来的。20 世纪 90 年代,任正非提出"农村包围城市"战略,使得华为慢慢在城市站稳脚跟,等到国内市场占据大部分市场份额后,华为开始将目光转向海外市场。而在拓展海外市场时,华为先从俄罗斯入手,然后是非洲、欧美等。华为一步步走来,每个目标都很明确,而且是逐步实现每个目标,并没有进行跳跃式发展,确保了华为公司保持总体战略目标方向上稳步前进。华为公司的发展有迹可循,而且一直以来都在循序渐进,它的扩张绝对不是短期内就完成的,它所有的目标也不是短期内实现的。这种逐步扩张壮大的方式在日常工作中也得以体现出来,华为公司的每个员工平时都严格按照"制定目标一执行一完成目标一制定新目标"的方式进行工作。以华为公司市场部员工为例,市场销售人员通常会接到任务,要求第一年完成多少销售额,紧接着第二年会增加多少,第三年接着增加更多,而到了第五年要确保市场份额占到了多少,第十年的市场份额又增加多少。这些都会纳入工作计划,成为工作的核心。

此外,在华为公司的会议上,无论是领导还是员工都会提出一个短期计划和中期计划,这些计划通常都是相对稳健的。每个人都知道自己在短期内应该做什么,接下来应该做什么,以此来推进自己的工作。华为公司通常会制订一个五年计划和十年计划,而对于公司部门及团队内部之间,目标与计划则控制在两三年以内,因为短期目标和短期计划的存在能够有效保证管理者及工作者不会冒进,不会采取大跃进的姿态。不过对于其他企业和员工来说,他们常常欠缺自制力和耐心,也没有充分考虑到目标实现的难易程度,因此常常可能会急功近利,总是想着一蹴而就，在短时间内就实现目标。这样一来，往往会让自己陷入困境。华为人常常将公司的发展比作长跑马拉松，一般的跑步者在跑步过程中很容易因为路程太远而放弃，如果跑步者能够将目的地进行切割和分化，将路程中的大树、房子、河流等作为标志，那么每当跑步者通过一个标志时，就会产生一种实现目标的成就感，这会带来更多的动力。所以，低着头硬撑的人往往难以坚持到最后，而沿途上做好标记并随时进行观察的人，则能够更好地完成长跑计划。

资料来源：孙科炎.华为工作法[M].北京：中国电力出版社，2013.

思考题

华为企业目标管理的成功经验是什么？试通过本案例进行分析。

案例 14.4

某机床厂的目标管理

某机床厂从 1981 年开始推行目标管理。为了充分发挥各职能部门的作用，充分调动一千多名职能部门人员的积极性，该厂首先对厂部和科室实施了目标管理。经过一段时间的试点后，逐步推广到全厂各车间、工段和班组。多年的实践表明，目标管理改善了企业经营管理，挖掘了企业内部潜力，增强了企业的应变能力，提高了企业素质，取得了较好的经济效益。

按照目标管理的原则，该厂把目标管理分为三个阶段进行。

1. 目标制定阶段

1）总目标的制定

该厂通过对国内外市场机床需求的调查，结合长远规划的要求，并根据企业的具体生产能力，提出了三年“三提高、三突破”的总方针。所谓“三提高”，就是提高经济效益、提高管理水平和提高竞争能力；“三突破”是指在新产品数目、创汇和增收节支方面要有较大的突破。在此基础上，该厂把总方针具体比、数量化，初步制订出总目标方案，并发动全厂员工反复讨论、不断补充，送职工代表大会研究通过，正式制定出全厂三年的总目标。

2）部门目标的制定

企业总目标由厂长向全厂宣布后，全厂就对总目标进行层层分解，层层落实。各部门的分目标由各部门和厂企业管理委员会共同商定，先确定项目，再制定各项目的指标标准。其制定依据是厂总目标和有关部门负责拟定、经厂部批准下达的各项计划任务，原则是各部门的工作目标值只能高于总目标中的定量目标值，同时，为了集中精力保证目标完成，目标的数量不可太多。为此，各部门的目标分为必考目标和参考目标两种。必考目标包括厂部明确下达目标和部门主要的经济技术指标；参考目标包括部门的日常工作目标或主要协作项目。其中，必考目标一般控制在 2～4 项，参考目标项目可以多一些。目标完成标准由各部门以目标卡片的形式填报厂部，通过协调和讨论，最后由厂部批准。

3）目标的进一步分解和落实

部门的目标确定了以后，接下来的工作就是目标的进一步分解和层层落实到每个人。

(1) 部门内部小组(个人)目标管理,其形式和要求与部门目标制定相类似,拟定目标也采用目标卡片,由部门自行负责实施和考核。要求各个小组(个人)努力完成各自的目标值,保证部门目标的如期完成。

(2) 该厂部门目标的分解是采用流程图方式进行的。具体方法是:先把部门目标分解落实到不同的职能组,职能组制定实现目标的各个任务,并将任务分解落实到工段、工段再下达给个人。通过层层分解,全厂的总目标就落实到了每一个人身上。

2. 目标实施阶段

该厂在目标实施过程中,主要抓了以下三项工作。

1) 自我检查、自我控制和自我管理

目标卡片经主管副厂长批准后,一份存企业管理委员会,一份由制定单位自存。由于每一个部门、每一个人都有了具体的、定量的明确目标,所以在目标实施过程中,人们会自觉地、努力地实现这些目标,并对照目标进行自我检查、自我控制和自我管理。这种“自我管理”,能充分调动各部门及每一个人的主观能动性和工作热情,充分挖掘自己的潜力,因此,完全改变了过去那种上级只管下达任务、下级只管汇报完成情况,并由上级不断检查、监督的传统管理办法。

2) 加强经济考核

虽然该厂目标管理的循环周期为一年,但为了进一步落实经济责任制,即时纠正目标实施过程中与原目标之间的偏差,该厂打破了目标管理的一个循环周期只能考核一次、评定一次的束缚,坚持每一季度考核一次和年终总评定。这种加强经济考核的做法,进一步调动了广大职工的积极性,有力地促进了经济责任制的落实。

3) 重视信息反馈工作

为了随时了解目标实施过程中的动态情况,以便采取措施、及时协调,使目标能顺利实现,该厂十分重视目标实施过程中的信息反馈工作,并采用了以下两种信息反馈方法。

(1) 建立“工作质量联系单”来及时反映工作质量和服务协作方面的情况。尤其当两个部门发生工作纠纷时,厂管理部门就能从“工作质量联系单”中及时了解情况,经过深入调查,尽快加以解决,这样就大大提高了工作效率,减少了部门之间的不协调现象。

(2) 通过“修正目标方案”来调整目标。内容包括目标项目、原定目标、修正目标及修正原因等,并规定在工作条件发生重大变化需修改目标时,责任部门必须填写“以修正目标方案”提交企业管理委员会,由该委员会提出意见交主管副厂长批准后方能修正目标。

该厂长在实施过程中由于狠抓了以上三项工作,因此,不仅大大加强了对目标实施动态的了解,更重要的是加强了各部门的责任心和主动性,从而使全厂各部门从过去等待问题找上门的被动局面,转变为积极寻找和解决问题的主动局面。

3. 目标成果评定阶段

目标管理实际上就是根据成果来进行管理,故成果评定阶段显得十分重要,该厂采用了“自我评价”和上级主管部门评价相结合的做法,即在下一个季度第一个月的10日之前,每一部门必须把一份季度工作目标完成情况表报送企业管理委员会(在这份报表上,要求每一部门自己对上一阶段的工作做一恰如其分的评价),企业管理委员会核实后,也给予恰当的评分,例如必考目标为30分,一般目标为15分。每一项目标超过指标3%加1分,以后每增加3%再加1分。一般目标有一项未完成而不影响其他部门目标完成的,扣一般项目中的3分,影响其他部门目标完成的则扣分增加到5分;加1分相当于增加该部门基本奖金的1%,减1分则扣该部门奖金的1%。如果有一项必考目标未完成则扣至少10%的奖金。

该厂在目标成果评定工作中深深体会到：目标管理的基础是经济责任制，目标管理只有同明确的责任划分结合起来，才能深入持久，才具有生命力，才能实现最终的成功。

资料来源：目标管理.（2014-01-26）. http://www.edu24ol.com/web_news/html/2013-7/201307120534298722_2.html.

思考题

1. 在目标管理过程中，应注意一些什么问题？
2. 目标管理有什么优缺点？
3. 增加和减少员工奖金的发放额是实行奖惩的最佳方法吗？除此之外，你认为还有什么激励和约束措施？
4. 你认为实行目标管理时培养严肃的管理环境和制定自我管理的组织机制哪个更重要？

案例 14.5

成本为什么会大幅度超支

王勇曾经在一家有名的外商独资企业担任销售部经理，成绩卓著。几年前，他离开这家企业，自己开了个建材贸易公司。由于有以前的底子，所以生意一直很不错。年初，他准备进一步扩大业务，在若干个县级市设立经销处，同时，扩大经营范围，增加花色品种。

面对众多要处理的事情，王勇决定将部分权力授予下属的各部门经理。他逐一与经理们谈话，一一落实要达到的目标。其中，王勇给采购部经理定下的目标是：保证每一个经理处销售所需货物的及时供应，所采购的货物的产品合格率需保持在98%以上，采购成本保持在采购额的5%以内。采购部经理当即提出异议，认为有的指标不合理。王勇回答说："可能吧，你尽力而为就是了。"

到年终考核时发现，采购部达到了王勇给他们规定的前两个目标，但采购成本大大超出，约占当年采购额的8%。王勇问采购部经理怎么会这样时，采购部经理解释说："有的事情也只能如此，就目前而言，我认为保证及时供应和货物质量比我们在采购时花掉多少钱更重要。"

资料来源：成本为什么会大幅度超支.（2012-11-24）. http://yingyu.100xuexi.com/view/specdata/20121124/17409ee7-f49f-4ecc-855e-3f5a23d15602.html.

思考题

怎样才能使部门经理们更明确地理解王勇提出的目标，并且承担起相应的责任？

案例 14.6

科宁公司的计划

科宁是一家具有悠久历史的公司，主要经营玻璃品生产和加工。该公司一直由其创始人科宁家族掌管，并一直以制造和加工玻璃为其重点。

然而，科宁的这种经营战略也给它带来了许多问题：它的骨干部门——灯泡生产在30年前曾占领1/3的国内灯泡市场，而今天却丧失了大部分市场；电视显像管的生产也因面临剧烈的竞争而陷入困境。这两条主要产品线都无法再为公司获取利润。面对这种情况，公司既希望开辟新的市场，又不愿意放弃其传统的玻璃生产和加工。因此，公司高层领导制订了一个新的计划，包括三个主要方面：第一，决定缩小类似灯泡和电视显像管这样低产的部门；第二，决定减少因市场周期性急剧变化而浮动的产品生产；第三，开辟既有挑战性又具巨大潜在市场的产品。

第三方面又包括三个新的领域：一是开辟光波导器生产——用于电话和电缆电视方面的光波导器和网络系统，以及高级而复杂的医疗设备等，希望这方面的年销售量能达到40亿美元；二是开辟生物工艺技术，这种技术在食品行业大有前途；三是利用原来的优势，继续制造医疗用玻璃杯和试管等，并开拓电子医疗诊断设备，希望在这方面能达到全国同行业中第一或第二的地位。

科宁公司还有次一级的目标。例如，目前这个公司正在搞一条较复杂的玻璃用具生产线，并想向不发达国家扩展业务。很明显，科宁有一个雄心勃勃的发展计划。公司希望通过技术改造来提高效率，以获得更大的利润。

但是，在进行新的冒险计划中，科宁也碰到了许多问题。例如，如果科宁真要从光波导器和生物控制等方面获得成功，就必须扩大其经营领域。另外，科宁给人的印象是要保持其原来的基础，而不是在于获得利润。

资料来源：管理学原理与方法.(2010-11-18). http://www.360doc.cn/article/4631822_70465959.html.

思考题

根据案例提供的材料，请概述科宁公司的战略计划和策略计划。你能分别列出科宁公司的中期、短期计划吗？

案例 14.7

东方电力公司的计划

王力是东方电力公司的总经理，这是一家位于中国东部地区的大型企业。长期以来，王总经理一直认为，编制一份可行的公司计划，将有助于企业的成功。他花了近十年的时间，想方设法促使公司编制计划方案并进一步完善，但是没有取得成效。在这段时间里，他先后指派了三位副总经理负责编制计划，虽然每位副总经理似乎都很努力工作，但他也注意到，个别部门经理继续自行其是。部门经理的独立决策造成相互之间的不一致，主管电力调度的负责人总是提请上级电力部门允许提高电费，却没有进展。公共关系的领导不断地向公众呼吁，要理解电力部门的难处。用户却认为，电业的利润够高了，公司应该通过内部解决问题，而不是提高电费。负责电力供应的副总经理常受到社区施加的压力，要他把所有输电线路埋入地下，避免出现不雅观的电线杆和线路，同时向顾客提供更好的服务。他认为顾客是第一位的，费用则是第二位的。

应王力总经理的要求，一位咨询顾问来公司检查情况。他发现，公司并没有真正把计划做好。副总经理负责编制计划，而他的职员正努力研究和做预测，并把研究和预测情况提交给总经理。由于所有部门经理都把这些工作看作是对公司发展没有多少意义的文书工作，因此，他们对此兴趣不大。

思考题

1. 计划工作的步骤是什么？怎样才能使该公司有效地制订计划？
2. 如果你是顾问，有关计划的类型方面，你会给公司哪种建议？

第15章 组织案例

案例 15.1

组织职能案例:教授的建议

H市宇宙冰箱厂(以下简称宇宙厂)近几年来有了很大的发展,该厂厂长周冰是个思路敏捷、有战略眼光的人,早在前几年"冰箱热"的风潮中,他就预见到今后几年冰箱热会渐渐降温,变畅销为滞销,于是命该厂新产品开发部着手研制新产品,以保证企业能够长盛不衰,果然,不久冰箱市场急转直下,各大商场冰箱都存在不同程度的积压。好在宇宙厂早已有所准备,立即将新研制生产出的小型冰柜投入市场,这种冰柜物美价廉且很实用,一问世便立即受到广大消费者的欢迎,宇宙厂不仅保住了原有的市场,而且又开拓了一些新市场。但是,近几个月来,该厂产品销售出现了一些问题,用户接二连三地退货,要求赔偿,影响了该厂产品的声誉。究其原因,发现问题主要出在生产上,主管生产的副厂长李英是半年前从H市二轻局调来的。她今年42岁,是个工作勤恳、兢兢业业的女同志,工作认真负责,口才好,有一定的社交能力,但对冰箱生产技术不太了解,组织生产能力欠缺,该厂生产常因所需零部件供应不上而停产,加之质量检验没有严格把关,尤其是外协件的质量常常不能保证,故产品接连出现问题,影响了宇宙厂的销售收入,原来较好的产品形象也有一定程度的破坏,这种状况如不及时改变,该厂几年来的努力也许会付诸东流。周厂长为此很伤脑筋,有心要把李英撤换下去,但又为难,因为李英是市二轻局派来的干部,和上面联系密切,并且她也没犯什么错误,如硬要撤,搞得不好,也许会将上下级之间的关系弄僵(因为该厂隶属于市二轻局主管)。不撤换吧,厂里的生产又抓不上去,长此以往,企业很可能会出现亏损局面。周厂长想来想去不知如何是好,于是就去找该厂的咨询顾问某大学王教授商量,王教授听罢周厂长的诉说,思考一阵,对周厂长说:"你何不如此呢?……"周厂长听完,喜上眉梢,连声说:"好办法,好办法。"于是便按王教授的意图回去组织实施。果然,不出两个月,宇宙厂又恢复了生机。王教授到底是如何给周厂长出谋划策的呢?原来他建议该厂再设一生产指挥部,把李英升为副指挥长,另任命懂生产有能力的赵翔为生产指挥长主管生产,而让李英负责抓零部件、外协件的生产和供应,这样既没有得罪二轻局,又使企业的生产指挥得到了保证,同时又充分利用了李、赵两位同志的特长,调动了二人的积极性,解决了两难的问题。

小刘是该厂新分来的大学生，他看到厂里近来一系列的变化，很是不解，于是就去问周厂长："厂长，咱们厂已经有了生产科和技术科，为什么还要设置一个生产指挥部呢？这不是机构重复设置吗？我在学校里学过有关组织设置方面的知识，从理论上讲组织设置应该是因事设人，咱们厂怎么是因人设事？这是违背组织设置原则的呀！"周厂长听完小刘一连串的提问，拍拍他的肩膀关照说："小伙子，这你就不懂了，理论是理论，实践中并不见得都有效。"小刘听了，仍不明白，难道是书上讲错了吗？

资料来源：管理学基础案例.（2010-12-02）. http://www.docsou.com/doc/22756.html.

思考题

1. 在企业中如何设置组织机构？到底应该"因事设人"还是应该"因人设事"？
2. 你认为王教授的建议是否合适？
3. 你认为应该如何看待小刘的提问？
4. 如果你是厂长，你将如何处理这个难题？

案例 15.2

金果子公司的组织结构设计

金果子公司是美国南部一家种植和销售黄橙和桃子两大类水果的家庭式农场企业，由老祖父约翰逊50年前开办，拥有一片肥沃的土地和明媚的阳光，特别适合种植这些水果。公司长期以来积累了丰富的水果存储、运输和营销经验，能有效地向海内外市场提供新鲜、质好的水果。经过半个世纪以来的发展，公司已初具规模。老祖父十年前感到自己体衰，将公司的管理大权交给儿子杰克。孙子卡尔前两年从农学院毕业后，回到农场担任他父亲的助手。

金果子公司大体上开展如下三个方面的活动：有相当一批工人和管理人员在田间劳动，负责种植和收获橙和桃；另一些人员从事发展研究，他们主要是高薪聘来的农业科学家，负责开发新的品种并设法提高产量水平；还有一些是市场营销活动，由一批经验丰富的销售人员组成，他们负责走访各地的水果批发商和零售商。公司的销售队伍实力强大，而且他们也像公司其他部门的员工一样，非常卖力地工作着。

杰克和卡尔对金果子公司的管理一直没有制定出什么正式的政策和规则，对工作程序和职务说明的规定也很有限。杰克相信，一旦人们对工作有了亲身了解后，他们就应当而且能够有效地开展工作。

但金果子公司的规模已经发展得相当大了。杰克和儿子卡尔都感到有必要为公司建立一种比较正规的组织结构。杰克请来了他年轻时的朋友，现在已成为一名享有知名度的管理咨询人员比利来帮助他们。比利指出，他们可以有两种选择：一种是采取职能结构形式；另一种是按产品来设立组织结构。这两类不同性质的组织设计如图15-1所示。那么，该选取哪种组织设计呢？

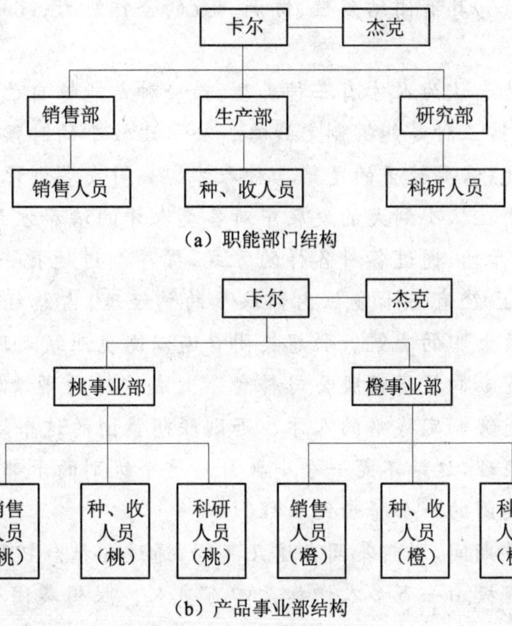

图 15-1 组织设计

资料来源：姚新庄. 金果子公司的组织结构设计. (2008-05-16). http://jpkc.hnjmxy.cn/guanlixue/onews.asp? id=502.

思考题

1. 职能结构和事业部结构各有什么优缺点和适用的条件？

2. 你认为,金果子公司在经营规模扩大到要求建立起正规化的组织结构时,职能形式还是产品事业部形式对它更为合适？为什么？

3. 预想不久后该公司的规模获得进一步迅速扩大,那么在目前选择的组织形式基础上如何调整其结构设计？你认为可以增加什么样的管理层次？

案例 15.3

联想集团的人才战略

联想集团是一家具有中国特色的国有民营企业,也是中国为数不多的能够以市场份额表达自己国际市场地位的高科技企业。联想的发展得益于我国实行的改革开放基本国策,得益于整个经济形势的发展,但更主要的是得益于它的人才政策和用人之道。

联想集团所确定的人才标准是相对于角色的要求而成立的。一个人如果要在企业中负有较高责任的话,那么他必须具备六个标准。(1)与组织有共同信念和价值观念标准;(2)对企业的忠诚与牺牲精神;(3)具有审时度势,独当一面的工作能力;(4)具有较强的组织能力,能够组建新的管理班子和队伍；(5)具有团结多数、协调一致的合作能力；(6)孜孜不倦、吐故纳新的学习能力。

联想集团的总裁柳传志认为人才有三种类型：第一种是能够自己独立做好一摊事；第二种是能够带领一群人做事；第三种是能够制定战略。公司比较小的时候，更多需要的是第一种人才。公司发展到一定程度，需要较多的是第二种人才。公司发展到比较大以后，第三种人才就显得尤为重要。联想集团在从小到大的发展中对各类人才的培养方面下了很大功夫。

联想集团从1990年开始，通过各种各样的方式，循序渐进地把一个个年轻人推到总经理的位置上，如今联想集团已经有三十多位内部培养的总经理，占总经理人数的80%以上。用人是联想集团最谨慎和最大胆的决策。联想集团普遍以衡量业绩表现的方法来评价人干得好与不好。联想集团公司逐渐向投资控股公司转变。做成这样的事情需要几个条件，首要条件是必须有能够带队伍和能够制定战略的人才。否则联想集团的这个战略设计将无法实现。几十个能够独当一面的总经理，这绝不是一个小数目。这个级别的干部不可能靠外来引进，必须自己去培养。这是联想集团的一个跨世纪工程。

在1990年到1998年期间，联想集团在这几年间，通过向社会招聘和直接从大学中招收研究生、本科生，企业人数规模由一百多人增加至四百多人。联想集团今天的年轻的部经理中，90%以上是那个时候进入联想的。从1990年开始一直到1993年，联想集团每年都会在人事安排上有一次变动。这种变动的核心内容是把一个又一个年轻人推上经理、总经理的岗位，有的降职，有的平级调动，有的提升。联想集团就是用这种方法考察调整干部，直到把一个又一个才华横溢的年轻人调入合适的位置为止。1994年、1995年联想集团连续两年经营业绩大幅上升，一些分公司和事业部高速发展壮大，与这种在用人上的动作有最直接的关系。

1995年开始，联想集团没有像从前那样在人事安排上大折腾，只做了三件事。一是组织结构的调整，主要的事业部获得了更多的自主权力；二是要求各经理要拿出三年的发展规划。三件事总裁亲自督战，一年搞三次高级干部培训班，所有培训内容，总裁都要亲自参与。

联想集团培养人才的第一个方法按照柳传志的比喻，叫作“缝鞋垫”与“做西服”。即培养一个战略型人才和培养一个优秀的裁缝有相同的道理，我们不能一开始就给他一块上等毛料去做西服，而是应该让他从缝鞋垫做起。鞋垫做好了再做短裤，然后再做一般的裤子、衬衣，最后才是做西装。不能拔苗助长，操之过急。在联想有很多这样的例子。副总裁郭为先生33岁，MBA硕士。1998年，郭为成为联想集团第一位有工商管理硕士学位的员工。他先是给柳传志做秘书，按他自己后来讲，他的工作经历是从给老板开车门、拎皮箱学起。后来他离开秘书岗位，到只有五个人的公关部做经理。一年后他又去做集团办公室的主任经理。

在以后的五年里，他做过业务部门的总经理、企业部的总经理，负责过财务部门的工作。1994年，柳传志又把他派到广东惠州联想集团新建的生产基地，让他去学习盖厂房。然后又让他去香港联想负责投资事务。郭为在联想集团工作了八年，经历的岗位变动近十次，每一次都是不同类型的业务内容，在这期间他也有过失误，也曾经在全体员工大会上做检查。

联想集团另外一位年轻的副总裁杨元庆先生也是1988年到联想集团工作，来之前是中国科技大学的硕士毕业生，杨元庆在联想从推销员做起，大约两年后做一个当时还不很重要的业务部经理，然后调到联想最重要的微机事业部的总经理。做业务部经理的时候，杨元庆利用与美国惠普公司的业务联系，潜心学习惠普公司的管理，不仅使自己任职部门的营业额有很好的增长，而且带出一支十分优秀的队伍。在微机事业部，杨元庆带领一群人拼搏，使联想电脑市场份额在两年间获得大的飞跃，1996年更是在中国电脑市场一马当先，脱颖而出，令许多同行业厂家刮目相看。与北京其他一些1979年以后诞生的新型企业相比，联想集团在培养人才上的耐心是少见的。一向稳扎稳打、步步为营的联想集团对人才不断锤炼的做法与社会相比甚至有些不协调。但是联想集团这种缝鞋垫的做法是很成功的。今天能够有三十位年轻的总经理领军作战，这种令人振奋的局面从根本上得益于20世纪80年代末就开始的人才培养。

联想集团在锤炼人才、磨炼人才的时候有一个十分好的企业内部环境。创业的老联想人对企业有着至深的感情和很强的责任心，尽管他们当中的绝大多数人已退居二线，但他们对那些正在一线的年轻人格外地关注，对他们一言一行都自有评价。这种气氛使得那些希望在联想大有作为的年轻人必须克勤克俭，做事小心，久而久之便自然形成一些好习惯。老一代联想人不免会有一些观念跟不上或者恨铁不成钢的急躁，新一代联想人不免会有放不开手脚的感觉，但这并不妨碍他们彼此接受对方。公司经常有目的地与老一代联想人开会沟通，与新一代联想人开会沟通。有一点大家是共同的，即都期望把联想办大，办成百年老字号。在奉行"缝鞋垫"的联想集团，今天已经接近形成一种共识，那就是联想不适合那些急于出人头地的人。不做好从"缝鞋垫"开始的准备，即使来到联想恐怕也很难获得机会。

联想集团培养人才的第二个方法是从赛马中识别好马。在联想看来，最好的认识人才和培养人才的方法就是让他做事。联想从1990年开始大量提拔使用年轻人。几乎每年都会有数十名年轻人受到提拔，此方法一直沿用至今。刚开始的时候，多数年轻人一般都在副职的岗位上，由一个资深的联想人担任正职，充当师傅这样的角色。1990年，联想集团一共有十个大的部门，其中三个部门的主任经理由年轻人担任。在这三个部门里，分别有一至两位资格老一些的联想人担任着副主任经理。在另外七个部门，主任经理的职务皆由老资格联想人担任，但在他们的身边会有一二名年轻人担任。联想在1990年的组织结构是总裁室、大部门、大部门下的专业部这样三级。50名干部中有20名左右年轻人。在赛马中识到好马的策略是从这个时候开始的。从联想当时的情况看，人员的年龄结构存在着一个很大的矛盾，那就是出现年龄断层。创业一代联想人从人数上说当时约占总人数的40%，平均年龄在46岁，年龄最小的也有40岁。另外60%是清一色从学校和社会招聘的，平均年龄在26岁左右，年龄最大的不超过30岁。实际上从30岁到45岁这个年龄层出现了空白。这种情况可能导致的后果是什么呢？一是，五年之后，也就是当老一代联想人需要退居二线的时候，联想可能会后继乏人，因为年轻的还未成长起来。二是，五年之后，50多岁的老一代联想人虽没有退居二线，但计算机界的竞争日新月异，从观念上、从市场竞争上，联想可能会掉队。公司意识到了这一点。并从1990年开始，公司就不断地把年轻人推到前面，派去香港把老的联想人顶替回来。全国各地的分公司总经理全部换上年轻人。公司经常不断地与老资格的联想人召开各种各样的会议，征求他们对大量使用年轻人的意见。当时这么做在公司内部的阻力还是很大的，一方面是因为老资格的联想人当时的年龄还允许他们继续担任要职。另一方面确实也有极个别年轻人在担任要职以后出现了贪污和其他方面的问题。在1990年、1991年这两年里，关于年轻干部的使用问题，公司遇到的困难是空前的。尽管总裁们在大会、小会上不断地说"小马拉大车"这样的道理，尽管总裁们不断地解释为了即将到来的竞争必须大量提拔年轻人，但是这种声音并不能获得广泛的响应。年轻人没有取得令人信服的业绩，年轻人行为自律能力还不能取得大家的认可。但公司在用人、选拔人才时始终贯彻这一策略。

联想集团培养人才的第三个方法是训练他们搭班子、协调作战的能力。联想集团一直强调，一个“团结、坚强的领导班子”是联想能够取得今天这样业绩的重要原因之一。如果把公司的总经理看作是企业组织的领导人物，那么班子就像是企业的核心堡垒。建好这个堡垒，就要求我们的人才具有很强的协调能力。在这个问题上，总裁柳传志更像一个言传身教的师傅。他会把自己亲身经历的体会告诉他的部下，也会举了一些常见的例子让大家讨论。他认为一个优秀的人才既要能坚持原则，又要善于妥协。坚持原则才能有正气，善于妥协才能保证团结人。没有这两项，事业做不大，联想把一些具有良好可塑性的人才集中到总裁办，这些人中有一线业务部门的总经理，有职能管理部门的总经理。然后，凡是总裁室需要决策的项目都会集中拿来讨论。有时候一个问题讨论来讨论去，柳传志不厌其烦地和大家一起争论，他把这种讨论叫作“把嘴皮磨热”。一年里总裁办成员的多数时间都在这种磨热嘴皮子之中，柳传志把这样议事方式的目的阐述得十分清楚。他认为总裁办这些成员将来极有可能要管理整个公司，现在提前把大家捏合在一起碰事、议事，彼此脾气、禀性和价值观逐步融合，逐渐形式一个团结、坚定的未来班子。

联想有很多的事情要做，包括很多的问题需解决，但没有什么事情比培训人才更为重要。身为联想的年轻人很幸运，因为自觉自愿去做百年树人这样事情的企业是非常难得的。每一个联想人都希望自己的企业能够持久和繁荣兴旺，这与他们每个人的利益息息相关。而企业的持久繁荣需要人才，需要“长江后浪推前浪”。在联想工作的年轻人必须学会妥协，这是一种要求。一个十分优秀的人应该做到善于妥协。妥协准确地说是容纳别人委屈自己。一个要做一番事业的人必须有这样一种境界。在联想，确有一些年轻干部才华横溢，但不会妥协，与人合作的关系不好，公司会对这样的干部不失时机进行一些委屈训练。

思考题

1. 联想集团在管理人员选聘上的制度是什么？
2. 联想集团认为人才有哪三种类型？这三种类型的人才分别反映他们的哪些技能？
3. 联想集团提出了人才所具备的六条标准，反映出什么样的人才标准？
4. 联想集团的人才培养，从“缝鞋垫”到“做西服”说明了什么？
5. 联想集团的做法给我们的领导班子带来什么启示？

案例 15.4

上海家家保健品有限公司的组织结构是否需要调整

上海家家保健品有限公司是一家成立于 1994 年，以生产与销售保健品为主业的企业。1994 年公司刚成立时，生产和销售的产品只有一个，即家家 1 号。产品推出刚两年，家家 1 号就已经在上海及周边市场站稳了脚跟。1996 年 6 月，家家保健品有限公司决定乘胜追击，开拓以北京为中心的华北市场和以广州为中心的华南市场。具体的做法包括，先后成立华东、华北和华南三个销售分公司，分别负责上海、北京、广州及其周边市场的市场拓展业务，为了配合分公司的成立，上海家家保健品有限公司投入巨资，在三个地区开展各种促销活动，并辅以大量广告投入。

1997年年初,公司又推出了家家2号产品。家家2号与家家1号一样,是一个深受消费者喜爱的、老少兼宜的保健产品。

1999年之后,公司新的保健系列产品不断地推向市场,其中,既有面向青少年的保健系列产品家家青春1号、家家青春2号,又有面向妇女的家家娇丽1号、家家娇丽2号、家家娇丽3号,也有面向中老年顾客的家家青松1号、家家青松2号产品,还有一些面向特殊消费群体的保健产品,如面向糖尿病人的家家唐人1号等,1999年至2001年年底,公司先后共推出了12个新产品。

面对新产品的不断推出,各个销售分公司一开始的态度还是比较积极的,出于对新品的期望,分公司下属的销售网点总是将新上市的产品放在销售柜台比较醒目的位置。随着新品的不断上市,出现了有一些新产品市场表现平平的情况,并且市场销售的数据似乎也显示出顾客还是比较喜欢家家1号、家家2号等早期推出的产品,如公司保健品业务中,仅家家1号、家家2号两个产品就占到了公司全部保健品销售收入的70%左右。

随着时间的推移,分公司对越来越多的新品表现得越来越不感兴趣。很多新品上市之后,被放在并不显眼的位置上销售,有些品种甚至没放一些日子,就被悄悄地撤下了柜台。

2002年年初,上海总部已明显地感到这一问题的严重性和急迫性。在春节后第一次由中高层管理者参加的会议上,公司专门就这一问题进行讨论。

公司总经理王晔说道:“我们公司在新产品开发方面的投入是非常大的,根据公司的发展规划,今后三年,我们还将有十多个新品种推向市场。可是,尽管我们开发的保健产品在技术上是国内比较领先的,而且投产前的市场调研结果也显示出我们研制的新产品目标市场非常明确、技术含量高,有着较好的市场发展前景。可现在实际的市场效果却太不能令人满意了。这需要我们好好总结一下原因。”

主管分公司业务的副总经理李明娜认为:“分公司对新产品开发都曾寄予过很高的期望。但是,作为一个利润中心,分公司希望的是总公司研究所能多开发些像家家1号、家家2号那样畅销的产品。”

北京分公司的刘升经理对公司的广告策略也提出了自己的看法:“1996年、1997年的时候,我们在北京市场的产品只有一两个,因此家家在广告上的投入是非常奏效的,但是,随着新的系列产品的逐步上市,总公司在新产品方面的广告力度明显不足。我们希望公司能在2002年增加对新产品的广告投入,使更多的消费者能认识并接受这些新产品。”

广州分公司的黄一鸣经理则认为:“从分公司的角度看,过多的新产品分散了我们宝贵的资源和精力。我认为与其再上十多个新产品,还不如专心致志地攻几个核心产品来得更好。”

“若只做几个核心产品,研究所的前期巨额投入就要打水漂了。”人事部的王日民经理认为,“从我们公司的发展来看,我们可以在组织结构上做些文章。譬如,我们能否将现在的按区域划分的组织结构调整为按产品划分的组织结构。这样,我们可以组建五个产品部,即家家保健品部、青春保健品部、娇丽保健品部、青松保健品部和特殊产品部。每个部门作为一个利润中心对其系列产品负责,独立运作各自的系列产品,并全权处理诸如产品定位、市场开发、资源配置、广告投入等业务。”

北京分公司刘升经理提出了他的疑惑:“这一做法是否意味着各个分公司的权力都要划给产品部呢?如果这样,我们将该如何处理和协调与各个产品部的关系呢?”

对于组织结构调整，公司总经理王晔也曾考虑过，但是，由于部门组织结构的调整必然涉及公司内部权利的再分配，处理这一问题必须非常慎重。因此，王晔总经理决定，让李明娜准备一套改进、完善现有组织结构的方案，并让王日民准备一套调整现有组织结构的方案，供下个月的中高层会议继续讨论。

资料来源：上海家家保健品有限公司的组织结构是否需要调整？（2011-11-08）. http://kaoyan.eol.cn/zhuan_ye_ke_3974/20111108/t20111108_703980.shtml.

思考题

1. 家家保健品公司的组织结构是怎样的？这种组织结构形式曾经起到了怎样的作用？

2. 家家公司当前面临着怎样的问题？若把组织结构调整为按产品划分的结构形式，可以带来哪些好处？

3. 家家公司组织变革的动力和阻力来自哪里？如何排除阻碍、实施变革？

案例 15.5

如何有效地授权

刘民和王东分别是一个公司中两个不同部门的经理，在某一天同车上班的路上，他们彼此讨论自己的管理工作。在交谈中发现，刘民特别为两个助手伤脑筋。他抱怨说："这两个人在刚进公司时，我一直耐心地告诉他们，在刚开始工作时，凡是涉及报销和订货的事都要事先与我商量一下，并叮嘱他们，在不了解情况之前，不要对下属人员指手画脚。但是，到现在都快一年了，他们还是什么事情都来问我。例如，王大同上星期又拿一笔不到 1 000 元的报账单来问我，这完全是他可以自行处理的嘛！两周前，我交给孙文国一项较大的任务，叫他召集一些下属人员一起搞，而他却一个人闷头搞，根本不叫下属人员来帮忙。他们老是这样大小事情都来找我，真没办法。"

几乎与此同时，刘民的两位助手也在谈论着自己的工作。王大同说："上周，我找刘民，要他签发一张报账单，他说不用找他，我自己有权决定。但在一个月前，我因找不到他曾自己签发过一张报账单，结果被财务部退了回来，原因是我的签字没有被授权认可。为此我上个月曾专门写了一个关于授权我签字的报告，但他一直没有批下来，我敢说我给他的报告他恐怕还锁在抽屉里没看过呢！"

孙文国接着说："你说他的一些工作毫无章法，我也有同感。两周前，他交给我一项任务，并要我立即做好。为此我想得到一些人的帮助，去找了一些人，但他们却不肯帮忙。他们说除非得到刘民的同意，否则他们不会来帮助我。今天是完成任务的最后日期，我却还没有完成。他又要抓我的辫子了，又要把责任推给我了。我认为，刘民是存心这样的，他怕我们搞得太好抢他的位子。"

思考题

请就本例中的授权问题谈谈你的看法，你认为刘民与他的两个助手应如何改进他们之间的关系？

案例 15.6

杜邦公司组织机构的演变

杜邦公司是世界上最大的化学品生产公司之一，建立至今已 200 多年。在这 200 多年中，尤其是进入 20 世纪以来，企业的组织结构历经变革，其根本点在于不断适应企业的经营特点和市场情况的变化。杜邦公司所创设的组织结构，曾经成为美国许多公司包括著名大公司的效仿模式，并反映了企业组织结构发展演变的一般特点。

1. 成功的单人决策及其局限性

历史上的杜邦家族是法国的贵族，1789 年在法国大革命中化为灰烬，老杜邦带着两个儿子伊雷内和维克托逃到美国。1802 年，儿子们在特拉华州布兰迪瓦因河畔建起了火药厂。由于伊雷内在法国时是个火药配料师，与他共事的又是法国著名化学家拉瓦锡，加上美国历次战争的需要，工厂很快站住了脚并发展起来。

19 世纪中叶，杜邦公司基本上是单人决策式经营，这一点在亨利这一代尤为明显。

亨利是伊雷内的儿子，军人出身，由于接任公司以后完全是一副军人派头，所以人称"亨利将军"。在公司任职的 40 年中，亨利挥动军人严厉粗暴的铁腕统治着公司。他实行的一套管理方式，被称着"恺撒型经营管理"。

这套管理方式无法言喻，也难以模仿，是经验式管理。公司的所有主要决策和许多细微决策都要由他亲自制定，所有支票都由他亲自开，所有契约也都得由他签订。他一人决定利润的分配，亲自周游全国，监督公司的好几百家经销商。他全力加速账款回收，严格支付条件，促进交货流畅，努力降低价格。亨利接任时公司负债高达 50 多万美元，但其后来却成为行业的首领。

在亨利时代，这种单人决策式的经营基本上是成功的。这主要是因为：

① 公司规模不大，直到 1902 年合资时才有 2 400 万美元的资产；

② 经营产品比较单一，基本上是火药；

③ 公司产品质量占据绝对优势，竞争对手难以超越；

④ 市场变化不甚复杂。

单人决策之所以取得了较好效果，与"将军"的非凡精力也是分不开的。直到 72 岁时，亨利仍不要秘书的帮助，任职期间，他亲自写的信不下 25 万封。

但是，正因为这样，亨利死后，继承者的经营终于崩溃了。亨利的侄子尤金是公司的第三代继承人。亨利是与公司一起成长的，而尤金一下子登上舵位，缺乏经验，晕头转向。他试图承袭其伯父的作风经营公司，也采取绝对的控制，亲自处理细枝末节，亲自拆信复函，但他终于陷入了公司错综复杂的矛盾之中。1902 年,尤金去世,合作者也都心力交瘁,两位副董事长和秘书兼财务长也终于相继累死,这不仅是由于他们的体力不胜负荷,还由于当时的经营方式已与时代不相适应。

2. 集团式经营的首创

正当公司濒临危机,无人敢接重任,家族拟将公司出卖给别人的时候,三位堂兄弟出来力挽家威,他们不仅具有管理大企业的丰富知识,而且具有在铁路、钢铁、电气和机械行业采用先进管理方法的实践经验,有的还请泰勒当过顾问。他们果断地抛弃了"亨利将军"的那种单枪匹马的管理方式,精心地设计了一个集团式经营的管理体制。在美国,杜邦公司是第一家把单人决策改为集团式经营的公司。

集团式经营最主要的特点是建立了"执行委员会",隶属于最高决策机构董事会之下,是公司的最高管理机构。在董事会闭会期间,大部分权力由执行委员会行使,董事长兼任执行委员会主席。1918 年,执行委员会有 10 个委员、6 个部门主管、94 个助理,高级经营者年龄大多在 40 岁以下。公司抛弃了当时美国流行的体制,建立了预测、长期规划、预算编制和资源分配等管理方式。在管理职能分工的基础上,建立了制造、销售、采购、基本建设投资和运输等职能部门。在这些职能部门之上是一个高度集中的总办事处,控制销售、采购、制造、人事等工作。

执行委员会每周召开一次会议,听取情况汇报,审阅业务报告,审查投资和利润,讨论公司的政策,并就各部门提出的建议进行商讨。对于各种问题的决议,一般采取投票、多数赞成通过的方法,权力高度集中于执行委员会。各单位申请的投资,要经过有关部门专家的审核,对于超过一定数额的投资,各部门主管没有批准权。执行委员会作出的预测与决策,一方面要依据发展部提供的广泛的数据,另一方面要依据来自各部门的详尽报告,各生产部门和职能部门必须按月按年向执行委员会报告工作。在月度报告中提出产品的销售情况、收益、投资及发展趋势;年度报告还要论及五年及十年计划,以及所需资金、研究与发展方案。

由于在集团式经营的管理体制下,权力高度集中,实行统一指挥、垂直领导和专业分工的原则,所以秩序井然,职责清楚,效率显著提高,大大促进了杜邦公司的发展。20 世纪初,杜邦公司生产的五种炸药占当时全美总产量的 64%～74%,生产的无烟军用火药则占 100%。第一次世界大战中,协约国军队 40%的火药来自杜邦公司。公司的资产到 1918 年增加到 3 亿美元。

3. 充分适应市场的多分部体制

杜邦公司在第一次世界大战中的大幅度扩展,以后逐步走向多角化经营,使组织结构遇到了严重问题。每次收购其他公司后,杜邦公司都因多角化经营遭到严重亏损。这种困扰除了由于战后通货从膨胀到紧缩之外,主要是由于公司的原有组织对企业成长缺乏适应力。1919 年,公司的一个小委员会指出:问题在于过去的组织结构没有弹性。尤其是 1920 年夏到 1922 年春,市场需求突然下降,使许多企业出现了所谓存货危机。这使人们认识到:企业需要一种能力,即易于根据市场需求的变化改变商品流量的能力。继续保持那种使高层管理人员陷入日常经营、不去预测需求和适应市场变化的组织结构形式,显然是错误的。一个能够适应大生产的销售系统对于一家大公司来说,已经成为至关重要的问题。

杜邦公司经过周密的分析,提出了一系列组织结构设置的原则,创造了一个多分部的组织结构。在执行委员会下,除了设立由副董事长领导的财力和咨询两个总部外,还按各产品种类设立分部,而不是采取通常的职能式组织如生产、销售、采购等。在各分部之下,则有会计、供应、生产、销售、运输等职能处。各分部是独立核算单位,分部经理可以独立自主地统管所属部分的采购、生产和销售。在这种形式的组织结构中,自治分部在不同的、明确划定的市场中,通过协调从供给者到消费者的流量,使生产和销售一体化,从而使生产和市场需求建立密切联系。这些以中层管理人员为首的分部,通过直线组织管理其职能活动。高层管理人员总部在大量财务和管理人员的帮助下,监督这些多功能的分部,用利润指标加以控制,使他们的产品流量与波动需求相适应。

由于多分部管理体制的基本原理是政策制定与行政管理分开,从而使公司的最高管理层摆脱了日常性经营事务,把精力集中在考虑全局性的战略发展问题上,研究与制定公司的各项政策。新分权化的组织使杜邦公司很快成为一个极具效率的集团,所有单位构成了一个有机的整体,公司组织具有很大的弹性,能适应需要的变化。这使杜邦公司得以在20世纪20年代建立起美国第一个人造丝工厂,以后又控制了赛璐珞生产的75%～100%,垄断了合成氨,而且在20世纪30年代后,杜邦公司还能以新的战略参加竞争,那就是致力于发展新产品,垄断新的化学产品生产。从20世纪30年代到60年代,被杜邦公司首先控制的、有着重要意义的化学工业新产品有合成橡胶、尿素、乙烯、尼龙、的确良、塑料等,直到参与第一颗原子弹的制造,并迅速转向氢弹生产。

4. "三头马车式"的体制

杜邦公司的执行委员会和多分部的管理结构,是在不断对集权和分权进行调整的情况下适应需要的。例如,20世纪60年代后期,公司发现各部门的经理过于独立,以致有些情况连执行委员会都不了解,因此又一次做了改革:一些高级副总经理同各工业部门和职能部门建立了联系,负责将部门的情况汇报给执行委员会,并协助各部门按执行委员会的政策和指令办事。

20世纪60年代以后,杜邦公司的组织结构又发生了一次重大的变更,这就是建立起了"三头马车式"的组织体制。新的组织体制是为了适应日益严峻的企业竞争需要而产生的。20世纪60年代初,杜邦公司接二连三地遇到了难题:过去许多产品的专利权纷纷期满,在市场上受到日益增多的竞争者的挑战;道氏化学、孟山都、美国人造丝、联合碳化物及一些大石油化工公司相继成了它的劲敌。以至于1960年到1972年,在美国消费物价指数上升4%、批发物价指数上升25%的情况下,杜邦公司的平均价格却降低了24%,使它在竞争中蒙受重大损失。再加上它掌握了多年的通用汽车公司10亿多美元的股票被迫出售,美国橡胶公司转到了洛克菲勒手下,公司又历来没有强大的金融后盾,真可谓四面楚歌,危机重重。

1962年,公司的第十一任总经理科普兰上任,他被称为危机时代的起跑者。公司新的经营战略是:运用独特的技术情报,选取最佳销路的商品,强力开拓国际市场;发展传统特长商品,开发新的产品品种,稳住国内势力范围,争取巨额利润。然而要转变局面决非朝夕之功,这是一场持久战。有了新的经营方针,还必须有相应的组织结构作为保证。除了不断完善和调整公司原设的组织结构外,1967年,科普兰把总经理一职在杜邦公司史无前例地让给了非杜邦家族的人,公司财务委员会议议长也由别人担任,自己专任董事长一职,从而形成了"三头马车式"的体制。1971年,科普兰又出让了董事长的职务。

这一变革具有两方面的意义。一方面,杜邦公司是美国典型的家族公司,公司几乎有一条不成文的法律,即非杜邦家族的人不能担任最高管理职务。甚至实行同族通婚,以防止家族财产外溢。现在这些惯例却被大刀阔斧地砍去,不能不说是一个重大的改革,虽然杜邦公司一直由家族力量控制，但是董事会中的家族成员比例越来越少。在庞大的管理等级系统中，如果不是专门受过训练的杜邦家族成员，一样没有发言权。另一方面，在当代，企业结构日益庞大，业务活动非常复杂，最高领导层工作十分繁重，环境的变化速度越来越快，管理所需的知识越来越高深，只有实行集体领导，才能做出满意的决策。在新的体制下，最高领导层分别设立了办公室和委员会，作为管理大企业的"有效的富有伸缩性的管理工具"。科普兰说："'三头马车式'的集团体制，是今后经营世界性大规模企业不得不采取的安全措施。"

20 世纪 60 年代后杜邦公司的几次成功，不能说与新体制无关。过去，杜邦公司是向联合碳化物公司购买乙炔生产合成橡胶等产品，现在，它自己开始廉价生产，使联合碳化物不得不关闭乙炔工厂。在许多化学公司挤入塑料行业竞争的情况下，杜邦公司另外找到了出路，向建筑和汽车等行业发展，使 20 世纪 60 年代每辆汽车消耗塑料比 20 世纪 50 年代增加三至六倍，20 世纪 70 年代初，又生产了一种尼龙纤维，挤入了钢铁工业市场。

所以，可以毫不夸张地说，杜邦公司成功的秘诀，首先在于使企业的组织机构设置适应需要，即适应生产特点、企业规模、市场情况等各方面的需要。而且，这样的组织机构也不是长久不变的，还需要不断加以完善和发展。

资料来源：杜邦公司组织机构的演变.（2001-02-13）. http://www.tzrl.com/news/72507.html.

思考题

1. 在杜邦公司的发展过程中，建立了哪些组织结构？
2. 杜邦公司的早期组织结构为什么是有效的，而后来却不适应了？
3. 从杜邦公司组织机构改革的实践中得到了什么启示？

案例 15.7

新光集团的组织变革

新光集团公司要进行组织结构变革，以解决价值 10 亿美元生产项目的生产成本高昂的老问题，并且迅速适应引进新产品项目的要求。在过去的 10 年里，公司市场份额及投资回报率一直在下降。为了解决这些问题，公司高层召集了组织以外的组织发展顾问来进行诊断。他们在与各层次的人员进行了几次座谈以后，举行了一个由高级管理层参加的信息反馈会议。对经营问题的诊断认为，原因在于组织的职能不适应已经变化了的、更具竞争性的市场环境。所以，推荐使用矩阵组织结构，并改造企业文化。

在一年之内，顾问们与管理层举行了一系列会议，讨论这些建议及其在组织发展方面的运用。管理部门承认诊断基本上是准确的，但是需要时间来讨论并验证矩阵组织结构的效用。在一次会议上，确定由三个小组来分析研究职能式、分散化的产品部门制及矩阵组织这三种组织形式的优缺点，所有生产线可以共享这一信息，使管理部门确信，选择矩阵组织结构是正确的。

高层管理部门与顾问们就向新的结构转变的计划多次碰头商议。最终确定了新组织的具体框架，开发了双重工作绩效评价程序，决定根据群体的工作绩效对群体成员进行奖励，确定了经营群体的主管及其成员，对新的资金信息，尤其是经营上的投资成本与收益问题也达成了一致意见。

与此同时，最高管理层举行了一次团队建设式的会议。每个群体成员都得到了有关个人效率问题的反馈，与效率低下做斗争。其中一名主管人员收到了有关他工作方面的不良反映。所有成员都感到，团队建设式的会议为增加信任及更公开地表达不同意见做出了贡献。

在最初的诊断过去一年之后，公司宣布矩阵管理层由近100人组成，并制订了对这些人进行一天训练的计划。选择了一名组织内的顾问(组织发展方面的专家)来帮助实现这种转变。同时，指定由主管人员组成的组织发展指导委员会协助对进展过程进行诊断并就改进问题提出建议。个人及群体的许多会议的宗旨皆在于解决这些问题。每一个经营群体都举行了特别的会议，确定规范及所要解决的问题。

一年半之后，矩阵组织结构初具雏形。有两名职能部门经理被另两位更适合矩阵形式的管理人员所取代。然而，还有一系列的问题，例如对经营群体授权问题及与履行决策有关的责任问题，仍然没有得到解决。另外，又出现了一名经营群体的主管人员不能胜任工作的情况。

资料来源：新光集团的组织变革.(2013-10-26). http://218.28.34.8/kj/sxzj/xdqygl/news_read.asp?80.htm.

思考题

1. 新光集团的组织结构变革是如何进行的？
2. 矩阵组织结构显示了什么优势？带来了什么问题？
3. 从这个案例中，我们可以对矩阵组织结构做出什么评价？

第16章 领导案例

案例 16.1

马云的领导艺术

马云,1964年出生于浙江杭州市。中学时资质并不出众,曾经连续3年参加高考才进入一所普通的高校。1988年大学毕业后马云在杭州电子工业学院担任英文和国际贸易方面的老师。但一次偶然的美国之旅,让马云接触了计算机网络,他马上认识到了这一新的科技对未来生活的影响。1995年,马云下海创办了“中国黄页”——中国第一个互联网商业信息发布站,但由于当时网络环境未成熟,在几经波之后马云放弃了“中国黄页”;1999年,马云花五十万元创办了阿里巴巴。阿里巴巴的定位是为中小企业服务,因为中小企业最需要服务;为中小企业服务不是帮它们省钱,因为中小企业的钱已经十分省了。帮中小企业是帮它们赚钱,这就是阿里巴巴创建时的思路。今天,阿里巴巴成为中国最大的电子商务网站,和全球B2B领域里的领导者,而马云也成为中国内地第一个登上《福布斯》杂志封面的企业家,成为世界经济论坛选出的全球一百位未来领袖之一。

关于马云的神话中有几点特别值得关注。

1. 外行领导内行

马云是不懂电脑的,他戏称自己是不懂IT的IT精英,不懂网络的网络精英。到今天为止,除了上网和收发邮件,他在电脑上其他几乎什么也不会做。马云曾经做过网站一年左右的质量管理员,他要求工程师写的任何程序先要自己试用,他对工程师的要求是不看说明书,不看任何东西,像他这样的外行上手就会用。这也许是今天阿里巴巴那么受普通企业家欢迎的原因之一。但是他这样一个外行,如何领导企业中占80%的专业人士呢?马云认为“外行是可以领导内行的,关键是要尊重内行。如果你不懂技术,你可以把最优秀的技术人员请来,如果你不懂财务,你可以把最好的财务官请来。但因为我不懂,我永远跟他吵不起架来,他搞技术,我尊重他。”马云认为不懂专业是可以的,但关键是要有领导艺术。“人历练到一定程度,领导者的艺术无非是这三样:眼光、胸怀和实力。眼光——读万卷书不如行万里路。你经常跑、经常看,你的眼光就比其他人看得远,眼光比别人看得远,别人就会钦佩你。做领导者一定要有胸怀,你不懂没关系,你尊重懂的人,十个有才华的人九个是古怪的,你一定要去包容他们。有眼光没有胸怀是会死得很惨的。《三国演义》中的周瑜就是这样眼光很好,心胸狭窄,给气死了。最后还要有实力，你一次次地失败，一次次地被打倒，再起来再被打倒，这时候你才会有实力。跟人打架最怕的不是他出拳准、出拳狠，而是你打在他身上一点反应也没有，这下你是彻底怕了，这就叫实力。所以一个领导者要眼光比较好，胸怀比较大，实力强大的时候你可以和任何人合作。"

2. 不控股的CEO

作为阿里巴巴的创始人，马云在阿里巴巴中却只有10%左右的股份，不像很多创业者那样选择控股，马云从一开始就不想控股。而且马云在公司建设中也不让任何一个人任何一个机构和投资者来控制公司。马云认为一个公司的领导人绝对不能用自己的股份来控制企业，而应该用智慧、胸怀和眼光来领导企业。如果公司的人是因为你控股而跟着你，那只是一批乌合之众在跟着你。当被问到是否担心不控股会被投资者抛弃或干预企业发展方向时，马云回答："我想都没想过会被投资者抛弃，如果我的投资者抛弃我，我的团队也抛弃我，那我是该走了。说明我不能领导他们。如果投资者要干预企业发展方向，我会认真听原因。他也不是傻瓜，拿了那么多钱来跟你瞎干预。他不同意，你就该跟他沟通。董事会不是一个争论的场所，开董事会之前你就要花时间跟董事一个个交流。"

3. 用人之道

阿里巴巴从创业时的18个人团队发展到现在的7万多人，一直讲究团队精神。马云说："在阿里巴巴，我们不希望用精英团队，如果只是精英们在一起肯定做不好事情。我们都是平凡的人，平凡的人在一起做一些平凡的事情，这就是团队精神。"阿里巴巴的价值观主张共同创业，一起改变历史、一起创造财富、一起分享财富。阿里巴巴在挑选人才时，最看重的就是面试者是否认同企业的价值观和理想。

在阿里巴巴，员工通过考核被分成三种：(1)有业绩，但价值观不符合的，被称为"野狗"；(2)事事老好人，但没有业绩的，被称为"小白兔"；(3)有业绩，也有团队精神的，被称为"猎犬"。阿里巴巴需要的是"猎犬"，而不是"小白兔"和"野狗"，对"小白兔"会通过业务培训来提升他们的专业素质，而对于"野狗"，公司在教化无力的情况下，一般都会坚决清除。

马云很信任自己的团队，阿里巴巴永远不会挖人，从来不强求留人，他认为一个企业最重要的是在第一天建立的时候要有自己的使命感、价值观、共同的目标，团队里的人就能够呼吸与共。

4. 杰出的演讲者

马云反应敏捷，口才极好。阿里巴巴定期为中小企业举办的创业讲座，马云是常客。他还经常去国外高等学府去讲课。马云的演讲富有激情，天马行空，机智幽默。听众们常常惊讶于身材并不高大的他何以散发出如此巨大的能力。

马云还是谈判高手。在风险投资纷纷离开中国网络公司的时候，马云却获得日本著名风险投资商软银8 200万美元的风险投资。他和软银的孙正义在第一次谈判时，只用了6分钟就拿到了2 000万美元的投资。两个人都想做有意义的事情，对公司的愿景一拍即合，马云要把阿里巴巴做成一个80年的企业，做成世界十大网站。而孙正义看到了马云眼中闪烁的梦想和激情。

2008年，马云通过电邮向阿里巴巴全体员工发出了"做好长期过冬准备"的总动员，他呼吁面对冬天应该做好两件事情：一是要有过冬的信心和准备，二是要做冬天该做的事。马云在信中表示，阿里巴巴这些年顶住了多次挑战，存活下来，并因此得到发展壮大的机遇。但这次阿里巴巴过冬有了新的使命:保护数千万的中小企业客户。因为如果客户都倒下了,阿里巴巴也就见不到下一个春天的太阳了。这是让马云率领阿里巴巴再一次回到商业的基本点——客户第一原则的动因。经过深思熟虑,马云决定基于"客户第一、员工第二、股东第三"的原则,明确集团未来十年的发展目标。首先,阿里巴巴集团要成为全世界最大的电子商务服务提供商。其次,阿里巴巴要打造全球最佳雇主公司。在对未来十年的憧憬中,马云预测电子商务的前景光明,并对如今的变革及十年后的影响充满期待。

思考题

1. 马云的领导权来源于哪些方面?
2. 分析马云的领导风格。
3. 从文章分析来看,马云是否属于变革型领导者?

案例 16.2

巴斯夫公司激励员工的五项原则

巴斯夫公司经营着世界最大的化工厂,并在 35 个国家中拥有 300 多家分公司和合资经营企业及各种工厂,拥有雇员 13 万人。巴斯夫公司之所以能够在百年经营中兴旺不衰,在很大程度上归功于它在长期的发展中确立的激励员工的五项基本原则。

1. 职工分配的工作要适合他们的工作能力和工作量

不同的人有不同的工作能力,不同的工作也同样要求有不同工作能力的人。企业家的任务在于尽可能地保证所分配的工作适合每一位职员的兴趣和工作能力。巴斯夫公司采取四种方法做好这方面的工作。

(1) 数名高级经理人员共同接见每一位新雇员,以对他的兴趣、工作能力有确切的了解。

(2) 除公司定期评价工作表现外,公司内部应有正确的工作说明和要求规范。

(3) 利用电子数据库储存了有关工作要求和职工能力的资料和数据。

(4) 利用"委任状",由高级经理人员小组向董事会推荐提升到领导职务的候选人。

2. 论功行赏

每位职工都对公司的一切成就做出了自己的贡献,这些贡献与许多因素有关,如和职工的教育水平、工作经验、工作成绩等有关,但最主要的因素是职工的个人表现。巴斯夫公司的原则是:职工的工资收入必须看他的工作表现而定。他们认为,一个公平的薪酬制度是高度刺激劳动力的先决条件,工作表现得越好,报酬也就越高。因此,为了激发个人的工作表现,工资差异是必要的。另外,公司还根据职工表现提供不同的福利,例如膳食补助金、住房、公司股票等。

3. 通过基本和高级的训练计划,提高职工的工作能力

从公司内部选拔有资格担任领导工作的人才。除了适当的工资和薪酬之外,巴斯夫公司还提供广泛的训练计划,由专门的部门负责管理,为公司内部人员提供本公司和其他公司的课程。公司的组织结构十分明确,职工们可以获得关于升职的可能途径的资料,而且每个人都了解自己在哪个岗位。该公司习惯于从公司内部选拔经理人员,这就保护了有才能的职工,因此,他们保持很高的积极性,而且明白有真正的升职机会。

4. 不断改善工作环境和安全条件

一个适宜的工作环境,对刺激员工十分重要。如果工作环境适宜,职工们感到舒适,就会有更佳的工作表现。因此,巴斯夫公司在工厂附近设立各种专用汽车设施,并设立弹性的工作时间,公司内有11家食堂和饭店,每年提供400万顿膳食,每个工作地点都保持清洁,这些深得公司雇员的好感。巴斯夫公司建立了一大批保证安全的标准设施,由专门的部门负责,例如,医务部、消防队、工厂高级警卫等。他们都明白预防胜于补救。

5. 实行抱合作态度的领导方法

巴斯夫公司领导认为,在处理人事关系中,激励员工的最主要原则之一是抱合作态度的领导方法。上级领导应像自己也被领导一样,积极投入工作,并在相互尊重的气氛中合作。如果巴斯夫公司刺激员工的整个范畴简单地表达出来,那就是"多赞扬,少责备"。他们认为,一个人工作做得越多,犯错误的机会也就越多,如果不允许别人犯错误,甚至惩罚犯错误的人,那么雇员就会尽量少做工作,避免犯错误。在这种情况下,最"优秀"的雇员当然是什么事情也不做的人了。

该公司由于贯彻了上述五项基本原则,近10年来销售额增长了5倍。目前,巴斯夫公司生产的产品品种达6 000种之多,每年还有数以万计的新产品投入市场出售。

思考题

1. 试分析巴斯夫公司的五项激励原则起到的作用(请结合有关激励理论)。

2. 巴斯夫公司的"抱合作态度的领导方法",给公司带来了很高的效益。你认为在中国企业中能有效实行吗?请阐述理由。

案例 16.3

索尼公司的内部招聘制度

一天晚上,索尼董事长盛田昭夫按照惯例走进职工餐厅与职工一起就餐、聊天。他长期来一直保持着这个习惯,以培养员工的合作意识和与他们的良好关系。

这天,盛田昭夫忽然发现一位年轻职工小次郎郁郁寡欢,满腹心事,闷头吃饭,谁也不理。于是,盛田昭夫就主动坐在这名员工对面,与他攀谈。几杯酒下肚之后,这个员工终于开口了:"我毕业于东京大学,之前有一份待遇十分优厚的工作。进入索尼之前,对索尼公司崇拜得发狂。当时,我认为进入索尼是我一生的最佳选择。但是,现在才发现,我不是在为索尼工作,而是为课长干活。坦率地说,我这位课长是个无能之辈,更可悲的是,我所有的行动与建议都得课长批准。我自己的一些小发明与改进,课长不但不支持、不理解,还挖苦我癞蛤蟆想吃天鹅肉,有野心。对我来说,这名课长就是索尼。我十分泄气,心灰意冷。这就是索尼?这就是我的索尼?我居然放弃了那份优厚的工作来到这种地方!"

这番话令盛田昭夫十分震惊，他想，类似的问题在公司内部员工中恐怕不少，管理者应该关心他们的苦恼、了解他们的处境，不能堵塞他们的上进之路，于是产生了改革人事管理制度的想法。

之后，索尼公司开始每周出版一次内部小报，刊登公司各部门的"求人"，员工可以自由而秘密地前去应聘，他们的上司无权阻止。另外，索尼原则上每隔两年就让员工调换一次工作，特别是对于那些精力旺盛、干劲十足的人才，不是让他们被动地等待工作，而是主动地给他们施展才能的机会。

在索尼公司实行内部招聘制度以后，有能力的人才大多能找到自己较中意的岗位，而且人力资源部门可以发现那些"流出"人才的上司所存在的问题。

思考题

1. 请根据所学的激励理论原理分析，索尼公司的内部招聘制度运用了激励理论中的哪些原理与方法？

2. 内部晋升与选拔有哪些优点？

3. 优先从内部选拔对组织的制度与规划有哪些要求？你能否给出一些适当的建议？

案例 16.4

激励职能案例：林肯电气公司的激励制度

林肯电气公司总部设在克利夫，年销售额为 44 亿美元，拥有 2 400 名员工，并且形成了一套独特的激励员工的方法。该公司 90%的销售额来自于生产弧焊设备和辅助材料。

林肯电气公司的生产工人按件计酬，他们没有最低小时工资。员工为公司工作两年后，便可以分享年终奖金。该公司的奖金制度有一整套计算公式，全面考虑了公司的毛利润及员工的生产率与业绩，可以说是美国制造业中对工人最有利的奖金制度。在过去的 56 年中，平均奖金额是基本工资的 95.5%，该公司相当一部分员工的年收入超过 10 万美元。近几年经济发展迅速，员工年均收入为 44 000 美元左右，远远超出制造业员工年收入 17 000美元的平均水平，在不景气的年头里，如 1982 年的经济萧条时期，林肯电气公司员工收入降为 27 000 美元，虽然相比其他公司还不算太坏，可与经济发展时期相比就差了一大截。

公司自 1958 年开始一直推行职业保障政策，从那时起，他们没有辞退过一名员工。当然，作为对此政策的回报，员工也相应要做到以下几点：在经济萧条时他们必须接受减少工作时间的决定；要接受工作调换的决定；有时甚至为了维持每周 30 小时的最低工作量，而不得不调整到一个报酬更低的岗位上。

林肯电气公司极具成本和生产率意识，如果工人生产出一个不合标准的部件，那么除非这个部件修改至符合标准，否则这件产品不能计入该工人的工资中。严格的计件工资制度和高度竞争性的绩效评估系统，形成了一种很有压力的氛围，有些工人还因此出现了一定的焦虑感，但这种压力有利于生产率的提高。据该公司的一位管理者估计，与国内竞争对手相比，林肯电气公司的总体生产率是他们的两倍。自20世纪30年代经济大萧条以后，公司年年获利丰厚，没有缺过一次分红。该公司还是美国工业界工人流动率最低的公司之一。前不久，该公司的两个分厂被《财富》杂志评为全美十佳管理企业。

资料来源：林肯计划.(2010-05-12). http://wiki.mbalib.com/wiki/%E6%9E%97%E8%82%AF%E8%AE%A1%E5%88%92.

思考题

1. 你认为林肯电气公司使用了何种激励理论来调动员工的工作积极性？
2. 为什么林肯电气公司的方法能够有效地激励员工的工作？
3. 你认为这种激励制度可能给公司管理当局带来什么问题？

案例 16.5

为何产生误解

迈克在一家食品加工厂的包装车间当管理人员，玛丽是车间里贴标签的工人。玛丽刚犯了一个严重的错误，包装流水线上的产品换了，她却没有换上相应的标签，迈克找玛丽谈话。迈克：“你怎么可能让这种事情发生？我早就给你说了，而且要你特别当心。”玛丽：“当时我以为要换流水线上的产品，我会从打包工那里得到这个信息，可他什么也没对我说。”迈克：“这不是我当时的意见，我说‘打包者’，指的是打包机，当产品换线时，它们的红灯就亮了。”玛丽：“我想我大概误解了你的意思。不管怎么说，那天你给我说这件事的时候，我为我母亲急得要命，她正在医院里开刀，我真的没想到，贴标签会惹下那么大的麻烦。”

资料来源：http://www.233.com/mba/test/moniti/20061007/100746848.html.

思考题

1. 迈克传递给玛丽的信息不清楚是因什么情况引起的？
2. 迈克当时怎么做才能保证信息准确到位？

案例 16.6

苏宁电器人力资源管理战略

1. 引言

苏宁电器（全称：苏宁电器股份有限公司）1990年创立于江苏南京，经过20多年的发展，从一家仅有200平方米的空调专营店,成长为中国3C(家电、电脑、通信)家电连锁零售企业的领先者。目前,苏宁电器连锁网络已经覆盖了中国大陆30个省,300多座城市,业务拓展至中国香港及日本的一些地区,拥有1 000多家连锁店、80多个物流配送中心、3 000家售后服务网点,总经营面积达500万平方米,拥有员工12万人,年销售规模达1 200亿元人民币。苏宁电器品牌价值455.38亿元,为中国商业连锁第一品牌,名列中国民营企业前三名、中国企业500强第54位。

苏宁电器从事电器连锁零售事业,通过开设门店为电器制造商提供产品销售渠道,为消费者提供服务。目前,苏宁电器经营的商品包括空调、冰洗、彩电、音像、小家电、通信、电脑、数码八个品类,涵盖上千个品牌、20多万个规格型号。然而,服务是苏宁唯一的产品。从成立之初以空调为主的综合家电连锁发展到如今的中国3C家电连锁,顾客满意一直是苏宁电器提供服务的终极目标。

苏宁电器作为一家民营企业,在连锁模式、终端服务、信息化建设、人力资源和社会责任方面为全行业、全社会均做出了巨大贡献。经过20年的探索与发展,苏宁立志于成为"中国的沃尔玛"。苏宁电器之所以在家电零售连锁行业占据领先地位,与其合理明确的人力资源管理战略密不可分。

2. 完善组织体系与管理制度,架设四大沟通渠道

苏宁正式、独立的人力资源部门是2000年下半年成立的,而在此之前,人力资源管理工作并在办公室职能中,1万多人的员工规模,总部从事人事工作的仅有4名员工,人力资源管理基础之薄弱可想而知。伴随着企业的快速发展,到2006年年初,苏宁电器人力资源体系的员工已有500多名,形成了金字塔形的总部、大区和子公司三级人力资源管理体系:总部的人力资源管理中心直属苏宁最高管理机构总裁办公室,并设立人力资源总监办公室,协助总监开展工作,同时按照专业化分工的原则设有招聘管理部、培训管理部、薪酬绩效部、人事管理部、企业文化部(2006年年初);大区设人力资源部,子公司设人事部,人力资源职能基本上与总部对应,每一个终端(店面、物流和售后)都配有相应的人事专员,这便形成了完善的人力资源管理网络。

与此同时,苏宁一直在进行制度建设。总部人力资源管理中心的定位是制定标准,即负责人力资源管理制度和工作流程的制定与完善,目前已形成了厚达200余页的《人力资源管理手册》,内容非常完善,并且符合苏宁管理的"四化"(制度化、简单化、标准化和信息化)要求,以便成功地进行"又快又好的标准化复制"。在苏宁,制度建设是一个持续而不间断的过程,面对在实际操作过程中反映出的大量问题,每一位苏宁人都会想到针对这些问题怎样形成制度化的解决方案,这已经成为一种思维习惯。所以,大区和子公司可以随时提出建议,但是绝不允许随意改动公司制度,因为制定和完善制度及作业标准的最终权限必须掌握在总部人力资源管理中心,否则执行的效率容易出现问题。

在苏宁,目前部长级以上的员工(含子公司部门经理)共有2 000余人,他们的任命、薪资、调动、考核等人事管辖权都在总部人力资源管理中心。随着制度的不断完善及各地区人力资源管理机构的日趋成熟,苏宁将会把一些部长级员工的管理权限下放给大区人力资源部。因为在苏宁看来,只要制度有保障,就不怕有人滥用职权。

随着队伍的不断壮大,总部人力资源管理中心、大区人力资源部及子公司人事部之间的沟通和配合就显得尤为重要。目前,苏宁主要建立了这样几个沟通渠道:一是制度化沟通机制,比如各大区人力资源部负责人必须亲自完成日报、周报和月报等；二是利用电话、邮件等随机沟通；三是每个月人力资源系统都召开电视视频会议，各大区人力资源经理每季度都要回总部开会；四是不断加强总部与大区的人员互调，主要是为了防止一直在区域工作的人可能会存在心理障碍——担心总部领导很忙，不愿轻易打扰，而这可能会影响解决问题的速度与效果，与之相反，从总部派出去的人和总部之间是没有隔阂的，遇到困难时，很容易想到马上给总部打电话寻求支持。

总之，苏宁非常强调人与人的沟通，在一个制度的框架下保持一致的行动，因此他们也喜欢用能够并善于与总部沟通的人。因为没有沟通，双方就没有真正的感情和信任。

3. 选人重在品质、制度重于权力

苏宁秉持这样的人才观："人品优先、能力适度、敬业为本、团队第一。"在苏宁，"人品优先"实际上包含三层含义：首先是指勤奋、诚实、正直等个人品质，这一点毋庸置疑，如果缺乏这些基本品质，这个人肯定是不能用的；其次是职业素养，也就是强调要有责任心、公私分明和敬业精神；最后是文化融入问题，也就是要考虑应聘者的价值观是否能和苏宁相融合，这就像男女谈恋爱，最终要考虑的是能否相互适合，这是一个很关键的问题，如果判定某人不能融入，苏宁就坚决不用，否则，对双方都是一种伤害。

实际工作中，一些部门在招聘过程中也遇到过这样的问题：感觉某位应聘者很不错，见多识广，条理也很清楚，便决定任用，但任用之后却发现这人并不能很好地融入苏宁的工作体系，有些人还指责抱怨，甚至对抗，严重影响工作和内部氛围，最后不欢而散。经过这样的教训，他们越发明白了人品优先的真正含义。

对于苏宁的"能力适度"，外界不免会有疑问，如"苏宁是不是不用能人"。其实，"能力适度"并不是"能力适中"，更不是不重能力。在苏宁，能力是相对于岗位而言的，将一个合适的人放在合适的岗位上，充分发挥其价值和潜能，这样既满足了企业的需要，员工也会干得非常开心。因此，能力适度实际上是根据岗位的要求选择适合的人才。另外，"能力适度"也意味着不能求全责备。每个人都有自己的特长，要根据其特长安排适合的岗位。

苏宁的高层团队具有两个特点：一是没有创始人的亲属参与企业管理，二是没有所谓职业经理人的身影。孟祥胜告诉记者，从创业开始，苏宁就坚决摒弃家族制，现在已经实现了人才的社会化和多元化，例如，目前苏宁的高管人员，70%都不是南京本地人；同时，苏宁也不提倡"职业经理人"的概念。

苏宁有一句话："苏宁是所有苏宁人的苏宁，是社会和国家的苏宁。"因此，苏宁一直坚持也一再强调，对于员工来讲，工作绝不是"打工"，千万不能有给多少钱干多少活的打工心态；尤其对于中高层管理人员，工作更是一种事业，而事业需要的是一批志同道合的人，共同为之奋斗。

但是，这个原则丝毫不影响苏宁的开放性和包容性。"英雄莫问出处"，苏宁从来不在乎员工个人是哪里来的。在苏宁，什么人都有。例如，部长级以上中高层管理人员，其来源非常丰富：有从司机、店员等岗位一步步干上来的老员工，有政府官员和高校教师，有来自国有企业和外企的职员，也有人来自供应商和合作伙伴。在面试时，可以充分谈论以前的工作经历，但是进苏宁以后就只能是三个字：苏宁人。

苏宁招人讲究"严进"，每个应聘苏宁的人，都要通过严格的笔试，并且至少要经过3至6位考官的两轮面试。第一轮面试主要由人力资源部门考察应聘者的基本情况和综合素质；第二轮的复试由人力资源部门与用人部门共同完成。例如，苏宁在招聘营销人员时，首先由人力资源部对应聘者的人品、逻辑思维能力、职业意向和价值取向进行全面了解，然后考察应聘者的相关专业背景和技能，并与用人部门探讨评估，达成基本共识。另外，有幸闯过面试关的人，还要接受严格的背景调查，有不良个人记录的人，将被挡在苏宁的大门外。总体来说，中层干部的录用率只有4%～6%，应届本科生的录用率只有5%～8%。

对于招聘制度的严格遵守，董事长张近东等苏宁高层一直身体力行。在招聘过程中，通常会出现一些“关系户”的条子从他那里转到人力资源管理中心，但他绝对不会说“你们把这个人招进来吧”，而只是把应聘者的资料转给人力资源管理中心，然后人力资源管理中心按照程序一一填写资料，对其进行笔试、面试、复试、背景调查，一个环节一个环节地考察。如果没有问题，这个人才可以进来。但是如果发现有问题不能进，人力资源管理中心就会向张近东汇报，说明不能进的原因，他会充分理解，并跟“关系户”说明情况。虽然程序严格甚至复杂，但并未因此而影响到各用人部门的时间要求。“所有新进的人，普通员工提前2个月招聘，中层干部提前6个月招聘”，苏宁为招到合适的人才预留了足够的提前量。

4. 育人自主培养，重金打造四大人才工程

苏宁二次创业计划付诸实施后，连锁发展进入高速快车道，从上到下，各个部门均感到人员(尤其是管理人员)不足。然而，当时中国家电连锁零售市场正在转型，各方面专业人才都非常匮乏。经过讨论，苏宁一致否决了业界普遍的“招之能来、来之能战”的功利观念，提出了自主培养、内部提拔的用人方针。经过几年的努力，苏宁建立了一套独特而系统的、极富个性的快速人才培养机制，其培训主要分为三类：一是所有新员工必须接受的上岗培训，如新入职部长级以上员工和“1200工程”员工标准化的15天封闭培训，其特点是大规模、批量化、同质性和标准化；二是针对在职人员的绩效提升培训，例如终端员工技能比赛、四大终端人员联合演习、部门双周培训等，主要围绕改善工作业绩、提高操作熟练度等问题，其特点是定期化、常规化、形式多样、途径丰富；三是晋升培训，也就是梯队培训，如店长工程、梯队工程等，主要是为了提前储备管理人员，以便帮助其晋升后尽快适应新的岗位，其特点是分体系、分层级并与绩效考核挂钩。

苏宁很少直接采用外面的培训教材，而是立足于自主开发。为了开发出切合实际的专业课程教材，人力资源管理中心下属的培训管理部和各业务单元的资深员工一起，首先筛选和梳理每个体系的重要或代表性岗位，其次根据具体岗位的工作说明书、工作流程、操作规范及绩效改善方法确定课程内容，最后编写成学员和讲师分别使用的两类教材：学员的教材以课程知识要点为主，而讲师的教材则非常详细，每位讲师照着标准化教材授课，知识点不会被遗漏或出现偏差，从而保证了授课内容的标准化和授课质量的稳定性。而对于像企业文化等公共课程，则由培训管理部平时搜集案例、整理领导讲话和采访并进行开发和完善。所有教材须经过相关领导审核，并制作成PPT和Word两个版本，于试讲完之后对不足之处进行修订和完善。这样一来，主要由各级管理人员和资深员工讲授的培训课程非常切合苏宁的工作实际，不仅分享和传递了讲师丰富的工作经验，使学员能将学到的知识经验迅速运用到工作中，而且让各级管理人员和资深员工有机会对自己的工作进行及时总结和理论提升，有效地推动和加强了苏宁的知识管理。

在进行培训系统、培训课程等软件内容建设的同时，苏宁花费巨资改善培训的硬件设施。目前，苏宁已建成龙江培训中心和杭州培训中心，而全国各地正在修建的区域性大型物流基地均会提供设备齐全的培训场所；具体到各体系、各部门，它们则利用会议室、餐厅或者商场的部分空间进行培训。更重要的是，苏宁近年内将会建成直属于总部的两个A类培训机构：一个是苏宁未来总部所规划的连锁商学院，承担集团中高层管理人员的培训，其目标是建成家电连锁业的“黄埔军校”；而在南京雨花地区正在设计施工的大型现代培训中心，则是给基层员工用的，将会以现场演习和计算机模拟操作为主。

苏宁人才培养机制中，最具特色的是“1200工程”“千名维修技术蓝领工程”“百名店长工程”“中层管理梯队工程”等系列品牌工程，正是这四大人才培养工程为苏宁的超高速发展提供了各类人才储备。

1）“1200工程”

2002年10月，根据自主培养、内部提拔的用人方针，苏宁启动了“1200工程”——在全国40所重点院校招聘1 200名应届大学生。经过测算，一期“1200工程”前后两年直接费用就高达3 000万元，孟祥胜觉得有些昂贵，忐忑地向张近东汇报。没想到，张近东丝毫没有犹豫，大笔一挥就同意了。张近东认为，物流费用、办公费用都要尽量节省，但培养人才不能省。

苏宁举办“1200工程”的目标在于期望通过全面、系统的培养，使应届大学生在2年左右的时间内，成为集团中层管理团队的核心骨干，成为苏宁未来发展的中流砥柱。当大学生进入“1200工程”后，需要经过流水线培训。首先是半个月的全封闭训练，包括企业文化、企业发展史、企业的经营管理体系、各个部门的工作职责和运作流程、职业素质教育、优秀员工座谈会、军训、拓展训练等一系列课程，培训师资也很雄厚，主要由苏宁的总裁、副总裁、各部门总监、优秀老员工、南京军区的优秀军官等担任。之后，他们会被安排到公司的“四大终端”(连锁店、物流中心、售后中心、客服中心)轮岗实习2个月，与消费者直接接触。在这个过程中，公司安排一对一的导师带教，帮他们完成职业角色的转变，同时让他们尽快了解相关岗位的职责要求。合格后，他们才会被调入对应的各管理职能部门或各终端开始工作见习。这种顶岗见习给予员工责任，促使他们更快速地成长。根据“1200工程”一期的统计结果，把一个刚毕业的大学生培养成基本能上岗工作的员工，每年需要支付的费用为10 477元。

2005年12月，“1200工程”四期启动。从2002年“1200工程”一期至今，苏宁投入了1亿元以上的资金。与启动初期公司上下多数人员的冷淡和怀疑形成鲜明对比的是，“1200工程”员工已经成为苏宁最为抢手的人才，孟祥胜经常接到各大区总经理的电话：“赶快给我派几个‘1200’来！”到目前为止，“1200工程”员工已补充了苏宁30％以上的管理岗位。

2）“千名维修技术蓝领工程”

苏宁的服务观是“至真至诚、苏宁服务。服务是苏宁的唯一产品，顾客满意是苏宁服务的终极目标。”做空调起家的苏宁，一直将服务定位为赢得市场和消费者认可的不二法门，苏宁也以“阳光服务”而闻名全国。为此，苏宁一直非常注重通过培训全面提升终端一线员工的素质。

2003年，苏宁延续“1200工程”项目的操作思路及经验，拟订了“千名维修技术蓝领工程”计划，通过与职业培训学校合作引进学生、与民政厅合作引进复员军人、在社会招聘成熟的技术工人三种方式形成了一个家电维修人员梯队，从增强服务能力、提高服务质量、扩大服务内容、增加服务利润等长远的目标出发，建起了一套“苏宁维修技术队伍培养模式”。这种模式与传统的培训模式有很大的差别，首先在培训内容方面注重动作分解、操作训练和情景模拟；其次在考核方面，对所有学员进行资格认证，予以定级。这种在大量实践基础上总结出来的模式非常实用，且效果显著，极大地提高了维修技工的水平。

熟悉家电行业的人都知道，培养一名合格的安装工至少要花三个月的时间，而培养一名合格的维修工则要花三年。实施“千名维修技术蓝领工程”三年以来，苏宁的服务维修技术队伍走向了成熟，满足了全国家电销售和市场竞争的需要，从总体上提升了苏宁的服务能力，在社会上留下了良好的口碑，极大地提升了苏宁的服务品牌。

3)“百名店长工程”

2004年3月30日，苏宁总部、各大区、各子公司连锁店体系管理人员通过全国视频会议系统召开了“百名店长工程”启动仪式暨动员大会。在全国十大城市启动的“百名店长工程”，专门针对苏宁连锁快速发展对店面管理人员的缺口进行了人员的招聘和培训，通过外部招聘和内部选拔的方式，从全国上千名高素质的商界精英中挑选出160名优秀人才。随后于2004年8月1日至25日举办店长工程一期集训约200个课时，主要从军事训练、企业公共知识、连锁店专业知识和管理人员综合素质提高四个方面进行了系统培训。至2004年年底储备了100名优秀的连锁店长，从2005年开始，每年培养储备100～200名优秀连锁店长。

4)“中层管理梯队工程”

“中层管理梯队工程”是苏宁为未来培养储备干部的重要人才战略，以确保苏宁持续发展的启动。根据梯队建设整体计划，梯队项目紧紧围绕苏宁连锁发展规划，分期分批从公司内部和社会集中选拔具有一定工作经验和培养潜力的优秀人员，从军事训练、体能、公共课程、各体系专业课程、实践学习等方面进行系统培训。例如，2005年11月，苏宁启动了“子公司总经理在职一期培训”，采取理论授课、主题沟通、样板参观、高管座谈等培训方式，帮助子公司总经理加深对苏宁文化、公司组织框架及经营管理思路的理解。

5. 坑永远比萝卜多，物质激励不能少

苏宁的用人原则是“大胆提拔、不拘一格”，只要认同、融入苏宁的企业文化、为企业发展做出贡献，不论老员工、新员工，还是刚毕业的大学生，苏宁都不拘一格、大胆任用。张近东曾说过，没有激励就没有约束，在苏宁，“坑永远比萝卜多”。晋升机会多让苏宁的员工们觉得自己永远都在与希望同行。近几年来，苏宁各级员工的晋升比例每年均达到了50%，这给一大批年轻的苏宁员工提供了一个广阔的展示舞台和不断提升自我的空间。但是，即便如此，目前苏宁部长级岗位缺编率仍高达25%，而且经理级、总监级等高层岗位的缺编率更高，但是苏宁并不急于从外面挖人，而是把这些岗位都留给年轻的员工。在对人员的任用上，苏宁从来不戴“有色眼镜”，主要不是看其现在的能力和经验，而是看其适应和胜任岗位的潜力；而且领导的认可也只是局限于人员对岗位的合适程度，更多的能力、管理、合作等方面的认可则来自于其所带领的团队。

苏宁给每个体系的员工都制定了清晰的职业发展规划。以“1200工程”员工为例，大学毕业生进入公司经历为期15天的新员工入职培训后，经历四大终端1～2个月的轮岗培训，再到部门岗位任职累积6～12个月，考核合格者可晋升为主管，在1～2年内干出优秀业绩者可晋升为部长，成为子公司部门负责人。按照苏宁人内部的说法，“一个大学本科生，如果进苏宁两年还没当上部长，就只能算是个庸才”。

在大力提拔年轻员工的同时，苏宁制定了应对他们经验不足的对策。首先是双人搭配。苏宁很多子公司总经理都是从司机、营业员、会计等基层岗位一步一步做上来的老员工，他们的特点是忠诚、敬业、责任心强、一线业务熟练，但是他们的缺点是知识面不广、计划性弱，苏宁就给他派一位素质高、计划性强的搭档，各取所长；如果其中有一个人全面成长起来，就给他独当一面的岗位。其次就是在各部门设立总监办公室，派“1200工程”员工给高管人员当秘书，在高管人员的言传身教中迅速成长为具有连锁经营管理综合素养、熟悉各种业务流程的人才，并提升工作技巧。

“把你的心放在事业上，待遇是老板考虑的事。”孟祥胜这样说。自成立以来，在给员工提供众多晋升机会的同时，苏宁一直给员工提供着具有行业竞争力的薪酬福利，并且每年给优秀员工提供汽车、住房等非常诱人的奖励，例如，2005 年奖金总额达 4 000 余万元。2005 年 12 月，苏宁开始实施一项免费赠予的员工股权激励政策，该股权激励政策将面向企业内部的中高层员工，包括总部的总监级以上干部、核心部门负责人、经理、各大区总监以上干部及子公司负责人。这项股权激励政策将成为苏宁公司内部一项长期性的制度，其目的是希望把苏宁的投资结构由个人所有改变为团队所有，进而起到优化集团管理的作用。

6. 留人还看文化

自 2001 年通过由下而上的企业文化征集活动，而总结形成了相对完善的企业文化的文本体系以来，苏宁一直没有停止过企业文化建设的步伐。目前，苏宁文化除了作为各部门、各子公司看板管理的主要内容外，更重要的是正在内化为每一位苏宁人的行动理念并外化为苏宁应对激烈市场竞争的市场手段，成为苏宁高速发展的原动力，也成为留住人心的关键因素。

1）简单务实的苏宁基本法

以市场为导向，持续增强企业盈利能力，多元化、连锁化、信息化，追求更高的企业价值；以顾客为导向，持续增强企业控制能力，重目标、重执行、重结果，追求更高的顾客满意；矢志不移，持之以恒，打造中国最优秀的连锁服务品牌。

苏宁基本法堪称对苏宁成功的完美诠释。它既体现了苏宁长远发展的战略目标——打造中国最优秀的连锁服务品牌，也体现了苏宁的两大策略目标——企业盈利能力和用户的满意度。

在这里，苏宁并没有空谈所谓的企业战略，而是把流传于高管团队口头上的经营管理理念及工作态度和方式，作为全体苏宁人必须遵守的工作导向，进而确立了苏宁经营发展的最终目标。这样使得苏宁基本法少了些口号，多了些实际，因而具有较强的行为引导力和文化助动力，既解决了企业怎样发展的问题，更明确了苏宁为谁而存在、为谁而发展的问题。其中，“矢志不移、持之以恒”衍生出“执着拼搏、永不言败”的苏宁精神，内含着苏宁人的人格韧性，每位与苏宁人有过接触的人都会深切地感受到这一点；而“打造中国最优秀的连锁服务品牌”就成了一个现实的企业发展目标和最具实践性的愿景。

2）新人守老店，老人开新店

在近几年的快速扩张中，苏宁不可避免地遇到了文化稀释问题。如距离南京总部越远文化纯度越低、新开连锁店的苏宁氛围最低等。

为了有效保持文化的浓度，苏宁进行了多方面行之有效的努力。首先，所有的重要会议和培训活动有一项必不可少的内容，那就是对苏宁文化的学习和讨论。其次，人力资源管理中心及时收集企业文化案例，并编制成册定期下发全公司学习。再次，不断加强总部与各大区、各子公司之间的人员轮岗，让各地的骨干员工到总部感受和理解真正的苏宁文化。最后，在连锁发展的过程中，苏宁一直秉承“新人守老店，老人开新店”的原则，通过老员工的言传身教，在新开的连锁店逐步建立起制度约束与情感纽带相结合的工作氛围，传承苏宁的文化和各项优良传统。

3）反对家族管理，提倡家庭氛围

苏宁作为一个高度社会化的企业，其经营管理绝不依赖于某一个人，但企业又是由人组成的，苏宁的发展必须依赖于每一位苏宁人的努力。在他们眼里，“制度重于权力，同事重于亲朋”。制度约束与情感纽带的结合正是苏宁文化的个性和特色。

在苏宁，“制度重于权力”绝非空话，而是每位苏宁人切实执行的准则。苏宁任何制度、政策或流程的出台，都要经过三次以上自下而上的意见征集和反复论证，才能最终形成制度性文本；一旦公布实施，则每一位相关人员必须严格遵守。当然，苏宁也会随着市场、企业的发展变化对制度及时进行修订和完善。

而“同事重于亲朋”则强调的是一种团队至上的平等、协作和尊重的关系，苏宁每年年终评奖中，大家最为看重的也是“优秀团队奖”。苏宁是一家原生性的民营企业，但一向坚决反对家族式管理，提倡家庭式氛围。所谓家庭式氛围就是分工不分家，每个人在忠于岗位职责的同时，还要积极支持同事的工作，为共同事业、共同价值而努力。因此，同事之间既是共同事业的合作伙伴，更是共同拼搏的战友。

下级尊重上级、领导关心下属是苏宁文化的一贯传统，也是苏宁家庭式氛围的集中体现。对于这一点，苏宁的高管人员一直身体力行。有一次，张近东出去参加一个重要活动，已经出了南京中山门，突然接到电话得知一个在苏宁工作了10多年的老员工住进了医院，情况危急，他立即调转车头来到医院，亲自和医生讨论治疗方案。为了打消家属的顾虑，张近东还想办法请了北京、上海的专家来南京会诊，最后该员工转危为安。

宽阔的事业发展空间、良好的物质待遇都是留住人才的硬条件，在这方面苏宁都做得无可挑剔。然而，有时真正让人恋恋不舍的却是一个良好的文化氛围。试想，如果没有严格的制度与规程，我们怎能学会做事，又怎能提高个人的社会竞争力；如果没有同事的密切配合、没有领导的真切关爱，我们怎能感受到一个饱含家庭温暖的组织氛围，又怎能心甘情愿地与企业常相厮守。苏宁电器制度与感情并重的企业文化无疑成了吸引并留住人才的关键因素。有了人才也就有了一切，也就有了苏宁的今天。

短短的五年，苏宁电器从组织体系的不断建设到管理制度的持续完善，从外部人才的精挑细选到批量员工的自主培养，从优秀员工的大胆提拔，到骨干人才的激励和保留，都取得了累累硕果，速度之快，令人叹为观止。然而，这套体系的建立和完善既不是投机取巧的“捡现成”，也不是好大喜功的“短平快”，而是他们一步一个脚印自己走出来的。这不能不说是个传奇，一个平凡得不能再平凡的传奇。

资料来源：苏宁电器内部控制研究报告.（2010-02-12）. http://www.doc88.com/p-9985447778587.html.

思考题

1. 请问员工招聘的方法、来源和标准有哪些方面？苏宁电器是怎么做的？对你有什么启示？

2. 苏宁电器的四大人才培养工程的核心内涵有哪些？试比较管理人员内部晋升和外部招聘的优点与局限性。

3. 苏宁电器人力资源管理战略主要包括哪些内容？对你有什么启示作用？

4. 如何理解苏宁电器“制度重于权力”的理念？请总结出苏宁电器的企业文化有哪些。

案例 16.7

仕德伟集团“全员智慧生发系统”激发员工斗志

在江苏仕德伟集团，有一种名为“全员智慧生发系统”的激励机制正在悄然兴起。在这种制度下，一线员工不仅可与领导层讨论决定第二年的工作任务指标和奖金份额，还可帮助同事提升业绩来增加自己的奖金，甚至可与公司“打赌”赚取更多的年终奖。

2012 年年初，公司网络营销人员赵娣等 22 人，与公司签署了一份“销售冲刺 100 万元”的特殊协议。根据协议，如果赵娣在年内完成 100 万元的营销目标，除了能获得 1 万元的年终奖外，还能得到一份“非常刺激”的额外奖励。具体奖励办法是，完成 100 万元营销目标的总人数每增加一名，每位完成该目标的员工便可再获 1 万元年终奖，每人 10 万元封顶。

在“销售冲刺 100 万元”的激励机制下，年内已完成 100 万元销售任务的员工，会积极帮助未完成业绩的员工，以便大家获得更多的年终奖。由此可见，“销售冲刺 100 万元”的优势在于，公司充分挖掘个人销售能力的同时，还提升了营销团队的整体协作能力。不仅如此，传统团体激励机制下衍生出的“大锅饭”“连坐法”等挫伤优秀员工工作积极性的“副产品”，在全新的激励机制下也失去了生存空间。

在培育团队合作积极性的基础上，仕德伟还采取“对赌模式”挖掘优秀员工潜力，提升他们冲刺业绩的积极性。所谓“对赌模式”，顾名思义就是员工在自愿的前提下，对自己提出的冲刺目标“下注”，向公司支付 5 000 元至 5 万元不等的“押金”。如果年内完成任务，公司不仅退还员工“押金”，还额外赠送与“押金”等值的年终奖；如果无法完成，员工愿赌服输，失去当年“押金”。同时，对冲刺公司单人销售纪录成功的员工，公司会按先后顺序将前两人的“赔率”提升至 1∶4 和 1∶3 进行重奖，充分挖掘优秀员工的业务潜力。

任何优秀的激励机制，都必须在保障一线员工与领导层对等发言权的前提下，才能发挥实效，“全员智慧生发系统”同样谨遵这个原则。去年，企业内部成立“企业发展改革委员会”，负责审定每位员工的工作任务指标和奖金分配份额。委员会由 35 人组成，按照企业高层领导∶中层干部∶一线员工＝3∶2∶2 的比例组成，其中 4 名基层代表完全由一线员工投票选出，代表一线员工的利益，与高层领导和中层干部获得平等的发言权，决定每位员工的工作任务和报酬。

正是在“全员智慧生发系统”一系列的激励机制和管理措施下，仕德伟 2012 年实现销售 5.6 亿元，其中“全员智慧生发系统”全面实行的网络营销业务达 4 亿元，占总量的 70%以上。

资料来源：http://www.3ghuashang.com/news/147611.html.

思考题

1. 为什么说管理是艺术？何为激励？激励的作用是什么？

2. 仕德伟“全员智慧生发系统”的优点主要体现在哪些方面？您觉得该激励方法有没有不足之处？

案例 16.8

柳传志的管理理念

40 岁才在一个几乎已中断商业传统的社会中创业，联想集团创始人 20 年来却总是领先于时代，过去 20 年中，柳传志扮演过很多角色：科研人员、下海知识分子、中国最大电脑公司创始人、足球迷……但几乎无人能够想到，他会以一个从未尝试过的角色正式淡出联想集团：交易缔造者。

联想收购 IBM 个人电脑业务的动作是一桩已经闻名全球的交易——虽然在 2004 年 12 月 8 日之前，"国际化"已成为中国商界最时髦的词汇之一，且不乏海尔、华为和 TCL 这样的大胆试水者，但联想的大收购还是使其一跃即登到过去 20 年来中国企业在海外破冰之旅的最巅峰：此前，尚未有过一家中国企业吞下更大、更加成熟的西方标志性企业的资产。

这种"谋定而后动"的经历对于 60 岁的柳传志而言并非首次。当多数国内企业家仍为生存而绞尽脑汁时，柳传志已就普遍困扰中国企业的生存、改制、交接班等一系列问题给联想找到了堪称业界典范的解决方案。在其退休前，从中科院计算所传达室起步的联想已然是中国 IT 产业的代名词，在本土市场打败了西方电脑巨头。正像 FORTUNE 杂志所评价的那样："一个弱小的中国电脑公司努力汲取海外伙伴的智慧，然后，吃掉了他们的午餐。"柳传志因此被舆论广泛称颂为中国商界的领袖人物。但他并非盖茨那样的技术天才，他创业时凭的只是"要紧的是确实要做一点事情"的简单信念；他也不像韦尔奇那样有一大堆的管理玄学供同业顶礼膜拜，他有的只是借助中国传统智慧形成的朴素管理观念；在自创品牌方面，他不及施振荣，他留给接班人的，是一个巨大的悬念。在市场攻伐的韬略方面，他甚至不及任正非，让联想可以强行突破险滩。正是这样一个不那么完美的联想，成了中国自创品牌辛酸的最佳代言和做强做大的最接近样板。可贵的是，和同时代其他惯于"犹抱琵琶半遮面"的国内旗帜性企业家相比，柳传志更愿意把联想的成败得失放在聚光灯下。

更具示范意义的，是联想所展现的中国公司治理的新文化。这其实才是联想成功最重要的基石。自创业起，柳传志就笃信市场和管理的力量。他将个人求实、诚信、稳健的风格融为联想的 DNA。尽管人们仍会用"铁腕"这样的词汇来评价柳传志的权威，但事实上，在一个制度缺失、"人治"盛行的商业环境中，柳传志领导的联想董事会已使联想成为中国最透明的现代公司之一，尽管这会给联想带来更多来自资本市场的压力，损失活力，降低效率。

20 年后，新联想能否真能如柳传志所愿，成长为世界一流的公司？这仍是未定之解。但联想过去 20 年来的探路经验，对于 40 岁才在一个几乎已中断商业传统的社会中创业的柳传志来说，他已经远远领先于时代。距离联想集团在北京上地开发区的总部尚远，临近北四环的科学院南路，耸立着几幢灰色、富有金属光泽的方形建筑：融科资讯中心。仅仅几年前，其所在位置上还矗立着一座较为旧式的白色楼房——这正是当年联想集团的总部，现在则成为拥有联想集团 45％股份的联想控股的所在。

在他最常用的会议室中，悬挂着三幅雕版画：联想创业时借用中科院的传达室、后来多年盘踞的位于中关村的白楼，以及现在的融科资讯中心。就像在硅谷车棚中完成创业的戴维·帕卡德、比尔·休利特和斯蒂夫·乔布斯一样，1984 年时，柳传志和 11 位同事在传达室这样一个完全与传奇无关的地方缔造了一个“传奇”(legend)。

上海人柳传志于1966年毕业于西安军事工程技术学院雷达系统专业,毕业后,他都在中科院任研究员,做了13年磁记录电路,直到1984年年初,40岁的柳传志得到了创业的机会。当时知识分子下海创业的典型方式有三种:靠批文、靠平价外汇、靠走私。虽然柳传志今天回顾起来也表示他是“做一步总结一步”,但从最初他就想做点大事。真正的困难在于,在整个中国经历了漫长的计划经济体制后,一心遵循市场规矩创业的联想必须创造一种突破传统的企业文化。一向尊崇常识的柳传志将其核心归结为两点:求实和诚信。对外,企业间要讲诚信,对内,则要避免“做违心事,说虚话、空话、套话”。

后来写就《联想为什么?》的作者陈惠湘刚进入联想时,恰逢北京展览馆有个产业博览会,任公关部经理的陈惠湘每天都回来报喜说签了多少大单子。柳传志感觉数字太大,不太可能,第二天就自己去考察,发现陈惠湘所谓签下的单子里,多数只是意向。后来柳传志在公司大会上严厉批评了陈惠湘,对方很奇怪:为什么在其他企业都是好事,到联想就变成不好的事了呢?

正是依靠着此种“反传统智慧”的努力,联想成长迅速。当日后哈佛商学院将联想写入商业案例时,他们认为这依赖于柳传志为联想塑造了独特的核心竞争力,但柳传志对此并不认同。他喜欢将塑造企业比喻为盖房子:屋顶是企业的核心竞争力,围墙是管理能力,地基是体制文化。相比西方成熟的商业环境,一些企业治理的基本观念在中国则需要从头树立,这才是联想的最大成就。和外国公司相比,联想在“房顶上是有差距的,但底下的层面差距不大,甚至比他们做得好”,柳传志这样认为。早年他给外国公司做销售,有过深切体验,例如在销售中,如果有人利用此机会贪污,联想会十分果断地将其抓出来。而正是因为柳传志对企业文化的刻意塑造,至今联想内部没有明显的帮派之分,这也成为此次收购IBM的PC业务后,以杨元庆为首的中国团队能够让出管理权的关键。

1997年联想集团整合香港联想时,柳传志将自己的企业理念做了一次较为完整的梳理。分两个层面,一个是机制体制,另一个是管理理念。后者由“建班子,定战略,带队伍”三要素组成:建班子是基础的基础,其关键是企业内不能分帮结派;定战略必须适合执行;而带队伍则一定要有企业文化。“不管正确与否,你自己一定要有一套理念,没有理念发展就困难了。”如果说管理理念层面体现了柳传志的韬略,那么联想能够成功改制更多依赖于其领导人处事的圆通——柳自己将其称为“妥协性”。

联想的改制筹划从20世纪80年代末开始,但直到1993年才正式对中科院提出请求,所要求者,并非一步到位的股权,而是分红权,且只要35%。得到许可后,一直到1999年,联想看到政府对中关村企业改制日渐重视,才再度提出希望将分红权变为股权。又直到2年之后,才终于获得购买的机会。十年帷幄,堪称其“拐大弯”思路的最佳体现。

其中的一个插曲是,当时提出改制的企业并不止联想一家,中央高层曾派审计公司到各家企业仔细查了三个月的账,最终得到改制审批的只剩下联想一家。“这证明我们确实是一个干净的企业。”

经过国家指定的审计单位的估值,按净资产计,打7折后,35%的股权价值3个多亿。购买股权的费用,正是积累7年的分红:分红权没有使用,因为税务的问题未能解决,只能先将利润记下来,恰好够用。“这件事情需要有很大的忍耐,要看得很透彻。今天虽然很多企业还没有做得太好,但是我们走了一步至少说明这件事是能做好的。”柳传志说。

2001年联想集团拆分之前,联想投资成立,由朱立南执掌。这一家专事风险投资的公司以3 500万美元起家，在2003年年底增资扩股至1亿美元。其中如卓越网的投资收到良好回报。自2002年年底融科智地和天津顺驰集团合资成立了天津顺驰融科智地有限公司，开发天津瑞景居住区而获得不错回报，从此，联想控股在地产领域的胃口大开，2003年开始以20亿元买下200万平方米土地，在北京、武汉、长沙、重庆等地完成布局。由此前相当低调、加盟联想已有十年的陈国栋负责。

2003年，联想成立投资事业部，并在此后更名为弘毅投资。当年年底，联想控股以1亿元价格买下中银香港的价值约7亿港元的不良资产包；2004年中，联想控股又参与到高盛进入中国的投资过程中，参股由国内著名投资银行家方风雷筹建的高华证券。与此前亮相的"联想少帅"背景大为不同，掌管弘毅投资者为空降兵赵令欢。

关于联想控股近年来的多头出击，即使联想内部也不无惊奇。一个笑话是：柳传志将联想原来的食堂改造为"金白领餐厅"，随即使其30%的毛利率成为当时集团内投资收益最高的项目。这是柳传志的不甘寂寞，还是别有深意？柳传志给出的一个答案是，他创业20年来最大的遗憾，就是培养的人才不够多。而今天身为联想控股总裁，下面几个子公司各有人全权负责，他可以更多地投入于人才的发掘和培养。而当柳传志坚定地要把联想控股做大后，越往前看，越发觉得杨元庆所做的高科技领域风险还是颇大，为此柳传志更坚定了支持杨元庆的想法。"当需要去冒风险时，我作为股东代表还得有另外一块业务，即更平稳的更传统的业务。"柳传志说。但此后一段时间，他不得不频繁向外界解释这两个问题：收购IBM的PC业务是否太过冒险？为何坚定支持杨元庆？

在不少媒体与分析师看来，这两个决定冒了太大的风险。特别是力挺近年内饱受争议的杨元庆，似乎是柳传志过度执着于其"子弟兵"理念的一个误区。柳传志认为外界的评论过于随意，他当时的考虑很简单："我在的时候，各方面条件比较好，我以为还会一直好下去，没想到杨元庆他们正好赶上IT业往下走，如果我真的做下去也未必有他做得那么好，毕竟精力不如他们了。"至今少为外界了解的一点是，柳传志面对他人对杨元庆的强烈质疑，已非首次。两次的区别在于，上一次杨元庆威信更少，联想所遇到的挑战更大，柳传志所承受的压力也更大："这次收购是取得更大成绩的问题，当时是活命的问题。而当时我对杨元庆的了解程度还不算高。"

那是在1994年，因之前一年海外品牌的强势攻击，联想未能完成预定目标。为破釜沉舟，此前担任CAD部总经理的杨元庆被启用。年轻气盛的杨元庆很快制定出一系列积极变革措施：精简队伍、专心于分销体系、改善激励机制……但他在无意间触及了联想内部其他部门的利益。为了PC事业部能够轻装上阵，杨元庆要求对接手的部件重新设计成本结算方式，这种违背联想以往销售法的提议受到公司内部颇多反对，一位副总甚至对柳传志表示，给杨传志的支持太多，旧规矩被打乱了。事后柳传志承认，当时他的压力很大："旧规矩被打乱了，新的没建立起来怎么办?"所幸，在坚定支持杨元庆之后，联想迎来了一个好结果：到2000年，联想的市场占有率上升到25%，成为国内市场老大，而康柏、IBM、惠普加在一起的市场份额由21%降至10%。"这对中国的信息化也有很大的好处，要不然PC机价格会高得不得了。"虽然此前的成就一度为杨元庆带来极高威望，但过去三年中，关于他缺乏战略眼光、未在行业低潮期提升联想竞争力的质疑之声不绝于耳，柳传志从未考虑过更换杨元庆？"确实没有，"柳传志直白回答，"好的领导人可遇不可求。"在他看来，杨元庆的诸多进步是难能可贵的：杨元庆始终把企业的利益放在第一位，上进心强，并具备不错的学习能力。最让柳传志感慨的是当年尚不懂得与外界妥协的杨元庆已经变得圆通起来，如在新联想是否该设中国和美国双总部的问题上，杨元庆就更多考虑安抚美国员工，而应允在美国设立单一总部。但仅是认可并不意味着他会放任杨元庆不停试错。一位联想高层表示，从2003年8月开始，联想对过去所提的“三年计划”进行反思，并对未来三年做出规划。最初的反思还停留于战术层面，但在柳传志的带领下，反思逐渐深入，并提升到战略层面。战术层面上，柳传志承认，在这几年中联想形成的一个问题是，较之他当政时，专门负责执行工作的企划办能力不够强：“我管的时候手中始终有个比较强的企划办，这个人能力不行我就换人，一直调到够强为止。”

但更严峻的问题是：多元化导致杨元庆精力太过分散，以至于市场环境改变时，杨元庆难以做出最合适的应对。其时，网络复兴、IT服务前途迷茫、手机产业迅速进入薄利时代，而联想的核心业务PC正遭受着戴尔电脑强烈的进攻。联想的无奈可想而知：在整个市场都在冷笑联想未能在曾斥以巨资的互联网上坚持到盈利之日时，联想所欠缺者并非坚持能力，而是精力有限——如果当时还将赌注押于网络之上，联想在PC市场的溃败可能更为严重。

即使对于见惯世面的柳传志，这仍是一个不小的教益：事业部制直接显现了联想在执行层面的力量不足，如果采用权力更为分散的子公司制，又因各部门人员能力不足，可能进一步失控。“韦尔奇对我来说是很神秘的，他怎么能在事业部制度下实现那么大规模的多元化呢？”柳传志的困惑至今未能得到答案。在无法解答这个问题之时，选择只有一个：将全部精力集中于单一或至多两元业务上。2004年年初，联想集团宣布重返PC战略，外界则致以诸多批评之声，认为这是联想集团丧失锐气的表征。但对于当事人杨元庆而言，改变带来的直接效果是他的时间更多，即使在年底完成对IBM PC的收购，出任董事长的他仍只需花40%的精力用于与IBM的合作，另外60%的精力放在国内市场与戴尔等挑战者的对决之上。之所以敢于在如此内外交困的情况下迈出收购这一大步，仍是因为这次收购准备足够充分，“理论上讲不会有什么很意外的事情”。

2003年年底IBM主动与联想接洽收购PC业务之事，柳传志比以往更强调“把问题想透彻”，先按照其“退出画面看画”理论将宏观层面的问题——联想国际化需要什么？跟IBM合作，到底能不能得到想要的东西？有多少风险？我们要付出多少的代价？——逐个看清，这是最初决定是否推进谈判的关键。决意之后，则对每个细节问题进行深入研究，以避免潜在风险。在很大程度上，这是对之前的多元化问题考虑不足的一种矫正。

在与IBM的整合尚需时日之时，联想迎来了一个好消息：2004年第三财季，联想在PC战场上扭转了局面，利润和营业额达到全面增长。柳传志认为此次变革已经取得了收效：“第一季度做得很累，第二季度情况好转但还表现不出来，如果第四季度真的做得好，就真的表明变革成功了。”

资料来源：柳传志40岁开始创业.(2006-12-28). http://www.rs66.com/a/12/27/8412_7.html.

思考题

1. 从案例中分析，一个优秀的领导者应该具备什么样的素质特征？
2. 怎样才能成为一个优秀的领导者？

案例 16.9

联合制造公司总经理的一次会议

联合制造公司总经理奥斯特曼夫人对随时把本公司经济上的问题告诉雇员们的重要性非常了解。她知道,由于市场价格不断跌落,公司正在进入一个困难的竞争时期。同时她也清楚,为了保住公司的市场份额,必须降低本公司产品的出售价格。

奥斯特曼每月向所有雇员发出一次定名为“来自总经理部的信”,她认为这是传递信息的一种好方式。然而,一旦出现了重要情况,她还要把各部门负责人召集到那个简朴的橡木镶板的会议室里,在她看来,这样做会使这些负责人确实感到他们是管理部门的成员并参与了重大决策的制定。根据会议的礼仪规定,所有与会人员都要在预定时间之前就座,当奥斯特曼夫人进来时要起立致意,直至得到允许后再坐下。这次会议,奥斯特曼夫人进来后只简单地点了点头,示意他们坐下。

“我叫你们都来,是想向你们说明我们所面临的可怕的经济形势。我们面对的是一群正在咬我们脚后跟的恶狼一样的对手。他们正在迫使我们以非常低的价格出售我们的产品,并且要我们按根本不可能实现的日期交货。如果我们这个大公司——自由企业的一个堡垒——还打算继续存在下去,我们所有的人就都要全力投入工作,齐心协力地干。下面我具体地谈谈我的意见。”

在她发表完意见以后,奥斯特曼用严厉的目光向在座的人扫视了一下,似乎在看是否有人敢讲什么。没有一个人说话,因为他们都知道,发表任何意见都会被奥斯特曼夫人看成持有不同意见。

“首先,我们这里需要想象学。我们需要积极思想的人,而且所有的人都应当通力合作。我们必须要使生产最优化,在考虑降低成本时,不能对任何一个方面有所疏忽。为了实现降低成本的应急计划,我在公司外聘请了一个最高级的生产经理。

我们要做的第二件事是最大限度地提高产品质量。在我们这个企业里,质量就是一切。每部机器都必须由本部门的监督员按计划进行定期检验。只有经过监督员盖章批准后,机器才能开始运转,投入生产。在质量问题上,再小的事情也不能忽视。

在我的清单上所列的值得认真考虑的第三个问题是增强我们的推销员的力量。顾客是我们这个企业的生命线,尽管他们有时不对,我们还是要态度和气、灵活地对待他们。我们的推销员必须学会做生意,使每一次推销都有成效。公司对推销员的报酬办法是非常公正的,即使如此,我们还打算通过提高滞销货的佣金率来增加他们的奖金数额。我们想使这个意见在董事会上得到通过。但是,我们必须保住成本,这是不能改变的。

最后,我要谈谈相互配合的问题。这对我们来说比其他任何问题都更加重要。要做到这一点,非齐心不可。领导就是配合,配合就是为同一目标共同努力。你们是管理部门的代表,是领导人,我们的目标你们是知道的。现在让我们一起努力工作,并迅速地把我们的这项复杂的事情搞好吧!要记住,我们是一个愉快的大家庭。”

奥斯特曼夫人结束了她的讲话,参加会议的人都站了起来,静立在各自的椅子旁边。奥斯特曼夫人收起文件,离开会议室朝她的办公室走去。

思考题

1. 在这个案例中，构成沟通障碍的除了语言因素之外，还有什么因素？
2. 假若这次会议由你安排，你打算怎样来保证双向的沟通？

第17章 控制案例

案例 17.1

美的集团的成本控制

中国制造企业有90%的时间花费在物流上，物流仓储成本占据了总销售成本的30%～40%，供应链上物流的速度以及成本更是令中国企业苦恼的老大难问题。美的针对供应链的库存问题，利用信息化技术手段，一方面从原材料的库存管理做起，追求零库存标准；另一方面针对销售商，以建立合理库存为目标，从供应链的两端实施挤压，加速了资金、物资的周转，实现了供应链的整合成本优势。

1. 零库存梦想

美的虽多年名列空调产业的“三甲”之位，但是不无一朝城门失守之忧。自2000年来，在降低市场费用、裁员、压低采购价格等方面，美的频繁变招，其路数始终围绕着成本与效率。在广东地区已经悄悄为终端经销商安装进销存软件，即实现“供应商管理库存”(vendor managed inventory，以下简称VMI)和“管理经销商库存”中的一个步骤。

对于美的来说，其较为稳定的供应商共有300多家，其零配件(出口、内销产品)加起来一共有3万多种。从2002年中期，利用信息系统，美的集团在全国范围内实现了产销信息的共享。有了信息平台做保障，美的原有的100多个仓库精简为8个区域仓，在8小时可以运到的地方，全靠配送。这样一来美的集团流通环节的成本降低了15%～20%。运输距离长(运货时间3～5天)的外地供应商，一般都会在美的的仓库里租赁一个片区(仓库所有权归美的)，并把其零配件放到片区里面储备。

在美的需要用到这些零配件的时候，它就会通知供应商，然后再进行资金划拨、取货等工作。这时，零配件的产权，才由供应商转移到美的手上——而在此之前，所有的库存成本都由供应商承担。此外，美的在ERP(企业资源管理)基础上与供应商建立了直接的交货平台。供应商在自己的办公地点，通过互联页的方式就可登录到美的公司的页面上，看到美的的订单内容，品种、型号、数量和交货时间等，然后由供应商确认信息，这样一张采购订单就已经合法化了。

实施VMI后，供应商不需要像以前一样疲于应付美的的订单，而只需做一些适当的库存即可。供应商则不用备很多货，一般能满足3天的需求即可。美的零部件库存周转率，在

2002年上升到70～80次/年。其零部件库存也由原来平均的5～7天存货水平,大幅降低为3天左右,而且这3天的库存也是由供应商管理并承担相应成本。

库存周转率提高后,一系列相关的财务"风向标"也随之"由阴转晴",让美的"欣喜不已";资金占用降低、资金利用率提高、资金风险下降、库存成本直线下降。

2. 消解分销链存货

在业务链后端的供应体系进行优化的同时,美的也正在加紧对前端销售体系的管理进行渗透。在经销商管理环节上,美的利用销售管理系统可以统计到经销商的销售信息(分公司、代理商、型号、数量、日期等),而近年来则公开了与经销商的部分电子化往来,以前半年一次的手工性的繁杂对账,现在则进行业务往来的实时对账和审核。

在前端销售环节,美的作为经销商的供应商,为经销商管理库存。这样的结果是,经销商不用备货了,"即使备货,也是五台十台这种概念"。经销商缺货,美的立刻就会自动送过去,而不需经销商提醒。经销商的库存"实际是美的自己的库存"。这种存货管理上的前移,美的可以有效地削减和精准的控制销售渠道上昂贵的存货,而不是任其堵塞在渠道中,让其占用经销商的大量资金。

2002年,美的以空调为核心对整条供应链资源进行整合,更多的优秀供应商被纳入美的空调的供应体系,美的空调供应体系的整体素质有所提升。依照企业经营战略和重心的转变,为满足制造模式"柔性"和"速度"的要求,美的对供应资源布局进行了结构性调整,供应链布局得到优化。通过厂商的共同努力,整体供应链在"成本""品质""响应期"等方面的专业化能力得到了不同程度的发育,供应链能力得到提升。

目前,美的空调成品的年库存周转率大约是10次,而美的的短期目标是将成品空调的库存周转率提高1.5～2次。目前,美的空调成品的年库存周转率不仅远低于戴尔等电脑厂商,也低于年周转率大于10次的韩国厂商。库存周率提高一次,可以直接为美的空调节省超过2 000万元的费用。由于采取了一系列措施,美的已经在库存上尝到了甜头。2002年度,美的销售量同比2001年度增长50%～60%,但成品库存却降低了9万台,因而保证了在激烈的市场竞争下维持了相当的利润。

思考题

1. 分析美的通过用何种方法来实现"零库存"梦想的。
2. 结合案例分析仓储成本的构成。
3. 本案例中,美的是通过何种方法来达到控制成本的目的?

案例17.2

比尔经理的控制

在某大型电子零件批发公司的一家连锁商店里,刚出任经理的比尔正被一些事搞得心烦意乱。店里两位售货员每天上午轮流去隔壁的自助餐厅喝咖啡,吃甜馅饼。因为少了一个售货员，顾客们在店里等候服务已经司空见惯。更令人头痛的是，这家零售商店的营业额一直达不到公司的平均水平。当比尔对售货员们谈及这两件事时，他们不屑一顾地答道："你看看公司付给我们多少工资！你还能要求什么？"

比尔对他们回应道："在我们讨论工资的事并且谈出点眉目之前，有一件要紧的事，就是要你们明确知道我对你们的工作有什么要求。让我们来确定三件事：第一，在安排好的上班时间内，谁也不可以离开商店，当然，在你们的午餐时间里，你们爱干什么都行；第二，如果这家商店还要营业，不搬到别处去，我们每天的平均销售额应该是 1 000 美元，总公司的记录表明，每位顾客大约购买 5 美元的货，那就是说，一天要接待 200 位顾客，我们是两位售货员，平均一下，我要求你们每人每天接待 100 位顾客；第三，就是我们怎样来接待顾客，我希望你们做到一丝不苟，礼貌周到，他们想了解什么，我们要有问必答。这三件事你们清楚了吗？如果情况确是这样，让我们来瞧瞧你们的工资袋，看看出了什么毛病，想一想根据我们对这项工作提出的要求，应该干点什么事来跟那工资袋相称。你们考虑考虑。"

资料来源：沟通和激励.（2012-07-20）. http://www.examw.com/mba/guanli/zhanlue/41336/.

思考题

比尔经理是如何进行控制的？

案例 17.3

巴林银行和大和银行的倒闭

1. 巴林银行的倒闭过程

巴林银行是英国历史最悠久的商业银行，已有 200 多年的历史。巴林银行曾致力于开拓远东及拉丁美洲等新兴市场，使其盈利业绩相当可观，如 1994 年巴林银行获利 1.2 亿英镑，比 1993 年增长 14%。

巴林银行于 1986 年 9 月在新加坡注册成立巴林期货私人有限公司，并于 1992 年 7 月开始进行期货交易。该公司有四家会员，巴林证券有限公司是它的最大客户。该公司所需资金几乎全部来自巴林证券和巴林银行集团的其他成员公司。尼克·里森于 1989 年进入巴林证券有限公司，主要在结算部工作。1992 年 4 月，里森被调到巴林期货公司，协助开展结算工作，并参与期货交易活动，不久就成为巴林期货首席交易员和结算部门主管，集交易与结算于一身。

1995 年 1 月，里森根据日本政府定期公布的多项经济领先指标分析，认为日本股票市场将会上扬。在没有授权的情况下，里森大量购进日经 225 股票指数期货，期待股价上扬而大赚一把。然而，事与愿违，东京股市的低迷挥之不去，特别是阪神大地震致使股票市场进一步下滑。2 月 23 日，日经股票指数继续下滑，里森终于认识到已无法弥补因投机失误所造成的巨大损失，于是仓皇出逃。24 日，新加坡分行发现了事态的严重，立即向伦敦总部报告。英格兰银行闻讯后，迅速召开会议讨论拯救计划。里森一共购进 61 039 份日经 225 股指期货的多头及 2 600 份日本政府债券合同的空头。该日，日经指数 19 000 点水平跌至 17 400 点左右，每张合约损失12万英镑，至2月26日，初步估计损失3.7亿～4.5亿英镑，超过巴林银行的2亿英镑的流动资金和储备总额。27日，巴林银行因里森投机破产的消息在市场传出之后，引起了各大股市的极度恐慌，日本股市一出盘便告大跌，下午已跌至16 666.83日元，为1993年12月以来的最低点。同时，亚洲股市也全面告跌，引起巴林银行损失进一步加大。

2. 大和银行的倒闭过程

巴林银行倒闭后没几个月，日本大和银行因受到美国金融当局的处罚，于1995年11月4日与住友银行合并。大和银行倒闭是因为它在美国的纽约分行非法进行美国国债交易失败，导致巨额亏损。

大和银行交易员井口俊英采取隐瞒交易损失手段，在1984年至1995年7月长达11年的时间内，通过非法手段更改交易确认书，伪造有价证券余额证明书等买卖美国30年期的国库券和2～5年期的国债票据，一天之中进行多次买卖，每次交易额达1亿美元以上。井口俊英进行非法交易累计3万多次，造成大和银行损失11亿3 200万美元。

井口俊英1984年开始买卖美国国债，第一笔交易就亏损了20万美元，他采取欺骗手段将此事隐瞒下来，以后如法炮制达11年之久。他将本来由证券公司送交大和银行纽约分行业务管理负责人的交易确认书转到自己手中，然后再将此交易确认书隐匿起来，使得哪里也见不到买卖记录。另外，保管大和银行纽约分行所持美国国库券等有价证券的其他银行将余额证明书送交过来，井口也将其藏匿起来，代之以本人伪造的余额证明书送交给本行的证券管理负责人。井口俊英之所以能顺利做成此事，是因为他不仅是交易员，而且也是证券部门的负责人。实际上，美国和日本的各类监察、管理部门对大和银行纽约分行的监管一直都在进行着。纽约联邦银行、纽约州银行政府每年各自检查一次。日本大藏省的检察、日本银行考察也在进行，大藏省国际金融局于1989年2月、金融检查部于1994年5月进行实地检查，日本银行业于1994年10月进行了考察，都没有发现问题。

资料来源：http://jpkc.scun.edu.cn/2006/glxyl/Articleshow.asp?id=139.

思考题

1. 请根据上述两案例的描述，分析巴林银行和大和银行的倒闭在控制方面的原因。

2. 如果你是巴林银行和大和银行的董事长或总经理，你认为建立一个怎样的管理控制体系才能防范上述事件发生？

案例17.4

波司登：库存极限控制方法

1. 引言

波司登集团是全国规模最大、技术最先进，集科研、设计、生产、加工、销售于一体的羽绒服装企业。公司现有常熟波司登、江苏雪中飞、山东康博、泗洪波司登和扬州波司登、徐州波司登六大生产基地，拥有员工两万余人，集团品牌组合市场销售份额连续多年占据国内羽绒服市场半壁江山。“波司登”品牌已成功打入日本、美国、加拿大、俄罗斯、瑞士等国家，成为NIKE、BOSS、

COLUMBIA、THE NORTH FACE、TOMMY、GAP、POLO、ELLE 等一大批国际著名品牌的合作伙伴。波司登正全力打造国际化品牌，即将在英国伦敦成立欧洲运营总部。近年来，波司登公司面临激烈的国内外市场竞争，而其库存管理的成功经验具有一定的推广价值。

波司登销售经理张晨静一大早来到公司，第一件事情就是打开电脑，看 ERP 系统。昨天各个网点的销售情况一目了然，她迅速召集品牌经理、仓库主管、商品分析员等来到她的办公室开小会，讨论今天的发货安排。作为波司登的一个区域销售总经理，她负责上海外围区域（除中心区、宝山区以外的上海各区）的羽绒服的销售，包括 150 多个经销网点。张晨静告诉《中国经营报》记者，她所负责的区域销售分公司，库存率不到 12%。波司登在全国（包括地级市）有 91 个销售公司，波司登目前的库存率保持在 18%～19%（一般服装业的库存率都在 30%～40%）。在张晨静看来，要管理好库存，从订货、发货到补货，再到换货，每个环节都要仔细做，需要沟通每一个结点。

2. ERP 加人工："折腾"库房出效率

随着卡车的一声刹车声，张晨静知道货来了。她再次嘱咐工作人员，货品必须分单色单码来码放。"这样配货就很快，一看仓库就清楚地知道哪个款式好卖，哪个款式不好卖，尤其是对主打款的销售特别有利。"她解释道，即使是老款、新款也要分开来放，而一旦新款的时节过去，变成了老款，仓库也会随时更新。在张晨静的仓库里，仓库工作人员就这样"折腾"着。张晨静说："对于不好卖的款式，我会马上和业务员分析，立即安排促销，价格高的产品就发到商场，做节假日的降价销售；价格低的产品就发到超市里做促销活动。"

在超市和商场里都不设置仓库，这是波司登仓库管理的一种方式。"商场里如果设仓库，促销员就会有依赖性。没有仓库，他们就会时时关注库存，我们也会派业务员到商场，对于很好销售的款式，我们会立即发货。"每天晚上，营业员被要求向仓库打电话，这个流程被张晨静看得特别重要。张晨静说："这是考核营业员的项目之一，每个月给予 200 元话费补贴，如果一个月有 3 次没有打来，就会取消他的话费补贴。因为他们是最了解市场的，颜色、尺码等信息，都可以及时反馈回来，以便我们及时调整库存。"她还要求仓库管理员，如果市场有需求，一两件产品也要送。这样做虽然增加了运输成本，但是从市场正向反馈方面回报的销售业绩更为可观。

这套销售体系帮助张晨静随时掌握最前端市场的销售进展，而在有了 ERP 系统后，信息反馈更加快速了。张晨静说："经销商都能在电脑里看到销售信息，也可以调整自己的进货。"如今她已从阅读大量传真文件转变为点击几下鼠标，就 OK 了。在她看来，库存率还会持续下降的。"库存率是总公司对销售公司考核的重要一项，在这样的压力下，我们怎么能不勤折腾呢。"

3. 横向物流连网点：订、补、换下功夫

发货效率提升的背后，其实受考验的是总公司的订货、补货、换货模式，需要在各个环节都必须压缩信息反馈的时间。用江苏波司登羽绒服有限公司信息部经理桂益龙的话说，销售前端的扫描枪一扫，总公司的电脑屏幕里立即会出现库存的数据变化，而这样的信息随时调整着工厂的生产计划。

与其他服装企业一年只有春夏、秋冬两次订货会不同，虽然波司登生产的是季节性服装——羽绒服，但公司一个季度（冬季）就有 10～12 次订货会。桂益龙说："这样可以及时了解当季最好销的款式、颜色、尺码，以作为下次订货的指导，从而尽可能地把市场风险降到最低。因为销售的信息反馈很快，可以保证每个月的订单更为准确。"同时，货品从工厂到销售终端，补货的方式也随之在增加，由原来的一天补一次，变成一天补三次。"换货也必须是及时的。

不同的店，例如地级市的小店面或者大城市的商场，销售人群是不一样的，同样的产品就可能产生旺销或滞销的不同情况，这样一来，可能有的网点就会卖断货，而其他的店就出现甩卖。”桂益龙说，为解决这种差异，他们采取在一年中，一个销售公司内部几次换货的做法，实际上库存就在网点之间周转，这样便大大节省了时间、空间和成本。

而在实际订货的时候，经销商只需支付30%的定款，等销售之后，再支付余款。桂益龙说：“这样做，也比让经销商付全款要负责任，这其实也是对库存负责任。否则，经销商一旦形成较大的库存积压，而让其自行处置，他们往往会把价格降得很低，这样其实会对我们的品牌造成不利的影响。”

4. 30%生死线：双管齐下促流程

在“依赖”电脑的同时，真正让流程加速起来的原动力还是人。在波司登的ERP管理系统上，从生产到销售的整个流程清晰可见：销售公司接单—产品部评估—各品牌生产公司(做生产计划、布置采购)—生产工厂(成品生产)—质检、入库—发销售公司仓库—分发经销商门店。桂益龙说：“这个过程，我们控制在15～16天完成，由于订货会次数增加了，这个流程的滚动周期也缩短了。因此，库存必须降到最低。”2009年，波司登“面向制造企业供应链管理系统集成平台应用示范”项目通过验收，项目功能范围涵盖了销售、采购、库存、生产、物流配送管理等主要业务环节。项目实施至今，公司降低库存60%，物流周转速度提高54.9%。

桂益龙说：“我们各个环节的工作人员都习惯有个预估，例如采购在没有接单之前，也会提前采购一部分，根据前一期的订单量，预估本季可能采购的主料、辅料等。”举例来说，对于某些变化不大的羽绒服辅料，采购会准备10天的用量，这样新订单来了，只要做补充就可以了。同样，在生产部门，也会做一定的预测，提前生产，订单一到，或增加新货品的生产，或增加原产品的生产，这样就将生产环节的时间控制在3～5天之内。

波司登羽绒服在库存管理方面的经验，同时也被复制到集团旗下的其他品牌。作为一家销售季节周期明显的制造商，波司登加紧了“四季化生产”的布局，以及早防范羽绒服行业需求萎缩的风险。从2009年开始，波司登希望在未来3～5年，通过并购国内品牌或与海外品牌合作，将旗下的非羽绒服业务占整体销售比例，由目前的不足1%大幅提升至30%，以实现公司转型至品牌运营商的愿景。

据桂益龙透露，目前，波司登正在进行物流整合，试图将已有的物流仓库进行合并，新的物流仓库正在建设中，约占地380亩，2011年年底竣工。为此，波司登特意从主打快时尚的美特斯邦威公司挖来一位物流中心经理，意在优化物流包装，目的还是降低成本。“做服装行业的，30%的库存是不会赚钱的。”桂益龙说，作为竞争已经很激烈的服装产业，行业的利润是比较低的，然而这一行业的周转又需要特别快，因此波司登必然会想方设法在降低库存上下功夫。

资料来源：波司登：寻找库存极限. (2010-05-23). http://money.163.com/10/0523/10/67C44BTD00253B0H.html.

思考题

1. 管理学中的生产控制包括哪些具体内容？库存控制的作用有哪些？
2. 库存控制过低对企业经营会有哪些不利的影响？
3. 有没有什么方法进一步降低波司登公司的物流成本？
4. 波司登公司进一步优化库存控制的方法还有哪些？

案例 17.5

邯钢集团的成本缩减

钢铁行业是多流程、大批量生产的行业，由于生产过程的高度计划性决定了必须对生产流程各个工艺环节实行高度集中的管理模式。为了严格成本管理，一般依据流程将整个生产线划分为不同的作业单元，在各个作业单元之间采用某些锁定转移价格的办法。

以邯钢对成本利润的控制为例。首先确定合理先进、效益最佳化的单位产品目标成本。公司根据一定时期内市场上生铁、钢坯、能源及其他辅助材料的平均价格编制企业内部转移价格，并根据市场价格变化的情况每半年或一年做一次修订，各分厂根据原材料等的消耗量和“模拟市场价格”核算本分厂的产品制造成本，也以“模拟市场价格”向下道工序“出售”自己的产品。获得的“销售收入”与本分厂的产品制造成本之间的差额，就是本分厂的销售毛利。销售毛利还需要做以下两项扣除：一是把公司管理费分配给分厂做销售毛利的扣除项，一般采用固定的数额(根据管理费年预算确定)；二是财务费用由分厂负担，一般根据分厂实际占用的流动资金额参考国家同期同类利率确定。做这两项扣除后，就形成了本分厂的“内部利润”。

如三轧钢分厂生产的线材，当时每吨成本高达 1 649 元，而市场价只能卖到 1 600 元，每吨亏损 49 元。经过测算，这 49 元全部让三轧钢分厂一个生产单元消化根本做不到。唯一的办法就是从原料采购到炼钢、轧钢开坯和成材各工艺流程进行挖潜，力争各道工序的经济指标都优化达到历史最好水平。第三轧钢分厂发现为使产品的包装质量符合公司要求，修卷减去的线材头尾一个月达上百吨，由此造成的损失超过 6 万元，为了降低成本对卷线机进行了技术改造，在充分保证包装质量的前提下，轧用量降低了 40%，吨材成本下降 8 元。其他流程环节也纷纷采取不同手段降低成本，开坯的二轧钢厂挖潜降低 5 元/吨，生产钢锭的二炼钢厂挖潜降低 24.12 元/吨，原料外购生铁每吨由 780 元降到 750 元以下——这样环环相扣[8＋5＋24.12＋(780—750)＞49]，最终扭亏为盈。

思考题

1. 邯钢集团实行的“模拟市场核算”的具体做法是什么？
2. 邯钢集团的成本缩减对当今的钢铁行业有什么影响及意义？

案例 17.6

查克停车公司

如果你在好莱坞或贝弗利山举办一个晚会，肯定会有这样一些名人来参加：杰克·尼科尔森(Jack Nicholson)、麦当娜(Madonna)、汤姆·克鲁斯(Tom Cruise)、切尔(Cher)、查克·皮克(Chuck Pick)。“查克·皮克？”“当然！”没有停车服务员你不可能开一个晚会，而南加州停车行业内响当当的名字就是查克·皮克。查克停车公司的雇员有100多人,其中大部分是兼职的,每周它至少为几十个晚会办理停车业务。在一个最忙的周六晚上,可能要同时为6～7个晚会提供停车服务,每一个晚会可能需要3～15位服务员。

查克停车公司是一家小企业,但每年的营业额差不多有100万美元。其业务包含两项内容:一项是为晚会停车,另一项是不断地在一个乡村俱乐部办理停车经营特许权合同。这个乡村俱乐部要求有2～3个服务员,每周7天都是这样。但是查克的主要业务来自私人晚会。他每天的工作就是拜访那些富人或名人,评价道路和停车设施,并告诉他们需要多少个服务员来处理停车的问题。一个小型的晚会可能只要3～4个服务员,花费大约400美元。然而一个特别大型的晚会停车费用可能高达2 000美元。

尽管私人晚会和乡村俱乐部的合同都涉及停车业务,但它们为查克提供的收费方式却很不相同。私人晚会是以当时出价的方式进行的。查克首先估计大约需要多少服务员为晚会服务,然后按每人每小时多少钱给出一个总价格。如果顾客愿意“买”他的服务,查克就会在晚会结束后寄出一份账单。在乡村俱乐部,查克根据合同规定,每月要付给俱乐部一定数量的租金来换取停车场的经营权。他收入的唯一来源是服务员为顾客服务所获得的小费。因此,在私人晚会服务时,他绝对禁止服务员收取小费,而在俱乐部服务时小费是他唯一的收入来源。

资料来源:MPA管理学案例教材.(2010-06-21). http://edu.21cn.com/mpa/g_35_296898-2.htm.

思考题

1. 你是否认为查克的控制问题在两种场合下是不同的?如果确实如此,为什么?

2. 在乡村俱乐部,列举出查克可能采取的控制手段类型:前馈控制、同期控制、反馈控制?在私人晚会上,同样列举出查克可能采取的控制手段类型。

案例 17.7

员工上班玩游戏怎么办

作为一个曾经的军事长官,如今的企业领导,酬勤电子技术开发有限公司的老板钟跃民一直认为,果断的决策与雷厉风行的执行对公司很重要。因此,他很欣赏电视剧《亮剑》中的主人公李云龙带兵的精神,他心里的期望是,把公司团队打造成一个战斗力强的军事化企业。

随着公司规模接连上了几个台阶,员工也越来越多,钟跃民渐渐有点有心无力的感觉。尤其这天下班后撞见的电子游戏事件更让他忐忑不安。18:30,按照钟跃民雷打不动的生活规律,是该回家吃饭的时候了。走出自己的单间办公室,在外面大厅的员工们大多仍然坐在电脑前干活,一群员工扎堆在程序开发员小刘的办公桌前。当钟跃民走过去时才看清,他们是在玩一款格斗游戏。错愕之际,钟跃民发现身边一张张原本兴奋的笑脸开始呈现出尴尬的神色,人群也随即四散开来。

说老实话,钟跃民并不是个巴不得下属干活干得不停的老板。他一贯的风格都是希望下属能够做到工作的时候就兢兢业业地工作，玩的时候就开开心心地玩。公司自从创办以来，每个月都会安排一些文娱活动，如包场游泳、踢场内部足球赛什么的。但对于在公司玩电子游戏这件事，钟跃民认为不是个好兆头，尽管当时严格来说已经是下班时间，但在钟跃民的心里，好的工作习惯应该是：在公司就单纯地忙工作，娱乐的事情等离开公司再做。

员工在公司时上网闲聊、玩游戏，这种行为让钟跃民心里疙疙瘩瘩。“要是在士兵执行任务的时候干私事，这仗还怎么打？”自觉不自觉地，钟跃民又在拿自己带兵时候的感受来考虑问题了。

经过一晚的反复思考，钟跃民下定决心，是该对员工平时使用电脑的情况摸个底了。他决心引进监控系统。对那些上网干私事的员工形成威慑作用。引进当天，钟跃民就对着电脑屏幕研究了整整一天，工作日程表上的事情全都给耽误了，这对于信奉当日事当日毕的他来说，可以说是很罕见的情况。员工上班时浏览的网页还真是什么都有，什么体育新闻、娱乐新闻、股市动态、影视下载、社区论坛、个人博客，林林总总，跟工作有关的内容也确实极少，只有一些行业专业网站和技术论坛擦得上边，但看的人也极少。看得出，平时员工上班时，浏览的网页大都跟工作没关系。

但钟跃民也意外地发现，员工们在上班时去得最多的地方是一个叫作“酬勤公司集散中心”的公司员工论坛。这个论坛有讨论专业问题的工作版，也有讨论平时生活的休闲版，还有讨论各种八卦的搞怪版，仔细看其中的一些帖子，钟跃民又觉得问题不那么简单。其中，在“公司动态”版，有一篇将公司与最大的竞争对手捷通的销售策略进行对比分析的文章，钟跃民感觉说得字字在理：“老板经常对我们下军令状，说要拿下多少单子，把捷通打得灰头土脸，还给我们看《亮剑》，学《狼图腾》，殊不知，正是我们的销售策略让我们正走上绝路……”

留言后面的回复都是赞同这个观点的，甚至有人认为学《亮剑》是没用的。看完这条留言后面的一条条回复，钟跃民心里有种说不出的滋味。同时，他也觉得非常困惑，为什么从来没有员工直接向他反映这些意见，公司召开会议时也不见人出来发言？

另外，钟跃民看到的更多是乱七八糟的话题，比如在八卦版有个让钟跃民十分生气的投票，主题是：猜猜老板在办公室干吗？然后叫大家投票。

A. 玩魔兽，老板是骨灰级高手

B. 向上帝祈祷捷通公司快快倒闭

C. 研究怎么降低我们的工资还让我们多干活

D. 给女儿做作业

看完这个投票，钟跃民一拍桌子：“玩笑居然开到我头上了，这帮家伙，不治治是不行了。”

钟跃民决心要“亮剑”了。制订了一套新的员工上网方案：首先，向员工重申工作时上网的限制要求，上班时不允许浏览跟工作无关的网站；其次，向员工公布目前这套网络监控系统的实行，不定期地对员工上网内容进行检查，并决定对检查中发现的平时上网问题比较严重的三个员工进行处罚，予以惩戒。

对此，负责公司内部管理的总经理助理卢宏宇提出了反对意见：“我认为，既然此前没有相应的规定，不如从公布之日开始实行比较好，以前的错误就既往不咎吧。还有，如果让大家知道在还没有通知的情况下对他们的上网情况进行了检查，恐怕他们会感到不受尊重。”钟跃民有点不高兴地挥了挥手：“就这么定了，无规矩不成方圆，再说，我们公司对员工的不当行为进行处理也不是头一回了。况且，这次对员工上网情况的检查也不是毫无益处的，”钟跃民话锋一转，“比如，员工论坛就是个好东西，上面很多对公司的合理化建议都挺好的，我们可以采纳并对提出者加以奖励，但是乱七八糟的东西也不少。以后，员工论坛还要继续办，但那些跟公司无关的东西不能要，只能用来讨论公司的建设，那些议论我的东西，全部都要删掉。”

卢宏宇小心翼翼地提醒钟跃民：“员工论坛是公司里的员工自己建立的，严格说起来，我们并没有权力约束他们该讨论什么不该讨论什么。再说，只允许讨论工作，恐怕就没有人愿意发言了，讨论工作也无从谈起。”

“难道不讨论些乌七八糟的东西就不行？难道就不能专注地讨论些正经事？我还不信了……”

卢宏宇感到有些无奈，对于即将宣布的几项员工上网规定，他隐隐有不好的预感。

下午，卢宏宇在例会上向全体员工宣布了“员工工作时间上网规定”，并公布了对三名员工的处罚，本来还充满窃窃私语的会场，一下子变得寂静无声。

会议结束后，大家回到各自的办公桌，钟跃民在属于酬勤公司的三层写字楼巡视了一圈，似乎大家干活都比平时认真了许多。但是一圈巡视下来，他也发现，没有一个员工和他有眼神接触，大家似乎都在小心地回避着什么。

夜深了，没有回家的钟跃民还在办公室不断地刷新着员工论坛，但是，从宣布员工上网的新规定开始，除了点击数字在增加外，论坛再也没有什么动静了……

资料来源：电视剧《亮剑》的管理哲学.（2010-10-18）. http://www.cmmo.cn/article-40652-1.html.

思考题

1. 本案例中，公司管理在网络时代遇到了哪些挑战？
2. 请你点评钟跃民为了纠正员工上班网聊所采取的措施。
3. 本案例中，如果你是管理者，你会怎么做？为什么？

案例 17.8

京东供应链管理

在零售行业中，持续的现金周转率是零售企业在商业竞争中脱颖而出的关键。零售业的典范企业沃尔玛通过自身强大的信息系统将现金周转率控制到 30 天左右，国内连锁零售巨头苏宁和国美控制到 40 天左右，而京东商城目前可做到 10 天左右。

之所以京东可以做到如此短的时间，得益于其将物联网技术应用于供应链管理中，井然有序的供应链管理让京东的现金周转率持续降低。下面具体从采购、仓储、分拣、运输配送等环节来具体分析京东商城是如何将物联网技术融入供应链管理环节的。

（1）在采购环节，京东商城依靠其包含 RFID、EPC、GIS、云计算等多种物联网技术的先进系统对一个区域进行发散分析，从而了解客户的区域构成、客户密度、订单密度等，根据这些数据提前对各区域产品销售情况进行预测，根据预测销售量备库，同时决定采购商品分配到哪些区域的仓库及各仓库分配数量。

物联网技术的应用可以使京东由产品销售总量的预测细化到各个区域，根据销售前端传来的详细信息，有利于采购人员做出更合理的采购决策。例如，在京东成熟的 3C 数码市场领域，其产品平均库存周转率约为11.6天，京东采购人员会对相关产品进行频繁采购，同时开放平台的供应商可以在其后台即时查看产品销售情况以便及时补货。在这个环节上，物联网技术减少了用户在下订单出现缺货现象的可能性，有利于顾客更快做出购物决策，增加购物的流畅感，提高了顾客的消费体验。从成本管理角度分析，物联网技术可以帮助采购人员更合理的做出采购决策，加速了产品库存周转率，提高了产品合理分配仓库程度，节约了属于作业成本范畴的采购成本、库存成本、物流成本；销售数据与供应商的直接交流，允许供应商自行补货，也降低了交易成本的谈判成本、协调成本、信息成本。

(2) 在仓储环节，京东商城应用的主要是RFID技术、EPC库存取货技术、库存盘点技术及智能货架技术，以此实现仓库自动化管理。京东商城将自身库房划分为三大区域，分别为收货区、仓储区、出库区。在收货区，京东商城首先对供应商送来的商品进行质量抽检，然后利用EPC和电子标签技术给每一件商品贴上条形码标签，作为该件商品独一无二的身份识别证据，随后全部商品在仓储区域上架入库，每个货架均有唯一编号。上架时，京东仓库商品管理人员会利用PDA(手持终端)设备扫描商品条形码和商品进行关联后传入信息系统。这样，用户订单下达后，仓库商品管理人员可以依据系统记录直接到相应的货架取货，无需核对商品名称。

此外，京东商城根据历史数据计算结果，会及时将相关度高的商品摆放在一起，以提高库房完成订单效率。当在促销季节时，为配合网站商品促销，库存位置也同步会改变，以节约取货时间，提高商品出库效率。仓储系统管理包含三大模块分别是入库管理模块、库存位置管理模块、出库管理模块，该系统负责出入库管理扫描、更新EPC标签信息及确定商品储存库区和货架位置等。物联网仓储管理技术的运用使京东能更高效的摆放商品，更加及时的更新库存信息，实现了仓库内商品的可视化管理，提高了仓储环节的敏捷性和精确度，促进了京东商城服务水平的提高，为发(退)货的正确和补货的及时性提供了保障，提高了客户满意度。从成本管理角度来看，这些技术使仓储空间效用最大化，减少了商品库存，降低了存储成本，实现了储存、出入库、盘点等环节的自动化管理，节约了劳动力和库存空间，大幅度减小了供应链中由于商品位置错误等事故造成的损耗。

(3) 在分拣环节，京东商城同样应用的是RFID、EPC等技术。首先通过ERP系统确定订单所需商品发货库房，然后自动查询到商品在仓库中位置，信息将自动发送到库房管理人员随身携带PDA上，在工作人员分拣货物完毕后，货物将放在对应的周转箱上传送到符合扫描台，确认无误后，打印发票清单送到发货区域准备进行运输。物联网技术的运用实现了商品的快速分拣，有助于提高分拣效率，商品的快速分拣有助于快速发货，减少顾客的等待时间，有助于顾客更早享受商品的价值。从成本管理角度分析，这些技术的应用提高了商品分拣的自动化程度，较少量的分拣人员即可高效完成工作，效率大幅度提高的同时，节约了大量的人工成本。

(4) 在运输配送环节，京东商城主要应用的是GIS地理信息管理系统技术，这种技术是物联网技术应用的典型实例，京东商城通过和一家地图服务商合作，将后台系统和该公司GPS系统进行关联，实现了可视化物流。京东商城在运送的包裹上和运货车辆上均装有EPC标签，包裹出库时将通过RFID技术进行扫描并和运送车辆关联起来，当货车在路上行驶时，其位置信息将通过GPS系统即时反馈到后台系统，并在网站地图上显示出来。京东商城的GIS系统可以使物流管理人员在系统后台即时查看物流运行状况，同时，车辆位置信息、停驻时间、包裹分配时间、配送员和客户交接时间都会形成海量原始数据。京东商城物流管理者通过大量分析这些数据，可以做出给合理的人员安排计划，优化服务区域配送人员分配，缩短配送时间，优化配送流程。另外，该系统还可以使用户即时查询商品运输信息，提高了用户对商品的实体感知程度。从成本管理角度分析，该技术的使用优化了京东商城自身的配送计划，很大程度上降低了在电子商务企业总成本占有极大比重的运输成本。

思考题

1. 何为物联网技术？其在供应链管理中的作用有哪些？
2. 京东商城供应链管理效率提升的主要原因包括哪些？试谈谈你的体会。

第18章
创新案例

案例 18.1

波司登的创新之路

1. 引言

市场似乎特别眷爱波司登。作为羽绒服品牌，波司登已经连续 16 年蝉联中国市场冠军，成为“羽绒服”的代名词。旗下品牌组合(波司登、雪中飞、康博、冰洁等)的国内市场销售份额近年来一直达 50%。

不仅如此，2011 年 4 月 28 日，波司登荣获中国工业大奖。此奖是中国工业领域的最高奖项，被誉为工业界的“奥斯卡”。在获评中国工业大奖的 7 家企业中，波司登成为国内消费品领域首个获此殊荣的企业，也是唯一一个民营企业。迄今为止，波司登集“中国世界名牌产品”“全国质量奖”和“中国工业大奖”于一身，在我国工业制造业中首屈一指！

为什么是波司登？30 多年前，在江苏常熟诞生了一个只有 8 台缝纫机的山泾村缝纫组，这个缝纫组以代工生产为主营业务，这便是波司登基业的发源点。直到 1993 年，“波司登”作为一个自主的羽绒服品牌，才开始被当成一个主营业务，正式大规模地向市场推广。而到 2010 年，波司登集团全年实现销售收入 158 亿元，同比上升 43.6%。2011 年揭晓的中国最有价值品牌排行榜上(100 名)，波司登以 206 亿元的品牌价值居列纺织服装行业首位。

短短 18 年，为什么波司登能成就如此品牌地位？回想 30 多年前，小伙子高德康(微博)还是山泾村缝纫组的组长；而自 1993 年后，将波司登打造成世界名牌的梦想，高德康正在一步步实现。他从他的历练中提炼出 20 个字：不怕困难，不怕委屈，敢于创新，追求卓越，永争第一。这 20 个字成了波司登的指导方针。

短短 20 个字里，隐藏着成就波司登品牌的奥秘，那就是企业家精神。正是凭借着这种精神，波司登才可以让人们领略到一个中国制造的品牌是如何在国际市场中挺起脊梁的，正如中国工业大奖所强调的科技创新、注重产品质量、中国制造、弘扬民族品牌及体现转变经济增长方式等亮点一样。

2. 三大创新：设计理念、面料工艺和管理机制

作为中国纺织服装行业的领军品牌，波司登依托面料、设计、款式创新，多次引领行业的重大变革，不断夯实企业的市场地位。最初，羽绒服厚厚笨笨的，穿起来像面包，因此被称为“面包服”。1994 年,高德康大胆实践,把羽绒服的含绒量从过去的 50%～60%提高到 90%,虽然含绒量高了,但衣服薄了,用料少了,成本没有增加,而且衣服穿在身上,既保暖,又漂亮。这样的羽绒服在市场上一炮打响,由此引发了我国羽绒行业的一场革命,波司登也从此坐上了我国羽绒服行业的第一把交椅。

2001 年,波司登又发起了一场轰轰烈烈的防寒服绿色革命——利用天然、轻盈、温暖的羽绒,配合吸热、透气、隔色、防水、防污染的绿色环保面料,通过简洁的收敛式裁剪、功能性的工艺处理和丰富的色彩组合,将自然与时尚完美地结合起来,充分迎合了现代人对绿色健康的要求。

而在 2003 年“非典”时期,波司登因势利导,于 2003 年 9 月率先推出具有国际领先水平的“生态抑菌绒”,在危机时刻又一次给行业带来了希望。

2004 年,波司登又使中国羽绒服进入纳米抗菌时代。其纳米抗菌羽绒服采用了纳米“三拒”(拒水、拒油、拒污)面料和纳米抗菌羽绒,成为 2004 年冬季羽绒服市场的主流,创造了一周内销售 3 亿元的历史最好纪录。“款式设计和面料是要相结合的,经常对两者不断地开发、创新,产品就会很独特,吸引消费者购买。波司登每年都会有许多新的款式、面料出现,多少年来消费者已经对这个品牌有一定的信任度了。”高德康说。

事实上,吸引消费者的不仅是产品创新,波司登还通过发布防寒服流行趋势来引导消费潮流。在国际时装周,至 2011 年波司登已连续 15 年代表中国向世界发布防寒服的流行趋势,带动中国防寒服行业不断走向时装化、休闲化,慢慢将这个消费市场做得多元。这样,即使有风险,在创新的基础上也会小得多。羽绒服作为防寒产品,其销量跟天气有密切关系,对羽绒服销量考验最大的是暖冬。例如,冬季里,有的年份可以销售三个月,有的年份只能销售两个月甚至一个半月。但通过产品创新和对市场的引导,波司登现在可以每年销售四个半月:9 月份先推销薄的小件,天再冷一点就推销夹克,然后推销中袍,最后推销长袍。

当秋天人们开始套上羽绒马甲,或是年轻男女穿着时尚艳丽的羽绒服行走在冬天的街头时,你可以看到,现在羽绒服产品的时装化更加鲜明,甚至已打破了季节的局限,这不但给产品设计提供了更大的创新空间,也拉长了产品的销售周期。

一年暖冬,有的小企业陷入困境,但波司登做得反而很好,并且是历史上做得最好的一年。“因为我们有创新。”高德康说,“设计理念的创新,面料工艺的创新,管理机制的创新,这三大创新,解释了我们为什么能够 16 年在行业第一的位置上并且在全国范围内遥遥领先。”

对于创新,高德康认为:“其实创新无处不在。好多创新可能在细微之处,看不出来,但在每天的工作日里有创新,人家没有做到,你做得比人家好,那就对了。”但创新也是有法则的。在波司登,创新建立在整个团队里,团队成员都以市场为导向,整体发力。如果只是单个成员具有创新意识,那是没用的,必须整个团队都有创新意识。另外,创新必须有正确的方法,这个方法就是:基于一个细节或者是一个简单的做法,不断坚持,不断深化,不断改进。“什么叫创新?就是一个简单的东西不断做,不断做,慢慢就是创新了。”高德康强调。

3. 人力资源管理方式的创新

2012 年 3 月 12 日,全国人大代表、波司登国际控股集团董事长高德康做客新华网两会访谈,与网友谈“波司登品牌的国际化进程”。

主持人问:无论是什么产业,都离不开人才的支撑,对于引进人才、留住人才,您觉得企业应该做些什么?

高德康:这几年我们听到很多企业都在说,要“以待遇留人”“以发展留人”“以情留人”。一个企业、一个品牌,是需要靠人才的支撑才能发展起来的。一个好的项目,如果没有人才,不可能做好,结果往往会赔钱;一个不好的项目,因为有了人才,可能会做好,即使赚不到大钱,也不会赔钱;一个好的项目,又有了好的人才,才能真正赚大钱。所以我们一直强调项目和人才的组合,人才是其中的关键。

我们这些年也一直在思考,怎样才能做到“人尽其才、才尽其用”? 这几年来,我们一方面坚持创新人力资源管理方式,构建学习型团队集体,舍得员工培训晋级,营造引才、育才、聚才、用才的良好氛围,在自己的员工中发现人才,培养人才;另一方面,坚持把专业的人才用到专业的岗位上去。我们始终坚持把员工利益放在首位,关心职工个人发展,改善员工生活环境,提高工资福利待遇,让员工在企业工作无后顾之忧。我一直强调,与其到招聘现场使出浑身解数招人揽人,不如从现在开始就善待自己的员工,提高员工,让员工与波司登同步成长,使他们在波司登工作的几年,也是不断培训和提高的几年,从而实现企业与员工的共同增值,共同成长,实现共赢。

4. 企业家创新精神

从裁缝到大型上市企业集团的董事长,高德康的历练无疑具有传奇色彩。2007 年 1 月 5 日,高德康当选“2006 CCTV 年度经济人物”。在录演现场,高德康作为嘉宾接受了财富论坛主持人陈伟宏的“刁难”,在现场为另一位主持人董卿用 10 分钟制作一件礼服。在此过程中,他并未使用皮尺,凭借眼力就把董卿的身高、三围加上肩围和领围,甚至体重和血型都说出来了。这就是高德康的“专业”和眼光。

高德康的老家在江苏常熟,1976 年,他发起成立本村的一个小缝纫组并担任组长。那一年他 24 岁,已是那一带有名的裁缝,干活又快又好。那时,农村人穿的衬衣,别人做一件需要 48 分钟,但高德康只要 25 分钟。一天 8 小时下来,他可以做两件棉袄,两件罩衣,一件衬衫,而别人需要两天。他的秘诀,就是熟能生巧——这也是他感悟的创新之道:熟就是对细节精熟,巧就是改进和创新。

为什么波司登能有今天? 这,就是基因。缝纫组成立那会儿,苏南的小服装厂可谓遍地开花。这样一个小不点的村缝纫组当时最重要的是“先活下来”,于是高德康利用常熟与上海区位临近的地理条件和上海这个中国最大工业城市的优势寻找加工业务,挨家挨户地联系活儿,即便只是几件衣服的单子,他也如获至宝地按时完成,加工质量也不错。就这样,他的名字传开了,业务也逐渐增多。

创业初期,高德康往往同时肩挑几个角色,除了联系业务,还负责原料采购、生产,甚至是物流——常熟到上海 70 多千米,那时企业连个摩托车都没有,只能依靠自行车来回运送原料和产品。于是在 204 国道上,高德康骑着自行车驮着一百多斤的货物,风里来,雨里去,经严寒,历酷暑。

高德康后来在回忆创业艰辛经历时说,当时我们厂规模很小,但志气不小。在为上海企业做加工业务中我们虚心学习,学到不少优秀的管理经验,特别是质量管理上的一丝不苟和工作安排上的严密周到,对我们启发很大。我们从模仿中起步,“他为我用”、不断学习,为我们自己创业打基础。

为上海企业做加工,也锻炼了高德康的意志,提升了自己的悟性。那时,高德康每天要从村里往返上海购买原料,递送成品。从村里到上海南市区的蓬莱公园,有 100 千米路。高德康骑自行车每天要跑个来回，有时货品多，高德康就挤公共汽车，背着重重的货包挤上去，再挤下来，累得满头大汗。遇到上班时间，公共车挤得不得了。当高德康背着货包好不容易挤上去，车上的人闻到一身臭汗，就把高德康往下推，有一次把高德康的腰都扭伤了。有时候他们还要骂一句：你这个乡下人，乡巴佬。高德康生气得不得了……在这样的痛苦面前，高德康有时甚至考虑还要不要和上海人做生意。但是不去上海，家里就没有活干，吃不上饭。只能上，乖乖地上。高德康后来说："做生意龙门要跳，狗洞要钻，没办法的，只能受点委屈。"

1992年，邓小平同志"发展才是硬道理"的南方谈话，让高德康感觉到一个新的时代即将来临，于是先后投入2 000万元，兴建了占地7万平方米的现代化厂房和办公大楼及其他配套设施，引进了当时国内较为先进的生产流水线，使生产规模和生产能力一下子扩大了三四倍。企业更名为康博集团。

1993年年底，康博结束了贴牌加工的历史，开始全力推广自己的品牌——"波司登"。由于没能把握好市场的脉搏和规律，只是凭自己的感觉购回原材料并投入生产，1994年一年生产的全部23万件羽绒服，在冬天快要结束的时候仅卖出了10万件，积压在仓库里的羽绒服价值总计达2 000多万元。这对于起步阶段的波司登无疑是致命的灾难。更为雪上加霜的是，银行的800万元贷款到期了，银行又上门催账了！

"每天晚上都睡不着觉，当时，真是上吊跳楼的心都有啊！"回忆起当时的情景，高德康仍不禁感叹。"我一人死了一了百了，可是还有好几百人等着吃饭，就觉得我必须为他们负责，为企业负责。"幸好后来通过反季节甩卖，获得800万元的回笼资金，渡过了难关。

总结教训，高德康决定：第一，销售上放弃代理制，以在当地建波司登贸易公司为主，这样可以掌握市场的主动权；第二，要大量引进专业人才，尤其是成熟的设计人才、品牌策划人才、管理人才、销售人才等，要花大本钱。

此次失败也敦促高德康在羽绒服产品上做出改变。他大胆实践，把羽绒服的含绒量从过去的50%～60%提升到90%，由此引发了我国羽绒行业的一场革命。

1995年，波司登生产68万件，销售62万件，一炮打响。自此坐上了我国羽绒服行业的第一把交椅。

一路历练过来，高德康已是企业家高德康。他爱学习。当年企业还是一个村里的小厂时，他每天都会思考今天要向上海企业学点什么，为此，经常到睡不着觉的地步。为了一些想不明白的问题，他还特意跑到北大、清华上了一年学。他说："我总是在听人家讲，听了以后抓住要害，再在实践中去检验，到最后看结果，看到底是不是真的。"无论时间多么紧张，他每个月都一定要集中3天时间学习，把自己的思路理顺。"不一定整天忙得不得了的领导就是好领导，你必须把思路理顺，考虑这个企业未来的发展。"

他喜欢反思。"忘记过去意味着背叛，一个人到了反思的时候，他将进入一个伟大的起点。"他认为这句话非常有用。后来他的事业做大了，波司登也成了中国羽绒服第一品牌，自己也变成了千万、亿万富翁了，每天思考、总结的习惯一直保持着。他认为，一个人没有去总结，没有去反思，就不可能获得发展和创新。

他经常说，一个企业家应该看未来想今天，千万不要用历史做法来解决今天的问题，而应该是从中提炼某些精神和经验，融合到现在的管理团队中去检验。更要紧的，还是要用创新的东西来解决今天的问题。

他喜欢第一。纺织行业里他是第一个CCTV年度人物，波司登也是纺织行业里的第一个世界名牌，工业大奖是国内消费品领域唯一的一个，纺织服装协会给评的“领军企业”也是唯一的。他觉得这些都是他要拿到的东西。“不是唯一就是第一，那就是我的目标。”

他喜欢开车，更喜欢超越的感觉。1995 年，他从厂里到上海半个小时，现在没有打破纪录的。他把驾驶中的速度和超越当成一种享受。曾有一次，他开车都到工厂门口时，有一辆车超过了他，他没有转向进厂里，而是直接向前开，直到超越了这辆车才调头回厂。他说，当你把做一件事情作为享受时是不累的，永远会有一种激情。而且开车的时候，需要思维反应快，尤其开快车超车时，需要判断能力。

企业家的眼光是稀缺资源。给人做代工时，他就感受到了品牌的力量。早在 1997 年他就在国外大范围注册了波司登商标。1992 年邓小平南方谈话是机遇，1998 年金融危机也是机遇，一方面国外消费者会更青睐波司登的产品，另一方面波司登收购那些优质品牌的机会也更多。很早在央视天气预报黄金时段投广告，也是高德康的经营规划，央视这个品牌宣传制高点他是要上的，天气预报这个特别黄金的时段他也是要拿下的。他以他的无数行动来证明，企业家和老板是不一样的：企业家对国家、对社会有一种责任，而不是挣了钱去挥霍。

资料来源：波司登：短短 18 年为何能成就如此品牌.(2011-11-21). http://news.chinaventure.com.cn/47/20111121/69867.shtml.

思考题

1. 何为创新？管理学中的创新职能包括哪些方面？

2. 技术创新包括哪些方面？其贡献是什么？技术创新来源有哪些？

3. 波司登创新之路主要包括哪些内容？其贡献是什么？对你有什么启示？

4. 管理学中的创新职能在此案例中体现在哪些方面？您认为波司登还有哪些创新职能可以进一步完善或开发？

案例 18.2

创新是系统工程——不断成长的通润公司

1. 公司简介

苏州通润驱动设备股份有限公司，是电梯曳引机、电梯部件产品、驱动设备产品及高效永磁电机、螺杆空气压缩机主机的专业制造企业。公司自 1985 年 8 月开始生产电梯曳引机，目前拥有员工 530 余人，其中各类专业技术人员 140 余人，大专以上学历者超过职工总数的 50%，是“国家火炬计划重点高新技术企业”“江苏省高新技术企业”、国标《电梯曳引机》的负责起草单位。

通润驱动具有强大的电梯曳引机设计开发及生产能力，可以针对不同的电梯市场、按照不同的电梯标准，开发满足不同用户需求的曳引机，如亚洲系列、欧洲系列、北美系列等。同时，通润驱动累积了大量成功经验，全面推进产业技术创新。

作为电梯部件制造企业，在中国首建 83 米高、5 井道电梯试验塔，使曳引机的设计在试验中得到充分验证。

通润驱动以独有技术，将研发成果从试验室带到市场，所生产的电梯曳引机产品被成功应用于北京"鸟巢"等诸多世界经典工程。

通润驱动全面采用ERP的管理系统，企业运行高效、准确。在全球主要电梯市场的十几个国家和地区，通润驱动都设有服务营销中心，为客户提供强大的技术支持和迅捷的售后服务。

通润驱动将努力打造世界一流的电梯曳引机专业制造基地，成为中国最优秀的电梯部件集团，为更多的全球顾客提供优质产品的个性化配套及全方位服务。

2. 通润公司的掌门人

张鹤，1973年6月参加工作，高级经济师。1975年4月进入常熟市千斤顶厂工作，1988年任该厂电梯经营部副主任，1991年任常熟市电梯曳引机厂有限公司总经理，2006年任江苏通润机电集团党委书记，2006年任江苏通润驱动设备股份有限公司董事长兼总经理。

苏州通润驱动设备股份有限公司是电梯曳引机、电梯部件产品及其他驱动产品的专业制造企业、"国家级火炬计划重点高新技术企业"、国内电梯曳引机行业龙头企业、全球最大的曳引机制造商。自2005年以来，产销量始终保持全国首位。

自1985年第一台电梯曳引机下线、1989年公司前身"常熟电梯曳引机厂"成立至今，苏州通润驱动凭借着"不畏艰难的拼搏精神、不断发展的创新精神、务实精细的科学精神、立足世界的竞争精神"创造出了一个又一个辉煌：1998年研发永磁同步无齿轮曳引机，1999年进军国际市场，2001年节能环保永磁同步无齿轮曳引机诞生，2003年引入海外合作伙伴，2007年组建股份制公司，2008年研制新型混合动力曳引机、起草"电梯曳引机"国家标准、高端曳引机批量进入北美市场，80 000台电梯曳引机新工厂和4 000吨高品质铸件新工厂相继开工建造……张鹤带领公司全体员工一步一个脚印地创造了公司的辉煌，即使面对2009年金融危机的冲击，公司依然保持着持续增长的良好势头，实现年销售额近8亿元。

张鹤是一个满怀激情、锐意创新、忠诚事业的实干家。"做企业就是要认定方向，下定决心，全力以赴。"在通润工作多年，张鹤见证了从无到有、从小到大、从弱到强的艰难发展历程。这么多年，员工在他身上看到的是创业的激情、钢铁般的意志和使命般的责任。他提出"对顾客提供一流产品、一流服务；对伙伴合作双赢、共同成长；对股东高度负责、长效回报；对员工学习培训、成就自我；对社会注重环保、回馈大众"。在他的带领下，公司先后建立了省级工程技术中心、省级技术中心、省级研究生工作站，拥有世界一流的生产流程和各种试验检测手段，实施专利战略、精品战略，不断设立追赶国内外先进技术的目标及相关的技术创新项目课题，形成了多层次、全过程的技术创新体系，使科技创新渗透到各个环节，科技创新的产出和应用不断加速。公司已获得国家专利40项，其中发明专利4项，目前正在申请美国专利2项，自主知识产权实现产品全覆盖。

张鹤是一个复合型领导干部，在经济管理岗位成绩斐然，在党务和政治思想工作上也建树颇多。他担任集团党委书记后，不断向党校老师学习，提高对党的理论的研究、理解、执行能力，他说"只有把政治思想工作与企业的经济建设结合起来，才大有文章可做""政治工作不是务虚的工作，只要用心把企业、员工关心的热点、焦点解决了，就有干不完的工作"。几年来，他把学习型企业打造、规范化企业打造、干部团队打造、工青妇工作建设作为企业的软实力培育，并把自己的工作心得和成果在市属工业、非公民营企业宣传推广。张鹤还带领员工积极参与慈善公益事业，在“5·12”四川汶川和“4·14”青海玉树大地震发生后，公司捐款60万元，并组织员工参加捐款活动。2009年春节，张鹤加大帮扶力度，开展“阳光送温暖”活动，对患重大疾病及困难职工进行逐一慰问，把千元慰问金和过节物品送到每一位困难职工手中。公司还对结对社区——常福社区的11户残疾困难家庭和公司两位残疾员工进行慰问，使他们充分体会到社会的温暖。

公司为地方经济的发展做出了贡献，也获得了一系列荣誉：江苏省名牌产品、省高新技术企业、全国电梯配套件质量评价1991—2008年连续七次用户满意企业、2008年全省机械行业企业文化建设先进单位、2009年度机械工业管理示范企业等。张鹤个人也受到了社会的肯定：荣获第四届(2007—2008年度)全国机械工业优秀企业家、2008年度常熟市“十佳”非公企业党组织书记、2009年获“全国机械工业优秀企业家”等一系列光荣称号。

3. 通润公司的企业文化

历经国内外市场的艰苦磨炼，铸就了鲜明的通润品性：创新设计，精细制造，为全球客户提供一流产品，一流服务。日臻完美的通润产品，就是不断创新与精细的结晶。“拼搏、创新、科学、竞争”这是构筑通润伟业的精神基石，也是凝聚千名通润员工的企业精魂！面对21世纪的呼唤，通润人立足现实，注目未来，以全新的姿态，迎接新时代的挑战。通润公司提出：“我们将一如既往与各位伙伴精诚合作，携手奋进，共创明天。我们将以人为本，加快实现现代化管理，实施名牌战略。主副并举，内外并重，工贸结合，发展贸易，为把企业建成跨国经营的小巨人集团而努力奋斗。”

4. 通润公司的产品概况

公司目前批量生产5 000千克、8.0米/秒以下的永磁同步无齿轮曳引机及蜗轮蜗杆曳引机及其他电梯部件。产品性能优异，各项技术指标经国家电梯检测中心检测，均达到国家及认定方优等品水平，产品行销全球，除出口至日本、泰国、马来西亚、韩国等亚洲国家和地区外，目前已大批量进入欧洲、北美及南美市场。自2000年开始生产永磁同步无齿轮电梯曳引机以来，公司已开发出亚洲系列、欧洲系列、北美系列等多系列100多个规格型号，面向全球的曳引机产品，使企业具备了强大的发展后劲。

5. 通润公司的创新科技

公司长期以来重视科技创新及技术研发投入，已拥有国际先进的曳引机专业理论和各项研发、生产技术。公司是“国家火炬计划重点高新技术企业”“江苏省高新技术企业”，公司产品多次被评为“江苏省高新技术产品”、国家科技部“国家级火炬计划项目”“国家重点火炬计划项目”、中国国际专利与品牌博览会“金奖”等。此外，公司在产品研发、生产上具备较强的技术优势。公司是“电梯曳引机”国家标准计划项目的唯一负责起草单位。目前，苏州通润驱动设备股份有限公司自主研发的地铁用扶梯曳引机进入小试阶段，明年有望批量投产。该产品具有驱动功率大、运转效率高等特点，填补了国内同类产品空白。今年以来，通润驱动公司已开发出10个新品系列，新增发明专利2项。依托科技创新，公司在同行业中牢固占据领先地位，成为全球最大的电梯曳引机制造商。目前公司产品国内市场占有率超过20%，全球市场占有率达13%。

新产品——PMG稀土永磁齿轮高速传动电梯曳引机投放全球市场后成为公司新的销售增长点。与普通电梯曳引机相比，该产品生产所耗资源可节省50%，工作效率可提高10%。进入批量生产后，第一批次93台新产品立即被海外客户抢购一空。目前，通润驱动公司自主研发新品达46个系列、453种规格型号，拥有国家专利36项，其中发明专利3项。

通润公司不断的产品创新源于公司有完善的技术创新流程，如图18-1所示。

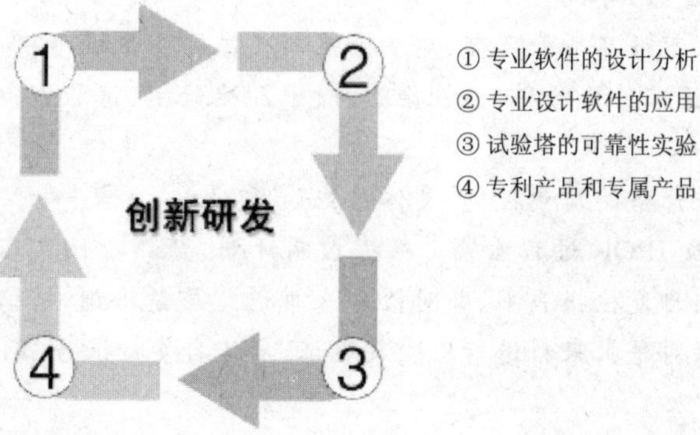

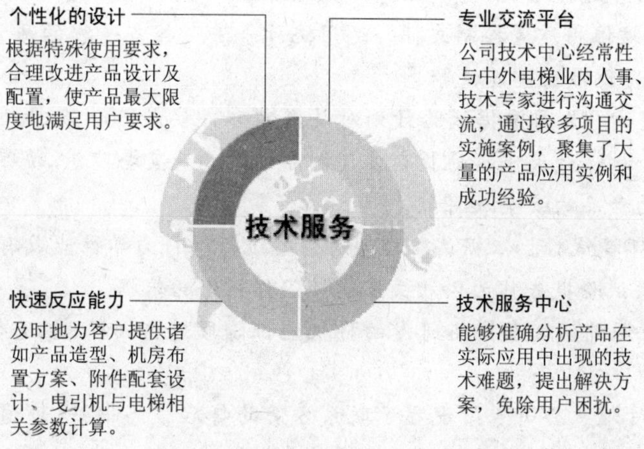

图18-1　通润公司的创新流程

6. 通润公司的质量体系

(1) 质量控制体系。公司经营一直坚持以用户满意为核心的理念，向用户提供超出意想之外的低成本、高质量的产品和服务，是企业不断追求的目标，同时也是企业为了能够实现世界品牌战略目标、获得持续性收益的途径。

公司早于1997年就通过了北京华信的GB/T 19001和ISO 9001质量体系认证，建立完善了从产品设计、采购、生产、交付至服务各环节全过程的质量控制体系及体系文件。公司配备有国际先进的检测设备及检测仪器，采用IQC、IPQC、LQC、OQC、QA、寿命试验、材料试验、环境试验、型式试验及国外认证等多种方法进行产品各过程的质量检测，确保最终产品的品质及安全性。

公司产品执行GB 7588—2003《电梯制造与安装安全规范》、95/16/EC欧盟安全指令、EN81—1《电梯制造与安装安全指令》、ASME A17.1《电梯与扶梯安全指令》、特种设备行业检验规则及企业标准。公司的产品全部具有国家机构的型式试验检测证书及报告，还具有欧洲CE、北美CSA、韩国EK-Mark等20多项国际认证。产品质量得到了电梯行业多家跨国巨头的认可。

(2) 质量控制流程。公司产品的质量控制文件包括FMEA、工艺流程图、控制计划、作业指导书、检查基准书、试验计划、统计手法应用(包括CPK工序能力指数分析、R&R量具的重复性再现性测量、结果公布)等。

公司质量控制体系下设品质管理部、质量检验部及售后服务部,品质管理部设质量管理科及计量室;质量检验部设零件检验科、整机检验科、出厂检验室、试验室;售后服务部设服务中心及现场服务科。

公司对各过程实施严格的质量控制,具体措施如下:

① IQC来料检验及IPQC过程检验。根据控制计划、产品特性及客户要求,编制了整套的零部件检查基准书及自复检报告书,并对检验人员进行质量培训,持证上岗。IQC及IPQC依据零部件检查基准书对每批来料进行检验及验证、确认自复检报告书,确保零部件的产品品质及人身安全。

② LQC线上检验、OQC出厂检验。根据控制计划、产品特性及客户要求,完善了各产品的检验作业指导书,并进行培训,持证上岗,严格监控产品的性能品质及出厂交付质量。

③ QA质量稽核依据质量控制文件。运用统计手法监控各过程的质量指标和趋势、工序能力指数及量具的再现性及重复性等。

④ 寿命试验测试。公司依据试验计划对关键零部件实施500万回以上的长时间寿命测试,确保整机的安全性。最大限度地提前发现制品的质量及安全隐患,提早发现问题以及时改善,确保交付客户的产品的安全及可靠。

⑤ 材料试验、环境试验。依据试验计划对需要进行材料力学性能或有环境要求的零部件进行试验分析,提供试验报告作为供相关职能部门作判定的依据。

⑥ 型式试验及国外认证在产品研发的样机验证阶段进行,对产品进行符合性试验,作为批量生产的依据。

(3) 售后服务管理。公司专门设置了联系方便的售后服务中心,可通过传真、电话、邮件和网站等多媒体方式来联系,满足不同的客户对电梯曳引机的安装、使用、维护和维修的需求,提供整体解决方案,包括客户要求的同其他电梯配套件之间的配合方案等的全方位整套服务。售后服务中心构成了企业一个唯一的满足客户需求和提供服务的窗口,同时又设立了现场服务科和覆盖全国各地的售后服务维修网点,以及日本、韩国、马来西亚、中东、欧洲、加拿大、南美等代理服务点。

依托专业的售后服务管理软件,配备了专业的售后服务管理人员及售后服务维修人员,针对顾客的抱怨努力做到响应及时、判断准确、维修到位,服务质量符合顾客期望。

售后服务中,备件是顾客服务体系的一个重要的资源,公司应用安全库存、总体库存平衡、备件计划等,由系统跟踪备件的生产和发货过程,缩短用户的等待时间,严格系统化管理备件的使用,避免虚假信息、预测的不准确造成备件的呆滞和损失。

公司清楚顾客服务不仅仅是向用户提供一个高效、优质、低成本的服务,同时也是改善产品质量、降低更多的服务成本的过程,因此质量改善是非常关键的因素。质量改善与产品的设计、采购部件的质量和生产质量都有关系。

(4) 质量荣誉。从1996年以来,连续六次"企业产品、售后服务"在全国广大用户评价中榜上有名;获2002年中国质协建设机械行业分会"用户满意先进企业";获2003年中国质协建设机械行业分会"满意产品、满意服务、特别奖";获2004年中国质协建设机械行业分会"质量效益型先进企业”;获2005年中国机械工业联合会“机械工业管理进步示范企业”;获2006年机械工业质量管理协会“全国质量效益型先进企业”;获2007年江苏省“标准化良好行为企业AAA级企业”。

7. 通润公司的人力资源管理

(1) 人才理念:“以人为本、构建和谐企业”是通润驱动公司的核心价值观。

公司始终坚持“科技是第一生产力”和“人才是第一资源”的基本原则。在人力资源管理的宗旨方面,“忠诚聘用”不仅表达了公司用人的原则,更反映出公司对员工努力工作并无私奉献的绝对信任。培养一流的人才,铸造一流的企业,实现员工与企业的共同发展。

(2) 各种形式的培训活动。成长培训:公司深信,通过对员工的不断培训,可以提高其工作效率,以便负起更多的责任并使公司及员工的工作令人满意。新员工培训:企业文化、职业道德、技术品质、安全环境等岗前培训。职业培训:办公软件、管理技巧、商务礼仪、职业技能等。各类培训:员工可挑选参加公司或其他学习机构组织的讲座和各种课程,包括学历和技术培训。

(3) 为员工创造丰富多彩的业余活动。企业不仅以事业留人,更要感情留人,留住员工的心比金子都重要。为了使员工以厂为家,历年来企业举办了各种新式的活动,包括通润驱动员工在“通润之光”文艺汇演、“迎五一”安全生产知识竞赛、新春茶话会、篮球队比赛、羽毛球比赛、自行车比赛、五四献血活动、职工摄影书画活动展、演讲比赛、消防演习。此外企业还组织了井冈山党员活动、南湖革命摇篮之行、党员先进性教育心得体会看板和优秀共产党员的先进风采等活动,这些活动提高了企业的凝聚力和向心力。

思考题

1. 影响创新的因素有哪些,请从环境和企业内部的角度分析。
2. 对于通润公司,其创新的主导因素体现在哪些方面,或者哪些方面的因素起主要作用?
3. 从多角度阐述通润公司的创新发展活动,包括领导人、企业文化、人力资源、创新管理等。
4. 您认为通润公司目前的创新活动还存在哪些不足? 哪些方面需要进一步完善或改进?

案例 18.3

张瑞敏畅谈创新战略

2001年,海尔集团实现全球营业额突破600亿元,出口创汇突破4.2亿美元,同比增长50%,被《福尼斯》杂志评为世界十大白色家电制造商的第六位,据欧洲Euro monitor的统计公布,海尔冰箱在全球冰箱品牌中排名第二位,海尔洗衣机名列第三。作为业界领袖,成就海尔的并不只是在家电业创造的产销业绩,而是海尔的创新思维。

4月19日,天气温暖宜人,这一天,海尔首席执行官张瑞敏被首都经贸大学聘为客座教授。在阶梯教室一片热情洋溢的气氛中,张瑞敏面对众多的学生、教师和记者,面对镁光灯闪烁的长短镜头，走上讲台，做了“创新是海尔持续发展的不竭动力”报告，报告详细介绍了海尔在发展中的创新战略。张瑞敏镇定自若、侃侃而谈，一个个经典的创新战略、一个个鲜活的创新事例由他娓娓道来。

1. 战略创新是方向

现在，我们在国际市场上实行的战略是以创国际名牌为导向，而不同于其他企业是以创汇为导向。在改革开放的最初几年，中国外贸过分注重创汇。就当时的背景，单从参与国际竞争的角度来讲，这完全是对的。那时完全以创汇为主。在国家补贴之下，只要你满足换汇成本，就能够出口，哪怕是去摆地摊。这种做法到最后造成中国不可能有自己的国际名牌，而现在世界市场是名牌的市场。从这个角度出发，我们采取的策略就是自己的产品不仅要创汇，更重要的是要在国外立起来。具体实施上，我们制定的是一个先难后易的战略，这又不同于中国其他企业采取先易后难的做法。他们是先去东南亚比较穷的地方，比我们穷的地方，那里的人不会挑剔，也没有技术认证；而我们却是先难后易，这样做是为了增加我们产品的竞争能力。我们先到美国、德国和欧盟——到这些国家去是比较麻烦的，没有一年甚至更长的时间，是很难进去的。我们知其不可为而为之，最后取得了成功。

我们的产品到德国，花了差不多一年的时间，非常艰苦。最后一个项目，把冰箱吊起来，像洗淋浴一样，所有地方都喷上水，喷完之后通电，看会不会漏电，非常严格。但对我们来讲，很有好处，它可以提升我们的竞争力。我们通过了德国的认证，但产品在德国销售时销售商不接受，因为在这里中国货都是低档货。德国人说，不要说中国货，就是日本的冰箱在德国都没有市场。为什么呢？因为德国是一个老牌工业强国，他们对自己的东西有一种自豪感，对别人的特别挑剔；而我们是按德国的要求做的，我们100%保证海尔冰箱绝对没问题。因为他们不相信中国产品，我们就做了一个实验：把我们的冰箱和德国的冰箱摆在一起，都把商标撕掉，让经销商选，看能否挑出哪个是我们的，哪个是他们的。如果挑出我们的那台恰恰是不好的，就说明我们的产品确实需要改进。25个经销商，挑了半天也没有挑选出来，我们就把我们的冰箱拉出来说，“这就是我们做的，您再仔细看有没有问题。”看了之后还是没问题，他们就接受了。

在美国设厂的时候，有人在媒体上发表一篇文章，题目叫《提醒张瑞敏》。文章说，别的企业到美国投资都不成功，海尔去了也很难成功。这个提醒，应该说是善意的。但对海尔来讲，为什么还要到美国去？美国的劳动力很贵，每小时要10美元，这还是没有任何技能的工人的报酬，比国内要高得多。但海尔认为，必须这么做，特别是在加入WTO以后。由于这种知难而进的创新战略，我们在美国也取得了成功。同样在日本、欧盟都是相似的情况。

2. 观念创新是先导

企业要发展，观念的创新也很重要，观念的创新是企业能够健康运行的先导，有了观念创新，企业就能有好的开端，观念的创新能够将企业的优势发挥出来。拿砸冰箱这件事举例来说，为什么要砸呢？那是因为，当时人们在观念上对产品质量不重视，我们砸冰箱是为了提高产品质量，在观念上创新。

当时，有一个用户找上门来，说海尔冰箱买回去，刚一用就发现有很大的毛病。我说你到仓库去挑吧，当时仓库内有400多台冰箱，他挑了好多台但没有一台满意的。他走了以后，我就叫人把余下的所有冰箱检查一遍，检查后发现总共有76台冰箱存在不同程度的缺陷。这些冰箱，可以便宜处理给职工或关系户。但我说这个冰箱如果处理了，买回家后再产生问题，还要来找工厂；另外，如果你今天能处理掉这76台，等于给后边的760台、7 600台有问题的冰箱都开了通行证。从这个角度出发，绝不能让这76台冰箱存在。“有缺陷的产品就等于是废品”，这个概念提出来在20世纪80年代中期很难被大家接受。那时的冰箱有一、二、三等品，因为物资紧张，没有人重视质量，就算是等外品、处理品，一般也都能卖掉。正因为如此，我认为这些有缺陷的冰箱一定要砸。有人说，不砸也可以，还可以用别的方法来教育工人。但是当时必须要实行强制，必须要有震撼作用。

我首先要求所有的人都来参观。然后要求谁做的这个冰箱谁自己把它砸了。许多老工人都流泪了，因为那时候，工人都开不出工资。我来到这个工厂时，一开始的几个月，都是到农村生产大队去借钱。借到第四个月份，人家怎么也不肯借给我们了。就在这种情况下，我说即使我们明天没有钱也必须把它砸了，因为如果我们放行了这些产品，就是放松了质量意识。通过这件事我们扭转了一种观念，不是可以使用的产品就能出厂，而是有缺陷的产品就是废品。

通过这次非常大的震慑效应，改变了人们的质量观念，可以说，海尔在非常困难的情况下，通过创新观念的转变，先抓质量后发展起来的。这件事对我们现在创国际名牌也起了很大的作用。

3. 市场创新是目标

现在，市场上家电又开始大打价格战了，他们把这叫作“让利不让市”。其实从本质上来讲，让利以后，不一定能得到市场；光靠降价，更不可能把所有的竞争对手都打垮，所以要积极创造机会。我们要市场创新就是在市场上提倡制定我们自己的竞争战略。哈佛大学的波特教授在《竞争战略》一书中介绍了3种竞争战略：一个是成本战略，一个是标新立异战略，还有一个是市场激励战略。我们采取的是标新立异战略。在市场上我们所做的就是尽量适应消费者的要求，不断地创新，不断地适应，所以我提出一个观点，就是“只有淡季的思想，没有淡季的产品”。每一个产品，每一个厂家，都有一个淡季和旺季，怎么应付这个问题？海尔提出如果你认为你有一个产品淡季，那么，在此期间你将无所作为，你会认为这个时候停产或减产都是理所当然的。我们兼并青岛洗衣机厂时，碰到的就是这种现象。这个厂兼并过来的时候，他们就认为遇到了一个淡季，所以销售人员都没有走出去，都是在家里销售，也就是在家里等待。但我说，这个时间表面上看起来是淡季，但是如果我们不把它看作淡季，那么就能创造市场，就能创造出不是淡季的淡季。由此我提出了开发适应淡季销售的产品的要求。现在市场上出现的“小小神童”洗衣机就是在这种情况下产生的，这个产品的容量是1.5千克，而现在市场上销售的洗衣机容量一般都是5千克。一般认为，洗衣机的淡季就是从6月份到8月份，也就是说，最热的季节是洗衣机销售的淡季。其实这个季节是人们最需要洗衣机的时候。人们认为是淡季是因为产品没有适应市场，洗衣机的容量太大，一天一件衬衫脱下来，不可能马上丢到洗衣机中，干脆不用洗衣机，小到一双袜子，大到两三件衬衫都可以洗。

市场创新的观念是非常重要的。如果没有这种观念，没有这种思路，就不可能做出这个产品来。在市场开发的过程中，企业还应该为基层技术人员提供创造市场的宽松环境，使技术人员增强技术创新，将技术充分发挥到市场上。

4. 技术创新是手段

技术是产品的支撑，技术就是生产力，技术创新能够使企业达到领先一步，使企业在竞争中处于有利地位。海尔自始至终都在进行着技术创新。也正是由于技术创新的支撑，海尔的竞争力才越来越强。

“小小神童”洗衣机开发出来之后，首先在上海销售，情况非常好。后来又到北京，到其他各个地方，后来大量出口韩国和日本。日本的一个老板对我说："我们董事会开会的时候，曾经定了一个决议，就是要开发这种小洗衣机。但是，当时我们的技术人员研究后说这种洗衣机不能开发。为什么呢？说是等于把大洗衣机的总体积给缩小了，做成小洗衣机，这样成本降不下来。技术人员说得有道理，只是没有从技术上更多地去考虑，就把这个提案给废弃了。不过你们这个结构是怎样开发出来的？"我说："我们这个结构与大洗衣机是不一样的。"他很感兴趣，围着看了半天。我看他那意思是想回去也搞搞，就告诉他，"你们现在已经没有潜力可挖了，我们那个洗衣机已经申请了 11 项专利，而且在日本也注册过了。"他说："算了，我们还是订货吧。"

前段时间，美国分厂经理 Make 跟我说，在美国，小冰箱脱销，国内发货给催一下。我觉得怎么会脱销呢？小冰箱在美国又不是什么高科技产品。带着这个问题，我派了几个技术人员到美国考察，那时，美国学校刚开学，因为海尔小冰箱边缘的弹面板像一个小桌子一样，而学生们租的房子面积很小，他们就用冰箱当作桌子用。受此启发，我们干脆又加一个面板把它做成折叠式，成了一个更大的"桌面"。虽然只是一点小改进，体现出的价值可想而知。

5. 组织创新是保障

组织创新就是组织自己的企业文化，要将创新建立在自己的企业文化基础之上。比如说，我们提出"吃休克鱼"的战略就是利用企业文化进行创新的结果。企业的兼并、重组，在国际上大概有 3 种类型。第一种类型是在技术含量不高的时候，主要以资本为基础，那个时候是谁有资本谁就把小的企业吃掉，大鱼吃小鱼；随着技术的发展，技术含量比较高的时候，就在于技术了，后来的也可以把以前比较大的给挤掉，这就是谁走得快，谁就可以吃掉大鱼；20 世纪 90 年代是鲨鱼吃鲨鱼，"波音"可以兼并"麦道"。在中国，这些都做不到。大鱼吃不了小鱼，小鱼吃不了大鱼，快的也吃不了慢的。为什么呢？就是所有制的问题。因为企业的产权是国家的，厂长并不对企业真正负责。只要能贷出款来，就可以有吃有喝，因此慢鱼不觉得慢，差的也不觉得差。真正要实行兼并是什么时候呢？死掉了以后。这时银行不贷款了，毫无办法，只好被兼并。死鱼不该吃，吃了要闹肚子，但是活鱼吃不到。有什么办法呢？正好吃休克鱼。这样的企业硬件比较好，但是软件不太好，管理不行。把这种企业吃下来之后，输入我们的企业文化，让管理把企业激活。我们兼并青岛洗衣机厂时，这个厂亏损了两亿三千万，它的净资产是一亿多一点，形势非常严峻。但是这个厂硬件非常不错，曾经在全国的洗衣机厂家产量排队中达到了第 4 位，很有潜力，所以我们就把它兼并了过来。

兼并过来之后，我们的做法和其他的企业有很大的不同。一般企业兼并另一个企业，派出去的第一个部门就是财务部门，先要搞清它的账目。但是我们派出去的第一个部门是企业文化部门。我们先找了他们原来的那些干部，告诉他们"海尔"的文化就是这样，具体到每一个人。我们告诉他们过去的问题在于关键的少数制约了次要的多数。从这个概念出发，青岛洗衣机厂原来的问题，不是广大员工的问题，而是你们在座的干部没干好。我说，过去不管你怎么干，我们都一笔勾销。从今天开始，以后出现的所有责任都在你们这些人身上。你们要承担很多责任，要付出很多，你们肯不肯干？肯干就留下，不肯干就算了。这首先使他们感到一种压力。随后我们采取了削减人数的做法，把原来的 108 个干部减少到了 49 个。

这个企业我们派了 3 个人去，一个做总经理，一个管销售，一个管财务。这 3 个人去了之后，没有投进一分钱，没有投进一台设备，没有增加一个新产品，到第 4 个月，就盈利 100 万。为什么呢？靠的是我们利用企业文化贯彻组织创新的结果！

6. 流程再造是活力

加入 WTO 后,国外大公司纷纷到中国抢滩争地,它们看中了中国这个现存的世界最大的潜在市场。我国企业和跨国大公司搞竞争,靠什么优势呢?在资产、技术、人才方面我们都没有竞争优势,我们唯一具有的优势就是速度。在当今网络技术时代,速度的优势也显得很突出。

海尔从 1998 年开始一直在做市场流程再造,即搞一个市场链的管理模式,来提高企业适应市场的应变速度。按照传统的经典式管理法,是一种直线智能的管理结构,像金字塔一样的模式——上面是最高领导,下面是一层一层下级——它的组织结构非常繁杂。一个在俄罗斯跨国公司工作的中国人对我说,他已经升到第三十一级了,我这样想,如果他运气好,一年升一级,升到第一级时也要 30 年吧,可见它的组织结构非常臃肿繁杂。这种繁杂的结构反应起来更是非常慢。海尔创建的市场链就是让"金字塔"倒掉,重新安置。为什么叫市场链呢?就是使每一个人都和市场结合在一起,我们做市场链提出了一个概念,就是让海尔中每一个人都成为 SBU(独立的事业单位),因此海尔明显提高了应对市场变化的反应速度!美国沃顿商学院的一个教授对我说,"你们的提法很好,你如果能让每一个人都成为 SBU,你们将成为世界上最好的公司。但是我告诉你,你们做不到。这是一个非常非常困难的事情。"我们一直在这方面发展,我们知道,在网络经济中,如果不发展,我们的反应速度跟不上,根本就没法在这个时代生存。现在,我们在市场链流程再造方面取得了一定收获,欧洲洛桑管理学院将它列为教学案例,欧盟商学院也将其列为管理案例,我们必须还要在发展市场链道路上努力探索。

资料来源:张瑞敏:战略创新是方向.(2001-05-20). http://business. sohu. com/11/87/article200948711. shtml.

思考题

1. 什么是创新?创新具有哪些特点?创新对于企业发展的作用是什么?
2. 海尔的创新具体体现在哪些方面?对您有什么启示?

案例 18.4

王安实验室与惠普公司:两种不同的变革方式

王安实验室(wang laboratories)以年销售额超过 30 亿美元名列 1989 年《幸福》500 家大公司的第 146 名。这一文字处理计算机的先驱者,在全世界范围雇有 2.7 万名员工。可就在 3 年之后,王安公司申请了破产保护。这时,王安公司的销售额已下降到 19 亿美元,员工人数为 8 000 人左右。公司遭受巨大的损失,其亏损额 1990 年达到 7.16 亿美元;1991 年为 3.86 亿美元;1992 年为 3.57 亿美元。公司的股票市场价值一度达到 56 亿美元,现在跌落到 0.7 亿美元。

再来看看惠普公司。这家计算机与电器企业在 1989 年出现了销售额锐减并多年来第一次经历了盈利下降局面。但是，惠普公司没有像王安公司那样步入大规模衰退时期，而是迅速走向引人注目的复苏。在员工队伍从 9.2 万人减到 8.9 万人(并没有实行强制性的解雇裁员)的情况下，公司实现了销售额的大幅回升。1992 年第一、二季度的盈利分别增长了 49%和 40%。公司的市场价值剧增到 190 亿美元以上。惠普公司到底采取了什么措施，使其取得了与王安公司截然相反的结果呢？

20 世纪 80 年代后期以来，计算机行业成了面临环境急剧变化的典型例子。它对像国际商用机器公司、数据设备公司和优利系统公司这样的大企业都造成了不利的影响。顾客需要已经从大型计算机转为小型机乃至更小的多用途的个人计算机。许多硬件成了日用品一样的商品，无论是低价的供货者，还是提供优质服务或持续创新的厂家，都可以加入争夺市场份额的行列。在这一时刻，王安公司管理当局的行动仍像他们在一个稳定的环境中运营似的。公司的创建者王安博士本人也没有意识到变革的需要。他自以为使办公室职员们从打字机时代中解放出来，就已经完成了办公室的革命。他和他的整个管理队伍没能看到，飞速发展的个人计算机已远远超过了王安的单功能文字处理机和价格昂贵的微型机。

惠普公司则走了另一条路子。其管理当局看到了环境的变化并全力推进公司的变革。他们给员工们授予了充分的权力，简化了决策制定过程，并大幅度削减了成本。虽然惠普公司仍然是一家大公司，但它的管理当局已经决定，绝不能使惠普公司成为行动缓慢者。高层经理们视察了全国的生产基地，收集了生产和销售第一线员工的意见和建议。他们所到之处听到的是对于公司官僚行政机构的普遍抱怨，以及新项目得到批准的重重困难。于是，管理当局对组织进行了重组。他们撤销了两个高层管理委员会，取而代之的是一种跨职能领域和组织界限的团队结构。工作团队被给予前所未有的从新产品设计到分销全过程的充分自主权。高层管理当局投入了大量的时间向员工们宣传，他们需要有一种高度的紧迫意识，要勇于采取冒风险的行动。同时，需要认识到，在竞争者不断削价的新形势下，仅靠提供优质的产品是不够的。管理当局鼓励员工们寻找全新的办法，使公司从研究开发到行政管理和销售各领域都能达到低成本。这些措施的结果，使惠普公司在其大部分产品的毛利都下降的情况下，得以取得了较高的营利性。

资料来源：王安实验室与惠普公司：两种不同的变革方式. (2012-11-25). http://www.doc88.com/p-993316866764.html.

思考题

1. 以变革的“风平浪静”观和“急流险滩”观来考察 20 世纪 80 年代后期的电子计算机行业。试问惠普公司和王安公司各采取了哪一种变革观？

2. 对比王安公司和惠普公司的组织文化，它们各自如何影响管理当局对环境变化的反应？

3. 惠普公司在 20 世纪 80 年代后期所采取的管理措施是否也适用于王安公司？请论证你的观点。

4. 惠普公司的经验如何集中反映了本章讨论的一些思想？

案例 18.5

张小龙谈微信的创新空间

最近，张小龙接受了新华社的一个采访——中国梦专题。话题围绕微信、围绕产品展开，张小龙回答得很直接和犀利。对于“微信创业与创新”这个2014年最大的话题，张小龙的这三句话不得不看。

(1) 如何化繁为简？张小龙常用的方法就是分类，很多产品都包含了数百上千项功能，如何在手机如此小的屏幕内让用户便捷地找到这些功能，就是分类所要起的作用。另外，究竟是靠产品本身驱动用户还是靠运营手段去拉动用户？太多人把精力放在后面这个方向了，做个产品马上就通过运营或者营销的方法把用户拉动起来，而我更希望先把产品本身做好，让用户自己驱动用户。

(2) 微信启动的是点对点的革命，对传统企业是个利好。每个企业都有自己的客户，他们需要一种通信或者连接的能力，与其消费者关联起来，这种关联在以前也可以通过很多方式建立，比如短信、电话，但体验并不好。而微信提供了一种我认为是体验更好、内容更丰富、交互更多样化的方式。目前这个平台非常开放，我们欢迎所有的企业接入进来。

(3) 微信将成为个人或机构的第一ID。电话号码曾经是一个身份证之外的个人ID，也曾经是运营商最大的资源所在。但移动互联网时代，这个ID可以解决生活中越来越多想不到的问题。比如以前你有一个餐馆的电话，你只会在需要的时候打电话过去，功能单一，同样的场景转移到微信中后，餐馆和个人可以在公众号里进行交互，虽然不再需要打电话，但沟通的行为比电话更为丰富。这是新的生活方式、新的潮流。

让用户自己驱动用户，是互联网思维的第一抓手，你能发动它吗？

资料来源：张小龙：仿造别人产品的简单，拷贝是很难做成功的-互联网的一些事．http://www.yixieshi.com/15727.html.

思考题

1. 微信与QQ之间是一种什么样的关系？
2. 微信作为一种创新产品，如何能让用户驱动用户呢？

案例 18.6

小米的管理创新

3年时间，销售收入突破百亿元。2012年，小米公司销售手机719万台，实现营收126.5亿元，纳税19亿元。小米模式再次引发热潮，刷新中国互联网公司的成长速度纪录。在小米公司取得一系列成就的同时，人们也思考小米公司成功的原因。其中管理创新给小米公司的高速发展提供了充沛的助力。

1. 花80%时间找人

小米团队是小米成功的核心原因。和一群聪明人一起共事,为了挖到聪明人不惜一切代价。如果一个同事不够优秀,很可能不但不能有效帮助整个团队,反而有可能影响到整个团队的工作效率。真正到小米来的人,都是真正干活的人,他想做成一件事情,所以非常有热情。来到小米工作的人聪明、技术一流、有战斗力、有热情做一件事情,这样的员工做出来的产品注定是一流的。这是一种真刀实枪的行动和执行。

所以当初我决定组建超强的团队,前半年花了至少80%时间找人,幸运地找到了7个牛人合伙,全是技术背景,平均年龄42岁,经验极其丰富。3个本地加5个海归,来自金山、谷歌、摩托罗拉、微软等,土洋结合,理念一致,大都管过超过几百人的团队,充满创业热情。

如果你招不到人才,只是因为你投入的精力不够多。我每天都要花费一半以上的时间用来招募人才,前100名员工每名员工入职都亲自见面并沟通。当时,招募优秀的硬件工程师尤其困难。有一次,一个非常资深和出色的硬件工程师被请来小米公司面试,他没有创业的决心,对小米的前途也有些怀疑,几个合伙人轮流和他交流,整整12个小时,打动了他,最后工程师说:"好吧,我已经体力不支了,还是答应你们算了!

2. 少做事,管理扁平化

中国很长时间是产品稀缺,粗放经营。做很多,却很累。一周工作7天,一天恨不得12个小时,结果还是干不好,就认为雇用的员工不够好,就得搞培训、搞运动、洗脑。但从来没有考虑把事情做少。互联网时代讲求单点切入,逐点放大。

扁平化是基于小米相信优秀的人本身就有很强的驱动力和自我管理的能力。设定管理的方式是不信任的方式,我们的员工都有想做最好的东西的冲动,公司有这样的产品信仰,管理就变得简单了。当然,这一切都源于一个前提,成长速度。速度是最好的管理。少做事,管理扁平化,才能把事情做到极致,才能快速。

小米的组织架构没有层级,基本上是三级:七个核心创始人——部门领导人——员工。而且不会让团队太大,稍微大一点就拆分成小团队。从小米的办公布局就能看出这种组织结构:一层产品、一层营销、一层硬件、一层电商,每层由一名创始人坐镇,能一竿子插到底地执行。大家互不干涉,都希望能够在各自分管的领域给力,一起把这个事情做好。

除七个创始人有职位,其他人都没有职位,都是工程师,晋升的唯一奖励就是涨薪。不需要你考虑太多杂事和杂念,没有什么团队利益,一心在事情上。

这样的管理制度减少了层级之间互相汇报浪费的时间。小米现在2 500多人,除每周一的1小时公司级例会之外很少开会,也没什么季度总结会、半年总结会。成立3年多,七个合伙人只开过三次集体大会。2012年815电商大战,从策划、设计、开发、供应链仅用了不到24小时准备,上线后微博转发量近10万次,销售量近20万台。

我第一定位不是CEO,而是首席产品经理。80%的时间是参加各种产品会,每周定期和MIUI、米聊、硬件和营销部门的基层同事坐下来,举行产品层面的讨论会。很多小米公司的产品细节,就是在这样的会议当中和相关业务一线产品经理、工程师一起讨论决定的。

3. 强调责任感,不设KPI

全员6×12小时工作,小米坚持了将近三年。维系这样的工作,从来没有实行过打卡制度,而且也没有施行公司范围内的KPI考核制度。

小米强调你要把别人的事当成第一件事,强调责任感。比如我的代码写完了,一定要别的工程师检查一下,别的工程师再忙,也必须第一时间先检查我的代码,然后再做你自己的事情。其他公司可能有一个晋升制度,大家都会为了晋升做事情,会导致价值的扭曲,为了创新而创新,不一定是为用户创新。其他公司对工程师强调的是把技术做好,在小米不一样,它要求工程师把这个事情做好,工程师必须要对用户价值负责。

4. 透明的利益分享机制

小米公司有一个理念,就是要和员工一起分享利益,尽可能多的分享利益。小米公司刚成立的时候,就推行了全员持股、全员投资的计划。小米最初的56个员工,自掏腰包总共投资了1 100万美元——均摊下来每人投资约20万美元。

我们给了足够的回报,一是工资上我们是主流;第二是在期权上真的是有很大的上升空间,而且每年我们公司还有一些内部回购;第三是团队做事确实有时候压力很大,但他会觉得有很强的满足感,很多用户会极力追捧他,比如说某个工程师"万岁"。

5. 与米粉交朋友

做朋友的心理就是,如果你这个问题是你的朋友来找你解决的话,你会怎么做? 那当然是你能解决就给他立刻就解决了,解决不了也要想办法帮他解决。

小米学习的是海底捞。就是把它变成一种文化,变成一种全员行为,给一线赋予权力。比如,用户投诉或不爽的时候,客服有权根据自己的判断,赠送贴膜或其他小配件。又如,曾有用户打来电话说,自己买小米是为了送客户,客户拿到手机还要去自己贴膜,这太麻烦了。于是在配送之前,小米的客服在订单上加注了送贴膜一个,这位用户很快感受到了小米的贴心。

再比如,小米在微博客服上有个规定:15分钟快速响应。还专门开发了一个客服平台。不管是用户的建议还是吐槽,很快就有小米的人员进行回复和解答。从我开始,每天会花一个小时的时间回复微博上的评论。包括所有工程师,是否按时回复论坛上的帖子是工作考核的重要指标。

为了让工程师拥有产品经理思维,我们从一开始就要求所有员工,在朋友使用小米手机过程中遇到任何问题,无论硬件还是软件,无论是使用方法或技巧的问题,还是产品本身出现了BUG,都要以解决问题的思路去帮助朋友。甚至要求所有工程师通过论坛、微博和QQ等渠道和用户直接取得联系。

小米还让工程师们直面每一段代码成果在用户面前的反馈,当一项新开发的功能发布后,工程师们马上就会看到用户的反馈。小米甚至要求工程师参加和粉丝聚会的线下活动。这样的活动让工程师知道他做的东西在服务谁,他感受到了用户不仅仅是一个数字,是一张张脸,是一个个实实在在的人物,有女用户、女粉丝非常热情地拉他们签名、合影。这些宅男工程师就觉得他写程序不是为了小米公司写,是为了他的粉丝在做一件工作的时候,这种价值实现是很重要。

思考题

1. 小米手机是如何通过管理创新来刷新中国互联网公司成长纪录的?
2. 小米的绩效管理是如何进行创新的?

第19章
综合案例

案例 19.1

红豆的成功之路

江苏红豆集团公司是江苏省第一家省级乡镇企业集团，它是以无锡市太湖针织制衣总厂为核心，集科、工、贸为一体的综合性企业集团。无锡市太湖针织制衣厂于1982年靠租用一个旧祠堂、8台老掉牙的棉毛车起家。在商品经济海洋中，靠自我积累、负债经营、滚动发展，实现了产销10年翻9番，效益10年翻10番。发展成拥有职工2 500名，固定资产4 000万元，占地面积20万平方米，并形成织造、染整、电脑绣花、成衣一条龙生产的现代化企业。特别是在去年全国针棉织品市场不景气的状况下，实现产值1.8亿元，利润1 500万元，出口创汇近8 000万美元。公司在强手如林、竞争激烈的制衣行业中脱颖而出，以每年翻番的速度不断发展、壮大，主要得益于党的改革开放政策，得益于全体员工的共同努力，也得益于内部机制的改革和全体员工的法制意识。

1. 改革内部机制，增强企业活力

1）人人都坐“两条腿的凳子”，制造压力

四条腿、三条腿的凳子稳稳当当，有安全感，容易养出懒汉。两条腿的凳子很不稳当，随时都可能倾倒，这就迫使职工人人有危机感，不付出巨大努力是坐不稳当的。全厂工人谁表现不好就由车间主任将其退回行政科待业，待业期间3个月如无其他车间招聘则退职回家；汽车司机由所有用车部门打分考核；中层干部定期考评，效益上不去，下来当工人。工厂里有两名车间主任的“凳子”倒了，下来当了电梯工和操作工。厂领导干部实行差额民主选举，落选的下车间。

2）端掉“大锅饭”，激发动力

吃大锅饭违背社会主义按劳分配的原则。只有实行计效工资制，才能激发动力。1983年，工厂对一线职工实行质量计件工资制，按件计酬。1986年实行“年终效益工资制”，奖勤罚懒。销售人员实行销售实绩计量工资制，上不封顶，下不保底，超额有奖，完不成倒扣。干部实行工作计划与工作成效相结合的奖罚工资制。总之，在按劳分配的原则面前，干部员工人人平等。干部联绩，销售联利，工人联产，技术员联效。对集体创造效益与个人利益实行“二效挂钩”，使大家的创造力像火山一样迸发出来。

3）划小核算单位，加大竞争力

通过车间二级核算的实践，实行厂方与车间、车间与车间之间的买卖关系。这样，促使车间干部与工人个个参与经济核算，参与企业管理，人人走上商品经济舞台。建立了前后道工序买卖制度，使后道监督前道，按质量论购买，实行独立经济核算。如车间下班电灯未关，也与干部工人的效益息息相关。所以总厂产品质量显著提高，物耗明显下降。1988 年，煤炭涨价，车间锅炉以柴代煤，当年节约 30 万元。机针损耗节支 20 万元，质量提高增收 28 万元，全年增收节支 110 万元，这等于又办了一个新厂。

4）实行分级管理，增强凝聚力

企业管理是一项复杂的系统工程，涉及企业内外方方面面。总厂实行责、权、利相结合的分级、分层管理，各就各位，各谋其政。厂长只抓三件事：决策、立法、用人。以前全厂 90 人时，厂长管 90 人；后来发展到 500 人时，厂长管 20 多人；现在发展到 2 500 多人，厂长只管厂领导 8 人。厂规、厂纪对任何人一视同仁。这种治厂模式，遏制了工作中的扯皮、推诿等内耗现象，改善了上下之间的工作环境，调动了各方面的主动性和积极性，增强了干部、职工的凝聚力。

由于大胆改革，使企业获得了超常规、高速度的发展。在江苏省体改委和乡镇企业管理局领导同志的关怀支持下，1992 年 6 月 16 日，以无锡市太湖针织制衣总厂为主体的江苏红豆集团公司成立了。太湖针织制衣总厂把 2 500 个农民从小农经济意识中解放了出来，锻炼培养并造就了有社会主义市场经济意识的现代人。

为了使集团内部的生产要素合理流动和优化组合，推动资源的合理配置，从而取得最大的经济效益，进一步完善内部管理机制，加大集团在国内外市场的竞争力，形成一业为主、多种经营的格局，公司于 1992 年年底成立了国际发展总公司、贸易发展总公司、针织总公司、印染总厂、红豆服装公司、太湖制衣公司、南国企业公司 7 个经济实体，使企业成为能出征远航、抗拒风浪全方位出击的“航空母舰”，发挥各自优势，促进产品结构合理化，使集团公司真正成为投资决策中心，使红豆集团的发展登上了新的台阶。

2. 红豆创名牌，名牌誉天下

要创名牌，首先要给产品起个好名字。“红豆”，“豆”是种子，种子能生根发芽、开花结果，它充满生机，有生存力、竞争力，有奋发精神。“红”象征着忠诚、美好、吉祥、如意，中华民族爱红。“红豆”两字是最佳组合。“红”是精神，“豆”是物质。“红豆”象征两个文明一起抓。诗人王维曾写下千古绝句：“红豆生南国，春来发几枝？愿君多采撷，此物最相思。”所以，红豆是美好的象征，在英语中译为“爱的种子”。公司选用“红豆”作为商标，就钟情于“红豆”的潜在价值和无穷无尽的内涵，把生产的“红豆”服装看作是赠予消费者的颗颗爱心，以情招客，引喻吉祥。

“红豆”以它丰富的文化内涵、特有的情感魅力，吸引了广大消费者。创名牌是社会主义市场经济发育的一种具体表现。名牌是市场经济的产物，只有被市场接受，受消费者欢迎的牌子，才是拥有着巨大无形资产的名牌。名牌象征着企业的信誉和形象，名牌象征着企业的素质和产品的质量，名牌象征着企业的市场拥有和发展后劲。

企业必须以产品质量、企业信誉来创名牌。信誉比金钱更重要，不守信誉就会断桥绝路，不守信誉等于慢性自杀。只有守信誉才能创造良好的外部环境，以信取胜。综观世界著名企业的发展过程都是创名牌的过程，“让质量创名牌，名牌永不败”。这也是红豆集团 10 年来苦苦追求探索的道路。公司坚定不移地在全体职工中强化“让用户无可挑剔”的质量意识，对质量管理实行“牵牛鼻子，打牛屁股”双管齐下的措施，道道把关，件件过堂，确保不发生任何质量事故。

3. 市场经济发育与法制建设同步

我们乡镇企业是农民办厂，有着“艰苦创业，顽强拼搏”的好传统。但是召集乡镇企业不能单凭这种艰苦精神，也不能单凭经营上“活”的优势，而要抓住经济发展的有利时机，进一步学法、懂法、守法，以法律为武器来保护自己，以崭新的姿态出现在市场经济的海洋中。我们认为市场经济越是发展，法制越需完善。因为市场经济运行不是靠行政命令，而是靠经济手段、法律手段来调节。而经济手段的调节也需以相应的法律来做保证。所以，我们厂长、职工在新的经济体制中，不仅需要学法、懂法，依法经营，奉公守法，更重要的是依法保护自己。实践证明：法盲是办不好企业的。

只有懂得“经济合同法规”“商标法”“专利法”“知识产权法”等各种法规，才能在市场经济的海洋中避免巨大损失。改革开放打开了国门，毫无疑问，世界经济大循环需要我们更多地了解国际法规。我国关贸总协定缔约国地位将得到恢复，作为乡镇企业如何对待取消关税壁垒所带来的两个市场的激烈竞争，特别是如何使中国的法规和国际法则顺利接轨，这是我们面临的首要问题。为此，我们抓住目前尚未“复关”的时间差，组织外经人员学习国际法规。

我们反对假冒名牌，自己走出了创名牌的道路。我们认为在市场经济中创名牌，更迫切要求法制建设同步完善，以法律保护名牌。红豆牌商标在国内不但系列产品注册，又对与红豆近音的汉字及拼音相同的汉字进行注册，还在日本、马来西亚、新加坡、菲律宾等6个国家注册。现在正准备在马德里条约29个成员国注册。我公司认真研究经济发展规律。在经济发展周期中，高潮期抓住不放，回落期未雨绸缪，低潮期捷足先登，复苏期形成火候，争取主动权。

只有运用市场经济发展规律，审时度势，超前决策，以法律为武器，才能运筹帷幄，决胜于千里之外。

资料来源：红豆成功之路.(2013-03-17). http://www.docin.com/p-616484599.html.

思考题

试运用管理学原理分析红豆的成功之路。影响因素有哪些？

案例 19.2

无锡小天鹅股份有限公司的经营之道

在市场经济的冲击下，小天鹅股份有限公司5年跨了5大步，在实践中他们的感触是：企业要发展，转变观念是前提，转换机制是关键，企业发展是根本。

1. 抓好企业管理观念的转变

“企业生产的不仅是产品，更重要的是信誉和质量。”只有为信誉而生产，一切以质量为中心，才是走向了市场经济的新起点。为此，他们反复强调两个“一流”：企业必须要有同行业一流水平的产品，产品必须要有同行业一流水平的质量。

根据市场形势和用户意见，1989年，他们果断地全部停产、停销用户不满意的老产品，集中精力生产与日本松下合作的8型电脑洗衣机。当年“小天鹅”就拿下了全国洗衣机行业至今唯一的一块国家优质产品金牌，并连续4年市场占有率达到40%以上。接着他们又投入了550万美元进行第二期技术合作，联合开发设计、合作制造运用模糊理论控制的低噪声、大容量的5.5公斤微电脑全自动洗衣机，这是目前日本市场上最畅销的产品，零售价高达9.9万日元。这项产品投产后，当年通过了鉴定，当年上市，上市后十分走俏。

小天鹅人深深懂得“今天的质量就是明天的市场”，今天的质量有多好，明天的市场就有多大，要在市场竞争中取胜，产品质量是最根本的立足点。“小天鹅”虽然在同行中以最优异的成绩取得了国家金奖，但是先进的国际标准是无故障运行5 000次，“小天鹅”要领先国内，走向世界，就必须向国际标准靠拢，以用户标准为最高标准。为此工厂花了两年的时间进行全厂性的质量攻关，严格按日本标准考核。经过国家电测中心为期3个月的考核，“小天鹅”终于通过了无故障运行5 000次，达到了国际先进水平，还收到了国务院朱副总理的亲笔贺电。

2. 抓好企业产品质量观念的转变

既然企业进入了社会主义市场经济时代，经营者就不能用计划经济的头脑去做质量工作，首先应该转换观念。过去的质量往往是靠创出来的，不是企业制定创质量规划，就是政府下达创质量目标，这样做，真正的质量观念没有树立，因此，弊病很多，副作用很大。今天他们认为：企业的职工首先是生产者，向社会提供产品和服务，企业的产品只有被消费者所接受才能变成商品。因此，企业的经营者必须把注意力放在消费者身上，真正好的产品是消费者在实际使用中体会出来，而不是靠金牌、银牌来维持的。因为消费者是市场的核心。只有让消费者真正体会到买商品是买实惠、买享受，也就是说消费者买得放心、用得称心，才能赢得众多的消费者，才能占领市场。正因为广大消费者购买了我们的产品才养活了我们，正是广大用户给我们发工资、发奖金，我们才得以生存。目前消费者十分推崇名牌，名牌证明质量，因此，全厂职工(而不是几个领导或质量部门的职工)头脑里的质量意识牢牢地树立起来了。

目前，该公司有20%的职工在市场上，60%的职工轮流到过国内市场，8%的职工进过国际市场，100%的干部到过市场，他们目睹了市场激烈的竞争，聆听了消费者的呼声，摸清了市场的命脉在于质量，更重要的是扭转了过去在计划经济下技术人员认为产品达标就是质量合格，生产工人认为检验过关就是工作完成，销售人员认为资金回笼就是万事大吉的简单想法。如今企业职工普遍认为质量的标准要延伸，满足部标、国标，只是个起码的要求，只有消费者满意的产品才是真正合格的产品。

如今他们有个说法，叫市场经济下的产品三阶段：从企业生产出来销到商店是第一个阶段，从商店到消费者手里是第二个阶段，在消费者手上用得放心是第三个阶段。这三个阶段之间密切相关，其核心就是产品质量，而第三阶段是保证。他们认为，如果再不把握产品质量，企业低负荷生产的状况会越来越严重，在市场经济的条件下，企业生存和发展依赖于消费者和市场所接受的质量，只有这样工厂的经营才能有保障。“小天鹅”以国际先进水准为目标，全厂上下围着市场转，围着用户想，在适合国情上下功夫，由市场带动技术，以技术促进质量，带动经济发展，加快转换企业科技领先的发展机制，达到两个“一流”，即企业必须要有同行业一流水平和产品，企业发展的战略制高点。另外，产品必须要有同行业一流水平的质量。只有把信誉和质量作为维持企业生存与发展的命根子来抓，才能得到更多用户的信赖。

为此，他们将日本松下的先进标准，作为工厂产品的技术标准，进行严格考核。所以这5年“小天鹅”产品一直在国内市场上保持绝对的占有率。他们认为，倘若用计划经济那一套模式做市场经济工作,做质量工作,则不过是翻牌企业而已,其结果是淹没于市场。

3. 抓好企业营销观念的转变

1) 抢占制高点,建好销售基地

市场犹如战场,商业也同样客观存在战斗的基本原则,抢占了制高点就可控制全局。

"小天鹅"的经营,也曾走过弯路,并在一个时期,认钱不认店,屈指数数也有200多个网点,而商业界的台柱子——贸联会、交电公司、货联公司所属大商店则凤毛麟角,产品能卖掉,但是工商双方是露水关系,一遇转机非但不能进货,反而陷入三角债的苦恼,甚至登上法庭求公理。

错误和挫折教育了他们,"小天鹅"是高档消费品,小店不是"小天鹅"的销售点,他们及时调整了决策,制定了"一流产品进一流商场"的营销策略,调整了网点,既不搞"天女散花",也不搞"有奶便是娘"。凡不能落实优质服务的商店均不供货,正因为这样,公司控制了"小天鹅"的价格。从此"小天鹅"产品也越来越有信誉。

2) 讲究占有率,巩固市场

作为企业,要研究市场的静态、动态情况,以及企业的经营状况,常常使用现代数学工具为经营者提供有价值的统计数据、资料,但是数学方法也有局限性,关键要与经济事实相符,这就是需要在设立"前提"时,使"假设"与事实贴近,否则运用数学方法所得的结果,如资金回笼率、利润增长率等一系列数据只能是一种脱离现实的"数学游戏"。不能陶醉在自己与自己纵向相比的欢乐中,也不应停在自己今年比去年上升多少的数字上而忘记了竞争,忽视了同行突飞猛进的进步。有时从数字看,本企业虽然有所进步了,殊不知人家的进步更大,造成了"近视症",而自己在市场上的范围正在缩小。今天,应该把衡量企业经营综合指标集中在产品市场的占有率上,在步入市场经济的过程中,虽然要讲究效益,讲究盘活资金,但是从长计议,应首先考虑自己的产品占有率是多少,正如松下先生所说:衡量一个企业好坏的标准,主要是看其销售收入的增加和市场占有率的提高。市场占有率的变化,不仅反映了企业的生命力,也反映了企业的知名度,工厂几年来的实践完全证实了这一点。

市场占有率高的产品,往往具有厂牌价格的功能,顾客购买产品时,多半选择最著名厂牌的产品。最著名厂牌的产品,在零售的过程中销路也最大。因此市场占有率高的企业,其市场策略也多半较杰出,杰出的市场营销策略也自然能导致企业效益的增加。在上述两个重要原因相乘的效果之下,市场占有率高的生产企业不仅享有各种优势,同时更增加了企业的收益能力。国外著名的经济学家曾分析:如果某种产品的市场占有率在40%以上,说明该产品在市场上处于领先者地位,企业将有可能获得10%的利润;如果占有率达30%左右,则说明该产品在市场上的地位是挑战者,企业将获得6%左右的利润;如占有率在20%左右,说明该产品在市场中的地位是追随者,企业只能获得3%左右的利润;倘若占有率在10%左右,则产品在市场上的地位不过是补缺者而已,企业只能勉强生存罢了。

3) 服务消费者,树立好牌誉

市场竞争说到底是牌誉的竞争。他们从多年的实践中清楚地认识到是用户信任"小天鹅"、购买"小天鹅",才养活了"小天鹅",正是广大用户给"小天鹅"职工发工资、发奖金。既然消费者如此信任"小天鹅","小天鹅"更应认真地为消费者服务,首先应向消费者提供满意的产品,因为他们购买"小天鹅"首先是为了享受,如果质量低下,又怎能谈得上享受呢。当然,任何一种产品只有让消费者买得称心,用得放心,才有赢得更多的消费者,才能占领市场。

考察过国际市场的人都感觉到一种羞辱：国外市场上，最便宜的往往是中国货！我们有一些企业，始终围绕着部、省标准组织生产，目光太浅！我们不但要坚持国际标准，而且要坚持用户标准，不管生产什么产品，都要树立这样的观念。

现在，“小天鹅”的一些关键零部件、箱体、排水系统和包装箱，所达到的技术指标比日本的还高，因为中国人面临的消费环境是电力不稳定、野蛮运输等，假如没有用户标准在此起作用，仅仅是依葫芦画瓢，拿着日本的图样、数据生产，那么产品肯定无法满足中国用户的标准。

1993 年年初，无锡小天鹅股份有限公司率先在同行中推出了特色服务，坚持上门服务，约期不误，并为每位消费者发放“金奖服务信誉卡”，将监督权交给广大用户，还为所有用户投了产品责任保险，进一步解除了用户的后顾之忧。为广泛发挥用户的监督作用，他们还在无锡、南京等地公开将维修工的照片和服务条例见之于报，公开接受用户的监督。

为进一步摸清 6 年来投放市场的 200 万小天鹅的确切使用情况及小天鹅金奖服务信誉卡的落实情况，同时摸清国内全自动洗衣机的市场需求情况，1993 年他们组织由技术、生产、服务部门的负责同志参加的“小天鹅质量与服务万里行”服务队，从 1993 年 9 月 20 日到 11 月 10 日，历时 50 天在全国 20 个省市进行活动。他们在各地受到了消协、质协负责同志的热情支持，公开招聘了一批“小天鹅”质量监督员并把到各地的具体时间预先登报公布，采取站柜台及召开质量监督员、用户、商业和各界代表的座谈会等方式，听取消费者对“小天鹅”的产品质量、功能、款式、造型和服务等方面的反馈意见及改进建议 1 000 多条，并接受各地消协、质协、新闻机构、质量监督机构和社会各界对工厂的指导，为“小天鹅”实现第二次腾飞提供决策依据。这次活动共接待近万名消费者的咨询服务，活动受到广大消费者的热情支持和各级领导的肯定。后来“小天鹅”本着永不满足的精神，又在全国范围内搞了“花钱买意见”的活动。这是一次广泛深入的用户评议工作，得到全国 25 个省市晚报的支持，这次共收到用户来信 4.1 万多封，读者来信中 95% 是为“小天鹅”腾飞出谋献计的，确确实实是他们改进工作的无价之宝。

4. 抓好企业自身素质的转变

企业最好的时候，也就是最危险的时候。必须抓住机遇，加快发展，企业要发展一定要靠自身，切莫把希望放在市长给政策、行长给资金、市场开大门上，说白了，光有钱，没有市场，产品做出来只能变成新的积压，最终还是缺钱。因此他们采取了以下措施。

(1) 精简机构，提高工作效率。

他们在全市率先进行了机构改革，实行大办公室办公，变原有的 24 个职能科室为 6 个部，变原有的 30 名中层干部为 15 名，变原有的 117 名管理人员为 87 名，富余人员在第三产业都做了安排，人心安定，效率提高了。5 年来他们的产量增加了 15 倍，效益增加了近百倍，但职工人数却未增加，说明企业贵在内部挖潜。

(2) 搞活分配，提高积极性。

对有突出贡献的销售和管理人员实行大幅度倾斜、重点奖励、留有余地的原则，结合个人工作实绩和岗位、职务不同等实际情况，分档浮动，适当拉开距离，更好地体现了奖勤罚懒，同时对退休职工提高待遇，每月增发 50 元津贴，进一步增加企业的凝聚力。

(3) 灵活多样，选择有效的管理方式。

大胆尝试，先后成立了 4 个中外合资分厂，特别是和西门子、松下这些跨国大公司的合资，除了可探索合资企业的管理经验外，还把合资企业严格管理的方式与乡镇企业灵活经营的方式嫁接于“小天鹅”,初步形成了一种“小天鹅”式的管理模式。

(4) 眼睛向外,开拓国际市场。

在外经委等部门的支持下,他们已取得了进出口自主经营权,筹建了一个境外分厂。

随着这几年国内全自动洗衣机生产的发展,5 年来,小天鹅公司职工一直稳定在 1 100 人左右,而 5 年来,销量增长了 10 倍,企业的利润增长了 150 倍,国有资产不断增值。1994 年“小天鹅”实现税后利润 1.3 亿元,满产满销,1994 年销量合计为 67 万台,市场占有率为 40%。“小天鹅”要想继续保持较高的市场占有率,继续保持全行业领先的地位,以适应高品位、高难度的市场竞争,他们认为:要继续推行“末日管理”,不断研究市场,进一步加快转换经营机制的步伐,建造好除洗衣机以外的第二条大船,实行多品种经营,进一步扩大出口贸易,发展外向型经济,扩大企业规模,搞集团经营,为国有企业争光。

资料来源:小天鹅股份有限公司的经营之道.(2008-01-02). http://peixun. jdzj. com/news_show. asp?news_id=5866.

思考题

试运用管理学原理分析无锡小天鹅股份有限公司的经营之道及其影响因素。

案例 19.3

仕德伟“用心做到极致”与创新激励

1. 引言

江苏常熟仕德伟实业集团有限公司创建于 1988 年,经过 25 年的持续发展,现已成为一家集科、工、贸为一体的较大规模的民营企业,且具有多元化、规范化、网络化和国际化等特色。集团董事长夏伟量为中国缝纫机机械协会商贸委员会副主任、江苏省缝制设备行业协会副理事长、常熟市政协常委、常熟市缝制机械商会会长、常熟市电子商务协会顾问、常熟市纺织服装协会副会长。

仕德伟集团总部位于中国常熟服装城黄金地段招商中路,在服装城核心商业区拥有两处共 53 000 多平方米的商业大楼。集团麾下拥有六大全资公司,即中国品牌服装中心(常熟捞品城)、北京中清瑞能科技有限公司、江苏仕德伟网络科技股份有限公司、苏州网讯网络技术有限公司、常熟市仕德伟缝纫机(城)有限公司、常熟仕德伟投资置业有限公司等经济实体,行业涉及缝制设备经销、地产租赁、服装服饰、网络科技、金融投资等。集团拥有 1 600 多名员工。仕德伟科技公司在全省主要城市设有二十多家分公司。

近年来,集团在寻求国际合作、中外联营发展方面做了积极的探索和尝试,积累了有益的经验。曾荣获“中国缝制机械行业五十强经销商”“江苏省中小企业信息化服务示范单位”和常熟市“纳税大户”“劳动关系和谐企业”“劳动保障 A 级诚信单位”“双支持、双争创”先进单位等荣誉称号。集团的党工团建设、文化建设也都取得了令人瞩目的成就,是服装城唯一建有中共党委机构的民营企业。

春雨如酥自施工，湿透夭桃薄薄红；十里青山捧新绿，一片秀色入城中。一场春雨过后的日子，我们(记者)一行四人驱车前往服装之乡常熟。穿行在沿途苍翠的行道树和鲜艳的花丛之间，这座风景如画的国际花园城市令人心旷神怡。但我无心欣赏，只是怀着急切的心情期待着一个期待已久的采访，我要采访的是商界名人夏伟量。夏伟量，仕德伟集团公司的董事长、“常熟市光彩事业先进个人”“2008年度新锐苏商”“中国改革十大创新人物”，一个拥有如此耀眼光环的人，该是一位怎样的风云人物呢？到常熟后，我们拨通了夏伟量的电话，他正在北京回常熟的路上，他约我们七点半到一家茶社见面，茶社是个可以随便唠嗑的场所，寒暄几句后，大家便围坐在茶几四周。身着休闲装的夏伟量给人以轻松随和的感觉，全无一个大老板深沉而不苟言笑的威严，聊天式的访谈消除了我起初的压力。

2. 酷爱学习的老板

提到学习，夏伟量顿时来了精神，他说：“学习很重要、学习能改变人，无论是仕德伟还是我个人的成长都离不开学习！”这些年他本人和集团高管隔三岔五地都要接受各类培训，并已成常态。“学习是仕德伟集团和我个人发展的‘关键词’”，他说，从企业开办到现在，从没有间断过学习，从苏州到上海，从江苏到北京，从国内到国外，为学习，他和他的高管团队专程去过美国、澳大利亚、欧洲、日本、韩国、新加坡等30多个国家和地区，只要通过学习能有所得，他都不会放弃。

夏伟量告诉我说：“昨天晚上我还和清华大学环境学院的教授沟通到深夜，企业的任何发展都要与时俱进才行。”他还告诉我，这几年仕德伟每年都要让每一位员工学习不少于100课时，去年集团花在培训上的费用超过了200万元。

仕德伟每年年初都要制订全年培训学习计划，学习培训内容有管理学、市场营销学、心理学、商务礼仪、岗位职责、养生保健等。他说：“只有经常聆听行业专家的声音，才能让企业站在时代潮流的前端。闭门造车，不是仕德伟人的做法。不出去看看，守死在一块地方是不行的！”他认为，学习像吃保健品，知道自己体内缺少什么元素，及时地补给才会有一个强健的身体。

夏伟量在一次中国企业家讨论会上得到这样一个信息：中国民营企业的平均寿命只有3年，为什么只有3年呢？当时他觉得很惊讶，他的看法就是不重视学习和缺少长远的发展规划，他说文化是企业的核心竞争力，企业没有文化就会被淘汰，“仕德伟集团的历史早已超过20年，在别人眼里是‘老企业’，然而，在我看来，也才刚刚步入青春期，我们只有不断学习，与时俱进，才能让企业永葆青春。”

夏伟量善于在学习中捕捉新的信息并紧紧抓住稍纵即逝的机遇。2000年在北京学习时，他注意到授课老师频繁使用一个新名词——“互联网”，经与老师交流，他了解到利用互联网将是今后中国企业发展的必然趋势，这甚至会开启一个崭新的时代，总是走在时代前列的夏伟量坐不住了，他敏感的神经仿佛受到了强烈的触动，回到常熟便立刻如痴如醉地研究起互联网来了。

当时，仕德伟缝纫机城已在常熟同行中稳坐着头把交椅，但有2 000多万的应收款，收回的可能还不足1 000万，这让他看到了传统行业的局限，为谋求发展，他要为企业寻找更为广阔的发展空间，而作为走在时代前列的人，他渴望将自己的事业融入即将到来的网络时代。

2004年，夏伟量找百度在线寻求合作，为此成立了仕德伟网络科技股份有限公司。第二年，获得全球最大中文搜索引擎百度在苏州地区的独家代理资格，不久又取得了扬州、淮安、宿迁等地区的总代理资格。

6年来，仕德伟科技的营业额平均每年以50%的比例增长，2010年，实现营收2亿多元，而今年，又提出把4亿元作为全年志在必得的营收目标。学习，还让夏伟量找到了志同道合的合作伙伴，仕德伟科技的主要领导陈德阳、肖成林、黄国建等都是他在苏州大学工商管理(MBA)班的同学。夏伟量就是这样一位酷爱学习的老板，他说："没有付出哪有回报？没有学习哪来的发展进步？"学习让他的人生改变了同时也获得了丰厚的回报。

3. 艺术管理

网络时代，几乎每个人都要玩玩游戏，兴趣广泛的夏伟量也不例外，闲暇时偶尔也会玩，他说："玩游戏不是纯粹娱乐，而是通过游戏从中发现一些规则和处世哲学，使人从中受到某种启迪。"他比较喜欢扑克游戏"斗地主"，他说："玩'斗地主'，通过整个游戏的过程让自己牢记自己的角色，不同的角色打法完全不同，做'地主'讲究的是知己知彼，掌握全局，寻找机会；如果做'贫民'，那么团队合作就显得十分重要。只有互相配合，才能取得最终的胜利。"

他认为所谓团队精神，就是大局意识、协作精神和服务精神的集中体现。团队精神的最高境界是全体成员的向心力、凝聚力，这源自真正的内心动力，体现的是个体利益和整体利益的统一性，并进而保证组织的高效率运转和目标任务的顺利完成。

夏伟量是一个追求艺术化管理的学者，每周工作之余，他常常利用业余时间找几位中、高层管理者和基层员工边喝茶聊天边交流谈心。有时还通过组织员工去野外旅行、钓鱼或烧烤等形式来与员工沟通，听取他们的建议，笔者在发稿时得知他正带领公司部分高管和销售精英一行17人前往澳大利亚游学中，员工对公司的赞誉固然让他欣慰，但他更希望能听到促进企业发展的创新想法和建设性意见。上海交大的陈教授评论夏伟量的管理"是一种管理的艺术"，艺术的管理，不需要正襟危坐，也不需要一本正经，更不需要声色俱厉，然而，却真正管出了成效。

4. 与时俱进的企业家创新精神

在金矿附近卖铲子，在淘金人潮的必经之地卖茶水，夏伟量善于在一哄而起的投资中另辟蹊径、出奇制胜。从缝纫机城到网络公司，从网络公司到中国外贸内销中心，再到中国品牌服装中心的建立都是他独具慧眼的例证。

2008年，受国际金融危机影响，我国外贸服装服饰的外销量骤减，夏伟量抓住这个机会，建立了中国外贸内销中心，低价批量购进外贸尾货，这既为外贸生产企业找到了新的销路，也满足了消费者对品质服装的需求，专业市场成功开业两年后，他又以其战略目光提出向品牌市场定位过渡，提出了经营品牌服装的战略。2010年11月，经中国纺织工业协会流通分会批准，将"中国外贸内销中心"更名为"中国品牌服装中心"。并将中心命名为"捞品城"。"中国品牌服装中心"落户常熟，是中国(常熟)服装城在品牌建设上取得的一个令人瞩目的成就，对提升整个服装城的地位、知名度及其服装服饰品质、品位和档次，都起到了积极的推动作用。该中心作为纺织工业协会在全国设立的唯一品牌服装基地，将云集国内主要品牌服装服饰。

如今，中国品牌服装中心又与国内顶级服装批发市场——上海新七浦服装市场结为姐妹市场。深浮众望的新七浦市场主要领导之一的张永兴坐镇常熟，被仕德伟集团任命为中国品牌服装中心总经理。张永兴作为走遍国内市场的商界权威人士，他认为，面积28 000平方米的中国品牌服装中心经营实体"捞品城"的硬件和市场环境目前在国内堪称一流。

对于中国服装品牌中心，夏伟量做了精确的定位，即“商场式品质化服装批发市场”。要引进接纳现代商场式的管理模式，促进健康发展，讲求商品和服务的品牌与质量，用品牌与质量为企业的发展提供保证，要把捞品城（中国品牌服装中心经营实体）作为常熟服装城整条产业链的组成部分，让捞品城的商户享有由批发功能所创造的利益。在业态上要走服装的品牌化道路，打造品质市场，经营潮流服饰，经营精品时尚女装、少女休闲女装和靓仔、前卫男女装等。

夏伟量提出要把这个市场打造成“全品牌市场”，对入驻商户的要求是“一店一品”。对入驻商户，他提出要采取措施，把让商户赚到钱作为重要目标，做到合作双赢。目前，他们正在全国范围内招引品牌经销生产商，在前不久的招商活动中，来自全国多家市场的众多老板跃跃欲试，近100户品牌经营老板当场表达了入驻愿望。“拥有捞品一间铺，行遍全国万条路”，良好的条件和服务以挡不住的诱惑，正在吸引着来自全国各地的品牌服装生产经营商。夏伟量说，要让捞品城成为货真价实的“全品牌市场”，让“要品牌服装到捞品城”成为全国客商的共识。中国品牌服装中心的华丽转型，预示着一个更为美好的未来正在向他们走来。

对于在自己的人生道路上屡屡创造的奇迹，夏伟量并不在意，他说当年奔走在苏北的时候，他的愿望是有一辆自己的自行车，不用再步行；后来他的愿望是拥有自己的事业，有一个自己的根；现在，这些愿望都实现了，接下来他的愿望是让更多的人在仕德伟学得更多、活得有尊严，让仕德伟的每一款产品都能给客户带来最大的效益和快乐。夏伟量说，财富不是生命的目的，它只是生活的工具。如今的他需要做的事情更多，他正在努力探寻现代企业下一步的发展之路，并试图把中、西方优秀的管理经验融为一体，向世界一流的企业迈进。他本人也将继续在学习音乐、文学等艺术的过程中享受人生乐趣，时刻品味和享受现在的生活。把手头的每一件事情都做到极致，这就是夏伟量对事业的完美追求。

资料来源：对话苏州企业高管.（2011-05-04）. http://www.zgjrzk.com/News/2011/05/04/20110504104101G3SUFM-5.shtml.

思考题

何为企业家精神？您认为仕德伟夏伟量董事长企业家精神的可贵之处体现在哪些方面？对您有什么启示？

案例 19.4

标哥的“裸捐”

陈光标被人们亲切地称为“标哥”，这位得到过温家宝总理高度赞扬的企业家，曾连续5年获得中国慈善领域政府最高奖项——中华慈善奖，并两度获得“中国首善”称号，2008年12月被授予“中华慈善奖特别贡献奖”，2009年9月，光荣当选第二届全国道德模范。他积极推动慈善公益理念的传播，提出“慈善不分国界、不分民族、不分信仰”“投身慈善，乐在其中”“财富如水，应该学会分享”等慈善观念，成为中国慈善事业的标志性人物。

1. 道德的力量

2008年5月12日的那场大地震，中华儿女无法忘记。人们同样无法忘记，在天灾降临之后仅2个小时，一个企业家结束了正在召开的董事会，当即调集60台大型机械组成救援车队，向远在1 000多千米之外的四川灾区进发，并在地震发生30多个小时之后抵达地震灾区。

2008年5月23日，在绵阳九洲体育馆，国务院总理温家宝握住了一位中年汉子的手。总理对他说：“你是有感情、心系灾区的企业家，我向你致敬。”

他就是陈光标。这位年轻的慈善家，仅2007年一年捐出的款项数额就超过了1亿元。十多年来，他向慈善事业捐款捐物累计达12.36亿元，被资助人数达60多万人。

十多年来，累计12.36亿元的款物捐赠，对于一个“不是中国首富，连江苏首富都算不上”的南京企业家来说，绝对不是一个小数字。是什么力量让陈光标如此痴迷于慈善，又如此醉心于宣扬慈善精神？“是道德的力量”陈光标说。陈光标似乎是一夜之间出名的。2007年，曾经有人在百度搜索“陈光标”这个名字，结果仅有573条。而到了2009年9月，这个名字在百度搜索中的结果是24.3万条，较两年前飙升了400多倍。

让陈光标“突然出名”的，是2008年“5·12”汶川大地震发生后，他带着由60台吊车、推土车、挖土机等大型机械组成的救援车队，从苏、皖两省向远在1 000多千米之外的四川灾区进发。通往北川的盘山公路被巨石阻挡，推土机推不动，陈光标就指挥炮头机用铁臂把石头砸小、推开。余震不断，山石滚落，长期生活在平原地区的陈光标和他的救援队员，面对的是近在咫尺的生命危险。“什么也阻挡不了我们！提前一分钟打通北川道路，就能多救出一个生命！”陈光标向机械操作手们喊话。

2008年5月15日清晨6点，陈光标带领救援队车辆抵达北川县城，成为首支抵达地震灾区的民间机械化救灾队伍。面对已被夷为平地的北川中学，陈光标痛哭失声。擦干眼泪，他和员工们一起进入废墟救人。陈光标先后从北川中学的废墟中救出14名学生，抱出了208具遇难者的遗体。他从废墟中捡起一本本课本，拍去上面的灰尘，轻轻地挨个儿盖在每一位遇难孩子的脸上。千万元现金捐款、2 300顶帐篷、2.3万台收音机、1 000台电视机、1 500台电风扇、8 000个书包……陈光标的捐款捐物源源不断涌向四川灾区。他的事迹不胫而走。一位佚名作者撰写的诗《一个北川女孩对陈光标最后的话》感动了无数网友：

我在北川长大
不知道江苏在哪
抱在你温暖的手里
我才知道江苏四川是一家
…………
轻轻地将我放下
谢谢你将我的课本盖上我的脸颊
让它陪伴我走过我永不递增的年华
我会永远记住一个来自江苏的最美企业家

2. 中国首善

其实，在赴四川地震灾区救援之前，陈光标已经是“中国首善”了。2008年4月26日，在2008中国慈善排行榜发布典礼上，陈光标以上亿元的年度捐赠获得“中国首善”称号。当时，他累计捐款捐物已达7亿元，先后资助20多万人。在随后的地震捐款中，陈光标更是慷慨解囊，截至2009年上半年，他的慈善捐助总额已经超过了10亿元。

让人惊叹的捐款金额，在陈光标看来，并不庞大，“我做了十多年企业，做了十多年慈善，累积起来，不算多。”陈光标祖籍安徽，在江苏泗洪长大，年轻时在南京求学、创业。

1998年，陈光标第一年开公司，赚了20万元，他就拿出3万元帮助一个9岁的白血病女孩。如今，这个女孩已经上了安徽工业大学。

1999年，他赚了60万元，拿出28万元为家乡修了一条4.7千米的乡村公路。

2005年，看到青海玉树的孩子坐在地上、垫在腿上写字，房子漏雨，陈光标一口气捐了46所希望小学。

2009年5月，汶川大地震发生一周年，陈光标又将6 000台电脑、10辆崭新的依维柯公务车、1 000万元现金……总值约3 300万元的款物捐赠给地震灾区。

2010年西南五省区市发生百年不遇的旱灾，陈光标于2010年3月28日，在昆明向西南干旱灾区捐赠5 300吨饮用水，价值1 300万元；同时还组织了21支打井队，要在灾区打200口井，以帮助灾区人民群众从根本上解决人畜饮水问题。4月3日晚，他又通过“抗旱救灾 我们在行动”晚会向干旱灾区再捐赠1 200万元现金。

2010年4月14日，青海玉树特大地震发生当天，陈光标就在西宁购买了21台吊机、推土机、挖掘机等救援设备，抵达玉树开展救援行动。陈光标组织的江苏黄埔抗震救灾民兵连也在地震废墟中成功解救出11名幸存者。陈光标是玉树的荣誉州民，他于2006年开始向玉树捐资助学。几年来，他陆续在玉树捐建的光彩小学，解决了4 200名少数民族孩子的入学，此外还捐赠了1 500台教学电脑、3万套校服、8 000个书包。4月20日晚，“情系玉树，大爱无疆——抗震救灾大型募捐活动特别节目”在中央电视台举行，陈光标又以个人名义捐款1 000万元。“生活在人们尊重里的慈善家，比孤独僵死在存折上的守财奴光荣伟大。我一定要做中国慈善的第一名。而且，我现在每个月赚了利润不捐款，心里面难过，捐款上瘾了。”陈光标如是说。

而这个“第一名”的影响力，甚至超出了陈光标的预想。很多企业家朋友看到他，都说：“你经常捐款，我们不捐都不好意思了。”陈光标“出名”以后，在成都逛老街时，一个开火锅店的老板娘拉住他说，“你是那个标哥吧？”

陈光标说：“是。”老板娘说：“我在央视看到一个访谈，知道你的善举，我们全家感动得流泪。本来我们商量只打算捐1万块钱，看到你这个举动以后，捐了20万元。”

“这就是‘首善’的影响力。”陈光标说，“一个人做慈善，力量毕竟有限，我就是想带动一大批企业家做慈善。”

3. 财富如水

许多人第一次见到陈光标，都会提两个同样的问题：你到底是做什么生意的，怎么能挣到这么多钱？你为什么要把这么多钱捐出去？

对于第一个问题，陈光标总是哈哈一笑：“我就是做循环经济的，城市垃圾回收处理，还有房屋拆迁。”

最初，陈光标从事的是医疗器械销售，赚到了第一桶金。2000年，陈光标组建了江苏黄埔投资集团，收购不良资产，进行整合、盘活再出让。后来，他涉足企业厂房、大型建筑的拆迁，并发现其中蕴藏着“金矿”。

拆下来的废旧钢材可以卖给钢铁厂，报废车胎可以做塑胶跑道……这一循环经济模式，让陈光标发现了财富之门，他很快将业务转移到旧电器、旧设备甚至高速公路废旧设施回收利用上。

这一看似不起眼的行当，却由于陈光标致力于走高科技、环保路线而利润丰厚，国内大型企业拆迁，甚至香港一座大桥的拆迁，都找到了他。

"废旧物品尚可回收利用，回报社会，我在这个行业赚了这么多钱，为什么不能回报社会？"讲完他的财富人生，陈光标用反问来回答第二个问题。

在更多的场合，陈光标都会用"财富如水"的理论来阐述自己的慈善观与财富观。"如果你有一杯水，你可以独自享用；如果你有一桶水，你可以存放家中；如果你有一条河，你就要学会与他人分享。"

他是一位自认为获得了太多社会回报的企业家，陈光标要用自己如河水般丰沛的财富，来反哺社会。

陈光标的捐款数字，总是让人惊叹。而初识者对于他，总有着提不尽的问题。年复一年动辄上百万上千万的捐款，大量时间花在做慈善、宣传慈善上，企业能撑得下去吗？

"我的企业现状可以替我回答。这么多年，我一直在做慈善，结果是什么？不是我的企业亏损了，而是越做越大，越做越好。"他不厌其烦地表明他在许多场合都要宣扬的理论：行善不亏。

"没有哪个企业家是因为做善事把企业做垮了的。表面上，做善事花了钱，好像亏了，其实我认为不但不亏，反而赚了。"

捐赠的数额一年比一年多。陈光标认为，这就说明，做慈善不但不影响企业发展，反而能促进企业发展，回报社会越多，社会对自己和企业的回报也越多。

这是陈光标最为得意的慈善和财富哲学。"慈善给我带来荣誉的同时，也为公司争取了大量订单。"陈光标说，"一家致力于做慈善的企业，肯定不是一家坏的企业，肯定是值得合作的企业。"陈光标越来越觉得，慈善与企业发展，也是一种循环经济的关系。企业发展了，可以参与慈善；慈善做多了，又可以支持企业发展。行善不亏，陈光标希望更多中国企业家能明白这个道理。陈光标获得2008 CCTV年度经济人物大奖时，颁奖词如此评价："他已经成为一个标志、一个符号，让人们看到了中国企业家的责任感，看到了我们这个民族的凝聚力。"

资料来源：文明之星，道德模范.（2010-09-30）. http://wm.jschina.com.cn/9610/201009/t516986.shtml.

思考题

1. 你如何看陈光标的裸捐行为？
2. 你如何看待捐款、做慈善和企业社会责任的关系？
3. 如何来监督裸捐？

案例 19.5

梦兰集团：从"村办企业"向"现代企业集团"的跨越

1. 引言：艰辛的创业之路

1972年，常熟城东南老浜村办起了苏州绣品厂的绣花加工点，头脑灵活的钱月宝被村党支部委以“重任”，当上了加工点的“负责人”，就这样，钱月宝开始带着8个姐妹，依靠8根绣花针，走上了最初的创业之路。

代加工的活既劳累利润又微薄，为了多挣些钱，头脑活络的钱月宝在代加工之余，开始尝试自己加工一些手帕、台布和衣服，然后不声不响地拿出去四处推销，钱月宝惊喜地发现自己加工的产品很受客户欢迎，于是，尝到做生意甜头的钱月宝有了自己创业的梦想。1983年，她借贷两万元，建起了一座200平方米的厂房。此时的钱月宝，已经不再满足于小作坊式的加工，准备创办更大规模的企业。凭借敏锐的直觉，钱月宝及时将床上用品定位为企业的“主打产品”，先后开发出储香被、多用被、羊毛被等系列新品，并一举在周边的上海、苏州、无锡等城市打开了销路，成功实现了企业发展的第一次“跨越”。

1989年，钱月宝开始为自己精美的床上用品起好听的名字，她首先想到了“兰花”，因为她自小就喜爱兰花，爱它的清雅和芬芳，但到工商局注册时，发现“兰花”已经“名花有主”了。她又想，床上用品不就是为了让人们能够做个美梦、睡个好觉吗？而且，梦中的那朵兰花，一直悠悠然地飘飞在自己的前方，让她不停地去追，去抓，似乎永无止境。那就叫“梦兰”吧。由此，一个中国家纺行业的“梦之队”诞生了。1994年，江苏梦兰集团公司成立，江苏梦兰集团新厂区落成并正式挂牌，由此，迎来了大发展时期。

2000年9月，梦兰被评为中国家纺行业第一个驰名商标，2002年9月初，梦兰床上用品(系列配套件)荣获“中国名牌产品”称号。

在国际市场，“梦兰”也大受欢迎，品牌产品辐射美国、加拿大、日本、德国、新西兰等70多个国家和地区。“梦兰”产品连续多年在美国沃尔玛大型卖场保持着“零退货”和“销量第一”。

2. 梦兰集团制胜的法宝：质量和品质

在公司创业初期，在很长一段时间内，公司里没有营销人员。其实道理很简单，正所谓“酒香不怕巷子深”，家有好女众男求。梦兰品牌创立之后，在中国的家纺市场掀起了一场“梦兰风暴”。各地经销商闻风而动，不请自来，订单如雪片般纷至沓来。以梦兰当时的生产加工能力，工人每天埋头加班加点都还怕赶不及交货。更遑论聘请营销人员四处为产品寻找销路了。

对早期梦兰经营制胜的秘诀，公司老总钱月宝认为，就是“诚信，注重产品的质量和品质”。为保证产品的质量，公司从德国、日本引进了多条具有国际先进水平的床上用品生产流水线和检测设备；在企业内部，严格按照ISO 9002国际质量认证进行生产和管理，产品质量经国家、省、市质量监督部门抽查，合格率保持100%，一等品率达98%以上。为增强品牌形象的感召力，他们导入CIS，实施形象工程，从经营理念、企业精神、文化内涵、员工素质等多方面入手，使每一位职工都有强烈的名牌意识。

作为中国家纺行业的知名品牌，钱月宝深刻意识到，应该进一步积淀品牌文化，把企业与消费者的单纯买卖关系，提升为一种整体文化的认同，培育梦兰的消费群体文化，并形成中国家纺品牌的示范工程，为此，梦兰集团一直坚持以“崇尚自然、贴近自然、感受自然”为主题，不断追求产品的系列化、配套化、个性化及时尚化，追求产品糅合中西文化的精华，努力创造梦兰产品与众不同的个性和风格，强调床上用品、室内软装饰用品与家居环境的和谐，让消费者感受到梦兰集团不仅是在单纯卖床上用品，而是在奉献一种生活理念、一种家庭文化。

为提升梦兰产品的文化价值，在金梦兰等系列产品的开发中，融入中国“四大名绣”之一的苏绣这一珍贵的传统工艺，不但让梦兰的产品更为典雅浪漫，而且还将苏绣这一传统工艺的美感真实地体现出来。既传承了传统文化，又提升了产品品位，更与国际家纺产品的流行趋势实现了殊途同归的对接。

梦兰集团连续四次荣获“江苏省质量奖”荣誉称号，并先后获得全国质量效益型先进企业、全国实施用户满意工程先进单位、全国用户满意企业、江苏省质量管理30年优秀企业等殊荣。

3. 梦兰集团的核心竞争力：自主创新

传统产业如果不走自主创新之路，就会在无情的竞争中败下阵来。没有夕阳的产业，只有落后的观念。只要坚持创新，家纺产品的生命力就无止境，停止创新，再有前景的产业都会枯萎。

在严控产品品质的基础上，“梦兰”创新的步伐从未停止过。1991年，公司开发出“梦兰踏花”被，产品以质取胜，一炮打响。1994年，又开发出填补国内空白的高档产品——高级长效储香绗缝被、羊毛软床垫，销售额、利税大幅增长，成为“首届千家全国最佳经济效益乡镇企业”荣誉获得者。1998年，率先在国内市场推出填补国内空白的四孔七孔棉系列、远红外保健系列、珍珠棉系列。近年来，梦兰名牌效应和增长优势显现。围绕做大、做强、做优主体产业，梦兰将以采用体现世界领先水平的新设备、新技术、新工艺、新面料、新产品设计为切入点，增加对技术改造和产品研发的有效投入。2011年，梦兰投资3 000万元推进技术升级改造，引进全自动绗缝生产流水线，研发出“低碳、再生、有机”绿色健康新家纺产品。从江南神韵到绿色生态、从健康舒适到科技睡眠，“梦兰”将传统文化与现代高科技相结合，不断推陈出新、精益求精；天丝、牛奶蛋白、玉米、大豆、天然彩麻等众多高科技功能纤维产品层出不穷，企业自主开发并获得国家技术专利达600多项。仅此“天然彩麻”一套产品就申请了3项国家发明专利。

梦兰集团在全国同行业中率先取得国家环境标志产品、国际生态纺织品CQC认证，并被认定为国家免检产品和国家商务部重点培育和发展的出口名牌。

4. “龙梦结缘”：从绣花针到“中国芯”的跨越

2004年，正当梦兰集团系列床品产销两旺、效益连年翻番时，钱月宝提出，与中科院合作“龙芯”项目，在常熟建立梦兰“龙芯”产业化基地。当时的“龙芯”CPU还在实验室里，竞争对手又是实力强大的国际巨头，产业化前景并不明朗。钱月宝的决定立刻引来众多异议和阻力：一个做“枕芯”的企业能做高科技“龙芯”吗？“龙芯”产业化是国家战略，需要国家大手笔投入，一个民营企业何必冒这个风险？但钱月宝却不这么想，已经第二次当选全国人大代表的她，心里一直装着一个沉甸甸的梦想：一定要为国家自主创新大战略多做一点实事，哪怕风险再大也要干，困难再多也要做。

2004年5月3日，胡锦涛总书记前来苏州视察，听说钱月宝的梦兰正在与中科院进行龙芯产业化合作时，给予了高度的关注与鼓励。梦兰与龙芯的合作由此进入实质性阶段。江苏省各级政府像爱惜孩子一样关注中科龙芯的产业化进展，从政策、资金等方面给予了极大的支持。

2005年4月8日，这注定是中国科技发展史上一个难以忘怀的日子。江苏梦兰集团与中科院计算所联合创建的梦兰龙芯产业化基地在北京人民大会堂宣告成立，这标志着中国信息产业的发展从此揭开了新的篇章。2006年年初，应用龙芯核心技术开发低成本电脑项目列入国家863计划重大项目，同年10月，第一代由中国人自主研发、自主设计、自主制造的龙芯系列电脑在梦兰“龙芯”产业化基地问世；2008年10月，应用龙芯核心技术开发“安全实用计算机”项目被《2006—2020年国家中长期科学和技术发展规划纲要》确定为16个重大专项第一项“核心电子元器件、高端适用芯片和基础软件”(简称“核高基”项目)中重要的分支项目，龙芯系列电脑的市场推广实现突破，开始进入量产关键阶段。梦兰实现了传统产业向高科技产业的跨越。

常熟市委市政府全力支持，率先首购1万台龙梦电脑，在全市教育和农村信息化领域率先应用，在全国起到了示范作用；后来龙梦电脑又获国内自主创新产品政府首购第一大单，江苏省政府首购15万台龙梦电脑，在全省5 000所农村中小学全面推广应用；国家科技部、财政部、教育部等五部委也已拟定在中西部地区推广150万台低成本计算机方案。与此同时，产品出口和技术授权也取得了重要突破，除了批量出口到巴西、法国、荷兰、俄罗斯等国家外，委内瑞拉正着手建立龙芯梦兰产品生产线，双方结成了技术与产销合作为一体的战略合作伙伴，在国外建立"梦兰龙芯"的良好品牌和形象。中国芯让梦兰实现了由传统产业向高科技产业的跨越。

5. 梦兰集团公司的多元化战略

2003年以来，钱月宝利用梦兰的积累资金，每年投入几千万将风景如画的梦兰村兴建成了一个全国闻名的生态工业园区——梦兰工业园。钱月宝的多元化战略由此拉开序幕。除了家纺和梦兰龙芯外，她先后投资约5亿元的梦兰(法国)康是美化妆品、梦兰鑫达不锈钢制品、梦兰物流、梦兰广本汽车特约经销、酒店等十个项目陆续进区，涉及不锈钢制品、化妆品、物流、汽车、酒店等多个行业，初步形成了家用纺织品、不锈钢制品、化妆品、IT产品四大支柱产业。

适应国家鼓励民营企业走出去的战略，江苏梦兰集团携手常熟海联物业开发有限责任公司，在与俄罗斯一河之隔的黑龙江省黑河市大黑河岛上开发建设自由贸易广场和自由贸易加工区，建成后的大黑河岛自由贸易广场功能齐全、设施完备，以批发、零售国内名优轻工、电子产品为主，集购物、休闲、娱乐、餐饮等服务于一体，将成为重要的出口集散平台。而梦兰集团将投资11亿元建设占地130万平方米的自由贸易加工区，与大黑河岛自由贸易广场相配套，自由贸易加工区工程完工后将与大黑河岛自由贸易广场形成前店后厂模式。

抓住国家放开民营资本进入能源开发领域的契机，江苏梦兰集团将与俄罗斯阿穆尔能源公司共同投建"阿穆尔＋黑河边境油品储运与炼化综合体"项目。该项目跨越中国、俄罗斯边境，总投资为77.2亿元。其中，中方境内总投资5.9亿元，俄方境内总投资71.3亿元。建成后原油处理规模可达620万吨/年，最终形成一个集石油开采、炼油化工、跨境储运为一体，长期稳定的生产加工和贸易合作体系。该项目预计于2014年投产，投产后预计可创产值300亿～400亿元。在这个项目的基础上，梦兰已完成了对俄罗斯两个油气田的收购，这是全国唯一一例完成的跨境油气田收购项目。全国工商联主席黄孟复考察梦兰集团时，对这个项目赞不绝口："目前国家能源紧缺，黑河这个项目意义巨大，是国家新的能源血管，贡献非常大。"

与此同时，梦兰集团在苏州阳澄湖生态示范区规划建设主题型旅游度假胜地，该度假区将以吴地文化(水文化)及阳澄湖自然山水岛景观为核心，集休闲度假、游憩娱乐、商务拓展、健康养生、餐饮美食、文化产业等主要功能为一体。

6. 热心公益、反哺社会

"世界上最宽阔的是海洋，比海洋更宽阔的是天空，比天空更宽阔的是人的胸怀"。钱月宝始终践行着创业之初心中的梦想，办厂的目的不是为自己，"最终目的是反哺社会，要改变父老乡亲的命运，让大家过上好日子"。

梦兰集团从创办以来，始终秉承工业反哺农业的原则，为建设梦兰新农村而努力，并投入1亿多元资金用于村里的基础设施、环境建设、社会保障体系的完善等。村民享有健全的社会保险、福利保障，人人就业，家家住上了花园别墅，享受股份分红，图书馆、网球场、活动中心、健身房、托儿所、超市等各类文化生活设施一应俱全。全村90%以上的劳力在梦兰集团就业，2010年，村民年人均收入为2.36万元，位居苏州前列。

梦兰集团董事长钱月宝在多个重要场合表示："一个真正优秀的企业，不仅要为社会创造丰硕的财富，推动经济快速发展；更应该热心慈善公益事业，积极履行企业公民责任，并深怀良知、正义和感恩。"

从1984年到2012年7月，钱月宝个人及江苏梦兰集团在支持新农村建设、抗震救灾、扶危济困、爱心助学等社会公益慈善活动中，累计捐款捐物达2亿元。10多年间，她先后在云南、淮安、宿迁、盐城等地与上千名贫困儿童结对帮扶，被众多孩子称为"梦兰妈妈"。钱月宝个人又拿出500万元筹建"月宝爱心基金会"，用于帮助社会上更多的弱势群体。她说："我要努力做一个有党性、有良心的共产党员。"

梦兰集团连续两届被中央文明委评为"全国文明单位"，荣获首届"中国最佳企业公民""全国双爱双评先进企业"称号，成为全国纺织业中唯一入选的全面小康与新农村建设"中国十大贡献企业"。

资料来源：三十功名尘与土，八千里路云和月.(2007-09-25). http://www.tt91.com/detailed_tt91.asp?id=3186&sid=1783.

◎ 案例使用说明

梦兰集团从"村办企业"到"现代企业集团"的跨越

1. 教学目的与用途

(1) 本案例主要适用于管理学课程。

(2) 本案例是一篇描述梦兰集团创业、成长、发展与壮大的教学案例，其教学目的在于使学生对产品质量管理、企业品牌战略、多元化战略、创新理论与企业家精神有一个基本的理解和较深入的思考。

2. 启发思考题

(1) 梦兰集团不断发展壮大的主要因素是什么？

(2) 什么是品牌战略？对梦兰集团的品牌战略，你是如何看待的？

(3) 什么是多元化战略？如何看待梦兰集团的多元化战略？

(4) 对梦兰从绣花针到"中国芯"的跨越，你是如何看待的？

(5) 什么是企业家的社会责任？梦兰集团董事长钱月宝身上体现了企业家哪些精神？

(6) 民营企业实施国际化战略将面临哪些困难和压力？

3. 分析思路

教师可以根据自己的教学目标(目的)灵活使用本案例。这里提出本案例的分析思路，仅供参考。

1) 梦兰集团产品质量管理

从创业之初至今，诚信、质优一直是梦兰人的立身之本，也是梦兰产品的声誉。"梦兰"始终贯串"奉献精品、传递情谊"的经营理念，从务实质量管理基础、规范企业质量行为入手，加强原辅料的进货检验，从源头把好质量关，严格执行国家强制性标准和家纺产品行业标准，积极采用国际生态纺织品标准，努力提高产品质量水平。

2）梦兰集团的核心竞争能力

核心竞争力是一个公司与其竞争对手相比较而言，能够保持较长期的优势，在经营、生产或服务方式上具有的自己擅长的技术和技能。梦兰集团在企业的成长和发展过程中，不断培育、提升和营造公司的核心竞争力，从而使其在同行业中处于领先和优势的地位。

3）梦兰集团的多元化战略

多元化战略是把双刃剑，尤其是非相关多元化的风险往往是风险与机遇并存。梦兰目前涉足的领域覆盖家纺、服装、不锈钢制品、商贸、物流、汽车特约经销、龙芯系列电子产品等，除了家纺产品在同行业占有相对优势外，其他领域业绩平平。在资源有限的条件下，梦兰是专注于传统的家纺主业，还是集中精力发展高科技，这对梦兰集团是一个挑战和考验。

4）企业家精神

经济学家熊彼特强调企业家的素质、才能、文化素养、预见性、首创精神、冒险本性等品格对企业发展和社会进步具有重要的推动作用。企业家精神与企业的发展密切相关、休戚与共，梦兰集团董事长钱月宝身上体现了典型的企业家精神。这种精神集中体现了企业家个体行为特质，包括冒险精神、投机精神、创新精神和实干精神。该集团的成长过程中，企业家精神在不断克服危机、积累资本的过程中具有核心地位。

4. 理论依据及分析

1）多元化战略

多元化战略就是企业在多个相关或者不相关的行业领域中，同时经营多项业务，以降低企业经营风险并获取最大经济效益，最终达到增强企业竞争优势的目的。企业实施多元化战略，可以扩展企业经营空间，提高资源利用效率，优化资源配置，降低企业内部交易成本，提高企业抗风险能力等。多元化战略一般可以分为相关多元化和非相关多元化两种。

相关多元化，亦称同心多元化，即企业利用现有的生产技术、管理技能、经验及用户等资源发展新产品，进入相关产业的战略。此种方式如同以原有产业为圆心，向周边产业扩展经营范围。企业在原有产业内具有较强竞争优势，而在产业成长性或吸引力逐渐下降时，可以采用相关多元化战略。

相关多元化战略有以下优势：

① 可以将专有技能、生产能力或者技术由一种经营转到另一种经营中去；

② 能将不同经营业务的相关活动合并在一起，降低成本；

③ 可以在新的经营业务中借用公司品牌的信誉；

④ 以能够创建有价值的竞争能力的协作方式实施相关的价值链活动。

非相关多元化，亦称离心多元化，即企业所增加的产品是一种完全的新产品，服务的领域也是一个全新的市场，进入与原有产业不相关产业的战略。此种方式如同企业的两种经营范围是分属于两个离心圆一样，互不重叠，互不交叉。当企业的原有产业成长性或吸引力逐渐下降，但是企业又未能获得原有产业的竞争优势，不具备较强的能力和技能转向相关产品或服务时，就可以选择采用非相关多元化。

多元化经营面临的风险主要有以下几方面。

(1) 来自原有经营产业的风险。不仅会削弱原有产业的资金投入，而且会分散管理层的注意力和精力。

(2) 市场整体风险。多元化经营虽然可以通过“把鸡蛋放在不同的篮子里”来化解经营风险，但在宏观不确定风险的冲击之下，企业多元化经营可能会因为资源分散反而加大风险。

(3) 行业进入与退出的风险。进入某一行业是一个长期、动态的过程，很难用通常的投资额等静态指标来衡量行业的进入风险。企业在多元化投资前往往很少考虑到退出的问题。然而，如果企业深陷一个错误的投资项目却无法做到全身而退，那么很可能导致企业全军覆没。一个设计良好的经营退出渠道能有效地降低多元化经营风险。

(4) 内部经营整合风险。不同的行业有不同的业务流程和不同的市场模式，因而对企业的管理机制有不同的要求。企业作为一个整体，必须把不同行业对其管理机制的要求以某种形式融合在一起。多元化经营多重目标和企业有限资源之间的冲突，使这种管理机制上的融合更为困难。当企业通过兼并他人进行多元化经营的时候还会面临一种风险，那就是不同企业文化是否能够成功融合的风险。企业文化的冲突对企业的经营往往是致命的。

2) 创新理论

经济学家熊彼特首次将创新(innovation)概念引入经济学，并成为经济学的一个重要概念。熊彼特认为，创新包括五个方面的内容：引进一种新产品或提供一种产品的新质量，采用一种新技术、新的生产方法，开辟一个新市场，获得一种原材料新的供给来源，实行一种新的企业组织形式。他认为，发明并不等于创新，发明者不等于创新者，只有敢于冒风险把一种新发明最先引入经济组织之中的人才是创新者。

此后，学术界以熊彼特创新理论为出发点，作出深入研究，分化为两个分支，即技术创新理论研究和制度创新理论研究。前者主要以产品工艺创新和市场创新为对象，后者主要以组织变革和制度创新为研究对象。美国管理学家彼得·德鲁克将“创新”概念引入管理领域，进一步发展了创新理论。德鲁克认为，创新有两种：一种是技术创新，它在自然界中为某种自然物找到新的应用，并赋予新的经济价值；另一种是社会创新，它在经济与社会中创造一种新的管理机构、管理方式或管理手段，从而在资源配置的改进中取得更大的经济价值与社会价值。米切尔·汉默和詹姆斯·钱皮提出管理创新的核心概念是再造，即对公司的流程、组织结构和文化进行彻底的、急剧的重塑，实现绩效的飞跃。

3) 企业家精神

企业家精神是企业家特殊技能(包括精神和技巧)的集合，是企业家组织建立和经营管理企业的综合才能的表述方式，它是一种重要而特殊的无形生产要素。长期以来，企业家的概念通常是从商业、管理及个人特征等方面进行定义。进入 20 世纪后，企业家概念的抽象——企业家精神的定义就已拓展到了行为学、心理学和社会学分析的领域。企业家精神对于企业的成功非常重要。企业家精神是组织健康长寿的基因和要穴。

企业家精神既可以表现为个体的行为特征，又可以表现为组织的特质和社会层次的企业家精神。企业家精神是一种实用的进取精神，个体层次的企业家精神研究旨在启发个体自觉地学习这种精神，进而使之成为激发个体创业的精神支柱，如企业家一般具有甘冒风险和承担风险的魄力，对事业的忠诚和责任是企业家精神的动力，执着是企业家精神的本色，诚信是企业家的精神基石。组织层次的企业家精神研究旨在启发和指导企业组织自觉地创建具有企业家精神特质的企业文化和制度，进而使之成为指导企业可持续快速发展的精神力量。而社会层次的企业家精神研究，其目的则是引导社区、国家乃至整个社会创建具有企业家精神特征的文化，最大限度地激发整个社会的创新、创业热情，进而使企业家精神成为推动社会经济增长的动力。

5. 建议课堂计划

本案例可以作为专门的案例讨论课来进行。以下是按照时间进度提供的课堂计划建议，仅供参考。

整个案例课的课堂时间控制在80～90分钟。

课前计划：提出启发思考题，请学员在课前完成阅读和初步思考。

课中计划：简要的课堂前言，明确主题；(2～5分钟)

分组讨论；(30分钟)，告知发言要求

小组发言；(每组5分钟，控制在30分钟)

引导全班进一步讨论，并进行归纳总结。(15～20分钟)

课后计划：如有必要，请学员采用报告的形式给出更加具体的解决方案，包括具体的职责分工，为后续章节内容的学习做好铺垫。

案例19.6

新合作常客隆的制胜之道："小超市，大连锁"

1. 引言

20世纪90年代后，个体户和外资企业逐渐崭露头角，曾经鼎盛一时的供销社趋于衰落，偏离主角的供销社经常遭受此类冷言冷语，这让当时任职江苏常熟供销社的包乾申很不服气，他向领导提出改制申请，走市场化之路。

1995年9月6日，常熟供销社开出第一家小超市，包乾申任总经理，一次偶然出差上海的机会，给了他很多启示。在与上海农工商超市负责人沟通后，他随即提出"扩大超市规模，实行连锁经营"的发展理念。面对创业道路上的各种棘手困难，包乾申心里装着三句话："没有钱可以借，没有人才可以聘，没有信心就不行。"在物质缺乏的日子里，信心和精神给了他足够的动力。

1996年12月，常熟市供销合作总社供配货中心成立，隶属于常熟市供销合作总社的集体所有制企业。公司于2001年4月在常熟市供销合作总社供配货中心的基础上，改制为常熟市常客隆供配超市有限责任公司。2003年9月，公司出资入股由全国供销合作总社创办的新合作商贸连锁有限公司，成为"新合作"持股成员单位。2004年4月，公司与"新合作"共同投资组建为江苏新合作常客隆连锁超市有限公司，注册资本1 300万元。经过7年的不懈努力，公司于2002年投资建办了1万多平方米的常客隆购物广场，并拥有1.2万平方米的现代化物流中心，确保各超市网点的配货，并充分利用这一优势发展外县市直营、加盟连锁店及便利店。

新合作常客隆成立至今，始终坚持"贴近农村、贴近农民、贴近生活"的经营理念，特别是2005年以来，在推进商务部与全国供销合作总社组织开展的"万村千乡市场工程"和"新网工程"建设中，运用连锁超市的现代流通方式，改造、整合农村传统的商业网点，全力推进农家店网络建设，建立起了城乡结合、上下贯通、大中小并举、延伸周边县市的连锁超市网络体系。2010年，实现商品销售20亿元，农副产品进超市超5亿元，连接农副产品种养殖基地超百家，解决就业近万人。公司拥有2.4万多平方米的物流配送中心，经营网点达966家，经营总面积

40多万平方米，经营商品3万余种，有近千家供应商，常客隆从最初的一家仅有30多人、不足10家门店的负债企业，一跃成为集卖场、超市、便利店、药店为一体的连锁超市集团。

2. 大网络、大市场、大品牌发展格局

随着城乡一体化统筹发展的推进，农村集镇传统的商业网点已远远不能适应农民群众日益增长的消费需求，迫切需要以现代经营方式对传统商业进行资源整合改造，形成切合农村实际的商品流通和服务网络。在研究农村市场、分析消费特点的基础上，该公司突破大型连锁超市在城区发展的常规思路，以原有的城区店为龙头，采取自建、改造、兼并、收购、联合、合并、特许加盟等多种方式全力拓展农村连锁网点，并在市外以直营店与加盟店相结合的模式跨区域发展，目前已在丹阳、兴化、海门、淮安等地建立了分公司，2008年，常客隆对常熟、启东、南通的校园实行了超市全覆盖，2009年在兴化开设校园超市78家，开创全国县级校园超市网络建设先河；今年8月在淮安开设2.5万平方米的购物广场，并逐步在兴化开设5～8家直营超市、在丹阳开设3～5家直营超市、在海门开设3～5家直营超市，基本构成了以常熟为中心辐射苏南苏北的江苏新合作常客隆连锁大网络。

目前在常熟市区不到3公里的商圈内，有沃尔玛、欧尚、大润发、农工商、乐购、麦德龙等知名超市；在农村，好又多、如海、上海华联等超市遍布各集镇。面对强手如林的竞争态势，该公司采取以变应变的经营策略：在城区“以小搏大”，突出以开设100～200平方米便利店、标准化超市的形式加密发展，将触角伸至社区、校区（学校）、院区（医院）、旅游区；在乡区，采取“以大搏小”的策略，以开设1 000～5 000平方米的农村大卖场的形式加大发展；在中心镇和街道办事处，做大、做强、做优集百货业与超市业为一体的新型农村大卖场；在中心村及规模较大的厂区加量发展网点。近三年，该公司网点均以50%的发展速度递增，成为农村日用工业品流通的主导力量。在常客隆，有70%以上的超市网点分布在农村，而自从淘金农村市场后，常客隆每年的销售额平均递增30%。目前，常客隆的大多数销售额也来自于农村市场。

该公司视质量管理为打造企业品牌的出发点与落脚点。2006年通过了ISO 9001:2000国际标准质量管理体系的认证，在此基础上，又推行了卓越绩效管理，以精细化、标准化、制度化、国际化的要求实行全过程动态质量管理。采取集中采购、统一配送的连锁超市管理模式，严格索证与准入制度，加强对供应商的资质及供应食品的审核，从商品采购、运输、入库、储存、配送、销售等环节上严把商品质量关，实行“总经理食品安全负责制”，层层签订食品安全责任状，逐步形成了食品安全监督管理的长效机制，有效杜绝了假冒伪劣商品入店，使新合作常客隆在广大市民中的信誉度、美誉度更加凸显。2009年该公司获“江苏省质量奖”殊荣，并被评为“江苏服务业名牌企业”。

3. 不断创新的市场理念，灵活多样的竞争策略

作为本土连锁超市，常客隆的经营业态、供配货渠道与国内国际超市巨头相比，显得相当灵活，这就是制胜法宝。常客隆没有特定的业态，有大卖场，有超市，还有便利店，各种业态营业时间不一样，有的地方甚至连价格也不同，顾客的需要就是常客隆经营的业态。

按照传统的开店策略，零售商通常会在三线城市的商业区开大卖场以辐射周边地区，而在乡镇则不会开设面积大的超市，但常客隆从2007年开始反其道而行之，重点在中心镇开大规模的店面，在30多个中心镇都开了2 000平方米至5 000平方米的农村卖场。在经营中，通过丰富的商品、更便宜的价格、媲美城市的商场硬件等策略，来体现其以大搏小的优势。

乡镇零售商之间的竞争也很激烈，一个镇开出四五家超市司空见惯。为了拥有价格优势，常客隆的策略是:对手有售的商品,自己有时要不惜亏本,做到更便宜。而在对手所没有的商品上,可以稍微提高价格,获得高毛利。为了让单店的经营更灵活,常客隆采取"一种业态一个价格,一个镇一种价格,一家店一种价格"的定价策略,根据市场和对手灵活定价。

近年来,熟悉农村市场的常客隆立足苏南地区县级城市及乡镇村域拓展连锁超市,发展势头迅猛,但由于这些地区经济发达,常客隆并没有摆脱沃尔玛、欧尚、大润发等外资连锁超市的围追堵截,经营压力日益增大。校园超市模式有望成为常客隆未来发展新的增长点。2005年11月,新合作常客隆第一家南京校园超市在南京交通职业技术学院开业,这一敢为人先的举措让常客隆在校园市场抢得了先机。2008年,常客隆对常熟、启东、南通的校园实行了超市全覆盖。常客隆将把连锁超市"克隆"进兴化的所有中小学校园,此举开创了全国县级市中小学校园零售业连锁网络建设的先河。

加快农超对接,参与农业产业化经营。近年来,该公司共投入2亿多元建办了40多家超千平方米的农村卖场,将农副产品直接引进超市,摆上货架。同时,该公司还建立了水产、蔬菜、豆制品、大米、食油、生猪养殖等50多个农副产品生产加工基地,直接与农户签订合同,指导农户标准化种养殖,大力培育无公害、绿色有机食品。该公司在重点做好做大名、特、优农副产品销售的基础上,通过与本地和周边地区干鲜果品、肉食禽蛋、水产品、大米等生产基地合作及帮助农民专业合作社推销等形式,努力实现合作社与超市直接对接的产销新模式,做到农副产品品牌化、超市化、礼品化,切实提高农副产品附加值,使新合作常客隆真正成为农民的"田头超市"。仅2009年就销售鲜活农副产品超过1万吨,间接转移农村劳动力5 000多人,为农民增收1亿元以上。目前,公司经营的商品中由农副产品加工而成的副食品类商品销售约占总销售的40%以上。有效推动了农业产业化经营,助农增收效果显著。

4. 依托科技和人才,提升现代化管理水平

常客隆的发展并没有异于别人的妙招,而是重抓人才和物流两个核心点。

为改变农村店面饱受外界诟病的"有点无网"缺点,防止经常缺货现象的发生,常客隆自主研发"自动要货系统",打造适合常熟地区农村市场的供应链管理系统,补货、配送都很及时。

庞大的门店数量必须有一个高效物流配送中心为依托,常客隆拥有面积2.4万平方米的物流配送总部和各子公司配送中心。根据分级配送原则,总部配送的半径在常熟是50公里,子公司的配送半径为300公里,为了降低配送中心的物流成本,子公司的配送中心除了满足自己门店的物流需求,也承接其他超市的配送服务。近几年,该公司投入2 000多万元,会同有关专家,研制开发了一套商品采购、入库、配送、结算、购物的计算机联网系统,各超市门店与行政部门均配有网络智能化信息平台,并要求所有供应商与公司联网,联网系统24小时实时运转,建立OA系统,实行无纸化办公,建起了一套精简、快捷、高效的现代化科学管理体系。

双向物流是常客隆配合国家惠农助农、家电下乡的重要政策。在把农村急需的种子、化肥、农药、家电产品送到农村各门店后,同时收购农民多余的粮食、生猪、水产品、蔬菜和水果,通过基地加工后配送到各大超市。

2010年8月,由常客隆公司发起并参与投资建设的常客隆农副产品物流配送中心、常熟曹家桥农副产品交易中心与冷链配送中心均在同一天宣布开工建设,这将为常客隆的后续发展夯实更坚固的基础。

除重抓物流外,人才培养也是常客隆发展的重头戏。常客隆与南通商贸高等职业学校等大中专学校建立合作关系，让学生到常客隆操作实习，到基础岗位顶岗实习，根据计划，每批招收学生50人，通过阶段性考核，让学生初步熟悉超市各岗位工作技能，为进入超市管理岗位奠定基础。其实早在2002年，常客隆就引入了大润发、家乐福的管理团队，这也成为常熟市第一次引进外资人才的样板。包乾申及员工每天都在坚持学习，吸收外界的经验和新鲜知识，打造学习型企业。在常熟站稳了脚跟的常客隆，并未满足于此，既然有零售企业走进常熟，常熟零售企业自然也能走出常熟，常客隆的目标是"走出常熟，辐射江苏，面向全国"，打造中国零售行业的"苏南模式"。

资料来源：新合作常客隆的制胜之道："小超市，大连锁".（2010-10-01）. http://www.zh-hz.com/dz/html/2010-10/01/content_39787.htm.

◎ 案例使用说明

新合作常客隆的制胜之道："小超市，大连锁"

1. 教学目的与用途

（1）本案例主要适用于管理学课程。

（2）本案例是一篇关于地方性连锁超市与跨国连锁大超市抗衡、过招过程中，逐渐由小变大、由弱变强的发展史，其教学的目的在于使学生对常客隆发展模式和经营制胜之道有一个基本的理解和深入的思考。

2. 启发思考题

（1）什么是决策？如何看待常客隆发展过程中的几次重大的决策？

（2）常客隆的制胜之道是什么？

（3）常客隆的成功因素有哪些？

（4）试分析常客隆以小搏大和以大搏小策略的适用性？

（5）常客隆的商业模式有哪些创新？

3. 分析思路

教师可以根据自己的教学目标(目的)来灵活使用本案例。这里提出本案例的分析思路，仅供参考。

1）常客隆的决策

决策是管理的重要职能，正确地制定决策是管理者管理水平的重要体现。常客隆的发展过程离不开公司老总包乾申几次重大的决策，正是这些正确的决策，一步一步引领常客隆走向成功。

2）常客隆商业模式

常客隆的成功表现在其能够突破传统的商业经销方式，实现商业模式的创新。作为本土连锁超市，常客隆的经营业态、供配货渠道与国内国际超市巨头相比，显得相当灵活，这就是制胜法宝。常客隆没有特定的业态，有大卖场，有超市，还有便利店，各种业态营业时间不一样，有的地方甚至连价格也不同，顾客的需要就是常客隆的经营的业态。

3）常客隆的竞争战略

发展加盟连锁，实施差异化经营、低成本扩张是连锁便利店企业做强做大的必由之路。但在具体实施过程中，发展加盟连锁面临着诸多问题。尤其是经营理念、管理方式和发展模式问题。为此，常客隆借鉴国外便利店发展的先进理念和经验，从认识上、思想上和方向上探索国内连锁便利店企业的赢利模式、扩张模式、投资模式、服务模式和采购模式,逐步解决发展过程中存在的问题。

4. 理论依据及分析

1) 决策的职能

决策是管理者识别并解决问题的过程,是管理者利用机会的过程。决策是管理的核心内容,决策贯串于管理过程的始终。决策的程序一般由以下方面构成。

(1) 提出问题,确定目标。这是整个决策的基础,是科学决策的前提条件。

(2) 拟订方案,充分论证。这是决策的关键步骤。在制定方案时,一定要发扬民主作风,集思广益,博采众长,充分发挥各方面人员,特别是咨询参谋人员的作用。

(3) 分析评估,方案择优。对已经拟订的可行方案进行效益、危害、敏感度及风险度等方面的分析评估,以进一步认识各方案的利弊及其可行性。

(4) 执行方案,反馈调节。决策的实施是实现目标的一个关键阶段,也是决策过程中最为困难的一步。决策在管理中的地位和作用是首要的,它将决定组织的发展方向及做正确的事情。决策的优劣直接决定组织的发展和命运。

2) 竞争策略

"竞争战略"是由美国学者迈克尔·波特(Michael E. Porter)于1980年在其出版的《竞争战略》(*Competitive Strategy*)一书中提出的,属于企业战略的一种,它是指企业在同一使用价值的竞争上采取进攻或防守的长期行为。竞争战略可分为成本领先战略、差别化战略和专一化战略。所谓差别化战略,是针对那些对价格不敏感的用户提供某产业(如零售服务业)独特的产品与服务,也就是要让消费者觉得你的企业拥有其他企业所没有的优势。成本领先战略则强调以较低的单位成本价格为用户生产标准化的产品或提供标准化的服务,也就是提供同样的产品与服务,只有比别人耗费的成本低,才能创造出差异利润。专一化战略是主攻某个特殊的顾客群、某产品线的一个细分区段或某一地区市场。正如差别化战略一样,专一化战略可以具有许多形式。采用专一化战略,可在更加有限的范围内建立起差别化或低成本优势。上述三种方法的有机结合与综合利用,可以使企业在竞争中成为同行业中的龙头。

3) 商业模式创新

商业模式的本质就是要创造价值,为企业、顾客或者是为相关利益者创造价值。因此,创造何种价值,通过怎样的途径、使用何种手段和方法来创造价值,以及用什么去创造价值,是商业模式创新需要解决的三个基本问题。商业模式创新是指企业价值创造提供基本逻辑的变化,即把新的商业模式引入社会的生产体系,并为客户和自身创造价值,通俗地说,商业模式创新就是指企业以新的有效方式赚钱。相对于这些传统的创新类型,商业模式创新有几个明显的特点:第一,商业模式创新更注重从客户的角度,从根本上思考设计企业的行为,视角更为外向和开放,更多注重和涉及企业经济方面的因素;第二,商业模式创新表现得更为系统和根本,它不是单一因素的变化,它常常涉及商业模式多个要素同时大的变化,需要企业组织的较大战略调整,是一种集成创新;第三,从绩效表现看,商业模式创新如果提供全新的产品或服务,那么它可能开创一个全新的可赢利产业领域,即便提供已有的产品或服务,也更能给企业带来更持久的赢利能力与更大的竞争优势。

一个成功的商业模式应该遵循以下几个原则：

① 把对客户价值的实现再实现、满足再满足，当作企业应该始终追求的主观目标；

② 持续赢利原则，企业能否持续赢利是我们判断其商业模式是否成功的唯一的外在标准；

③ 资源整合原则，整合就是要优化资源配置，就是要有进有退、有取有舍，就是要获得整体的最优；

④ 创新原则，在企业经营的每一个环节上的创新都可能变成一种成功的商业模式；

⑤ 组织管理高效率原则。

4）企业家精神

凝聚在以钱月宝为代表的企业家群体思想行为上的企业家精神可以归纳成一稳固的三角即和善是其内核责任感是其基础创新和勤奋是其支撑坚韧则是其锲而不舍的先锋。和善作为企业家精神的内核是中国企业家不同于外国企业家的特殊内涵，是中国传统文化精神在企业家身上的特殊体现，作为一种道德风范，管理学创始人之一的法约尔也认为制止一个领导人滥用权利和其他缺点的最有效保证是个人的道德，特别是该领导人的高尚的精神道德。责任感作为梦兰企业家精神的基础责任感可通过创业和发展两个阶段来考察企业家精神的实质在于不墨守成规敢于承担责任。

5. 建议课堂计划

本案例可以作为专门的案例讨论课来进行。以下是按照时间进度提供的课堂计划建议，仅供参考。

整个案例课的课堂时间控制在80～90分钟。

课前计划：提出启发思考题，请学员在课前完成阅读和初步思考。

课中计划：简要的课堂前言，明确主题；（2～5分钟）

分组讨论；（30分钟），告知发言要求

小组发言；（每组5分钟，控制在30分钟）

引导全班进一步讨论，并进行归纳总结。（15～20分钟）

课后计划：如有必要，请学员采用报告的形式给出更加具体的解决方案，包括具体的职责分工，为后续章节内容的学习做好铺垫。

案例19.7

隆力奇品牌的成长之路

1. 引言

江苏隆力奇生物科技股份有限公司是目前国内规模最大、技术力量最先进的日化产品、保健品的研究、开发和产销基地。公司拥有200多个营销公司，员工总数达33 000余名，其中大学生、研究生、高级工程师、专家比例超过30%。公司成立20多年来，平均每年以40%以上的增长速度高速、健康地发展，成为中国国内日化行业的领军品牌。

公司主要经营的有化妆品、家用洗涤品、保健品、酒类、皮革制品、家具、房地产、物流八大系列1 000多个品种。1998年，隆力奇集团全面通过了ISO 9001国际质量体系认证。2000

年，隆力奇集团通过ISO 14001国际环保体系的全面认证。2002年，"隆力奇"商标被国家工商行政管理总局认定为中国驰名商标。2003年，隆力奇系列化妆品被中华预防医学会正式列为"健康金桥重点工程"；在中央电视台黄金资源竞标中，隆力奇连续三年夺得本土日化品牌竞标第一名。2004年，隆力奇化妆品荣获"国家免检产品"资格；"中国500最具价值品牌"排行榜中，隆力奇以鲜明的品牌定位、强大的品牌竞争力作为唯一进入前100位的日化品牌入选排行榜，位居48位，品牌价值95.52亿元人民币；在法国文化年活动中，隆力奇化妆品从众多著名的化妆品品牌中脱颖而出，作为唯一被指定的中国化妆品礼品送给法国贵宾。2005年，隆力奇被评为中国化工"十大最具国际竞争力品牌"，成为本土日化行业唯一获此殊荣的品牌；荣获"中国十佳诚信单位"荣誉称号；"中国(上海)国际美容化妆洗涤用品博览会"上，隆力奇荣获2005年中国美容化妆品业杰出品牌奖；江苏隆力奇生物科技股份有限公司倾巨资赞助十运会，成为十运会组委会在日用化妆品、洗涤用品类行业唯一的合作伙伴，在第三届中国民营企业峰会上，江苏隆力奇生物科技股份有限公司凭借良好的品牌形象与公众美誉度，荣膺"中国民营企业品牌竞争力50强"；清华隆力奇生物科技研究所成立，标志着隆力奇产学研结合，提升民族日化品牌的发展动力。2006年、2008年，隆力奇分别巨资冠名第12届、13届CCTV全国青年歌手电视大奖赛，成为历年来首家冠名的日化品牌。2006年，江苏隆力奇生物科技股份有限公司生产的蛇油膏系列、SOD蜜系列、防冻防裂膏系列、护手霜系列、男士系列等十大系列膏霜类护肤产品荣获"中国名牌产品"称号。2007年，江苏隆力奇生物科技股份有限公司的系列日化产品品牌"隆力奇"被国家工商行政管理总局认定为"中国驰名商标"。2008年，隆力奇巨资独家冠名第13届CCTV全国青年歌手电视大奖赛，这是继2006年隆力奇独家冠名第十二届青年歌手大奖赛后的又一次冠名，成为历年来首家两次冠名的日化品牌。2009年，荣获"中华人民共和国成立60周年成就展"贡献奖，隆力奇牌蛇油膏、生物酶牙膏、雅研牌美白五件套等17个系列产品荣获"中华人民共和国成立60周年成就展"优秀产品奖。2010年，隆力奇赞助并冠名上海世博会苏州形象大使选拔赛"天使最美丽"活动，成为上海世博会苏州馆参展商、上海世博会苏州馆战略合作伙伴，并且隆力奇化妆品是"2010上海世博会"苏州馆指定化妆品。

隆力奇23年的发展历程中经历了三次重大抉择：1992年进入保健品产业，使隆力奇的资产迅速扩大几百倍；1998年又进入化妆品行业，短短10年时间即成了本土日化行业的领军企业，企业资产迅速扩大了1 000倍。从没有品牌到品牌价值达95.52亿元人民币，从名不见经传的小企业到拥有"中国驰名商标""国家免检产品"。23年里，隆力奇从粗放的贸易企业发展成为中国保健品行业的龙头企业，直至成为今天中国日化行业的领军企业。

2. 打造中国特色的"蛇制品专家"

隆力奇营销策略的成功之处在于，品牌延伸始终围绕核心竞争力——蛇制品进行。1995年，隆力奇集团在常熟市蛇业公司的基础上成立了，首次向全社会公众展示了江苏省最大的保健品企业的风貌。隆力奇集团于20世纪90年代初涉足以蛇为主要原料的保健品行业，并在全国各地进行了蛇制保健品科普知识推广，突出了"蛇生物净化"这个核心竞争力。隆力奇多年成功的保健品运作在消费者的心目当中已经形成了蛇产品专家的印象，而"高纯度蛇油和珍贵蛇胆汁""千年蛇传奇，江苏隆力奇""皮肤不好就用隆力奇"的口号也已经深入人心，给消费者留下了"隆力奇是中国蛇王"的品牌印象。

隆力奇抵挡住了来自其他方向扩张的诱惑，始终坚持围绕"蛇制品"进行扩张。蛇制化妆品是隆力奇对日化行业的细分,也形成了与其他日化产品明显的差异化,这一点是隆力奇在战略上取胜的重要因素。坚持独特核心竞争力不但使隆力奇在差异化竞争中获胜,而且抬高了竞争对手进入的门槛。同处苏南的另一家日化企业朗力福,也是由保健品延伸到化妆品,产品结构、营销模式和发展历程几乎与隆力奇完全一样,但是由于缺乏品牌核心竞争力,没有给消费者留下特别深的印象。隆力奇在战略上无疑取得了竞争的制高点,差异化的策略使隆力奇一下子占据了大片日化市场。

3. 全覆盖式的产品线

目前隆力奇日化产品有近300个品种,包括洁齿、洁肤、护肤、香水、美发、洗涤等日化六大产品部类,几乎涵盖了家庭日化产品的所有领域,最大限度地满足了顾客的全方位需求。隆力奇以蛇制品为核心的“大品类、大覆盖”产品线,提高了蛇原料的利用价值,降低了制造成本。“全覆盖式”产品线在人员工资、办公费用、广告费用、终端费用和促销费用等方面降低了单产品的平均营销成本。制造成本和营销成本的降低为隆力奇“农村包围城市”的成本竞争战略提供了根本支持。

“全覆盖式”产品线也从不同角度满足了农村市场的多种需求,给予消费者更多个性化选择,也从某种程度上提高了隆力奇的品牌竞争力。凭借着产品的优势,隆力奇在各级市场的各类终端以“品类集中,品牌专区”的强化手段制造出强烈的终端品牌效应,所遵循的行销理念非常先进:最大限度满足顾客的全方位需求。隆力奇走出了一条最为成功的大品牌之路。

4. 高质量、低价格

随着通信、城郊公交和有线电视的日益普及,城乡之间的消费观念日益缩小,农村市场名牌消费也日趋成熟。我国农村近十年来发生了翻天覆地的变化,但农村相对城市仍然滞后,消费者仍然无能力购买高价名牌。农村市场呼唤低价名牌,农村市场呼唤属于自己的品牌。“让中国95%的老百姓可以买我们的产品”,这是隆力奇的目标,这一目标包括两层含义,一是95%中国老百姓可以买得起,二是让95%中国老百姓可以买得到。

“高质量、低价格”策略填补了农村消费者的心里空白。在中国本土的消费者同样希望得到的是性价比好、科技含量高、功能好的日化产品,特别是随着经济水平的日益提高,广大农村消费者对健康美丽的理念也日趋提高。农村市场对性价比好的产品需求越来越大,当时隆力奇果断舍弃了日化行业所谓的高利润策略,而是以低价格、实惠吸引农村消费者,农村消费者在使用隆力奇时有很强烈的“实惠名牌”认同感,并没有城市消费者“中低档”的感受。隆力奇紧紧围绕“农村包围城市”的成本竞争战略,制定了相应的系统化、低成本营销策略,“低价格高质量”成为攻占农村的撒手锏。隆力奇以推出一元一袋的蛇油膏吸引了大批农村消费者,小产品做出了大市场,“一元蛇油膏”成为许多农村消费者认可并传播隆力奇品牌的最好媒介。隆力奇一手采取低价格策略满足农村市场需求,另一手始终抓住质量不放。隆力奇与国际一流品牌合作,使隆力奇的原材料供应与国际接轨,从源头上确保了产品的高品质与高科技含量。

5. 多样灵活的广告投放打造品牌知名度

1992年到2008年,从保健品市场的兴旺阶段、日化产品市场的刚刚开始起步一直到日化产品在全国销售网点的全面铺开,隆力奇的媒介投放策略也经历了不同的发展阶段。

2001年之前,隆力奇的市场销售还是以保健品为主,所以这一阶段的广告投放主要以保健品的终端促销加地面活动(如万人游蛇园、蛇技表演)为主,另外,保健品宣传也会选择一些平面的软性宣传,电视媒体的广告投放较少。

2002年至2003年，随着隆力奇日化产品的销售越来越占据了企业主要的营销收入，市场铺货达到一定的广度和深度，加上保健品行业不可避免地进入相对的发展滞缓期，隆力奇开始将宣传重点转到日化产品。同时在2002年至2003年连续两年实行了全国近14家的卫视联播形式。通过这种形式，一下子打响了隆力奇日化产品的知名度，销售市场的业绩连年翻番。

2003年年初，企业发现，虽然通过卫视联播迅速打开了品牌知名度，但品牌实力及公信力的体现还需要更进一步推动，另外，隆力奇消费者遍布全国广大的三、四线市场，即农村和乡镇市场，在有线电视不是很发达的情况下，需要一个人群覆盖更广的传播平台，而中央电视台这样一个媒介平台正好是解决这一问题的最佳选择。所以，在2003年的9月份，隆力奇重金投入中央电视台黄金招标段广告，开始将媒介传播的重点转移到中央电视台。

2004年至2008年，在这5年期间，隆力奇一直坚持"以央视为主，以地面频道和部分卫视为辅"的媒介投放策略，并在2004年至2007年之间，连续四年在央视黄金资源招标本土日化品牌中标额第一。在资源的选择上，也是有重点地选择CCTV1黄金电视剧特约(2006年)、CCTV青年歌手电视大奖赛(2006年、2008年)等影响力大，又与自身目标受众收视喜好相对应的央视黄金资源，见表19-1。

表19-1 隆力奇2000—2006年广告投放额

年份	广告投放方式
2000—2003	全国近14家卫视广告联播，迅速打响品牌知名度
2004	以1.4亿元人民币成为央视黄金时段本土日化品牌广告投放标王
2005	以1.68亿元人民币再次成为央视黄金时段本土日化品牌广告投放标王
	1 500万元人民币赞助全国第十届城市运动会
2006	以1.87亿元人民币继续蝉联央视黄金时段本土日化品牌广告投放标王
	5 606万元人民币独家冠名2006年央视青年歌手电视大奖赛
	9 300万元人民币独家冠名央视2006年下半年的重头电视剧

6. 与时俱进的流通渠道

"市场唯一不变的是变化"，随着市场环境和消费者行为的不断变化，哪怕是细微指标的变化也会对市场产生重大影响，这就需要企业尽可能准确地预见和把握未来2～3年市场环境和消费者行为的变化，并根据这些变化制定领先性的营销策略。隆力奇完善的营销网络建设，经历了由代理制到直销分公司再到独立营销公司的递进过程。在营销战略上，隆力奇自1996年开始，每一次营销模式的转轨都有力地促进和推动了公司的发展。

1) 第一阶段：代理(20世纪90年代初到90年代末)

和许多企业一样，隆力奇的销售网络始于纯蛇粉的营销，早期基本上是采取代理制。1992年的时候还是零，6年发展下来，隆力奇在全国的营销分公司已经有了100多个。在市场开拓初期，尤其是针对农村及低端市场渠道分散的特点，利用经销商的网络资源与客情可以实现产品的快速分销与资金回笼，对企业的发展起到极为重要的作用。把保健品的做法移植到化妆品上面，这对隆力奇化妆品的成功起到了很大的推动作用。化妆品和保健品有着相似的诉求，隆力奇把化妆品当保健品卖，使用纯蛇粉的渠道通路和终端促销手段卖化妆品。另外，由于渠道有长短宽窄之分，由经销商、批发商、终端商构成的长渠道，对厂家来说，控制起来比较难，所以很多厂家都尽量走扁平化的道路，直接面对终端商。隆力奇在该阶段完全扮演市场主导的角色，只考虑卖方的立场，是4P理论的直接体现，隆力奇让代理商直接参与市场竞争，规避企业本身很多风险并取得良好的效果。

2）第二阶段：直销（20世纪90年代末到2003年）

从1998年开始，隆力奇利用自身资源，发展了很多化妆品营销分公司。随着化妆品销售的日趋迅猛，隆力奇改变了在保健品销售上采用的"代理制"销售模式，建立垂直行销体系，利用自身的资源发展了很多直销化妆品的销售分公司，随着直销网络的扩大和终端盲点的开辟，直销网络的优势越来越强于代理市场，于是隆力奇决定在保健品销售的空白区域派出分公司直接销售，接着把失去优势的一些代理市场重新整合，或采用合资的方式进行合作销售以加强监督。至2003年年底，几乎国内的每个省、自治区、直辖市都有隆力奇系列保健品、化妆品的销售，网络纵横交错、覆盖密布。

"农村市场是中国最大的市场，如果能每村每店到位，我们的销售最少还能提升50%以上。"徐之伟说。普通代理商的经营模式显然难以承受如此高密度的覆盖要求。2002年第一季度，为加大市场细分力度，隆力奇就相继细分出30多个分公司，直销市场经理达到84名，以保持一些乡镇旺盛的增长势头。1998年至今，销售分公司的数量从100个增长到240个，集团销售人员达到3万余人，隆力奇的渠道日益扁平，也日益畅通，网络纵横交错，密布全国市场，管理方式也日益扁平。

随着市场竞争的加剧，市场逐渐由卖方市场转为买方市场，如果单从卖方的角度出发，必定会让企业处于被动的局面。因此，隆力奇根据实际情况，适时调整了销售策略，建立了分销渠道，公司直接面对客户，以顾客的需求为核心，为其日后销售业绩的持续增长打下了坚实的基础，这是4C理论的具体应用，隆力奇深知，顾客才是最核心的竞争力。

3）第三阶段：承包（2003年至今）

随着企业规模的日益壮大，控制直销分公司也日益困难。2003年11月，登陆央视的隆力奇为适应大发展的急剧变化，又将直销分公司的经营模式转为经理承包的独立公司经营模式。双方变成了一种客户关系和买卖关系。一方面保证了企业资金的回收，降低了经营风险，另一方面也给予分公司更多经营自主权。现在很多企业面临回款难的问题，其中猫腻很多，承包制能很好地解决这个问题。这对大企业的管理有一定好处，双方能形成双赢。把盈亏责任和经营权下放到市场经理手中，同时贯彻分级承包工作，分担经营风险和责任。至今，隆力奇集团在国内市场上已有大小承包市场230多个。隆力奇的销售网络在国内来说是一个独特的销售模式，因为全国250多家隆力奇销售公司、3万多员工和隆力奇公司有紧密的联系，他们既是独立承包，承担自己的经营风险，又享受本公司服务无限的理念。通过短信、网络，能够在第一时间转换公司最新的政策，这个营销模式既能够承担风险，又能够达到很高的效率。

中国加入WTO后，中国化妆品市场日趋完善，每一个市场成员在市场中都不可缺少，单单的卖方立场和客户关系都不足以维持长期的发展。隆力奇又适时调整了销售策略，创新建立了承包销售模式，让地方分公司单独销售，自主经营，自负盈亏。这种模式既分享了集团内部的有效资源，又维护了与客户的长期合作，如图19-1所示，这是4R理论的体现。

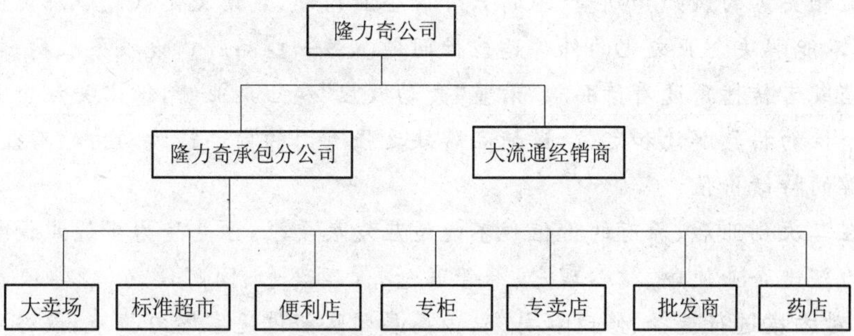

图 19-1　隆力奇目前的渠道

7. 日化品牌化战略与品牌架构的规划

隆力奇是从生产保健品开始起家的，并于 1996 年悄然涉足日化，在保健品向化妆品跨越的过程中，始终围绕“蛇生物精华”原料进行产品开发，品牌延伸始终围绕核心竞争力——蛇制品进行。尽管隆力奇所用的主要原材料只有一种(蛇生物精华)，但品牌和产品并不单一，实现了多品牌大品类、品牌与品类协同发展的大好局面。隆力奇在品牌的发展方向上毫不含糊，路线通畅，策略清晰：先是依靠产品品牌提升企业品牌，然后再利用企业品牌拉动新品牌；先从单个品牌系列产品化，再由多个品牌多系列化，最后是多牌多品全面覆盖化。这种相辅相成、环环相扣的大品牌战略可以最大限度地整合营销资源，迅速完成企业资产的提升及品牌架构的组成。如今，江苏隆力奇生物科技有限公司拥有隆力奇、阿庆嫂、龙美人和娅妃四大知名品牌，并以隆力奇、阿庆嫂、龙美人等系列品牌为主导的日化系列产品近 300 个品种，包括洁齿、洁肤、护肤、香水、美发、洗涤六大系列 1 000 多个产品。至此，隆力奇已从保健品这条“单行道”成功跨进了日化“多车道”。

8. 心存顾客是隆力奇企业文化建设的基础

隆力奇老总徐之伟常说：一年企业靠打拼，十年企业靠经营，百年企业靠文化。隆力奇的目标就是做“民族的隆力奇、世界的隆力奇、百年的隆力奇”。

作为我国民营经济发展的“活化石”，隆力奇具有普遍的代表性意义，与大多数企业的本质区别是，隆力奇发展的每一个脚印都深深踏在企业文化建设的结点。隆力奇在 26 年的高速发展中，用自己的成功经历证实，一种非物质的因素给他们的发展注入了强大的生命力，这就是他们日益形成的独具特色的企业文化。翻开隆力奇的发展史，你会发现无论从意蕴丰厚的哲学理念，还是严格的现代化管理，或是浸满文化的管理，都展示了中国现代企业特有的魅力，奏出了今天企业文化建设的最强音。

对于企业文化的界定，对其内涵和外延的理解，企业界和理论界尚在研讨之中，隆力奇认为：企业文化是企业立于市场之上取之不尽的“经营资源”，是企业在生产经营活动中形成的具有本企业特点的精神风貌和经营哲学。

客户不只是简单地购买产品和服务，同时也在选择一种观念和态度。当面临不断增加和日益多样化的选择时，客户的购买倾向就变得更加受制于对钟情品牌的信仰。相关研究表明，中国企业的文化建设更多关注的是企业内部的资源整合，以统一思想、统一行为，提高企业凝聚力。尽管也提及对外塑造形象的品牌建设，但很少有企业把企业内部的文化建设与“客户参与”有机结合起来。有的企业在建设企业文化时，不考虑客户对企业的实际评价和文化需求，也不考虑利益相关方的认知和期望，眼睛只盯着企业内部，致使文化只能解决企业文化的内部整合性问题，不能解决企业文化的外部适应性问题。另一些品牌建设服务机构，更多地从产品和服务的营销或者传播角度看待品牌，看重“轰动效应”和短期业绩，很少关注企业深层的文化基因和文化个性的科学解读和定位，致使品牌缺乏强有力的内部持续动力的有效支撑，从而伤害了自身品牌的持续价值。

隆力奇在二次创业后，原有的价值观不能适应发展要求，于是隆力奇逐步调整企业的价值观体系。全力塑造企业使命、核心理念、经营理念、管理理念、团队理念、哲学理念等。广泛征求员工意见，对方案进行选择、修改和补充，由高层团队经过逐字逐句推敲，最终研究确定出隆力奇的价值观。今天，隆力奇的价值观紧紧围绕的就是两个字“客户”。公司董事长徐之伟每年都带领隆力奇的销售骨干奔赴全国各地举行的两届大规模的经销商恳谈会，他们都抱着诚恳、谦虚和务实的态度，倾听来自于“客户”需求，这种需求包括对隆力奇的希望、建议，也不乏对隆力奇在工作中的不足，在每次的走访期间，隆力奇都会接触近 2 000 名顾客和经销商，倾听 3 000 多条意见，同时，当日就对所有的建议和意见详尽地答复和整改。隆力奇认为，企业面对复杂多变的环境，要思变、应变、改变；要解决企业发展中面临的问题，就要融汇、融合、融化。

总结 26 年的发展经验，隆力奇总结出靠天敬人是隆力奇发展的原动力。隆力奇走的每一步都深深打上了“靠天敬人”的烙印。政府、社会、消费者、经销商、供应商和员工都是隆力奇的“天”；关于爱人，隆力奇传承“爱人者人恒爱之”的古老箴言，又提出“尊敬别人才会给你机会”的理念。

◎ 案例使用说明

隆力奇品牌的成长之路

1. 教学目的与用途

(1) 本案例主要适用于管理学课程。

(2) 本案例是关于隆力奇品牌创建、维护的案例，通过该案例的学习让学生理解和熟悉品牌建设的主要理论，明白隆力奇品牌建设成功的主要原因及其意义，尤其是隆力奇决策职能、人力资源管理职能和企业文化建设在隆力奇品牌成长之路中的重要性。

2. 启发思考题

(1) 隆力奇品牌和产品定位是什么?

(2) 隆力奇经历了哪几次重大的抉择?

(3) 驱动隆力奇品牌提升的秘诀是什么?

(4) 隆力奇如何根据企业不同阶段的发展需要制定相应的传播策略?

(5) 试述隆力奇老总徐之伟的管理之道。

3. 分析思路

教师可以根据自己的教学目标(目的)来灵活使用本案例。这里提出本案例的分析思路，仅供参考。

1) 隆力奇的决策

隆力奇品牌成功创建的影响因素很多，隆力奇老总徐之伟发挥了关键的作用。

2）隆力奇品牌战略

品牌战略为隆力奇品牌的发展设立远景，并明确品牌发展各阶段的目标，这成为隆力奇企业发展的指引。隆力奇多品牌战略为每一个品牌各自营造了一个独立的成长空间。

3）隆力奇的人力资源管理

人才是企业的第一资源，也是最为重要的资源。隆力奇通过其人力资源管理实现企业的品牌提升战略，增强企业的核心竞争能力。

4）隆力奇的企业文化建设

隆力奇认为：企业文化是企业立足于市场之上取之不尽的“经营资源”，是企业在生产经营活动中形成的具有本企业特点的精神风貌和经营哲学。翻开隆力奇的发展史，你会发现无论从意蕴丰厚的哲学理念，还是严格的现代化管理，或是浸满文化的管理，都展示了中国现代企业特有的魅力，奏出了今天企业文化建设的最强音。

4. 理论依据及分析

1）品牌战略

品牌战略包括品牌化决策、品牌模式选择、品牌识别界定、品牌延伸规划、品牌管理规划与品牌远景设立六方面的内容。品牌化决策解决的是品牌的属性问题，是选择制造商品牌还是经销商品牌，是自创品牌还是加盟品牌，在品牌创立之前就要解决好这个问题，这是品牌的结构问题。品牌模式选择是选择综合性的单一品牌还是多元化的多品牌，是联合品牌还是主副品牌，品牌模式虽无好与坏之分，但却有一定的行业适用性与时间性。品牌识别界定，确立的是品牌的内涵，也就是企业希望消费者认同的品牌形象，它是品牌战略的重心。它从品牌的理念识别、行为识别与符号识别三个方面规范了品牌的思想、行为、外表等内外含义，其中包括以品牌的核心价值为中心的核心识别和品牌承诺、品牌个性等元素组成的基本识别。品牌延伸规划是对品牌未来发展领域的清晰界定，明确未来品牌适合在哪些领域、行业发展与延伸。品牌管理规划是从组织机构与管理机制上为品牌建设保驾护航，在上述规划的基础上为品牌的发展设立远景，并明确品牌发展各阶段的目标与衡量指标。

2）多品牌战略

一个企业同时经营两个以上相互独立、彼此没有联系的品牌的情形，就是多品牌战略。众所周知，商标采用多品牌战略的代表非“宝洁”莫属了，其作用是就同一种商品或服务，区分不同的商品生产者或者服务的提供者。一个企业使用多种品牌，当然具有的功能就不仅仅是区分其他的商品生产者，也包括区分自己的不同商品。多品牌战略为每一个品牌各自营造了一个独立的成长空间。宝洁的原则是：如果某一个种类的市场还有空间，最好那些“其他品牌”也是宝洁公司的产品。因此宝洁的多品牌策略让它在各产业中拥有极高的市场占有率。举例来说，在美国市场上，宝洁有8种洗衣粉品牌、6种肥皂品牌、4种洗发精品牌和3种牙膏品牌，每种品牌的特征描述都不一样。以洗发水为例，我们所熟悉的有“飘柔”，以柔顺为特长；“潘婷”，以全面营养吸引公众；“海飞丝”则具有良好的去屑功效；“沙宣”强调的是亮泽。不同的消费者在洗发水的货架上可以自由选择，然而都没有脱离开宝洁公司的产品。在多品牌战略中，也有些企业使用的并非功能划分，而是等级划分，也就是说，不同的品牌用于相同的商品，但是品质、级别不尽相同。例如，欧莱雅就选择以档次为标准的区分，兰蔻、碧欧泉是它的高端产品，而羽西、美宝莲则是它相对低端的产品。

3）人力资源管理

德鲁克认为，与其他资源相比，人力资源是一种特殊的资源，它必须通过有效的激励机制才能开发利用，并为企业带来客观的经济价值。人力资源管理是对人进行的管理，对人的基本看法直接决定人力资源管理的具体管理方式与管理方法，因此人性假设也就成了人力资源管理的重要理论基础。美国行为科学家埃德加·沙因(Edgar H. Schein)把前人对人性假设的研究成果归纳为经济人假设、社会人假设和自我实现人假设，并在此基础上提出了复杂人假设。企业的组织重组活动从实践上证明了人力资源的变化必须与企业重组的其他领域相匹配并协同作用，才能保证企业在相关领域内维持竞争优势。

企业所面临的首要课题就是，必须建立起适应市场竞争要求，又适合自身特点的人力资源管理的整体模式。只有这样，才能既有分工又有组织地开展现代人力资源管理的各项业务，真正做到“以人为本”，充分发挥人力资源在创造财富中的作用，从而实现从人事管理向人力资源管理的真正转变。企业要生存、发展，并在激烈的竞争中处于不败之地，最重要的法宝就是重视人力资源的开发与管理。人力资源在企业的各项活动中具有主体性的作用，因而人力资源管理在各管理活动中处于关键地位。正因为如此，现代社会和企业对人力资源管理越来越看重。如果中国企业没有自己特色的企业文化，就不可能真正打动员工的心，而只有能够在员工内心产生共鸣的企业文化，才是真正成功的企业文化。建立在没有特色企业文化基础上的好制度，失去道德情感的内在支持，将是无济于事的“好制度”。

4）企业文化

想要实现企业管理的有效进行，保持企业可持续发展，就必须实现企业管理制度和企业文化之间的有效融合，达到共生与双向互动。作为企业管理者，对管理制度和企业文化之间的关系进行深入的剖析，正确处理两者之间的关系已成为当今企业提高核心竞争力的重要途径。

理解企业文化需要注意以下几个方面。第一，文化总是相对于一定时间段而言的。我们所指的企业文化通常是现阶段的文化，而不是指企业过去的历史文化，也不是指将来企业可能形成的新文化。第二，只有达成共识的要素才能称为文化。企业新提出的东西，如果没有达成共识，就不能称为文化，只能说是将来有可能成为文化的文化种子。企业文化代表企业共同的价值判断和价值取向，即多数员工的共识。当然，共识通常是相对而言的。在现实生活中，通常很难想象一个企业所有员工都只有一种思想、一个判断。由于人的素质参差不齐，人的追求呈现多元化，人的观念更是复杂多样，因此，企业文化通常只能是相对的共识，即多数人的共识。第三，文化总是相对于一定范围而言的。我们所指的企业文化通常是企业员工所普遍认同的部分。如果只是企业领导层认同，那么它只能称为领导文化；如果只是企业中某个部门的员工普遍认同，那么它只能称为该部门的文化。依据认同的范围不同，企业中的文化通常可以分为领导文化、中层管理者文化、基层管理者文化，或部门文化、分公司文化、子公司文化、企业文化等。第四，文化必定具有内在性。企业所倡导的理念和行为方式一旦达成普遍的共识，成为企业的文化，则这些理念和行为方式必将得到广大员工的自觉遵循。

注意品牌文化与企业文化的区别，千万不要将两者混同起来，更不要以企业文化代替品牌文化。很多企业都将企业文化混同于品牌文化，使品牌的核心利益得不到有效的表达。品牌文化是外向型文化，是消费者文化；企业文化是内向型文化，是员工文化。一个是与消费者进行沟通，一个是向员工宣导。区别还是很明显的。

5. 建议课堂计划

本案例可以作为专门的案例讨论课来进行。以下是按照时间进度提供的课堂计划建议，仅供参考。

整个案例课的课堂时间控制在80～90分钟。

课前计划：提出启发思考题，请学员在课前完成阅读和初步思考。

课中计划：简要的课堂前言，明确主题；(2～5分钟)

分组讨论；(30分钟)，告知发言要求

小组发言；(每组5分钟，控制在30分钟)

引导全班进一步讨论，并进行归纳总结。(15～20分钟)

课后计划：如有必要，请学员采用报告的形式给出更加具体的解决方案，包括具体的职责分工，为后续章节内容的学习做好铺垫。

案例 19.8

郎咸平：鱼香肉丝与现代汽车

韩国汽车之所以能从业界的笑话变为神话，真正起作用的还是其背后苦心营造的系统工程。美国NBC有一档脱口秀，主持人雷诺在1990年的节目中讲到现代汽车，他说我经过两年的研究，终于懂得韩国人造的现代汽车跟美国的有什么不一样了，美国人造的汽车要开才会动，韩国人造的汽车要推才会动，而且还是下坡的时候。全体哄堂大笑。韩国人就这个水平，你能造什么汽车呢？

我们笑韩国人，笑啊笑啊。到了1997年碰到亚洲金融危机，韩国整个国家几乎全线崩溃，我们又笑，你就是不行。到了2004年，全世界汽车排行榜出来，其中有一个指标叫作汽车质量排行榜，它按每出厂100台汽车三个月之内所汇总的零件缺陷数目排行，数目越少越好。全世界37个大汽车厂的平均零件缺陷率是129个，第一名是日本的丰田，零件缺陷率只有101个。我们笑了十几年的现代，你猜它排第几名？零件缺陷率102，排全世界第二名。一个在20世纪90年代被雷诺先生脱口秀讥笑的韩国企业，经过十几年的努力，竟然在质量排行榜上排到了世界第二名。韩国汽车工业起步于20世纪60年代初期，比中国汽车工业还要晚几年，然而，韩国的汽车工业用了仅仅大约40年的时间，就走过了美欧等西方汽车工业发达国家百年发展的道路，超越了中国，成为世界汽车工业后起之秀。它为什么有如此杰出的表现？那不是因为奥运，我们把问题看得太简单了，韩国有如此的表现，是因为从20世纪80年代末期开始，也就是汉城奥运会的时刻开始，他们的政府，他们的企业，他们的老百姓，辛辛苦苦地建立起一套资本密集或者是高科技产业的必备基础——系统工程。

什么叫系统工程？我们中国的企业家大部分是听不懂的，因为我们从来没有系统工程。我们的企业还是什么水平呢？包括很多汽车制造商，还停留在中餐馆的水平。什么叫中餐馆的水平？就是看大师傅。比如说我们今晚到这个餐厅吃饭，为什么呢？大厨师的手艺好。我们这个公司为什么做得好？董事长和领导水平高。

这样的中餐馆特有意思，它是不能量产的。这个餐馆好吃，开个分店就不好吃。原因是什么？没有系统工程。要想制造一个好的发动机，如果想量产就一定要有系统工程。以大厨师为例，怎样建立起他的系统工程呢？他炒鱼香肉丝特别好吃，别人炒就不行，那么要把他炒鱼香肉丝的本领分解成20道流程：第一个人切葱花，第二个人切肉丝……第18个人倒三瓢酱油，第19个人把火开到600摄氏度，第20个人炒三下。

这20道工序经过无数次的改进之后，比如第二个人切肉丝切短一点，第18个人倒两瓢酱油，而不是三瓢，第19个人将火开到700摄氏度而不是600摄氏度，最后一个人炒两下。你会发现最后一定有一次的组合炒出来的菜是一样的难吃或者一样的好吃。到这个时刻你只要按照每一道流程工序，炒出来菜的口味一定是一模一样的。这就是麦当劳的水平。只有最高的水平才能把菜炒得一样难吃或好吃，那不容易。把菜炒好吃不难，把菜炒得一样的好吃才是最难的，需要这20道工序流程一丝不差。该切多长的葱花就切多长，该倒几瓢酱油就倒几瓢，不要创新，只有在这种严格的工序流程，也就是系统工程的要求之下，产出的质量才是一模一样的。

高科技的本质就是鱼香肉丝工序流程的积累，不是一般的积累，是鱼香肉丝20道流程的积累。只有这种积累才可以量化。一般的积累是不能量化的，我们的高科技，我们的资本密集为什么做不好？我们没有量化的积累。我们都凭感觉来造东西。

要建立起鱼香肉丝的流程，这个民族必须是一个知道规则、遵守规则的民族，只有这样，他才能从心里，从基础上把这个制度建立起来，因为这是一个绝对的规则。而你想靠外资教你，他是不会教给你的，因为这是高科技跟资本密集的真正秘籍，真正的技巧就在这里——如何建立起一套严谨的工序流程。这就是为什么我们汽车工业到现在还是这么落后的原因。

资料来源：http://bbs.huanqiu.com/thread-267503-1-1.html.

◎ 案例使用说明

郎咸平：鱼香肉丝与现代汽车

1. 教学目的与用途

(1) 本案例主要适用于管理学课程。

(2) 本案例是一篇直观描述科学管理理论在管理中作用的学习与教学的案例，其教学目的在于使学生对科学管理理论的提出、内容和特点具有感性的认识及深入的思考。

(3) 本案例可通过“鱼香肉丝”和“现代汽车”的生产制造工艺和方法，分析东西方管理思想、管理文化的区别。

2. 启发思考题

(1) 科学管理理论的提出者及其提出背景是什么？

(2) 科学管理理论的主要内容是什么？基于其主要内容，如何直观、生动把握科学管理理论的主要特点？

(3) 结合课堂教学的内容，如何对科学管理理论的内容做正确的评价？

3. 分析思路

教师可以根据自己的教学目标(目的)来灵活使用本案例。这里提出本案例的分析思路，仅供参考。

(1)“鱼香肉丝”和“现代汽车”的工艺流程体现了东西方在管理思想和管理文化上的哪些差异？可形象表述为“中国式(东方式)管理”的追求要么最好，否则最差，“西方式管理”的追求没有最好但至少合格；进而可延伸至“人治”和“法治”、X理论和Y理论等内容上，为后续教学奠定一定的基础。

(2) 由科学管理理论延伸到古典管理理论主要特征的总结。即以理性为基础、以制度为保障、以标准化为手段、以效率为核心。为亨利·法约尔的一般管理理论和马克斯·韦伯的理想的行政组织理论的介绍打下基础。与泰勒同时期学者的主要贡献:亨利·甘特的"甘特图"、吉尔布雷斯夫妇的"动作研究"和亨利·福特的全世界第一条大规模的流水生产线。

4. 理论依据及分析

1) 泰勒生平简介

弗雷德里克·温斯洛·泰勒(Frederick Winslow Taylor,1856—1915),是美国著名发明家和古典管理学家,科学管理的创始人,被尊称为"科学管理之父"。1856 年 3 月 20 日出生于美国宾夕法尼亚州杰曼顿的一个富有的律师家庭。

1895 年他在全美机械工程师协会上发表了第一篇论文《计件工资制》;此后于 1903 年出版了《工场管理》;1906 年发表了一篇有巨大贡献的论文《论金属切削术》;其他著作还有《论传送带》《大学和工厂中纪律和方法的比较》《制造业者为什么不喜欢大学生》《效率的福音》《科学管理的原理》(1911 年)、《科学管理》(1912 年)等。其中 1911 年问世的《科学管理的原理》和《工场管理》(1903 年)是其代表作。

2) 科学管理理论的提出背景

经过南北战争以后,20 世纪初的美国资本主义经济得到较快发展,可是,由于企业管理落后,美国经济的发展和企业中劳动生产率的提高远远落后于当时科学技术成就和国内外经济条件所提供的可能性。这种情况首先引起了同企业管理有关而又具有科学技术知识的一批工程技术人员和管理人员的注意,他们进行各种实验,努力把当时科学技术的最新成就应用于企业的生产和管理,以便大幅度地提高劳动生产率,从而形成了一套科学管理的理论和方法,弗雷德里克·温斯洛·泰勒的《科学管理的原理》就是其中最突出的代表。

3) 科学管理理论的重要前提——"经济人"假设

"经济人"假设即假定人的思考和行为都是目标理性的,唯一地试图获得的经济好处就是物质性补偿的最大化。这常用作经济学和某些心理学分析的基本假设。

4) 科学管理理论的关键内容——标准化

(1) 在《科学管理的原理》一书中,泰勒系统地提出了科学管理的基本思想、基本内容及科学管理的具体方法。

在科学管理的基本思想方面,泰勒提出了专业分工、标准化、最优化等一些管理思想。在科学管理的基本内容方面,泰勒对企业作业管理、组织管理等进行了全面阐述。其中包括对工人的挑选和培训、标准作业条件、明确规定作业量、建立激励性的差别工资报酬制度等。在管理科学的方法方面,泰勒提出了定额管理、差别计件工资制、挑选并合理使用第一流工人及如何进行标准管理的一系列具体的步骤与方法。

因此,把握科学管理理论的主要内容,是在继承"经济人"这一假设的前提下,实现最终的标准化的方法、标准化的工具和标准化的员工。

(2) "标准化"科学管理理论评价的关键,确是一把锋利的双刃剑。

列宁认为,"泰勒制"(科学管理理论的简称)也同资本主义其他一切进步的东西一样,有两个方面,一方面是资产阶级剥削的最巧妙的残酷手段(即把人看成会说话的工具);另一方面是一系列最丰富的科学成就,即按科学来分析人在劳动中的机械动作,省去多余的笨拙的动作,制定最精确的工作方法,实行最完善的计算和监督制度等(大大提高了生产效率和劳动效率)。

5) 案例延伸

(1)“鱼香肉丝”和“现代汽车”的工艺流程体现出东西方在管理思想和管理文化上的哪些差异?可形象表述为“中国式(东方式)管理”的追求要么最好,否则最差,“西方式管理”的追求没有最好但至少合格;进而可延伸至“人治”和“法治”、X理论和Y理论等内容上,为后续教学奠定一定的基础。

(2)由科学管理理论延伸到古典管理理论主要特征的总结。即以理性为基础、以制度为保障、以标准化为手段、以效率为核心,为亨利·法约尔的一般管理理论和马克斯·韦伯的理想的行政组织理论的介绍打基础。

(3)与泰勒同时期学者的主要贡献:亨利·甘特的“甘特图”、吉尔布雷斯夫妇的“动作研究”和亨利·福特的全世界第一条大规模的流水生产线。

5. 建议课堂计划

本案例可以作为专门的案例讨论课来进行。以下是按照时间进度提供的课堂计划建议,仅供参考。

整个案例课的课堂时间控制在80～90分钟。

课前计划:提出案例和启发思考题,请学员在课前完成阅读和初步思考。

课中计划:简要的课堂前言,明确主题;(2～5分钟)

分组讨论;(30分钟),告知发言要求

小组发言;(每组5分钟,控制在30分钟)

引导全班进一步讨论,并进行归纳总结。(15～20分钟)

课后计划:如有必要,可要求学员采用报告的形式对上述教学内容进行总结,并回答:如何理解“管理的第一规则是制定规则”这句话?

参考文献

[1] 张国平,曹旭平,邢永祥.管理学原理案例教程.北京:北京交通大学出版社,2014.

[2] 王凤彬,张玉利.中国人民大学工商管理MBA案例.北京:中国人民大学出版社,2000.

[3] 罗宾斯,德森佐.管理学原理.大连:东北财经大学出版社,2005.

[4] 丁家云,谭艳华.管理学.合肥:中国科技大学出版社,2008.

[5] 丁家云,谭艳华.管理学理论、实践与方法.合肥:中国科技大学出版社,2010.

[6] 周三多.管理学.北京:高等教育出版社,2000.

[7] 杜栋.管理控制.北京:清华大学出版社,2002.

[8] 徐国华.管理学.北京:清华大学出版社,1998.

[9] 尤利群.现代管理学.杭州:浙江大学出版社,2003.

[10] 芮明杰.管理学教程.北京:首都经济贸易大学出版社,2004.

[11] 俞文钊.管理的革命.上海:上海教育出版社,2003.

[12] 普华永道变革整合小组.管理悖论:高绩效公司的管理革新.北京:经济日报出版社,2003.

[13] 陈伟.创新管理.北京:科学出版社,1996.

[14] 杜拉克.创新与企业家精神.海口:海南出版社,2000.

[15] 闫海峰,王端旭.现代组织理论与组织创新.北京:人民邮电出版社,2003.

[16] 琼斯.当代管理学.北京:人民邮电出版社,2003.

[17] 彭新敏.管理学.上海:复旦大学出版社,2010.